[ع] [عـ · ـعـ · ـع]
ऐन (अ ए)
[غ] [غـ · ـغـ · ـغ]
ग़ैन (ग़्)
[ف] [فـ · ـفـ · ـف]
फ़े (फ़्)
[ق] [قـ · ـقـ · ـق]
क़ाफ़ (क़्)
ک · کـ · ـکـ · ـک
काफ़ (क्)
(گ) (گـ · ـگـ · ـگ)
गाफ़ (ग्)
ل · لـ · ـلـ · ـل
लाम (ल्)
م · مـ · ـمـ · ـم
मीम (म्)
ن · نـ · ـنـ · ـن
नून (न्)
ں · ـں
नून गुन्ना (अनुनासिक)
و
वाओ (व् औ)
ہ · ہـ · ـہـ · ـہ
हे (ह्)

(ھ) (ھـ · ـھـ · ـھ)
दोचश्मी हे (ह्)

ی · یـ · ـیـ · ـی
छोटी ये (इ ई)

ے
बड़ी ये (ए)

नस्तालीक़ मात्रा चिह्न

ا खड़ा अलिफ़ = 'आ': ज़ेर = 'इ';
याए मारूफ़ = 'ई'; ُ पेश = 'उ';
ٗ उल्टा पेश = 'ऊ'; याए मज़हूर = 'ए';
ں नून गुन्ना = 'अं'; ً दोहरा ज़बर = 'अन';
ء हमज़ा = स्वर उच्चारण;
ْ जज़्म = संयुक्त व्यंजन; ّ तश्दीद = द्वित्त्व।

٠ ٩ ٨ ٧ ٦ ٥ ٤ ٣ ٢ ١
० ९ ८ ७ ६ ५ ४ ३ २ १

AF631262

बिहारीदास की

सतसई

०

खंड दो

संपादन

लक्ष्मीधर मालवीय

आदित्य प्रकाशन
नई दिल्ली

सादर समर्पित

श्री जगन्नाथदास 'रत्नाकर' जी को

जिनके *बिहारी रत्नाकर* के बिना

यह संपादन कल्पनातीत था!

बिहारीदास की सतसई

प्रथम संस्करण २००८

ISBN : 978-81-7742-079-1 (set)
ISBN : 978-81-7742-077-7 (volume 2)

आवरण
भारत कलाभवन, वाराणसी के सौजन्य से

प्रकाशक
आदित्य प्रकाशन
एफ़- 14 / 65, मॉडेल टाउन II, दिल्ली
www.bibliaimpex.com

मुद्रक
D. K. Fine Art Press,
Delhi - 110052

मूल्य (सेट)
१५०० रु०

Biharidasa ki SATASAII
(In Three Volumes)
(Ed :) Lakshmidhar Malaviya
Price (Set) : Rs. 1500

सहायक ग्रंथ सूची तथा संक्षेप चिह्न

अप० : अपभ्रंश।

अप०कोश० : अपभ्रंश-हिंदी कोश; डॉ० नरेश कुमार, इंडो-विज़न प्रा० लि०, गाज़ियाबाद, १९८७।

उत्तर० : उत्तर रामचरितम्, सं- श्रीजनार्दनशास्त्री पाण्डेयः, मोतीलाल बनारसीदास, दिल्ली, १९७०।

ऋतुसंहारम् : कालिदास ग्रम्थावली, सं० सीताराम चतुर्वेदी, १९६२।

क०बि० : कविवर बिहारी; जगन्नाथदास 'रत्नाकर', विश्वविद्यालय प्रकाशन, वाराणसी।

क०र० : कवित्त रत्नाकर; सेनापति; (सं०) पं० उमाशंकर शुक्ल, हिंदी परिषद्, इलाहाबाद। प्रथम संस्करण १९३२।

कुमार० : कुमारसम्भवम्, कालिदास ग्रम्थावली, सं० सीताराम चतुर्वेदी, १९६२।

गीत० : गीतगोविंदादर्श; (गीतगोविंद की पद्यात्मक टीका सहित), रायचन्द नागर, नवलकिशोर प्रेस, लखनऊ, १९२६।

दे०सं०ग्र० : देव संपूर्ण ग्रंथावली; खंड १, २ और ३; लक्ष्मीधर मालवीय; आदित्य प्रकाशन, नई दिल्ली, २००२।

पदमावत : वासुदेवशरण अग्रवाल, साहित्य सदन, झाँसी, १९९८।

पाइअ० : पाइअ सद्द महण्णओ, पं० हरगोविन्ददास त्रिक्रमचंद सेठ, प्राकृत टेक्स्ट सोसाइटी, वाराणसी १९६३।

प्रा० : प्राकृत।

फ़ा० : फ़ारसी।

फ़रहंगे आसफ़िया : १९७४।

बि०र० : बिहारी-रत्नाकर; जगन्नाथदास 'रत्नाकर', नागरीप्रचारिणी सभा, वाराणसी। तृतीय संस्करण १९६०।

बोलचाल : अयोध्यासिंह उपाध्याय 'हरिऔध', हिंदी साहित्य कुटीर, वाराणसी।

भारतीय पक्षी : सुरेश सिंह, उत्तर प्रदेश हिंदी संस्थान, लखनऊ। १९९२।

मति० : मतिराम ग्रंथावली; कृष्णविहारी मिश्र, गंगा पुस्तकमाला कार्यालय, लखनऊ। १९२६।

मृगनयनी : वृंदावनलाल वर्मा, मयूर प्रकाशन प्राइवेट लिमिटेड, झाँसी, १९७६।

रसतरङ्गिणी : भानुदत्त मिश्र; आचार्य पं० सीताराम चतुर्वेदी, हिंदी साहित्य कुटीर, वाराणसी, सं० २०२५।

राजस्थांनी० : राजस्थांनी सबद कोस, सीताराम लालस, राजस्थानी शोध संस्थान, जोधपुर।

('घ्रोणी' तथा 'प' के बीच के शब्द समान संपादक के **राजस्थानी-हिंदी संक्षिप्त शब्दकोष** से।)

श्रीपति॰ : श्रीपति मिश्र ग्रंथावली; (सं॰) लक्ष्मीधर मालवीय; आदित्य प्रकाशन, नई दिल्ली, १९९९।

संक्षिप्त॰ : हस्तलिखित हिंदी पुस्तकों का संक्षिप्त विवरण भाग १ – २; नागरीप्रचारिणी सबा, काशी, १९६४।

सूर॰ : सूर शब्द-सागर; (सं॰) डॉ॰ हरदेव बाहरी, स्मृति प्रकाशन, इलाहाबाद, १९८१।

हिंदी मुहावरे : प्रतिभा अग्रवाल, कलकत्ता विश्वविद्यालय। १९९२।

MMW : SAMSKRIT-ENGLISH DICTIONARY; Sir M. Monier-Williams, Oxford 1960

Steingass : F. Steingass A COMPARATIVE PERSIAN=ENGLISH DICTIONARY, Asian Educational Services, New Delhi 1992.

Turner : A COMPARATIVE DICTIONARY OF THE INDO-ARYAN LANGUAGES. R. L. Turner, Oxford University Press, London. 1989

? : **वर्ण से जुड़ा हुआ '?' उस स्थल के वर्ण अथवा पूर्ववर्ती वर्ण का पाठ संदिग्ध या अस्पष्ट होने का द्योतक है।**

'ऊपर' : पाठांतर के बीच 'ऊपर', दो पंक्तियों के बीच के रिक्त स्थान में अथवा उस शब्द के ऊपर या पत्र के शीर्ष पर रिक्त स्थान में।

'त्रुटित' 'लुप्त' : त्रुटित या लुप्त पाठ। उदाहरण, 'वारेई' से 'देव वडी' त्रुटित। इन दो शब्दों सहित बीच का पाठ खंडित है।

संस्कृत के ग्रंथों से दिए गए उद्धरणों में स्थलनिर्देश सर्ग, अध्याय तथा छंद के क्रम से है।

हस्तलेख

प्रति संकेत : विवरण; प्रतिलिपि संवत्। (प्राप्ति स्थान – सूचीपत्र संख्या / स्रोत।)

○ प्रतापसिंह चंद्रिका - मनीराम - टीका दोहा ३५७ तक। (जयपुर १५७० – **सूचीपत्र॰** ६-२०।)

○ सतसयानुक्रमेण - पर्वतशर में लिखित; सं॰ १७७४। (जोधपुर १८६८ (१) – **सूचीपत्र॰** १-१४३।)

○ बिहारी सतसई - पत्र॰ ४४, आरंभिक पुष्पिका महत्वपूर्ण है; १९ वीं शती। (जयपुर १८७२ (२) – **सूचीपत्र॰** ६-२०।)

○ राजस्थानी में टीका; सं॰ १७७४। (जोधपुर २०३२ –)

○ प्रतापसिंह चंद्रिका (खंडित) - मनीराम - टीका दोहा ७३ तक। (जयपुर ११८१७ – **सूचीपत्र॰** ६-८०।)

○ क्रम भिन्न - चरण वर्णन जैसे शीर्षक; केवल दोहा; पत्र ९५; तिथि रहित। (२३१३० – जयचंद संग्रह, बीकानेर)

○ कृष्णदत्त - अपूर्ण; पत्र ११८ तिहि रहित पत्र। (२५४४१ – जयचंद संग्रह, बीकानेर)

○ पत्र ५५ - ११९; सं॰ १८२३। (२६८०७ – जयचंद संग्रह, बीकानेर)

○ अ॰ : पत्र ३९ – केवल दोहे; सं॰ १७६५। (उदयपुर ४१५० – **सूचीपत्र॰** १०-५८।)

○ आ० : लिपिक आंणंदजी; सं० १७२४। उ० के समान क्रम; (७ – अनूप संस्कृत पुस्तकालय, लालगढ़ पैलेस, बीकानेर)

○ उ० : पत्र ३२-८१ – मान०; सं० १७१७। (उदयपुर ३५५०(४) – **सूचीपत्र०** १३-७४।)

○ क० : कवित्तबंध - अपूर्ण पृ० १-१६०; तिथि रहित। कृष्ण० की टीका; क्रम ११३५ के समान (जोधपुर २५२ –**चौ०सूची०**)

○ का० : पत्र २२-८० — केवल दोहा; अषैराम नथमल कायथ द्वारा लिखित, सं० १७७४। (जोधपुर २८३२ (२) – **सूचीपत्र०** १-१४३।)

○ कु० : पत्र ६९ – प्रथम खंड - अकारादिक्रम से - लिपि० कुसला; सं० १७८७। (जोधपुर ४३०७ (१) – **सूचीपत्र०** २-२१७।)

○ को० : पत्र ४८ – कोविद कवि की टीका - सं० १७४२ में बुरहानपुर में रचित, पत्तन में लिखित; सं० १७९३। (जोधपुर २०६८ – **सूचीपत्र०** १-१४४।))

○ गा० : टीका कवित्तबंध; पत्र १७४; सं० १८२२। (२७९१३ – आनंद विनयादि फुटकर संग्रह, बीकानेर)

○ गि० : : 'रत्नाकर' जी के संपादन में (४) संख्यक पोथी, लखनऊ में गिरिधरलाल के निमित्त संवत् १७८९ में लिखित।

○ चि० : संस्कृत टीका, पूरा दोहा पाठ, ७०२ तक; पत्र ९१; सं० १८८०। ३२२३ के समान। (१५८३२ – जिनचरित्र सूरि संग्रह, बीकानेर)

○ चौ० : मान० पृ० २-१६८; १९वीं शती। (८३७(२) –)

○ जि० : राजस्थानी टीका; सं० पत्र ६२; सं० १७९०। (१५६५८ – जिनचरित्र सूरि संग्रह, बीकानेर)

○ जी० : पत्र १०६ – केवल दोहे; लिपिक जीवन; लिपिस्थान अहमदाबाद; सं० १७८८। (उदयपुर ४१४८ – **सूचीपत्र० १०-५८** १०-५८।)

○ टी० : 'रत्नाकर' जी के संपादन में (३) संख्यक पोथी, मानसिंह टीका की संवत् १७७२ की प्रति।

○ दो० : सप्त सत दोधकांन - मिश्र आत्माराम; सं० १८२६ (हार?) ।

○ न० : पत्र ८५ – नरराय की टीका; सं० १७९४। (जोधपुर २३९३६ – **सूचीपत्र०** ११-२६।)

○ नी० : कृष्णदत्त - प्रति अपूर्ण, दोहा ६८१ तक; तिथि रहित। (नीलगाँव; ब्रिटिश लाइब्रेरी।)

○ प० : पत्र ७२; राजस्थानी टीका, सं० १८००। (२७६२२ – आनंद विनयादि फुटकर संग्रह, बीकानेर)

○ पा० : अनवर् चंद्रिका (लिपिक संगम पाठक) - पूर्ण - पत्र ७१; १९वीं श०। (उदयपुर ४३१७ ।१ – **सूचीपत्र०** १०-५८।)

○ पु० : राजस्थानी टीका; पत्र ७८; सं० १८३६। (१५६५७ – जिनचरित्र सूरि संग्रह, बीकानेर)

○ पे० : दोहों पर शीर्षक, केवल दोहे; पत्र १२२ - १४४; सं० १७३८। (२७८९२ – आनंद विनयादि फुटकर संग्रह, बीकानेर)

○ पो० : मान० उ० शाखा की प्रति, शब्दार्थ सहित; पत्र ३१; सं० १७४१। (३२०५ – मोतीचंद खजांची संग्रह, बीकानेर)

○ प्र० : प्रतापचंद्रिका - पत्र १७२ – मनीराम, पूर्ण; तिथि रहित। (उदयपुर ३१८४ – **सूचीपत्र०** १३-७६।)

○ बि० : 'रत्नाकर' जी के संपादन में (२) संख्यक पोथी, 'जयपुर के निजी पुस्तकालय में विद्यमान संवत् १८०० की लिखी हुई प्रति। यह पुस्तक बिहारी के किसी शिष्य की संवत् १७३९ की लिखी प्रति की प्रतिलिपि है।'

○ भ० : पत्र ६० – लिपिक भवानीदास – केवल दोहे, पार्श्व पर टिप्पणी; सं० १७४३। (उदयपुर १८५७ – **सूचीपत्र०** १३-७६।)

○ भा० : कृष्णदत्त - नी० के समान; सं० १८८९। (२०८० – भारत कलाभवन, वाराणसी)

○ मि० : पत्र १९२ – कृष्णदत्त (नी० का क्रम); सं० १८२३। (जोधपुर २३६६ – **सूचीपत्र०** १-१४३।)

○ मु० : पत्र ११० – कृष्णदत्त - सत्रहसै द्वै आगरे असावरस रविवार - लिष्यते कुसल विमल मुनिना, सुभटपुर में लिखित; सं० १७९४। (जोधपुर ११३५ – **सूचीपत्र०** १-१४३।)

○ मे० : सतसैया, पृ० १-१५९; सं० १७८६। (जोधपुर २१८ – **चौ०सूची०** १-१५९)

○ मो० : पत्र १६२ – (अनवरचंद्रिका) रसविलास - कच्छ मोरवी में रचित मूल प्रति; सं० १७८८। (जोधपुर ११३४ – **सूचीपत्र०** १-१५०।)

○ र० : 'रत्नाकर' जी के संपादन में (५) संख्यक पोथी, अलवर की राजकुमारी रत्नकुँवरि के पठनार्थ संवत् १७९६ में लिखित।

○ रा० : राधोगढ - दोहा ७२० तक; सं० १८१४। (७७१५ ।४३८१ – सम्मेलन।)

○ रा० : (मान० का क्रम, सटिप्पण) - पत्र १३९-१७३; सं० १७३५। (जोधपुर ९२९६ (६) **सूचीपत्र०** ३-४४५।)

○ रो० : पत्र १५ – लिपिक मुनि मनोहर – दोधक सप्तसती, केवल दोहा; सं० १७६९। (जोधपुर ४४१२ – **सूचीपत्र०** २-२१७।)

○ वा० : मान०; पत्र १३१; सं० १८२३। (३२३५ – मोतीचंद खजांची संग्रह, बीकानेर)

○ वि० : संवत विधु करि नाग करि; पत्र २४; सं० १८८१। (३२३४ – जयचंद संग्रह, बीकानेर)

○ वे० : दोहरा टीका कवित्तबंध - एकाधिक अर्थ - अपूर्ण, वेसर मोती धन [७०१] तक। (२५४४१ – जयचंद संग्रह, बीकानेर)

○ शि० : मान० क्रम – जैन शिष्य परंपरा का कवि - उदयपुर मध्ये, भ० प्रति (केवल दोहे) उदयपुर ग्रं० १८५७ सं० १७४३ के समान क्रम; सं० १७८७। (जोधपुर ३३८२ – **सूचीपत्र०** १-१४३।)

○ शृ० : पत्र ७६ – संस्कृत टीका नान्हा व्यास कृत, केवल दोहा प्रतीक; सं० १८०५। (जोधपुर ८५६ –

सूचीपत्र० १-१४४।)

○ ष० : आरंभिक भाग में पार्श्व पर टीका - मान० का क्रम; पत्र १९; सं० १७६६। (३२२२ – मोतीचंद खजांची संग्रह, बीकानेर)

○ स० : सटीक। अपूर्ण सके सताई न [६६६] तक पाठ। (२५१४२ – जयचंद संग्रह, बीकानेर)

○ सिं० : 'रत्नाकर' जी के संपादन में (१) संख्यक पोथी, कुँवर रामसिंह के पढ़ने के निमित्त लिखित।

○ सी० : आर्या टीका सहित; संवत् १८५८; ब्रिटिश लाइब्रेरी, लंडन; B-53

○ सु० : नैन, खंडिता आदि विषयों के अनुसार - 'श्लोक संख्या ९५०'। (जयपुर १८७२ –)

○ सू० : पत्र ६ – 'विहारी सतसया सूचि' - मगनीराम - अंग का नाम तथा वर्ण कथन; सं० १९२१। (जोधपुर २२३७ – **सूचीपत्र०** १-१४४।)

○ ह० : पत्र १३४ – त्रिपाठ - अलंकार निर्देश सहित - टीकाकार हरिचरणदास - १८३४ में टीका की रचना - रूपनगर में लिखित; सं० १८३५। (जोधपुर २२८१ – **सूचीपत्र०** १-१४३।)

फ़ारसी प्रतियाँ

○ ज़ा० : पूर्ण। (१२३३ हिजरी, सन् १८१७)। ८३९७ – रामपुर रज़ा लाइब्रेरी; रामपुर।)

○ (ज़ा०) : अपूर्ण। (८३९६ – रामपुर रज़ा लाइब्रेरी; रामपुर।)

○ ब्रि० : बी २७ – ब्रिटिश लाइब्रेरी, लंडन।

विषय सूची

खंड एक

*

खंड दो

*

खंड तीन

*

पाठ २०० – ५००

कनक कनक तै सौ गुनो। मादकता अधिकाइ। उहि षायै वौराइए। इहि पायै वौराइ [२००][1]

کنک کنک تین سو کونون مادکتا ادہکاي · اوہ کہاین بوراي تا یہ پاین بوراي [ظا۰ ۲۰۰]

अन० : कवि की उक्ति कनकदोषकथनं। व्यतिरेकालंकार –

नर० : अन्योक्ति। कवि विहारीदास कहतु है, धतूरो सो नातै मद विष सौ गुनौ अधिको है। पर धतूरो षायै गहलो होत है। और सोनो पायै ते घनो राज पाइजै -

> **एक कनक्क धतूरौ कहै अरु एक कनक्कहि रत्न कह्यौ है। ए दोऊ वीच कनक्क कनक्क तें सौ गुन मादक भाव लह्यौ है। षात उन्है जव वावरौ सौ ऐसो सुभाव प्रसिद्ध कह्यौ है। याकी सुनौ अधिकाई जगत्त मै ए नर पाइ वुराइ वह्यौ है** [नर० २००]

कृष्ण० : प्रस्ताविक, कवि की उक्ति –

> **कनक धतूरो सोनो दोऊ येक कहावत सोने के धतूरे तै प्रभाउ सरसतु है। कहै कविकृष्ण वाहि चाहत न कोई याहि निरषि निरषि जोई सोई तरसतु है। सोने माझ सौ गुनो धतूरे ते लसत मद्व यह तौ प्रतछ सवु कोऊ दरसतु है। वाहि जव षाइ तव वौराई प्रकास होत वावरो तुरत याहि जोई परसतु है** [कृष्ण० २००]

हरि० : कनक सोना, कनक धतूरा सों सौ गुनो मादकता करिकै अधिकात है। धनमद वडो है, यह अर्थ। वह धतूरा षाए वावरो होत है, वह सोना पाए वौरात है। सौ गुनो मादकता है, याको समर्थन कियो। काव्यलिंग अलंकार।

— ⋆ —

तजि तीरथ हरि राधिका। तनदुति करि अनुराग। जिहि व्रज केलि निकुंज

---

[1] कनक कनक – कनक कनकु - वे०; कनकु कनक – नी०। तै – तिं - को०; तें - शि०वा०मो०मु०ह०; ते - पा०; तैं - न०स०मि०; सौ – सौं - उ०वा०; सो - को०मो०मु०; सोस - वे०। गुनो – शि०; गुनौ - वा०न०गा०स०मि०नी०। मादकता – मादकतां - उ०; मादिकता - मि०मु०। अधिकाइ – अधिकाय - को०ह०; अधिकांई - मो०; अधकाइ - वे०गा०। उहि – उंहिं - उ०; उहिं - वा०; वह - पा०मि०मु०नी०ह०; उन - मो०; उंहूं - न०; वा - भा०। षायै – षाएं - उ०; पायिं - को०; षायें - वा०मु०; षाये - पा०न०; षाजै - भा०; षांयें - मि०; षाए - ह०। वौराइए – वौराइ - उ०; वोराय - को०; वोराइइ - शि०; वोराइयैं - वा०; वौरात नर - पा०; वोहोरात जग - मो०; वौरातु है - न०नी०; वोरातु इहि - वे०; वौरात इह, 'ह' में इकार बाद में - गा०; वौरात इह - स०; वौराईयै - भा०; वौराइयै - मि०; वोराईयें - मु०; वौरात है - ह०। इहि – पुनि इही - को०; उहि - शि०वा०; यह - पा०ह०; उन - मो०; वा - भा०मि०; वह - मु०; या - नी०। पायै – पाएंही - उ०; पाइं - को०; पाइं - शि०; पायें - वा०; पाये - पा०; पायैं - गा०नी०; पाजैं - भा०; पायें - मि०; पाये - मु०; पाए - ह०। वौराइ – वोराय - को०मु०; वौहराइ - शि०; वोहोरांई - मो०; व्योराय - वे०; वौराय - गा०ह०। [२००]

मग। पग पग होत प्रयाग [२०१] [2]

تج تیرتہ ہر رادہیکا کر جیہ تن انراک ۰ جنہ برج کیلنکنج مک پک پک ہوت پریاک
[ظا۰ ۲۰۱]

अन० : मनसंचारी वचन अनुभाव ते सांतरस व्यंगि, संवंधातिसयोक्ति अलंकार। गुरु को वचन उपपति सों, मुमुक्ष सो साधन विसेष दिषावत है। व्यतिरेकालंकार। रस पक्षे दूती को वचन नायिका सों। हे राधिका हरि तनद्युति अनुराग करि तीरथ तजि जमुना किनारो छोड केलिनिकुंज मध्य व्रज सो कहा चलि, काहे ते, पग पग होत प्रयाग, इति अन्वय।

नर० : भक्तजन वाक्य। कवि विहारीदास कहत है, हे नर, तीरथ कुंज है, सो तजिकै हरि और राधिका इन दोनू के शरीर की दुति करिकै अनुरागपनौ तिन करिकै जहां जहां व्रज कै कुंज विषे क्रीडा कीवी है, सो मारग मैं पग पग प्रयाग तीरथ ह्वै रह्यो है –

> **कासी गया अरु गोमती द्वारिका छांडि दै तीरथ मानुष हो रे। श्रीहरिराधिका देह की दीपति कै अनुराग सवै संग तोरे। केलिन कुंजन के मन भीतर आवत दंपति हाथन जोरे। जानत हो व्रज को महिमा कछु पैडन पैड प्रयाग है थोरे** [नर० २०१]

कृष्ण० : यह जुगल वर्ननु है –

> **तीरथनि सटकत काहे कौ तू भटकत क्यों न अटकत व्रज सोभा की हिलग मै। राधा वनमाली की सरस गौर श्याम दुति सकल निकाई को लसत सार जग मै। तासौ करि प्रीति यह निगम प्रसिद्ध विधि सिधि विधि संकरसे तिहू तै अग मै। डग डग प्रति होत प्रगट प्रयाग पग जिनके परत केलि कुंजनु के मग मै** [कृष्ण २०१]

हरि० : गुरु शिष्य को उपदेश करै है, हे शिष्य, तू तीरथ को तजि, छाडि, हरिराधिका को जो है तन, औ द्युति तामै अनुराग, प्यार करौ, कहा सुंदर अंगनि को वनाव है, कहा सुंदर कांति है। जौ सिस्य कहै, तीर्थनि मै विसेष फल है, तव गुरु कहै है, जिह व्रज विषे क्रीडा करिवेको जो है निकुंज ताकौ जो है मगु, पथ, तहां पग पग में एक एक पग प्रमान जो है, धरती, तामै प्रयाग जो है तीरथराज, सो होत है। लछना सौ ताको फल होत है, अर्थ यह। तीर्थ मत जाय, व्रज मे वैठि। राधाकृष्ण में प्रेम करि। काव्यलिंग अलंकार है, भाषाभूषन। काव्यलिंग जव युक्ति सों अर्थ समर्थन होय। तीर्थ त्याग की जुक्ति सों समर्थन कियो, ठहरायो। दूसरो अर्थ, उद्धवजी व्रज सो जायकै व्रजदेविन की हकीकत श्रीकृष्ण को कहत हैं। जौ राधाजी जानती, तुम फेरि नहीं आवौगे, तो हे हरि राधिकाजी तुमारे रथ को तजती, छोडती कहा, रथ पकरि राषती, नहीं आवने देती। क्यौं, तुम्हारी तन मैं औ द्युति मै अनुराग करिकै। अव उहां

---

[2] तजि – तज - न०वे०स०मु०। तीरथ – तिरथ - वा०। तनदुति – तनुदुति - उ०वा०न०वे०; तनद्युति - शि०मो०; मुषदुति - मु०। अनुराग – अंनुरागु - उ०। जिहि – जिह - को०; जिहिं - शि०वा०; ज्यहि - पा०; जेहि - नी०। व्रज – वृज - मो०न०; व्रजि - मि०; कुंज - मु०। केलि निकुंज – केलि नकुंज - उ०; केलि निकौज - वा०; केलि कुंज - मो०; केल निकुंज - न०मि०; केलि निकुंज, 'ल' के इकार पर हरताल - स०; कुंजन केलि - नी०। मग – मगु - न०वे०; मै - गा०। पग पग – पगु पगु - मो०न०। प्रयाग – प्रयागु - उ०मि०; प्रियाग - नी० [२०१]

की कहा दसा है, जिहि व्रज विषै क्रीडा करिवे को जो है निकुंज ताको जो है मग, पथ, तहां पग पग मे प्रयाग होत है। पिछली लीला सुधि आवै है, सो रोदन करिहै आंसू को रंग है स्वेत, तुम्हारे रहते जो कज्जल दियो थो तासौं स्याम होत है, पाव पै परै है, जावक सों मिलिकै लाल होत है। गंगाजी को जल स्वेत, जमुनाजी को जल स्याम, सरस्वती को जल लाल, याते प्रयाग होत है। तीसरो अर्थ, हिमीअनेकार्थ दो अछरकोथांत प्रकरन में तीर्थ नाम दरसन को है। योनौ पात्रे दर्शनेषु। नायक औरि स्त्री को देषै है। तव नायिका के पछ की सषी नायक सों कहै है, हे हरि, तनद्युति जो है, नाइका तनु कहिए थोरी है द्युति जामै ऐसी जो नायिका, अर्थ ते ताको तीरथ, दर्सन को तजौ, राधिका मै अनुराग करौ, सोभा को आधिक्य कहै है। जिहिं राधिका सों व्रज केलि निकुंज मग जो है सो पग पग में प्रयाग होत है, देषिकै पाव धरनो कह्यो है, जहां पाव धरिहैं तहां दृष्टि को प्रतिविंव चित स्याम पाव को प्रतिविंव लाल परै है, तासौं प्रयाग होत है। भूमि मै भी प्रतिविंव पारि है, दुपहरिया सी फूलि, आगे कहैंगे। चतुर्थार्थ, जमुना के तीर नायक और स्त्री नै देषै है, तहां नायिका की सषी कहै है, जमुना को जौ है तीर ताको हे नायक, थहरि कहिए, आपनी प्रिया सों भय मानिकै जो डरै है सो थहरै है, कांपै है, तजि कौ अर्थ तजौ, जौ नायिका सुनैगी तौ मार करैगी। राधिका तनद्युति थोरी है द्युति जामैं ए नायिका को राधि को अर्थ राजी करिकै, का को अर्थ कछु नहीं, करि को अर्थ करौ। जैसे कोई कहै है, तूं फलानी वात करि। करौ अनुराग जिहि नायिका सों, व्रजकेलि निकुंज मग पग पग में प्रयाग होत है, ऐसी सोभा है। अर्थ पिछला जानिए।

— ★ —

षिन षिन मै षटकत सु हिय। षरी भीर मै जात। कहि जु चली विनुही चितै। ओठनही विच वात [२०२] [3]

کہین کہین مے کہتکت سو ہي کہري بہیر مین جات ۰ کہ جو چلي انہین چتي اوتہن ہي بچ بات [ظا۰ ۲۰۲]

अन० : उपपति की उक्ति, वचन अनुभाव तें स्मृति संचारी, अरु विषाद ते पूर्वानुराग व्यंगि। नाइका परकीया स्मृति अलंकार।

नर० : पूर्वानुराग, नायक को वचन सषी सों, हे सषी, वा षरी भीर कै विषै जाती थी और उवांही वीच वात करिकै विनही चितै चाली, सो अव वा छिन मेरो हिया मै षटकत है –

[3] षिन षिन – षिनु षिनु - मो०; छिन छिन - ह०। मै – मैं - उ०स०; में - शि०वा०मो०मु०ह०; मे - पा०। षटकत – षटकति - उ०पा०न०गा०ह०; षटकित - को०। सु – मु - को०; (लुप्त) - वा०। हिय – हियै - वा०मु०। षरी – षरि - को०; भरी - मो०; षीर - वे०। मै – मै, 'म' तथा 'स' - उ०; में - को०मो०ह०; मैं - शि०वा०स०। जात – जाति - मि०। विनुही – अनही - उ०वा०; अनुही - शि०; विनुहीं - मो०; विनही - स०मु०; अनहीं - ह०। चितै – चितैं - को०शि०न०स०मि०मु०; चितें - वा०मो०। ओठनही – औठेनही - उ०; औठनही - को०; ओठनिही - वा०; वोठनही - पा०; ओठनहीं - मो०ह०; औठनुही - न०वे०गा०; वोठनुही - मि०; औठनहीं - मु०। विच – विचि - शि०वा०; मे - मो०नी०; मै - मि०। दोहा लुप्त - भा०। [२०२]

भीर मैं जात कहै जु चली गई सो षटकै मन को अति मेरै। वाही के जीय की जानि परी कछू सो अकुलात भई विनु हेरै। ओठनही विच वात रही कहिवे को षगीउ झकी वहुतेरै। लोक की लाज कही न परी पै कहा कहियै कहि जात न टेरै [नर० २०२]

कृष्ण० : इह नाइका परकीया है, कहूं भीर मै नायक नै देषी है, सो वानै इन परकीया देषी पै वात न सुनी, सो सषी सो कहै –

आजु मिली व्रजवाल अचानक मो मति वाके सनेह गही है। जाती हुती अति भीर मै सुंदरि मो तन हेरि हियो उमही है। लाज तैं पै न विलोकि सकी परि कीनी तऊ रसरीति सही है। ओठनही मै गई जु कछू कहि मै न सुनी पछितायो यही है [कृष्ण० २०२]

हरि० : नायक वचन सषी सों, छन छन में हमारे हिय में वह नायिका षटकति है, मैं षरी भीर मैं जातो थो, नायिका को कहिए तौ जात नहीं होय जाति होय, आगे तुकांत वात है, अनही चितौ विन देषेही ओठनही विच वात कहिकै जु पादपूर्नार्थ, कहि चली ओठ विच कही, याते नहीं सुनिवे में आई, किंवा उमीमेप्यौ तुमसों कछू कहती, तुम भीर में जात हौ, भकार मकार को ओठ समान भी है। अनही चितै को अर्थ आनही सषी की ओर चितैकै, ऐसे भी जानिए। स्मृति अलंकार है।

— ⋆ —

अजौ न आए सहज रंग। विरह दूवरे गात। अवही कहा चलाइयति। ललन चलन की वात [२०३] [4]

اجون نہ ائي سہج رنک برہ دوبري كات • ابہين كہا چلائيت للن چلن كي بات [ظا• ٢٠٣]

अन० : नायक प्रति उक्ति सषी की, प्रोष्यत्पतिका नायिका। काव्यलिंग अलंकार।

नर० : प्रवत्सत्भर्तृका, सषी को वैन नायक सों। हो लालन, अवही सों चलने की वात कहा चलावत हो, याकौ तो आगै विरह करिकै दूवरौ गात भयौ है, सो तो अजों लगि सहज रंग आयो नांही है –

आये नहीं अजहूं जे सुभाव कै रंग हे सुंदर क्यों न निहारो। दूवरो गात भयो है लकीर सो ऐसो प्रचंड वियोग तिहारो। ऐसे मैं क्यों इह बात चलावत लालन आपन नै जु विहारो। हौं वरजों अव आपनी सौंह कै वा संग वा विध वाधनिहारो [नर० २०३]

कृष्ण० : इह नाइका प्रवत्सत्भर्तृका, सषी वचन नाइक सों। नाइकाहू को वचन नाइकहू सो होइ –

---

[4] अजौ – अज्यौं - को०; अजों - शि०वे०गा०स०मु०; अजो - वा०; अजौं - मो०नी०ह०। आए – आयो - को०पा०मो०वे०गा०स०भा०; आय - वा०; आयौ - न०; आये - मु०नी०। रंग – रंगु - मो०। दूवरे – दूरेव - वा०; दूवरेस? - नी०। अवही – अवहीं - उ०मो०। चलाइयति – चलाययति - उ०; चलाइयत - को०पा०स०; चलाइयतु - शि०वा०मु०; चलाइएं - मो०; वलाइयति - न०; चलाइतु - वे०; चलाईयतु - गा०; चलाइयहि - भा०; चलाईयति - नी०; चलाइए - ह०। [२०३]

षेलत मै कहूं कान्ह कह्यो तुम कालि हौ जैहौ चरावन गाई। यह सुनिकै उहि दीरध स्वास भरी सव अंग परी पियराई। ता दिन की वा नवेली के अंगनि आजहू लौ न मिटी दुवराई। लाल रहौ अनवोले कहौ अवही चरचा चलिवे की चलाई [कृष्ण० २०३]

हरि० : एक वेर नायक परदेस सों आयो है, फिर विदेस को जान चाहत है, तहां गमिष्यत्पतिका को वचन नायक सों, अवतांइनि सहज रंग, सहज को, स्वभाव को जो रंग रूप थो सो नहिं आयो, क्यों विरह सों दूवरे गात हैं, हे ललन, अवही तुमारै चलन की वात कहा, क्यों, चलाइयत है। किंवा उत्कंठिता नायिका को वचन, सहज रंग जो नायक भूषनादि विना स्वभावही को है, रूप जाकौ सो अवही नहीं आए, पलक घरी पहर को भी विरह मानत है। किंवा परकीया नायिका वहुत दिन में संकेत में आई है, याते मेरे विरह सों दूवरे गात हैं, सषी ने जानी, अव यह जायगी। सषी वचन, अवही कहा चलाइयत है चलन की वात। यामे ललन ललकि हिये सौर स्याम जासों नहीं, किंवा नायिका नायक को कहत है, तुमारे सहज के रंग नहीं आए, विरह सों दूवरे गात हैं, नहिं चलिवे को समर्थन करै है, याते काव्यलिंग।

— ⋆ —

अपने कर गुहि आप हठि। हिय पहिराई लाल। नौलसिरी औरै चढी। वौलसिरी की माल [२०४] [5]

اپني کر کوه اپ ہٹہ پہر پہرائي لال ٠ نول سري اوري چرہي بولسري کي مال [ظا٠ ٢٠٤]

अन० : उक्ति सषी की सषी सों, इनके कहिवे ते नायका के गर्व हर्ष संचारी व्यंगि, आसन्न स्वाधीनपतिका, भेदकातिशयोक्ति अलंकार।

नर० : मुग्धा, ता सषी कौ वैन सषी सों। हे सषी लाल तू अपने कर सौं वौलसिरी की माला गुंथ अरु हठ करिकै वाके हिया के विषै पहिराई। सो तव तै नवोढा सिरी, लक्ष्मीजू की भांति चित मैं गरवी है –

आपनही हठ कै अपनै कर लै पहिराई हियै अवला को। वोरसिरी की जु माल विसाल सुनो नंदलाल भली विधि ताको। नोलसिरी चढी औरै अनूपम ऐसी निहारतहूं अव वाको। हेरति है फिरही फिर वाही को आछे उरोज अषंड हिया को [नर० २०४]

कृष्ण० : यह नाइक नै अपने हाथ वनाइकै वौलसिरी की माला पहिराई, ताहि पाइ याकी सोभा अधिक भई, सो सषी नाइका सो कहै, सषी सो कहै –

---

[5] अपने – अपनें - उ०मो०मु०; अपुने - न०वे०गा०; अपनै - मि०नी०। आप – आपु - उ०न०गा०ह०; आपुही - नी०। हठि – हठ - न०वे०गा०स०; ही - भा०मि०। हिय – हियै - स०; हठि - भा०; (लुप्त) - नी०। पहिराई – पहराई - उ०को०शि०पा०न०स०मि०; पहिराइ - वा०; पहराईं - मो०। नौलसिरी – नोलसिरी - वा०वे०; नोलसरी - मो०; नवलसिरी - ह०। औरै – औरें - शि०; उरें - वा०; ओरें - मो०; ओरै - वे०; उंरै - स०। वौलसिरी – वौलसरी - उ०न०; वोलसिरी - को०वे०; वेलसिरी - वा०; मौलसिरी - पा०भा०; वोलसरी - मो०। की – (लुप्त) - को०मो०। [२०४]

आपने हाँथनि वीनिकै फूल वनाइ गुही मनु लाइ कन्हाई। माल सो बोलसिरी की रसाल सुगंध भरी अतिही छवि छाई। आलिनु के गन मै लसिकै हसिकै हठि प्यारी प्रियै पहिराई। ओप अनूप लही तरुनी वरनी न परै अनुराग निकाई [कृष्ण० २०४]

हरि० : सषी सों सषी, अपने कर सों गुहिकै लाल नै हठि कै हिय, हृदय, में पहिराई, हठिवो अंचल उघारिवे के लिए, नवीन श्री, सोभा, औरही वढी। नायक के अति आसक्त भये सों सोभा। मौलसिरी की माला सों स्वाधीनपतिका जानिए, औरिन की श्री औरि तरह की, याकी औरि तरह की। भेदकातिशयोक्ति। औरै पद जहं दीजिए अधिकाई के हेत। अतिसयोक्ति भेदक यहै कहत सुकवि सिरनेत॥

— ⋆ —

नई लगनि कुल की सकुच। विकल भई अकुलाइ। दुहूं ओर ऐंची फिरति। फिरकी लों दिन जाइ [२०५] [6]

نی لگن کل کی سکوچ بکل بہئے اکلای ۰ دوہون اور کھینچی پھیرای پھرکی لون دن جای [ظا۰ ۲۰۵]

अन० : सषी की उक्ति नायक प्रति होइ तौ नाइक कौ विरह निवेदन। दूतत्व व्यंगि, जौ सषी सौ कहति है तौ प्रथमही वाको प्रेम लच्छित कियो है अरु परकीया नायिका के क्रिया अनुभाव तें त्रपा लालसा चपलता उद्वेग संचारी ते पूर्वानुराग व्यंगि। उपमालंकार।

नर० : चिंता दशा। सषी को वचन सषी सों। हे सषी या राधिका के नवी लगन लगी है और कुल कौ भय है सो अकुलाय कै विकल भई है और दोनों ओर को ऐंची सी रहति है। फिरकी की परै दिन जात है

नैननि नेह लग्यो है नयो सकुचात घनी कुल तें वडभागी। वावरी सी भई डोलति है अकुलाइ रही सगरी निसि जागी। वाकी दसा जु भई सो कहा कहौं ऐंची फिरै दुहुं ओरन लागी। यों दिनराति विहात नहीं फिरकी सम प्रेमप्रसंगनि पागी [नर० २०५]

कृष्ण० : यह नाइका मध्या, लाज काम समान है, परकीयाहू कहियै तो कहियै, नई लगन पिय की सकुच तै होइ। सषी सषी सौ कहति है –

नई लगी लगनि रसिक मनमोहन सौ उर अभिलाषनु की उमग भरति है। कुल की सम्हार की सुरति आये सीरी होति अतिही विकल जिय कल न धरति है। देषिवे को ढरति डरति मनही मन मै भरति उसास पै प्रकास न करति है। चाह कुलकानि वीच फिरकी लौ वालवधू इत उत ऐंची ऐंची फिरिवो करति है [कृष्ण० २०५]

[6] लगनि – लगिनि - न०; लगन - वे०गा०स०भा०मि०; लगी - मु०। सकुच – सकुचि - उ०शि०न०वे०गा०मु०; सकुची - वा०; सुकुच - स०। भई – भै - वा०। अकुलाइ – अकुलाय - को०मि०ह०। दुहूं – दहूं - उ०स०नी०; दुहुं - को०शि०न०वे०गा०मु०; दुहौ - वा०; दुहू - पा०भा०मि०। ओर – वोर - उ०पा०; वौर - वा०; और - न०गा०मु०; उंर - स०; वोरु - मि०। ऐंची – ऐंची, 'च' अपठ - उ०; एंची - वा०; ऐची - पा०मि०मु०; एची - वे०। फिरति – फिरै - को०पा०भा०मि०नी०; फिरत - न०वे०गा०स०; रहै - मु०। फिरकी – फिरिकी - भा०मि०। लों – लौ - को०वा०पा०भा०नी०; लौं - न०स०मि०मु०। दिन – दिनु - उ०नी०। जाइ – जाय - को०मि०ह०। दोहा लुप्त - मो०। [२०५]

हरि० : सषी सों किंवा नाइक सों सषी वचन, नई लगन, प्रीति, है, औ हुलसो संकोच है, याते विकल भई अकुलाति है, दुहूं ओर लगनि औ संकोच की ओर ऐंची, षींची, फिरति है। फिरकी की तरह याको दिन जात है। इहां लाज, लालसा, चपलता, उद्वेग संचारी अति अनुरागी व्यंग्य। उपमालंकार।

— ★ —

इत तें उत उत तें इतै। छिन न कहूं ठहराति। जक न परत चकरी भई। फिरि आवति फिरि जाति [२०६] [7]

ات تین اوت وت تین اتي چهن نه كهون تهرات ٠ جک نه پرت چکري بهي پهر آوت پهر چات [ظا٠ ٢٠٦]

अन० : सषी की उक्ति नायक प्रति होइ तौ नाइका कौ विरह निवेदन। दूतत्व व्यंगि, जौ सषी सौ कहति है तौ वाको प्रेम लच्छित कियो है अरु परकीया नायिका के क्रिया अनुभाव तें लालसा चपलता उद्वेग संचारी ते पूर्वानुराग व्यंगि। संचारी सो सव रस के विषे पिरे। विभिचारी सो स्थाई होई सो और रस में उपजे तासो विभिचारी कहिए। स्थाई भाव सो जहां ताईं जो रस रहै तहां ताए रहि अनुभाव सो जा भाव करि रस को अनुभव और को होय सो आलंवन सो कहा जिनके आश्रै रस रहै। उद्दीपन सो कहा रस को वढावै। ए भव के सरूप कहे। रूपकातिशयोक्ति अलंकार।

नर० : अभिलाष दसा, सषी को वचन सषी सों। हे सषी, राधिकाजू कौ जक परत नांही है। श्रीकृष्णजू सौं मिलन कै वास्ते इत तैं उत जात है, और उत तैं इत आवत है, पलक कहूं ठहरत नांही है। सो कैसी परै कि ज्यों चकरी फिर फिर आवत जात्यो भई है –

> **आवत है इत तै उत ह्वै उत तै इत ह्वै इह रीत नई है। नेक कहूं ठहरात न ए सुनि या विधि चंचलताई लई है। नाहीं परै जक वाको दिवानिसि देषतही चकरी सी भई है। आवत है फिरकै फिर जात है आपनी भांतिन भूलि गई है** [नर० २०६]

कृष्ण० : इह नाइका मध्या परकीया है सो वाकी विवस्था सषी सषी सो कहति है; जो सषी नाइक सो कहै तौहू संभवै –

> **जवते अटकी नटनागर सौ तवते न कहूं मन लावति है। ठहराति नहीं छिन एक कहूं निसिवासर ज्यौं वहरावति है। कवहूं इत तैं उत धावति है कवहूं उत तै इत आवति है। चकरी जिमि आवत जात वधू पलको न कहूं कल पावति है** [कृष्ण० २०६]

---

[7] इत – उत - ह०। तें – तैं - उ०न०स०मि०; ते - पा०नी०; तै - वे०गा०। उत उत – उत - वा०; इत इत - ह०। तें – तैं - उ०न०स०मि०; तै - वा०वे०गा०; ते - पा०मु०नी०। इतै – इतहिं - उ०; इतें - को०मो०; इतहि - शि०वा०; इतैं - न०स०; इतइं - गा०; इतें - मु०; उतहि - ह०। छिन – छिनु - उ०मो०; छनु - पा०; छिनक - शि०न०वे०गा०स०ह०; छिन - मु०। न – नु - नी०। कहूं – कहुं - को०गा०; कहो - वा०; कहू - पा०मो०मि०; कहु - न०वे०मु०; कहुं - ह०। ठहराति – ठहराय - को०; ठहरात - शि०मो०वे०स०। जक – जकु - उ०; 'कल' पर काटने का संकेत, ऊपर 'जक' - पा०। परत – परत, 'त' में इकार बाद में - उ०; परै - पा०; परें - मो०; परी - मि०; परति - नी०। चकरी – चकई, 'ई' पर काटने का संकेत, ऊपर 'री' - पा०; चकईं - मो०; जकरी - वे०गा०स०। भई – भईं - मो०। फिरि – फिर - को०न०वे०गा०स०; फरि - मो०; फिरि फिर - मु०। आवति – आवत – को०शि०मो०वे०गा०स०मि०मु०नी०। फिरि – फिर - को०शि०न०वे०गा०स०; (लुप्त) - मु०। जाति – जाय - को०; जात - शि०मो०न०वे०गा०स०। दोहा लुप्त - भा०। [२०६]

हरि० : सषी नायक सों विरह निवेदन करति है, उहां ते इहां ते उहां तुरे आइवे जाइवे को गैल देषति है, छनक कहूं नहीं ठीक ठहरै है, जक, कल, नहीं परति, चकरी, चकई भई है, फेरि आवै है, फेरि जाति है। इहां उपमेय नाइका नहीं है, उपमानहि ते जानी जाति है, रूपकातिशयोक्ति। उपमेयै उपमान ते जानि लेत जिहि ठौर। अतिशयोक्ति रूपक वहै भाषत कवि सिरमौर॥

— ⋆ —

निसि अंधियारी नीलपटु। पहरि चली पियगेह। कहौ दुराई क्यौं दुरै। दीपसिषा सी देह [२०७] [8]

نس اندہیاري نیلپٹ پہر چلي پي کیہہ • کہو دورائي کیون دوري دیپسکہا سي دیہہ [ظا• ۲۰۷]

अन० : सषी की उक्ति सषी सो। नाइका परकीया अभिसारिका विशेषोक्ति अलंकार।

नर० : कृष्णाभिसारिका, सषी को वैन सषी सों। हे सषी, राधिकाजू अधियारी राति के विषै नील वस्त्र पहिरिकै पिया पास चली हैं। सो कहौ कि छिपाइ कैसे छिपैं, जाकी दीवा के सी लोय सरीषी देह है –

है अधियारी महा निसि माघ की नील निचोल षरो मन मोहै। वा पहिरे पिय गेह चली अव या विधि क्यों अभिसार सध्यो है। क्योंहू दुरै न दुराव किए सषि देह तो दीपसिषा सम सोहै। वैठि कहा रही जाहु न क्यों अव तो सी सरूप तिलोक मै को है [नर० २०७]

कृष्ण० : यह नाइका कृष्णाभिसारिका, सषी की सिक्षा, अंग दीपति को आधिक्य –

कारी निसा की अध्यारी महा अरु तैसिय स्याम घटा झुकि आई। प्यारी तू कुंजविहारीयै जाति सजी सन मेचक सारी सुहाई। घूंघट मै अव चंद दुराइ कहै कविकृष्ण करी चतुराई। देह की दीपति दीपसिषा सी कहौ यह कैसे दुरैगी दुराई [नी० २०७] [9]

हरि० : चलि की ठौर चली पढ्यो है, गुरु लघु लघु गुरु होत है निज इच्छा अनुसार। ऐसो कहै आधा दोहा मै रूपगर्विता को उत्तर, राति अंधेरी है, तू नील वस्त्र पहिरिकै पिय के घर को चलि, चलौ जानिए, तहां नाइका वचन, तुम कहौ दीपसिषा सी देह है हमारी सो छपाए सों क्यों करि छपै, कैसे छपि सकै, पहिले सषी वचन तव नायिका वचन, सषी नाइका सो पूछै, ऐसो समै में नायक कै घर चली

---

[8] निसि – निसी - वा०; निस - वे०स०मु०; निशि - भा०। अंधियारी – अंधीयारी - शि०वा०न०गा०मु०; अधियारी - पा०भा०मि०; अंधयारी - वे०। नीलपटु – निलपटु - को०; नीलपट - शि०पा०स०भा०मु०ह०; निलपट - वा०। पहिरि – पहरि - उ०मि०ह०; पहिती - को०; पहिर - शि०मो०वे०गा०स०; पहर - मु०। पियगेह – पीयगेह - उ०को०शि०; पियकेह - मो०। कहौ – कहो - को०वा०मो०मु०; कह्यौ - शि०; कौहौ - न०; कहों - वे०गा०; कहूं - स०। दुराई – दुरायी - को०; दुराये - पा०; दुराइ - मो०; दुरायै - मु०। क्यौं – क्यौ - वा०मि०; क्यो - पा०वे०; क्यों - मो०। दुरै – दुरैं - वा०; दुरें - मो०। दीपसिषा – दीपशिषा - को०भा०; दीपसीषा - मो०। [२०७]

[9] भा०मि० प्रतियों में मंडन की कवि छाप का निम्नलिखित उदाहरण दिया हुआ है –

हेरि हेरि अंगन लगावति अगर सेत फेरि फेरि एतो झेरु काहे तू करति है। लाल के सदेसे रस जाति हिय भीजि भीजि आवति पसीजि सुघराई उघरति है। मंडन छवीली यह छवि तेरी साजति है मेरी या अधेरी मै तू दिया सी वरति है। आपुही ते कर चतुराई चलो चाहति है गात की गुराई यौ दुराई क्यौं दुरति है [भा० २०७]

हो, रूप छपायकै यह दीपसिषा सी देह क्यों करि दुरैगी, तुम कहौ नहीं। दुरिवो साधारन धर्म, पूर्णोपमा, दुराइवे को हेतु है, दुरिवो कार्ज नहीं होयगो। विशेषोक्ति अलंकार, विशेषोक्ति जो हेतु सों कारज उपजै नांहि। क्यों करि दुरै नहीं दुरैगी, काकु स्वर सौं, वक्रोक्ति। वक्रोकति स्वर श्लेष सों अर्थ फेर ज्यों होय।

—★—

रह्यौ ढीठ ढाढस गहै। ससिहर गयो न सूर। मुर्‌यौ न मनु मुरवान चुभि। भौ चूरन चपि चूर [२०८] [10]

رہیو دیٹہہ ڈہاڈہس کہین سسہر کیو نہ سور[11] ، موریو نہ من موروان چوبہ بہو چپ چورن چور [ظا۰ ۲۰۸]

अन० : उक्ति नायक की, स्मृति संचारी वचन अनुभाव ते पूर्वानुराग व्यंगि। चपि चूर शव्द लाछनिक है, ससी सूर हरान भयो सो कहा वुध मंद भयो ना मुरवा सो कहा एडी। संवंधातिसयोक्ति अलंकार।

नर० : पूर्वानुराग। नायिका कौ वैन सषी सों। हे सषी, मेरो मन ससिहर कहियै राह लियो नहीं न कोऊ भूर तापनौ कर्‌यौ पर दीठ है सो ढाढस पकरकै रह्यो, सो नायका के मुरवांन गिर्‌यो, तिनके और चूर कै विषै चिपकै चूरन भयो पर मुर्‌यौ नांही –

> **ठाढस कौ गहि ह्वै रह्यो ढीठ ह्वै ऐसो वडो रनधीर विराजै। सूर षर्‌यौ है मुर्‌यौ नहिं रंचक यौं रिपु के गन मै छवि छाजै। फेर मुर्‌यौ न गयौ मुरवा चुभि यौं मनु आपने साज कौ साजै। चूरन ते चिपकै भयो चूर सो सैसो अछेह अवैई निवाजै** [नर० २०८]

कृष्ण० : इह मुरवान की सोभा मै नाइक कौ मन चुभ्यो है सो सषी कौ मन नाही कहति –

> **प्रानपियारी के पाइनि ऊपर पुंज प्रभा को परै उमग्योई। सूरु रहो अति साहस कै कविकृष्ण कहै न डराइ भग्योई। चूरु भयो चपि चूरन सो पै तऊ न मुरो मुरवानि षग्योई। देषतही अति रीझिकै चाइ सौ जाइ तहा मनु मेरो लग्योई** [कृष्ण० २०८]

हरि० : नायक वचन सषी सों, हमारो मन ढीठ है, सो ढाढस, साहस, गहे रह्यो, ससिहरि गयो न, याको अर्थ डरपि नहीं गयो, ऐसी सुंदर तौर में आसक्ति किए हमारी कहा दसा होयगी, यह डर नहिं

---

10 रह्यौ – रह्यो - उ०को०पा०मो०; रहो - भा०। ढीठ – ढीठु - उ०वे०भा०; दीठ - शि०स०; ढीव - गा०; धीठ - मु०। ढाढस – ढांढसु - उ०वे०; ढाढढस - वा०; ढाढसु - पा०न०मु०; ढालुसु - गा०; ढिठई - भा०। गहै – गैहें - वा०; गहे - पा०वे०गा०स०; गहों - मो०; सुगहि - भा०; गहैं - ह०। ससिहर – ससिहरि - उ०मि०; शसिहर - वा०; सहरि, 'स' के आगे केवल काकपद - पा०; ससहरि - भा०। गयो न – गयौ न - को०वा०ह०; गह्यौ न - न०गा०; गह्यो न - वे०स०। सूर – सूरु - उ०भा०; सुर - मि०। मुर्‌यौ – मुर्‌यौं - उ०; मुर्‌यो - को०पा०मो०वे०; मुरो - भा०। मनु – मन - को०मो०गा०भा०मि०मु०ह०। मुरवान – मुरवानु - उ०शि०; मुवानि - को०; मुरवांन - वा०वे०गा०स०; मुरवानि - पा०भा०मु०ह०। चुभि – चढि - शि०वा०; मिलि - पा०। भौ – भो - को०पा०मो०स०भा०; भोर - वे०; भों - मु०। चूरन – चूर, 'न' ऊपर रिक्त स्थान में - उ०; चुरन - वा०; चपि - पा०; चूरनि - न०मि०। चपि – चापि, आ की मात्रा पर काटने का चिह्न - उ०; चूरन - पा०; चप - वे०गा०। चूर – चुर - वा०पा०। दोहा लुप्त - नी०। [२०८]

11 سور - بہور - ظا۰

कियो, सूर है हमारो मन, मुरवानि सों चुभि मुर्‌यो नहीं, चूरा पाव को गहना, तासों चपिकै चूर भयो, वा ठौर सों औरि ठौरि जाने की सक्ति नहीं रही, चूरा चूरन करिवे को कारन नहीं, तासों कार्ज भयो, विभावना। जवै अकारन वस्तु ते कारज परगट होय।

— ⋆ —

सोहत अंगुठा पाइ कै। अनवट जर्‌यौ जराइ। जीत्यौ तरिवन दुति सुढरि। पर्‌यौ तरनि मनु पाइ [२०९] [12]

سوہت انکوتہا پاي کي انوت چريو جراي • جيتو ترون دوت سودہر پريو ترن منون پاي [ظا• ٢٠٩]

अन० : प्रसाधिका सषी की उक्ति नायका प्रति, उत्प्रेक्षालंकार। एक वचन करि पार्वती को वर्नन वाक्य वैसृष्टि व्यंगि।

नर० : अनवट शोभा, सषी को वचन सषी सों, हे सषी, राधिका के पाइ कै अंगूठा कै जराव कौ जर्‌यो अनवट सोभित है, सो कैसो है, तरुन सूर्य तिनकी द्रुति सुढरपनै की तरुन जीत्यो है, मानौ सूर्य आनिकै पर्‌यो है, औ अरधंग स्वरूप है –

> **सोहत पाय को आछो अगूठा सु ताको अनौट जराव जर्‌यौ है। ऐसो विराजत है अति सुंदर वाही मै ओघ अपार भर्‌यौ है। होर परी इन दोऊ समान कै वाही को काज कछू न सर्‌यौ है। जीत्यो तर्‌योननि जोति मनो ढर सूरज वाल के पाइ पर्‌यौ है** [नर० २०९]

कृष्ण० : इह नाइका के सिंगार कौ आरंभ है सो एकही अनौट पहिर्‌यो है, सो ताकी उपमा सषी नाइक सौ कहै –

> **प्यारी सृंगार सिंगारन वैठी अचानक आयो तहा दधिदानी। ज्यौं हुती त्यौंही रही नवनागरि नंदकिसोर के रूप लुभानी। नीको जडाऊ अनौट लसै पग के अंगूठा उपमा सो वषानी। पाइ परौ है मनौ रवि आइकै तेज की हारि तरौना सौ मानी** [कृष्ण० २०९]

हरि० : नायक सों सषी वचन, अंगूठा को प्राप्त होयकै अनवट, अंगूठा को भूषन, सोभत है, जराव सों जर्‌यो है, जौ पांव के अंगूठा ऐसो अर्थ करियै तो अनवट तौ पांवईके अंगूठा को भूषन है, सुढार जो तरिवन, कर्नभूषन, ताने द्युति सों जीत्यो है, तरनि, रवि ताको तरनि, हारिकै मानो पाव मैं पर्‌यो है। रवि एक है तासों अनवट में तरिवन में जाति पच्छ सों एकवचन कियो, अर्थ, यह एकही ने जीति

[12] सोहत – सोहतु - उ०; सौहत - वा०; सोहति - मि०। अंगुठा – अंगूठा - उ०शि०मु०; गुंठा - न०; गूंठा - वे०स०; गुठा - गा०; अगुठा - मि०; अगूठा - ह०। पाइ – पाय - उ०पा०मो०मि०ह०। कै – कैं - उ०; कें - शि०; के - पा०न०भा०मि०ह०; कै - मो०। अनवट – अनवटु - उ०नी०। जर्‌यौ – जरो - वा०मो०; जर्‌यो - पा०वे०भा०। जराइ – जराई - मो०; जराय - वे०मु०ह०। जीत्यौ – जीत्यो - पा०मो०वे०गा०; जीत्यौं - नी०। तरिवन – तरुनी - शि०; तरवनि - वा०मो०न०वे०गा०भा०; तरवन - स०; तरुवनि - मु०; तरिवनु - नी०। दुति – द्युति - मो०। सुढरि – सुढर - मो०स०मि०ह०; सुढिर, ‘र’ में इकार बाद में - मु०। पर्‌यौ – पर्‌यो - पा०मो०वे०; परो - भा०। तरनि – तरुनि - शि०मि०मु०; तरुन - न०वे०गा०स०। मनु – मनों - शि०मो०गा०स०; मनौ - न०वे०भा०नी०; मनो - मि०। पाइ – पाय - मु०ह०। दोहा लुप्त - को०। [२०९]

लियो, इह दोहा सांत में लगाए षैंच्यो लगै, चमत्कार नहीं भासै। इहां हेतुत्प्रेक्षा है। तरवन ने जीत्यो, यह हेतु।

— ★ —

जंघ जुगल लोयन निरे। करे मनों विधि मैन। केलि तरुन दुष देन ए। केलिकला सुषदैन [२१०] [13]

جنکہ جوکل لوین نري کري منون بده مين ٠ کيل ترن دوکہ دين اي کيل کلا سکہ دين [ظا٠ ٢١٠]

अन० : सषी की उक्ति नायका सो, परिहास करि, उत्प्रेक्षालंकार। उत्प्रेक्षा यमक की संसृष्टि।

नर० : जांघ सोभा, सषी को वचन सषी सों। हे सषी, राधिकाजी के जुगल जो जंघा हैं, सो मानौ मैन रूपी विधि हैं, तिन निरे लोइन रूप तिनही की करी है, सो जांघ कैसी है कि केल के वृक्ष है, तिनकौ तो दुषदैन को है, और केलकला तिनकै विषै सुष की दैनहार है –

> **लोइन वीच तिरे जुग जंघ करे विधि मैन मनौ अति नीके। है वहु पीननि रोम मनोहर हार रहे कर भै करही के। केलन के तरु कौ दुषदायक औ सव लायक भावत जी के। और कहा इनकी महिमा कहौं केलिकला सुष दैन ही पी के** [नर० २१०]

कृष्ण० : इह जंघन की सोभा नाइक सषी सौ कहै, सषी नाइका सौ कहै –

> **कारे करेरे कुरूप करी करक्यौ सम होत प्रभाई न कीके। सोहत सुंदर पीन सचिक्कन मोहन है मनमोहन पी के। केलि कलोल कला के निधान महादुषदायक है कदली के। तो जुग जंघ विरंचि मनौ जुवनाइ करे निरे लोइनही के** [कृष्ण० २१०]

हरि० : मैन जो काम, सो मानो विधाता है, या नाइका के जो जंघ जुगल, दोऊ जांघ, सो लोयन लावन्य निरे, केवल, लावन्यही सो करै हैं, कैसे हैं केलि केरा, ताके जे तरु, वृच्छ, ताको दुष देन वाले हैं, आपनी सोभा करि, वाके तिरस्कार करन वाले हैं, वाके दुष्ट हैं, रति समय विषै केरा को थंभ की आकृति होति है, हे तरुन केलि समय विषैसुष देन वाले हैं, तरुन संवोधन न करति तो नायिक सामान्य होय। इहां वस्तूत्प्रेक्षा औ जमक, निरे लोयन वस्तु, केलि तरुन केलि तरुन जमक, जमक सव्द को, फिरि श्रवन अर्थ जुदो सो जानि, केरा के दुष देन वाले याते अर्थी उपमा।

— ★ —

---

[13] जंघ – जांघि - न०; जांघ - वे०गा०। जुगल – जुगलि - न०गा०; जुगुल - भा०नी०। लोयन – लोइननु में - शि०; लोइनि - वा०; लोइन - न०भा०मि०नी०। निरे – ; निरैं - उ०; (लुप्त) - शि०; रेनी - वा०; मुरे - भा०। करे – कीए - मो०; करै - न०गा०स०; करौ - वे०; किऐ - मु०। मनों – मनौं - वा०न०; मनौ - पा०भा०मि०नी०; मनो - मु०। विधि – विध - वे०। मैन – मैंन - उ०शि०न०स०मु०; मेंन - मो०ह०। केलि – केल - पा०न०वे०गा०स०; के - मि०। तरुन – तरुनु - उ०; तरुन, 'न' में इकार बाद में - भा०; तरुनि - नी०। दुष – दुषु - न०। देन – दैंन - उ०मु०; देंन - मो०; दैन - न०वे०गा०स०मि०नी०। ए – ये - पा०नी०। केलिकला – केलि तरुन - शि०ह०; केल तरुन - पा०; केलकला - न०वे०गा०स०मि०; केलिकथा, 'था' पर 'ला' - नी०। सुषदैन – सुषदैंन - उ०स०; सुषदेंन - वा०मो०; सुषदेन - पा०भा०; सुषुदैन - न०; दुषदैनि - नी०; सुष देत - ह०। दोहा लुप्त - को०। [२१०]

रही पकरि पाटी सु रिस। भरे भौंह चित नैंन। लषि सपनै तिय आन रत। जगतहु लगत हियै न [२११] [14]

رہي پکر پاتي سو رس بہري بہونہ چت نين • لکہ سپنين تي ان رت جکتہو لکت ہي ن [ظا• ۲۱۱]

अन० : सषी की उक्ति होय तो नायका प्रति, मध्यम मान। भ्रांति अलंकार।

नर० : मान। सषी को वचन सषी सो, हे सषी, राधिकाजू सुपने के विषै पिय कौ अन्य स्त्री सौं रति कीवी जानिकै जागी है, पै हियै लागत नाहीं है, वा रति जानैकै रिस सों भोंह और नैन अरु चित भरिकै पाटी, ईस, पकरिकै रही है –

> **पाटि रही पकरै रिस ते भरिकै भृकुटी चित नैन भरे है। देषतही सुपनै पिय आन वधू संग केलि विलास करे है। नैन षुले तव जागि परी तऊ आइ षरी अकुलाइ अरे है। लागति नांहि हिये अति दुःषते या विधि के मन प्रान परे है** [नर० २११]

कृष्ण० : इह नाइका के सपनै नाइकु आन रति देष्यौ तव जागतहू मान नाही छोडति, अन्यसंभोगदुषिता है। सषी कौ वचन सषी सौ –

> **दंपति केलि कलोल पगे उर लागि रसोइ गई पलकाही। ऐसे मै प्यारी लष्यौ सपनो हरि आन वधू सौ किये गलवाही। पाटी सौ लागि रही मृगनैनी भरीं रिस नैननु भौहनि माही। चौंकि यहै चित पागी महा तिय जागी निसा हिय लागति नाही** [नी० २११][15]

हरि० : षंडिता में लगावनो। नायक प्रात आयो है, तव नायिका सषी सो कहति है, हमारे नायक सों सपना में कोई तिय आनि, आयकै रत भई है, रमन करै है, ताकी पाटी, चोटी, में सरिस, सक्रोध होयकै पकरि रही, रोस सों वा नायिका ने आपनी भौंहैं औ चित्त औ नैन को मरो, किंवा मै भरो, लषे को, दृस्य भए लषिहै, जगतहू जागत कै भी ताहि हिऐ ना, ताही के ऐन, घर के लगन जी कलषे दिन में यह अर्थ, स्वप्न हमारो सांच भयो। यातें षंडिता मुष्यार्थ, मध्यम मान है। सषी सों सषी वचन। षाट

---

[14] रही – रहि - को०शि०। पकरि – कर - वे०; पकर - स०। पाटी – पाटि - को०। सु – स - भा०ह०। रिस – रीस - मो०; रस - स०। भरे – भरै - उ०न०मु०नी०; भरें - शि०; भरी - मो०; भरि - भा०। भौंह – भोंह - शि०वा०मो०स०; मोह - पा०; भोहि - वे०; भौह - गा०; भौहै - भा०। चित – वित - नी०। नैंन – नैन - शि०गा०भा०मि०नी०; नेंन - वा०मो०वे०; वैन - पा०; वैंन - मु०। लषि – लिषि - उ०। सपनै – सपनें - उ०वा०; सुपनें - को०मो०; सपने - पा०भा०ह०; सुपनै - वे०गा०; सुपनैं - मु०; सपनैं - नी०। तिय – लषि - शि०; पिय - पा०भा०मु०; त्रिय - ह०। आन – आंनि - को०न०; आंन - शि०स०नी०; आम - मु०। रत – रिति - को०; तिय रत, 'तिय' पर काटने का चिह्न - वा०; रति - पा०मो०न०वे०गा०स०मि०मु०ह०। जगतहु – जगतहू - उ०मो०; जगतहुं - को०शि०ह०; जगहु - वे०गा०; जगहूं - स०; जगेतहुं - नी०। लगत – लगति - न०वे०ह०। हियै – हियें - उ०गा०; हिये - को०पा०भा०; हिए - मो०; हीयै - वे०; हिऐ - ह०। [२११]

[15] स्वीकृत उदाहरण के स्थान पर भा० प्रति में यह भिन्न सवैया है –

कामकलान प्रवीन लजारु नई अत लारति रंग रहो। गई सोइ तिया कछु जागे प्रिया सपने यो लषि प्यौ इकु नाउ कहो। चौकि परी सहरावति कान अलोलिक वोल परो न सहो। छल सौ पिय सीस तै ऐचि भुजा मन माझ मरोर सौ मान गहो [भा० २११]

की पाटी पकरि रही, सरि, सरिस, सहित रोस सों भरे भोंह चित नैन, सपना मैं आन तिय सों रति देषिकै जगतहुं गरे नहीं लगति है। भ्रांति अलंकार, और मैं और को भ्रम।

—★—

किय हाइल चित चाइ लगि। वजि पाइल तुव पाइ। पुनि सुनि सुनि मुष मधुर धुनि। क्यौं न लाल ललचाइ [२१२] [16]

کئیے ہایل چت چاي لک بج پایل تو پاي • تا سون کن کن مدہور دہن کیون نہ لال للچاي [ظا• ۲۱۲]

अन० : सषी की उक्ति नायका सो। उत्तरालंकार, करि नायका प्रेमगर्विता व्यंगि, काव्यलिंग प्रश्नोत्तरालंकार को संकर।

नर० : ललित हाव, सषी वचन नायका के प्रति। हे राधे, तेरे पाय की पाइल तिनकी वाजतांई नैकही नायक के चित मैं चाह लगाइकै हायल किये है, सो और सुनि, जो तेरे मुष की मधुरी धुनि सुनिकै लाल क्यौं न ललचावै। एतावता ललचावै हीज –

> **होइ गयो अति हायल चित्त लगी जव चाइ षरी दुषदाई। याके कछू नहिं दोष अचानक वाजि उठै तुव पाइल माई। फेरि उतै सुनिकै मधुरद्धुनि क्यों ललचै न कुमार कन्हाई। एक तिहारो सरूप अनोपम दूसरी देह दिपै अधिकाई** [नर० २१२]

कृष्ण० : इह नाइका की आसक्ति जानि सषी नाइका सौ कहति है। वेनी वर्नन है –

> **गजगति तेरी हे री लटू तवही ते भयो तापै सुनी पायल की झनक सुहाई री। तवही ते वाके उर लागी अति चटपटी तुव मिलिवे को ललुकतु है कन्हाई री। वीन के सुरनहु ते मधुर सरस धुनि काल्हि कहू तेरी उन वानी सुनि पाई री। काहे ते न वाके उर मदन मरूर उठै याही ते हौं कहन जरूर तोही आई री** [कृष्ण० २१२]

हरि० : नायका सो सषी वचन, चित को चाव सो लगिकै मन को रोचक तुम्हारे पाव में नूपुर वजिकै नायक को मिलन की उत्कंठा वढी, तासो हायल, मूर्छित, कियो। सषी कहै है, हे सषी पुनि तू सुनि, कोई समय में तेरे मुष की मधुर धुनि सुनिकै क्यौं नहीं लाल ललचाय, इहां सुनि सुनि पद की आवृत्ति है, तासों आवृत्ति दीपक। पद अरु अर्थ दुहून की आवृत्ति दीपक मानि।

—★—

---

[16] किय – कीये - शि०। हाइल – हाइलु - उ०; हायल - शि०पा०मो०वे०मु०ह०; हायलु - वा०न०गा०। चित – चितु - उ०शि०न०गा०। चाइ – चाय - उ०शि०पा०मो०मु०ह०। लगि – लग - मु०। पाइल - शि०वा०न०वे०गा०स०मि०नी० पायल - उ०पा०मो०मु०ह०। तुव – नुव - वा०; तुअ - ह०। पाइ – पाय - पा०मो०मु०ह०। पुनि – फुनि - वे०गा०स०; फुनि फुनि - मु०। सुनि सुनि – सुनि - स०मु०। मुष – (लुप्त) - पा०; मुष की - स०; सुष - नी०। क्यौं – कों - वा०; क्यो - पा०; क्यों - मो०वे०स०; क्यौ - गा०मि०नी०। लाल- लालु - न०नी०। ललचाइ – ललिचाइ - उ०मि०; ललचाय - पा०मो०मु०ह०; ललुचाइ - न०गा०। दोहा लुप्त - को०भा०। [२१२]

लीनेऊ साहस सहस। कीने जतन हजार। लोइन लोइनसिंधु तन। पैरि न पावत पार [२१३] [17]

کيني او ساہس سہس کينہي جتن ہجار • لوين لوين سنده تن پير[18] نه پاوت پار [ظا•
[۲۱۳

अन० : उक्ति नायक की कै नायका की। गुनकथन ते पूर्वनुराग व्यंगि, औत्सुक्य संचारी। रूपकालंकार।

नर० : साक्षात दर्शन, रूप सोभा, नायिका कौ वचन सषी सौ। हे सषी, मेरे लोइन ने हजारेक तो जतन कीने पर राधिका के तन रूपी सिंधु है, तिनकौ तिरते लोयना पार पायो नाहीं –

> **लीनेउ साहस केते हजारक कीने जतन्न करोरक मैं हौ। या विधि कै कै उपाय रही थकि मै मरजाद नषी अवतै हौ। लोयन लोयनसिंधु परे तन पैर न पार कहा कोऊ लैहौ। आपने हाथनही इह वात करी करतार सवै जग ह्वैहौ** [नर० २१३]

कृष्ण० : इह नायका के अंग की सुंदरता देषिकै नाइक के नेत्र तहांई थकित ह्वै रहत है, सो नाइक सषी सो कहत है –

> **जा तन की छवि को कवि कोविद केते किते उपमान वतावत। ता तन की छवि देषिवे कौ तव नैन लगै न इतै उत धावात। साहस कोरि सयान घने वहु भाति अनेक उपाइ वनावत। सोभा के सागर माझ परे अव पैरत कैसेहू थाह न पावत** [कृष्ण० २१३]

हरि० : धृष्टता सहित, जोरावरी सो, साहस, नायिका किंवा नायक कहत है, हजार साहस लिए नाभी को रूप आवर्तता में नहीं अटकैगो, जडता आदि सात्विक दृढ चित्त करि नहीं होने देहिगे ऐसे हजार जतन किए भी लोयन जे हैं नेत्र सो लोयन, लावण्य, जाहि रूप मे प्रतिविंव परै सो लावन्यता को समुद्र नायक के किंवा नायिका के तन ताको पैरिकै पार नहीं पावत है, गुन कहै है, तासों पूर्वानुराग जान्यो जात है,औत्सुक्य संचारी, लोयन सिंधु तन रूपक, उपमान उपमेय को अभेद, लोयन लोयन जमकालंकार पद की आवृत्ति सों।

— ⋆ —

पट की ढिग कत ढांपियत। सोभत सुभग सुवेष। हद रदछद छवि देत

[17] लीनेऊ – लीनैंहूं - उ०; लीनेहू - शि०; लीनोहो - वा०; लीनेहू - पा०; लीनेंहू - मो०; लीनैऊ - न०मि०; लीनेउ - गा०स०; लीनेउं - मु०; लीन्हेऊ - नी०; लीनेहूं - ह०। साहस – सांहस - उ०न०वे०भा०; संहस - नी०। सहस – हस - वा०; संहस - भा०। कीने – कीनै - उ०मि०; कीनो - वा०; कीन्हे - पा०नी०। हजार – हजारु - उ०; हजार, 'र' में इकार बाद में - को०। लोइन – लोयन - उ०को०पा०मो०मु०ह०; लोइनु - वा०न०; लोयनु - वे०। लोइनसिंधु – २ की संख्या मिटाकर ऊपर 'लौइन' - उ०; लोयनसिंधु - को०मो०मु०ह०; लोइनुसिंधु - वा०; लौंइनुंसिंधु - न०; लोयनुसिंधु - वे०; लोइनसिंध - मि०। तन – तऊ - शि०; कों - मो०; तनु - न०वे०गा०। पैरि – पैर - शि०न०वे०गा०स०मि०मु०; पेरि - मो०; परि - नी०। न – नि - मि०; नहि - नी०। पावत – पावति - न०वे०नी०। पार – पारु - उ०। दोहे का पद विपर्यय - मि०। [२१३]

[18] ظا• - پہر - پير

यह। सद रदछद की रेष [२१४] [19]

پت کي دہک کت دہاپیت سوبہت سوبہک سوبہیکہ ۰ ہد ردوچہد چب دیت یہ سد
ردوچہد کي ریکہ [ظا۰ ۲۱٤]

अन० : सषी की उक्ति सुरतलक्षिता नायका प्रति। व्याजस्तुति अलंकार।

नर० : सुरतांत, सषी को वचन नायक सों, हे राधे, यो पट की ढिग करिकै कत ढांपत है, भले भाग सों भले भेष सोभत है, हद तो याकी रदछद की है, परं सरद रित तिनकौ छतन की रेष की छवि देत है –

> **क्यौ पट के ढिग ढापति हौ अपने निस नाह दई गिरधारी। ऐसी विराजत है अति सुंदर ओप अनोपम है वहु भारी। ए रद की छद की छवि छाजत याकौ निहारत और कहा री। यौं सद दंत दियै तें लगी अव घाव की रेष भई सुषकारी [नर० २१४]**

कृष्ण० : सषिन को लषिवो, सषी नाइका सों कहै तो लछिता। इह सुरति कौ चिह्न नाइका दुरावति है, सो सषी नाइका सो कहति है –

> **आजु भटू रतिरंग के मंदिर तू मनमोहन के संग जागी। केलि विलास हुलासनि कै वडभागिनि तै रिझयो अनुरागी। ढाकति क्यौ पट की ढिग ओट मै सोहति चारु प्रभानि मै पागी। देति महाछवि की हद कौ यह रेष यहै रदछद्द की सद लागी [कृष्ण० २१४]** [20]

हरि० : यह दोहा षंडिता मै लिष्यो है, हे सुभग नायक को संवोधन करि, पट सों ढांपिवो रदछद की रेष अछो नहीं वनै, लछिता सों सषी की उक्ति, पट कै ढिग पट मुष पर कौ वस्त्र को अर्थ करिकै पट को नजीक करिकै क्यों ढांपियत है, हे सुभग सौभाग्यवती सुवेष सू तरह सोहत है, भासत है, हद जेतनो चाहिए तेतनो, रदछद रद नाम दांत ताको छद कहिए, आछादन करन वालो अधर, ओठ, ताहि अधर विषे छवि देत, सोहत, है, यह जो है सद कहिए तुरत को, रद दांत, छद कहिए छत, वा ताकी रेषा, पट को ढांपिवो प्रतिवंधक है तौभी सोनिवो कार्ज भयो, विभावना, प्रतिवंधक के होतहू कारज पूरन मानि। वृत्ति अनुप्रास है। वहुत वार अच्छर कहै वहै वृत्ति है जानि।

— ⋆ —

नाह गरजि नाहर गरज। वोल सुनायो टेरि। फसी फौज मैं वंदि विच।

[19] की – के - को०; ए तथा ई की मात्राएँ - भा०; कै - ह०। ढिग – ढिंग - नी०। ढांपियत – ढांपियति - उ०न०नी०; ढांपीयत - वा०; ढापियतु - मो०; ढांपियतु - वे०; ढापियत - भा०; धापियति - मि०; टापियत - मु०। सोभत – सोभित - उ०को०ह०; सोभति - न०; सोहत - भा०मि०; सोहति - नी०। सुभग – सुभिग - मु०। सुवेष – सुभेष - को०; सुवेस - शि०; सुवेषु - मो०नी०। हद – हह - भा०। रदछद – रद - वा०। छवि – वि - मो०। देत – देति - उ०न०नी०; देह - को०वे०गा०; देत - वा०। यह – इह - शि०वा०। रदछद – रदछा - मु०। की – (लुप्त) - को०। रेष – (लुप्त) - को०। दोहा लुप्त - पा०। [२१४]

[20] ढाकति तक्यौ – ढाकि तक्यौ - भा०। ओट मै – सौ अति - मि०। देति – देषि - मि०।

हसी सवनु तन हेरि [२१५] [21]

ناه كرج ناهر كرج بول سونايو تير • پهسي پهوج بنچ؟ بند مين هسي سبن تن هير [ظا •
[٢١٥

अन० : सषी की उक्ति सषी सों। प्रवास विप्रलंभ। पाती वर्णन लज्जावाचक श्लील दूषण। विभावनालंकार। अथवा, उक्ति देषन वाले की काहू प्रति गरज वोलिवो अनुमान ताते उग्रता, धृति संचारी पद विभाव ते करुनाही ताकी सोति हंसी अनुभाव करि अरु भट वदन वैवर्णता। विभाव हर्ष संचारी ते हास्यरस। व्यंगि सैनिक कै वैवर्णता। अनुभाव उग्र अरि दरसन विभाव संकर संचारी ने भय स्थायी पोष्यो, ताते भयानकरस व्यंगि। ह्यांई निरसनि ते भारती वृत्ति है। प्रहर्षणालंकार।

नर० : मुदित हाव रस, सषी को वचन सषी सो, हे सषी रुकमनीजू कै सिसुपाल नाह की सौं गरज नांही है, और श्रीहरिजू की गरज है सो वा समै टेर करिकै काहू ऐसो वोल सुन्यो कि हरि आए। तव रुकमनी आपने वंदीजन की फौज बीच फसी थकी सवनु के तनु कौ हेरिकै हंसी –

> **नाह गरज्जकै नाहर की रवि यों अपनै मन आदर भारी। आवतहू पल मैं ढिग तो कहि वोल सुनायो है टेरिकै नारी। फौज मै आज फसी वंधु वा विच कौन उपाय करै अव चारी। यौं सुनिकै हुलसी फिरकै हंसि जोधन की सव देह निहारी** [नर० २१५]

कृष्ण० : इह द्रोपदीजी को समय कवि की उक्ति। साधारन तै या मीन प्रसंग मै वंदि मै है पै अपने पति के विक्रम कौ भरोसो जानि हसी है –

> **आयुध अघट साजै भटनु की भीर भारी चारौ ओर विकट लियेई जाति घेरिकै। नाहर की गरज गरूर सौ गरजि पति ताही समै पाछै ते सुनायो वोलु टेरिकै। वाके अति विक्रम को भाउ जिय जानो यह जीतैगो समरु एक एक कौ निवेरिकै। प्रवल चमू के वीच वंदि मै फसी है तऊ उमगि उछाह हसी सव तन हेरिकै** [कृष्ण० २१५]

हरि० : जयद्रथ द्रोपदी को हरी, किंवा रुक्मिनीहरन के प्रसंग में, किंवा संषचूर के प्रसंग में नाहर को गरज समान शत्रु को भयकारी, नाह को जगरजीवौ है, तहां वोल कीजो टेरि, ऊंची ध्वनि सुनाई, फौज में वंद विच फसी रुकी थी सवन की तन, ओर, हेरिकै हंसी। नाहर को गरज समान नाह को गरज नायक वोलि सुनायौ, नाहर की टेरि, ध्वनि सी, लुप्तोपमा।

— ⋆ —

[21] गरजि – गरज - को०मो०न०वे०गा०स०भा०मु०ह०। नाहर – नाहरि - वा०मु०। गरज – गरजि - शि०मि०नी०। वोल – वोलि - वा०न०ह०; वोलु - भा०नी०। सुनायो – सुनायौ - उ०न०मि०; सुनोयो - मो०; शुनायो - भा०। टेरि – टेल - को०; टेर - शि०वे०मि०। फौज – फोज - को०मो०वे०। मैं – में - को०शि०; विच - मो०; मै - वे०गा०; के - भा०ह०। वंदि – वंधु - न०गा०स०; वंध - वे०भा०; वंद - मु०ह०। विच – विचि - शि०वा०न०स०मु०; में - मो०; विच, 'च' में इकार बाद में - गा०। हसी – हंसी - ह०। सवनु – सवन - को०वे०स०मु०; सवनि - मो०ह०; सवुन - मि०। तन – तनु - शि०न०गा०स०; की तनु - वे०। दोहा लुप्त - पा०। [२१५]

मोहू दीजै मोष। ज्यौं अनेक अधमनु दयो। जौ वांधेही तोष। तौ वांधौ अपने गुननि [२१६] [22]

موہو دیجی موکہ جیون انیک ادہمن دیو ۰ جو باندہونہی توکہ تو باندہو اپنین کنن [ظا۰
[۲۱٦

अन० : वचन अनुभाव ते सांतरस व्यंगि। श्लेषालंकार। मुमुक्ष को वचन प्रभु सों। करुनरस दीनता संचारी, श्लेष अलंकार।

नर० : भक्तजन वाक्य, कवि विहारीदास कहत हैं, हो श्री भगवानजू अनेक पापी कुं जो मोष दई है, तो मोहू को मोष दीजै, और जो मोष न दैन को तोष वांध्यौ, तो अपने गुन है सोई वांध राषौ। और विचार, तो अपने गुन सौ वांध राषौ –

> **क्यौं नहीं दीजियै मोहू को मोष दयाल दमोदर दान विहारी। ज्यों तुम और अनेकन को अपवर्ग दयो तो कहा इह भारी। जो तुम वांध्योई चाहत हौ तो इहै सव वात भली है हमारी। तो क्यों न वांधत हौ अपने गुन दीन दया करियै गिरिधारी** [नर० २१६]

कृष्ण० : यह भक्त कौ वचन भगवान सौ, कि भक्ति करौ तौ वांधी राषौ तो अपनो करि राषौ –

> **भांति भांति आरत की आरति निवारत हौ प्रगट पुकारत निगम गन साषियै। ताते कविकृष्ण दीनवंधु दयासिंधुजू सौ वार वार विनती पुकारि यहै भाषियै। अधम अनेकनि कौ ज्योही दीनी मोष तुम त्योही मोहू मोषु दीजौ चित अभिलषि यै। वांधिवोई जो पै मन मान्यौ महाराज तौ जू आपनेही गुननु वनाइ वांधि राषियै** [कृष्ण० २१६]

हरि० : मोको भी मोछ दीजिए, जैसे अनेक पतितनि को दिए हौ, जो तुम्है हमको वांधेही सो संतोष है तो अपने गुननि सौं वांधौ, गुन डोरी, गुन गुन, श्लेषालंकार, पहिले आप कछुक कहै फेरि फेरै आछेप भी है।

— ⋆ —

कीजै चित सोई तरे। जिहि पतितनु के साथ। मेरे गुन औगुन गननु। गनौ न गोपीनाथ [२१७] [23]

---

[22] मोहू – मोहो - वा०; मोहूं - वे०गा०मु०। दीजै – दीजे - को०। मोष – मोषु - उ०न०स०भा०मि०; मोंष - मु०। ज्यौं – ज्यों - को०मो०वे०स०; जौं - शि०; ज्यो - वा०पा०; ज्यौ - भा०मु०नी०। अनेक – अनेक, भिन्न क़लम से पार्श्व पर - उ०; अनेग - पा०। अधमनु – अधमन - को०शि०वे०गा०स०मि०; अधमनि - वा०पा०मो०नी०; पतितनि - ह०। दयो – दीयौ - उ०शि०; दयौ - न०गा०भा०मि०; दीयो - नी०; दियौ - ह०। जौ – वांधेही – उ०को०मो०वे०गा०स०नी०; वांधैहौ - शि०; वाधैहों - वा०; वाधेही - पा०मि०; वांधैही - न०मु०; वांधेंही - भा०; वांधेंहीं - ह०। तोष – तोषु - उ०न०वे०गा०स०भा०मि०; नी - नी०। तौ – तो - को०शि०वा०मो०वे०गा०स०; (लुप्त) - नी०। वांधौ – वांधो - को०मो०गा०; वाधौ - वा०पा०मि०; वांध्यो - वे०। अपने – अपनि - वा०; अपनै - गा०मि०; अपनें - मु०; अपनौ - नी०। गुननि – गुननु - उ०न०; गुनन - वे०स०। [२१६]

[23] कीजै – कीजे - को०मो०मु०। सोई – सोइ - उ०न०; सौई - शि०; सौइ - वा०। तरे – तिरे - को०मो०; तरै - शि०वा०न०मु०; तरौ - पा०; तजै - भा०; तरैं - नी०; तिरौं - ह०। जिहि – जिन - शि०वा०गा०; जिह -

کیجي چت سوي تري جنہ پتتن کي ساتہ • میري کن اوکون کنن کنو نہ کوپیناتہ [ظا •
[۲۱۷

अन० : वचन अनुभाव ते सांतरस व्यंगि। मुमुक्ष को वचन करुनारस, दीनता संचारी। काव्यलिंग अलंकार।

नर० : भक्तजन वाक्य, कवि विहारीदास कहतु हैं, हो गोपीनाथ, अवहूं चित के विषै सोई कीजै, जिहि करि पतितन के साथ तारे हैं, सो तुम मेरेहू औगुन औ गुन के गनतिन की गिनती गनौ मत। एतावता मोहू कौ तारौ –

> **सोई तरै चित कीजै महाप्रभु ऐसो भरोसो सदा है तिहारो। या जग वीच परे वहु पामर पापन कै गुन नैक निहारो। मोते भयो गुन औगुन को गन रंच गनौ न हियै में विहारो। हौं अति कूर कुचाल कराल कहा भयो तो पुनि अंत तिहारो** [नर० २१७]

कृष्ण० : भक्त कौ वचन भगवान सौ –

> **निगम पुकारत कै वंधु हरि तुम सरवर को सरन नई सारौद निहारियै। असरन हरन कौ दुषदंद तातै अव तेरौ द्वार वार छांडि कौन सौ पुकारियै। जैसे तुम तारे पतितनु के अनेक पुंज कहै कविकृष्ण तैसै मोहू को उधारियै। कीजै चित सोई जाते होई निरवाह प्रभू मेरे गुन औगुन कछू न उर धारियै** [कृष्ण० २१७] [24]

हरि० : सोई उपाय चित्त में कीजिए जिहि, जिस तरह सों पतित तरत हैं, जाके साथ मैं भी तरों, आधा स्पष्ट। तरिवे को दृढ कियो, काव्यलिंग।

— ★ —

औंधाई सीसी सु लषि। वरनि विरह विललात। विचिहीं सूकि गुलाव गो। छीटो छुई न गात [२१८] [25]

वे०; जिहिं - स०। पतितनु – पतितन - को०पा०मो०स०भा०मि०; पततनु - वा०गा०; पतितनि - ह०। के – कै - उ०शि०मि०; को - वे०। मेरे – मेंरे - शि०; मरे - भा०। औगुन – (लुप्त) - को०वा०; ओगन - मो०; ओगुन - वे०मु०; औगुनौन कौं - नी०। गननु – गनन - को०मो०स०मु०; गिननु - शि०; गननि - पा०ह०; मननु - वे०; गुनन - भा०; सवै - मि०। गनौ – गिनो - को०मो०; गिनौ - शि०; गनों - वे०मु०; गनो - भा०। [२१७]

24 उपरोक्त उदाहरण की अपेक्षा भा०मि० प्रतियों में भिन्न उदाहरण है –

तोसो एक तुही और दूसरो न राजाराम तेरेई रचे हैं लोक सुर नर नागरे। सोई वीतराग जिन कीने व्रत नेम जाग सोई वडभागी जाको तोसो अनुराग रे। आपु तो न देषियै न देषि करतूति मेरी अधम उवारिवे की तेरे सिर पाग रे। मोसे अपराधी है न तोसे है सहनहार मोसे अवगुनी है न तोसे गुनआगरे [भा० २१७]

25 औंधाई – ओधाई - को०; औधाई - शि०भा०मि०मु०नी०; औधाइ - वा०; उधाई - मो०; ओंधाई - वे०गा०; उंधाई - स०। सु – सू - को०। लषि – लगि - वे०। विरह – वरह - न०। वरनि – वरन - पा०वे०गा०स०मु०; विकल - भा०मि०नी०; वरत - ह०। विचिहीं – वीचिहि - को०; वीनही - शि०; वीचहि - पा०; वीचिहीं - मो०; चिवही - वे०; विचही - गा०स०भा०मि०नी०; वीचहिं - ह०। सूकि – सूषि - उ०पा०भा०ह०; सुषि - को०; सूकी - शि०; सुकि - वा०; 'सू' के आगे 'ष' पर 'क' - वे०; सूक - गा०स०मु०। गो – गौ - उ०गा०मि०नी०ह०; कौ - शि०मु०। छीटो – छीटौ - उ०गा०भा०मि०मु०नी०ह०; छीटा - शि०; छिटो - मो०; छींटौ - न०; छींटो - स०। छुई – छुवाइ - शि०; छाइ - वा०; छुयौ - न०स०; छुयो - वे०; छुयौ - गा०; छुयत, 'य' पर 'अ' - भा०; छुही - नी०। [२१८]

اوندہائي سيسي سو لکہ برہ برن بللات ٠ بچہین سوک کلاب کو چہیتو چہوئي نہ کات [ظا٠ ٢١٨]

अन० : सषी की उक्ति सषी सों, नाइका प्रोषितपतिका व्याधि दशा, अत्युक्ति अलंकार।

नर० : व्याधि दशा, सषी कौ वचन नायक सौं। हो कान्ह, वाके विरह की वरननै विललावती लषिकै जो गुलाव की सीसी भरी हुती सो वापर औधाय दीवी, सो गुलाव कौ पानी वीचही तै सूकि गयो, पै वाके गात कौ छीटोहू छुयो नाही –

> **नीचे मुषै लषि सीसी सलौनी पै धार परी संग री हम देषी। वा तन भारी प्रलाप वियोग को आपने जी इह आगही लेषी। सूकौ जे वीच गुलाव सुनौ हरि ऐसी सरीर व्यथा सविसेषी। गात छुई नहिं छींट कहूं न कहूं हम रीति सुनी अरु पेषी** [नर० २१८]

कृष्ण० : इह नाइका प्रोषित्पतिका, सषी को वचन नाइक सो। सषीहू सौ कहै तौ वनिहै –

> **वालवधू मनमोहन सौ विछुरै विलषी दुषदुंद दवाई। नीर विना सफरी ज्यौं परी तलफै वहु भांति वियोग तचाई। सीतल जानि सषी करुना करै सीस तै सीस गुलाव निकाई। वीचही नीर विलाय गयौ सवु एकहू छीट न अंगन आई** [कृष्ण० २१८][26]

हरि० : सषी सों सषी, गुलाव भरी सीसी सीतल जानि नायिका पै औंधाई, उप्टी करी, विरह सौं वरति है, विललाति है, रोवति है, कहरति है, तव वाके अंग की ज्वाला सों वीचही गुलाव सूषि गयो, पानी की छीटि को वाके गात ने नहीं छुई। अत्युक्ति है।

—★—

तजी संक सकुचित न चित। वोलत वाक कुवाक। दिन छिनदा छाकी रहति। छुटत न छिन छवि छाक [२१९] [27]

تجین سنک سکوچت نہ چیت بولت باک کوباک ٠ دن چہندان چہاکي رہت کہرور ؟ چہن چہاک [ظا٠ ٢١٩]

अन० : सषी सषी सों अथवा दूती नाइक सों नाइका कौ विरह निवेद करति है। प्रलाप उन्माद दशा सो पूर्वानुराग परकीया नाइका को व्यंगि। व्यतिरेकालंकार।

[26] भा० प्रति में यह भिन्न उदाहरण है –

सरसे वरसे घन सावन के सिगरे महि सिंधु समान भई। जितै जित देषियै दीठ पसारि तितै तित पेषियै नीरमई। घर तै उठि आंगन ठाढी भई ललना विरहागिनि तेज तई। छिरको न गयो उनको अंगना वरषा अधवीचही सूषि गई [भा० २१८]

[27] संक – संकु - मो०न०वे०गा०स०। सकुचित – सकुचिति - उ०; सकुचति - को०वा०पा०मि०ह०; कुलकानि - शि०; संकुचित - गा०। न – (लुप्त) - शि०स०। चित – चिन - वे०; चितैं - स०। वोलत – वोलति - को०पा०न०भा०मु०ह०; वोलनि - वे०गा०; वोलन - स०; वोलतु - नी०। वाक – वाकु - उ०मो०न०वे०गा०मि०नी०। कुवाक – कुवाकु - उ०मो०न०गा०मि०नी०; कुवाकि - वे०। छिनदा – छनदा - को०पा०ह०; छिननदा - वा०; दिन मद - नी०। छाकी – वाकी - को०। रहति – रहत - को०वा०मो०स०; रहै - भा०। छुटत – छुटतु - उ०नी०; षरौ - शि०; षरो - वा०; छुटस - वे०; छुटति - भा०मु०; छुटै - ह०। न – (लुप्त) - शि०वा०। छिन – विषम - शि०वा०; छनु - पा०; छिनु - मो०वे०गा०मु०नी०; छितु - न०। छाक – छाकु - उ०न०वे०गा०मि० [२१९]

नर० : उन्माद दशा, सषी वचन नायक सों, हो कृष्ण, राधिका संक तो छांडि दीनी है और चित तैं सुकुचित नाहीं है, दाय आवै ज्यों वाक कुवाक वोलत है, दिन और राति छकी रहति है। सो या तुमारी छवि की छाक छिनहू छूटति नाही है, षरी सी विषम है –

संक तजी दुचिती भई देह मै वोलत वाकु कुवाकु अयानी। वाकी रहै छिनदा दिन भामिनी
वात कहै सव सों मनमानी। काहू छली सी घरी मै वरी सी हरानी सी जानि सु राधिका रानी।
रूप कौ छाक छुटै न घरीक भली विधि कै विसव्याल विसानी [नर० २१९]

कृष्ण० : इह मदहाव वर्नन है। इह नाइका कौ छवि कौ गरवु है, सो सषी सषी सौ कहति है, मदहाव जो नाइक की छवि कौ छाकु सषी कहै तौ लछिता होइ –

कछू वूझत वातहि ऊतरु देति न लाइ टकी अनिमेष तकै। अरु कानि करै न अलीनहु की
तजि लाज झरोषन ह्वै उझकै। सव संकत जी सकुचै न हिये मुह आवै सु वाक कुवाक वकै।
रहै रैनिदिना वृषभानसुता छवि छाक छकी न छिनौउ झकै [कृष्ण० २१९]

हरि० : नायिका को प्रलाप उन्माद जानि सषी नायक सों विरह कहति है, संका को तजि चित में सकुचै, लजाय, नहीं, वचन कुवचन वोलति है, दिन में छनदा, राति, में छाकी, मत्त रहति है, छवि को छाक मस्ती एक छन भी नहीं छूटति है, मद को छाक छौटै है, सदा नहीं मत्त रहै है, याते छविछाक उपमेय अधिक, व्यतिरेकालंकार।

— ★ —

फिरि फिरि वूझति कहि कहा। कह्यौ सांवरे गात। कहा करत देषे कहां। अली चली क्यौं वात [२२०] [28]

پهر پهر بوجهت كہ كہا كہئيو سانوري كات ٠ كہا كرت ديكہي كہا الي چلي كيون بات
[ظا٠ ٢٢٠]

अन० : दूती प्रति परकीया की उक्ति, वचन अनुभाव ते अभिलाष संचारी, पूर्वानुराग व्यंगि, लाटानुप्रास। वही अर्थ पद फिरि परे भिन्न भाव कछु होय। सो लाटानुप्रास है कहत सयाने लोय॥

नर० : प्रलाप दशा, सषी को वचन नायक सों। हो कृष्णजू, तुमारे पूछने की जक राधिका को मेरे साथ ऐसी लगी है, फिर फिर मोकूं वूझत है कि कहै सांवरे गात वारे कहा कह्यो है, और कहा करत हैं और कहा देषत हैं। हे अली, क्यों मेरी ही वात चली है –

वूझति है फिरकै फिर कै कहै सांवरेगात कहा कह्यो मोसों। पाय परूं मनुहार करूं अरु
आपनी जानि कहो इह तोसों। काजु मै है कछु देषे कहां अलि वात चली कत यों समरों सों।
आपने आनन वोल उठै किधौं सांचेई सैन करी नैंना सों [नर० २२४]

[28] फिरि फिरि – फिर फिर - गा०। वूझति – वुझत - को०मो०गा०; विझति - वा०; वूझत - पा०स०नी०। कहि – कहै - वा०; कहु - पा०। कहा – कदा - को०। कह्यौ – कह्यो - उ०को०पा०मो०वे०। सांवरे – सांवरै - शि०मु०; सावरे - वा०पा०गा०; स्यावरे - मो०। देषे – देषै - शि०वे०गा०; देषि - वा०; देषत - मो०; देषैं - मु०। कहां – कहा - शि०वा०पा०मो०गा०मि०; कहीं - न०; कही - वे०; नहीं - स०। क्यौं – को - वा०; कछु - पा०; क्यों - मो०गा०। दोहा लुप्त - भा०। [२२०]

कृष्ण० : पूर्वानुराग। इह नाइका की अधिक आसक्ति है, सो सषी कौ वेर वेर वाही की वात वूझति है, यह सषी सों नाइक को वचन –

> **मदनगोपाल कौ विलोकि छवि छकी वाल पगि प्रेमपूरन सम्हार विसराई री। वेई वातें वूझि फेरि वूझि फेरि वूझि फेरि वेर वेर वूझिवे की रट सी लगाई री। कहा कहि सांवरे कंवर तोसों कहा कह्यौ कैसे हो समाज वाके संग सुषदाई री। करत कहा हौं किहि ठौर कौन वानिक सौं कैसी भाँति मेरी वीर चरचा चलाई री** [कृष्ण० २२०] [29]

हरि० : परकीया वचन दूती प्रति, सो सषी सों सषी कहति है, फेरि फेरि वूझति है, कहति है, ए दूती तू कहि सांवरेगात नायक ने कहा, क्या, कह्यौ, कहां, कौनि ठौर में कहा करत देषे, हे अली हमारी वात उहां क्योंकर चली हमारी चरचा कैसे भई, आवृत्ति दीपक किंवा अन्यसंभोगदु:षिता को वचन सषी सो कहति है, और वही अर्थ है, हे अली तेरी चली चल विचल वात क्यों सांस भरि आई है, ठीक नहीं वोलै।

— ⋆ —

नवनागरि तन मुलक लहि। जोवन आमिल जोर। घटि वढि तै वढि घटि रकम। करी और की और [२२१] [30]

نوناكر تن ملک لہ جوبن امل جور • بده کهت تين كهت بره رکم کري اور کي اور
[ظا • ٢٢١]

अन० : सषी की उक्ति, नवजोवन भूषिता। रूपक अलंकार।

नर० : मुग्धा ज्ञातयोवना, सषी को वचन सषी सों। हे सषी, जोवन रूपी आमिल नवनागर कौ तन रूपी मुलक जोरावरी सौं लहिकै जो घट रकम हुती वधाइकै वधती रकम घटाइकै और की और करी है

> **नागरि नारि नवीन कों देह सुदेस लह्यौ सिकदार गयो है। जोवन नाम नयो इक आमिल सो वलवंत घनेरो भयो है। वानै कियो अति आपनो सामत और ते और कराय लयो है। जे वढ ही घटाइ रकम्म घटीन वढाइ इजाफा दयो है** [नर० २२१]

---

[29] मि० प्रति में प्रसिद्ध की कवि छाप का भिन्न उदाहरण छंद है –

कवहूक आली पर आग्राइ डारै आगु दिन वहरावै क्यौंहू कल न परति है। ऊतर सहेली लाई उनके सदेसे सुनि सुनै ते प्रसिध पर ऐसिए अरति है। हाहा कहि कैसे गई कैसी कैसी वात भई कहा है तन मन धीर न धरति है। एक वेर वूझि फिरि वूझि फिर औरौ वूझि फिरि फिरि वह वात वूझिवौ करति है [मि० २२०]

[30] नवनागरि – 'वनाग' (लुप्त) - को०शि०; नवनागर - वे०गा०स०मि०मु०। तन – तनु - उ०वा०न०वे०गा०स०नी०। मुलक – मुलकु - उ०न०; झलकि - शि०; मुलिकु - भा०; मुलुकु - नी०; मुलुक - ह०। लहि – हि - वा०। जोवन – योवन - को०वा०। आमिल – आंमिर - उ०; आमल - को०गा०; आमिर - वा०पा०; आंमिल - न०। जोर – योर - को०; जौर - ह०। घटि – घट - को०गा०स०। वढि – स०; तै - स०। तै – तें - शि०वा०मो०मु०; वढि - को०पा०; ते - न०ह०। वढि घटि – घटि वढि - शि०भा०; वढि घट - वे०मु०; वढ घट - गा०; घट वढ - स०। रकम – करी - पा०। करी – रकम - पा०। और की और – ओर की ओर - मो०वे०गा०; औरि की ओर - ह०। [२२१]

कृष्ण० : यह नाइका के तन मै जोवन आयो सो अंग वढत घटत है, घटि रहै ते वढि गए, वढि रहै ते घटि गए, यह आमिल के प्रसंग करि सषी सषी सौ कहति है, सषी को वचन नाइकहू सो संभवै –

> **सुवरन वेली सी नवेली को ललितु तनु राजत सुदेश अति सोभा सरसायो है। पायो है हुकुम छितिपाल मीनकेतन को जोवन प्रवल तहा आमिल ह्वै आयो है। औरहि ते और रीति रकम वनाइ कीनो अमल जगायो सवही के मन भायो है। घटिहू ते वढि कीनी वढि लै घटाइ दीन्ही कहै कविकृष्ण ऐसो चलनु चलायो है** [कृष्ण० २२१] [31]

हरि० : सषी की उक्ति, नई जो है नागरि प्रवीन नाइका, ताको जो है तन, सरीर, सो है मुलुक, देस, ताको लहि, कहिए पायकै, जोवन सोई है काम को पठायो, आमिल, हाकिम, सो जौर अजौर को अर्थ, जुलुमी पापी जानिए, रकम, वस्तु, ते, ताको घटी करी, कटि वढी थी ताको घटि करी, घटि, छोटी थी ताको वढाई, नितंव आंष को वढाई करी शव्द दोय में लगाइए, देहली दीपक न्याय करि। फेरि औरि को औरि करी, जो कछु वालकपना मै स्वरूप क्रियार्थ, अव नहीं, औरिही सी भासति है। सैसव को मारि डार्यो, यह पापीपनो। रूपकालंकार।

— ★ —

मृगनैनी दृग की फरक। उर उछाह तन फूल। विनही पिय आगम उमगि। पलटन लगी दुकूल [२२२] [32]

مرکنيني درک کي پهرک من اوچهاو تن پهول • بنہين پيہ اکم اومک پلٽن لکي دوکول [ظا• ۲۲۲]

अन० : सषी की उक्ति सषी सो, आगमिष्यत्पतिका। अनुमान अलंकार।

नर० : वासकसज्जा, सषी को वचन सषी सो। हे सषी, मृगनैनी विनाही प्रिय, नेत्रां की फुरक तें भरतार कौ उर कै विषै उछाह कर्यौ है, और तन कै विषै फूली है और वस्त्र पलटन लागी है –

> **वामद्रिगै फुरकै अति आतुर वा मृगनैनी उमंग जगी है। फूल भई तनु फूले विलोचन और उछाहन पेम पगी है। आयो नहीं पिय ऐसी भई हिय जीय मै आतुर यों उमगी है। आस इहै अव आवहिगे सु पट्टन कोव दुकूल जगी है** [नर० २२२]

---

[31] मि०मु० प्रतियों में निम्नलिखित उदाहरण है –

सोरु पर्यौ जु सरीर विषै निकसी सिरकार गई लरकाई। ठौरही ठौर भयौ कछु और फिरी अंग अंग अनंग दुहाई। आइ गए अविताली दोऊ कुच छाप धरे सिर स्याम सुहाई। आमिल लाल रसाल किधौं सिकदार भई तन मै तरुनाई [मि० २२१]

आमिल – आलम - मि०।

[32] मृगनैनी – मृगनैंनी - उ०न०गा०स०; मृगनयनी - को०; मृगनेंनी - मो०ह०; म्रिगनेंनी - मु०; म्रगनैनी - नी०। दृग – द्रग - को०भा०मि०नी०; द्रिग - न०वे०गा०स०मु०। की – के - पा०ह०। फरक – फुरक - शि०वा०मो०न०स०; फुरकि - वे०गा०मु०। उर – उरु - न०वे०गा०। तन – तनु - शि०वा०स०। फूल – फूलि - शि०मो०। विनही – विनुही - वा०मो०मु०नी०; विनहीं - ह०। पिय – पीय - शि०मु०। उमगि – उमगति - वा०; उमग - पा०न०वे०गा०स०मु०नी०। पलटन – पहरनि - मो०। दुकूल – दुकुल - वा०। [२२२]

कृष्ण० : आगमपतिका सषी को वचन सषी सो –

**वाल षरी अकुलाति हियै नंदलाल वियोग विथा उर जागी। ऐसे मे आनि अचानकही
हुलसी छतिया सुघरी अनुरागी। वाम विलोचन के फरके मृगलोचनी जी मै उछाहन पागी।
फूल भरी विनुही पिय आगम चारु दुकूल चुनावन लागी** [कृष्ण० २२२]

हरि० : सषी सों सषी वचन, मृगनैनी नायिका दृग के फरकै उर मै उछाह है, तन, सरीर, किंवा कुच सो फूले विनाही पिय के आगम उमगिकै दुकूल, वस्त्र, पलटिवे, फेरिवे लगी, मृग के नैन से नैन हैं जाको मृग के नैन उपमान सो नहीं हैं, वाचक नहीं हैं, साधारन धर्म नहीं है, केवल नैन उपमेय है। लुप्तोपमा, अनुमानालंकार भी है। दृग के फरकिवे सों पिय को आगमन निश्चय करनो अनुमानालंकार। जहां अदृष्ट को हेतु सो जानि लेत अनुमान।

— ⋆ —

रहे वरोठे मै मिलत। प्रिय प्रानन के ईस। आवत आवत की भई। विधि की घरी घरी स [२२३] [33]

رہي بروٹہي مين ملت پيہ پرانن كي ايس ۰ اوت اوت كي بہي بده كي جہري جہريس
[ظا۰ ۲۲۳]

अन० : सषी की उक्ति सषी सो, आगत्पतिका नायिका के औत्सुक्य संचारी। रूपकालंकार।

नर० : प्रोषित्पतिका, सषी को वचन सषी सो। हे सषी प्रिय प्रानन के ईस आवते हुते से वरोठो, ग्वैडो, तहा मिलते घरी लागी। सो उनकौ विधाता की घरी सी ह्वै रही है –

**आपने पीतम आये विदेस तैं पौर है मित्त समूह मिले है। नंद ववा जसुदा मां संकरषन
और सषा जु अमेष हिले है। आवत आवत हीयर को सव गोपी गोपाल मिले अषिले है।
प्यारी मिलाप भई जु घरी सु दई विधि के चहु जाम गिले है** [नर० २२३]

कृष्ण० : इह आगत्पतिका, नायिका को वचन सषी सो। भव संचारी है, सुकिया, संचारी कै भेद मै औत्सुक्य जानिये –

**आयौ विदेस से प्रानपती यौ तिया की सुनै छतिया सियराई। नैननि लागि रही दिषसाध
मनौ जडमंग हिये भरि आई। कृष्ण कहै मिलिवे कह काहू सो पौरि मै जौ लौ रहौ सुषदाई।
आवत आवत की सु घरी विधिवासरहू ते षरी सरसाई** [कृष्ण० २२३]

---

[33] रहे – रहै - को०; रह्वे - पा०; रह्यो - मो०। वरोठे – वरोठें - मो०; वरौठै - न०नी०; वरोठै - वे०स०; वरौठे - मि०। मै – मे - उ०शि०पा०मो०; मैं - को०; में - वे०मु०ह०। मिलत – मिलति - मि०मु०। प्रिय – पीउ - उ०; प्रीय - को०; पीय - शि०; प्रिय, 'प्रि' पर चिह्न तथा पार्श्व पर 'पि' - न०; पिय - वे०गा०स०भा०मि०नी०; हरि - मु०। प्रानन – प्राननु - उ०मि०नी०; प्रांननि - वा०न०; प्राननि - पा०; पानन - गा०; प्रांनन - भा०मु०। ईस – ईसु - उ०न०नी०; ईश - को०पा०भा०। आवत आवत – आवत आवन - शि०; याउत आवत - न०वे०गा०स०। की – ही की - वे०। विधि – विच, 'च' पर संशोधन तथा ऊपर भिन्न क़लम से 'धि' - उ०; विध - मु०। घरी – घरि - को०शि०। घरी स – घरी सु - उ०न०गा०मि०नी०; घरि स - को०; घरी श - भा०। [२२३]

हरि॰ : सषी सो सषी वचन, दरवाजा ते वाहर की ठौर, सो वरौठा। प्रिय जो है प्रानन के ईस, ईश्वर, सो वरौठे महि हितूनि सों मिलै थै। आवत आवत की जो घरी है, अव आवत है अव आवत है, सु को अर्थ ह्रस्व करि पढ्यौ है। सो घरी अति प्रेम की आतुरता ते विधि की, विधाता की घरी भई, अति वडी भई। या अर्थ में लुप्तोपमा।

— ⋆ —

रवि वंदौ कर जोरिकै। सुनत स्याम के वैन। भए हसौंहे सवनु के। अति अनषोहै नैन [२२४] [34]

رب بندو کر جور کے سونت سیام کي بین ۰ بہي ہسوہین سبن کے ات انکہوہین نین
[ظا۰ ٢٢٤]

अन॰ : मृदुहास अनुभाव ते रसमय विभाव। रसवतालंकार।

नर॰ : धृष्ट नायक, हासरस। सषी को वैन सषी सो। हे सषी, स्यामजू ऐसो कह्यो कि हाथ जोरिकै रवि कौ वंदौ। तव ऐसो वचन सुनतेही जो अति अनषोहे हुते सो सव के नैन हसोहे से भए –

> **वंदों न क्यों रवि कों कर जोरिकै यों व्रजवालनि कुंज कह्यौ है। ऐसे सुने सव स्याम के वैनन या विधि मर्म उनानै लह्यौ है। है अनषोहे से नैन सषीन के ता छिन मै अति हास गह्यौ है। अंवरहीन अनात जु नीरसु आज ते पाप को पुंज दह्यौ है** [नर॰ २२४]

कृष्ण॰ : इह हास्यरस, चीरहरन कौ समय, सषी कौ वचन सषी सौ, कवि की उक्ति है –

> **गोपवधूनि के चीर चुराइ कदंव पै धाइ चढो हरि ज्यौही। हाथ सौ गात छिपाइकै वे सकुची सतराइकै मागत त्यौही। देव दिवाकर को कर जोरि प्रनाम करै कहि वात रसौही। यौं सुनिकै रवि सोही भई सव की अषिया जु हुती अनषौही** [कृष्ण॰ २२४]

हरि॰ : चीरहरन कौ प्रसंग। रवि, सूर्ज, को वंदौं हाथ जोरिकै, यह कृष्ण के वचन सुनत कौ अनषौंहे नैन थे, कछु क्रोध को लेस सहित, सव गोपिन के नैन थे, वस्त्र विना रवि वंदौ, या वात सों अति हसौंहे भए, किंवा अति अनषौहे थे, ऐसे जानिए। इहां हास्यरस मुष्य भयो, ताको अंग कोपजन्य रौद्ररस भयौ याते रसवत अलंकार। अंग जहां रसभाव को रस तहां रसत जानि। मृदु हास अनुभाव विन वस्त्र को

---

[34] वंदौ – वंदो - को॰शि॰मो॰मु॰; वदो - वा॰; वंदों - वे॰; रंदो - गा॰; वंदै - स॰; वंदौं - मि॰। कर – करि - उ॰वे॰गा॰स॰मु॰। जोरिकै – जोरिए - उ॰शि॰मु॰; योरिकिं - को॰; जोडिए - वा॰; जोरकै - वे॰स॰; जोरिकैं - मो॰न॰; जोरियै - मि॰नी॰। सुनत – सुने - को॰वे॰गा॰स॰मु॰; सुनै - न॰मि॰नी॰; शुनौ - भा॰। स्याम – स्यांम - उ॰को॰न॰गा॰स॰मि॰मु॰; श्याम - भा॰। के – कै - शि॰न॰। वैन – वैंन - को॰स॰; वेंन - मो॰मु॰। भए – भये - वा॰मो॰मि॰नी॰। हसौंहे – हसोहै - को॰वा॰स॰; हसोहैं - शि॰गा॰; हसोंहे - मो॰वे॰; हसौहे - भा॰; हसौंहै - मि॰; हसौहै - नी॰; हंसौंहे - ह॰। सवनु – सवन - को॰वे॰गा॰स॰मि॰; सवांनि - शि॰; सवनि - वा॰मो॰ह॰; छवनि - न॰। के – कै - वा॰न॰; कैं - नी॰। अति – अत - गा॰। अनषोहै – अनषौंहे - उ॰ह॰; अनषोहे - वे॰स॰; अलसौहे - भा॰; अनषौंहै - मि॰; अनषोहें - मु॰; अनषौहै - नी॰। नैन – नैंन - मो॰स॰ह॰; नेंन - मु॰। दोहा लुप्त - पा॰। [२२४]

समय विभाव। पहिले कोप पीछे हसी एक विषै, अनेक भाव पर्याय अलंकार। है पर्याय अनेक को क्रम ते आश्रय एक।

— ⋆ —

हौंही वौरी विरहवस। कै वौरौ सव गांउ। कहा जानि ए कहत है। ससिहि सीतकर नांउ [२२५] [35]

ہون ہین بوري بره بس کے بورو سب کانو • کہا جان اي کہت ہین سسہ سیتکر ناو
[ظا• ۲۲۵]

अन० : प्रोषित्पतिका नायका की उक्ति, संदेह अलंकार।

नर० : उद्वेगदसा, नायका को वैन सषी सो। हे सषी, विरह के वस करिकै होंही जु गहली हों कि ना, औ सव गांम कौ लोक गहलौ है, सो क्योंकि या ससि कौ सीतकर नाम कहा जानिकै कहत है –

हौं जग मांहि भई अति वावरी आइ वियोग करी वस कीनी। है सव वावरो गांम किधो विधि मेरे ललाट मै यों लषि दीनी। ऐसे प्रचंड प्रजारत है कर देष दवागन की गति लीनी। कैसे कहै अहो ये ससि कौ जन सीतकिरन्न भई मति हीनी [नर० २२५]

कृष्ण० : इह नाइका प्रोषित्पतिका नाइका को वचन सषी सो –

कुंभजहू अचयो सु पचयो न याहि तै उगलि डारो तवही डरपि विष कंद सो। दोषी अवलनि को कलंकी लै चढायो सीस ईस कहा जानि हितु कीनौ मति मंद सो। कैसो सवही की मति हीन भई मेरी आली किधौं हौंही वौरी भई विरह के दंद सो। देषियतु पावक ते विषम विसेषि वेष सीतकरु काहेतै कहतु ऐसो चंदु सो [कृष्ण० २२५]

हरि० : नायिका की उक्ति सषी सों, विरह मै चंद्रमा गरम लागै है, मैंही वौरी, वावरी, हौं, विरह के वस सों, कै, किधौं, संपूर्ण गांव वावरो है, ए गांव के लोग कहा, क्या, जानिकै कहत हैं सीतकर सीतल है, किरन जाके ऐसो नाम ससिही कौ कहत हैं। संदेहालंकार।

— ⋆ —

[35] हौंही – होही - को०वा०; हौही - पा०न०भा०; होंही - मो०वे०गा०स०। वौरी – वोरी - को०शि०वा०मो०न०वे०गा०स०मु०। विरहवस – विरहविस, 'विस' के इकार पर हरताल - उ०; विरहवसि - को०शि०मो०। कै – कौ - नी०। वौरौ – वोरो - को०वा०मो०वे०गा०स०मु०; वौरो - पा०ह०; वोरौ - न०; नोरो - भा०। सव – सवु - भा०। गांउ – गांम - को०न०वे०गा०स०मु०; गांउं - वा०नी०; गाउ - पा०भा०; गामु - मो०; गांव - मि०ह०। कहा – कहां - शि०। जानि ए – जांनि ए - उ०न०ह०; जांनिकै - शि०; जानिकै - वा०; जानि ये - पा०नी०; जानी ए - मो०; जान ए - स०; जानि यै - भा०; जानि यह - मु०। कहत – कहतु - शि०वा०न०वे०गा०मु०; कहति - मि०। है – हैं - उ०शि०मु०ह०; ह - वा०। ससिहि – ससिही - उ०को०वा०; सशिहि - पा०; ससिहीं - मो०; शसिहि - न०; शशिहि - भा०; ससहि - मि०; सिसह, 'ह' में इकार बाद में - मु०। सीतकर – सीतकरि - शि०; शीतकर - पा०भा०; सीतकरु - न०गा०। नांउ – नाउ - उ०पा०भा०; नाम - को०; नाउउं - वा०; नामु - मो०; नांम - न०वे०गा०स०मु०; नांव - मि०ह०। [२२५]

अनी वडी उमडी लषै। असिवाहक भट भूप। मंगल करि मान्यौ हियै। भौ मुह मंगल रूप [२२६] [36]

انی بدی اومدي[37] لکہین اسباہک بہتبہوپ • منکل کر مانون ہین بہو منہ منکل روپ [ظا• ٢٢٦]

अन० : मुह मंगलग्रह कै रंग, लाल, भयो, सनेह रक्तमुष होत है, अर वीररस क्रोध करि रक्तमुष होइहै। ह्यां स्वतःसंभावी है, वदन अरुनता अनुभाव करि वीररस व्यंगि रूपकालंकार।

नर० : वीररस, सषी को वैन सषी सो। हे सषी असि, तरवार, तिनके वाहक भूप के जो सुभट आगली फौज घनी सी अनी उमडी देषिकै हियै मै तो मंगलीक कर मान्यो और मुह मंगल कैसे रूप भयो है –

> **आई अनी उमडी है वडी लषि कोऊ महा पुरुषारथकारी। ताही के वीच पर्यो असिवाकह कोउक चाहत भूप महा री। वास मै वाही नै मंगलही करि मान्यो है ताको दुराव कहा री। मंगल रूप भयो अति आनन चेतन चारु चमूचय हारी** [नर० २२६]

कृष्ण० : इह राजा की सूरत अरु वीररस, कवि की उक्ति –

> **सांभरि के षेत आये उमड अमित दल सैयद सुभट महा विक्रम विधान है। गरजे गरूर गहे निपट निकट आइ विकट कुचंड साधि वरषत वान है। साहसी सवाई जयसाहि भूप ऐसे समै वीररस राचो थिरु भयो तिहि थान है। उमडि उछाह महा मंगल कै मानो हिए वदनु को रंगु भयो मंगल समान है** [कृष्ण० २२६]

हरि० : वीररस। अनी, सेना, वडी उमडी, चहुं ओर तें आई, ताको देषिकै असिवाहक, तरवार के चलावनिहारे ऐसे भट जो योद्धा हैं, जामें तव भूप जो है महाराज जयसिंहजी, सो मंगल करि, कल्यान करि मान्यौ। मन में आनंद करि मान्यो, यह अर्थ। मुष जो है सो मंगल के रूप भयो, मंगल लाल है, लाल भयो। उत्साह सों सत्रु सों मंगल, विरुद्ध तें कार्ज की सिद्धि। विभावना।

—★—

सोवत जागत सुपन वस। रस रिस चैन कुचैन। सुरति स्यामघन की सुरति। विसरैहू विसरै न [२२७] [38]

---

[36] वडी – वमी - वे०। उमडी – उवडी - को०न०; उमई - भा०। लषै – लषें - उ०; लषैं - को०मो०न०मि०; लषे - वा०। असिवाहक – असवाहक, 'स' के ऊपर दो बेड़ी पाई - मो०; अशिवाहक - भा०। भूप – भूत - को०न०। मंगल – मंगलु - उ०न०गा०नी०; मंगलि - मि०। करि – कर - वे०। मान्यौ – मांनौं - उ०; मान्ये - को०; मानो - वा०; मान्यो - मो०वे०मि०; मांन्यौ - न०गा०स०; मानौ - भा०; मांम्यौ - मु०। हियै – हियौ - उ०; हिये - को०; हीइं - शि०; हियैं - मो०; हियें - मि०; हिए - ह०। भौ – भो - को०वे०स०भा०नी०; (अपठ) - मो०; भौं - मु०। मुह – मुहु - उ०मो०न०वे०गा०मु०; मुष - भा०ह०। दोहा लुप्त - पा०। [२२६]

[37] اومدي - اونري - ظا•

[38] सोवत – सोवति - न०गा०। जागत – जागति - न०गा०। सुपन – सपन - उ०भा०नी०ह०; स्वपन - पा०; सुपन, 'क' तथा 'प' - वे०। वस – वसि - मो०स०; 'स' में इकार बाद में - गा०। रिस – रस - मु०। चैन – चेन - वा०; चेंन - मो०वे०। कुचैन – कुचेंन - मो०; कुचैंनु - नी०। सुरति – सुरत - को०मो०वे०स०; सुर - भा०।

سوت جاکت سپن بس رس رس چین کوچین ۰ سورت سیامکہن کي سرت بسريہون بسري ن [ظا۰ ٢٢٧]

अन० : सषी की उक्ति सषी सो, नायिका प्रोषित्पतिका। स्मृतिदशा विशेषोक्ति अलंकार।

नर० : पूर्वानुराग, नायिका को वैन सषी सो। हे सषी, मोको घनस्यामजू की भली रति, तिनकी सुरति तिनमै रस है रिस है चैन है कुचैन है, सु सोवतां जागतां सुपनै वस भयो पर विसरेहूं विसरत नाही है –

> **सोवत में अरु जागत में सुपनै वसि रोष संतोष घने मैं। चैन कुचैन धनागम नास षरे दुष हास सवाद सने मैं। सूरत श्रीघनस्याम की सूरत ह्वै विसराव वसै हियने मैं। हे जगवासी अनारज आसी निरासी न क्यौंहू उदासीपने मैं** [नर० २२७]

कृष्ण० : इह नाइका अपनै चित्त की प्रीति सषी सौं कहति है, दस अवस्थानु के भेद मै स्मृति जानियै –

> **वाहरि जाउ तौ वाहिरही घर आऊ तौ आवत संग लगेही। भौन के कोन मै वैठि रहौ हरि पैठि रहे हिय मै पहिलेही। नींदहू मै नकवानी करै छिनहू छिन आवतु है सपनेही। कृष्ण कहै घनसुंदर मै नितही हिय वाढतु प्रेम है तेही** [भा० २२७][39]

हरि० : सषी सों सषी। एतना समै में घनस्याम श्रीकृष्ण की सुरति, इयादि, सूरति स्वरूप, सो विसराएहू विसरै नहीं, विसारिवो हेतु है, विसारि को कार्ज नहीं होत है। विसेषोक्ति अलंकार। विशेषोक्ति जो हेतु सो कारज उपजै नांहि।

— ⋆ —

संगति सुमति न पावही। परे कुमति के धंध। राषहु मेलि कपूर मैं। हीग न होत सुगंध [२२८] [40]

स्यामघन – स्यांमघन - उ०वा०न०वे०गा०स०मि०मु०नी०; श्यामघन श्याम - पा०; श्यामघन - भा०। सु रति – करत - को०; (लुप्त) - पा०; सु रत - स०; करति - ह०। विसरैहू – विसरैहूं - उ०वे०गा०स०मु०; विसरेहूं - को०; विसरैहो - वा०; विसरेहू - पा०; विसरैंहू - मो०मि०; विसर्यैंहू - न०; विसराये - भा०; विसरैहुं - नी०; विसारेंहूं - ह०। विसरै – विसरैं - उ०मि०; विसरें - को०स०ह०। न – नु - नी०। [२२७]

[39] नी० प्रति में भिन्न उदाहरण है –

कछू न सुहात निसि द्योस विहात न क्यौंहू कहा कहौं वात परवस परे मन की। सोवतहू जागतहू सपनैहू चित चढी रहै चित वही वानि प्रीतिपन की। रसहू मै रिसहू मै चैनहू मै कोनहू मै वगरहूमै वाटहू मै वन की। भूलनि सुरति निज तनहू की तऊ वह भूलति न कैसेन्ह सुरत स्यामघन की [नी० २२७]

[40] संगति – संगत - न०वे०स०। सुमति – कुमति, 'कु' के ऊपर 'सु' भिन्न क़लम से - उ०; समुत - वे०; सुमत - मि०। पावही – पावहीं - उ०न०; पावहि - को०वा०; पाईइ - शि०; पाईहै - मो०; पावई - मि०। परे – परै - को०शि०मो०गा०स०मु०; परय - न०वे०। कुमति – कुमुति - मो०; कुमत - न०वे०ह०। के – कै - उ०शि०मु०। राषहु – राषहू - उ०मु०; राषहुं - को०; राषो - मो०ह०; राषिहू - न०; राषहूं - वे०; राषिहूं - गा०स०; राषौ - भा०मि०। मेलि – मेल - शि०स०मु०; मेल्हि - वा०। कपूर – कपुर - वा०। मैं – सौं - को०; में - शि०मो०वे०मु०; मै - वा०भा०मि०; मे - पा०। हीग – हींग - को०न०गा०मु०नी०; हिग - वा०; हींगु - मो०। होत – होति - उ०मि०मु०; होहि - को०पा०; होई - मो०नी०; होइ - भा०। [२२८]

[41] کمت - کوت - ظا۰

سنکت سومت نہ پاوئین پري کمت[41] کي دہندہ • راکہو میل کپور مین ہیک نہ ہوت سوکندہ [ظا• ۲۲۸]

अन० : अवर काव्य। अर्थांतरन्यास अलंकार। कवि की उक्ति। कुसंग त्याग करावत है। दृष्टांत अलंकार। उपमानरु उपमेय गुन वाचक धर्म सुजान। होत विंव प्रतिविंव परि दृष्टांत सु परिनाम॥

नर० : प्रौढा धीरा नायिका को वचन नायक सों। हो कान्ह, जो कुमति कै धंध मै पर्‌यो है सो भली संगति तै मति पावै नहीं, सो किन दृष्टांतै, ज्यों कपूर विषै हीग को मेल राषौ पै कवहू सुगंध ह्वै नांही, त्यों तुम भये हौ –

> **संगति तै न भली मति पाई तुम्है सव जानत वैन षरे है। जो जिहि भांति लष्यौ है लिलारन पूरव के कृत वंध परे है। याके सुभाव विरंचि रचे सुनि ते कहों काहू पै जात हरे है। राषहौ मेलि कपूर मै हीग न होत सुगंध अनाद करे है** [नर० २२८]

कृष्ण० : जो दुर्वुधि के ढार मै पर्‌यौ ताकौ संगति ते वुधि नाही होति, ताकौ दृष्टांत, कवि की उक्ति –

> **औरही तैं जु कुपैडे चल्यौ वह संग ते क्यौहू सुवुद्धि न पावै। संग बुरे के भलोऊ रहै तौ भलाई सवै ततकाल वहावै। आपनी वानि तजै न तजै वह संग को क्योंहू गहै न सुभावै। राषौ वसाइ कपूर के मध्य पै हीगहि क्योंहू सुगंध न पावै** [कृष्ण० २२८] [42]

हरि० : जे लोग कुमति के धंधा, कार्ज, में परे हैं, वह संगता सौं सुंदर मति नहीं पावैं हैं, कपूर मैं मेलि राषौ, डारि राषौ, तौ भी हीग सुगंध नहीं होय। अतद्‌गुन। सु तद्‌गुन जहां संग को कछु गुन लागत नांहि। औ दृष्टांत भी है।

— ⋆ —

वडे कहावत आप सौं। गरुवे गोपीनाथ। तौ वदिहौं जौ राषिहौ। हाथनु लषि मनु हाथ [२२९] [43]

برہي کہاوت اپ ہین کروي کوپیناتہ • تو بدہون جو راکہو سو؟ ہاتہن لکہ من ہاتہ [ظا• ۲۲۹]

[42] नी० प्रति में यह भिन्न उदाहरण है –

जो गुनगाहक होइ तौ गुन गहै जो वाहि सौ गुन सिषाइयै तो औगुन गहा करै। लोकलीक लौ यै एक पापही की पीक जाहि ठीक वात एकौ नाहि चीकनै रहा करै। लाज न कहे की नैकी नही टेकी नकटे की और सुनौ वैठ्यो वदियै महा करै। संगति प्रसंगति वुरौऊ भलौ होइ देषी वे सेवा असंगति कहा करै [नी० २२८]

[43] वडे – वडै - शि०; वडेन - स०। कहावत – कहावति - शि०। आप – आपु - उ०पा०भा०मु०ह०। सौं – सों - शि०मो०वे०गा०; को - पा०; सै - भा०; कों - ह०। गरुवे – गरवे - को०मो०न०वे०गा०स०मि०; गिरुवै - शि०; गरुये - नी०। तौ – तो - को०मो०वे०गा०स०मु०। वदिहौं – वदिहौं (वंदिहौ?) - उ०; वदि - शि०; वदिहूं - वा०; वदिहौ - पा०गा०भा०मि०नी०; वदिहों - मो०वे०ह०; दहों - स०। जौ – जो - को०वा०पा०मो०वे०गा०स०नी०ह०। राषिहौ – राषिहो - को०वा०मो०वे०; राषिहौं - शि०गा०। हाथनु – हाथिनु - शि०वा०; हाथनि - पा०मि०ह०; हाथन - स०। लषि – रीष - पा०। मनु – मन - वा०स०मु०ह०। [२२९]

अन० : दूती की उक्ति, नायका की स्तुति करि नायक को मिलायो चहति है, हे गोपीनाथ, वडे गरवे आप सों कहावत, तुम कहावते हों, पै हौ तो वदिहों जो या नायिका के हाथनु लषि, केवल हाथ को देषि, मनु हाथ राषिहो, पै मै इह जानति हों जो हाथ देषि मन काम वसि होहिगो तो सर्वांग देषे तें मन को कोन अवस्था होयगी। आपसों ठाकुर की सोगंध करि कहति हौं, वाग आपसों देषो वडे गरवे इति पर मुष। वा भक्त वचन। हाथनु लषि मनु हाथ राषिहौ तो वदिहौं। या वाक्य ते कहा तात्पर्य निकस्यो। जो मेरे हाथन वहुत अपराध किये हैं। सो देषिकै मन हाथ रहैगो। संभावना, लाटानुप्रास की संसृष्टि है। ज्यो ज्यो त्यो त्यो होति है यह कहनावति आइ। तहा कहत संभावना कवि पंडित समुदाइ॥ वही अर्थ पद फिर परै भिन्न भाव कछु होइ। सो लाटानुप्रास है कहत सयाने लोइ॥

नर० : भक्तजन, सषी को वैन नायक सो। हो कान्ह हो, हो गोपीनाथ, तुम आपहू ते वडे कहायकै गरवे भए हौ, पर तुमारो गरवापनो वदोंगी, उह नायका कौ हाथ देषिकै अपनो मन हाथ राषहौ तौ –

आप सौ आप वडे जौ कहावत गोकुल गांम की है ठकुराई। और सुनौ गरवे तुम सांवरे नाथ हो गोपन के जदुराई। तो वदिहों मन राषिहो हाथ लषै इन हाथन कै कै ढिठाई। हेरो सवे व्रज की वरनारि न रूप की या सम नांही जिठाई [नर० २२९][44]

कृष्ण० : इह नाइका के हाथनु की सोभा सषी नाइक सौ कहति है –

चारु हथेरीन की छवि पै रद होति रदौ पलहू की रजाई। केरि फरीनुहु ते सुथरी अंगुरीनु भरी अति कोमलताई। राषिहौ हाथ नवेली के हाथ लषै मनु तौ वदिहौ चतुराई। रूप सयाननु की अपने मन स्याम निसंक धरौ गरुवाई [कृष्ण० २२९][45]

हरि० : सषी नायिका की स्तुति करि मिलायो चाहति है। हे गोपीनाथ, तुम आपको वडे कहावत हो, गरुवे, भारी वोझ को आदिमी कहावत हौ, तौ मै तुमै वदौगी, मानौगी, जौ वाके हाथनि को लषिकै मन आपने हाथ में राषोगे, आपने वस राषौगे, यह अर्थ। परमार्थ पच्छ पूर्वार्ध वही तरह। भक्त वाक्य, तौ तुमै वधौ दौंगो हमारो मन राषोगे, हमारो मनोरथ पूरन करौगे, औ हमै हाथ मै राषौगे, आपने वस में राषौगे, हमारे हाथनि कौ देषिकै, हमारे हाथ में भलाई एक नहीं लिषी है, जौ राषौगे तौ वदौंगो। संभावनालंकार।

— ⋆ —

कौडा आंसू वूंद। कसि सांकर वरुनी सजल। कीने वदन निमूंद। दृग

---

[44] ठकुराई – वहुराई - स०।

[45] भा०मि० प्रतियों में यह भिन्न उदाहरण है –

सिंधु मथि ससि ससि मथि नष वाके नेही कीने है सुरनि कहौ कव पतियाइ है। चीरकै कलपतरु कोए आंगुरी निकसि मनिहौ तवही मन चौते फल पाइहै। कमल हिये के कंज दल की हथेरी कीनी तापर भमर भए भामरैही साई है। हौ तो त्रिभुवननाथ जानिहौ पै ऐसे तिय हाथन निरषि पिय हाथन विकाइहै [भा० २२९]

मलंग डारे रहत [२३०] [46]

کورا انسو بوند کس سانکر برني سجل • کینے بدن نموند درک ملنک داري رہت [ظا• [۲۳۰

अन० : सषी की उक्ति सषी सो। नायिका प्रोषित्पतिका। अथवा नायक की उक्ति व्याधिदशा,

नर० : सषी की पत्री नायक सो। हो कान्ह, राधाजू के आंसू हैं सो तो कौडी सी है और वरनी सजल है सो सांकल कसी है, और नेत्र मीचे है सो मुंद वदन है सो ऐसी परै नेत्र रूपी फकीर लिये रहत है –

> **आसुन के कन उज्जल कौडी धरे संग मुंडा षरे मतवारे। वारि के साथ वनी वरनी वह संकर को कसि राषनहारे। मुंदकै आपने आननहूं को अति भूलहुं नांहि न वोल उचारे। या विधि भेष वनाव दिवानिसि नैन मलंग रहे डर डारे** [नर० २३०]

कृष्ण० : इह नाइका देषि नायक के नेत्र अथवा नाइक देषि नाइका के नेत्र विवस [47] भए हैं। आसू परति है सो सषी सो सषी कहति है –

> **जव तै वृषभानसुता हरि के द्रग नेक निहारि निहारि हने है। वे तवतै न हलै न चलै रहै वाही चितौनि की चाह भने है। कौडा किए असुवान की वूंद जंजीर वडी वरुनी जु करे है। नेक अवै उनकी सुधि लेहु मलंग मनौ मुह मूदि परे है** [कृष्ण० २३०] [48]

हरि० : दृग सो मलंग फकीर है, सो कोई तकिया मे आपु को डारे रहत है, सरीर को गिराए परे रहत है, तैसे विरहिनी के नेत्र चांचल्य रहित हैं, किंवा आंसू वूंद है कौडा, ताको डारे रहत हैं, सजल वरनीन को सांकर करिके वदन को निमूंद किए, रूपकालंकार।

— ⋆ —

उयो सरद राका ससी। करति क्यौं न चित चेत। मनौ मदन छितिपाल को। छांहगीर छवि देत [२३१] [49]

---

[46] कौडा – कोडा - को०शि०न०मि०नी०; कौंडा - वा०; कोडां - मो०; कोडी - वे०; कौडी - गा०स०; कवडा - मु०। आंसू – आसू - पा०गा०मि०मु०। वूंद – वुंद - को०शि०वे०स०नी०; वौद - वा०; वूद - पा०मि०। कसि – कसी - शि०; करि - पा०ह०; किय - गा०। सांकर – सांकरि - को०भा०ह०; सांकल - शि०; संकर - वा०; साकर - पा०मो०। वरुनी – वरनी - न०वे०मि०; वरसी - गा०। सजल – सकल - शि०। कीने – कीनौं - उ०; कीनें - वा०; कीन्हे - पा०; कीनै - मि०नी०। निमूंद – निमूंदि - को०मो०; नमुंद - शि०; निमौंद - वा०; निमूद - पा०नी०ह०; 'न' में इकार बाद में - गा०; निमुंद - स०भा०; नमूदि - मि०। दृग – द्रिग - शि०न०वे०गा०स०मि०मु०; द्रग - भा०नी०। मलंग – मलिग - वा०; मलेंग - मि०; मंडल - नी०। डारे – डारै - गा०स०भा०ह०। रहत – रहतु - गा०; रहति - मि०मु०; रहैं - ह०। [२३०]

[47] विवस – विस्मय - नी०।

[48] भा० प्रति में इस दोहे का द्वितीय उदाहरण भी है :-
तपै विरहानल मै पलक उठाये भुजा ध्यान नीलमनि निसुवासर विहात है। डोरे लाल सेली साजै असुवा फटिकमाल कोए सोए वसन भगोहे दरसात है। आठौ जाम जागै अंग विसद विभूति भरे वोलत न मुष सुष सहै सीत वात है। तेरे मिलिवे के जोग जोगी होन हेत राधा जोगी जुग लोचन वियोगी कै लषात है [भा० २३०]

[49] उयो – उयौ - शि०न०भा०मि०नी०; उग्यौ - ह०। सरद – सर, 'द' ऊपर भिन्न क़लम से - उ०; सारद - पा०; शरद - भा०। राका – रांका - वे०नी०। ससी – शश, ऊपर मात्रा का केवल गोलार्ध - पा०; शशी - भा०; सी - नी०। करति – करत - को०शि०मो०भा०; क्यौं - न०मु०; क्यों - वे०गा०स०; करत, 'त' में इकार बाद में

اویو سرد راکا سسي کرت کیون نہ چیت چیت • منون مدن چھیتپال کو چھاںکیر چت دیت[50] [ظا• ۲۳۱]

अन० : ईर्ष्या शृंगार, नायका मानिनी प्रति वाणी, दूती की उक्ति। नायक ने भेदोपाय कर्यो। उत्प्रेक्षा। जहां कीजतु संभावना वस्तु हेतु फल मध्य। तीनि भांति उत्प्रेक्षा वरनत सुमति प्रसिद्ध॥

नर० : सषीकर्म, सषी को वैन नायका सो। हे राधे, सरद की राका पूर्णमासी तिनकौ ससि उदय भयो है, तो अव चित के विषै चेत करत क्यों नहीं, देषि तौ यौ चंद्रमा मानौ छितिपालक, राजा, तिन रूपी काम है, तिनके छांहगीर किरनीयौ ता छवि देषि रह्यो है –

उयौ अकास प्रकास मनोहर सारद राका ससी सुर यो है। क्यों न करै चित चेत सषी सुनि
यों जड ओषध कौ मन मोहै। याको लषै सव होत विषै सुष या वडभाग संयोगिनि को है।
मानौ मनोज महाछितपाल को देषत हो छंहगीर सो सोहै [नर० २३१]

कृष्ण० : इह मानवती सौ सषी कौ वचन, नाइका सौ मान छौडाइवे कौ प्रयोजन –

वलि आजु सुहावनी राका की रेंनि विहार समौ सुष साजतु है। वह देषुरी इंदु उदै तौ भयो
अरुनाइ गहै छवि छाजतु है। अवलोकति जाहि रिसैल तियानि कौ मान कहूं डरि भाजतु है।
यह मानौ मनोज महाछितिपाल को मानिक छत्रु विराजतु है [कृष्ण० २३१]

हरि० : अभिसार करावति है, किंवा मान छोडावति है, सषी ताको वचन। सरद, कुआर कातिक, ताकी राका पूर्णमासी ताको ससि उग्यो है, चित्त मैं चेत, ज्ञान क्यों न करै, जो तोहि कर्तव्य है ताको इयादि करौ। कैसो जानि परै है, मानो मदन राजा के छाहगीर छत्र सौं छवि देत हैं, सोभत हैं, ससि मैं छत्र की संभावना उक्तास्पद वस्तूत्प्रेक्षा।

— ⋆ —

ढरे ढार तैही ढरत। दूजै ढार ढरै न। क्यौंहूं आनन आन सौ। नैना लागत नै न [२३२] [51]

- नी०। क्यौं – को - वा०; क्यो - पा०; क्यों - मो०; न - न०वे०गा०स०मु०; क्यौ - भा०मि०ह०। न – करति - न०वे०; 'त' में इकार बाद में - गा०; करत - स०मु०। चित – चितु - न०गा०; चिपु - वे०। चेत – चेतु - उ०न०; चैत - शि०। मनौ – मनु ए - को०; मानो - शि०वा०; मनों - मो०वे०स०ह०; मनुं - गा०। छितिपाल – छितपाल - उ०को०शि०वा०पा०न०मि०मु०; क्षितिपाल - भा०। को – कौ - उ०न०मि०नी०; कों - वे०; कौं - गा०स०; कै - मु०। छांहगीर – छांहगीरु - उ०गा०; छाहगीर - पा०स०नी०; छाहगीरु - न०; छाहगौर - भा०। देत – देतु - उ०न०नी०। [२३१]

[50] دیت - نیت - ظا •

[51] ढरे – ढरै - शि०मो०भा०मु०नी०; ढरैं - पा०। तैही – तेही - को०पा०नी०; तही - वा०; तेंही - मो०वे०मु०; तैंही - न०स०; तेई - मि०; त्यौंही - ह०। ढरत – ढरै - पा०; ढरति - भा०मि०; ढरनि - मु०। दूजै – दूजैं - उ०न०ह०; दूजे - वा०पा०भा०मि०; दूजी - मो०मु०नी०। ढरै – ढरैं - उ०पा०स०मि०ह०; ढरें - मु०। क्यौंहूं – क्यौंहुं - को०; क्यौंहू - शि०मु०ह०; क्यौहो - वा०; केहू - पा०; क्योंहुं - वे०; क्योंहों - गा०; क्योंहौं - स०; क्यौहू - भा०; क्यौंहौं - मि०; केहूं - नी०। आनन – आंनन - उ०वा०न०वे०गा०स०मि०। आन – आंन - को०मो०न०वे०गा०स०मि०; (अपठ) - पा०। सौ – सौं - को०शि०मि०मु०; सो - पा०; सों - मो०वे०गा०स०। नैना – नैंनां - को०न०मु०ह०; नैनां - शि०; नेंनां - मो०वे०गा०; नैंना - स०। लागत – लागति - न०वे०गा०मि०नी०। नै – हैं - को०ह०; हे - पा०; नें - वे०मु०; नैं - गा०स०मि०। [२३२]

دہُري دہار تينہين دہري دوجي دہار درين نہ • کيوہن انن ان سون نينان لاکت نين نہ [ظا• ٢٣٢]

अन० : परकीया नायिका को सषी प्रति उत्तर, पूर्वानुराग वचन अनुभाव ते व्यंगि, सषी की सीछा मति भावध्वनि है, छेकानुप्रास उत्तरालंकार की संसृष्टि।

नर० : नेत्र लगन, नायक को वचन सषी सों, हे सषी, ए नेत्र अन्य अस्त्री के नेत्रां सों लागे हैं, और जिन ढार ढरे हैं तिनही जु ढार ढरै, पर क्योंहू वीजी ढार ढरैं नहीं–

> **आमै ढरे जिहि ढार सषी अव वाही सुधार ढरै है सुजानै। ऐसी सदा गति होइ रहै पुनि दूजै न ढार ढरै कहुं आनै। लागत नाहीने आनन आन सों कोर उपाय किए मन मानै। ऐसे हमारे भए नयना अहो हेर हरे छुए जानत छानै** [नर० २३२]

कृष्ण० : यह नायिका अपने नेत्रनु की आसक्ति कहति है, सो नाइकु नाइका कौ भ्रम है कि नाइक की औरही सौ आसक्ति है, सो नाइक नाइका को भ्रम दूर करत है, जो नाइका तै कहै तो उराहनोहू संभवै –

> **और तै वानि परी सो परी न टरै वह कोटि उपाय कियेहू। कृष्ण कहै जित रीझ रची तित नैन रचै न कहूं ललचेहू। त्यौं ये ढरे जिहि ढार ढरै न दूसरी ढार ढरै सपनेहू। आन किए कहु आनन आन सौ ये दृग एकन लागत केहू** [कृष्ण० २३२]

हरि० : सिछा देति है सषी तासौं नायिका वचन। जाहि ढार तरह सों ढरें इहां चले हैं जानिए। नीर नारि नीचे ढरै, यह कह्यो है। दूजे ढार, दूसरी तरह चलैं नहीं। क्यौंहू, कोई तरह, आनन आन सो, आन के आनन मुष सो नैना, नेत्र, लागत हैं नहीं। नैना लागत, नैनन वहुत पोथी मै ऐसो पाठ है। यहां षंडिता की उक्ति नायक सों। पूर्वार्ध को वही अर्थ। क्यौंहू करौ तुम आन नायक के आनन सों इन नैननि को। लागत कै नैन दोय पद है। नै कहिए नीति सो नहीं है। सव सों आसक्त होत हैं। छेकानुप्रास। आवृति वर्न अनेक की दोय दोय जव होय। है छेकानुप्रास स्वर समता विनहू सोय॥ किंवा सीष देति सषी नायिका को कहति है। नैन तेरे जाहि ढार सो ढरे हैं, ताही ढार ढरत हैं। औरि ढार ढरैं नहीं। नायिका वही उत्तर देति, जाहि ढार ढरे है, जाही ढार ढरै औरि ढार नहीं ढरत हैं, ऐसे क्यौंहू इत्यादि। उत्तर देवे में जहां प्रश्नो परत लषाय। प्रश्नोत्तर को प्रथम यह भेद कहत कविराय॥ चित्र भी कहत हैं।

— ⋆ —

सोवत लषि मन मानु धरि। ढिग सोयौ प्यौ आइ। रही सुपन की मिलन मिलि। पिय हिय सौं लपटाइ [२३३] [52]

[52] सोवत – सोवति - उ०शि०न०गा०मु०। लषि – लषित - को०। मन – मनु - उ०नी०; मनो - वे०; मनौं - गा०; मनों - स०। मानु – मांन - को०शि०वा०स०; मान - पा०मो०भा०मि०हृ०; मांनु - न०; मांनि - मु०। धरि – घटि - भा०। सोयौ – सोयो - को०पा०मो०वे०गा०स०हृ०; सौयो - शि०; सौ - वा०; पौढो - भा०। प्यौ – पिय - को०हृ०; पीय - शि०; प्यो - पा०मो०वे०भा०। आइ – आय - को०मि०हृ०; आईं - मो०; जाइ - न०वे०गा०स०। रही – रहि - को०। सुपन – स्वपन - पा०; सपन - न०भा०मि०नी०हृ०; सुपन, ‘न’ में इकार बाद में - गा०।

سوبت لکہ من مان دہر دہک سویو پیہ اي ۰ رہي سپن کي ملن مل تیہ ہیہ سون لپتاي
[ظا۰ ۲۳۳]

अन० : सषी की उक्ति सषी सों, संयोग शृंगार ईर्ष्या शांति हर्षोदय अवहित्था संचारी, पूर्णप्रेम अनुभाव करि पर्यायोक्ति। पर्यायोक्ति प्रकार द्वै कछु रचना सो वात। मिस करि कारज कीजिए जैसे इतहि सुहात॥

नर० : सषी को वचन सषी सों, हे सषी, राधिका कौ सव तैं तो मन मो मान धरियै दीठी हुती और भरतार पिण ढिग आनकै सोयौ, सो सुपनै के विषै जान्यो कि मनही सों अव पिय से हिय सो मिलकै लपट रही है –

सोवति ही मन मै धरि मान वदी रसषान षरे रसहीने। यौं लषिकै ढिग सोइ रह्यो पिय आइकै आदर सों पट दीने। फेरि करोट रही मिल भामिनि नीदन मांझ यहै ढिग कीने। नाथ हिए लपटाय भली विधि ऐंठ अलिंगन ऐसेही लीने [नर० २३३]

कृष्ण० : यह नाइका प्रौढा है, मानवती ह्वै सोई है, सो यह नाइक ढिग आइ सोयो, सपने को मिलन की मिस करि लपिटाइ गई। मानहू राष्यो सो सषी सषी सो कहति है –

मानु कियै तिय मानै न क्यौहू आली रही वहु मानि मनाइकै। सोइ गई रिसही जिय मै धरि सोइ रहो ढिग मोनही आइकै। रोसही मै सरसायो रसै कहतै न वनै जु रही छवि छाइकै। वालवधू सपने के सुभाइ रही पिय के हिय सों लपिटाइकै [कृष्ण० २३३]

हरि० : सषी सो सषी वचन, मन मैं मान धरिकै सोवति है, या वात को लषिकै जानिकै, प्यौ, नायक, ढिग, नजीक आयकै सोयो। सपना की मिलन सों मिलि रही, नींद मै लपटि गई है पिय के हिय सों लपटाइकै, स्वप्न के मिलन सों आपनिओ इष्ट साध्यो। मिस करि कारज साधिए जो कछु चितहि सुहात। पर्जायोक्ति।

— ⋆ —

जोन्ह नही यह तम वहै। कियै जु जगत निकेत। होत उदै ससि के भयो। मानहु ससिहर सेत [२३४] [53]

मिलन – मिलनि - उ०भा०नी०; मिलिन - को०शि०न०वे०मु०। मिलि – मिल - वे०स०। पिय – तीय - शि०; तिय - वा०पा०मो०ह०। पिय हिय - छाती - मु०। सौं – सो - को०वा०पा०नी०; सों - मो०गा०ह०; सौ - वे०भा०। लपटाइ – लपटाय - को०मि०ह०; लपलाटाइ - वा०; लपटांइ - मो०; लपिटाइ - भा०नी०। [२३३]

[53] जोन्ह – जौन्ह - उ०शि०मु०; जोहु - को०; जोन्हि - मो०। नही – नहीं - उ०न०ह०। यह – इह - शि०वा०; लह - मो०। तम – तमु - उ०मो०न०वे०गा०भा०नी०। वहै – उहै - शि०वा०। कियै – कियें - उ०; किये - को०भा०मु०; कीयै - शि०मो०; किए - ह०। जु – (लुप्त) - वे०मु०। जगत – जगति - उ०; सुगत - वे०। निकेत – निकेतु - उ०न०वे०गा०भा०नी०; नकेत - मो०। होत – हौत - न०। उदै – उदौ - उ०भा०; उदो - को०मो०; नुदै - गा०। ससि – शशि - वा०भा०। के – कै - शि०न०वे०गा०मु०; (लुप्त) - स०; को - भा०; कौ - नी०। भयो – भयौ - उ०शि०न०गा०नी०; भयै - स०भा०। मानहु – मानहुं - उ०ह०; मानौ - शि०; मानो - वा०; मांनहु - न०गा०स०मु०; मांमहु - वे०; मानौ - भा०नी०। ससिहर – ससिहरि - उ०; शशिहर - वा०; ससहर - भा०। सेत – सेतु - उ०न०गा०भा०नी०; सेनु - वे०। दोहा लुप्त - पा०मि०। [२३४]

جونہ نہین یہ تم وہي کین جو جکت نکیت ٠ ہوت اودي سس کین بہیو مانو سسہر سیت [ظا٠ ٢٣٤]

अन० : विरहनी की उक्ति सषी सो, निर्वेद संचारी वचन अनुभाव तें हेतु अपन्हुति उत्प्रेक्षा को संकर। गोपन कीजै धर्म को तहां अपन्हुति जानि। जहां कीजत संभावना वस्तु हेतु फल मद्ध। तीन भांति उत्प्रेक्षा वरनत सुमति प्रसिद्ध॥

नर० : उद्वेग दशा, नायका को वचन सषी सो। हे सषी, जगत के ए निकेत, घर, करकै रहै है, सो यौ चांदनौ नांही है, वह याको तम है, तो उजला क्यों, सो मान लेहु कि उदै के होनै ते ससि कै साथ ससिहर, राहु, सेत भयो है –

> **लोक कहै यह जोन्ह है सुंदर मै समुझौ तम है वह गाढो। याने कियो है निकेत तिलोक न याम दुरै सव गाढ पहाढो। पान पियूषनि देव दयो वर सोरह साथ कला ससि वाढो। वाके उदै डरिकै जु भयो सित ताहि को देह दवागिनि डाढो** [नर० २३४]

कृष्ण० : यह चांदनी वर्णन, वियोगी को वचन कवि की उक्ति होइ –

> **पूरि रह्यो अध ऊरध मै धर अंवर लौ जिहि दोऊ ठयो है। जाहि विलोकि वियोगी डरे अनुरागि चुके मन मोदुमयो है। होइ न जोन्हु वहै तमु है यह जानै सवै जगु छाइ लयो है। होत उदौतु लषो ससि को गहि संक मनौ तन सेत भयो है** [कृष्ण० २३४]

हरि० : विरहनी को वचन सषी सों, जोन्ह चांदनी यह नहीं है, वहु तम अंधकार है, किंवा तम राहु है, कौन नायक गए पीछे जिनने जगत में निकेत कियो है, घर कियो है, चंद्रमा को अर्थ आनंद देनहारो। यह दुषदाई, स्याम चाहिए जो तम है तौ, ससि के उदै होत मानो ससिहरि कै डरपिकै सेत, ऊजरो, भयो है। ससिहरि मानो क्रिया सों मानो को अन्वय याते। अनुक्तास्पदावस्तूत्प्रेक्षा।

—★—

जात जात वितु होत है। ज्यौं जिय मैं संतोष। होत होत जो होइ तौ। होइ घरी मै मोष [२३५] [54]

جات جات بت ہوت ہے جیون چت مین سنتوکہ ٠ ہوت ہوت جو[55] ہوي تو ہوي کہري مین موکہ [ظا٠ ٢٣٥]

[54] जात जात – जातु जातु - मो०न०वे०गा०; जात जातु - स०। वितु – वित - को०ह०; ज्यों - शि०; ज्यौ - वा०; चित - मो०वे०गा०स०मि०। होत – होतु - उ०मो०भा०नी०। है – हैं - उ०शि०; हें - को०। ज्यौं – ज्यो - को०; चित - शि०वा०; जो - पा०मो०; ज्यौ - वे०भा०; ज्यों - गा०स०मि०। जिय – चित - मि०नी०। मैं – माहिं - को०; में - शि०मो०; मे - पा०भा०; मै - वे०गा०मु०नी०। संतोष – संतोषु - उ०न०गा०मु०नी०। होत होत – होतु होतु - मो०न०वे०गा०। जो – जौ - उ०मु०; यो - को०; ज्युं - शि०; ज्यौ - वा०भा०; ज्यो - पा०; ज्यौं - मि०नी०ह०। होइ – होय - उ०को०ह०; होई - मो०नी०; होतु - न०मु०; होत - वे०गा०स०। तौ – शि०; तै - वे०। होइ – मो०न०; होत - वे०गा०स०मु०; होई - नी०। घरी – घरि - को०पा०। मै – शि०मु०; मे - मो०; मैं - स०। मोष – मोषु - उ०न०वे०मु०नी०। [२३५]

[55] جو - ہت - ظا٠

अन० : गुरु को सिद्धांत वचन मुमुक्ष प्रति। करुनाजुक्त वचन। नग्न पद्यं। वचन अनुभाव ते सांतरस व्यंगि। संभावना। ज्यों ज्यों त्यों त्यों होत है यह कहनावति आइ। तहां कहत संभावना कवि पंडित समुदाइ॥

नर० : प्रस्ताविक। कवि विहारीदास कहत है, रे नर ज्यों माल जाता जिय में संतोष आवत है, त्यों जो माल आवन विरिया जिय मैं संतोष आवै तो घरीक मैं मोष पावै–

जातही जात सवै धन होतु है ज्यों जिय तोष वडो सुषकारी। भाग के जोग मिलै अरु भाजत ताको न चित्त करै दुषकारी। होतही होत यों होइ संतोष तो मोष घरीक मै वेद विचारी। कान्ह के वैन प्रतीत न आवत देषै न क्यों अहो नैंन निहारी [नर० २३५]

कृष्ण० : प्रस्ताविक, कवि की उक्ति –

सुरत कै अंत समै जैसो याको मन सव ठौर तै सिमिटि रहै ग्यानही की टेक मै। ऐसो मन सदा जो पै रहै एकरस तोपै काहे को भ्रमतु फिरै चौरासी अनेक मै। संपति के जात जात ऐसो जाको चितु ढरि आवतु है समुझि संतोष के विवेक मै। कहै कविकृष्ण ऐसो होत होत होइ तोपै होय अनयासही मुकुत घरी एक मै [कृष्ण० २३५]

हरि० : वित्त, धन, के जात जैसे जीव मैं संतोष होत है, तैसे जो धन के होते होते में संतोष होय तो एक घरी में मोछ होय। घरी को अर्थ थोरे काल में, वचन अनुभाव तें सांतरस व्यंग्य। संभावना अलंकार।

— ★ —

तन भूषन अंजन दृगनु। पगन महावर रंग। नहि सोभा को साजियतु। कहिए हो को अंग [२३६] [56]

تن بهوکهن انجن درکن پکن مہاور رنک ٠ نہن سوبہا کون ساجے کہ یے کوي انک [ظا٠ [۲۳٦

अन० : जो सषी को वचन होइ तो नायक की नायका सो स्तुति व्यंग्य, व्यंगि सो कहा पद सामर्थ्य ते अर्थ जोउ परिभासे ताकी व्यंगि कहिए, जौ नाइका कौ, तौ रूपगर्विता, जो नायक की उक्ति होइ तौ गुनकथन व्यंग्य वक्रवोधव्य है, मीलित अलंकार।

नर० : विच्छित्त हाव, सषी को वचन नायका सो। हे राधे, तें जो तन को भूषन देत है और नेत्रां को अंजन देत है और पगां को महावर देत है, सो यौ सोभा को साजनौ न है, औ तौ कहनैही को अंग है कि वनायो चाहियै –

[56] तन – तनु - शि०वे०गा०स०। भूषन – भूषनु - उ०। अंजन – अंगन - गा०; अंजनु - नी०। दृगनु – द्रिगनु - शि०वा०न०; दृगन - पा०मो०; दृगनि - स०ह०; द्रगन - भा०मु०; द्रिगन - मि०; द्रगनु - नी०। पगन – पगनु - शि०वा०न०वे०गा०; पगनि - मो०नी०। महावर – महाउर - उ०वा०पा०; महावरि - न०; महावरु - नी०। रंग – रंगु - उ०मो०मि०नी०। नहि – नहिं - उ०शि०वे०। सोभा – शोभा - भा०। को – कौं - उ०न०; कौ - शि०स०मि०नी०; कों - वे०; क्यौ - गा०; के - भा०। साजियतु – साजिये - उ०; साजीयत - शि०; साजियै - वा०; साजियत - स०भा०; साजयतु - मु०; साजिए - ह०। कहिए हो – कहिऐ है - उ०; कहिवेही - पा०नी०; कहीएं हो - मो०; कहियैहू - न०; कहियै हो - भा०; कहिऐदो - मि०; कहि सोभा - मु०। को – कौ - उ०न०मि०नी०। अंग – अंगु - उ०मो०न०नी०; रंगु - मि०। दोहा लुप्त - को०। [२३६]

देह को भूषन धारत है अरु अंजन नैन को जेह धरे है। ओठ तो वोल षरे छवि छाजत पाय महावर रंग भरे है। सोभ को नांहिनै साजत हौं सुनि नारि सुहागन को ए करे है। सोभ भरे सव कौ अंग जानत ए हो कहै सुषमा ते टरे है [नर० २३६]

कृष्ण० : इह नाइका के अंग की सोभा सषी नाइक सौ कहै –

सहज अरुन गुलफनि तै उठत छटा तिनके निकट कहा जावकु कौ रंगु है। गात की गुराई आगै कंचन के आभूषन फीके से लगत रंच शोभा को न संगु है। अंजनहू आंजे विनु नैन कजरारे देषे षंजन अनेकनु को होतु मान भंगु है। तो तनु सिंगार कछू सोभा को न साजियत साजियति जानि याही वातही को अंगु है [कृष्ण० २३६]

हरि० : सषी वचन नायक सों, तन विषै भूषन, दृगनि मैं अंजन, पावनि मै महावर को रंग, नहिं सोभा को साजिए, ए सव सों वाकी सोभा नहीं साजिऐ, नहीं वनाइयै है। कौन वाको अंग कहिए सराहिए सहज की जो सोभा है, सो कही नहीं जाति है। कहिवेही को अंग, यह भी पाठ है। अंग में कहिवेही को है, इनसों सोभा नहीं, किंवा नहीं जाके भूषन की सोभा को करति है, तौ अंग कौ न कहिए। मीलित अलंकार, भूषन आदि के रूप में मिलि जात हैं।

— ★ —

पाइ तरुनि कुच उच्च पद। चिरम ठग्यौ सव गाम। छुटै ठौर रहिहै वहै। जु है मोल छवि नाम [२३७] [57]

پاي ترن کوچ اوچ پد چرم تهکو سب کانو • چهوتين تهور ره هي وهي جو هو مول چهب نانو [ظا• ٢٣٧]

अन० : कवि की उक्ति, तुच्छजन को उपदेस करि कहै है, चिर न गुंजा लोगही गहीयै। अन्योक्ति अलंकार।

नर० : अन्योक्ति। कवि विहारीदास कहत है, यै चिरम नै अस्त्री कै कुच को ऊंचो पद पायकै सवही गाम कौ ठग्यो है, परंतु जव या ठौर छुटैगो तव तेरो सदाई को जो मोल है और छवि है और नाम है सोई रहि जाइगो –

---

[57] पाइ – पाय - को०स०मु०ह०; पांईंय - मो०; पाई - नी०। तरुनि – नरुनि - शि०; तुसुनि - मो०; तरुन॰, ‘न’ में इकार बाद में - गा०; तरुन - स०। कुच – कुच्च - न०। उच्च – ऊंच - उ०; उंच - शि०वा०; ऊच - भा०। पद – पदु - उ०न०गा०; पटु - वे०। चिरम – चरमु - वा०; चिरमि - पा०भा०नी०। ठग्यौ – सव – सवु - उ०नी०। गाम – गाउं - उ०; गाम - शि०न०वे०गा०स०मु०; गामु - मो०; गांउ - भा०; गांव - मि०ह०; गाउ - नी०। छुटै – छुडौ? - उ०; छुटिं - को०; छुटे - वा०पा०भा०; छुटैं - मि०; छुटें - ह०। ठौर – ठौरु - उ०न०; ढोर - को०; ठोर - शि०वा०मो०वे०मि०। रहिहै – रहिहें - वा०; रहियै - न०; रहैहै - वे०। वहै – उहै - शि०वा०; जुहै - पा०भा०ह०; वही - मु०। जु है – ज हो - को०; वहै - पा०भा०; जु हो - न०स०मि०; जुठोहो - वे०; जु हौ - गा०; तौल - नी०। मोल – मोलु - उ०नी०; मौल - शि०स०; मूल - भा०। छवि – छत्रि - शि०। नाम – नांउ - उ०; नांम - वा०न०वे०गा०स०मु०; नांमु - मो०; नाउ - भा०नी०; नांव - मि०; नाव - ह०। [२३७]

पायकै नारि पयोधर कौ पद उच्च अपार अनंद कर्‌यो है। तै सव गाम ठग्यो चिरमावलि तातै हियौ अति गर्व भर्‌यो है। ठौर छुटै रहिहै जु वहै जु हो आपनो मोलुरु नांम पर्‌यो है। यौं छवि आगै वहै तव होइ सु ऐसोही जीय विचार धर्‌यो है [नर० २३७]

कृष्ण० : यह अन्योक्ति कोऊ लघु मान सु वडी ठौर पहुच्यो तहा कहियै –

सूछिमु मोल षरौ लघु मान भई उतपत्ति न उत्तिम थानो। कौनहु भाग लहो घुंघुची नवनागरि के कुच ऊच ठिकानो। याही ते मोहि सवै जग को मनु तोहि गुमान षरो अधिकानो। ठौर छुटे रहि जैहै वही मुष कालिमा रंगु वजार विकानो [कृष्ण० २३७]

हरि० : नायक वचन गुंजा की माला सों, हे चिरमि, हे गुंजा, तरुनी को जो कुच सो है उच्च पद, स्थान, ताको पायकै तैं सव गांव को ठग्यो, तेरी ऐसो सोभा वढी है। जो कोई देषत है सो जानत है, कोई वहुमूल्य जवाहिर है। यह ठौर छुटे पर जो तुम्हारो मूल नाम चिरमी कर जानी, वहै रहिहै, गुंजमाल नाम जातो रहिगो। इहां उल्लास अलंकार, कुच के गुन सों चिरमी में गुन। गुन औगुन जव एक ते औरि धरै उल्लास। कोई नीच वडे ठेकाने पहुंचै तापै नीच लगै है। अन्योक्ति जानिए।

—★—

नितप्रति एकतही रहत। वैस वरन मन एक। चहियत जुगलकिसोर लषि। लोचन जुगल अनेक [२३८] [58]

نت پرت ایکت ہي رہت بیس برن من ایک ٠ چہیت جوگل کسور لکہ لوچن جگل انیک [ظا٠ ٢٣٨]

अन० : सषी की उक्ति सषी सों। लीला हाव। वृत्यानुप्रास अलंकार। जो नायक की उक्ति कहिये तो रसाभास होत है, अरु किसोर पद अनुचित है, जो कछु भक्त की उक्ति है तो रामकृष्ण वोधव्य है, ताते ग्रंथ को कर्ता, मंगलाचरण है, ते कृष्ण को उपभासत है ताते सांतरस व्यंगि, विशेषोक्ति अलंकार।

नर० : भक्तजन वाक्य, कवि विहारीदास कहतु है, ए जुगल, दोनो, किसोर है सो नितप्रजंत एकतही जु वेस करिकै और वरन स्याम स्याम अक्षर करिकै और मन करिकै रहत है, सो इत जुगलकिसोर कौ देषिवै को अनेक लोचन जुगल चाहिए

एकतही नित होय रहै अति श्रीनंदनंदन राधिकारानी। वेस औ वर्णरु चित्त दुहून के एक ह्वै होय मिलै जिम पानी। चाहिये ए जुग छैल किसोरन देषन को अपने जिय जानी। लोचन के जुग कोरि अनेक तऊ न लषाइ प्रभा मनमानी [नर० २३८]

---

58 नितप्रति – नितिप्रति - उ०मि०ह०। एकतही – एकतहीं - मो०ह०; येकतही - नी०। रहत – रहै - भा०; रहति - मु०। वैस – वेस - मो०वे०गा०स०मु०; वेश - न०। वरन – वरस - वा०; वरण - मि०। मन – ?न - उ०; निम - वा०; मनु - मो०। एक – क - वा०; एकु - मो०; येक - नी०। चहियत – चहीयत - शि०; चहीयतु - मो०; चहियतु - न०वे०गा०मु०; चाहत - नी०। जुगलकिसोर – युगलकिशोर - को०; जुगुलकिसोर - पा०; जुगुलकिशोर - न०; जुगलकिशोर - भा०। जुगल – युगल - को०; जुगुल - पा०। [२३८]

कृष्ण० : इह जुगलकिसोर की सोभा, अरु दोउन के हित कौ आधिक्य, सषी कौ वचन सषी सौ –

नित श्रीव्रषभानसुता नंदलाल विराजत है छविपुंज छए। कविकृष्ण कहै मन शील वहिक्रम चातुरताइ के रंग रए। मुष देषि सिहाति सवै सजनी विधि सौ विनमै अभिलाष नए। यह रूप विलोकन कौ तन मै प्रति रोमनि लोचन क्यों न भए [कृष्ण० २३८][59]

हरि० : भक्त की उक्ति भक्त सौं, श्रीकृष्ण वलभद्र नितप्रति, सदा, एकतही रहत, एकत्रही रहत हैं, वैस वरन, वैस, वयःक्रमता को तू वरन, वर्नन करि, कहा अच्छी उमर है, औ मन जाको एक है, जो जुगलकिसोर हैं, दोऊ किसोर हैं, तिन्है देषिकै लोचन जुगल को अर्थ लोचन के जुगल जोडा अनेक चाहियत है। एक जोडा नेत्र क्यौं रूप देष्यौ नहीं जात है, सौंदर्य को आधिक्य व्यंग्य। किंवा वर्ननाय, वर्नन करिवे लायक वयस अवस्था सो एक है, औ मन एक है, किंवा जुगल के किसोर नंदजी के कृष्ण वसुदेवजी के वलभद्र तिन्हें देषिकै, और पिछलो अर्थ। किंवा श्रीकृष्ण को वसुदेवजी को पुत्र जानत हैं, ऐसो कोई मुनि की उक्ति मुनि सों, औरि सव अर्थ वैसेही। वैस वरन मन एक, एतने को अर्थ, वयस उमिर, वर्न जाति, औ मन जाकौ एक है, किंवा जुगलकिसोर को देषिकै लोचन जुगल अनेक चाहियत है। नितप्रति एकत्रही रहते हैं। वैसवरन, याको अर्थ, वै श्रीकृष्ण वलभद्र सम वरन हैं, समान जाति हैं, औ मन जाको एक है, किंवा वयस के वरन, अच्छर, औ मन एक है। जो किसोर ए हैं सो किसोर ए हैं। या अर्थ में सषी सों सषी वचन जानिए। किंवा सषी सो सषी राधाकृण की तारीफ करै है, वयस वरन जाति एक गोप जाति एक है। किंवा राधिकाजी वयसम, उमिर, ताके वरन अच्छर करिकै एक है, सोरह वरिस की स्त्री स्यामा कहावति है, कृष्ण स्याम हैं, स्यामा में आकार है, स्याम में अकार है, आकार अकार समान वर्ण हैं, व्याकरन रीति सों जुगलकिसोर इहां किसोरी किसोर भी जानिए। जुगल जो किसोरी किसोर। पहिला अर्थ में भी राधाकृष्ण जानिए। इहां समालंकार है, अलंकार सम तीनि विधि जथा जोग को संग। षंडिता की उक्ति में भी लगै है। प्रात समै नायक आयो है, तहां नायका को क्रोध देषि नायक के पच्छ की सषी कहति है, एतौ और नायिका पास जात नहीं हैं, तू क्यों मुष फेरि वैठी है। इनकी ओर देष। तव नायिका कहति है, नितप्रति एकतही रहत, एतौ सदा एकत्र रहत हैं, इनको उनको वैस एक है वरन रंग एक, जैसो काला ई हैं, तैसी काली वे हैं, मन एक है, जैसो कुटिल मन इनको तैसो कुटिल मन वाको है। ए जो जुगलकिसोर हैं, किसोरी किसोर हैं, हृदय में इनके वही वैठी हैं, ताको देषिवे को लोचन जुगल अनेक चाहिए। इन दोय नेत्र सों कहां देषौं, देषन देहों इनै योंही तरसै हौं अवहि यही की आंषिनि देषैही रूप रावरो, ऐसे षंडिता कहति है।

— ⋆ —

मन न धरति मेरो कह्यौ। तू आपनै सयान। अहे परनि परि प्रेम की।

59 मुष – सुष - नी०।

परहथ पारि न प्रान [२३९] [60]

من نہ دہرت میرو کہیو تون اپني سیان • اہي پرن پر پریم کین پرہتھ پار نہ پران [ظا •
[۲۳۹

अन० : उक्ति सषी की परकीया नायिका प्रति, सीछा मति भावध्वनि है, नायक को पूर्वानुराग सुलछित कर्‌यो है, याते हेतु लक्षिताहू कहिए। वृत्यानुप्रास अलंकार।

नर० : सषी कर्म, शिक्षा, सषी। हे राधे, तू अपने सयान करिकै मन के विषै मेरो कह्यो धरत नाही है, पै अहे, या प्रेम की रीति ऐसी है कि आपनो प्रान पर के हाथ पारनौ है –

> **मेरो कह्यो न धरै मन मानिनी यौ गजगामिनी है वडभागी। आपने आपने चित्त की स्यानप आगै सवै कछु मेटन लागी। हे सजनी हौं कहौं समुझाइ परै जिम पेम परैनन पागी। आपने प्रान पराये क्यों पारत हाथ हजारन के अनुरागी** [नर० २३९]

कृष्ण० : सषी नाइका सौ कहति है कि प्रीति के प्रसंग तै प्रान पराए हाथ परत है, सो तू मति करौ। तो यह प्रसन्न है कि सषी प्रीति करत मना क्यौ करति है, सु मनै नाहीं करति, प्रीति वढावति है कि प्रान पराये हाथ परैंगे जो तौ मैं इतिक इठिलात है तौ करि मानवती के प्रसंग मै सषी नाइक सो कहै तौ यह वनै कि प्रेम की परनि में तो परि, अरु प्रान जू है नाइकौ ताहि पराए हाथ मति पारै –

> **तू नहि मानति मेरो कह्यो अपनै मन मान सयान ए भारी। देषिवे कौ ललचाति है ज्यौं कछु द्यौस नितै यह रोस निहारी। नेह कछू नंदनंदन सौ लगि जैहै तो फेर न ह्वैहै छुडारी। वेचत प्रानन क्यौ पर साथ फसै मत प्रेम फदा व्रजनारी** [कृष्ण० २३९]

हरि० : सषी सिच्छा देति है, हमारो कह्यो तू मन में नहीं धरति है, नहीं राषति है, तू आपनी सु ज्ञान ताते। अहे सषि, प्रेम की परि मै परिकै, प्रेम में परिकै, पराया के हाथ आपने प्रान मति पारे। प्रेम में परे प्रान परवस होयगो। याते प्रेमही मति परै। मनही धरै है, कह्यौ मन परनि अधिक दैहै। किंवा रीति जानिए। यह हेतुमान ताको हेतु, आपनो सयान याते हेतु अलंकार।

— ⋆ —

हरि कीजत तुमसौं यहै। विनती वार हजार। जिहि तिहि भांति डर्‌यौ

[60] न – (लुप्त) - वा०। धरति – धरत - को०शि०मो०वे०गा०स०मु०नी०; धरिति - वा०। मेरो – मेरौ - उ०न०मि०; मैरो - मु०। कह्यौ – कहो - वा०; कह्यो - पा०मो०वे०। तू – तूं - को०न०वे०स०मु०नी०ह०; तौ - वा०; तै - पा०; तुं - गा०। आपनै – आपने - को०वे०गा०ह०; आपनें - शि०मु०; अपनेहि - पा०; आपिने - मो०; आपुने - न०; अपनेन - नी०। सयान – सयांन - उ०वा०गा०स०मि०मु०; सयानु - मो०। अहे – अहै - मु०; अहो - नी०। परनि – परन - को०गा०स०; परिन - मो०। परि – पर, इकार बाद में - उ०; पर - शि०पा०मो०न०वे०गा०स०; परी - नी०। प्रेम की – प्रेम के - को०; पेम की - शि०वा०न०वे०; प्रेंम की - मि०। परहथ – परहथि - वा०मि०; परिहथ - मु०। पारि – परि, 'प' पर आ की मात्रा बाद में - उ०; पार - वा०पा०न०वे०गा०स०मि०। न – ति - पा०; त - न०; नि - मि०। प्रान – प्रांन - उ०वा०न०वे०गा०स०मु०; प्रानु - मो०। दोहा लुप्त - भा०। [२३९]

रहौं। पर्‌यौ रहौं दरवार [२४०] [61]

ہر کیجت تمسون یہي بنتي بار ہجار • جنہ تنہ بہانت دریو رہیو پریو رہیون دربار [ظا• ٢٤٠]

अन० : मुमुक्ष को वचन प्रभु सों, करुणा रस। दीनता संचारी। वचन अनुभाव ते सांतरस व्यंगि, लोकोक्ति अलंकार। अलंकारहीन नग्न पद्य।

नर० : भक्तजनवाक्य। कवि विहारीदास कहत है, हो हरि तुमसौं हजारेक या विनती करत हों कि जिहि तिहि भांति डर्‌यो निरादर्‌योंहू रहूं, पर तेरै दरवार विषै पर्‌यो रहूं –

> **हे हरि कीजति है विनती तुम सौं इह वार हजारक रोरै। या भवसागर की लहरी वर मारत है अव मोहि मरोरै। लोभ मनोभव क्रोध गरूरति मंगल ज्यों तन लेत है जोरै। एई मनोरथ है मन मैं डर डारति हारी पर्‌यौ रहौं पोरै** [नर० २४०]

कृष्ण० : शांतरस, भक्त कौ वचन भगवान सो –

> **दीसतु और न कोऊ दयानिधि तेरौई एक भरोसो गहौ। वेद पुराननि की सुनि साषि हिये धरि आस हुलास लहौ। दीन उधारन वारहिवार यहै विनती कर जोरि कहौ। जैसेऊ तैसे डरोऊ परो दरवार मुरारि तिहारे रहौ** [नी० २४०] [62]

हरि० : हे हरि, तुमसों यह हजार वार विनती करत हों, जाहि ताहि भांति सों आपने सरीर को डारि, तुमारे दरवार मै पर्‌यौ रहौं, किंवा डर्‌यौ रहौं, तुमसों डरतो रहों, डर्‌यौ पर्‌यौ लोकोक्ति अलंकार।

— ⋆ —

नषरेषा सोहै नई। अलसोहै सव गात। सोहै होत न नैन ए। तुम सोहै कत षात [२४१] [63]

---

[61] हरि – हर - वा०वे०। कीजत – कीजति - उ०न०गा०भा०मि०; कीजतु - शि०मु०नी०। तुमसौं – तुमसे - उ०; तुमसों - शि०वे०ह०; तुम्हसौं - वा०; तुमसो - पा०मो०; तुमसौ - न०नी०; तुमसु - स०; विनती - भा०; तमसौं - मु०। यहै – इहैं - शि०; इहै - वा०मि०; यह - नी०। विनती – विनति - मो०; तुमसौ - भा०। जिहि तिहि – जिहिं तिहं - उ०को०; ज्यहि त्यहि - पा०; जिहि ति - मो०; जिहिं तिहिं - स०; जिंहि तिहि - नी०; जिहि तिंहि - ह०। भांति – भाति - वा०पा०भा०। डर्‌यौ – ढर्‌यो - को०; दुर्‌यौ - वा०; धर्‌यो - पा०; डर्‌यों - मो०; डर्‌यो - वे०; रहौ - भा०। रहौं – रहुं - को०वे०गा०; रहो - वा०; रहौ - पा०; रहै - न०; रहूं - स०मु०; डरो - भा०; गिरौ - मि०; रहों - ह०। पर्‌यौ – पर्‌यौं - उ०न०; (लुप्त) - को०; पर्‌यो - पा०मो०वे०; परो - भा०; परौ - मि०। रहौं – (लुप्त) - को०; रहूं - शि०स०मु०; रहो - वा०; रह्यौ - पा०; रहू - मो०; रहुं - वे०गा०; राज - भा०; रहौ - मि०। [२४०]

[62] मु० प्रति में यह भिन्न उदाहरण मिलता है –

मेरो कह्यो मानि मनमोहन सौ मोहु करि सुंदर वरन घनस्याम कौ सम्हारि लै। व्रज वन कुंज के विहारी सौ विहारु करु गिरिवरधारी सुषकारी उर धारि लै। भूलहू कै चित्त वृथा वाद मै रचावै कहा कहै कविकृष्ण यह सुमति विचारि लै। थिरु न रहतु धन जोवन भवनु तनु जानि व्रजजीवनि सो साचो पषो पारि लै [मु० २४०]

[63] नषरेषा – नषरेषां - उ०; नष, 'रेषा' लुप्त, ऊपर केवल काकपद - पा०; नषरेहा - शि०। सोहै – सोहैं - उ०; सौहै - शि०; सोहें - मो०; सोंहै - वे०। नई – नै - को०; नईं - मो०; नहीई - वे०। अलसोहै – अलसौंहै - उ०गा०मि०मु०; अलसोंहैं - को०ह०; अंलसौहै - शि०; अलसौहै - वा०नी०; अलसोंहै - मो०वे०; अलसोहै - स०;

نکہ ریکہا سوہین نئي السوہین سب کات ۰ سوہین ہوت نہ نین اي تم کت سوہین کہات [ظا۰ ٢٤١]

अन० : अधीरा षंडिता की उक्ति नायक सों, अवर काव्य, जमकालंकार।

नर० : षंडिता। नायका कौ वचन नायक सों, हो कान्ह तुम्हारे गात कै नई सी नषरेषा सोभत है, और नेत्रां को पिण सामण करत नाही हौ, तौ एते पर तुम सोंहैं कत षात हौ –

> **सोहत है नषरेष नई यह जावक भाल भलोई धरो हौ। है अलसोहै सवै अंग रावरे ऐसे धौ आइ वियोग हरो हौ। सोहत होत न नैन नए अव आपते काहे को सौंह करो हौ। लाजत जी डर डारि दयो कत आय अचानक पाय परो हौ** [नर० २४१]

कृष्ण० : यह नाइका अधीरा अधीरा षंडिता नाइका को वचन नाइक सो –

> **हरि जानि परी हमहू पै मया पग धारे इतै रति केलि किये। तुम तौ सवके सुषदाइक हौ सवही कौ वनै सुषपुंज दिये। मुकरौ जिन ए प्रगटै लषियै जु लगी टटकी नषरेष हिये। द्रग सौंहै न होत सकोचन तै अव काहेको सौंह इती करियै** [कृष्ण० २४१] [64]

हरि० : नायक सों नायका वाक्य, नवीन नष की रेषा सोहति है, आलस भरे सव अंग हैं, ए तुम्हारे नैन हमारे सामने नहीं होत हैं, लाज सों तुम सपथ क्यों करत हौ, सपथ करिवे को निषेध जुक्ति सों करति है। काव्यलिंग, सोंहैं सोहैं जमक।

— ★ —

भौंह उचै आंचर उलटि। मौरि मोरि मुह मोरि। नीठि नीठि भीतर गई। दीठि दीठि सौं जोरि [२४२] [65]

अलसौहे - भा०। सव – जव - न०। सोहै – सौहें - उ०; सोहैं - को०न०; सोंहै - शि०वे०; सौहै - वा०भा०नी०; सोंहैं - मो०; सौंहैं - मि०; सोंहें - मु०ह०। नैन – नेंन - को०मो०वे०; ननेन - वा०; नैंन - स०मु०ह०; नयन - भा०। ए – इ - वा०; ये - मु०नी०। तुम – तूम - मि०। सोहै – सौहै - उ०वा०भा०नी०; सोहैं - को०; सोंहै - शि०स०; सोंहैं - मो०; सौंहै - मि०; सौंहैं - मु०; सौंहें - ह०। [२४१]

[64] भा० प्रति में कवि सुंदर की छाप सहित निम्नलिखित उदाहरण है –

अलसात जम्हात लगे नष गात किधौ तुतरात हौ वोलतहू। कवि सुंदर ऊपटु और सुनौ इतने पर सौह करै अजहू। तिनसौब कहा कहियै जिनके सपनेहू न लाज भई कवहू। जग मै सषि औषदि है सव की पै सुभाव की औषदि नाहि कहू [भा० २४१]

[65] भौंह – मोह - को०; भोह - वा०पा०स०भा०; भोंह - मो०वे०गा०मु०। उचै – उंचि - को०; उचें - मो०। आंचर – आंचरु - उ०मो०मि०नी०; आचरच - वा०; आचर - पा०; अंचल - वे०; अंचरि - गा०; अंचर - स०; अचरा - भा०। उलटि – उलट - स०। मौरि – मोरि - को०शि०पा०मो०गा०भा०मु०; मोर - वे०स०; मौर - मि०। मोरि – मौरी - वा०मो०नी०; मोर - वे०स०; मौरि - ह०। मुह – मुहु - मो०न०वे०स०; मुंह - मु०ह०। मोरि – मौरि - वा०पा०मु०। नीठि नीठि – निठ निठ - को०न०वे०गा०ह०; निठि निठि - वा०; नींठ नींठ - स०मु०; निठ निठी - नी०। भीतर – भीतरि - उ०वा०न०मु०; भिंतर - को०; भींतरि - मो०; भीतरु - मि०। गई – गैं - मो०। दीठि दीठि – दीठि दीठ - उ०; डीठ डीठ - शि०स०ह०; डीठि डीठि - मो०वे०मि०; दीठ दीठ - न०; डीठ डीठ, दोनों ‘ठ’ में इकार बाद में - गा०। सौं – सो - को०पा०; सों - शि०मो०वे०गा०स०मु०; सौ - वा०भा०। जोरि – जोर - को०शि०वा०स०; जोर, ‘र’ में इकार बाद में - गा०। [२४२]

بهونہ اوچي انچر اولت مور مور مہ مور • نيتہ نيتہ بهيتر كئي ديتہ ديتہ سون جور [ظا•
[٢٤٢

अन० : उक्ति नायक की स्मृति गुणकथन ते पूर्वानुराग व्यंगि। नायका के अभिलाष व्यंगि। अरु नायिका ने क्रिया जेती कीनी है, ते अनुभाव हैं। जातिवर्णन अलंकार।

नर० : प्रलाप दशा, सषी को वचन नायक सों, हो कान्ह, मोको ऐसो वूझ्यो कि मोरि मोरि कै मुह मोर्‌यौ, और भौंह उचाई और अंचल उपट्यो और मेरी दीठि जोरिकै नीठ नीठ भीतर को गई, सो कौन ही –

> **भौंह उचै अरु अंचर कौ उपटायकै नाभि दिषाइ दई है। ऊंचे उरोज सरोजकली सम आनन कोरि मरोरि लई है। ऐंठी अमेठी सी चाल चली पुनि छोह छवीली की छाति छई है। जोरिकै आपनी दीठ से दीठन भीतर भौन के नीठ गई है** [नर० २४२]

कृष्ण० : इह नाइका की क्रिया जु देषी है सो नाइक के चित्त मै वसी है, वार वार नायक सषी सौ कहतु है, नाइका परकीया –

> **रूप की अपार राधा ठाडी निजु ग्रह द्वार जाकी छवि पर रति वारियै करोरि कै। मोहि देषि नैसिक लजाइकै चढाई भौंह वाही चितवनि माझ लीनौ चित चोरिकै। मोरि मोरि मुह जमुहानी अगिरानी पुनि आलस वलित नैन वटुराने ढोरिकै। नीठि नीठि गई भौन भीतर सरोजमुषी दीठि सौ मिलाई दीठि नीके नेह जोरिकै** [कृष्ण० २४२]

हरि० : नायक को वचन सषी सौ, चेष्टा वर्णन। भौंहन को ऊंचो करि, आंचर को उलटिकै मौर को मोरि, मुष को मोरिकै नीठ नीठि, कैसेहूं कैसे, भीतर गई, डीठि सों डीठ जोरि। स्वभावोक्ति। स्वभावोक्ति तहं जानिए वरनै जाति स्वभाव।

— ⋆ —

रस की सी रुष ससिमुषी। हसि हसि वोलति वैन। गूढ मान मन क्यौं रहै। भए वूढ रंग नैन [२४३] [66]

رس كے سي روكہ[67] سسموكهي ہس ہس بولت بين • كوده مان من كيون رہي بهي بوده
رنك نين [ظا• ٢٤٣]

[66] रस – रिस - पा०न०वे०गा०स०मि०; रसि - ह०। की सी – कै से - पा०नी०; कैं से - मो०; के से - भा०मि०। रुष – रुषि - वे०। ससिमुषी – सीमुषी - को०; शसिमुषी - वा०; ससीमुषी - मो०; शशिमुषी - न०भा०; ससमुषी - गा०। हसि हसि – 'हसि' के ऊपर चिह्न - को०; हंसि हंसि - ह०। वोलति – वोलत - को०शि०वा०पा०मो०गा०स०मि०मु०। वैन – वैंन - उ०न०स०मि०; वेंन - वा०मो०। गूढ – गुढ - वा०। मान – मानु - उ०; मांन - शि०न०वे०गा०मु०। मन – मनु - न०वे०; कहि - नी०। क्यौं – क्यौ - को०भा०मु०; कौ - वा०; क्यो - पा०; क्यों - मो०वे०। रहै – रहैं - शि०मो०न०; दुरै - भा०नी०; रुहै - मु०। भए – भये - पा०मो०नी०। वूढ – वुढ - वा०; 'वू' तथा 'गू' ढ - पा०। रंग – रग - मो०मि०। नैन – नैंन - को०स०मु०नी०ह०; नेंन - मो०; नेन - गा०। [२४३]

[67] روكہ - موكہ - ظا•

अन० : नायक की या सषी की उक्ति, मानिनी नायका सो, काव्यलिंग धर्मलुप्तोपमा की संसृष्टि। अर्थसमर्थन कीजिए जहां युक्ति सों मित्र। काव्यलिंग भूषन तहां भाषत वुद्धि विचित्र॥ उपमा अरु उपमेय साधारन वाचक होय। ए चारौ पैयै जहां पूरन उपमा सोय॥

नर० : मान। सषी कौ वचन सषी सौ, हे सषी, या सासिमुषी रिस की सी रुष करिकै नायक प्रति हसि हसिकै वैन वोलति है, पर मन के विषै जो गूढ मान है सो कैसे छिप्यो रहै कि वूढ कहियै ममोलो तिन सा रसाने नेत्रां कौ रंग भयो है –

> **हे सषि तेरी रसीली सुधा सम देषतही अति आनंद ऐहै। वोलत हौ हसिकै अति वैन सरोजमुषी दुषदंद मिटैहै। नैन भए रंग वूढन के तवतै अति आपनो देह कपैहै। प्यारी तिहारी सौं सांची कहों अहो मान समान छिपाये छिपैहै** [नर० २४३]

कृष्ण० : इह नाइका अधीरा कौ मानु है, सो नाइक की सषी नाइका सो कहै –

> **ऊपर कोरिर केसो करो रुष भाउ कियो हित के सरसाते। सूधे चितै हसि वोलति भामिनि वैन कढे मुष मीठे सुधा ते। नेह के चिह्न जताए सवै विधि स्वास दवाइकै तेह के ताते। मान हिये को दुरै कहि क्यो जु मजीठ के रंग भए द्रग राते** [कृष्ण० २४३]

हरि० : नायक की उक्ति किंवा सषी की उक्ति मानिनी सों। हे सषिमुषी रिस, क्रोध, की सी रुष तौर चेष्टा है तेरी और हंसि हंसिकै तू वैन, वचन, वोलति है, गूढ, गुप्त मन विषै मान क्यौं करि रहै, तेरे नैन वूढ के रंग भए। वूढ को सावन की डोकरी कहत हैं, वीरवहूटी कहत हैं, इंद्रवधू संस्कृत नाम। नैन वूढ रंग भए याते मान प्रगट कियो, काव्यलिंग, वूढ के से रंग नैन भए, वाचकलुप्ता उपमा।

— ⋆ —

जिहि निदाघ दुपहर रहै। भई माघ की राति। तिहि उसीर की रावटी। षरी आवटी जाति [२४४] [68]

جہ نداکہ دوپہر رہي بہئي ماکہ کي رات ۰ تہ اوسیر کي راوتي کہري اوتي جات [ظا۰ [۲٤٤

अन० : सषी की उक्ति सषी सों। नायिका प्रोषित्पतिका। व्याधिदशा। पर्यायालंकार।

नर० : व्याधि दशा, सषी को वचन नायक सों, हे कान्हजू जिहि रावटी सों निदाघ उष्णकाल की दुपहरी और माघ की राति सार सी भई रहति है, सो अव तिनहीज उसीर, षस, तिनकी रावटी तिनके विषै राधिकाजू सूती है सो सरीर की तपत करिकै वा रावटी षरी सी आवटी जाति है –

---

68 जिहि – जिहिं - उ०मु०; जिह - वे०। दुपहर – दुपहरि - शि०मो०मि०। रहै – रहे - उ०; रहें - शि०; समै - भा०; भै - मि०; भई - नी०; हैं - ह०। भई – रहति - मि०नी०। माघ – माह - शि०भा०मि०नी०ह०। तिहि – सो - शि०भा०; उहि - मो०मु०; तिह - वे०गा०; तिहिं - नी०। रावटी – राउटी - न०। आवटी – आवटि - शि०; आउटी - न०। जाति – गाति - उ०; जात - गा०। दोहा लुप्त - को०वा०पा०। [२४४]

ऐसो वियोग भयो अवला तन वा लषिकै हिय फूल हरै है। माध की राति दुजाम निदाघ की ह्वैहै अपूरव आगि वरै है। कोऊ पषेरू पसू पुहुमी तल पैठतही कल नाहिं परै है। रावटी आवटी जात उसीर की या दुष तै कहौ कोऊ टरै है [नर० २४४]

कृष्ण० : इह नाइका प्रोषित्पतिका, विरह निवेदन, सषी वचन नाइक सो, सषी को वचन सषीहू सो संभवै

लाल तिहारे वियोग तै वाल विहाल षरी तलफै सफरी सी। वा तनताप के त्रासन तै सषि कोऊ न जाइ सकै नियरी सी। ह्वै रहै जेठ की ज्वालनि मै जहा जाडे की राति तुसार भरी सी। जो ही उसीर के धाम मै वास सु जाडे की राति मै जाति वरी सी [कृष्ण० २४४]

हरि० : नायिका वचन सषी सो, जाहि उसीर की रावटी तामे निदाघ, ग्रीष्म, को दोपहरी, सो माघ की राति भई रहै थी, ताही उसीर की रावटी मै षरी अति आवटी जाति है। अति गरम होति है, किंवा षरी षडी होति हौ तौ भी अवटी जाति है, वैठ सोय कौन सकै। उसीर की रावटी सों अवटी जाति है। विभावना। काहू कारन ते जवै कारज होय विरुद्ध।

— ★ —

रही दहेडी ढिग धरी। भरी मथनिया वारि। फेरति करि उलटी रई। नई विलोवनहारि [२४५] [69]

رہي دہيندي دہيک دہري بہري متہنيان بار • پہيرت کر اولتي رئي نئي بلو ونہار [ظا• [٢٤٥

अन० : सषी की उक्ति सषी प्रति, हेतु लच्छित कियो है, सो कहति है, नायिका के क्रिया अनुभाव करि मोह संचारी ते पूर्वानुराग व्यंगि अरु वैचित्रता स्मृति ते भई है, नायक देष्यो है, यह ध्वनि ते वोधव्य है। असंगति अलंकार।

नर० : विभ्रम हाव, सषी को वचन सषी सों तथा नायक सों। हे राधे, तेरी दहेडी तो पास धरी है, और मथनिया वारि, पानी, तिनसों भरी है, और रई, डेरनौ, उलटौ करिकै फेरत हौ, सो तू कोई नई सी विलोवनहारि है –

वे धरियै रही नीकी दहेडी सो मंथन की भरि वारि लई है। फेरति है उलटी करिकै रई ऐसी कछू सुधि भूलि गई है। नागर नंदकुमार निहारत ता दिन तै इहि भांति भई है। छूटि लटे पर की सुधि नाहिंन एई विलोवनहार नई है [नर० २४५]

69 दहेडी – दहेंडी - उ०मु०ह०; दहैडी - वा०मि०; दहैंडी - मो०नी०; दहींडी - न०वे०गा०; दहीडी - स०। ढिग – ठग - को०; ढि - वा०; ढिंग - नी०। धरी – धरि - को०वा०। भरी – भरि - को०। मथनिया – मथनीया - उ०मो०न०वे०गा०स०मु०; मथनी - को०; मथनीआ - भा०; मथनियां - नी०; मथनिआं - ह०। वारि – वार - न०वे०गा०मि०मु०। फेरति – वे०; फेरत - गा०स०भा०मि०। करि – कर - शि०वा०पा०न०वे०गा०स०भा०मि०ह०। उलटी – उलटि - को०; फेरति - मो०। रई – रयी - को०; रही - वा०न०मु०; रईं - मो०। नई – नयी - को०; नै - वा०; नईं - मो०। विलोवनहारि – विलोवनिहारि - उ०नी०ह०; विलोवनहार - शि०वे०गा०स०मि०; विलोवनिहार - न०। [२४५]

कृष्ण० : इह नाइका कौ ~~विभ्रम~~ हाव देषि सषी नाइक सौ कहति है, सषीहू सो कहै –

> **पास दहेडी धरीयै रही जल सौ भरिकै जु मथानी लई है। थांभ सो नेती लपेटि दई उलटी करि फेरति तामे रई है। मोहि तौ लागति नीकी महा सु अपूरव प्रेम की रीति ठई है। सामरी मूरति की रिझवार नई तू विलोवनहारि भई है** [कृष्ण० २४५]

हरि० : नायिका को मन नायक नजीक है, तामै आसक्त है, वाकी क्रिया देषि सषी सों सषी कहति है, दहेडी ढिग, नजीक, धरी रही, मथनी जोहै जामै दही डारिकै मथै तामे दही डारे विना पानी सों भरी। रई की भाषा पूर्व में दही ताको उपटी करिकै फेरति है, नई, नवीन, विलोवनहारि मथन वाली है। किंवा नई विलोवनहारि विलोकनिहार है। आगे कवही कृष्ण को देष्यो है नहीं। दही मथनी मै नहीं डार्यो, पानी डार्यो, रई उलटी करी। भ्रांति अलंकार।

— ★ —

देवर फूल हने जु सो। उठे हरषि अंग फूलि। हसी करति ओषद सषिनु। देह ददोरनि भूलि [२४६] [70]

دیور پہول ہنی جو سو اوتہي[71] ہرکہ انک پہول • ہنسي کرت اوکہد سکہن دیہ
د دورن بہول [ظا• ٢٤٦]

अन० : सषी की उक्ति सषी सों, परकीया नायिका कै हर्ष संचारी ते अनुराग व्यंगि सषी कै भ्रम। भ्रांति अलंकार।

नर० : कुलटा, सषी को वैन सषी सो। हे सषी, याको देवर फूल हन्यो, सो फूल हन्यो सो फूल कै लागनै ते अंग फूलकै उलट्यो, पै हसी कै सिसकारी करत है। तव ओ षिनक मै ददोरनि, दुरवरी रूप ओषद सूल सो लगतु है –

> **देवर फूल हने सु सुनो अंग फूल उठे हरषी मन माही। पीति की रीति कही न परै गति काम की वाम कही नहिं जाही। हांसी करै सषी आपनी ओर तें ओषध की विधि हेर रहाही। देह ददोरन सूलि भटू कहि देषति है हठ लै गहै छाही** [नर० २४६]

कृष्ण० : परकीया मुदिता, देवर सो अनुरक्त है –

---

[70] फूल – फल - वा०। हने – हनें - उ०मु०; हनिं - को०; हनै - शि०वे०गा०स०; हनैं - न०। सो – सुम - को०; स सु - शि०; सु - वा०; सु ठि - पा०; सि सु - मो०मु०नी०; सु सु - न०स०; सु सि - वे०; शु शु - गा०; शिशु - भा०; हठि - ह०। उठे – उठि - को०; उठै - मु०। हरषि – हरिषि - उ०; हरषिं - को०; हरष - शि०भा०; हरषित - वा०; हर्ष - पा०; लागि - न०; लाग - वे०गा०स०; सवै - मु०। अंग – अंगु - मो०। फूलि – फूल - शि०न०वे०स०मु०; फुलि - वा०मो०; फूलि, इकार पर काटने का चिह्न - गा०। हसी – हासि - को०; हसि - नी०; हंसी - ह०। करति – करत - उ०वा०पा०मो०वे०स०भा०मु०नी०; करतु - शि०। ओषद – ओषदि - उ०; औषद - शि०वा०; वोषध - पा०; उंषध - वे०स०मु०; उंषत - गा०; औषधि - भा०; औषदि - नी०; ओषध - ह०। सषिनु – सषिन - को०मो०भा०मु०; साषिनं - पा०; सुषिन - न०वे०स०; सुषित - गा०; अलोनु - नी०। देह – देत - मो०; दह - भा०; देहि - मु०। ददोरनि – ददौरनु - उ०; दरोरन - शि०स०; दहोरनु - वा०; ददोरन - पा०वे०गा०मु०; ददोरनु - नी०। भूलि – भूल - को०मु०; भून - शि०; सूल - न०वे०स०; शूल - गा०। दोहा लुप्त - मि०। [२४६]

[71] اوتہي - اوٹہي - ظا•

षेल मै देवर के कर के वे जही जह फूल लगे नवला तन। आनद पुंज उमंगि तही तह फूलि उठे अति कोमल गातन। देह ददोरन भूलि अली उपचार करै लहि भेद की वातन। जानति जो जिय की वतिया रसविज्ञ तिया हसि हेरत वा तन [कृष्ण० २४६]

हरि० : स्त्री चरित्र वर्नन, परोसिनि को वचन कोई स्त्री सो, मेरे देवर ने वा नायिका को हठि कै हम फूल सों मारैंगे, ऐसे हठोइकै फूल हन्यौ, फूल सों मार्‌यो, नायिका के अंग करषिकै फूलि उठे, देह का ददोरा सो भूलिकै सषी ओषधि करति है, ताको परोसिनि हंसी, मेरे देवर सों आसाक्ति है, कहूं सि सु ऐसो पाठ होय तो सि सु को अन्वय सषी सों कीजिए। सि सु अज्ञान जौ सषी है ताको हंसी, किंवा नायक ने परोसिनि के सिसु देवर के हाथ फूल दिए वा नायिका पर डारि आवौ। तहां परोसिनि वचन, नायक के कर को स्पर्ष फूल सोंप्यो तासो सात्विक भयो। भ्रांति अलंकार।

—★—

फूले फदकत लै फरी। पल कटाछ्छ करवार। करत वचावत विय नयन। पाइक घाइ हजार [२४७] [72]

پهولي پهدکت لے پهري پل کتاچه کروار • کرت بچاوت بيه نين پايک کهاي هجار [ظا•
[٢٤٧

अन० : उक्ति सषी की संजोग शृंगार। हर्ष संचारी कटाक्ष विक्षेप अनुभाव ते घाय लक्षक शव्द है। रूपकालंकार।

नर० : नेत्र सोभा, सषी को वचन नायक सों। हो कान्हजू, राधा के नेत्र रूपी जे पायक हैं, तिनके पलकां रूप फिरी, कहियै ढाल है, और कटाक्ष रूपी करवार है, सो फूल्या थका फदककै हजारेक घाउ आनिकै तौ करत है और आपकौ वचाइकै लेत है –

फूल फदक्कत लैकै फरी पल और कटाक्ष असी गहि नीके। मारत और वचावत वीय विलोचन छांडि सकोचन ही के। पायक घाउ हजार भली विधि दायक लायक है इक पी के। ऐसो अनेक प्रकार करै गति संक तजी मन भावत जी के [नर० २४७]

कृष्ण० : इह दोउन के नेत्र आपुस मै कटाछ्छनु की चोट करत है, औरन की दिष्टि वचावत है, सो सषी सषी सौ कहति है –

अंजनु अंग कछे कछनी सिषए नवजोवन नाइक है। फांदित फूले निसांकि गहै करवालि कटाछ्छि सहाइक है। वोटे कौ ढाल करी पलकै ललिकै अति जोम सौ लाइ कहै। विय लोचन चोट वचावत है तिय नैन के मैन के पाइक है [कृष्ण० २४७]

[72] फूले – फुलै - को०; फूली - शि०; फुले - वा०। फदकत – फंदकत - पा०ह०; फलकत - गा०। लै – लें, दीर्घ करने का संकेत - उ०; लों - शि०; ले - मो०वे०गा०स०मि०। फरी – फरि - को०; फिरी - शि०वे०गा०स०; फिर, 'र' में इकार बाद में - मु०। कटाछ्छ – कटछ्छ, 'ट' में आ की मात्रा बाद में - उ०; कटाछ्छि - वा०वे०मि०मु०; कटाक्ष - पा०नी०; कटाछ्छ्छ - गा०। करवार – करिवार - उ०पा०न०। वचावत – वचाव - वे०गा०स०; वंचावत - ह०। विय – वीय - शि०मो०; वय, 'व' में इकार बाद में - स०। नयन – नेंन - मु०। पाइक – पायक - उ०को०पा०मो०वे०गा०स०ह०; पावक - मु०। घाइ – घाय - को०पा०ह०; घाव - शि०मो०मु०; घाउ - न०वे०गा०स०; पाइ - मि०। दोहा लुप्त - भा०। [२४७]

हरि० : नायिका नायक को देषति है, सो देषिकै सषी सों सषी कहति है, आनंद सों फूले है, मानौ फंदकत है, फांदत है, लै को अर्थ लेकरि फरी जो ढाल सोई है पलक, औ कटाछ सो है करवाल, तरवारि, विय नयन पायक, विय कहिए दोऊ के, नायक नायिका के नैन सो पायक, प्यादे हैं, करत वचावत घाय हजार, को अर्थ हजार घाव करत हैं, और वचावत भी हैं, आपु घायल नहीं होत हैं। यह अर्थ अच्छो नहीं, किंवा हजार घाव करत हैं, विय कहिए दूसरा, तासों वचावत हैं, जल्दी सों दुर्जन कोई न देषि लेइ। किंवा दोऊ के नैन पायक हैं, सो हजार घाव को करत हैं, औ दंपति कौ वचावत हैं, अर्थ यह। जो दंपति को कटाछ की चोट न होय तो अकुलाय मरै। किंवा नेत्रनि पर नेत्रनि के कटाछ की चोट न होय तो नेत्रही अकुलाय मरैं। ठांडफरी षेलैं हैं। सो आपु को वचावत हैं। हर्ष संचारी, कटाछ अनुभाव, घाव सव्द लच्छक है। घाव को अर्थ घाव नहीं, नैन सो पायक यातैं रूपक।

— ⋆ —

पफुला हार हिये लसै। सन की वेंदी भाल। राषति षेत षरी षरी। षरे उरोजनि वाल [२४८] [73]

پپہولا ہار ہین لست سن کے بیندي بہال ٠ راکہت کہیت کہري کہري اوروجن بال [ظا٠ ۲٤۸]

अन० : जो दूती की उक्ति होय तो नाइका संकेत मे पहुची नाइक सो सूचित करति है, जो नाइक की उक्ति होइ तो स्मृति संचारी, गुणकथन ते पूर्वानुराग व्यंगि, जाति स्वभाव वर्णन। जाको जैसो रूपगुन वरनत वाही रीति। तासों जाति सुभाव कवि वरनत है करि प्रीति॥ राषत षेत, ह्यां श्लेषालंकार। श्लेषार्थ कहा। सोभातिसय ते कोऊ षेत लांघि नाहीं सकति। लेष। ग्रामीन वधू को वर्नन पफुला सो कमल विशेष। राषत षेत। ह्यां श्लेषालंकार गामीन वधू को वर्णन आतिसुभाव लक्षण पूर्व में ओक्त।

नर० : प्रलाप दशा, नायका को वचन सषी सों, हे सषी, वा वाल कौन है कि हिया के विषै प्रभुला कौ हार सोहत है और भाल के विषै सिन की वेंदी है, और षरे उरोज है सो षरी थकी भली भांति सो षेत राषति है –

> **सोहत है पहुला कौ हियै अति हार मनोहर प्यारी धर्‌यो है। राजत वेंदी लिलार षरी**
> **सिन की इह भांति वनाव कर्‌यो है। राषत षेत षरी उषरी उत देषतही मन मैन हर्‌यो है। ऊंचे**
> **उरोज सरोजमुषी अव आंचर आनन सों पकर्‌यो है** [नर० २४८]

कृष्ण० : इह जाति वर्नन, नाइका वचन –

---

73 पफुला – पभुला - उ०न०वे०गा०; पहुला - को०शि०वा०मि०मु०ह०; प्रफुला - पा०; प्रभुला - स०; फफुला - भा०; याहुल - नी०। हार – हारु - उ०मु०; हारुं - न०; हा - भा०; हर - नी०। हिये – हियें - उ०; हीइ - शि०; हियै - वा०वे०गा०स०नी०; हिए - पा०ह०; हिय - न०; हीयै - मु०। लसै – लसें - को०; लसे - मो०; लैसै - भा०; लसैं - मु०। सन की – शनि की - न०वे०गा०; सिन की - स०। वेंदी – वैंदी - उ०शि०वे०मि०मु०; वेदी - को०; वैदी - गा०नी०; वेदी - भा०। राषति – राषत - शि०वा०पा०मो०गा०स०। षेत – षेतु - उ०; षेति - मि०। षरी – षरे - पा०। षरी – षरे - उ०पा०वे०; षरैं - न०; षरै - वे०गा०स०। षरे – षरै - उ०; षेरे - को०। उरोजनि – उरोजनु - उ०वा०; उरोजन - शि०पा०न०वे०गा०स०मि०मु०। [२४८]

पातरौ लाकु कठोर षरे कुच गोरी अगोठि लुनाई भरी है। मेचक पोति गरे वडरे द्रग ओठन मै अरुनाई धरी है। हारु गरे फफुला को लसै विंदुली सन की पषुरी की करी है। राषति षेत षरी व्रजनागरि जोवन जोति षरी निषरी है [कृष्ण० २४८]

हरि० : सषी नायक सो कहति है, पहुला फूल विसेष ताको हार हिये मै सोभै है, औ सन के फूल की वेंदी भाल मे है, षडी षडी षेत राषति है, किंवा जाको निहारति है, ताको षेत राषै है, ठौर राषै है, षेत राषति है। श्लेष औ स्वभावोक्ति।

—★—

लई सौंह सी सुनन की। तजि मुरली धुनि आन। किये रहति नित रातिदिन। कानन लागे कान [२४९] [74]

لي سونہ سي سونن کي تج مرلي دہون کان ۰ کئي رہت نت راتدن کانن لاکي کان [ظا۰
[۲٤۹

अन० : सषी की उक्ति सषी सो, नायिका को हेतु लच्छित कियो है, स्मृति अभिलाष संचारी नाइका क्रिया अनुभाव ते पूर्वानुराग व्यंगि, परकीया अरु ह्यां अनुराग पूर्णता को प्राप्त भयो है, ताते लालसा दसा कहिये, उत्प्रेक्षालंकार।

नर० : श्रवन दर्शन, सषी को वचन सषी सो। हे सषी, राधिकाजू मुरली की धुनि विना और सुनन की सोंह सार सी लीवी है, सो वा धुनि कै वासतै रातदिन कानन के विषै कान कियेही रहत हैं –

सोंह सी लीनी है आन सुनै न की छांडि धुनी मुरली हम जानै। गीत अवाजे अवै नहिं भावत लावत नांहि हियै कहु तानै। ऐसी तो होइ रही सुनि कामिनि काहू की काहूकि वात न मानै। रैन दिवा नित कानन कान लगाइ रहेऊ उपाय न ठानै [नर० २४९]

कृष्ण० : इह मुरली सुनी है, तव ते और कछू सुनत नाही, सो सषी सषी सो कहै–

मोहन की मुरली की अली जवतै मधुरी धुनि कान परी है। वाल भई तवही ते लटू ग्रहकाज समाज सवै विसरी है। कानन कान न और किए रहै काम षरी कुल कान करी है। वात सुहात न आन कछू सुनिवे की मनौ मन आन करी है [कृष्ण० २४९]

हरि० : सषी की उक्ति नायिका सों, तू मुरली धुनि सो आन जो कोई वात ताके सुनिवे की सोंह लई है, मानो कानन श्रीवृंदावन जहां श्रीकृष्ण गाय चराइवे गए हैं, ताहै कानन वन सौं तेरे कान लगे हैं। वन

74 लई – लइ - वा०; लईं - मो०। सौंह – सोह - शि०वा०; सौह - पा०; सोंह - मो०वे०गा०स०। सुनन की – सुननि की - न०गा०। तजि – तज - स०मु०। धुनि – धनि - वे०। आन – आंन – उ०शि०न०गा०स०; आंनि - को०वे०मु०; आनि - मो०मि०। किये – किय - को०; कीए - शि०; कियै - वा०न०वे०गा०स०; कीएं - मो०; कीयै - मि०; कियें - मु०; किएं - ह०। रहति – रहत, इकार बाद में - उ०गा०; रहत - को०शि०पा०मो०वे०स०मु०; रहै - नी०। नित – दिन - को०वा०स०; रति - ह०। रातिदिन – रातिदिनु - उ०नी०; रातदिन - शि०वे०स०मु०। कानन – कांनन - उ०शि०वा०न०वे०मि०; काननि - पा०; कानन्हीं - मो०; कांननु - गा०। लागे – लागै - को०स०; सो - मो०; लागैं - मि०। कान – कांन - उ०को०शि०वा०न०वे०स०मु०। [२४९]

की ओर कान दिए हैं, रातिदिन वंसी धुनि में रति, प्रीति, किए रहति है। लई है क्रिया के आगे मानौ को अन्वय है। अनुक्तास्पदवस्तूत्प्रेक्षा।

— ⋆ —

तू मति मानै मुकतई। किये कपट चित कोटि। जो गुनही तौ राषियै। आंषिन माह अंगोटि [२५०] [75]

تون مت مانکے مکتي کي کپت چت[76] اکوث • جیون کُنہي تون راکہي انکہن مانہ انکوث [ظا• ۲۵۰]

अन० : जो सषी की उक्ति नायक प्रति ईर्षा संचारी। नायक मान। भेदोपाय ते मान जानिए। पर्यायोक्ति अलंकार श्लेष को संकर। जो गुन ह्वै अपनो विगार करै ताको नजर मे राषिए। जो उक्ति साधु की होय तो निर्वेद स्थाई भाव। सांतरस व्यंगि। जोगन ह्वै तो जोग साधनान करि सकेतो। आंषिनु मांझि अगोटि राषिये। आंतर सृष्टि करि विषयवासना परिहरि। इति साधु सिच्छा।

नर० : सषी कौ उराहनौ, सषी कौ वैन नायका सो। हे राधे, तैं चित कर विषै कोट कपट करिकै जो मत कौ मानन कै विषै मोकली कीनी सो क्यो, जो तोमे गुन ह्वै तो आंषिन के विषै अंग की ओट मैं आप चीते राषिहै – [77]

कृष्ण० : यह प्रस्ताविक राजनीति मै संभवै, अरु नाइका भेद मै सषी कौ वचन नाइका सौ, कि तू याहि छांडे मति, आंषिनु मै राषै –

> **मुकतई मानियै न देइ जो कपट विन कोटि करै तऊ छोडिवो न अभिलाषियै। कीजियै हमारो कह्यो दीजियै न जान कहूं वार वार वात समुझाइ यहै भाषियै। कहै कविकृष्ण यही कहत सयाने सव देषो राजनीतिहू के ग्रंथन मै साषियै। जानियै जो गुनही तो आनियै न और उर नीकेही अंगोट कर आंषिन मै राषियै** [कृष्ण० २५०]

हरि० : नायिका नायक सों मान कियो चाहति है। तहां नायक के पच्छ की सषी को वचन। तू नायक सो मुकतई, जुदागी मति मानै कि ए कपटवत कोटि, यह पाठ है। कपट की कोटि वात किए सों। नायक

[75] तू - उ०पा०मो०भा०नी०; तुं - को०शि०गा०मु०; तौ - वा०; तूं - न०वे०स०ह०। मति – मत - शि०; नति - न०। मानै – माने - को०मो०; मांनहि - न०वे०स०; मानहि - गा०; मांनै - मु०नी०। मुकतई – मुकतइं - मो०; मुरकई - वे०गा०स०; मुगतई - मु०; मुकतिई - नी०; मुकुतई - ह०। किये – कीये - को०; कीए - शि०; कियै - वा०न०वे०गा०स०; कियें - मो०; किए - भा०ह०; कियैं - मु०; दिये - नी०। चित – वित - उ०; वत - ह०। कोटि – कोट - शि०स०मु०; कोट, 'ट' में इकार बाद में - गा०। जो – जौ - उ०; यो - को०; त्यो - पा०; जौं - नी०ह०। गुनही – गुन ह्वै - मो०; गुन है - न०वे०गा०स०मु०। तौ – तो - को०मो०वे०स०; त्यो - पा०; त्यौ - भा०; त्यौं - ह०। राषियै – आषिये, 'आ' काटकर ऊपर 'रा' भिन्न क़लम से - उ०; राषीए - शि०; राषिये - पा०; राषीएं - मो०; राषहै - वे०; राषिहै - गा०स०; राषिए - ह०। आंषिन – आषिनु - उ०वा०भा०; आंषिनही - शि०; आषिन - पा०मो०; आंषिन - न०। माह – मांह - उ०; माझ - को०मु०; में - शि०; माझि - वा०; मांझि - मो०न०वे०गा०स०; मांझ - नी०; मांहिं - ह०। अंगोटि – अगोटि - को०पा०मो०भा०नी०; अगोट - शि०मु०; अंगोट - वे०गा०स०। दोहा लुप्त - मि०। [२५०]

[76] چت - پاپ - ظا•

[77] नर० समूह की प्रतियों में यहाँ कृष्ण० प्रतियों का समान उदाहरण छंद मिलता है।

कपटी है, ऐसी तरह लोगनि के वात किए सों कपट चित, यह भी पाठ है। चित मै जुदागी मति मानै। कोटि कपट किए सों तेरो मान को जो है रूप ताको देषिवे के लिए पद है, पीछे तौ लिए मनाय, एक वार देषौ जाय मानिनी की सोभा, फेरि वाल वालम को रूठिऐ सुहाय है, जो तोहि विस्वास नहीं है तो जैसे गुनही गुनहगार ताकी तरह आंषिनही मै अगोटि राषिए, रोकि राषिए, नजरिवंद करि राषियै। पर्जायोक्ति अलंकार। पर्जायोक्ति प्रकार द्वै कछु रचना सो वात। किंवा प्रात समै नायक आयो है, नायिका को रोस देषि सषी कहति है, एतौ अव और नायिका पास नहीं जात हैं, तहां नायिका वचन, हे सषी तू वा नायिका सों इनसों जुदागी मति मानै। कपट की कोटि वात किए सों हे सषी तू ही कह ज्यों गुनही जैसे नेत्र में डोरनि को राषिए है कवहीं विश्लेष नहीं होय, त्यों वा नायिका के नेत्र में अगोटि राषिए। नेत्र में लाल डोरा वरनै है। सितासित लोचन मै लोहित लकीर किधौ वंधे जुग मीन लाल रेसम के जाल मै। किंवा गुरु वचन सिस्य सों, कपट की कोरि वाति किए तू आपु विषै मुकतई मुक्तपना मति मानै। ए सिस्य, भगवान कौ गुनहगार की तरह आंषिन मै अगोटि राषि। नेत्र भगवान का रूप विषै लगाव, यह फलितार्थ। ज्ञान कथनी सों सिद्धि नहीं।

— ★ —

गिरि तें ऊंचे रसिक मन। वूडे जहां हजार। वहै सदा पसु नरनि कौ। पेमपयोधि पगार [२५१] [78]

کر تین اونچي رسک من بودي جهان ہجار ۰ وہے سدا پس نرن کون پریم پوده اپار
[ظا۰ ۲۵۱]

अन० : इह प्रस्ताविक कवि की उक्ति, रसिकजन प्रशंसा, रूपक अलंकार।

नर० : प्रस्ताविक, कवि विहारीदास कहतु है, रसिकजन हैं, तिनको मन तौ गिरिही ते ऊंचो है, पै या प्रेम रूपी समुद्र, तिनमै हजारों वूडे हैं, और पसुनर हैं, तिनके योही जो प्रेम रूपी समुद्र पगार सम है –

> **ऊंचे पहार ते ऊंच रसीले के मानस आपने जान लियो है। वूडे हैं आय हजार जहां अहो आपने अंगनि दान दियो है। सो वह पेमपयोधि सदा इह पामर पुंज पगार कियो है। भेद न जानत नांहिन वूझत ऐसो अनारजहू को हियो है** [नर० २५१]

कृष्ण० : यह प्रस्ताविक, समुद्र की अधिकाई, कवि की उक्ति –

---

[78] गिरि – गिर - उ०शि०वा०न०वे०गा०स०मि०मु०ह०। तें – ते - शि०पा०वे०गा०नी०; तैं - न०; तै - भा०। ऊंचे – उचि - को०; उंचे - शि०मो०मु०; उचे - वा०गा०; ऊचो - पा०; ऊचे - वे०भा०मि०नी०। रसिक – अधिक - वे०गा०स०। वूडे – वुडे - को०वा०मि०। जहां – जिहां - को०; जहा - पा०; वहै, हाशिए पर 'जहां' - मि०। वहै – उहै - शि०; उह - वा०; सोई - मो०। पसु – पशु - वा०पा०मो०न०नी०; नर - भा०। नरनि – नरनु - उ०न०; नरन - को०मो०वे०गा०स०मि०; पशुन - भा०। कौ – कौं - को०न०गा०नी०ह०; कै - शि०वा०; को - पा०स०; कों - मो०वे०; के - भा०मु०। पेमपयोधि – पेंमपयोधि - मो०; प्रेमपयोधि - न०वे०भा०नी०ह०; प्रेमपयोध - गा०स०; प्रैमपयोधि - मि०; पेमपयोध - मु०। पगार – अपार - नी०। [२५१]

जाको प्रमानु कह्यो न परै कछु आजु लौ काहू न पार लहा है। कृष्ण कहै सु अगाध इहा लगि कैसेहू कोऊ न पावत थाहै। मेरु ते ऊचे रसज्ञन के मन वूडे अनेक अचंभो महा है। सो पसु पामर लोगनु के वह प्रेमसमुद्र पगार सदा है [कृष्ण० २५१]

हरि० : कविवाक्य, नीरस वर्णन, गिरि, पहार, ताते ऊंचे जो रसिक भगवान के रस में आसक्त हैं, तिनको मन, जाकौ लौकिक विषय नहीं छूय सकै सो जहां हजारनि वूडे वह जो भगवद्विषयक प्रेम के पयोधि, समुद्र, सो पसु जो नर है, जिनको ज्ञानदृष्टि नहीं, तिनको पगार होत है, यान जामै वूडै सो पगार, तुच्छ विषय में आसक्त हैं, लोक विषयक प्रेम को मानत हैं, साधारन अर्थ में जाको मन ललना सों लग्यो, ऐसे जे रसिकनि के मन ऐसे जानिए, जौ न जुगति पिय मिलन की धूरि मुकुतिमुह दीन, पसु सैं नर विचार रहित, लुप्तोपमा।

—★—

भावक उभरौहौ भयो। कछुक पर्‌यौ भरुआइ। सीप हरा के मिस हियौ। निसि दिन हेरत जाइ [२५२] [79]

بہاوک اوبہرو ہون بہو کچہوک پرو بہر اي ٠ سيپ ہرا کي مس ہيو نسدن ہيرت جاي
[ظا٠ ٢٥٢]

अन० : सषी की उक्ति सषी सों, ज्ञातजोवना नाइका, पर्यायोक्ति अलंकार।

नर० : मुग्धा नवोढा सषी को वैन नायक सों, हो कान्हजू राधिका के भावक लिलारे उभरो हौ, उचा सपनौ भयौ है, और तिन उचास के विषै आनिकै कछुक भराव पर्‌यो है, सो सीप कै हार के मिस करिकै राति और दिन हियो देषत जाति है –

भावक आय भयो उभरो अव ह्वैहै उरोज इहै अधिकाई। और सुनो नवकामिनी के हिय वोझ पर्‌यो कछु चाह कहाई। सीप के हारहि लै कर आपनो हेरति हीय दिवा निसि जाई। द्योसक धीर धरो अव कान्हर सो वह वाल भई सुषदाई [नर० २५२]

कृष्ण० : इह नाइका मुग्धा, ज्ञातजोवना, सषी नाइक सौ कहति है, सषी वचन सषीहू सौ कहे –

---

79 भावक – भावकु - उ०न०वे०गा०स०; भावुक - मो०; भाउक - भा०। उभरौहौ – उपरौहौ, 'प' पर 'भ' - उ०; उभरोहो - को०वा०भा०मु०; उभरहू - शि०; उभरोहै - पा०; उभरोंहू - मो०; उभरो सो - वे०गा०स०; उभरौहौं - मि०नी०; उघर्‌यौहों - ह०। भयो – भयौ - उ०शि०गा०मि०। कछुक – कछू - भा०नी०। पर्‌यौ – पर्‌यो - को०मो०वे०भा०; पर्यै - पा०। भरुआइ – भरआय - को०; भरऽ इ - वा०; भरआइ - स०; भरुआय - मि०ह० सीप – सीपि - उ०। हरा – हरा सी - वे०। के – कें - उ०; कै - शि०वा०न०वे०गा०स०मु०। मिस – मिसि - उ०वा०पा०मो०न०। हियौ – हियो - को०वा०पा०मो०नी०ह०; हयौ - शि०; हीयो - वे०स०; हीयौ - गा०; हिये - भा०; हये, पार्श्व पर 'भ' - मु०। निसि दिन – निस दिन - को०शि०वे०गा०स०मि०मु०ह०; निशिदिन - वा०; निशिदिन, 'शि' का इकार काटकर उकार - भा०; निसिदिनु - नी०। हेरत – हेरति - शि०वा०मो०मि०; हे(अपठ) - पा०; हेरतु - न०वे०गा०; हरत - मु०; देषत - ह०। जाइ – जाय - को०मि०ह०; (अपठ) - पा०। [२५२]

> **प्यारे नंदलाल वह वाल अलवेली नवजोवन की जोति दिन द्वैक ते भरति है। दंपति चरित्र चित्र दुरि चितवनि लागी काम की कहानी कछु कान न धरति है। रंचक उरोजन की कोरै उकसौही भई नेसुक लजोही सी चितौनिहू ढरति है। सव की वचाइ दीठि निजु छाती वार वार गुंजन के हार मिस लषिवो करति है [कृष्ण० २५२]**

हरि० : नायक सों सषी वचन, ज्ञातजौवना नायिका, भावक, एक भाव सों, एक तरह सों, सव तरह सों नहीं, आगै हियो देषत पद है, तासौं कुच जानिए, उघार नहीं भयो है, उघार होने सदृश भयो, ताहि कुच को कछु एक भरु कहिए भार सों आय पर्‌यो है, तासों सीपी के हरा को मिस करिकै, छल करिकै, अर्थ यह, मैं हार देष्यौं हौं, साचे मोती को है कै सीपी के मोती कै है, हियो, छाती, रातिदिन देषत वितै है, पर्यायोक्ति अलंकार। छल करि साधै इष्ट जहं जो कछु चितहि सुहात।

— ★ —

गली अंधेरी सांकरी। भौ भटभेरौ आनि। परे पिछाने परसपर। दोऊ परस पिछानि [२५३] [80]

كلي انديري سانكري بهو بهتبهرو ان • پري پچهانے پرس پر دواو پرس پچهان [ظا • [٢٥٣

अन० : सषी की उक्ति सषी सो, स्पर्ष अनुभाव ते शृंगार व्यंगि, नायका परकीया, उन्मीलित अलंकार –

नर० : अंधेरे कौ मिलन सषी कौ वैन सषी सौ, सुनि सषी, अंधेरी तौ राति, अरु सांकरी गली, वहां दोनू को आनिकै भटभेरो भयो, सो परसर परस पिछानिकै जानि परै है –

> **सांकरी एक अंधेरी गली मधि या तही राधिका आए कन्हाई। भो भटभेरा अजान दुहून को ऐसी भई अति व्याकुलताई। नीके पिछाने परे है परस्पर देह परस्स पिछानेन माई। लाजनहुं गडि वे उझके सुनि यात रहे वन आंगन आई [नर० २५३]**

कृष्ण० : इह गली अधेरी मै जा भाति भेट भई सु सषी सषी सौ कहति है, परस्पर को पिछानवो, नायिका परकीया –

> **रैनि अंधेरी घने घुमडे घन झूमि महातम पुंज छए है। तैसियै सांकरी लांवी गली भटभेर अचानक दोऊ भए है। गात सौ गातहि लागतही जिय जानि हिये लपटाइ गए है। राधिका माधौजू माधौजू राधिका आपहिते पहिचान लए है [कृष्ण० २५३]**

---

[80] गली – गरी - स०मु०; अली - भा०। अंधेरी – अधेरी - को०पा०मि०। सांकरी – साकरी - वा०पा०। भौ – भो - को०वा०पा०मो०वे०स०मि०; भा - भा०। भटभेरौ – भटभेरा - को०न०वे०गा०स०भा०मि०नी०ह०; भटभेरो - वा०मो०; भट(अपठ) - पा०। आनि – आंनि - उ०मो०वे०गा०नी०; आंन - शि०न०स०। परे – परो - उ०; पिरै - न०। पिछाने – पिछांनें - उ०; पिछनें - शि०; पिछांने - वा०स०; पिछांनै - न०नी०; पिछाणे - वे०; पिछानै - मि०। परसपर – परस्पर - वा०पा०भा०नी०; परसपरे - वे०। दोऊ – दोउ - शि०; दोनुं - वे०; दोहूं, हाशिए पर - गा०; दोऊं - स०। परस – परस्य - वा०; सरस - न०। पिछानि – पिछांनि - उ०मो०वे०मु०नी०; पिछांन - न०स०। [२५३]

हरि० : सषी सों सषी वचन, गली में भेंटभेरा आनि भयो, परस्पर पहिचाने परे दंपति, परस के पहचानि कौ, ऐसो स्पर्ष उनही के अंग को है, दंपति के स्पर्श सों भेद ज्ञान भयो। उन्मीलित अलंकार, उन्मीलित सादृश्य ते भेद जहां जु लषाय। स्पर्ष तो सवको वरोवरि, तासौं याको भिन्न है, किंवा प्रत्यक्षाकार।

— ⋆ —

कहि पठई जिय भावती। पिय आवन की वात। फूली आंगन मै फिरै। आंगन न आंग समात [२५४] [81]

کہ پتہي جہ بہانتي پيہ اکم کي بات ٠ پہولي انکن مين پہري انک نہ انک سمات [ظا٠ ٢٥٤]

अन० : सषी की उक्ति सषी सों, आगमिष्यत्पतिका नायिका हर्ष संचारी, लोकोक्ति अलंकार।

नर० : सषी कौ वैन सषी सौ, हे सषी, भरतार आपने आवन की वात राधिका को कहि भेजी, सो या जिय की भावती वात सुनिकै अंग के विषै फूली सी फिरतु है अरु अंगिया के विषै अंग समात नांही है –

> **हे सजनी मनभावती तू सुनि वाही को का पुनि वात कही री। नाथ तिहारो दिनैक में आवैगो मो पै पठाय संदेस सही री। ता छिन ते इह फूली सी दोलति वोलति नाहिन ऐसी रही री। अंगन ते घर में घर ते पुनि अंगन अंग समात नहीं री** [नर० २५४]

कृष्ण० : आगमोत्सव, सषी को वचन सषी सौ, संचारी हर्ष –

> **वाल वियोग मलीन महा विसरी सुधि हास विलासहू भूले। एते पै औधि वितीत भई उर एकहि साथ सवै दुष ऊले। आमन त्यो मनभावन को सुनिकै उमगे सुषपुंज समूले। आंगन मै हुलसी फिरै सुंदरि आंगन आंग समात न फूले** [कृष्ण० २५४]

हरि० : सषी सो सषी, पिय ने विदेस ते जियभावती, जीव को भावै, ऐसी आइवे की वात कहि पठाई, नायिका सुनिकै आंगन में फूली फिरति है, कहनि है आंग मे आंग नहीं समात है, आंग लोकोक्ति अलंकार।

— ⋆ —

[81] कहि – कै - वे०। पठई – पठै - वा०; पठयी - पा०; पठैं - मो०। जिय – मन - पा०मो०भा०मि०। भावती – भांवती - उ०शि०मो०ह०; नांवती - मु०। पिय – पीय - उ०शि०मि०। आवन – आवंन - उ०; आवनी - को०; आंवन - वा०; आमन - भा०। की – (लुप्त) - को०; वात – ?आंति - शि०। फूली – फूलीने, 'ने' पर काटने का चिह्न - वे०। आंगन – अंगन - को०न०वे०गा०स०; आगन - पा०भा०मि०नी०; आंगि - मु०। मै – मैं - को०न०; में - शि०वा०मो०मु०ह०; मे - पा०; म्मौ - नी०। फिरै – फिरें - मो०; फिरैं - नी०। आंग – आग - वा०मि०; आंगी - पा०; अंग, 'ग' में इकार बाद में - मो०; अंग - वे०गा०स०भा०; आगि - नी०। न – (लुप्त) - पा०; या - मो०; ना - भा०। आंग – 'न' के आगे का एक वर्ण 'स'? मिटाकर ऊपर भिन्न क़लम से 'ज्यान स' - उ०; अंगुन - को०; अंग - शि०वा०न०वे०स०गा०नी०मु०; अगन - पा०; अंगन - भा०; आग - मि०। समात – मात - उ०को०; नमात - मो०। [२५४]

जिन दिन देषे वे कुसुम। गई सु वीति वहार। अव अलि रही गुलाव मै। अपत कटीली डार [२५५] [82]

جن دن ہویي وي کوسم کئي سو بيت بہار ٠ اب ال رہي کلاب مين اپت کتيلي دار [ظا٠ ٢٥٥]

अन० : अन्योक्ति अलंकार।

नर० : अन्योक्ति, कवि विहारीदास कहत है, रे अलि, तैं जिन दिन जो वै फूल देषे हुते सुं अव वहार वीति गई है, अव इन गुलाव के अपत अरु कंटीली डालां रही हैं –

> **जे दिना देषे हुते भले फूल सो राग रंगीली सी वानि वनी है। सो गई वीति वहार हजारक कोस अवै इह रीति लही है। रूप महा मकरंद सवै उडिगो अव भांति भलैही सही है। देषि अली अव आइ गुलाव अपत्त कटीली सी डार रही है** [नर० २५५]

कृष्ण० : अन्योक्ति, कोऊ धनवान निरधन भये धन के लोभी जाचन आवै, तहां भ्रम कौ प्रसंग करि कहिए –

> **जव हो उदित रितुराज कौ प्रतापु तीषो कहै कविकृष्ण जाको विक्रम अति अपार। तव इन वाटिकानि देषे हे सुषद मृदु सरस कुसुम भरे अतुल सुगंध भार। उही आस लागो इत आवत चल्यो क्यो अलि वह तौ वितीत भई औसर उही वहार। गंध मधु मृदुता पराग को न लेस रह्यो अव रही अपत गुलाव की कटीली डार** [**कृष्ण० २५५**]

हरि० : संपत्तिहीन पुरुष, गतयौवना स्त्री इत्यादि पर जानिए, जिन दिन चैत्र वैशाष के दिन मैं वै मनोहर फूल देषे, सो वहार वीति गई, हे अलि, भौंरे, अव गुलाव के अपत, पातहीन, कटीली, काटे भरी डार रही है, गुलाव के फूल करि औरि कौ कहत हैं, गूढोक्ति अलंकार, याको अन्योक्ति भी कहत हैं, गूढोकति मिस औरि के कीजै परउपदेस।

— ⋆ —

मैं वरजी कै वार तूं। इत कित लेत करोट। पषुरी लगै गुलाव की। परिहै गात षरोट [२५६] [83]

---

[82] जिन – 'जैं' मूल में, एकार पर संशोधन कर 'जि', चंद्रविंदु को 'न' - उ०; दिन - वे०; जिनि - नी०ह०। दिन – दिनल - उ०। देषे – देषे देषे - उ०; दीषै - पा०; देषै - मो०गा०। वे – वै - उ०मो०न०वे०गा०मि०। कुसुम – कुसम - उ०मि०मु०। गई – गै - वा०। सु – सु कविसु - मो०; जु - नी०। वीति – वीत - न०वे०गा०स०मु०। वहार – वहारि - मो०; विहार - मु०नी०। अव – अवि - शि०। अलि – अल - गा०। मै – में - को०शि०पा०; मों - मो०; मैं - न०स०मि०मु०; के - ह०। अपत – 'अंगत', 'ग' पर 'प' संशोधन - वे०; अंपत - गा०। कटीली – कंटीरी - न०। डार – डारि - को०मो०मु०; [२५५]

[83] मैं – में - शि०वा०मो०; मै - पा०वे०गा०भा०मि०ह०। कै – कें - न०। तूं – तुं - को०न०; तें - वा०; तू - पा०मो०भा०मि०। इत – उत - पा०भा०। कित – कत - को०न०मि०; क - शि०; कर - वे०; जिनि - भा०। लेत – लेइ - भा०; लेति - नी०ह०। करोट – करोंट - उ०; करौंट - मो०; करौट - न०नी०ह०। पषुरी – पषरी -

مين برجي كي بار تون اوت جن ليه كروت • پكهوري لجين كلاب كي پرہي كات کہروت[84] [ظا• ٢٥٦]

अन० : नायक की करौट लेवे की उक्ति ते सामोपाय ते मान व्यंगि अरु सामोपाय लघुमानही मे होत है, याते लघुमानही कहियै, ईर्षा मूल विप्रलंभ शृंगार उत्तम काव्य, पर्यायोक्ति अलंकार।

नर० : सुकमार नायक नायका कौ परस्पर वैन, कान्ह वोले कि हे राधे, मैं तोको कै वार वरजी, कि इत कर की औट क्यों लेति, तव राधा वोली कि हो कान्ह, जो मेरे गात के गुलाव की पंषुरी लागैगी तो षरौट परैगी, सो तिन वास्ते देतु है –

> **मै वरजी तुं हजारक वार न मानत आन अवै लरिहै जू। लेत करौट इतै कत माई री मेरो कह्यो हियरा धरिहै जू। पंषरी लागै गुलाव प्रसून की यै सुकुमार कहा करिहै जू। दूर करौ पलिका इह भांति न गात षरोट षरो परिहै जू** [नर० २५६]

कृष्ण० : इह नाइका विश्रव्धनवोढा है, सयान मै थिरता नाही, याते सषी डर दिषाय सयान करावतु है –

> **मै वरजी वहु वार अहे नहि मानति तू सु कहाधौ करैगी। लेति करौट इतै मुरि क्यो अरवी उर कौ लौं इतै को धरैगी। कोमल आपने अंग निहारि तवै सुकुमारि सु क्यौ सम्हरैगी। पाषुरी गात गुलाव की जो गडि जैहै कहू तौ षरोट परैगी** [कृष्ण० २५६]

हरि० : संमुष नायका नायक सोए हैं, तकिआ के दोऊ ओर गुलाव के फूल धरे हैं, नायक के मुष सों कोई औरि नायिका कौ नाम आयो है, तव नायिका मान करि फिरिकै सोई है, तहां अंतरंग सषी डरपायकै मान छोडावति है, मैं कई वार तोको वरजी है, इत या ओर को, कत को अर्थ काहे को करोट लेति है, तूं ऐसी सुकुमारि है, गुलाव की पंषुरी लागे सों गात मै षरोट परिहै, षरोट को अर्थ यहां साट, किंवा आधा दोहा मै सषी कहति है, मै वरजी कई वार तोहि, इत काहे को करोट लेति है, तव रूपगर्विता कहति है, हमारो गात मै गुलाव की पंषुरी लागे सों कहा गात में षरोट परैगो, वक्रवचन, कोई ऐसे भी कहत है, नायक नायिका पै गुलाव की पषुरी चलायो चाहत है, तव नायिका हाथ की ओट करै है, तहां सषी वचन, इत क्यों तू कर की ओट लेति है, और अर्थ वाही तरह, पहिला अर्थ में मान छडावनो रचना सों कहति है। पर्यायोक्ति।

— ⋆ —

वा०गा०मि०; पंषरी - न०। लगै – लगे - उ०मो०; लगें - वा०मु०; गडी - पा०; लगैं - न०मि०ह०; गडै - भा०। गुलाव – गुव - को०। की – कीं - उ०। परिहै – परिहैं - उ०; परिहे - को०; परिहें - वा०; परहै - वे०गा०स०; परहें - मु०। गात – गातु - न०। षरोट – षरोंट - उ०मो०; षरौट - पा०न०मि०ह०; षरौंट - नी०। [२५६]

84 کہروت - کروت - ظا•

नीचीयै नीची निपट। दीठि कुही लौं दौरि। उठि ऊचै नीचै दयौ। मनु कुलंग झपि झोरि [२५७] [85]

نیچي نیچئي ویک؟ دیتهٖ کوہي لون دور • اوتهٖ اوچین نیچین دئیو من کلنک جهیک جونر [ظا • ٢٥٧]

अन० : उक्ति नायक की पूर्वानुराग, नायिका परकीया, ताके कटाक्ष विछेप अनुभाव, उपमा लंकार।

नर० : पूर्वानुराग, नायक कौ वैन सषिन सों, हे सषी, राधिका आपनी नीची हुती और नीचै जोवति हुती, सो वाकी दीठ कुही की परैं उंची उडिकै मेरे मन रूपी कुलंग कौ झपि झोरिकै नींचै दियौ –

> **नीचियै नीची निपट्ट कुही सम दीठि अचानक दोरि लयो है। तेज तताइ कहा कहौ वाही की देषतही डर देह भयो है। ऊठिकै ऊचे चली नभ ओरन पच्छन सो परतच्छ छयो है। ऐसे उपाय सो आनि गह्यो पुनि चित्त कुलंग को नीचो दयो है** [नर० २५७]

हरि० : निपट नीची नीची दृष्टि यो है सो कुही पंछी सी दौरिकै फिर दृष्टि उठि ऊंची, याको अर्थ ऊंची होयकै, नायक कहत है, हे सषी, हमारो जो मन है सो कुलंग, पछी विसेष ताको झकझोरिकै नीचै दियौ, कुही याही तरह उडै कि, पूर्णोपमा। उपमेयरु उपमान जहं वाचक धरम सुचारि। पूरन उपमा हीन जहं लुप्तोपमा विचारि॥ दृष्टि उपमेय, कुही उपमान, लौं यह वाचक, दौरिवो धर्म।

— ⋆ —

सूर उदितहूं मुदित मन। मुष सुषमा की ओर। चितै रहत चहु ओर तै। निहचल चषनि चकोर [२५८] [86]

---

[85] नीचीयै – नीचीये - को०पा०; नीचीई - शि०; नीचीय - वा०; नीचीए - मो०ह०; नींचीयै - न०। नीची – नींची - न०। दीठि – डीठ - शि०; डीठि - पा०मो०मु०ह०; दीठ - न०स०। लौं – लों - को०मो०वे०गा०; लौ - वा०पा०मु०। दौरि – दोरि - को०वा०वे०; होरि - गा०; दौर - स०। उठि – उंठि - को०; उढि - न०वे०; उंचि - मु०। ऊचै – उंचै - को०न०वे०गा०; उंचौ - शि०; उचे - वा०; उंचे - पा०; उचें - मो०; ऊंचै - स०; उचैं - मु०; ऊंचे - ह०। नीचै – नीचैं - उ०; नीचो - वा०; नीचे - पा०; नीचें - मो०ह०; नींचै - न०स०। दयौ – दीयौ - शि०; दियो - पा०; दयो - मो०वे०मु०; दीयो - ह०। मनु – मन - को०मो०वे०गा०स०ह०; मनों - शि०; मनौं - मु०। कुलंग – कुलिंग - शि०मु०; कुलिग - वा०; कुलंगु - न०। झपि – छपि - को०; झप - शि०स०मु०; झंपि - वा०; झक - पा०ह०। झोरि – झौरि - उ०; झोर - शि०; झौर - स०मु०। दोहा लुप्त - भा०मि०नी०। [२५७]

[86] सूर – सूरि - शि०न०गा०। उदितहूं – उदितिहूं - उ०; उदितहू - शि०पा०मो०न०मि०मु०; उदितहो - वा०; उदितहों - स०। मुदित – मुदति - उ०; मुदित, 'द' में इकार बाद में - न०। मन – मनु - न०वे०गा०। मुष – लषि - मु०; मुषु - नी०। सुषमा – सुषमां - उ०गा०; सुषुमा - नी०। ओर – और - उ०शि०न०गा०स०मु०ह०; उर - वा०; वोर - पा०मि०नी०। चितै – चाहि - को०; चितें - वा०; चिते - मो०; चितैं - मु०। रहत – रहति - मि०मु०। चहु – चहुं - को०न०ह०; चहो - वा०; चिहु - वे०; चिहुं - गा०मु०; चित - स०; चहूं - नी०। ओर – वोर - उ०पा०मि०नी०; और - शि०न०मु०ह०; उ - वा०; उर - गा०। तै – तें - को०शि०मो०वे०मु०; तेर - वा०; तैं - न०स०ह०; ते - नी०। निहचल – निश्चल - ह०। चषनि – चषनु - उ०वे०गा०; चषुनि - वा०; चषन - मो०स०मि०; चषतु - न०। दोहा लुप्त - भा०; [२५८]

[87] کِ - त्रुटित - ज़ा०।

سور اودت ہو مدت ہوي مکہ سوکہمان کي[87] اور • چتي رہت چہون اور تين نہچل چکہن چکور [ظا• ۲۵۸]

अन० : जो नायका की उक्ति होइ तौ रूपगर्विता, जो दूती की उक्ति नायक प्रति तौ दूतत्व व्यंगि, जो कवि की उक्ति होइ तो जाडे की रितु को वर्नन जानियै, भ्रांति अलंकार।

नर० : परकीया ऊढा नायिका कौ वैन सषी सौ, हे सषी, जो सूर्य उग्यौ है तौ ऊमनि करिकै मुदित है, और मेरो मुहु है सो चंद्रमा की ओरि है, सो तातै नेत्र रूपी चकोर निहचल भयो चहूं दिसि ते जोवतु रहतु है –

> **सूर उदै ते भयो मन मोद सु आनन सुंदर सोभ की ओरै। ऐसो वियोग दहै उनको सगरी निसि छीन भये कहुं भोरै। देषत है चहुंघा ते चितौनन आपनी दीठ न और पै जोरै। एक़ चितै टक लाय रहै अहो जानत है मनु चंद चकोरै** [नर० २५८]

कृष्ण० : इह मुष वर्नन, सषी नाइका सौ कहै कविहू की उक्ति होइ –

> **सुष कौ समूह व्रजभानु की कुवरि तेरौ मुष कौ प्रकासु जगमगतु अमंदु है। याहीते विलोकि चित हरषि लटू ह्वै भटू भावरी भरतु फिरै प्यारो नंदनंदु है। द्यौसहू निसा कौ रहै विघन विना न कछू देषै उमदातु अति आनंद कौ वृंदु है। सकल विलास छाडि एक आस लागी रहै भौर जानै कमल चकोर जानै चंदु है** [कृष्ण० २५८]

हरि० : नायिका की उक्ति सषी सों होय तो रूपगर्विता, किंवा नायक सों सषी सौंदर्य कहति है, किंवा नायक तारीफ करै है, सूर्य के उगत भी मुदित मन को निश्चै मुष को चंद्रही जानत है, तासों मुष की जो है सुषमा, परम सोभा चहुं ओर पसरी, ताकी ओर चितै रहत है, चहुं ओर सों, निश्चल नेत्र, सो चकोर, किंवा मुषसुषमा की ओर मुष जो है सो सुषमा की ओर है, अवधि है याकी सुषमा अन्यत्र नहीं, ताको चितै रहत है चकोर, इहां भ्रांति अलंकार।

— ⋆ —

स्वेद सलिल रोमांच कुस। गहि दुलही अरु नाथ। हियो दियो संग हाथ कै। हथ ले एही हाथ [२५९] [88]

سوید سلل رومانچ کس جہ دولھي اور ناتہ • ہیو دیو سنک ساتہ کي ہتہ لي ونہین ہاتہ [ظا• ۲۵۹]

---

[88] स्वेद – स्वेदु - उ०। रोमांच – रोमंच - उ०को०शि०मो०मु०; रोमाच - वा०। कुस – कुश - को०; कुच - शि०। दुलही – दुलरी - वे०। अरु – अर - शि०वा०। हियो – दीयौ - उ०मु०; (अपठ) - पा०; हीयौ - शि०; दीयो - मो०; दियौ - न०गा०; दियो - वे०; दयौ - स०; हियौ - मि०नी०। दियो – हीयौ - उ०स०मु०; दीयौ - शि०; दियै - वा०; हियो - पा०मो०वे०; हियौ - न०गा०; दियौ - मि०नी०। संग हाथ – संकल्पि - पा०; संग नाथ - मो०; सग साथ - भा०मि०; करि हाथ - मु०; संग साथ - नी०। कै – के - को०ह०। हथ – हाथ - शि०पा०भा०। ले – लै - उ०न०स०; ला - को०; ली - शि०; परस - पा०; पर - भा०। एही – यैही - वा०; ही - पा०; वेंही - मो०; ऐही - न०; ऐही - गा०; ही - भा०; वाही - मि०नी०मु०; वाहीं - ह०। [२५९]

अन० : उक्ति सषी की सषी सों, दंपतिकै रोमांच स्वेद सात्विक, संजोग श्रृंगार, अभिलाष संचारी, नाइका कै गांधर्व विवाह, विधिविहित स्वकीया है, रूपक परंपरा है।

नर० : स्वाधीनपतिका सषी कौ वैन सषी सौ, हे सषी राधा कौ स्वेद भयो सो सलिल, पानी, है और राधा कौ रोमांच भयो सो डाभ है, सो हथ लैवै विषैही नाथ नै आपनो हियौ हाथ करिकै दयौ अरु दुलही नै लियो है, ए नायिका के वस है -

> **स्वेद सु नीर रोमांच गिनो कुस दान के साधन दोऊ भने हैं। मंजुल दूलह औ दुलही गहि साथिनि लैके वनाव वने हैं। हाथ के संग हियो जु दियो सव नैननि सांच सनेह सने हैं। वा हथ ले इह हाथ भली विधि गात दुराइ गरूर घने हैं** [नर० २५९]

कृष्ण० : जथा विवाह समै है, दोउन के अति स्नेह के आधिक्य तै सात्विक भाव भयो, सो सषी सषी सौ कहति है -

> **मंडप मंडली तीरथ साधिकै वेद विधान सौ दान दियो है। स्वेद भयो सोइ नीर नयो उन है पुलकै कुस पुंज लियो है। मैन मुनिंद प्रयोग पढ्यो रसकेलि हियै अभिलाष कियो है। दोउन लै अपनो अपनो यौं दियो हथलेवाही हाथ हियो है** [कृष्ण० २५९]

हरि० : सषी सों सषी कहति है, दुलहिन में अनुराग, चाह करिकै, मुहदिषरावनी, मुह दिषवनी मे सासु सदन, घर, हवालै कियौ, ललन मन दियौ, सौतिन ने सुहाग दियो है, मानौ को अर्थ जानौ तुम, सौंदर्य व्यंग्य, ऐसी सुंदरी नायिका है, नायक आसक्त होयकै घर को कार्ज याही को देइगो, दियौ को अर्थ लच्छना करिकै गयो जानिए, सासु सों सदन गयो, मन ललन सों गयो, सुहाग सौतिन सों गयो, किंवा मानौ सो उत्प्रेक्षा जानिए, औरि तर्ह को औरि तर्ह की संभावना कीजिए। मानो नायिका ने मुषदिषरावनी मे सास को सदन दियो है, मन ललन को दियो है, सौतिन को सोहाग दियो। उत्प्रेक्षा पर्यायोक्ति, पर्यायोक्ति प्रकार द्वै कछु रचना सो वात।

— ⋆ —

दच्छिन पिय ह्वै वाम वस। विसराई तिय आन। एकै वाषरि कै विरह। लागी वरष विहान [२६०] [89]

دچهن پیہ ہوئي بام بس بسرائي تیہ ان • ایکي باکہر کي برہ لاکي برکہ بہان [ظا• ۲٦۰]

[89] दछिन - दछ्रन - को०मो०न०वे०; दक्षिण - शि०; दक्षिन - पा०भा०; दच्छ्रन - गा०; दच्छिन - स०मु०। पिय - पीय - शि०। ह्वै - ह्वे - उ०; ह्वैं - मो०। वाम - वांम - उ०स०। वस - वसि - शि०वा०मो०मु०। विसराई - विसिराई, 'सि' के इकार पर ऐ की मात्रा - उ०; विसरायी - को०; विसराइ - वा०नी०। तिय - ति - नी०। आन - आंन - उ०को०शि०स०मु०नी०; वानि - पा०; आनि - मो०; आंनि - वे०वे०; आंनि, 'न' में इकार बाद में - गा०। एकै - एके - को०मो०; एक - वा०; येकैं - नी०। वाषरि - वाषर - को०शि०वा०गा०स०; वासर - मो०; विषरि - वे०; वासरि, 'स' पर 'ष' - मि०; वासर - मु०ह०। कै - क - वा०; के - पा०मो०स०भा०ह०। लागी - लागै - पा०; ला(अपठ) - मो०; लाए - भा०; लागे - मि०नी०ह०। वरष - वर्ष - उ०; वरह - को०; वरस - मो०न०वे०गा०स०भा०मि०मु०नी०। विहान - विहांन - उ०को०वा०न०स०मि०मु०; विहानि - मो०; [२६०]

अन० : यद्यपि औरै भासत है पै मुष्यता प्रस्ताविकही को कहै, शव्द विरोधाभास अलंकार। सषी को वचन सषी प्रति, और सपत्नीनि कै एक दिन कौ विरह वरस समान भयौ, सपत्नीनि कै भय व्यभिचारी, स्वभावोक्ति अलंकार।

नर० : दक्षिन नायक सषी कौ वैन सषी सौ, हे सषी, दक्ष नायक जो है, सो वाके वस ह्वैकै और स्त्री कौ विसार दीनी है, सो वा वाम सो एक वाषर, घडी कौ विरह भयौ है, सो वा घडी वरस सारसी विहावनु लागी है –

> **दच्छिन पीय भयो वस वाम के धाम न छांडत आठहु जामै। आन तिये विसराम दई सुभ सुंदर रूप भई अभिरामै। एकहि वा घर के विरहाकुल सेज वनाइ सिंगार कै सामै। लागी है वर्ष विहान सषी सुनि वाषर एक भई वतिया मै** [नर० २६०]

कृष्ण० : इह नाइका प्रौढा है, सो नायक कौ उराहनौ देति है, दच्छिन पिय, या पद ते चतुराई ते पिय संवोधन जानियै –

> **रसरीति नागर हौ चातुरि के सागर हौ कोरि कामकलानिधि उपमा न परसै। सव सुष देत हौ निकाई को निकेत हौ तुम्है देषतही प्रीति सवही के उर सरसै। दक्षिन सनेह प्यारे ऐसे भए वाम वस विसराई और तिया देषिवे कौ तरसै। कहै कविकृष्ण एक भौन वसि रहे हम ध्यान लागि विरह विहान लागी वरसै** [कृष्ण० २६०]

हरि० : नायिका के पच्छ की सषी नायक के पच्छ की सषी सों कहति है, पहिले तो नायक दच्छिन थो, सव सों समान प्रीति करै थो, अव वाम, दुष्ट स्त्री, के वस होइकै और तिय, नायिका को विसराई, एकही वासर, दिन, के विरह सो लागे वरस वीतिवे उत्कंठा सौं, किंवा दच्छिन प्रवीन वाम स्त्री के वस होयकै आनि तिया को विसराई, किंवा नायिका की उक्ति, कोई स्त्री सो दच्छिन प्रवीन जो है पिय नायक सो अव वाम के वस होयकै हे तिय कैदे तिय हम सौ आन कहिए सौंह कथौ तुमारो त्याग कवही नहीं करै तासो ताकौ विसराई, उत्तरार्ध को वही अर्थ, नायक सो अनुकूल है, दूसरी तियन जो चितहू न चितावौ, दच्छिन सो सम प्रीति गहै, निज प्यारिन सो सब के मन भावै, दच्छिन सो वाम के वस होय, बिरोधाभास भासै जहां विरोध सो वहै विरोधाभास।

— ⋆ —

वाल वेलि सूषी सुषद। इह रूषी रुष घाम। फेरि डहडही कीजियै। सुरस सींचि घनस्याम [२६१] [90]

[90] वेलि – वेली - को०; वेदि - वा०; वेल - मो०न०वे०गा०स०। सूषी – सुकी - को०न०; सुषी - वा०; मुषी - मो०; सूकी - वे०गा०स०मु०; सुषि - मि०। सुषद – सुपद - को०; सुषदई - मि०। इह – इन - शि०वा०; यहि - पा०; ईह - मि०; इहिं - नी०। रूषी – रूपी - स०। रुष – रूंष - उ०; रुषे - को०; तुष - शि०; सुष - नी०। घाम – घांम - उ०वा०न०वे०गा०स०; वांम - मि०मु०; धांम - नी०। फेरि – फेर - वे०स०; फिरि - ह०। डहडही – डहडहि - को०। कीजियै – कीजिये - उ०पा०; कीजिई - शि०; कीजीयै - वा०वे०गा०स०मु०; कीजिए - ह०। सुरस – सरस - मि०। सींचि – सींच - को०गा०स०; सीच - शि०न०वे०मु०; (लुप्त) - वा०; सीचि - पा०मो०मि०नी०। घनस्याम – घनस्यांम - उ०को०न०वे०गा०स०मु०नी०ह०;% re विघनस्याम - वा०। दोहा लुप्त टीका पार्श्व पर - गा०; दोहा लुप्त - भा०। [२६१]

بال بیل سوکئي سوکہد انہ روکہي روکہ کام ٠ پہیر دہدہي کیجي سورس سینچ کہنسیام
[ظا٠ ٢٦١]

अन० : मानिनी नायका की दूती की उक्ति नायक प्रति, विरह निवेदन, रूपक परिकरांकुर को संकर।

नर० : सषीकर्म विनय, सषी कौ वैन नायक सो, हो कान्ह, यो तमारो रूषी रुष रूपी घाम तिन करिकै वा वाल रूपी वेल सुष की देन वाली सूकी जाति है, सो हे घनस्याम, वाको सुरस सींचिकै फेरि डहडही करि लीजियै –

वाल लता सुषादायक सूक गई कुमिलाइ सवै सुष सानी। रूषिये तेरी रूषे वह घाम दहै तन काम नही तुम जानी। मै कर जोरि करौ विनती अति फेर हरी करियै मनमानी। हे घनस्याम सवै सुषधाम सु सीच महारस नेह निसानी [नर० २६१]

कृष्ण० : इह्न अनुराग निवेदन, सषी कौ वचन नाइक सो, पुरुष मान कै प्रसंग मैहू संभवै –

हितु करि जाकौ हरि लीजे चितु लाल इह कित है उचित ताहि ऐसै दुष दीजियै। जानतु हौ नीके प्रीति रीत कौ प्रवीनपनु कीजै न गहरु सुष दैकै सुष लीजियै। रावरे दुसह येही रूषे रुष घामही सौ वालवेलि सूकी जाहि निरषत छीजियै। प्यारे घनस्याम जग जरनि निवारतु हौ सीचिकै सुरस फेरि डहडही कीजियै [कृष्ण० २६१] [91]

हरि० : मानी नायक सो सषी की उक्ति, हे सुषद, आगे सदा सुष दे आए हो, तासौ तुमसो कहिवे मे आवत है, किंवा सुष कौ षं मै सुष कौ दूरि करै, ताकौ नाम भी सुषद कहिए, वह वाल सो वेलि, लता, है, यह तुम्हारौ रूषौ रूप रुछ तौर सो घाम, धूप, है, फेरि वाको डहडही कीजिये, पल्लवित कीजिए, सानंद कीजिए, रस नाम जल को भी है, घनस्याम मेघ पछ में, सुंदर जो रस सृंगार तासों सींचिकै हे घनस्याम घन स्याम पाद सों उपमा, घन उपमान, स्याम साधारन धर्म, वाचक उपमेय को लोप, वालवेलि रूपक, घनस्यामही को जो विशेष्य कीजिए तौ परिकरांकुर, ऊपर सो कृष्ण को विशेष्य कीजिए तो परिकर, आसय लिए विशेषन रू भूषन परिकर जान। आशय जहां विशेष्य में परिकर अंकुर मान॥

— ⋆ —

चित तरसत मिलत न वनत। वसि परोस के वास। छाती फाटी जाति सुनि। टाटी ओट उसास [२६२] [92]

---

[91] निरषत छीजियै – नीरष सु कीजियै - मि०; निरष जतन छीजियै - नी०।

[92] चित – चितु - उ०न०भा०; चिंत - नी०। तरसत – तरसतु - उ०; चुरसत - वा०। मिलत – मिलतु - वे०गा०। वनत – वसतु, 'स' के ऊपर 'न' - उ०; वतु - नी०। वसि – वस - गा०स०। परोस – परौस - उ०मि०मु०नी०। के – कैं - उ०; कै - शि०न०वे०स०मि०मु०नी०; क - वा०। वास – वांस - मो०; वांम - वे०। फाटी – फाटति - भा०। जाति – जाय, 'य' काटकर उसके आगे 'ति' - उ०; जात - वा०वे०स०भा०। सुनि – शुनि - न०भा०; फुनि - नी०। टाटी – ओट – उंट - शि०वा०वे०स०; वोट - पा०मि०; औट - न०। उसास – उसासु - वा०; उजास - स०। [२६२]

چت ترست ملت نہ بنیے بس پروس کے پاس • چھاتي پہاتي جات سن تاتي اوت اوساس [ظا• ٢٦٢]

अन॰ : उक्ति पराकीया की अथवा उपपति की दूती प्रति, दूतत्व करायो चाहति है, वचन अनुभाव ते औत्सुक्य संचारी पूर्वानुराग व्यंगि, विशेषोक्ति अनुप्रास की संसृष्टि।

नर॰ : अभिलाष दसा, सषी कौ वैन सषी सौ, हे सषी, नायका नायक के परोस वसै है, सो नायक को चितु तरसै है, पै मिलनौ वनत नाही है, सो टाटी के ओट उसास लेती सुनिकै छाती फाटी जावै है –

वास परोस वसे है दोऊ जन पै सकुचै कुल चाल के लीने। क्योहू मिलै न मिलाप को सोच घनो दिनरात रहै चित दीने। छाती सु फाटियै जाति कहा करै देह भई सव सुष विहीने। टाटी की ओट उसास सुने तव नैन भए करुना रस भीने [नर॰ २६२]

कृष्ण॰ : परकीया कौ अनुराग नाइका को अथवा नाइक कौ वचन सषी सौ –

नैन मिली जवतै तवतै अति व्याकुल दोऊ रहे दिनराती। वासु परोस पै त्रास तऊ गुरुलोगन कौ मति सोच कहाती। जौ तरसौ मिलतै न वनै अभिलाषनु की अवली सरसाती। टाटी की ओट उसास सुनै फटि टूक हजारक होति है छाती [कृष्ण॰ २६२] [93]

हरि॰ : परकीया नायिका की उक्ति, किंवा दूती सों नायक वचन, परोस के वास, घर, मै वसिकै तौ भी चित्त तरसत है, मिलत नहीं वनत है, टाटी के ओट में विरह में निस्वास लेति है, सो सुनिकै छाती फाटी जाति है, औत्सुक्य विषाद संचारी, पूर्वानुराग है, परोस को वास मिलिवे को कारन है, मिलनो कार्ज नहीं होत है, विशेषोक्ति अलंकार है।

— ⋆ —

जालरंध्र मग अंगनि कौ। कछुक उजास सो पाइ। पीठि दियै जग त्यौ रह्यौ। डीठि झरोषा लाइ [२६३] [94]

[93] मि॰ प्रति में यहाँ भिन्न उदाहरण मिलता है, शेष की कविछाप का –

नीची दीठि आपन पै कौ लगि चितैयै वलि कैसेहू न देषै जाहु ये तौ सोचु करियै। मुरली की धुनि सुनि द्वारै उझकत सेष मन के डरे ते तनही मै कापि डरियै। लाजन काभीर पल पैडौहू न पावें नैन धीरै धीरै सकुच वचाय पाय धरियै। कीजै कहा कान्हर कनौडे भये जीवौ नाहि नातौ एक वास मै उसास लै लै मरियै [मि॰ २६२]

[94] जालरंध्र – जालरंध्रु - नी॰। मग – मगु - शि॰। अंगनि – अंगुन - उ॰; अगनु - शि॰नी॰; अंगनु - वा॰; अंग - न॰वे॰गा॰स॰; अगन - भा॰; अंगन - मु॰। कौ – को - को॰वा॰पा॰मो॰वे॰भा॰ह॰। कछुक – कछूक - न॰गा॰स॰; कछुक - वे॰। उजास सो – उसास सो, 'सा' पर काटने का चिह्न, हाशिए पर 'जा' - उ॰; उजास सौ - शि॰; उजासो - मो॰वे॰; उजासौ - न॰गा॰स॰; उजासु सौ - नी॰। पाइ – पाय - को॰ह॰। पीठि – पीठ, 'ट' में इकार बाद में - को॰; पीठ - शि॰वे॰गा॰स॰ह॰; पीठी - वा॰। दियै – दीये - उ॰; दिये - को॰पा॰; दीई - शि॰; दीयै - वा॰मो॰गा॰; दएं - न॰; दये - वे॰; दीयैं - मु॰; दिएं - ह॰। जग त्यौ – जग स्यौ - उ॰; जग कौं - को॰; जग सों - शि॰मो॰गा॰; जग सो - वा॰; जगतै - पा॰; जग सौं - न॰मु॰; जग स्यों - वे॰; जग सौं - स॰; जग त्यौं - ह॰। रह्यौ – रह्यौं - शि॰; रह्यों - न॰; रह्यो - वे॰; रहै - ह॰। डीठि – इकटक - को॰; डीठ डीठ - शि॰; डीठ - मो॰;वे॰स॰मु॰। झरोषा – झंरोषां - उ॰; दीठि - को॰; झष - शि॰; झरोषे - भा॰; जरोषां - नी॰; झरोषनि - ह॰। लाइ – लगाय - को॰;ह॰; लाय - शि॰; ल्याइ - मो॰। दोहा उदाहरण लुप्त - मि॰; उदाहरण लुप्त - भा॰। [२६३]

جال رندره[95] مک انکن کو کچھو اوجاس سو پاي • پیٹھ دیئي جکتیون رہو دیٹھ جہروکہان لائي [ظا• ٢٦٣]

अन० : दूती की उक्ति नायका प्रति, रति की क्रियानुभाव ते उन्माद पूर्वानुराग व्यंगि, परिसंष्या अलंकार।

नर० : अभिलाष दसा, सषी को वैन सषी सौ, हे सषी, नायिका को सरीर जाले के छेद विषै कछूक उजास सो नायक नै पायो है, सो अव संसार सौ पीठि दैकै झरोषा को दीठ लगायकै रह्यो है –

> **ऊंची अटा पर वैठी ही राधिका एक समै सजनी सुष दीने। जाली को छेद वही पथ होइकै अंगन पाइ उजास नवीने। पीठ दयो जग त्यौ रह्यो ईठ टरै नहिं दीठ उपाय कै कीने। आपनी डीठि झरोषा लगाइ वडो सुष पाइ मनोज के लीने** [नर० २६३]

कृष्ण० : यह जाति वर्णन, सषी कौ वचन सषी सौ –

> **वाल की देह की दीपति भूरि सु पूरि अटा छवि छाइ रह्यो है। जाल दरी चितु तै कढिकै वढि जोतिन कौ समुदाइ रह्यो है। लालु भयो अवलोकि लटू ठगमूरि सी षाइ विकाइ रह्यो है। पीठ दियै सिगरे जग त्यौ वह डीठि झरोषा लगाइ रह्यो है** [कृष्ण० २६३]

हरि० : दूती की उक्ति नायिका सों किंवा नायक सों, झरोषा मे जो है जाली ताको जो रंध्र, छेद, सो है मग, पथ, तामै नायक ने अंगनि को कछु उजास सो चंद्रमा को उजास सदृश पाय, देषि, जग त्यौ, जगत की ओर पीठ दिए रहत है, सव सों विमुष रहत है, झरोषनि मे डीठ लगायकै जालरंध्र मग मै देषै थी, तुमारे अंगनि को कछु उजास ऐसे जानिए, उजास सो, इहां सो नायक उजास पाय, ऐसे भी जानिए, जगत मे डीठि को रोकिकै झरोषनि मे राषी, परिसंष्या इक थल वरजि दूजे थल ठहराय।

— ★ —

परतिय दोष पुरान सुनि। लषि मुलकी सुषदानि। कस करि राषी मिश्रहूं। मुह आई मुसकानि [२६४] [96]

پر تیہ دوکہ پوران سن ہنس مولکي سوکہدان • کس کر راکہي مسرہو موںہ اي مسکان [ظا• ٢٦٤]

---

[95] جال رندره ـ انده - ظا•

[96] परतिय – परतीय - शि०; परतय - न०। दोष – दोषु - नी०। पुरान – पुरांन - उ०वा०न०स०मु०; पुरानि - को०शि०। सुनि – शुनि - भा०; सुन - मु०। लषि – मुलकि - को०मि०नी०; लषी - न०वे०गा०स०ह०; पुलकि - भा०; हसी - मु०। मुलकी – मुलकि - उ०न०वे०ह०; हसी - को०भा०मि०नी०; मुरकी - मो०; मुलक - गा०स०; मित्र - मु०। सुषदानि – सुषदांनि - को०वा०न०मि०; सुषदांन - वे०स०मु०; सुषदानि, 'न' में इकार बाद में - गा०। कस – कसि - शि०वा०मु०; कसु - न०वे०गा०भा०नी०। करि – कर - स०मि०। राषी – राषि - को०। मिश्रहूं – मिश्रहुं - को०वे०; मिश्रहू - शि०न०भा०मि०मु०; मिश्रवो - वा०; मिस्रजू - मो०; मिश्र नैं - नी०। मुह – मोह - वा०; मुहु - मो०वे०; मुंह - मु०; मुष - ह०। आई – आंई - उ०मो०; आइ - को०। मुसकानि – मुसकांनि - उ०शि०न०मि०; मुसुकानि - मो०; मुसकांन - वे०स०मु०; मुसिकानि - भा०नी०। दोहा लुप्त - पा०। [२६४]

अन० : हास्यरस, रसप्रधानग्रकाव्यं।

नर० : मजाष, सषी कौ वैन सषी सौ, हे सषी, आजु मिश्र परस्त्री कौ दोष पुरान के विषै वतायौ सो मिश्र की जो मित्र हुती सो सुनिकै मुलकी, सो मिश्र लषी तव मिश्र केहू मुह मुसकानि आवत हुती, सो कसि करिकै राषी –

> **दोष सुन्यो परनारि विहार पुरानन मै परतीत कै लेष्यो। वा सुषदानि लषी मुलकी पुनि आपने ईठि हिये अवरेष्यो। राषी है मिश्रहु नीठ कैकै कसिकै अवकै हिय मै सविसेष्यो। आनन आइ गई मुसकानि छिपाइ लई कछु काहू न देष्यो** [नर० २६४]

कृष्ण० : यह हास्यरस पौरनि कौ परिहास कवि की उक्ति –

> **पंडित राजसमाज मै वैठि कथा यौ पुरान प्रसंग मै भाषी। जातु निरै पदवी सविसै परदार सौ जो हित को अभिलाषी। सो सुनिकै पुलकी मृगलोचनी जासौ ही डीठि मिलाइकै राषी। भेद जो वाहि विलोकतही उमगी मुसकानि मरू करि राषी** [कृष्ण० २६४]

हरि० : पुरान वांचै थो, ताही सो नायिका की आसक्ति थी, परस्त्री को संग किए दोष यह पुरान मै सुनिकै सुषदानि जो नायिका मुलकिकै हसिकै देषी, मिश्रहू के मुष में मुसक्यानि आई, सो कसिकै, षैंचिकै राषी, पौरानिक की निंदा वचावै तौ यों अर्थ करै, पुरान वाचै थो, तहां परकीया नायिका उपपति भी सुनै थो, परतिय दोष पुरान मै सुनिकै सुषदानि नायिका नायक की ओर मुलकिकै देषी, मिश्र चेष्टा सो जानि गयो, तव मिश्र नै आपनी मुसकानि कसिकै राषी, सूक्ष्मालंकार, सूछम पर आसै लषै सैननि मै कछु भाय।

— ⋆ —

सहित सनेह सकोच सुष। स्वेद कंप मुसकानि। प्रान पानि करि आपने। पान धरे मो पानि [२६५] [97]

سہت سنیہ سکوچ سکھ سوید کمپ مسکان ۰ پران پان کر اپنے پان دہری ہي پان
[ظا۰ ٢٦٥]

[97] सहित – सहत - भा०मु०। सकोच – संकोच - वे०गा०स०मु०ह०। सुष – सुषु - न०गा०। स्वेद – श्वेद - वे०; वेद - नी०। कंप – प - नी०। सुष स्वेद कंप – वसु पुण्य प्रेम - मु०। मुसकानि – मुसकांनि - उ०को०न०वे०गा०स०; मुसक्यांनि - मो०; मुसिकानि - भा०मि०मु०; मुसिकांनि - नी०; मुसुक्यानि - ह०। प्रान – प्रांन – पान - उ०; प्रीत - शि०; प्राण - पा०। पानि - उ०पा०भा०नी०; पांनि - को०न०; पान - शि०वा०मो०मि०ह०; पांन - वे०गा०स०मु०। करि – धरि - भा०। आपने – आपनै - शि०वे०स०मि०; आपुनें - मो०; आपनैं - न०मु०; आंपनै - गा०; आपनौं - नी०। पान – प्रान - उ०; पांन - को०शि०वा०न०वे०गा०स०; पानि - पा०ह०। धरे – धरै - शि०वा०मु०; धर्‌यो - पा०। पानि – पांनि - शि०न०; पांनि, 'न' में इकार बाद में - गा०; पान - स०; पाइ - मु०। [२६५]

अन० : उपपति की उक्ति वचन अनुभाव ते स्मृति संचारी, नायिका के आकृति गोपन अनुभाव ते त्रपा हर्ष संचारी स्वेद कंप सात्विक ते पूर्वरति जानि परति है, नायका मध्या परकीया भासति है। चिंत्य अलंकार।

नर० : मद हाव, नायक कौ, नायक कौ वैन सषी सौ, हे सषी, प्रानवल्लभा ने सनेह सहित अरु मुसकानि सहित आपुनै पानि, हाथ, करिकै नागर वेल के पान मेरे पानि ऊपर धर्‌यो, सो मानो प्राणहीज धर्‌यो है –

> **साथ सनेह सकोच औ स्वेद के सुष हो कंप गही मुसकानै। या विधि की कछु प्रीति जनाइकै ऐसी दसा सगरी मन जानै। प्रान भले अपने कर पान सवै अंग अंग सुधारस सानै। पान हमारे धरे इह पान पै सुनो सजनी इह वात कै तानै** [नर० २६५]

कृष्ण० : इह नाइक कौ पान देत नायिका कै सात्विक भाव भयो, सो सषी सो नाइकु कहत है –

> **वा म्रगलोचनि के सव अंग अनंग विलास वसीकर हेरे। स्वेद सकोच सने कविकृष्ण सनेह भरे सुषपुंज घनेरे। कंपत गात कछु मुसिकात चढाइकै भौंह विलोचन फेरे। मो कर पान दए हित सौ उन प्रान लए अपने कर मेरे** [कृष्ण० २६५]

हरि० : नायिका अपने विवाह की हकीकत अपनी सषी सो कहति है, किंवा स्वाधीनपतिका है, तासों नायक कहत है, स्नेह संकोच औ सुष औ स्वेद औ कंप औ मुसक्यानि इननि सहित हमारो जो प्रान है सो आपने पानि, हाथ, में करिकै आपनो वस करि, यह अर्थ, आपनो पानि, हाथ, हमारे पानि, हाथ, मै धरि, दंपति विभाव, स्नेह स्थाई, संकोच संचारी, स्वेद कंप सात्विक मुसक्यान अनुभाव, स्थाई संचारी शव्द साम्य है, ऐसी ठौर दोष नहीं, प्रान लिए हाथ दिए विनिमय अलंकार, जहं दैके कछु लीजिए कम वहु विनिमय जानि।

— ⋆ —

सीरे जतननु सिसिर रितु। सहि विरहिनि तनताप। वसिवे कौ ग्रीषम दिननु। पर्‌यौ परोसिनि पाप [२६६] [98]

سيري جتنن سسر رت سہ برہن تن تاپ • بسبي كون كريسم دنن پريو پروسن پاپ

[ظا• ٢٦٦]

[98] सीरे – शीरे - पा०। जतननु – जतननि - को०वा०पा०मो०ह०; जतनन - शि०स०भा०मि०; जातननु - नी०। सिसिर – शिशिर - को०पा०; सिसर - शि०; ससिर - मो०न०मि०मु०नी०। रितु – रतु - न०; रुति - भा०; रित - मि०। सहि – सह - गा०स०। विरहिनि – विरहनि - शि०वा०मो०मु०; विरहन, 'न' में इकार बाद में - न०; विरहनु - वे०गा०; विरहन - स०मि०। तनताप – तमतापु, 'म' के ऊपर 'न' - उ०; तनुताप - शि०वा०वे०स०; तनतापु - न०मि०मु०नी०; तनुतापु - गा०। वसिवे – वसवे - को०मो०; वसिवै - वे०गा०नी०; वसवै - स०। कौ – कुं - को०; को - शि०वा०पा०मो०वे०; कौं - गा०मु०; कों - ह०। दिननु – दिननि - शि०वा०पा०मो०; दिनन - स०; रितुन - भा०। पर्‌यौ – परयो - को०मो०वे०; पर्‌यो - पा०न०; परो - भा०। परोसिनि – परोसनि - उ०को०शि०; परोसन - मो०वे०स०; परसनु - न०; परोसनु - गा०; परौसनु - मि०; परोसिनु - मु०; परौसिनु - नी०; परोसिनि - ह०। पाप – पापु - उ०गा०मु०नी०; ताप - न०; पासु - मि०; [२६६]

अन० : प्रोषित्पतिका नाइका की सरदी की उक्ति, सषी सो, अत्युक्ति अलंकार।

नर० : व्याधि दसा, सषी को वैन नायक सो, हो कान्ह, राधिका के परोसिन जो है सो वाके विरह को आपुने तन को ताप सहन कै वास्ते सिसिर रितु कै सीरे जतनन करति हुती पै अव ग्रीषम रितु के विषै घर मै वसन को पाप सो आनि पर्‍यो है –

सीरे उपाय न हे सजनी सिसिरे रितु के दिन दूर किये है। मुसिये जु वियोगिनि के तनताप
दवानल ज्वाल समान छिये है। ग्रीषम को वसिवे कहु माइ पर्‍यो है परोसनि पाप हिये है।
यो मन मान दुषी अठ जाम सरै नहि काम उसास लिये है [नर० २६६]

कृष्ण० : इह नाइका प्रोषित्पतिका, सषी वचन नाइक सौ विरहिनि वेनु अरु सषीहू को वचन नाइक सौ, विरहनिवेदन अरु सषीहू कौ वचन सषीहू सो संभवै –

कान्ह तिहारो वियोगिनि की गति देषत मेरो हियो अकुलायो। हो सुकुमार सरीर सु तौ
अव ऐसो वियोग हुतासन तायो। सीत मै सीरे उपाइन सोधि सह्यो तनताप ममै वहरायो।
ग्रीषम द्यौसनि क्यौ वसियै पै परोसिनु कौ अव पापु सौ आयो [कृष्ण० २६६] [99]

हरि० : सषी सो सषी, सीरे जतननि, सीतल उपाय करि विरही के तन के ताप सहे, ग्रीषम, जेठ असाढ के दिननि मे वसिवे को परोसिन को पाप पर्‍यो, दुष हुवो, यह अर्थ, अत्युक्ति, अत्युक्ति जु अद्भुत झूठ कै वरनै तह पहिचानि, इहां झूठ वर्न्यौ है।

— ★ —

सोहत संग समान सो। यहै कहै सव लोग। पान पीक ओठनु वनै। काजर नैननु जोग [२६७] [100]

سوہت سنک سمان سون یہي کہي سب[101] لوک • پان پیک اوٹھن بہي کاجر نینن جوک
[ظا• ١٦٧]

---

99 भा०मि० प्रतियों में यह भिन्न उदाहरण है –

जानिवूझ फेर वात फेरि न उतहि जात एक वेर भए जे वटोही वा डगर के। ह्वै रह्यो अवा अवा सु तेज तच्यो आसपास उससै उसास तजो चाहत नगर के। जव जव स्वास के समीर इत आवत है कान्हजू तिहारी विरहिन के वगर के। वचन न डार पात पेड तै परस जात सौधे भरि आलवाल उवटे नगर के [भा० २६६]

100 सोहत – सोहतु - उ०मि०। संग – संगु - उ०मि०; अंग - वा०। समान – समांन - वा०वे०गा०स०; समानु - न०; सुमान - मु०। सो – कै - को०; सौं - शि०स०मु०; सों - मो०वे०गा०ह०; सौ - भा०मि०। यहै – इहै - उ०शि०वा०; यहैं - मो०; हये - मु०। कहै – कहे - वा०; कहत - मो०। लोग – लोगु - उ०न०; लोक - को०शि०। पान – पांन - उ०न०वे०गा०स०मु०; पानु - शि०। ओठनु – ओठन - को०मो०; उंठनु - न०; ओठुनु - वे०; औठनु - गा०; उंठन - स०; वोठनु - मि०; औठनि - मु०; ओठनि - ह०। वनै – वनें - उ०; वने - को०मो०; विनै - वा०वे०। काजर - शि०न०वे०गा०स०मु०ह०; काजरु - उ०भा०मि०; नेंननि - को०; कारज - वा०; नेंनां - मो०। नैननु – नैंननु - उ०; काजल - को०; नैनन - शि०; नतनि - वा०; काजर - मो०; नैंनां - न०स०; नेंना - वे०; नैना - गा०; नैंननि - मु०ह०। जोग – जोगु - उ०न०गा०; योग - को०। दोहा लुप्त - पा०नी०। [२६७]

101 يہي کہي سب - کہي تے سانچي - ظا•

अन० : अधीरा षंडिता की उक्ति नायक सों, दोहा प्रस्ताविक है, अर्थांतरन्यास अलंकार।

नर० : सषी कर्म, षिजवौ, अन्योक्ति, सषी वचन नायक सौ, हो कान्ह, सव लोग ऐसो कहतु हैं, समान, वरावरी कौ ह्वै जो जहांही सोहै ज्यौं ओंठनु कौ पानां की पीक वनै, अरु नैन हैं सो काजरही जोग है त्यों –

सोहत संग समान कहै सव ऐसी जगत्त मै रीति निहारी। हे वहुनायक नंदकुमार कही न परै कछु भांति तिहारी। पान की पीक सो ओठ वनै अरु काजर नैन षरे अधिकारी। ये विपरीत कते करि आए कहा कहूं आपको कुंजविहारी [नर० २६७]

कृष्ण० : इह नाइका प्रौढा षंडिता नाइका कौ वचन नाइक सौ –

ग्रंथनि मै यह वात प्रमान है यौ चलि आयो मतो सवही को। जैसे को तैसोई जोग जुरै तव होतु महा सुषदाइक जी को। जो विपरीत विलोकियै संगु कुढंग तही रंगु लागत फीको। पान की पीक वनै पिय ओठन आषिनही लगै काजरु नीको [कृष्ण० २६७]

हरि० : वरावरि सो संग किए सोहन है, इहै सव लोक कहै हैं, ओठ में लाली है याते, पान की पीक वनै है, सोहै है नैन में स्यामता है याते काजर को नैंननि सों जोग, संजोग सोहत है। किंवा षंडिता की उक्ति नायक सौं, तुमारे पानपीक नैंननि सों लगी है, ओठ मै काजर है, किंवा वरोवरि की नाइका सों संग सोहत है, वह रूप जातिकरिहीन है, अधीरा की उक्ति, तहां पानपीक दृष्टांत है, पहिला अर्थ में समालंकार, अलंकार सम तीनि विधि जथाजोग को संग।

— ⋆ —

तूं रहि होंही सषि लषौं। चढि न अटा वलि वाल। सवहिन विनुही ससि उदै। दीजतु अरघ अकाल [२६८] [102]

تون ره ہونہین سس لکہون چره نہ اتا بل بال ٠ سب ہئین بنہین سس اودي ديجت اركہ اكال [ظا٠ ٢٦٨]

अन० : नायका प्रति सषी की उक्ति, व्यंग सों स्तुति करति है, संकट चतुर्थी को व्रत नायिका ने कियो है, सव सषी मिल वैठी चंद्रोदय देषत हैं, ता समै नायिका चंद्रोदय देषन अटा चढन लागी, तव सषी प्रति उपजावति नायिका को वरजति है, पर्यायोक्ति अलंकार।

[102] तूं – तुं - को०न०; तू - शि०पा०मो०भा०मि०मु०; तो - वा०; ते - गा०। रहि – रहु री - पा०। होंही – सषि - को०न०वे०गा०स०; होंसी - शि०; होही - वा०; हौही - पा०भा०; होहि - मो०; हौंही - मि०; हौंहीं - नी०; होंहीं - ह०। सषि – हौं - को०; ससि - शि०वा०मि०मु०; (लुप्त) - पा०; सषी - मो०; हौंही - न०; होंही - वे०स०; हूही - गा०; शशि - भा०; (लुप्त) - ह०। लषौं – लषो - उ०; लष्यौ - शि०; लषौ - वा०पा०वे०भा०मि०; लषों - मो०गा०स०ह०। चढि न – चढ न - शि०; चटि न - न०; चढ नि - मु०। अटा – अटां - नी०। वलि – वर, 'र' पर काटने का चिह्न - पा०। वाल – वालि - मो०गा०। सवहिनु – सवहिन - शि०मु०; सवहिनि - वा०; (लुप्त) - पा०मो०; सवदिन - भा०; सवहितु - नी०; स सवही - ह०। विनुही – विनही - शि०न०वे०गा०स०भा०मु०नी०; विनुहि - पा०; विनु - ह०। ससि – उदै - पा०; ऊगें - मो०; शशि - भा०; ससिही - ह०। उदै – शशि समुझि - पा०; ससि समुझि - मो०; नदै - वे०; उडै - नी०। दीजतु – दीजत - शि०वा०गा०स०भा०मु०; दैहै - पा०; देहौ - मो०; दीरघनु - वे०; दीजति - मि०; दैहें - ह०। अरघ – अर्घु - उ०; अर्घ - पा०; अरध - वे०; अरघु - मि०। [२६८]

नर० : मुष सोभा, सषी की सिक्षा, नायका सषी को परस्पर वैन, नायका वोली, हे सषी, तू याही रहि, हौही जु जायकै देषू, तव सषी वोली, हे वाल, तेरी वलि जाऊ, अटा पर चढहु ना, सो क्योंकि और सवही विनुही ससि के उदै भए तेरो उद्योतपनो देषिकै अकालही अरघ देवहिगी –

तू रहि हौंही लषौं सषि जाइकै ऊपर सोध के काम हमारे। सोह दिए वलि तोही कहों हौं चढो न अटा अपनी पग धारे। हे वहिनी विनुही प्रगटे ससि होइगी हेरि वहै निरधारे। दीजति अर्घ अकाल सवै तिय आनन ओप उजास तिहारे [नर० २६८]

कृष्ण० : इह नाइका के मुष की सोभा की अधिकाई है सु सषी नाइका सो कहति है–

हौंही अटा चढिहौ ससि देषन तू सजनी रहि आंगनही तिन। और कितीक व्रती वनिता सव देषति चंद उदौ छिनही छिन। तो मुष देषि उछाह भरी सव देहिगी अर्घ मयंक उदै विन। औरन के व्रत भंग करै मति होहिगौ पातकु मानै कह्यौ किन [कृष्ण० २६८]

हरि० : सषी नायिका की स्तुति व्यंग्य सों करति है, गनेस चतुर्थी को व्रत है, हे सषी तूं रहि, तूं मति जाय, हौंही, मैंही, लषौं, देषौं, वलि जाऊं तेरी हे वाल, अटारी पर मति चढै, सवही, सव कोई ससि के उदै विनाही तेरे मुष को ससि जानिकै अकाल, असमय में, अरघ दैहैं, सारी सों मुष कछु छप्या है, तासों चतुर्थी के चंद्र की समता, पर्जायोक्ति अलंकार, पर्यायोक्ति प्रकार द्वै कछु रचना सो वात।

— ⋆ —

दियो अरघ नीचै चलौ। संकट भानै जाइ। सुचिती ह्वै औरै सवै। ससिहि विलोकै आइ [२६९] [103]

دیوارکہ نیچین چلو سنکت بہانئي جاي ۰ سوچتي ہوي اورو سبے سسہ بلوکین اي
[ظا۰ ۲٦٩]

अन० : नायका प्रति सषी की उक्ति, व्यंग सों स्तुति करति है, पर्यायोक्ति अलंकार।

नर० : मुष सोभा, सषी को विनय, सषी को वैन राधाजू सो, हे राधे, अव अरघ दीनी, नीचै को चलौ, ज्यों संध्या जाइकै भाना अरु और सवही सुचिती ह्वैकै अरु आनिकै चंद्रमा को विलोकैं ज्यों –

नीचे चलो क्यो न अर्घ्य दियो अहो ठाढी कहा इत होइ रहे हो। संकट भानहि जाय सवै त्रिय आपने आपने ओक वहे हौ। ह्वै सुचिती अर वै अव अच्छत फूल औ चंदन हाथ गहे हौ। औरै नये ससिही को विलोकै सु आइ इहां सुसमा को लहे हौ [नर० २६९]

103 दियो – दीयौ - उ०शि०न०गा०मि०; दियौ - वा०नी०; दीयो - मो०वे०स०मु०। अरघ – अरघु - मि०। नीचै – नीचे - को०पा०भा०; नीचें - मो०; नीचैं - मि०मु०नी०; नींचै - ह०। चलौ – चलो - को०मो०वे०; चल्यौ - नी०। संकट – संकटु - भा०मि०नी०। भानै – भानौं - उ०; भाने, 'ने' पर दीर्घ करने का संकेत - को०; भांजो - वा०; भानो - पा०; भानुहु, 'हु' की मात्रा पर काटने का चिह्न - मो०; भानहि - न०वे०गा०स०; भाने - भा०; भांनै - मि०; भानौ - मु०; भानैं - ह०। जाइ – जाय - को०मो०मु०ह०। सुचिती – सुचितीं - उ०; सुचती - शि०वे०गा०स०; सुचत - मु०। औरै – औरहि - शि०; ओरहि - वा०; ओरें - मो०मु०; औरौं - मि०; औरौ - नी०। सवै – सवें - वा०; सवैं - मो०। ससिहि – शशिहि - वा०भा०; ससिहीं - मो०; सशिहि - न०। विलोकै – विलोके - मो०; विलोकैं - नी०। आइ – आय - को०मो०मु०ह०। [२६९]

कृष्ण० : इह नाइका के मुष की सोभा सषी कहति है –

> **पूजि निसाकर धूप दियौ अरु दीप निवेद्य निराजन मानै। फूलै समेत तू अर्घ्य दियो अव नीचै चलौ वलि संकट भानै। औरनहू दुंचिताई मिटै जिनि साधि उपास मनोरथ ठानै। चंद उतै इत तो मुषचंद्द कितै विनवै चित सोच समानै** [कृष्ण० २६९]

हरि० : इहां भी सषी व्यंग्य लिए नायिका की स्तुति करति है, चंद्रमा को अरघ दियो अटारी पर चढिकै, अव नीचे चलौ, संकट चतुर्थी को भानै, कछु भोजन करि षंडित करै जायकै, सुचिती होयकै थिर चित होयकै और सव नायिका ससि को विलोकै आयके, एकही वेर दोय चंद्रमा देषै है, उत्पात की संका मानै है, पर्यायोक्ति अलंकार।

— ★ —

ललित स्याम लीला ललन। वढी चिवुक छवि दून। मधु छाक्यौ मधुकर पर्‌यौ। मनो गुलाव प्रसून [२७०] [104]

للت سیام لیلا للن بدہي چيبک چهب دون ٠ مدہو چهکیو مدہکر پریو منون کلاب پرسون [ظا٠ ٢٧٠]

अन० : दूती की उक्ति नायक प्रति, नायका की स्तुति करिकै लै गयो चाहति है, उत्प्रेक्षालंकार।

नर० : चिवुक सोभा, सषी को वैन नायक सों, हो कान्ह, ललनि के चिवुक के विषै स्याम लीला, काली विंदी, ललित है, तासों चिवुक की छवि दूनी षरीही वढी है, सो कैसे कि इम्रत कौ छाक्यो मानो भौरो गुलाव के प्रसून, फूल, तिन पर वैठ्यो है –

> **सोहनी लीला लसै अति स्याम लषै अभिराम हियो हहर्‌यो है। लालन दूनी चढी चिवुकुं छवि नारन गोद कै ठोडी कर्‌यो है। कैसो विराजत नीको नयो कहि या कहिकै उपमा तै ठर्‌यो है। छाक्यो मधूकर कंद सिलीमुष मानो गुलाव प्रसून पर्‌यो है** [नर० २७०]

कृष्ण० : इह नाइका की ठोढी पै लीला की सोभा सषी नाइक सो कहै –

> **कुंकुम गारि कियो मनौ देहु महा सुकुमारु सुगंध कौ भौना। रूपसुधा भर्‌यो चंद सो आननु पीतम के मन कौ ललचौना। ठोढी की गाड मै स्यामल विंदु निहारत वाहि थके मन गौना। कै मधुपान गुलाव के फूल मै मत्त पर्‌यो मानौ भौर को छौना** [कृष्ण० २७०] [105]

---

[104] स्याम – स्यांम - उ०वे०गा०स०मु०ह्र०; श्याम - को०शि०; श्यांम - वा०। ललन – ललनु - शि०वा०मो०; ललनि - न०गा०; ललिनि - वे०; ललिन - मि०। वढी – चढी - को०ह्र०; परी - मो०। चिवुक – चिवुक, 'च' में इकार बाद में - स०। छवि – छविछा - पा०। छाक्यौ – छाक्यो - को०पा०मो०वे०स०; छाक्यौं - शि०; छाको - वा०। पर्‌यौ – पर्‌यो - पा०मो०वे०। मनो – मनौं - उ०; मनों - शि०मो०स०; मनौ - वा०न०मि०; मन्यों - वे०; मन्यौं - गा०। प्रसून – प्रसूंन - उ०; दोहा लुप्त - भा०; दोहे का उत्तरार्ध लुप्त; उसके स्थान पर [१००] का उत्तरार्ध पाठ - नी०। [२७०]

[105] वाहि – कृष्ण - नी०।

हरि० : सषी की उक्ति नायक सों, हे ललन, ललित जो स्याम लीला, गोदना, है तासों चिवुक में दूनी छवि चढी है, वढी यह भी पाठ है, मधु मदिरा, मधु फूल को रस तासों छाक्यो, पान कर भौरा सो मानो गुलाव के प्रसून, फूल, तामे पर्‌यो है, किंवा हे ललन, याके चिवुक सों दूनी छवि चढी, और ठौर मे जा याकी छवि है, सोई रहति है। स्याम लीला में चिवुक मै भौर की औ गुलाव प्रसून को तर्क, उत्प्रेक्षालंकार।

—★—

सवै सुहाएई लगै। वसै सुहाए ठाम। गोरे मुह वैदी लसै। अरुन पीत सित स्याम [२७१] [106]

سبے سوہائیئي لجت بست سوہائي تہام ۰ کوري منہ بيندي لست ارن پيت ار سيام
[ظا۰ ۲۷۱]

अन० : उक्ति नायक की स्मृति गुणकथन वचन अनुभाव तें अनुराग व्यंगि, जो सषी की उक्ति होय तो दोहा प्रस्ताविक जानिये, दृष्टांत अलंकार।

नर० : वेंदी सोभा, सषी को वैन नायक सों, हो कान्ह, देषौ तौ, राधे के सगले सुहावने ठाम सकल सुहावनो लगत है, पै तामे विसेष गोरे मुह के विषै या राती पीली धौली काली वेंदी कैसी सोभति है –

> **हे सजनी सुनि या भव की गति ये अति ठाम सुहाए वसै है। ते सव देषो सुहाए लगें पुनि ओर निहार हिये मै हसै है। वाकी अनोपम सोभ वढै सु कही न परै सगरै सुष सै है। पीत सितासित लाल हरी मुष गोरे गुसायन वेंदी लसै है** [नर० २७१]

कृष्ण० : यह अन्योक्ति, आछे ठौर को प्रभाव जु आइ प्राप्त होइ, सु आछोही लगै–

> **नीके के संग अनीकोऊ नीको लगै यह वात प्रत्यक्ष निहारी। ठौर सुहाए वसै ते सुहाए लगै सवही उमगै छवि भारी। कैसो वढावत मोह हियै नवनागरि के मुह व्याह की गारी। गोरे लिलार लसै विंदुली सित राती हरी पियरी अरु कारी** [कृष्ण० २७१]

हरि० : गोरी के केसरि चंदन कस्तूरी की वेंदी के वर्नन सों नायिका की स्तुति, नायक सषा सों कहै है, हे समवय हे सषा, सोहावनी ठौर मै वसै सो सोहावनो लगै, अरुन पीत सित, कहिए सपेत औ

---

106 सवै – सवे - वा०मो०न०; सवैं - गा०। सुहाएई – सुहायेई - को०भा०नी०; सुहाईही - शि०; सुहाइय - वा०; सुहाएहीं - मो०; सुहायेही - मि०; सुहाई - ह०। लगै – लगत - उ०नी०; लगति - शि०वा०मि०; लगे - मो०। वसै – सु?सवै, ‘सु?’ बाद में काटा गया है - उ०; सवै - को०वा०पा०वे०गा०स०मि०; सवें - शि०; वसें - मो०; सवे - न०; वसत - ह०। सुहाए – सुहाएं - उ०; सुहाये - को०मि०; सुहायै - वा०नी०; सुहांई - न०; सुहाई - वे०गा०स०ह०। ठाम – ठांम - न०गा०स०नी०ह०। गोरे – गौरे - ह०। मुह – मुहु - न०गा०; मुष - नी०ह०। वैदी – वेंदी - शि०मो०; वेदी - पा०भा०; ऐंदी - न०; विंदी - वे०स०; ‘वेंदी’ पर संशोधन द्वारा ‘विंदी’ - गा०; वैंदी - मि०ह०। लसै – लसति - उ०शि०वा०; लसैं - को०नी०ह०; लसें - मो०। अरुन – अरुत - शि०; अरुण - वा०; अहन - वे०। स्याम – स्यांम - उ०न०वे०गा०स०मि०; श्याम - वा०पा०भा०। दोहा लुप्त - मु०। [२७१]

स्याम जो है वेंदी सो गोरे मुष सों लसत है, किंवा वेंदी ते मुष सोहत है, इहां दृष्टांत अलंकार, भाव विंव प्रतिविंव को तहां दृष्टांत सु जान। सोहावनी ठौर मै वसै सों सोहावनो लगै ज्यों गोरे मुष वेंदी।

—★—

भये वटाऊ नेह तजि। वादि वकति वेकाज। अव अलि देत उराहनौ। उर उपजति अति लाज [२७२] [107]

بهئي بتااو نيه تج باد بکت بے کاج ۰ اب ال ديت اوراہنون جيه اوپجت ات لاج [ظا۰ [۲۷۲

अन० : कलहांतरिता की उक्ति सषी सो, विषाद संचारी, काव्यलिंग आक्षेप को संकर।

नर० : प्रवत्सत्भर्तृका नायका कौ वैन सषी सौ, सषी हे राधे, जो नेह तजिके वटाऊही भए हैं, तासौं वेकाज वाद क्यों वकति है, हे अलि अव याको उराहनौ देत समौ उरु के विषै अति लाज उपजति है –

नेह को छांडि वटाऊ भये पुनि लै अपनै सव साज सजै है। काहे को काज विना वकती अहो एक औ द्वै दिन माझ भजै है। वाकी कहा कहियै सजनी यह देषतही सव सोभ तजै है। देत उराहनो पीतम सो अव लाज घनी उर मै उपजै है [नर० २७२]

कृष्ण० : इह नाइका परकीया प्रौढा, नाइक के विद्यमान उराहनौ देति है, सु नाइका सषी सौ कहै –

नैननु सौ तन सौ मन सौ रहतेई मिले लहते सुष साजनि। भूलि गई सव वे वतिया हित पुंजनि की वहु भांति विराजनि। ए त्यजि नेह वटाऊ भए अव वादि वकै सजनी विनु काजनि। देति उराजनौ ऐसेन कौ अपने उरही चपियै अति लाजनि [कृष्ण० २७२]

हरि० : नायक प्रात आयो है, तव सषी उराहनो देति है, तहां सषी सो नायिका वचन, हमसों नेह को तजिकै ए वटाऊ, वटोही, भए, और की राह लगे, किंवा इनसो नेह तजो, ए वटाऊ भए वादि फेरि इनसो वकति है, नाहक कहति है, सो वेकाज, वृथा, है, हे अलि अव इनै उराहनो देति है, तासों इनके उर में किंवा हमारे उर में अति लाज उपजै, नाइक तौ इनै चाहत नांहि, नायिका एतनी चाहति है, किंवा उद्धवजी ज्ञान को उपदेस करत हैं, तहां मधुकर सों व्रजदेविन की उक्ति, हे अलि उद्धवजी सो उन कृष्ण को उराहनो देत उर मै अति लाज उपजति है, औरि वही अर्थ, इनै उराहनो देहै, तूं वेकाम की वात कहति है, और ठौर मति जाहु, यह निषेध ध्वनि मे निकरै है, आछेपालंकार, दुरै निषेध जु विधि वचन।

---

[107] भये – भए - शि०न०वे०गा०स०भा०ह०। वटाऊ – वटाउ - को०मि०। नेह – नेहु - नी०। तजि – तज - को०स०। वादि – वाद - को०शि०मो०न०वे०गा०स०। वकति – वकत - को०शि०वा०पा०मो०स०भा०नी०। अलि – ऽलि - शि०। उराहनौ – उराहनो - को०पा०वे०भा०ह०; उरांहनो - मो०। उर – अर - उ०; अति - को०मो०; उरु - न०; उत - गा०। उपजति – उपजत - को०पा०स०; उपजी - मो०। अति – उर - को०मो०; है - गा०स०। दोहा लुप्त - मु०। [२७२]

—★—

मान करत वरजति न हौं। उलटि दिवावति सोंह। करी रिसौंही जाहिगी। सहज हसौंही भोंह [२७३] [108]

مان کرت برجت نہ ہون اولت دواوت سونہ • کرین رسونہین جانہ کین سہج ہسوہین بہونہ [ظا • ۲۷۳]

अन० : वानी दूती की उक्ति मानिनी प्रति, भेदोपाय वक्रोक्ति अलंकार।

नर० : मानमोचन सषी कौ वैन नाइका सौ, हे राधे, मैं तो तोकुं मान करतै वरजति नाही हौं, मैं तौ तोकुं उल्टी सौहैं दिवावति हौं, अरु मैं तो अस कहति हौं कि तेरी सहज मै हसोही सी भौहैं रहती हैं तौ ए रिसोही करी जाहिगी, ए न करी जायगी –

> **मान करो तो करो सुषही वरजो नहिं हौं कवहूं लषि सोहै। रूप रसीली लजीली षरी अति यै वेई भौहै सुभाव हसोहै। जानत रीति सदा उलटी अव तोहि दिवावति हौं अति सोहै। कैसी निहारि करी ए रिसाही जाहिगी हौं अपनेहि वसोहै** [नर० २७३]

कृष्ण० : इह मान दिढावति है सु मान छुडाइवोही प्रयोजन है, सषी वचन नाइका सौ –

> **रूष्यौ कर्यौ रुष नैन चढाइकै वैन कहे मुष ते अनषौहै। मान करो सु भली करी हौ न मनै करौ और दिवावति सौहै। मोहू सो वूझत न ऊतर देति सु देषौ री मोहन को मुष जौहै। होहिगी कैसी रिसौही सुहागिल हासी भरी जु सुभाइ की भौहै** [कृष्ण० २७३]

हरि० : मान करति मै नहीं वरजति हौं, उलटी मै सौंह दिवावति हौं, सौंह को उलटि पढे हसौ यह निकरत है, मान मति करौ, रसोही रिस भरी करी जायगी न करी जायगी स्वर भेद सों अर्थ, सहजै, विना कारनही हंसोही जो है भौंह, वक्रोक्ति। श्लेष काकु के अरथ की रचना, औरै होय। वक्रउक्ति सो जानियो जान सलिल मति धोय॥

—★—

[108] मान – मांन - उ०को०स०मु०; मांनु - न०; मानु - नी०। करत – करति - पा०भा०मि०नी०ह०। वरजति – वरजत - उ०को०शि०मो०गा०स०मु०; वरतज - वा०। न – उ - शि०। हौं – हुं - को०; हौ - शि०वा०पा०गा०स०भा०; हूं - मो०मु०; हों - ह०। उलटि – उलिटि - वा०; उलट - स०। दिवावति – दिवावत - उ०मो०स०; देवावति - को०। सोंह – सौंह - उ०न०मि०नी०; सौह - वा०भा०। रिसौंही – रिसोंही - को०शि०मो०वे०स०; रिसौही - वा०भा०; रिसोही - पा०मु०; रिसौहीं - गा०। जाहिगी – जांहिंगी - उ०; जाइगी - शि०; जाइंगी - पा०; जांहिगी - न०मु०; जायगी - ह०। हसौंही – हसोही - को०शि०पा०; हसौही - वा०भा०; हसोंहीं - मो०; हसोंही - वे०गा०स०; हंसौही - नी०; हंसौंहीं - ह०। भोंह – भौंह - उ०न०मि०मु०ह०; भौह - वा०भा०नी०; भोह - पा०; [२७३]

तिय तिथि तरुन किसोर वय। पुन्यकाल सम दोनु। काहू पुन्यनु पाइयतु। वैससंधि संक्रोनु [२७४] [109]

تیہ تیتہ ترن کسور بے پني کال سم دون • کاہو پونین پایین بیس سندہ سنکرون [ظا •
[۲۷٤

अन० : उक्ति सषी की, अवर काव्य, वैस संधि, रूपक अलंकार।

नर० : मुग्धा वैससंधि अरु पुन्यकाल सोभा, सषी को वैन नायक सों, हे कान्ह, अषैतृतीया तौ तिथि ह्वै, और स्त्री की किसोर वय ह्वै, और संक्रांति कौ जोग ह्वै, और वय की संधि ह्वै, सो ए पुन्य, दान तिनको समय काल है, सो यो जोग काहू पुन्य तै पाइयतु है –

> **भामिनि सो तिथि राजै षरी तरुनी वय तारुन आन छई है। ऐसी विराजत नीकी नई छवि पुन्य सवै गति दोनो लई है। या सम और तिलोक न कोऊ निहारतही इह आइ छई है। काहू पुरानेई पुन्यनु पैयतु वैसंधि येई संक्रोन भई है** [नर० २७४]

कृष्ण० : नाइका की लरिकाई और तरुनाई, वैससंधि है, सो सषी नाइक सौ कहै –

> **उत सूरजु रासि तजै जवलौ नहि दूसरी रासि दवावत है। तव लौ वहु अंतर को समयो अति उत्तम वेद वतावत है। इतहू जव वैस किसोर दिनेसु दुहू वय अंतर आवत है। सुकृती कोऊ पूरव पुन्यन सो विवि संक्रम कौ छिनु पावत है** [कृष्ण० २७४]

हरि० : वय:संधि वर्नन करि सषी नायक को मिलायो चाहति है, वारह महीना के वारह सूर्ज हैं, माध में अरुन तपै है, फाल्गुन मै सूर्य तपै है, चैत्र में वेदांग तपै है, ऐसे आदित्यहृद मै लिष्यो है, सूर्जमंडल मै कोई स्थान है, तहां मास पूर्ण भए पर कोई सूर्ज उठै है, कोई सूर्ज वैठै है, याको नाम संक्रमन, सो अति सूछ्म है, पुण्यकाल है, तिथि मै संक्रांति होति है, तिय जो नायिका सो तिथि है, किसोर जो वय:क्रम है सो तरनि, सूर्ज, है, सैसव जो सूर्ज उठै है, किसोर सूर्ज को आवनो है, यह अर्थ न करै तो आगे वय:संधि पद नहिं लगै, दोय वहिक्रम होय, तव संधि कहिए, इहां अंतराल, पुण्यकाल सम दोन, दोन कहिए दोऊ, एक अवस्था को जानो, दूसरी अवस्था को आवनो, सो सूर्य को जो पुन्यकाल ताको समान है, अति सूछ्म है, ओ प्रसस्त है, तासों सम कह्यो काहू पुन्यनि कोई वडो पुन्य सों पाइयत है,

[109] तिथि – तिथी - को०; तिथ - न०गा०मु०। तरुन – तरुनि - शि०मु०; तौण - गा०; तरुण - स०नी०; तरनि - ह०। किसोर – किशोर - शि०वा०भा०। पुन्यकाल – पून्यकाल - को०; पुन्यकालु - पा०; पुण्यकाल - मो०ह०। सम – स - वा०। दोनु – दोंन - को०मो०वे०; दोन - शि०स०; दौन - पा०भा०नी०ह०; दौंन - गा०मु०; दौनु - मि०। काहू – कांहूं - उ०; क्योंहू - शि०; क्यौहौ - वा०; पूरे - पा०; क्योहू - मो०; काहु - वे०गा०। पुन्यनु – पुण्यन - शि०वा०; पुन्यन - पा०गा०स०भा०; पुन्यनि - मो०; प्रान, संशोधन द्वार 'पुन्यै' - वे०; पुंन्यन - मि०; पुण्यन - मु०; पुंण्यनि - ह०। पाइयतु – पाईयतु, 'ई' हाशिए पर - उ०; पायितु - को०; पाईयतु - शि०गा०मु०; पाइतु - वा०; पाइयत - पा०; पाययतु - वे०; पाईयत - स०; पाईयेतु - नी०; पाइए - ह०। वैससंधि – वेससंधि - वा०; वय:संधि - मो०; वैसिसंधि - न०मु०; वयससंधि - ह०। संक्रोनु – संक्रोन - को०शि०पा०नी०; संक्रोधनु - वा०; संक्रोंन - मो०वे०स०; संक्रौंन - न०मि०मु०; संक्रौन - गा०भा०ह०। [२७४]

वयस की संधि औ संक्रांति पुन्य पुन्य की पुनुरुक्ति मिटाइवे को ऐसो अर्थ करिए, हे पुण्य हे सुंदर काल सम दोन, याको अर्थ, संक्रमन कौ काल औ वयःसंधि को काल दोन कहिए, दोऊ समय है और अर्थ वैसेही जानिए, किंवा हे पुण्य, यह जो काल है वयःसंधि को ताकौ सम दौ विदा द्यौ मति जाने द्यौति यह अर्थ, हेमी अनेकार्थ में पुण्य सुंदरता को नाम सुकृत को नाम पावन को नाम, इहां रूपक अलंकार है, उपमानरु उपमेय मे भेद परे न लषाय, तासों रूपक कहत है सकल सुकवि समुदाय, तिय सों तिथि है, तिय उपमेय, तिथि उपमान, ताको भेद नहीं जान्यो जात है, पुन्य पुन्य में आवृत्ति दीपक, पद की आवृति है, अर्थ भिन्न है।

— ⋆ —

गनती गनवे ते रहे। छतहू अछत समान। अव अलि ए तिथि ओम लौ। परे रहो तन प्रान [२७५] [110]

كني كنتي تين رہي چہتہون اچہت سمان • ال اب اي تيتہ اوم لو[111] پري رہو تن پران [ظا• ٢٧٥]

अन० : नायका प्रोषित्पतिका की उक्ति सषी सो, विषाद संचारी, पूर्ण उपमा अलंकार।

नर० : प्रोषित्पतिका को प्रवास विरह, नायिका कौ वैन सषी सौ, हे सषी, ए जो मेरो प्रान है, सो गनती कै, गनती कौ विषै गनतै रह्यो, अरु अव छतौही अछतां वरावर है, सो कैसी परै कि हे अलि, औम तिथि, तूटी तिथि, तिनकी परै, यौ तनु मै पर्‍यो रह्यौ –

ए गिनती गिनवै तै रहै अहो है तऊ नाहि समान करे है। जा हो रहो कि करो मन भावती काहे को यो दिन मान भरे है। गात ओ वात सुहात न काहू की चंदन चौसर चीर हरे है। आपनी सोहै कियेई कहूं तन ये तिथि ओम लों प्रान परे है [नर० २७५]

कृष्ण० : इह नाइका प्रौढा प्रोषित्पतिका नाइका वचन सषी सौ –

देषि री कैसी करी मनभावन ऐसी धौ वाहि कहा वनि आई। औधिहू वीति गई न लई सुधि एती धरी उर मै निठुराई। ता गनती गनिवे ते रहे नभ ऐसे भए विनु वा सुषदाई। ए तिथि औम लौ द्यौस के सोम लौ प्रान परे तन मै रहौ माई [कृष्ण० २७५]

---

110 गनती – गिनति - को०; गिनती - शि०स०मु०। गनवे - उ०को०वा०पा०मो०न०गा०मि०; गिनवे - शि०स०मु०नी०; गनवै - वे०; गनिवे - भा०ह०। ते – तै - उ०गा०नी०; तिं - को०; तें - शि०मो०मु०ह०; सुं - वे०; तैं - मि०। रहे – रहै - को०पा०न०वे०गा०नी०ह०; रही - शि०; रह्यौ - मो०; रहैं - मु०। छतहू – छतहुं - को०वे०; छतहौ - वा०; छतहूं - न०स०मु०नी०ह०; छतहु - गा०। समान – समांन - उ०वा०न०वे०गा०स०मु०नी०। अव – अलि - न०वे०स०; अल - गा०; आली - भा०। अलि ए – पत्रा - उ०वा०; पत्रां - शि०; अव ए - न०वे०गा०स०; ए - भा०; अलि ये - मि०नी०; पतरां - मु०। तिथि – तिथि, 'थ' में इकार बाद में - गा०; तिथ - मि०मु०। ओम – औम - शि०पा०नी०ह०; ओंम - वे०; औमि - गा०; वोम - मि०; औंम - मु०। लौ – लौ, औकार की एक रेखा पर काटने का चिह्न - उ०; लो - को०; लों - शि०मो०वे०गा०स०; लौं - मि०मु०नी०ह०। परे – मलै - भा०। रहो – रहें - शि०; रहै - पा०मो०; रहौ - न०भा०मि०मु०नी०; रहों - वे०गा०; फेरि रहौं - ह०। तन – तनु - शि०वा०न०। प्रान – [२७५]

111 اوم لو - اوتم كون - ظا•

हरि० : विरहनी कौ वचन सषी सौं, गनती गनना तामे गनिवे ते रहे, हमारो प्रान गनना में नहीं, छतहू जो है तो भी अछत समान, नाहीं वरोवरि, हे अलि, हे सषि, ओम तिथि को समान हानि तिथि की वरोवरि तन में प्रान परे रहै, जो तिथि की हानि होति है सो पत्रा में रहति है, गनती में नहीं, तिथि उपमान, प्रान उपमेय, लों वाचक गनती इत्यादि साधारन धर्म, पूर्णोपमालंकार।

—★—

सवै हसत करतार दै। नागरता के नाव। गयौ गरव गुन कौ वसत। गये गवारे गाव [२७६] [112]

سبے ہست کرتار دئي ناکرتا کي ناون • کیو کرب کن[113] کو بست کین کنواري کانون [ظا • ٢٧٦]

अन० : अन्योक्ति विशेषोक्ति अलंकार। सव कारन काज न सरे उक्ति विशेष सु होय। सु हिय मे धरे या मीन गुन नाहीं ताहे हास्यं अधिक आदर को गयो अनादर भयो इति विषम।

नर० : प्रस्ताविक, कवि विहारीदास कहतु हैं, जो गवारै, गाम, के विषै गए तै गुन को गरव हुतो सो तौ सवही गयौ, पै जो नागर ऐसो नाम है ताही को सवै गवार करतार दैकै हसतु है –

> **तारी दैके कर हांसी करै जन नागरताई के नाम लये तै। सुंदर रूप सुलच्छन संग भली विधि अंग सुहात नये तै। जात रहो गुन जात को गर्व लहै नहिं मर्म कुमर्म भये तै। ऐसे अनारज साथ सवै सुष भूल्यो गवार के गाम गये तै** [नर० २७६]

कृष्ण० : इह अन्योक्ति, प्रस्ताविकहू संभवै –

> **को समुझै रसरीति के भेदहि कौन सुनै नृपनीति उचारै। ज्ञान की कौन करै चरचा जह मूढता के हित सौ मत पारै। नागरताइ कौ नाउ सुनै सव दै करतार हसै किलकारै। दूरि गुमान गयो गुनरूप को वास भयो जव गाउ गमारै** [कृष्ण० २७६]

हरि० : सव हाथ मो ताली दैके हंसत हैं, यह नागर प्रवीन है, याके नाम सों गंवार के गांव में वसै हे सवै हे सषा, हमारो गुन को गरव गयो, सवै के अर्थ फेरे पुनुरुक्ति नहीं, गंवारे गांव वसिवो हेतु गुन जाइवो हेतुमान, हेतु अलंकार।

---

112 **सवै – सवे - को०वा०वे०गा०स०मु०; सवैं - मो०। हसत – हंसत - उ०ह०; हसै - पा०; हसतु - न०वे०गा०; कहत - मि०। करतार – करताल - पा०ह०; करतर - मि०। दै – दैं - मो०; दे - वे०गा०स०मु०। कै - को०वा०; कौ - मु०। नाव – नाव, 'व' के पूर्व का वर्ण अपठ, हाशिए पर 'ना' - उ०; नाम - को०शि०पा०न०; नांम - वा०मु०; नामु - मो०; नांमु - वे०; नांमुं - गा०; नांम - स०; नाउ - भा०। गयौ – गयो - को०पा०मो०वे०स०भा०मु०ह०। गरव – गरवु - उ०न०। कौ – को - को०शि०पा०ह०; कों - मो०; कै - न०वे०गा०स०; रूप को - भा०; रूप कौ - मि०। वसत – सवे - को०; सरव - शि०वा०मु०; सवै - पा०न०गा०स०ह०; सवैं - मो०; सवें - वे०; वसै - भा०; वसैं - मि०। गये – गएं - उ०; गयै - शि०वा०न०; वसे - पा०; गयैं - मो०; (लुप्त) - भा०मि०; वसें - मु०ह०। गवारे – गंवारे - उ०; गवारन - को०; गवेलो - शि०; गवेलै - वा०; गवेलनि - पा०; गवारनि - मो०; गमारे - भा०। गाव – गांव - उ०वा०ह०; गांम - को०शि०न०वे०स०मि०मु०; गाम - पा०; गुमु - मो०; गांमु - गा०; गाउ - भा०। प्रति खंडित - नी०। [२७६]**

113 کن - کے - ظا •

—★—

जाति मरी विछुरी घरी। जल सफरी की रीति। षिन षिन होति षरी षरी। अरी जरी यह प्रीति [२७७] [114]

جات مري بچھوري كہري جل سپھري كے ريت • كہن كہن ہوت كہري كہري اري جري يہ پريت [ظا • ٢٧٧]

अन० : सषी की उक्ति सषी सो। नायका प्रोषित्पतिका, नायका की उक्ति होइ तौ अपनी प्रीति की प्रसंसा करति है। दृष्टांत अलंकार।

नर० : प्रोषित्पतिका सेज, अंतर विरह सषी को वैन नाइका सो, सुनाइकै सषी प्रति या राधिका जो इनसो घरीही विछुरे ज्यों जल सफरी विछुरै तै मर जाय त्यों रीति ह्वैगी तो देष्यौ कि ए छिन मै षिन षिन कौ विषै षरी सी षरी होति है –

जात मरी विछुरै तै घरी इहि भांति षरी कवहूं न धरो री। ज्यों मछली जल दूरि भये ते घरी विललात ह्वै जात मरो री। होत षरी ओ षरी ए नहीं पल ऐसी वुरी कछु रीति हरो री। भामिनि भूलि करी जिन कोउ अरी सम ए अति प्रीति जरो री [नर० २७७]

कृष्ण० : इह नायिका प्रौढा परकीया है, नायक के वियोग तै षरी व्याकुल है, अरु प्रीति वढति है सषी सौ कहति है –

नैन अघात नही निरषे निरषे विनु चैन परै न घरी है। व्याकुल ह्वै मुरझाइ परी तलफै विनु नीर मनौ सफरी है। मैन मरूर विथा चितही नितही नित होत षरीयै षरी है। जाति मरी छिन के विछुरै यह प्रीति जरी अरी कौन करी है [कृष्ण० २७७]

हरि० : नायिका की उक्ति, जल की औ सफरी प्रोष्टी नाम मछरी की यह रीति है, एक घरी विछुरत कै मरि जाति, अरी सषी, प्रीति जो है सो छन छन में षरी अर्थ अति षरी, दृढ होति है, गाली देति है ऐसी प्रीति जरी जरी यह प्रीति, लोकोक्ति, लोकोकति तहं जानिए लीने लोक प्रवाद।

—★—

पिय प्रानन की पाहरू। करति जतन अति आपु। जाकी दुसह दसा पर्‌यौ।

---

114 जाति – जात - को०पा०मो०; जातु - न०वे०गा०स०। विछुरी – विछूरी - उ०शि०वा०नी०; विछुत, 'र' ऊपर - को०; विछुरत - पा०मो०; विछुरै - न०वे०गा०स०; छिन - मि०; विछुरति - ह०। घरी – षरी - शि०वा०; ष?री - वे०; वीछरी - मि०। षिन षिन – नित नित - को०भा०नी०; षिनु षिनु - पा०मो०; छिन छिन - न०गा०स०ह०; निति नित - मि०; नितप्रति - मु०। होति – होत - को०शि०वा०मो०न०वे०गा०स०भा०मि०। षरी षरी – षरि षरी - को०; षरी षरा - गा०। यह – इह - शि०वा०। प्रीति – रीति - शि०; प्रीत - वे०। [२७७]

सौतिनहू संतापु [२७८] [115]

پیہ پرانن کي پاہرو جتن کرت ات اپ • جاکي دوسہ دسا پرینو سوتن ہون سنتاپ [ظا •
[۲۷۸

अन० : सषी की उक्ति सषी सो, प्रोषित्पतिका, स्वाधीनपतिका सवल, सपत्नी के संका संचारी व्याधि दशा, संवंधातिशयोक्ति।

नर० : स्वाधीनपतिका, सषी को वैन सषी सौ, हे सषी, या राधा विशेषात भरतार के जिय की चौकीदार है, सो इनकी सोतां आपुन तै याके जतन करति हैं, सो क्योंकि याकी कठिन दसा तै सोतांहू को संताप पर्‌यो हुतो, ताते जतन करति है, आगे याकी दुसह दसा तें भरतार दुष पायो सो भरतार के दुषा पावनै से आन अस्त्रियाहू दुष पायो, ताते वै जतन करति हैं –

> **प्रानन की अति पाहरू यो पिय वाही तै आप जतन्न कर्‌यो है। या विधि कोउ ठई अहो वेदन देह सवै दुषदंद धर्‌यो है। ऐसी तची है तिया तन मै समुझी न परै जिय जात जर्‌यो है। नेक दसा अवलोकि तही पुनि सौतिन को परिताप पर्‌यो है** [नर० २७८]

कृष्ण० : इह नाइका प्रोषितपतिका, सषी वचन सषी सो –

> **ताप तपी विरहानल के विलषी वह नागरि षीन निहारी। आषिनही मै रहै अव आनिकै प्रान सवै सुधि आन विसारी। सौति सवै उपचार करै गनिकै पिय प्रानन की रषवारी। दारुन वाकी दसा निरषै उनहू के परो जिय संकट भारी** [कृष्ण० २७८]

हरि० : सषी सों सषी, नायिका प्रिय के प्राननि की पाहरू, चौकीदार है, राषनवाली है, जौ यह मरैगी तौ नायक कोई जीवै नहीं यातें, सौति आप आयके जतन करति है, किंवा नायिका आपको प्रिय के प्रानन की पाहरू जानिकै जतन करै है, नहीं तो अव तांई सरीर छोडि देती, जाकी दुसह दसा सौं सौतिन को संताप पर्‌यो, सौतिन को सौति संताप को जोग नहीं, तहां कह्यौ। संवंधातिशयोक्ति, जहां देत अजोगहि जोग।

— ⋆ —

अहे कहै न कहा कह्यौ। तोसौ नंदकिसोर। वडवोली वलि होत कत। वडे द्रिगनु के जोर [२७९] [116]

---

[115] पिय – प्रिय - को०वा०मो०न०स०भा०मु०ह०; पीय - शि०। प्रानन – प्रांननु - उ०न०वे०गा०नी०; प्रांनन - को०स०मु०; प्राननि - शि०पा०; प्रांननि - वा०ह०; प्रानन - मो०; प्रान - भा०। की – करति – करत - शि०वा०पा०स०नी०। जतन – जगति - गा०। अति – तन - पा०। आपु – आप - को०शि०वा०स०मु०ह०। दसा – दशा - वा०पा०भा०। परयौ – परै - उ०वा०मु०; पर्‌यो - को०पा०वे०; परें - शि०; पर्‌यों - मो०; परे - भा०। सौतिनहू – सोतिनहूं - उ०वे०गा०; सोतनहूं - को०स०मु०; सौतिनहो - वा०; सोतनिहू - मो०न०; सौतिन के - भा०; तिनहू - नी०; सौतिनिहूं - ह०। संतापु – संताप - को०शि०वा०न०गा०स०भा०मु०ह०। [२७८]

[116] अहे – अहै - नी०। कहै न – कहे न - को०शि०वे०गा०स०भा०मु०; कहै न कहै न - पा०; कहैं न - मो०। कह्यौ – कह्यो - को०पा०मो०न०वे०गा०; कह्यौं - शि०वा०; कहो - भा०। तोसौ – तोस्यौं - उ०; तोसो - शि०पा०; तोसों - मो०; तासौं - न०ह०; तासों - वे०गा०; तासौं - स०; तुमसौ - भा०; तोसौं - मि०; तोसुं - मु०; तोसौंद -

اہي کہي نہ کہا کہيو توسون نندکشور ۰ بد بولي کت ہوت ہي بدي درکن کين جور [ظا ۰ ۲۷۹]

अन० : सषी की उक्ति मानिनी नायका प्रति, लोकोक्ति अलंकार।

नर० : अन्यसंभोगदु:षिता, नायका कौ वैन आन स्त्री सों, अहे जो तोसों नंदकिसोर है, तिन कहै क्यों न, कहा कह्यो है, तव स्त्री वोली कि हे राधे वलि जाऊं तैं वडे नेत्रां के जोर करिकै ऐसी वडवोली क्यों होत है –

तोसो कहा कह्यो क्यों न कहै अहो नंदकिसोर नै नाम लये ते। होत है वात सदाई समीपनि ओर से होत है काहू नये ते। वोलति हौ क्यों वडे वडे वोल वडेन की वेटी वडाइ दये तै। तोसी तो गोकुल कौन भई कछु नैनन के वडे जोर भये तै [नर० २७९]

कृष्ण० : इह मान मनायवो, सषी को वचन नायका सौ –

सांची कहि मोसौ अहै काहे ते कहति नाहि तोसो कहा कह्यौ मनमोहन कन्हाई री। क्यौ तू वडो वोलु ऐसो वोलति गुमान भरो एती रिस रासि तै कहा ते गहि पाई री। कृष्ण प्रान प्यारो अति हितु कै मनावतु है करि मनुहारि वहु वात मै वनाई री। मानि कह्यौ मेरो वलि ऊलटु न करि जोपै तैही पाइ वडी वडी आषि छवि छाई री [कृष्ण० २७९]

हरि० : मानिनी सो सषी की उक्ति, अहे नायिका, तू न कहै है, निषेध को कहै है, नाहीं करै है यह अर्थ, तोसों नंदकिसोर नै कहा कह्यौ, कौन वचन कह्यौ, हे वलि, तू वडवोली क्यों होति है, वडो वोल क्यों कहति है, जो तोहि कह्यो न चाहिए सो कहति है, वडे जे हैं तेरे दृढता के जोर सों वल सों, सुंदरता सराहि राजी कहति है, यामे वडी वात काटनी, किंवा हम तोहि मनावति हैं, तू नाहीं कहति है, इहै वडी वात तेरे मुष माफिक नहीं, हम मनावै हैं तू नाहीं कहै है, किंवा प्रश्नोत्तर है, अहे कहै न, अहे कहै क्यों नहीं, कहा कह्यो तोसो नंदकिसोर, यह सषी को प्रश्न, तहां नायिका की उक्ति, तोसो नंदकिसोर, नंदकिसोर तोसो हैं, तोसों आसक्त हैं, यह वोलनि है, फलानी सों फलाना है, तव स्त्री क्रोध सो कहति है, वडवोली तू क्यों होति है, वडे दृगनि के जोर सो, किंवा अहे तू न नाहीं कहति है, नंदकिसोर ने उदास सूचक कहा एतना कह्यौ, कहा तुमारे इहां आवौं, किंवा कहा तुम्हारो प्यार, कहा तुम हमारी वरावरहि प्रीति करौगी, ऐसे जानिए, वडे लोगनि को दृगनि को जहां जोर होय, मिलाप होय। तहां वोली कहिए, परिहास वोली ठोली लोग कहत हैं, तहां वडी वात तो केतनी नहीं होति है, वडिवोली

नी०। नंदकिसोर – नंदकीसौर - वा०; नंदकिशोर - भा०; नंदकिशौर - ह०। वलि – तो, ई पर रिक्त स्थान में - को०; कत - पा०भा०नी०ह०; वल - स०; कित - मि०मु०। होत – हौत - वा०; होति - पा०न०भा०; हो - मि०। कत – वलि - पा०भा०मि०नी०ह०; कित - न०गा०स०; किन - वे०; तूं - मु०। वडे – वडै - शि०पा०न०वे०गा०मु०। द्रिगनु – दृगनु - उ०; दगनि - को०; दृगनि - पा०ह०; दृगन - मो०; द्रिगन - गा०स०मि०; द्रगनु - भा०; द्रगन - मु०; द्रगनि - नी०। के – कैं - उ०; कै - शि०मि०मु०; कें - वा०; तै - न०वे०गा०; तैं - स०। जोर – जौर - शि०; जौरि - ह०। [२७९]

पहिला अर्थ मे लोकोक्ति अलंकार है। कहनावति है लोक की लोकोकति है सोइ। जहां प्रश्न मे उत्तर तहां चित्रालंकार।

— ⋆ —

दियौ जु पिय लषि चषनु मैं। षेलत फागु षियाल। वाढतहूं अति पीर सु न। काढत वनत गुलाल [२८०] [117]

دیو جو پیہ لکہ چکہن مین کہیلت پہاک کہیال ٠ بادہت ہون ات پیر سو نہ کادہت بنت کلال [ظا٠ ٢٨٠]

अन० : उक्ति सषी की, नायका की, होरी वर्नन ध्वनि ते यह भासतु है कै नायक ओर कवहूं देष्यो नाहीं सो स्वकीया कहियै तौ रसाभास, परकीया होइ तौ रस पूर्ण होत है। विशेषोक्ति अलंकार।

नर० : पूर्वानुराग, सषी को वैन सषी सो, हे सषी, भरतार फागु के षयाल, षेल, तै नायिका के चषनु विषै लषिकै गुलाल दयो है सो अति पीर वढति है, पै वौ गुलाल काढत वनतु नाही है –

> **षेलत फाग षयाल सवै मिलि आपस मै सजनी सुष पावै। नाचत गावत और वजावत अंजन अंजनि ते सिर लावै। ऐसे मै पीय दयो ललना दृग हेरि सिहात की हिये कह भावै। वाढतहू अति पीर गुलाल न काढत वात इहै वनि आवै** [नर० २८०]

कृष्ण० : यह होरी षेल को समै नायिका के अनुराग की अधिकाई, सषी सषी सो कहै है –

> **हरि षेलत फागु वधूगन मै लै सषा सव केसरि रंग सने। इत चाइ भरी वृषभानसुता उमग्यो हरि के उत मोद मने। जव नैननु मै तकि डार्‌यो लला अपने कर सौ वहराइ घने। अति वाढति है जऊ पीर तऊ वह काढत पै न गुलाल वने** [कृष्ण० २८०]

हरि० : सषी सो सषी वचन, फागु को ष्याल षेलै है, अति को अन्वय लषि सों, प्रिय ने प्रिया को अति लषिकै, किंवा प्रिया ने प्रिय को अति लषिकै गुलाल दियो, गुलाल डार्‌यो, चषनि, नेत्रनि मे वाढतहूं पीर, पीडा वढै है, देषिवे को वाधक भयो यह पीडा, सु को अर्थ सो, सो गुलाल। प्रिय के हाथ को है किंवा प्रिया के हाथ को हाथ के स्पर्ष की प्रीति सों, काढत नहीं वनत है, किंवा अति पीडा वढै

---

117 दियौ जु – दियो जु - को०पा०वे०भा०मि०ह०; दीयौ जु - शि०; दीयो जु - मो०; दियो जो - गा०; दयो जु - स०मु०। पिय – अषि - को०पा०; पीय - शि०; लषि – पिय - को०पा०। चषनु – चषन - को०मो०स०मि०ह०; चषनि - शि०पा०; चषुनि - वा०; चषनि, संशोधन द्वारा 'नु' - गा०; चषिन - मु०। मैं – मै - को०वे०गा०भा०मि०नी०; में - शि०वा०ह०। षेलत – षेलन - शि०; ष्येलत - पा०; षेलतु - मो०वे०गा०; षलतु - नी०। फागु – फाग - को०वे०स०; फग - शि०वा०; फागुन - मु०। षियाल – षियालु - उ०मो०; षयाल - को०न०वे०गा०स०नी०; षिआल - पा०ह०; षेल - मु०। वाढतहूं – वाढतुहूं - उ०; वाढतहुं - को०वे०गा०; वाधतहू - मो०भा०मि०; वाढतहौ - वा०पा०। पीर – पिर - को०; पींर - पा०; पारि - मो०। सु न – सु नि, 'नि' के इकार पर हरताल - उ०; हि - को०; सु नि - शि०न०वे०गा०स०मि०मु०; शुनि - वा०; नै - मो०; सो - भा०। काढत – कढत - उ०को०शि०वा०पा०; काढन - स०। वनत – वनतु - उ०नी०; वनत न - को०; वनन - शि०मु०। गुलाल – दूसरा पद नीचे रिक्त स्थान में भिन्न क़लम से - को०; गुपाल - शि०; गुलाव - वा०गा०। [२८०]

है तौ भी गुलाल काढत नहीं वनत है, कर के स्पर्ष की प्रीति को अधिकाई, किंवा प्रिय ने नायिका को लषिकै फागु षियाल में गुलाल दियो, डार्‌यो, काहे के लिए चषन में, याके चष, नेत्र, वेनमैल चषांहि, तासों सोभा विशेष होय, लोचन लचावै। चित पी को ललचाव भरी देषन की चावे गारि गावै सुर ताल पै तीसरा आगिला दोहा भी प्रमान, औरि वही अर्थ। किंवा नायक कोई औरि जो है अति प्यारी तासों फाग षियाल षेलत है, जासों थोरो प्यार है, ताने यह लषिकै, देषिकै, नायक के चषनि मे गुलाल दियो, तव जो अति प्यारी थी सो या वात सो वाको अति पीडा वाढै है, ईर्ष्या सो किंवा नायक हमारी ओर देषै थो, ताको अंतराय भयो, किंवा नायक को दुष भयो है, तासौं पै या नायिका को नायक के नेत्र के गुलाल काढत नहीं वनत है, परकीया है याते, पीडा वाढिवो गुलाल काढिवे को कारन है, तो भी गुलाल काढिवो कार्ज नहीं भयो, विसेसोक्ति, विसेसोक्ति जो हेतु सो कारज उपजै नाहि।

— ★ —

वहकि वडाई आपनी। कत राचत मति भूल। विनु मधु मधुकर के हिये। गडै न गुडहर फूल [२८१] [118]

بہک بدائي اپني کت راچت مت بہول • بن مده مدہکر کے ہین کدئي نہ کودہر پہول
[ظا• ۲۸۱]

अन० : कवि की उक्ति, निर्गुन को सिक्षा, गुडहर निर्गंध फूल जसू को, दृष्टांत अलंकार।

नर० : अन्योक्ति, कवि विहारीदास कहत है, वह क्यौ थकौ मति भूलकै वडाई कियै क्यों राचतु है, सुनि ज्यों विनु अम्रित भवरा के हिया के विषै गुडहल को फूल गडै नहीं, त्यों –

आपनी आप वडाइ करै कत क्यौ वह कैरु करो मन मानै। राचति चित्त कहा मति भूलि किए ते भई है सषी न निदानै। केतो किए घर ल्याई हौं लालनु ऐसीन को अव को पहिचानै। जासू के फूल विना मधुमास गडै न द्विरेफ हियै जग जानै [नर० २८१]

कृष्ण० : इह कोऊ गुनहीन है, गर्व अधिक करति है, तहां कहियै तासे गुडहर के फूल को प्रसंग करि अन्योक्ति संभवै –

कहा भयो जो पै पायो सहज अरुनरंग उमगि ललित छवि रही तन छाइहै। वहकि वहकि चित आपनी वडाई मै तू काहे को रचतु गरुआई यौ न पाइहै। जाहि रस लैवेही को चसको लगो है सो क्यौ सुमन सुगंध तजि तोपै मडराइहै। गुडहर फूले इतराइ क्यौ तू फूलि फूलि विनु मकरंद भोरे भूलिहू न भाइहै [कृष्ण० २८१]

[118] वहकि – डहकि - को०; वहक - गा०स०; वहसि - मु०। वडाई – वडांई - मो०। आपनी – आपुनी - मो०न०वे०गा०। कत – कत, 'त' में इकार बाद में - उ०; कति - वे०गा०। राचत – राचतु - उ०नी०; रावत - को०शि०; राचति - मो०मि०; राचित - न०मु०; राचति - वे०। मति – मत - शि०मि०मु०; चित - मो०। भूल – भूलि - को०मो०मि०; मू - नी०। विनु – विनि - उ०; विन - शि०पा०वे०गा०स०भा०मु०ह०। के – कै - उ०शि०वा०मि०मु०; कैं - नी०। हिये – हियें - उ०; हीयै - शि०मु०; हियै - वा०न०वे०नी०; हियैं - मो०मि०; हिए - ह०। गडै – गडे - उ०स०मि०नी०; गडिं - को०; गडैं - मो०। गुडहर – गुरुहर - न०; गुढहर - गा०। फूल – फुल - को०वा०। [२८१]

हरि० : कोई कृपण पुरुष सो कहै है, आपनी वडाई झूठी करिकै सुनिकै वहकि कै तू क्यौं राजी होत है, यासों मति भूल जनि भूलै तू किंवा हे मति भूल, हे अज्ञान मधु फूल को रस सुगंध विना मधुकर भौरा के हिए, मन, तें गुडहर को फूल नहीं गडै, चित्त मै नहीं आवै, गुडहर जवा पुष्प, पूरव में ओडहुल कहत हैं, दान शक्ति विना तोहि जाचक नहीं चाहै, यह व्यंजना वृत्ति को अर्थ, वक्ता को द्रव्य वचन के प्रभाव ते आर्थी व्यंजना, जहां न अभिधा लच्छना तात्पर्या न समर्थ। सव्द अर्थ को व्यंजना रचै सु औरिय अर्थ॥ पदार्थ को अन्वय वुझावै सो तात्पर्य अन्योक्ति मै दूसरो अर्थ निकरै है, सो व्यंजना वृत्ति सो गूढोक्ति।

— ★ —

आडे दै आले वसन। जाडेहू की राति। साहसु ककै सनेह वस। सषी सवै ढिग जाति [२८२] [119]

ادي دي الي بسن جاديهو كي رات • ساہنس ككي سنيہ بس سبے سكهي دہيک جات [ظا• ۲۸۲]

अन० : सषी की उक्ति सषी सो, प्रोषित्पतिका नायिका, व्याधि दशा, जो नायक सो उक्ति होय तो नायिका को पूर्वानुराग, अत्युक्ति अलंकार।

नर० : व्याधि दसा, सषी को वैन नाइक सो, हो कान्हजू, सषी है, सो या जाडा की राति है, तामै आपने सरीर कै आडै, आले, वस्त्र दैकै सनेह के वस थकी राधिका के पास सवही साहस करिकै जाति है, ए राधिका कौ सरीर अगन सो तपत है –

> **ऐसी वियोग वलाय लगी तन जाकी तपत्ति दवागि नषी है। आडे दै दै अति आली उढो नत वेउ छिनेक सुषात लषी है। जाडे की रात इतै पर है तौ आंच वडी नहिं जात भषी है। साहस कै कै सनेह भये वस ता ढिग को सव जात सषी है** [नर० २८२]

कृष्ण० : इह विरहनिवेदन, प्रोषितपतिका नाइका कौ वचन नाइक सौ, सषी सषीहू सौ कहै –

> **लाल वनमाली विछुरे ते व्रजवाल भई निपट विहाल विथा उर सरसाति है। अतन सताई वाके तन की तताइ देषि व्रष के तरनिहू की किरनि सिराति है। करति उपाइ हाइ हाइ करि वार वार मीडि मीडि करन निपट अकुलाति है। आडे दै वसन आले जाडेहू की राति माझ साहस कै नेह नाते सषी ढिग जाति है** [कृष्ण० २८२] [120]

---

[119] आडे – आडै - शि०वा०; आडैं - मो०। दै – दे - शि०वा०गा०; दै स - वे०। आले – आली - उ०; आलै - शि०; आल - नी०। जाडेहू – जाडेहूं - उ०शि०वे०गा०; जाडेहु - को०। की – ति, 'की' ऊपर के रिक्त स्थान में - को०; के - वे०। साहसु – साहस - पा०मो०गा०भा०मु०; सांहसु - न०वे०; सहस - ह०। ककै – कै कै - को०शि०वा०पा०वे०गा०; ककैं - न०; कै जु - भा०; कै कैं - मि०। सनेह – नेह - उ०शि०वा०पा०वे०गा०। वस – वसि - मो०। सवै – सवैं - शि०मो०मु०। ढिग – ढिंग - नी०। जाति – जात - को०वे०मि०। प्रति खंडित - स०। [२८२]

[120] भा० प्रति में यह भिन्न उदाहरण है –

विरह तिहारे लाल भई है विहाल वाल ससिमनि आठौ जाम काम रहै दपटै। जो पै ज्यायौ चाहौ तौ विलोकौ चलि आपुही मै पास वैठे पाप लागै लेति आगि झपटै। तुषार सिवार घनसार फूल हार उपचारनि विचारि सव चहूंघा सरपटै। चंदन की कीच मै कच्यौं दियति उठै तन ताप की लपट ज्वालामुषी की सी लपटै [भा० २८२]

हरि० : सषी सौं सषी, आले वसन, पानी सौं भीज्यौ कपरा, ताको आडे दैके वाके विरह की आंच सही नहिं जाय तासौ, औ जाडेहू की पूस माघ की राति है, तौ भी, साहस ककै मन मे सूरता धरि धरि प्रीति के वस तें सषी सव ढिग नजीक जाति है, अत्युक्ति है, झूठ है याते।

— ⋆ —

मैं तपाइ त्रैताप सौं। राष्यौ हियौ हमाम। मति कवहूं आए इहां। पलक पसीजहि स्याम [२८३] [121]

مین تپاي ترى تاپ سون راكهو ہو ہمام • مت كبهو انوين انهان پلك پسيجين سيام [ظا• ٢٨٣]

नर० : व्याधि दसा वर्नन, सषी को वैन नायक सों, हो कान्ह, मैहू, मेरो हियो वा तिय कै ताप तै हमामु सौ करिकै राष्यो है, सो मैं कहति हौं कि मति, कदाचित पलकही मेरे इहां आए तौ हे स्याम पसीजहुगे –

> **हे मधुसूदन केसव ध्यान ककै इहि भांतिन नारिन गावै। ऐसे किये ते दयाल ह्वै जाय तो आपहि ते सव साधन पावै। राष्यो है तीनहु ताप तपाइकै यामे हमाम किये कछु भावै। नैक पसीजत गात कदाचित सांवरो मोहन आव तो आवै** [नर० २८३]

कृष्ण० : भक्त कौ वचन –

> **गावै गुन सेसु जाको ध्यावत महेस मुनि साधत समाधि वहुभाति चित लाइकै। ऐसी कोऊ विधि मोपै आवति न वनै जाते वस करै त्रिभुवनपति कौ रिझाइकै। एक वात उर धारि आपने हिये मै करि राष्यो है हमामु तिहू ताप सौ तचाइकै। वह करुनामय कहावतु है दीनवंधु मति कहूं पलक पसीजै इत आइकै** [कृष्ण० २८३]

हरि० : षंडिता मै व्यक्त नहीं लगै, नायक को सुनाय कै नायिका की उक्ति, तीन ताप, ताप आधिभौतिक जो भूत, प्रानी सो होय, सौति सो एक एक ताप भयो, दूसरो आधिभौतिक देवता सो होय, दूसरो ताप काम सो भयो, तीसरो आध्यात्मिक आत्मा विषै होय, इहां अनादर सों मन को दुष, मै यह तीन ताप सो हृदय सोहै हमाम, हमाम लोह को कराह गाड्यौ रहत है, कोठरी मै, वामे जल भरिकै गरम करत

---

121 **मैं – में - शि०; मै - वा०न०वे०भा०नी०। तपाइ – नपाय - वे०; तापाय - गा०; तपाय - मि०ह०; तपाई - नी०। त्रैताप – त्रयताप - शि०; त्रयता - वा०; तियताप - न०वे०गा०स०; त्रियताप - मु०; त्रैता, 'प' पार्श्व पर - नी०। सौं – सों - शि०; सौ - वा०भा०; तैं - न०स०; सै - वे०; तै - गा०। राष्यौ – राष्यो - शि०न०वे०; राषो - वा०। हियौ – हीयो - शि०; हियै - वा०; हियो - न०वे०स०भा०ह०; हीयौ - गा०मु०। हमाम – हमांमु - उ०; हमामु - न०गा०मि०; हमांमु - वे०; हमांम - स०; हिमामु - भा०; हंमांम - मु०। मति – मत - शि०स०मि०; 'त' में इकार बाद में - न०; मठि - वे०। कवहूं – कवहूंकु - उ०; कवहू - शि०भा०मि०; कवहु - वा०; आए – आइ - शि०; आ - वा०; आवै - भा०ह०; आये - नी०। इहां – इहा - भा०मि०; ईहां - नी०। तृतीय यति, 'मत आए मेरे इहां' - मु०। पलक – पुलकु - उ०वे०; पलकु - न०गा०नी०; पुलकि - ह०। पसीजहि – पसीजें - शि०; पसीजै - वा०भा०मु०ह०; पसीजहिं - वे०; पसीजे - मि०नी०। स्याम – स्यांमु - उ०न०वे०गा०मि०; शयाम - वा०; स्यांम - स०मु०; स्यामु - भा०। दोहा लुप्त - को०पा०मो०।** [२८३]

हैं, तहां लोग नहात हैं, ताको तपाय राष्यो है, मति आसंका विषै कवहूं इहां आवै सौति के वस परे हैं, आवनो दुर्लभ, पुलकै औ पसीजै, किंवा कवहूं उनै मति स्मरन आवै हमारी वह भी प्रिया है, दुषी है, तो पुलकै हमे देषि कै औ पसीजै को अर्थ राजी होनो भी है, कोई वैष्नव की उक्ति, हमारी भक्ति सो सानंद होय पुलकै, कछु मोहि विषय प्रसन्नता करो, हिय सो हमाम सो रूप।

—★—

सव अंग करि राषी सुघर। नायक नेह सिषाइ। रसजुत लेत अनंत गति। पुतरी पातुरराइ [२८४] [122]

سب بده کر راکہي سوکہد نايک نيہ سکہاي • رسن جوت ليت اننت کت پوتري پاتر راي [ظا• ٢٨٤]

अन० : वासकसज्जा नायका की दूती नायक प्रति उत्कंठिता कहत है, रूपक अलंकार।

नर० : चेष्टा, सषी कौ वैन सषी सौ, हे सषी, या राधिका के नेत्रां की पुतली पातुरराइ है, ताको नेह रूपी नाइक है, तिन याको रसजुत अनंत गति लेन कौ विचार सिषाइकै सव अंग के विषै सुघर करिकै राषी है –

नागर नेह नै राषी सिषाइ सवै अंग मै सुघराई विसेषी। कोट संगीत नचै गति भेद सो या विधि वानिक और न देषी। साथन वे रस लेत अनंत भली भरतार हियै अवरेषी। देषत हो अहो देषि तुम्है हरि पूतरी पातुरराय सु लेषी [नर० २८४]

कृष्ण० : इह नाइका की पुतरी की सोभा अरु नेह की अधिकाई सषी नाइक सो कहति है –

चारु प्रताप लकै झलकै मृदु पीतपटी पहरे सुथरी है। नाइक नेह सिषाइ सवै रसभेद सधाइ प्रवीन करी है। कृष्ण कहै अति चाइनि सौ गति लेत मनौ वहु भाइ भरी है। लेति रिझाइ मनौ अति चातुर पातुरराइ किधौ पुतरी है [कृष्ण० २८४]

हरि० : नायिका वासकसज्जा, ताकी चंचल दृष्टि देषि सषी नायक सों कहति है, वा नायिका की आंषि की जो पुतरी है, सो पातुरराय है, पतुरिअनि को सरदार है, सरदारपनौ निवाहत है, नाच के चारि अंग हैं, नाचिवो गाइवो वजाइवो भाव वताइवो, नेह रूपी नायक नचावनिहार ताने सव अंग करि कहिवो नटिवो रीझिवो षीझिवो यह जानिए, चारिहू अंग मै सिषायकै सुघरि करि राषी है, औरि पातुरी एक दोय अंग मै सुघरि, प्रवीन, होति है, रस सों जुक्त होयकै अनंत गति लेति है, औरि पातरी दस वीस गति लेति है, इहां रूपकालंकार है, उपमानरु उपमेय मे भेद परे न लषाय तासौं रूपक कहत हैं सकल सुकवि समुदाइ।

---

122 अंग – अंगु - मो०; अग - मि०। राषी – रांषी - उ०; राषि – को०; राषे - पा०। सुघर – सुघरि - मो०ह०। नायक – नाइक - शि०गा०नी०। सिषाइ – सिषाय - को०शि०मो०मि०ह०। रसजुत – रसजल - वे०। लेत – लेति - ह०। पुतरी – पातुरराइ – पातुरराय - को०ह०; पातरराय - मो०; पातरराइ - स०; पातुरताय - मि०। दोहा लुप्त - भा०। [२८४]

— ★ —

सुनत पथिकमुह माह निसि। चलत लुवै उहि गाम। विनु वूझै विनुही कहै। जियति विचारी वाम [२८५] [123]

سونت پتھک منہ ماہ نس لوین چلت اوہ کام ۰ بن پوچھین بنہین کہین جیت بچاری بام [ظا۰ ۲۸۵]

अन० : सषी की उक्ति प्रोषित्पतिका नायक स्मृति संचारी अनुभाव, विभावना अलंकार की संसृष्टि।

नर० : करुना विरह, सषी की पत्री सषी सौं, हे सषी, नायक ने काहू पंथी के मुह ते ऐसो सुन्यो कि माह मास की राति के विषै उहि गाम लुवे चलति हुती, सो नायक ना तौ वूझ्यो अरु ना उनि नाइक प्रतै कह्यो, पै जान्यो कि विचारी अस्त्री जियति तो है –

> **माह महा रजनी कै घनी उहि गाम लुवै चिहु जाम लुवै है। यों सुनि काहू वटाउ के आनन आपनी ओर ते नेह चुवै है। वाके सवै अति व्याकुल है जन एक घरी सुष मे न सुवै है। वूझे विना ओ कहे विनु नायक जान्यो विचारी जीवै है जु वै है** [नर० २८५]

कृष्ण० : इह नाइका प्रोषितपतिका, विदेस मै पथिक के मुष की वात सुनी नायक ने अट करते याकी दसा जानी, सषी कौ वचन सषी सौ –

> **सीत समैहू की राति लुवै चलै मै उहि देश हुतासन सानी। आपुस मै वतरात वटोही अचानक कान परी यह वानी। छांडि दए सव काज विदेसी की वुद्धि तही घर कौ अकुलानी। प्रानपियारी की आइ गई सुधि जीवति है जिय मै यह जानी** [कृष्ण० २८५]

हरि० : सषी सो सषी वचन, सुनत है नायक पथिक के मुह सों, माघ की निसा, राति, में वा गांव मे लूवै चलै हैं, जित मै उत्कट गरम गरम पौन चलै है ताको नाम लूए, पूरव मे लूचि कहत हैं, पथिक सो पूछे विना वाके कहे विना नायिका को जीवती विचारी, लूवे चलत है तासो जीवति है, यह निश्चय कियो, अनुमानालंकार।

— ★ —

[123] सुनत – सुनित - मो०; सुनतु - न०; शुनत - भा०; सुनति - मु०। पथिकमुह – पथिकमुहु - मो०; पथकमुह - न०; पठतौमुह - वे०; पथनुमुह - गा०; पथनमुह - स०। माह – मांह - मु०। निसि – निशि - को०शि०भा०; निस - ह०। चलत – चलति - शि०; लुवे - पा०; लुवै - न०वे०गा०स०भा०मि०मु०ह०; लुवें - नी०। लुवै – लुवें - वा०; चलत - पा०गा०भा०नी०; लुवैं - मो०; चलति - न०वे०स०मि०मु०ह०। उहि – चिहुं - शि०; विहिं - वा०; वहि - पा०ह०; यह - मु०; ऊहि - नी०। गाम – गांम - को०न०गा०मु०नी०ह०; घांम - शि०स०; गांव - मि०; ग्राम - पा०। विनु – विन - शि०स०भा०ह०। वूझै – वूझो - उ०; वुझै - को०वा०; वूझे - पा०; पूछै - भा०मि०; पूछें - नी०; वूझें - ह०। विनुही – विनुहीं - उ०मो०; विनुहि - को०; विनही - शि०गा०भा०; विनहीं - ह०। कहै – कहे - उ०पा०; शुने - भा०; सुनै - मि०नी०; कहें - ह०। जियति – जियतिय - वा०; जियत - पा०मो०न०गा०स०मि०मु०; जियन - वे०। विचारी – विचारि - को०। वाम – वांम - उ०को०न०वे०गा०स०मि०मु०; वीम - वा०। [२८५]

अनत वसे निसि की रिसनु। उर वरि रही विसेषि। तऊ लाज आई झुकत। षरे लजौहे देषि [२८६] [124]

انت بسے نس کي رسن ار ات بر[125] رہي بسيکہ • تاو لاج ائي جہوکت کہري لجوہين ديکہ [ظا • ٢٨٦]

अन० : उत्तमा षंडिता सषी की उक्ति सषी सो, विभावना अलंकार। ईर्षा रूप वाधक है, तऊ लाज रूप कारज होत है।

नर० : प्रौढा धीराधीरा, सषी को वैन सषी सो, नायक आन के राति वसे हुते, सो नायका उर के विषै विसेष वरि रही हुती, अरु षीजनि को भई, औ नाइका कौ लाज आई, सो क्योंकि नाइक को षरे से लजौहें से देषिकै –

> **आन तिया संग रैनि वसे रिस ते सव सुष समूह सुकै है। छार भई जरिकै उर भीतर अंगन छांडिकै रूप लुकै है। आए लजात षरे अरसात कितौ तुतरात औ वात चुकै है। ए ढंग लागि रहे नंदनंदन लाजतऊ नैना न झुकै है [नर० २८६]**

कृष्ण० : इह नाइका प्रौढा अधीरा षंडिता सषी को वचनु सषी सौ –

> **राति कहू अनतै वितई मनमोहन केलि कला सुष सोहै। ताते हिऐ अतिही रिस छाइ रही अनषाइ चढाइकै भोहै। भोरही आवत देषि जऊ कहिवेकौ भई झुकि वैन रुषोहै। आई तऊ अति लाज हिए निरषे जव लाल षरेई लजोहै [कृष्ण० २८६]** [126]

हरि० : उत्तमा षंडिता सषी सों सषी वचन, अनत, औरि ठौर वसे रहे, निसि की रिसनि, राति के क्रोध सों उर मै आगि विसेष करिकै वरि रही, सारी राति रहे याते विसेष, तौ भी लाजौ झुकिकै आई, अवलों कोप सों दवी थी, अति लजौहें देषिकै, किंवा लजौहों, षरे, षडे, देषिकै षरे लजौहें हेतु, लाज आवनो कार्ज, हेतु अलंकार।

---

124 अनत – आनत - वे०। वसे – वस्ये - को०। निसि – निस - शि०वा०मो०मि०मु०ह०; निसु - न०; निशि - भा०। रिसनु – रिसनि - को०शि०वा०पा०मो०ह०; रसुनि - वे०; रसनु - भा०; रसनि - मि०; रेसुन, 'न' में उकार बाद में - मु०। उर – उरि - वा०; ऊरु, 'ऊ' की दीर्घ मात्रा पर काटने का संकेत - न०; उरु - वे०गा०। वरि – वर - शि०मु०; वरवि - स०। रही – रहीं - मो०। विसेषि – वसेषि, 'व' में इकार बाद में भिन्न क़लम से - उ०; शेष, पूर्व में केवल इकार की मात्रा - शि०; विशेष - वा०न०; विसेष - गा०स०मु०; वसेष - मि०। तऊ – तौ - मो०मि०। लाज – लाजाज - गा०; लाल - नी०। आई – (लुप्त) - शि०; आइ - वा०; आयी - पा०; आईं - मो०; आए - भा०। झुकत – झुकति - को०ह०; झुकतर रहें - शि०; झुवति - मो०; झुकतु - न०वे०; जुकतु - गा०; झूकति - भा०; सकति - मि०; झकत - मु०; झकति - नी०। षरे – षेरे - शि०। लजौहे – लजोहि - को०; लजोहे - शि०मो०वे०स०; लज्यौहै - वा०; लजोहै - पा०; लजौंहे - न०; लजोंहै - गा०; लजोंहें - मु०; लजौहें - ह०। देषि – देष - वे०स०मि०। [२८६]

125 بر - بہر - ظا •

126 भा० प्रति में उपरोक्त उदाहरण की अपेक्षा निम्नलिखित छंद मिलता है –

अनतै जु वसे तिनको अनवोलनु मेरी गुसाइनिही जु नए। वह कैसेहू तौ ठहराइ सकै उर मैन उपाइ अनेक ठए। रससै तिय साध लषै पिय दीस गहै नहि और कुठौर गए। निशि होत जुदे जु मुदे मुष कौल षुले रवि आगम आव भए [भा० २८६]

—★—

सुरंग महावर सौति पग। निरषि रही अनषाइ। पिय अंगुरिनु लाली लषै। षरी उठी लगि लाइ [२८७] [127]

سورنک مہاور سوت پک نرکہ رہي انکہلاي • پیہ انکورن لالي لکہین کہري اوتہي اک لاي [ظا• ۲۸۷]

अन० : सषी की उक्ति सषी सो, नायका अधीरा षंडिता, लाइ पद लाछनिक है, समुच्चय अलंकार।

नर० : अन्यसंभोगदुःषिता, सषी कौ वैन सषी सो, हे सषी, राधिका सौति के पग सुरंग महावर निरषिकै गांस पकड रही हुती, पै भी भरतार के आंगुरी कै लाली जानिकै सरीर कौ षरी लाय सी उठि लागी है –

> **सोति के पाइ सुरंग महावर देषि षरी अनषाइ षगी है। और सुनौ पिय आंगुरी लाल लषे अपने उर चास जगी है। कासो कहै अरु काह करै छिन भामिनि की मति भूलि भगी है। यों विझुकी सी थकी सी जकी रिरिआइ अचानक लाइ लगी है** [नर० २८७]

कृष्ण० : इह नाइका अन्यसंभोगदुःषिता सषी कौ वचन सषी सौ –

> **पेषि सुरंगु महावरु सौति के पाइन वाल रही अनषानी। याहि विलोकि विकाइ गो मोहन वात यहै अपने उर आनी। एते मे प्रीतम की अगुरीनु ललाइ विलोकि षरी विलषानी। पावकज्वाल लगी उर मै मुरझाति महारिस मै अकुलानी** [कृष्ण० २८७]

हरि० : सषी सों सषी वचन, सुंदर है रंग जाको ऐसो जो महावर है सो सौति के पांव में निरषिकै अनषाय अनषाय क्रोध करि रही, किंवा सुरंग लाल जो है सौति को पांव तामे महावर निरषि, फेरि पिय कौ अंगुरिन मै लाली देषी, जान्यो नायक ने लगायो है, याते षरी अति लाय, आगि, लागि उठी, सुरंग महावर हेतु, अनषाइवो कार्ज, पिय अंगुरी में लाली हेतु, लाय उठिवो हेतुमान, हेतु अलंकार, हेतु अलंकृत होय जव कारज कारज संग।

—★—

[127] सुरंग – सुरंगु - मो०। महावर – महाउरु - उ०; महाउर - पा०; महावरि - न०मि०; महावरु - नी०। सौति – (हाशिए पर) - पा०; सोति - मो०वे०गा०; सौत - न०स०। पग – पगु - मो०। निरषि – निरष - वे०स०। अनषाइ – अनषाय - को०मि०ह०; अनषाईं - मो०; अनषाई - नी०। पिय – पीय - शि०। अंगुरिनु – अंगुरिन - को०वा०पा०; अंगुरनी - शि०; अगुरी - मो०; अंगुरनु - वे०; अंगुरन - स०; अगुरिनु - भा०; अगुरीन - मि०; अगुरिनि - मु०। लषै – लषें - उ०को०मो०ह०; लष - वा०; लषे - पा०न०वे०स०भा०। षरी – उठी - भा०मि०नी०। उठी – उठि - शि०; षरी - भा०मि०नी०। लगि – लग - को०स०; लागि - ह०। लाइ – ला, ‘इ’ भिन्न क़लम से - को०; लाईं - मो०; लाय - मि०ह०। [२८७]

मानहु मुह दिषरावनी। दुलहिनि करि अनुराग। सासु सदनु मनु ललनहूं। सौतिनु दियौ सुहाग [२८८] [128]

مانو مکہ دکہراوني دولہن کر آنراک • ساس سدن من للنہون سوتن داو سوہاک [ظا•
[۲۸۸

अन० : सषी की उक्ति सषी सो, नवोढा नायका को रूप गुण चातुर्य व्यंगि उत्प्रेक्षा पर्यायोक्ति अलंकार की संसृष्टि।

नर० : स्वाधीनपतिका, सषी कौ वैन सषी सो, हे सषी, तू मानु लेहु कि दुलहिनु सों अनुराग करिकै मुहदिषरावनी कौ सासु तौ घर सौंप्यौ, अरु ललनजू मन सौंप्यो, अरु सोतौ सुहागु दियो है –

> **यों मुह को दिषरावनी ल्याय सवै दुलही अनुराग कियो है। हार दयो सुसरा सुभ भांतिन जेठ जिठानी हुलास हियो है। नंदलला अपने कर तै कर देवर नेह लगाय लियो है। सासु दयो घर लालनहू मन सोतनहू नै सुहाग दियो है** [नर० २८८]

कृष्ण० : यह नायिका नवोढा, याको जोवन देषि नायक याही के वस भयो है, औ सौतिनहू को सुहाग इन लीनो, सो सषी सषी सो कहति है –

> **गौने आई दुलहिनि लोने तनवारी मानौ जगर मगर होत भवन को भागु है। विधि नै सुधारी गुनचातुरी की सीम जाके रूप आगे रति को रतीकहू न लागु है। मेरे जानि मुहु दिषरावनी को नेगु जानि आपुही ते सौपि दीनो कीनो अनुरागु है। सासु नै भवन दीनो प्यारे लाल मन दीनो प्रीति अरु पनु दीनौ सौतिन सुहागु है** [कृष्ण० २८८]

हरि० : सषी सों सषी कहति है, दुलहिनि मै अनुराग, चाह, करिकै मुहदिषरावनी मै सासु सदन, घर, हवाले कियो, ललन मन दियो, सोतिनु ने सुहाग दियो है, मानौ को अर्थ जानौ तुम सौंदर्य व्यंग्य, ऐसी सुंदरी नायिका है नायक आसक्त होयकै घर को कार्ज याही को देइगो, दियौ को अर्थ लच्छना करिकै गयो जानिए, सासु सो सदन गयो, मन ललन सो गयो, सोहाग सौतिन सो गयो, किंवा मानौ सों उत्प्रेक्षा जानिए, औरि तर्ह को औरि तर्ह की संभावना कीजिए, मानो नायिका ने मुषदिषरावनी मे सासु को सदन दियो है, मन ललन को दियो है, सौतिन दियो सोहाग, सौति को सोहागन दियो, उत्प्रेक्षा पर्यायोक्ति प्रकार द्वै कछु रचना सो वात।

---

128 मानहु – मांनहूं - उ०; मानहौ - वा०; मांनहु - न०वे०गा०स०; मानौ - भा०; मांनहुं - मु०; मानहुं - ह०। मुह – मुहुं - उ०; मुष - पा०मो०भा०; मुहु - गा०; मुंह - मु०। दिषरावनी – दिषरांवनी - उ०; देषरावनी - भा०; दिषलावनी - मु०। दुलहिनि – दुलहनि - उ०शि०वा०मो०मि०मु०; दुलहिहि - को०; दुलहिनु - न०गा०नी०; दुलहन - वे०; दुलहिन - स०। करि – के - शि०; कै - वा०; क, 'रि' पार्श्व पर - पा०। अनुराग – ऽनुराग्ग - शि०; अनुरागु - न०भा०नी०। सासु – सास - शि०मि०; सासू - न०गा०स०। सदनु – सदन - को०शि०वा०पा०मो०वे०गा०स०मि०मुर्न०ह०। मनु – मन - को०शि०वा०पा०मो०वे०स०भा०मि०मुर्न०ह०। ललनहूं – ललनहौ - वा०; ललनहू - पा०मो०मि०। सौतिनु – सोतिन - को०मो०वे०गा०; सौतिन - शि०पा०भा०मि०मु०; सोतनु - न०; सौतन - स०; सोतिनि - ह०। दियौ – दियो - को०पा०न०नी०; दयौ - वा०; दयो - मो०वे०भा०; दीयौ - गा०; दीयो - स०मु०। सुहाग – सिगार - को०; सुहागु - न०भा०। [२८८]

— ⋆ —

कत सकुचत निधरक फिरौ। रतियौ षोरि तुम्है न। कहा करौ जो जाइ ए। लगें लगौंहे नैन [२८९] [129]

کت سکوچت ندہرک پہرو رتیو[130] کہور تومین ۰ کہا کرو جو جانہ اي لکي لکوہین نین [ظا۰ ۲۸۹]

नर० : धीरा नाइका कौ वैन नाइक सो, हो कान्ह, किन वास्तै संकुचते हौ, निधरकही फिरौ जो आन स्त्री सो चित रतियो है, ताकी तुम्हारी षोड नहीं, यासौ तुम कहा करौ, जो लगोहै नेत्र है सो जायकै लगो है –

> **पीतम वात सु तौ कुमको कहुं काहे को जीय सकोच धरौ हौ। आपते आप फिरो निहसंक सो मेरो वियोग दवागि हरौ हौ। या विधि सो मडरात सषा संग षोरि कितो मतै दूर टरौ हौ। जाइये नैन लगो न लगै तव धीरज छांडि पयान करौ हौ** [नर० २८९]

कृष्ण० : इह नाइका प्रौढा अधीरा षंडिता कौ वचनु नाइक सौ –

> **कृष्न प्रानप्यारे आजु प्रीति कै पधारे हौ तौ तन मन वारौ करौ हुलसि वधाइयै। नेक निरषत लगे जाहि जौ लगौहे नैन ताकौ तुम कहा करौ ग्रीव न नवाइयै। कैसै राषौ जात मोरि मन वांध्यौ प्रेम डोरि तुम तन मोरि कहूं रंचक न पाइयै। काहे को सकुच कीजै रुचै तितै सुष दीजै अलि ह्वै निसंक रसु लीजै जहां पाइयै** [कृष्ण० २८९]

हरि० : नायक सो नायिका वाक्य, क्यौं संकोच करत हौ, निधरक निसंकोच फिरौ, रतिऔ रती भर भी तुमको षोरि विछेप नहीं, थोरी भी तुम में उन्मत्तता नहीं, तुम कहा करौ तुमारो वस नहीं, तुम्हारे लगौहे नैन लागिवे को हैं स्वभाव जाको जो औरि सों जाय लगैं आसक्त होंहि, निधरक फिरिवे की विधि तौ व्यक्त है, मत कहूं ताहु यह निषेध छप्यौ है तुम लगोहे नैननि को रोको तुम कहूं मति जाहु, आछेपालंकार, दुरै निषेध जो विधि वचन लच्छ तीजौ लेषि।

— ⋆ —

---

129 कत – करत - वे०स०; कतु - गा०। सकुचत – संकुचतु - न०; सुकुच - वे०स०; संकुच - गा०; सकुचित - मु०। निधरक – नधरक - मु०। फिरौ – फिर्यो - को०। रतियौ – रतियो - उ०को०न०; रतियों - वे०; रतियौं - स०मि०; रतियै - भा०; रितयौ - मु०; रतिऔ - ह०। षोरि – षोर - शि०वा०न०वे०स०; षौर - गा०; षा?रि - नी०। तुम्है न – तुमै न - उ०गा०; तिमैं न - शि०; तिमै न - वा०; तुमैं न - न०ह०; तमें न - वे०स०; तमैं न - मु०। करौ – करो - शि०; कहो - वे०; करू - मि०; करौं - नी०। जो – जौ - उ०मु०नी०; जौं - ह०। जाइ ए – जाहि ए - को०मि०; जाईइं - शि०; जाइ यै - वा०; जाय ए - न०वे०गा०स०ह०; जाहि ये - भा०नी०; जाई यै - मु०। लगें – गेल्यै - को०; लगे - वा०भा०मि०मु०; लगै - न०वे०गा०स०; लग? - नी०; लगैं - ह०। लगौंहे – लग्योहे - को०; लगोहै - शि०; लगोंहै - वा०; लगोहे - न०वे०; लगौहै - गा०मि०; लगौहे - स०भा०; अगोहै - मु०; लगौंहै - ह०। नैन – नैंन - को०न०स०ह०; नेंन - मु०। दोहा लुप्त - पा०मो०। [२८९]

130 رتیو - اتیو - ظا۰

आपु दियौ मनु फेरि लै। पलटे दीनी पीठि। कौन चाल यह रावरी। लाल लुकावत दीठि [२९०] [131]

اپ دیو من پھیر لي پلٹن دینہین پیتہ • کون چال اہ راوري لال لوکاوت دیتہ [ظا•
[۲۹•

नर० : धीराधीरा नाइका कौ वैन नाइक सो, हो कान्ह, जो आप मेरे तांई मनु दियो है, फेरि लीजै, पै हे लाल, ए रावरी कैसी चाल है कि पलटि कै पीठि दैके दीठ कौ लुकावतु हौ –

> **आप दियो मन फेरिलै कान्हर या विधि के तुम साह नये हौ। ता पलटै पुनि पीठि दई इह रीति नई कत पाय गये हौ। रावरी चाल भई यह कौन रहै अव मौन षिसाने भये हौ। काहे को लाल लुकावत दीठ अनीठ ह्वै और के मोहमये हौ** [नर० २९०]

कृष्ण० : इह नाइका प्रौढा, उराहनौ देति है, नाइका वचन नाइक सौ –

> **नंदलाल भले उरझाइ हियो अव देषिवे को तरसावत हौ। अवतौ मनको यह जानि परी इहि लाज इतै नहि आवत हौ। तुम मोहि दयो अपनो मन आपुही फेरि लै क्यौ सिरु नावत हौ। यह चाल है कौन तिहारी लला अव काहे कौ दीठ लुकावत हौ** [कृष्ण० २९०]

हरि० : नायिका की उक्ति नायक सों, आप, तुम, मन हमको दियो थो, सो फेरि लेयकै ताको पलटा वदला पीठि दीनी, हमारी ओर नहीं देषत हौ, हे लाल यह तुम्हारी कौन चाल, तरह, है, दृष्टि को छपावत हौ, विनिमयालंकार, जहां दैकै कम लीजिए वहु सो विनिमय जान।

— ⋆ —

गोपिन संग निसि सरद की। रमत रसिक रस रास। लहाछेह अति गतिनु की। सवन लषे सव पास [२९१] [132]

---

131 आपु – आप - को०शि०वे०; आष - वा०। दियौ – दियो - को०वे०ह०; दीवौ - शि०; दयो - भा०; दयौ - मु०नी०। मनु – मन - को०शि०वा०वे०गा०मि०ह०। फेरि – फेर - न०वे०मि०मु०। लै – ले - वा०; लौ - भा०। पलटे – पटलै, ऊपर संशोधन का प्रयास - को०; मलटे - वा०; पलटै - न०वे०गा०मु०; पलटैं - मि०नी०; पलतें - ह०। दीनी – ददिनी - वा०। पीठि – पीठ - शि०वे०ह०। कौन – कोंन - शि०; कौंन - न०मि०मु०; कोन - वे०। चाल – चालि - को०न०गा०भा०। यह – इह, 'इ' पर स्याही फेरकर ऊपर 'य' - उ०; इहि - शि०; इह - वा०मि०। लाल – लालु - न०। लुकावत – लुकावति - उ०वा०मु०; सुकावत - को०; लुकावतु - न०; लुकाई - मि०। दीठि – डीठि - उ०नी०; दीठ - शि०वे०। दोहा लुप्त - पा०मो०स०। [२९०]

132 गोपिन – गोपन के - शि०पा०; गोपिनु - न०गा०नी०। संग – सग - भा०। निसि – निशि - पा०भा०; निस - वे०मि०ह०। सरद की – सरदु की - न०गा०; शरद की - वे०स०भा०। रमत – रमति - उ०; रमित - मो०मि०; रमतु - न०; रमनु - गा०। रसिक – रसिकु - उ०; रसकु - न०; रसक - वे०स०मि०; रसकि - गा०। रास – रासि - वा०। लहाछेह – लहीछेह - को०मो०न०वे०गा०स०; लेहुछेहु - शि०वा०; लोहछेह, 'लो' पर मात्राओं का संशोधन - भा०; लैछेह - मु०। अति – गति - को०; ऽति - शि०। गतिनु की – गतिनुं की - उ०; अतिन ही - को०; गतिन के - पा०; गतिन की - मो०स०; गतन की - वे०मि०; गननु की - भा०; गतिनि की - मु०ह०। सवन – सवनु - उ०वा०न०; सवनि - पा०मो०ह०। लषे – लषै - शि०न०वे०गा०स०मि०मु०; लषैं - मो०। [२९१]

کوپن سنک نس سرد کي رمت رسک رس راس ۰ لہاچہیہ ات کتن کي سبن لکہي سب پاس [ظا۰ ۲۹۱]

अन० : उक्ति सषी की सषी सो, आश्चर्य संचारी करि नायक दक्षिन, संयोग श्रृंगार चपलता संचारी, रास वर्णन, विशेषालंकार।

नर० : दक्ष नायक, सषी को वैन सषी सो, हे सषी, सरद की राति के विषै गोपिनु के साथ रसिकलाल रस करिकै रास रमतु है, सो छेह सौं, ऐसी अति गति लीनी जो सव देषै तो सवही के पास है –

> **आछी सरद्द सुहामनी जामनी गोपिन के संग रास रसोहो। भांति अनेक कुतूहल कै उनही को हसाइकै आप हसोहो। छेह लही गति की अति एकन अंकु लगाइकै दूरि न सोहो। आइ अचानक अंक भरो अहो देषतही सव पास वसोहो** [नर० २९१]

कृष्ण० : इह नाइक दक्षिन है, सो रासमंडल मै अपनी चतुराई करिकै सवको प्रसन्न राष्यो, एक के आधीन काहू नै न जानो, सषी को वचन सषी सौ –

> **जमुना की पुलिन सुहाई छवि छाई तैसी सरद की रैनि जोन्ह विशद विलास है। गोपिकान संग रसरंग की उमंगन मै मोहन रसिक जूर मत रस रास है। अवला अनेकन मै कीनी नदलाल कछ्रु अद्भुत चतुरता की कला यों प्रकास है। सवही की वाह गहि सवही के संग नाच्यो सवनि विलोक्यो कान्ह सवही के पास है** [कृष्ण० २९१]

हरि० : सषी सों सषी वचन, गोपिन के संग में निसा, राति, सरद रितु की है, रमत को अर्थ क्रीडा करत है, रास चंचल गति सो लहाछेह , तासों सव नायिकानि ने सव नायिकानि के पास लषे, देषे, चातुर्ज प्रगट भयो ईश्वर ता छपाई तासों रस अपुष्ट भयो, आश्चर्य संचारी दछिन नायक विसेषालंकार, एक वस्तु को कीजिए वरनन ठौर अनेक।

— ⋆ —

स्यांम सुरति करि राधिका। तकति तरनिजा तीर। अंसुवनु करति तरोस कौ। षिनकु षरौ हौ नीर [२९२] [133]

[133] स्यांम – श्याम - पा०भा०। सुरति – राधिका – राधका - वे०। तकति – तकत - उ०वे०; तरनि - पा०; तकित - मो०। तरनिजा – तरनजा - शि०; तनूजा - पा०; तरुनजा - मो०न०वे०गा०स०; तरनिजा - मि०मु०। तीर – तीरु - उ०मि०नी०; नीर - को०। अंसुवनु – असुआंनी, 'नी' कटा हुआ है - को०; अंसुवनि - शि०मु०; अंश्रुवनि - वा०; असुवनि - पा०; असुवन - मो०वे०; असुवतु - न०; अशुवन - गा०; अश्रुवन - स०; अशुवनि - भा०; अवसनि - मि०; अंसुवा - नी०; अंसुअनि - ह०। करति – करिति - को०; करत - वा०भा०; कैति - मो०न०वे०स०मु०; केति - गा०; निकस - नी०। तरोस – तरोंस - उ०; तरौंस - वा०; नरोस - मि०; तिरौस - नी०। कौ – को - को०पा०भा०; कौं - शि०; कैं - मो०; कों - वे०गा०स०; के - ह०। षिनकु – षिलक - को०; षिनक मै - शि०वा०; छिनुकु - पा०; षिनुकु - मो०; षिनष - वे०; षिरक - गा०; षिनक - स०ह०; षिनुक - मि०; षिनकि - मु०। षरौ – षरो - को०शि०पा०मो०वे०स०भा०; षारौ - वा०; षर, 'र' पर औ तथा ई की मात्राएँ - न०; षरौं - मि०ह०। हौ – ही - को०; हो - पा०भा०; हों - मो०ह०; है - न०; हे - वे०स०। नीर – नीरु - उ०मि०नी०; नैन - वे०। [२९२]

سیام سرت کر رادہکا تکت ترونجا تیر • اسون کرت تروس کو کہنک کہرو سون نیر [ظا• ٢٩٢]

अन० : सषी की उक्ति सषी सो, प्रोषित्पतिका नाइका कै स्मृति, विषाद संचारी, उत्प्रेक्षा अलंकार।

नर० : उन्माद दशा, सषी को वैन सषी सो, हे सषी, हे राधिका, स्याम की सुरति करिकै तरुनजा, जमुना, तिनके तीर उभी तकति है, सो आंषिन तै आंसू गिरत है, तिन करिकै उनिरोस कौ नीर षिनक मै षूह निवायो करति है, दडी साथ जनुना मै कूदे तिनकौ समयौ –

> **स्याम संभार कै राधिका कामिनी ज्यों ज्यों अनेक उसास भरे है। ताकति है जमुनातट को पुनि आंषनि तै अंसुवानि करे है। वा जल तैति तरोस को नीर षिनेक मै देष षराई धरे है। ऐसी छवीली की देहदसा लषि आपनो माइ हियो हहरे है** [नर० २९२]

कृष्ण० : इह नाइका प्रोषित्पतिका, दस अवस्थाभेद के भेद मै स्मृति, सषी वचन सषी सौ –

> **श्रीमनभावन के विछुरे व्रषभानुसुता अतिही अकुलानी। भोजन भौन सषी न सुहाइ रटै निसुवासर कान्हर वानी। सूरसुताहि निहारि रही उनहारि कछू हरि की पहिचानी। आंसुन के परवाह कढ्यो षिन एक षरो हो तरोस को पानी** [कृष्ण० २९२]

हरि० : सषी सों सषी वचन, किंवा उद्धवजी को वचन श्रीकृष्ण सों, तहां हे स्याम, तुमारी सुरति स्मरन करिकै राधिकाजी तकति है तरनिजा, तरनि सूर्ज, ताकी कन्या, जमुनाजी ताके तीर को, मन मे विहार इयादि आवत है, याते आंसू सों करति है, तरौस, तट, ताको षनक, षन एक मै षरौहो, षारो सो नीर, आंसू षारो, ताके दोष सों जल को षारो दोष भयो, उल्लास अलंकार, गुन औगुन जव एक तै औरै धरि उल्लास। किंवा स्याम राधिकाजी की सुरति करि, किंवा स्याम और राधिकाजी को स्मरन करि सषी।

— ⋆ —

गोपिन के असुवन भरी। सदा असोस अपार। डगर डगर नै ह्वै रही। वगर वगर कै वार [२९३] [134]

کوپن کي اسون بہري سدا اسو س اپار • دکر دکر ني ہوئي رہي بکر بکر کي بار [ظا• ٢٩٣

[134] गोपिन – गोपिनु - उ०वा०नी०; गोपीन - को०; गोपिनि - मो०ह०; गोपन - न०वे०गा०स०। के – कैं - उ०; कै - वा०न०मु०। असुवन – अंसुवनु - उ०; असुआं - को०; असुवनि - शि०मो०; ऽअश्रुवन - वा०; असुवनु - न०; असवन - वे०स०; अश्रुअन - भा०; अंसुवनि - मु०; अंसुवानि - नी०; अंसुअनि - ह०। भरी – भरें - उ०; भरे - शि०वा०; भरि - नी०। सदा – नदी - भा०। असोस – असौस - वा०; असीस - मो०; असोय - गा०; असोर - भा०। अपार – अपारि - को०; आपर - भा०। नै – ने - को०; नई - वा०; में - मो०। वार – वारि - स०। दोहा लुप्त - पा०। [२९३]

अन० : सषी को वचन सषी सो, दंपति कै विरह दसा कौ व्याधि वर्नन, वृत्यानुप्रास अलंकार।

नर० : करुना रस, मथुरा कौ समौ है, ऊधो को वैन नायक सो, हो कान्हजू, वारनै वारनै पावडै पावडै गोपिनु के आंसू के वार करिकै नदी सी भर रही है, सो सदा असोस है, अरु अपार है, ऐसी है –

गोपिन के असुवान भरीउ अपार असेष उसास वही है। वा विध वाको वनाव सुनो कछु आनन सो नहि जात कही है। पैडन पैडन पै व्रज वीच नदी उमडी उमडीउ रही है। आय मिलै वगरै वगरैन कै वारन ते वहु भांति लही है [नर० २९३]

कृष्ण० : इह वृज कौ विरह निवेदन, ऊधौ को वचन कृष्ण सो, व सषी को वचन सषी सौ –

श्रीजदुनाथ तिहारे वियोग कही न परै व्रज की जु दसा है। गोपिन के दृग यों वरसै सरसै असुवा नित नीर प्रवाहै। गैल गली सव पूरिकै भूरि नदी वढी होति अपार अथाहै। देषत धीरज कौन धरै हरि वांह गहै विनु कौ अवगाहै [कृष्ण० २९३] [135]

हरि० : उद्धवजी को वचन श्रीकृष्णजी सो, गोपिन के अंसुवनि सो भरी है सदा असोस कवही सूषै नहीं, फेरि अपार है, डगर डगर राह राह मे, नैन नदी होय रही है, वगर वगर जेतने वास मोहल्ला ताके वार में द्वार मै, अत्युक्ति अलंकार, अत्युक्ति जु अद्भुत झूठ कै वरनत तह पहिचान।

— ⋆ —

दुचितै चित हलति न चलति। हसति न झुकति विचारि। लषति चित्र पिय लषि चितै। रही चित्र लौं नारि [२९४] [136]

دوچتي چت ہلت نہ چلت ہست نہ جھوکت بچار • لکہت چتر پو لکہ چتي رہي چتر لون نار [ظا• ٢٩٤]

---

135 भा०मि० प्रतियों में प्रह्लाद (सं० १७६१?) कविछाप का निम्नलिखित उदाहरण है –

जोग दैन गयो हौ वियोग वारि वारिधि मै वूडत वचौहौ नाथ नारीनैन यों वहौ। गंगहू सहसधार अधिक सुधार जानि वरषा न होहि तौ रहौगे गिरिहू गहै। एतो जल उनैहै न वारिधि समैहै कछु मुनि सो पियो न जैहै कान षोलिकै कहै। कवि पहिलाद जौ मिलाप पारि वाधिहौ न झुकि वटाके पात रावरे भले रहै [भा० २९३]

136 दुचितै – दुचिंतें - उ०; दुचितिं - को०; दुचिते - शि०पा०भा०; दुचितें - मो०; दुचितैं - स०। चित – चितै - नी०। हलति न – चलति न - पा०ह०; हलत न - मो०वे०गा०स०। चलति – हति, 'ह' के ऊपर केवल काकपद - पा०; चलत - मो०न०वे०गा०स०भा०; हलति - ह०। हसति न – हसत न - मो०न०वे०गा०; हसतं न - स०; हंसति न - ह०। झुकति – फूकति - उ०; झुकत - वे०स०; झुकत, 'त' में इकार बाद में - गा०। विचारि – विचार - को०शि०न०वे०गा०स०मु०। लषति – लिषित - को०शि०न०; लषित - वा०पा०; लिषत - मो०वे०स०ह०; लिषत, 'ष' तथा 'त' में इकार बाद में - गा०; लिषति - मु०; लषत - नी०। चित्र – चित्रु - उ०। पिय – पिउ - उ०न०वे०गा०स०नी०; पीय - शि०मो०मु०; पियै - वा०। लषि – लिष - शि०मु०। चितै – चितें - को०; चितैं - मो०स०ह०। लौं – लों - को०शि०वे०गा०स०; लो - वा०; (अपठ) - पा०; लौ - भा०मि०; सी - ह०। नारि – नार - मु०। [२९४]

अन० : उक्ति सषी की सषी सो, एक पक्षे लाज ईर्ष्या संचारी, स्तंभ अनुभाव ते मध्या षंडिता व्यंगि, द्वितीय पक्षे चित्र दर्शन ते स्तंभ सात्विक त्रपा अनुभाव ते चित्रिनी नायिका अनुराग व्यंगि, उत्प्रेक्षा अलंकार।

नर० : चित्र दर्शन, सषी को वैन सषी सो, हे सषी, राधिका आजु भरतार कै लिषति कौ जो चित्रां मै देषिकै चित्त करिकै दुचिती है, और हलै चलै नाही है, और हसति नाही है, और झुकवै को सो विचार है, और चित्रां मै की सी परै नारि ह्वै रही है –

> **ऐसी दुचित्त चितै अति व्याकुल कान्हर कै अति नेहन ही है। क्योंहू हसै न झुकै पलही पल नैन निहार विचार रही है। लै लै लषै पिय मूरति चित्र जू देह अनंग दसान दही है। छांडि दए सुष दुःषु सवै चित्र की पूतरी भई वाल रही है** [नर० २९४]

कृष्ण० : इह नाइका नाइक कौ चित्र देषत देषि चकित ह्वै रही है –

> **ठाढी ठगी सी हलै न चलै जिय सोचु गहै वहु भाति विचारति। मेरोई है किधौ आन वधू कौ यहै निरधार हियै निरधारति। यौ चित मै दुचिताई गहै न सहै न झुकै सु निमेष न टारति। चित्र विलोकत प्यो अवलोकि रही तिय चित्रलिषी सी निहारति** [कृष्ण० २९४]

हरि० : सषी सो सषी वचन, नायक चित्र लिषिवे को आरंभ कियो, मन में संदेह है, चित्त दुचिता है संदेह सहित है, हमारो चित्र लिषै है, किधौ हमारी सपत्नी कौ चित्र लिषै है, याते चलै हिलै है नाहीं, हंसै भी नहीं, जो हमारो चित्र लिषैगे तो हसैगी, औ झुकति है नहीं, झुकिकै देषै है नहीं, विचारि रही है, पिय को चित्र लिषत लषिकै जानिकै औ चितैकै, झुकति पद अर्थ को पुष्ट नहीं करै है, चित्र सी नारि रही, स्तंभ सात्विक वितर्क संचारी, चित्र सौ रहै तैसे रही, अनुक्तास्पदवस्तूत्प्रेक्षा।

— ⋆ —

कन देवौ सौंप्यौ ससुर। वहू थुरहथी जानि। रूप रहचटे लगि लग्यौ। मांगन सव जग आनि [२९५] [137]

کن دیو سوپیو سسر بہو تہور ہتہي جان • روپ رہچتي لک لکیو ماکن سب جک ان
[ظا• ۲۹۵]

---

[137] देवौ – दैवो - को०पा०भा०; देयो - शि०; दीवो - मो०गा०; देव्यो - वे०; दैवौ - मि०नी०; देवो - ह०। सौंप्यौ – सौं, 'प्यौ' ऊपर के हाशिए पर भिन्न क़लम से - उ०; सौंप्यो - को०; सोंप्यों - शि०; सौपौ - वा०; सौप्यो - पा०; सोंप्यो - मो०; सांप्यो - वे०; सुंप्यौ - गा०; सोंप्यौ - स०ह०; सोप्यो - भा०; सौप्यौ - नी०। ससुर – सुस, 'रि' बगल के हाशिए पर भिन्न क़लम से - उ०; सुसुर - को०; सुसर - वा०न०वे०गा०स०। वहू – वहु - को०वा०वे०ह०। थुरहथी – थुहरहथि - वा०; ध्वरहथी - पा०। जानि – जांन - न०वे०स०मु०। रूप – रुप - को०वा०। रहचटे – रहचटें - उ०मो०मि०ह०; रहचटै - शि०वा०न०वे०गा०स०; रहचले - भा०; रहचिटै - मु०; रहैंचढि - नी०। लग्यौ – लग्यो - को०मो०वे०मि०; गले - भा०। मांगन – मांगनु - उ०; मांगनि - को०; सव - शि०वा०; मागन - पा०; मागत - न०भा०ह०; मांगत - वे०स०मु०; मानत - गा०; मागनि - मि०। सव – सवु - उ०भा०; जुग - शि०वा०। जग – जुगु - उ०भा०; मागत - शि०; मांगन - वा०; जुग - न०; जगु - गा०मि०। आनि – आंनि - उ०वा०; आंन - न०वे०गा०स०मु०। [२९५]

अन० : कवि की उक्ति, कृपन की कृपनता, वाकी पुत्रवधू को रूप वरनन कियो है, अर्थ गूढ व्यंगि सो विषमालंकार।

नर० : रूपवर्नन, सषी को वैन सषी सो, हे सषी, सूम ससुरै वहू को छोटौ हाथ जानिकै कनूका देवौ सौंप्यो, सो वाके रूप के रहचटे सौ वार वार सवही जुग मै आनिकै मांगत हैं –

> **जानि वहू के लघू कर सासरु वाही के नीके सवै गुन गावै। आज ते तू कन देवो करो सुनि तेरी कला सुसरैनु को भावै। है वहू तेरी वडी लहुरी कछु वाको सयानप कोऊ न पावै। रूप लग्यो सगरो जग वा घर मांगन को निसि वासर आवै** [नर० २९५]

कृष्ण० : प्रस्ताविक सूम नै कीनौ तो सरफा पै षरच अधिक भयो –

> **सुंदर सुहाई सुकुमारि ससिवदनी की सोभा की निकाई कवि कहै को वषानिकै। ननद जिठानी सासु निरषि सिहानी सवै अतिही सराहति है याके वैस वानिकै। ससुर नै सरफा विचारि सुष मानि हियै कनदैवो सौंप्यो वहू थुरहथी जानिकै। कहै कविकृष्ण वाके रूप अवलोकिवे के लोभ लगि मागन जगतु लाग्यो आनिकै** [कृष्ण० २९५]

हरि० : सषी सो सषी वचन, नायिका के ससुर ने वहू को थुरहथी जानिकै याके हाथ में थोरो अन्न आटै है, छोटे हाथ है, छोटा हाथ सौ ज्यौं देने को सीषैगी तौ आगे वडे हाथ सों भी देइगी, कनदेवो, भिच्छा देवो सोंप्यौ, तूही भिच्छा दे, रूप को रहचटो चाहा तासों लगिकै सव जगत आयकै मांगिवे लाग्यौ, नायिका को दाता करिवे को कन देवो सौप्यौ जगत मांगिवे लग्यौ, प्रहर्सन। तीन प्रहर्सन तन विन वांछित फला जो होय, कोई यों भी अर्थ करत हैं, स्वसुर वाको कृपन है, यह थुरहथी है, थोरो देइगी, इष्ट थोरो दान ताको उपाय किए, वहुत देनो पर्‌यो, विषमालंकार, औरि भलो उद्यम किए होत वुरो फल आय।

— ⋆ —

निरषि नवोढा नारि तन। छुटत लरिकई लेस। भो प्यारो पीतम तियनु। मनहुं चलत परदेस [२९६] [138]

نرکہ نودہا نار تن چہوتت لرکي بیس ٠ بہو پیارو پیتم تین منون چلت پردیس [ظا٠ [۲۹٦

---

138 निरषि – निरष - न०वे०गा०स०मि०मु०। नारि – नार - वे०गा०मु०। तन – तनु - न०वे०गा०स०मि०नी०। छुटत – छुटतु - न०नी०; छुटित - मि०। लरिकई – लरकई - को०न०वे०स०मि०मु०; लरकइ - वा०; लरिकईं - मो०; न लरकई - गा०। लेस – वेस - शि०वा०मो०वे०गा०स०मु०। भो – भौं - उ०; भौ - वा०न०गा०मि०मु०नी०ह०। प्यारो – प्यारै, संशोधन द्वारा 'रौ' - उ०; प्यारी - शि०मु०; प्यारे - पा०; प्यारौ - गा०मि०। पीतम – प्रीतमु - उ०; प्रीतम - शि०वा०नी०ह०; पीतम - पा०गा०; ?ईतम - मि०; प्रीतिम - मु०। तियनु – तियन - को०वे०स०भा०; तीयनुं - शि०; सषिन - पा०; तियानि - मो०; तीयनु - गा०; तियन, 'न' में इकार बाद में - मु०; तियनि - ह०। मनहुं – मानहु - को०शि०पा०मि०; मनुहु - मो०; मांनहु - न०वे०स०; मांनहुं - गा०; मनौ - भा०नी०; मांनो - मु०; मनौं - ह०। चलत – चलतु - न०; चलति - मु०। परदेस – विदेश - को०; वदेस - न०; विदेस - वे०गा०स०मु०। [२९६]

अन० : सषी की उक्ति सषी सो, नायिका लक्षित जोवना सपत्नी के संका ईर्ष्या उत्प्रेक्षा।

नर० : स्वाधीनपतिका, सषी को वैन सषी सो, हे सषी, नायक नवोढा नारि के तन को निरष्यो, कि अव तौ लरकपनौ छूटतु है, सो और स्त्री कौ प्रीतम वल्लभ थौ सो मानहु कि देस कौ चलतु सौ भयौ ए नवोढा के आधीन भयो –

> **नारि नवोढ के हेरि सवै तन आनन मांझ उसास लयो है। छूटतही लरकाई सु लेस सुदेस मनोज नै भेष दयो है। और तियान को पीतम प्यारो भयो सु विचार कह्यो न गयो है। याको सिधारहिगे जु विदेसु मानो चलाव को द्योस भयो है** [नर० २९६]

कृष्ण० : यह नाइका नवोढा है, याको जोवन आवत देषि सौते निरास भई है, सषी सषी सो कहति है –

> **कुंदन सी दिपै देह की दीपति मानौ मनोज की मोहनी घालतु। छूटत सी लरिकाई कछू तरुनापन रंग तरंग उछालतु। वालवधू तन जोवन आवत सौतिन के उर सूल सो सालतु। प्राननु तै अति प्यारो लगो पति मानौ कहू परदेस कौ चालतु** [कृष्ण० २९६]

हरि० : सषी सों सषी, नवोढा नारि के तन में लरिकाई को लेस, अवसेष छूटत है, यह निरषिकै प्रीतम नायक तियनि सौतिन को प्यारो भयो, मानौ परदेस को चलत है, अर्थ यह, यामें जोवन आयो यासों आसक्त होयगो यह अति सुंदरी है, हमै नहीं मिलैगो, संका संचारी व्यंग्य, मुग्धा नायिका चलत है मानो क्रिया सो मानो का अन्वय है याते अनुक्तास्पद वस्तूत्प्रेक्षा।

— ⋆ —

प्रानपिया हिय मैं वसै। नषरेषा ससि भाल। भलौ दिषायौ आनि यह। हरिहर रूप रसाल [२९७] [139]

پران پیا ہردي بسي نکہ ریکہا سس بہال بہلو دیکہا یو ان یہ ہر ہر روپ رسال [ظا۰
[۲۹۷

अन० : अधीरा षंडिता की उक्ति नायक प्रति, रूपकालंकार।

नर० : षंडिता नाइका कौ वैन नाइक सो, हो हरि तुम्हारे प्रानवल्लभा तो हिया मै वसी है, और नष की रेषा भाल के विषै लागी है, सो चंद्रमा है, सो तुम महादेवजू कौ रूप रसाल सौ आनिकै भलौ भलौ दिषायो है –

[139] प्रानपिया – प्रांनपीया - उ०; प्रानप्रिया - को०मो०; प्रानपीया - शि०; प्रांनपिया - वा०न०गा०स०मि०मु०; प्रांनप्रिया - वे०नी०ह०। हिय – हीय - शि०शि०मु०। मैं – मे - पा०; में - मो०; मै - वे०गा०भा०मि०। वसै – वसें - को०; वसे - शि०मो०; वसैं - वा०; वसी - न०वे०गा०स०भा०मि०मु०नी०। ससि – शशि - वा०भा०; सशि - न०। भलौ – भलो - को०पा०मो०वे०गा०भा०। दिषायौ – देषयो - को०; दिषायो - पा०मो०वे०भा०। आनि – पा०गा०मि०ह०; जांन, 'न' में इकार बाद में - उ०; आय - को०मु०; आन - शि०; जांनि - वा०न०; अय - मो०; आंन - वे०स०; आइ - भा०; आंनि - नी०। यह – इह - शि०वा०न०मु०; यहा - मो०; तुम - भा०। हरिहर – हरहरि - वे०। रसाल – रिसाल - न०। [२९७]

प्रानपिया हिय मै जु वसै अरु सोहत है नष नीको नयो है। ऐसो अनोपम रावरो रूप निहारि हियै अनुराग भयो है। साज सजे इह रीति मनोहर आय भलेही दिषाय दयो है। कंत तिहारी कहा कहूं वात हरीहर को जु सरूप लयो है [नर० २९७]

कृष्ण० : यह नाइका प्रौढा धीरा अधीरा षंडिता को वचन नाइक सो –

पूरन प्रेम सो प्रानप्रियाहि वसाइ हियै हियरा हुलसायो। भाल नई नषरेष विराजति सोइ मयंकु लषै छवि छायो। लोचन राग रजो गुन राजत घूमत नैन तमोगुन पायो। प्रीतम प्रातही आनि भलो हरि को हर को धरि रूप दिषायो [कृष्ण० २९७] [140]

हरि० : नायिका की उक्ति नायक सों, अधीरा है, प्रान की प्रिया नायिका तुमारे हिय मे वसै है, जैसे विष्णु मै लक्ष्मी वसै है, नषछत सो ससिभाल मै है, यातें शिव को रूप, भलो कियो आयकै हरि को हर को रूप रसीलो देषायो। रेषा ससि रूप का अनुमान, उपमानरु उपमेय में भेद परै न लषाय।

— ⋆ —

तिय निय हिय जु लगी चलत। पिय नषरेष षरोट। सूषन देति न सरसई। षोटि षोटि षत षोट [२९८] [141]

نیہ تیہ ہیہ جو لگي چلت پیہ نکہ ریکہ کہرونت ۰ سوکہن دیت نہ سرسي کہونت کہونت کہت کہونت [ظا۰ ۲۹۸]

अन० : सषी को वचन सषी सों, नायिका सामान्या, लज्जा नास तें जानियै, पिय वचन ते सामान्या मिटे नहीं, क्योंकि धन काम दोऊ फल है, दुष सुष को साधन है, ताते विभावना अलंकार।

नर० : पूर्वानुराग, सषी को वैन सषी सो, हे सषी, राधिका के हिया के विषै भरतार के नष की रेष की षरौट लागी है, सो नईही जु लगी चली जातु है, सो क्यों करिकै कि वा रेषा कौ सूकन देत नांही है, सरसाई थकाई वाको षुरंट षोट षोट देति है –

कै परिरंभन नाह चले नषरेष षरोट उरोज भई है। ताहि विलोकति है पलही पल मानो मनोज ने हूल दई है। सूकन देत न ताहि सुनो अवला इह भांतिन मोहमई है। षुंटत षुंटत कै षत षुंटन राषति है सरसाइ नई है [नर० २९८]

कृष्ण० : यह नाइका प्रोषित्पतिका, सषी को वचन सषी सौ –

---

140 भलो हरि को – इहै जु भलो - मि०

141 तिय – तीय - शि०न०वे०। निय – (लुप्त) - शि०; हिय - मो०नी०; नै - न०; नई - वे०गा०स०; निज - ह०। हिय जु – हीय जु - शि०वे०; मध्य जु - मो०; हिय जू - न०; हीय जू - गा०; हियनि जु - भा०; निय जु - नी०। लगी – लागी - भा०। चलत – चलतु - न०; (लुप्त) - वे०गा०; चलति - मु०; चलन - नी०। पिय – पीय - शि०वे०गा०। षरोट – षरोंट - उ०मो०न०वे०गा०स०; षरोटै - वा०; षरौंट - मु०मु०; षरौट - नी०ह०। सूषन – सुषन - को०; सूकन - शि०न०वे०गा०स०; सूकै - वा०। देति न – देत न - को०शि०वा०मो०न०वे०गा०स०मु०ह०। षोटि षोटि – षोंटि षोंटि - उ०मो०न०ह०; षोति षोति - शि०वा०; षोट षोट - वे०; षौंटि षौंटि - गा०; षोंटि षो - नी०। षत – नष - मो०; पट - भा०। षोट – षोंट - उ०नी०; षोटि - को०मो०भा०; षौंट - न०; षौंटि - गा०। दोहा लुप्त - पा०मि०। [२९८]

सेन मे संग रमी रसरंग अनंग तरंग उमंगि सुहाई। कान्हर के कर की नषरेष कहू तिय के उर मै लगि आई। प्रीतमजू परदेस गयो जव ते उन नीधन कौ धनु पाई। वे षत षोट षरोटि षरोटि न सूषन देति वहै सरसाई [कृष्ण० २९८]

हरि० : सषी सो सषी, हे तिय, वाके निज, आपने हृदय में लगी चलत कै पिय के नष की रेषा तासों षरोट छत ताकी सरसाई सूषिवे नहीं देति है, फेरि फेरि षत को षोटै है, नायक के हाथ की है याते, किंवा तिय के हिय में निज पिय के चलत नष लाग्यो निज पिय परपति तहां निज पद निरर्थक नहीं, तीनि वार षोटि आयो है, सो भी निरर्थक, दोय वार चाहिए, सषी कहति है, यह वा नायिका मैं षोटि कहिए दोष है, सरसाई सुषिवे नहीं देति है, षोटति रहति है, नायक के हाथ को छत है, यासों षोटै है, सषी दोष ठहरावै है, लेस अलंकार।

— ⋆ —

सीस मुकुट कटि काछनी। कर मुरली उर माल। इह वानक मो मन सदा। वसौ विहारी लाल [२९९] [142]

سیس مکت کت کاچھنین کر مرلي اور مال ٠ انه بانک مو من سدا بسو بہاري لال [ظا٠ ٢٩٩]

अन० : उक्ति भक्त की। जाति वर्णन अलंकार।

नर० : भक्तजन कवि विहारीदास कहतु है, हो विहारी लाल सीस के विषै मुकट है, और कटि के विषै काछनी है, और कर के विषै मुरली है, और उर के विषै वैजयंतीमाल है, और ऐसे वानक कियै तुम मेरे मन सदा वसौ -

सीस मुकट्ट कछी कटि काछनी संग सषा वन को जध सोहै। माल हिये मुरली कर लै व्रज गाइ चरावत नीके लसोहै। कै कै कतूहल भांति भली अवलान हसायकै आप हसोहै। हे नंदलाल सदा यह वानक मो मन आयकै क्यों न वसोहै [नर० २९९]

कृष्ण० : इह श्रीकृष्णजी कौ ध्यान है, कि या वानक सौ मेरे हृदै में वसौ -

छवि सौ फवि सीस किरीट वन्योरु विसाल हिये वनमाल लसै। करकंजहि मंजु रली मुरली कछनी कटि चारु प्रभा वरसै। कविकृष्ण कहै लषि सुंदर मूरति यौ अभिलाष हियै सरसै। वह नंदकिसोर विहारी सदा इह वानिक मो हिय माह वसै [कृष्ण० २९९]

---

142 सीस – शीश - भा०। मुकुट – मुकट्ट - उ०; मुकत - को०मि०मु०नी०; मुकट - वा०वे०गा०स०। कटि – कट - शि०गा०मि०। काछनी – काछिनी - शि०गा०मु०; काछीनी - वा०। कर – करि - स०। उर – उरली उर - स०। इह – इहिं - उ०नी०; इहि - पा०न०मु०; यह - भा०ह०। वानक – वांनिक - वा०; वानिक - पा०मु०नी०ह०; वांनक - न०मि०। मन – मनु - न०। सदा – वसहु - पा०; वसै - भा०; वसौ - नी०। वसौ – वसो - को०वे०मु०; सदा - पा०भा०नी०। प्रति खंडित - मो०। [२९९]

हरि० : एही दोहा सो कवि ध्यान करि उपास्य श्रीकृष्णचंद्र को ग्रंथ करै है, सीस विषै मुकुट है, कटि विषै काछनी है, कर विषै मुरली है, उर, छाती, ता विषै माला है, काछनी गोपन को पहिरन, यह जो वानिक वनाव है नटवर वेष है, या वेस सौं हे विहारी लाल तुम सदा मेरे मन मे वसो। इहां स्वभावोक्ति अलंकार है, याको जाति अलंकार कहत हैं, ग्रंथांतर मै, जैसो जाको रूपगुन तैसो कहै सु जाति। केतने कवि ऐसे भी या दोहा के अर्थ करै हैं, सीस सों मुकुट सौं जैसो जैसो वानिक, वनाव, है, सीस विना मुकुट औरि ठौर अच्छा लगै नहीं, या तई सो हमारो मन तुम विषै वसौ, तुमै विना मन औरि ठौर मै अच्छा न लगै, याही तरह कटि काछनी इत्यादि लगाइए, यह वानिक इति, या वानिक सों तुम मेरे मन विषै वसौ, किंवा तुम्हारे यह वानिक मै मेरो मन वसै, किंवा षंडिता की उक्ति नायक सौ है, प्रात समै नायक आयो है, तव नायिका कहै है, पूर्वार्ध को वही अर्थ, यह वानिक, यह जो तुमारो नटवर वेस परस्त्री ने राजी करिवे को वेष तासों मेरे मन मे वसौ, मेरे घर में मेरे पास मति वसौ, क्यौं तुम विहारी लाल हौ, ठौर ठौर विहरत फिरत हौ, किंवा विय कहिए दूसरी नायिका ताकौ हार गले मै राषे हौ, और लाल हौ, राति जगे हौ, तासों नेत्र लाल है, पान की पीक जावक मेहदी लागी है, तासों लाल भए आए हौ।

— ★ —

भृकुटी मटकनि पीतपट। चटक लटकती चाल। चलचष चितवनि चोरि चित। लियो विहारी लाल [३००] [143]

بہرکٹی متکن پیت پت چتک لتکتي چال • چل چکہ چتون چور چت لیئو بہاري لال [ظا• ۳۰۰]

अन० : उक्ति परकीया नायिका की सषी प्रति, वासो दूतत्व करायो चाहति है, अरु वचन अनुभाव ते पूर्वानुराग व्यंगि, गुणकथन दशा, स्वभावोक्ति अलंकार।

नर० : पूर्वानुराग, नायिका को वैन सषी सो, हे सषी भवरा की मटकावनी और पीतपट को ओढिवो और सितावी सौ लटकत चालवौ और चंचल नेत्रां करिकै देषिवौ सो इतने वाने करिकै विहारी लाल नै मेरो चितु चोर लयौ है –

> **पीत पिछौरी भली कटि राजति केसर टीको लिलार कियो है। भोह मटक्कनि चाल लटक्कनि आनन ओप चटक्क दियो है। चंचल चच्छु चितोननि चार कै नंदलला चित चोरि लियो है। नाहिंन माषन दूध दही अरु धौ कहि मोहि डरात हियो है** [नर० ३००]

143 भृकुटी – भृनुटी, 'नु' पर काकपद, पार्श्व में 'कु' - न०; भ्रकुटी - मु०नी०। मटकनि – मटनि - वा०; मटकन - मो०वे०गा०स०; मतकतु - न०; पीतपट – पीतपटु - उ०न०गा०। चटक – 'ट' पार्श्व पर - पा०। चाल – चालि - मो०। चलचष – चलचक्षु - शि०वा०। चितवनि – चितवत - वे०स०; चितवन - गा०मु०। चोरि – चोर - शि०न०वे०गा०स०मि०; चोरे - वा०; चौर - मु०। चित – चितु - उ०न०गा०नी०। लियो – लीयौ - उ०शि०; लियौ - वा०; लीयो - मो०मु०; लयौ - न०गा०स०; लयो - वे०। दोहा लुप्त - भा०। [३००]

कृष्ण० : इह नाइका प्रौढा है, नाइक की सोभा देषि मोहित भई है, सो अपने चित की वात सषी सो कहति है –

कहिवे की होइ तौ कहौ री एक वात काल्हि वनि ठनि वनिक सौ कान्ह इत ह्वै गयो। सांवरो सलोनो तनु सुंदर वदन सोभा सदन विलोकत मदन मदु नै गयो। चलनि की लटकनि पीरे पट चटकनि भौहनि की मटकनि चेटकु सो कै गयो। चपल चषनि चहचही चितवनि चाहि अली री विहारी लाल चोरि चितु लै गयो [कृष्ण० ३००] [144]

हरि० : भृकुटी की मटकनि, पीतपट की चटक, चमत्कार, लटकती चाल औ चल, चंचल, चष, नेत्र, ताकी चितवनि विहारी लाल की, एतनी क्रियनि हमारो चित चोरि लियो, समुच्चय अलंकार, दोय समुच्चय भाव वहु कहुं इक उपजै अंग। एक काज न हां करत है ह्वै अनेक इक अंग॥ वहुतनि एक चित चोरिवो कियो, किंवा ऐसो जो विहारी लाल तिन चित चोर्‌यो, भृकुटी की मटकनि है, जाको ऐसे तहां जाति।

—★—

सघन कुंज घन घन तिमिर। अधिक अंधेरी राति। तऊ न दुरिहै स्याम यह। दीपसिषा सी जाति [३०१] [145]

سکہن کنج کہن کہن تمر ادہک اندہیری رات ۰ تاو نہ درہی سیام یہ دیپسیکہا سي جات [ظا۰ ۳۰۱]

अन० : दूती की उक्ति नायक प्रति, नायका के अभिलाष संचारी, नायिका अभिसारिका शृंगाररसु ग्रंथ के मत करि, अति कांताता असाध्या परकीया है, असमर्थ दोष समुच्चय विशेषोक्ति उपमा समुच्चय उत्तरालंकार को संकर, संसृष्टि है, दोष समुच्चय भाव वहु कहूक उपजन से संग। एक काज चाहै कर्‌यौ ह्वै अनेक इक संग॥

नर० : अभिसारिका कृष्णा, सषी को वैन सषी सौ, हे सषी, सघन तौ कुंज है, अरु घने वादरनि कौ तिमरु है, अरु अधिकही अधेरी राति है, तऊ ऐसी स्यामता में छिपति नाही है कि दीवा की लोई सी चली जाति है –

---

144 मि० प्रति में यह भिन्न उदाहरण है –

वन ते निकस्यो वनमाल गरै वनिता मृग वागुर से दृग कीने। फेट कसे कटि पीतपटी उपटी छ्वि सिंधु सुधारस भीने। कै नटनागर चेटक सौ चलि चाहनही चितु गो सग लीने। लौनो सो कौन किसोर कन्हा मुरली कर मोरपषा सिर दीने [मि० ३००]

145 कुंज – कुंजु - उ०; कौज - वा०। घन घन – घर घर - शि०। तिमिर — तिमरु - उ०; तिमर - शि०न०वे०गा०स०भा०मु०नी०; तिमिरे - वा०; तिमरु - मि०। अधिक – अधक - वे०; अधि - नी०; अंधेरी – ऽधेरी - वा०; अधेरी - पा०मो०न०भा०मि०ह०। राति – 'त' में इकार बाद में - न०; रात - मु०। तऊ – तौ - मि०। दुरिहै – दुरिहें - वा०मो०; दुरिहैं - न०; दुरहै - वे०; दुरितहै - गा०। स्याम – स्यांम - उ०वे०गा०स०मि०मु०नी०; श्यांम - वा०; श्याम - पा०भा०। यह – वह - उ०पा०; इह - शि०। दीपसिषा – दीपसीषा - शि०; दीपशिषा - भा०। सी – चलि - वे०स०। जाति – जोति - मु०। [३०१]

गाढ घनो घनस्याम घनो घन और निसा अंध्यार मई है। ऐसे मै स्याम सुजान सुनो तुम नील निचोल लगाइ लई है। लाय रहै जक छ्यांडौ न क्यों अव केतीन वेर को सोह गई है। क्योंहू दुरै नहि ज्योति अनोपम दीपसिषा सम देह भई है [नर० ३०१]

कृष्ण० : इह नाइकु नाइका निसंक कुंज मै वैठे है, सु सषी नाइक सो कहति है, यों दीपति वर्नन करि सिक्षा कहति है, अथवा नाइकु अंतरंग सषी सो कहै कि याको कुंज मै तू लै चलि, तहां सषी को कहिवो संभवै –

रैनि अधेरी न हेर्‌यो परै कर कुंज सवै तमपुंजनि छाई। घूमि घनै घुमडे घन वूंद अमंद भई तम की सरसाई। मेचक साजि सिंगार कै जद्दपि आई ससंक किये चतुराई। दीपसिषा सी दीपति लाल तऊ यह वाल दुरै न दुराई [कृष्ण० ३०१] [146]

हरि० : नायक आपने संग नायिका को अभिसार करावै है, तहां सषी वचन, सघन कुंज है, वन निविड घन, मेघ, को तिमिर, अंधकार है, याते अधिक अंधेरी राति है, हे स्याम, दीपसिषा सी जो यह नायैका है, सो तुमारे संग जाति कै, तौ भी तुम स्याम हौ, तौ भी नहीं दुरिहै, नहीं छपैगी, दुरिवो को कारन सघन कुंज आदि, तौ भी है, तौ भी नहीं दुरैगी, संभावना करिए है याते ऊहालंकार, यह पद सो नायिका जानिए, नायिका उपमेय, दीपसिषा उपमान, सी वाचक, नहिं दुरैहै धर, पूर्नोपमा वाचक उपमेय लुप्ता होति है, उपमेय लुप्ता आठ भेद में नहीं।

—★—

स्वारथ सुकृत न श्रम वृथा। देषि विहंग विचारि। वाज पराए पानि परि। तूं पंछीहि न मारि [३०२] [147]

سوارتھ سوکرت نہ سرم برتھا دیکھ[148] بہنک بچار ۰ باج پرائے پان پر تون پنچیہہ نہ مار [ظا ۰ ۳۰۲]

अन० : काहू देवक को सिक्षा, अन्योक्ति अलंकार।

---

146 भा०मि०मु० प्रतियों में भिन्न उदाहरण छंद आया है –

वाके समीप न हौहू दुरौ लषि लेत वे दूरहि ते उपहासी। कीजै कहा वसु है कछु जे विधि या विधि दीपति है परकासी। काहू की आषिन मूदि न जाति जु हौ वलि जाउ न हूजै उदासी। ल्याऊं सु कैसे अधेरेन्हु माझ उजेरी जु नागरि दीपसिषा सी [भा० ३०१]

147 **स्वारथ** – स्वारथु - उ०नी०। **सुकृत** – सुक्रित - उ०; सुक्रत - को०मि०; सुक्रतु - नी०। **वृथा** – वृथां - शि०; व्रथा - भा०मु०नी०। **देषि** – देषु - पा०; देष - वे०गा०स०। **विहंग** – विहंगु - मो०; वहंग, 'व' में इकार बाद में - स०। **विचारि** – 'र' में इकार बाद में - गा०; विचार - वे०स०मु०। **वाज** – वाजि - नी०। **पराए** – परायै - वा०; पराये - पा०मो०मु०नी०। **पानि** – पांन - उ०शि०मो०; पांनि, 'न' में इकार बाद में - न०; पान - गा०मि०; हाथ - भा०; प्रांन - मु०। **परि** – पर - शि०वा०वे०गा०स०मु०नी०। **तूं** – तुं - को०वे०गा०; तौ - वा०पा०; तू - भा०मि०। **पंछीहि न** – पंछी नही - उ०; पंछि है न - वा०; पक्षी नहि - पा०; पंषीहि न - न०वे०गा० पंछिनु जिनि - भा०; पंषहि न - मु०। **मारि** – मार - मो०न०वे०स०मु०। [३०२]

148 دیکھ - تون - ظا۰

नर० : प्रस्ताविक, रे पंषी, वाज, विचारि देषि, कि यामे तेरो स्वार्थ न है, औरु सुकृत न है, यो श्रम वृथा करतु है, ताते तू उपाय करिकै पानि परे थकौ पंषियनि कौ मारि मत ना –

स्वारथ एक सरै नहिं रंचक याही मै सुकृत कौन निहारै। देषत और वृथा श्रम है सव वारि विहंग विचार हजारै। वाज परायेइ पानि पर्‌यो पुनि आपने दुकृत क्यों न सम्हारै। हे सठ तोहि कछ्छ सुधि नाहि न तू अव पच्छिन काहे को मारै [नर० ३०२]

कृष्ण० : यह अन्योक्ति कोई पराई षुसामद करै, अपने कौ वुरौ करै तहां कहिये –

कहि क्यो विराने वुरे करत पराए काज ऐसो षोटो करम विचारतु है काहे कौं। एतो श्रम नाहक शरीर कौ तू देतु अरु दोऊ लोक आपने विगारतु है काहे कौं। यामै कुछ सुकृत न स्वारथु समुझि देषि पातक कौ भारु सिर धरतु है काहे कौं। कहा भयौ जो पै आनि वैठोई पराए पानि वाज नितु पक्षिनु तू मारतु है काहे कौं [कृष्ण० ३०२]

हरि० : हे वाज, तू विहंग है, आकास मै तेरी गति है, चाहै तहां उडि जाय, पराया के हाथ मै परिकै, परवस होयकै पच्छिन को मति मारै, स्वारथ नहीं, औरि ले जात है, सुकृत, पुन्य भी नहीं है, याते तेरो श्रम व्यर्थ है, तूं विचारिकै देषि, दुष्ट के चाकर पै यह उक्ति, विहंग विसेषन साभिप्राय है, याते परिकर अलंकार, गूढोक्ति, है परिकर आमै लिए जहां विसेषन होय।

— ⋆ —

संगति दोष लगै सवन। कहे ति सांचे वैन। कुटिल वंक भ्रू संग भये। कुटिल वंक गति नैन [३०३] [149]

سنکت دوکہ لکي سبن کہئي تے سانچي بين • کوتل بنک بہو سنک بہي کوتل بنک کت
نين [ظا • ٣٠٣]

अन० : सषी दूती की उक्ति होइ तौ भेदोपाय, जो नायक की उक्ति होइ तौ सामोपाय, जो वक्ता की उक्ति होइ तौ व्यंग्य है, मानिनी नायिका प्रति कुटिल संवोधन है, याही अर्थ ते पुनुरुक्ति दूषन को निवारन है, अथवा मुग्धा नायिका प्रति सषी परिहास पूर्वक कुटिल संवोधन कहत है, पुनुरुक्तिवदाभास, अर्थांतरन्यास की संसृष्टि है और कहत याते दोहा प्रस्ताविक है।

नर० : संगति करिकै सव को दोष लागै, ऐसो कह्यो सो साचे वैन है, सो देषो न हौ कि वांके भवरा की संगति तै नेत्रांहू भी गति कुटिल अरु वांकी भई है –

149 संगति – संगत - न०वे०गा०स०। दोष – दोषु - भा०नी०। लगै – लगे - उ०शि०; लगें - मो०। सवनु – सवनि - को०पा०मो०मु०; सवन - वे०स०; सवै - ह०। कहे ति – कहें ति - उ०; कहै ते - को०; कहै ति - वा०; कहियत - पा०मो०मि०; कहै तु - न०गा०; कहन - वे०; कहत न, 'त' ऊपर भिन्न क़लम से - स०; कहियति - भा०; कहे त - मु०; कहे जु - ह०। सांचे – साचे - को०शि०वा०पा०न०गा०भा०मु०; सयाने - वे०। वैन – वैंन - उ०स०मि०ह०; वेन - वा०; वेंन - मो०। वंक – चक - गा०। भ्रू – भ्रु - उ०को०गा०; भू - वा०; भ्रुव - न०वे०स०मि०नी०; भ्रूव - ह०। संग – सं, अगले वर्ण पर संशोधन का प्रयास, ऊपर 'ग' - उ०; संग मिलि - पा०; संत - शि०; सग - न०वे०; संग ते - ह०। भये – तें - को०; भए - शि०पा०ह०; ह्वै - मो०; ए - न०वे०स०; ये - गा०; वसि - भा०; भय - मु०; तई, 'त' में इ तथा ए की मात्राएँ - नी०। कुटिल – लई - को०; कुटल - वे०। वंक – कुटिलता - को०; (लुप्त) - पा०ह०। गति – (लुप्त) - को०पा०; गत - वे०। नैन – नैंन - वा०स०मु०ह०; नेंन - मो०। [३०३]

संगति दोष लगै सवही के सो वाही के हेरिकै लाय लये है। या विधि जे कहे सांचे षरे जग वे न प्रपंच तै दूरि गये है। देषे न क्यो इह अच्छि समच्छि न काहे को और प्रसंग दये है। वंक कुटिल्ल भये भ्रुव संगति नैनन वंकु कुटिल्ल भये है [नर० ३०३]

कृष्ण० : इह प्रस्ताविक, संगति दोष लगै वा दृष्टांत कवि की उक्ति –

और तै जैसेई संग रहै जु गहै सु भली विधि वानि वही है। संगति दोष लगै सव कौ विधि है यह आदि अनादि सही है। कृष्ण कहै जग मै यह वात प्रतच्छ प्रवीनन अक्ष चही है। वंक भ्रकूटिन कौ संग पाइकै नैननहू गति वंक गही है [कृष्ण० ३०३]

हरि० : नायिका की उक्ति नायक सों, किंवा नायक की उक्ति षंडिता नायिका सों, नायिका वचन, संगति को दोष सवको लगै है, सांचे लोगनि ने यह वैन, वचन, कहे हैं, किंवा सांचे वचन कहे हैं, हे कुटिल त्रिभंगी, वांकी जे है भृकुटी ताके संग ते ए नैन कुटिल गति, वक्र गति भए हैं, नायक की उक्ति में हे कुटिल, टेढी वात वोलै है, गुन मे दोष निकारै है, किंवा कुटिल, वंक वोलनि है, टेढी, वांकी, पूरव में टेढ, वांकुच कहत हैं, ऐसी भृकुटी के संग ते कोई कुटिल, दुषदाई कहत है, किंवा पूर्वार्ध कौ और अर्थ वैसेही, षंडिता सषी सो नायक को सुनायकै कहति है, हे सवै सषी, कुटिल, दुषदाई जो वह नाइका है, फेरि कैसी है, वंक भ्रू है, कर्कसा है, सदा भौंहैं चढाए रहति है, जाके संग ते नायक कुटिल लगत भए है, दुषदाई की तरह लिए हैं, क्यौं इनकौ नेक कहिए, नीति सों इनै नहीं है, पहिले प्रीति करैं, पाछे त्याग करैं, यह अनीति, इहां उल्लास अलंकार है, गुन औगुन जव एक ते औरै धरि उल्लास। भौंहन को दोष नेत्रनि में लाग्यो।

— ★ —

जरी कोर गोरे वदन। वढी षरी छ्वि देषु। लसति मनो विजुरी किये। सारद ससि परिवेषु [३०४] [150]

جاري كور كوري بدن برہي كہري چھب ديكہ • لست منون بجوري كئين سارد سس پربيكہ [ظا • ٣٠٤]

अन० : सषी की उक्ति सषी प्रति, कै नायक की उक्ति सषी प्रति, साक्षात दरसन, वचन अनुभाव ते अनुराग व्यंगि, अवर काव्य, अलंकार की मुष्यता ते उत्प्रेक्षा।

नर० : ललित हाव सषी कौ वैन नायक सौ, हो कान्ह, देषहु, गोरे वदन पर या जरी की कोरि ते षरी सी छ्वि चढी है, सो कैसी कि, मनो सरद के चंद्रमा कै परिवेष कियै वीजुरी सोभतु है –

150 जरी – जंरी - उ०। कोर – कौर - वा०ह०; कोरि - न०गा०। गोरे – गोरै - उ०शि०वे०स०। वढी – चढी - गा०। देषु – देषि - शि०पा०मो०वे०; देष - स०मु०ह०। लसति – लसत - मो०वे०स०नी०ह०; लसतु - मि०। मनो – मनौ - वा०न०मि०नी०; मनौं - गा०मु०ह०; मनों - स०। विजुरी – विजरी - वे०; विजुरी - मु०। किये – कीये - को०; कीइं - शि०; कियैं - वा०; किए - पा०ह०; कीएं - मो०; कियै - न०स०मि०; कीयै - वे०गा०मु०। सारद – सारिद - गा०। ससि – शशि - न०। परिवेषु – परवेस - को०; परिवेषि - शि०पा०मो०; परवेषु - वा०गा०मि०नी०; परवेष - वे०मु०; परिवेष - स०ह०। दोहा लुप्त - भा०। [३०४]

सारी षरी पहिरी सुथरी सिर कोर जरी अंचरा जु लियो है। आनन गोरे वढी है षरी छवि आप अनंग दमामो दियो है। देषत हौं सगरी सुषमा मन या विधि की उपमा को छियो है। सोहत यों मनो सारद के ससि को विजुरी परिवेष कियो है [नर० ३०४]

कृष्ण० : इह नाइका के मुष पै किनारी की सोभा नाइक सौं सषी कहति है –

आजु मै निहारी वृषभान की दुलारी द्रुति धारी अति सकल सिंगार तन साजिकै। जगमग जोति नवजोवन की देषतही द्रगनि को गयो दुषदंदु सवु भाजिकै। तनसुष सारी तापै कंचन किनारी गोरे आनन के चहूंकोद फबी छवि छाजिकै। सरद की पून्यौ के सुधानि के आसुपास मानौ दार्‌यौ दामिनि को मंडलु विराजिकै [कृष्ण० ३०४] [151]

हरि० : सषी वचन नायक सों किंवा नायक वचन नायिका सो, जरी की ज्यौं कोर, किनारी, तासौं गोरे मुष मै अति वढी जो है छवि ताको तू देषि, सरद को जो चंद्रमा, ताको परिवेष, मंडल किए मानो विजुरी लसति है, इहां वस्तूत्प्रेक्षा, मुष वस्तु विषै कों और विषै मे चंद्र विजुरी को संभावन।

— ★ —

चितवनि भोरे भाइ की। गोरे मुह मुसकानि। लागति लटकि अली गरै। चित षटकति नित आनि [३०५] [152]

چتون بہوري بہاي كي كوري مكہ مسكان ٠ لاكت لتك الي كرين نت كہتكت چت ان [ظا٠ ٣٠٥]

अन० : उपपति की उक्ति वचन अनुभाव ते स्मृति संचारी, गुनकथन दसा ते पूर्वानुराग व्यंगि, परकीया नायिका के हर्ष संचारी चेष्टा अनुभाव ते सुरतेच्छा व्यंगि, स्वभावोक्ति अलंकार।

नर० : पुर्वानुराग, नायक को वैन सषी सो, हे सषी, भोरे सुभाव करिकै चितवनि तिका और गोरे मुहु की मुसकानि और लटकि दैकै सषी कै गरै लागिवौ तिकौ मेरे चित्त कौ आनिकै नित्यान षटकति है –

भोरे सुभाव चितोनी लसै मुह गोरै प्रभा मुसकाहट कै है। और जभात जु री मडरात न पैड न पैडन पै अटकै है। लागति आली गले लटकाति सिषान षुजावतही मटकै है। ऐसे चरित्र लषै नित आय अवै चित मै नित वै षटकै है [नर० ३०५]

---

[151] मि० प्रति में कवि सेनापति [क०र० २-४४] का यह उदाहरण मिलता है –

पून्यौ सी तिहारी लाल प्यारी मै निहारी वाल तारे सम मोती के सिगार रही साजिकै। झीनौ पटु गात चांदनी सौ अवदात जाल लोचन चकोरन कौ देषे दुष भाजिकै। सेनापति तनसुष सारी की किनारी वीच प्यारी के वदन आछी छवि रही छाजिकै। पूरन सरदचंद विंव ताके आसपास मानहु अषंड रह्यौ मंडल विराजिकै [मि० ३०४]

[152] चितवनि – चितविन - को०न०; चितवन - वे०स०मि०। भोरे – भौरै - वा०; भोरै - वे०। भाइ – भाय - उ०को०पा०मु०ह०; भाउ - मो०। गोरे – गोरै - शि०वे०गा०स०। मुह – मुष - उ०को०शि०पा०ह०; मुहु - मो०न०; मुंह - मु०। मुसकानि – मुसकांनि - उ०न०गा०मु०; मुसक्यानि - शि०नी०ह०; मुसकीति - वा०; मुसुकानि - पा०; मुसुक्यानि - मो०; मुसकांन - वे०स०; मुसिकानि - भा०। लागति – लागनि - को०मि०मु०; लागत - वे०स०; लगति - भा०नी०। लटकि – 'क' में इकार बाद में - गा०; लटक - वे०स०। अली – ऽली - शि०; आली - भा०नी०ह०। गरै – गरें - उ०मो०मु०ह०; गलै - को०; गरे - पा०भा०; गरैं - मि०। चित – नित - उ०शि०वा०; चित्त - स०। षटकति – षटकत - को०मो०वे०मि०मु०। नित – चित - उ०शि०वा०; नित्यां, काकपद, पार्श्व पर 'ताअं' - न०; तिय - वे०; य - गा०स०; निति - ह०। आनि – आंनि - उ०शि०वा०गा०मु०; नि - न०; आंन - वे०स०। [३०५]

कृष्ण० : यह नाइका की चेष्टा नाइक सषी सौ कहत है, पूर्वानुरागहू है अरु दस अवस्थानु के भेद मै सुमिरन जानियै –

भूलति न क्यौहू व्रषभानतनया की वानि वह अगरानि अंगुरीनि चटकाइकै। वहै गोरे वदरारे वदन की मुसक्यानि वह चहचही चितवनि भोरे भाइ कै। घूघुट करनि कर कमल उसारि वह लटकि मिलनि सजनी सों लपटाइकै। ऐसी भांति जव ते मै निरषी ही तवही ते पल पल माझ षटकति चित आइकै [कृष्ण० ३०५]

हरि० : परकीया की हकीकति नायक सषी सों, भोलापना की चितवनि, गोरे मुष मे हसी, आली, सषी के गरे सों लटकिकै लागति है, चित मै षटकै है, नित, सदा, आनि, आयकै, किंवा मेरे चित मै षटकति है, ताको तू आनि ल्याव, स्वभावोक्ति अलंकार।

— ⋆ —

इहि द्वैही मोती सुगथ। तू नथ गरवि निसांक। जिहि पहिरे जग दृग ग्रसति। लसति हसति सी नाक [३०६] [153]

انہ دوہي موتن سوکتہ توہي نتہ کرب نسانک ٠ جنہ پہرین جک درک کرست لست
ہست سي ناک [ظا٠ ٣٠٦]

अन० : उक्ति कवि की वा काहू सषी को वचन परकीया सों। अन्योक्ति अलंकार।

नर० : मद हाव, सषी को वचन नायका सों, हे राधे, तूं ए द्वै मोती नथ कै विषै सु गूथ करिकै निसांक गरव करि, सो क्यों कि जिन नथ के पहिरे तें संसारिन के नेत्र ग्रसति, पकडीया जातु है और हसति सी सोभाइमान नाक है –

एई मनोहर मोती लसै जुग और सुगंध समूह वसै है। तू नथ गर्व करो निहसंक से आनन आछीहि भांति लसै है। लोचन जे सगरे जग के सव आइ अचानक लेत ग्रसै है। जा पहिरै जग की जुवतीन की नाक सुनो कमनीय रसै है [नर० ३०६]

कृष्ण० : इह नाइका की नथ की सोभा सषी कहति है, यह अन्योक्ति कोऊ ओछे कुल तै भयो लघु मानव अरु वडी ओर जाइ पहुंच्यो होइ तहीं कहिये –

---

153 इहि – ईहि - उ०को०मि०; ए - शि०वा०; जिहि - पा०; ईंहि - मो०; इह - वे०गा०स०; यह - मु०। द्वैही – द्वैहीं - उ०ह०; द्वेहि - को०; देयी - पा०; द्वैं - न०; द्वै - वे०गा०स०मु०; हैही - नी०। मोती – मोति - को०शि०; मोतीही - न०वे०गा०स०मु०। सुगथ – सुगथु - उ०; सुगुथ - गा०स०; सुगथि - मि०। तू – तूं - उ०न०वे०स०मु०ह०; तुं - को०। नथ – थन, ऊपर क्रमशः २ १ की संख्याएँ - गा०। गरवि – गरव - शि०मो०न०वे०गा०स०मि०मु०। निसांक – निसाक - पा०भा०; निसांकु - मो०; निसंकि - वे०; नसांक, 'न' पर इकार बाद में - गा०। जिहि – ज्यहि - पा०; जहि - मि०; जिन - मु०; जिहिं - ह०। पहिरे – पहरे - को०न०; पहिरें - मो०; पहिरै - वे०गा०मि०मु०; पहरै - स०। जग – जगु - न०गा०; द्रग - नी०। दृग – द्रग - को०भा०मि०; द्रिग - शि०वा०न०वे०स०मु०; द्रगु, 'द्र' में इकार बाद में - गा०; जाग - नी०। ग्रसति – गृसत - पा०; ग्रसत - मो०स०मु०ह०; गृसति - न०; जग - नी०। लसति – हसति - शि०वा०भा०; लसत - पा०मो०वे०स०; ग्रसति लसति - नी०। हसति सी – हंसति सी - उ०ह०; हसत्ति सी - को०; लसति - शि०; लसति सी - वा०भा०; हसत सी - पा०वे०स०; 'त' में इकार बाद में - गा०; हत सी - मो०। नाक – नांक - उ०न०वे०गा०स०मु०; निसांक - शि०; नांकु - मो०। [३०६]

सुरनि समेत नाक याही ते कहत मुकुतानि जुत मुकुतिपुरी सी दरसति है। कहै कविकृष्ण मनमोहन के मोहिवे कौ मोहिनी की सिद्धि मानौ सोभा सरसति है। तोहि पहिरे तै जग नयन ग्रसति अति छवि वरसति मानौ नासिका हसति है। अहे नथ उर मै निसांक तू गरव करि द्वैही मुकुता के मोल सहित लसति है [कृष्ण० ३०६]

हरि० : नायक को वचन, यह जे द्वै मोती है सोई सुगथ, गथ नाम द्रव्य को, सुंदर द्रव्य, किंवा सुंदरी तरह सो गूथ्यो है, तासों हे नथ तूं निसंक गरव कर, नहि तोहि पहिरे सो जग के दृग को ग्रसै है, किंवा जग मे हमारे दृग को ग्रसति है, ग्रसति को अर्थ वस करिवो लच्छना सो जानिए, औ हंसति सी मानौ हंसै है, ऐसी नाक लसै है, सषी की उक्ति मै जगदृग श्रीकृष्ण जानिए, अन्योक्ति मे भी लगत है, उत्प्रेक्षालंकार, हंसति यह क्रिया है, ताके आगे सी है तासों।

— ⋆ —

हरि छवि जल जवते परे। तवते छिनु विछुरै न। भरत ढरत वूडत तिरत। रहत घरी लौं नैन [३०७] [154]

ہر چہب جل جب تین پري تب تي چہن بچہورین نہ ۰ بہرت دہرت بورت ترت رہت کہري لون نین [ظا۰ ۳۰۷]

अन० : उक्ति परकीया नायिका की, वचन अनुभाव ते स्मृति संचारी ते पूर्वानुराग व्यंगि, जो सषी सो कहति है तो तासो दूतत्व करायो चाहति है। उपमालंकार।

नर० : साक्ष्यात दर्शन, सषी को वैन सषी सो, हे सषी, देषि तौ राधिका के नैन श्रीहरिजू की छवि तिन रूपी पानी तिनके विषै तवते परे हैं जवतें छिनहू विछुरतै नाहीं हैं, अरु भरत हैं, ढरत हैं, डूवत हैं तिरत हैं, सो ऐसे घडी की परै ह्वै रहे हैं –

एक समै हरि की छवि सो जल आपनी उत्तम डीठि परै है। ता छिन मै छिन एक कहूं विछुरै न सषी इह भांति ररै है। आइ घरीक भरै वहुरो ढरि नीकै तिरै अरु वूड षरै है। रैन दिना इहि भांति रहै कछु नैन घरी सम घाट घरै है [नर० ३०७]

कृष्ण० : इह नाइका अपने नेत्र की आसक्ति सषी सो कहति है –

आजु निरष्यौ मै व्रजराज के कुवर कान्ह जाके अंग अंग आली मनही हरतु है। कृष्ण प्रानप्यारे की दुहाई वा निकाई देषे कोरि रतिपति अति लाजन मरतु है। जाकी सोभा सलिल

154 जवते – जवतै - उ०भा०; जवतें - को०शि०मो०मि०मु०ह०; जवतैं - वा०स०; तवतैं - न०गा०; तवतै - वे०। परे – परें - वा०न०; पर्यौं - पा०; परै - वे०गा०स०मु०। तवते – तवतो - उ०; तवतैं - को०; तवतें - शि०मो०; तवतै - वा०भा०मि०ह०; जवतैं - न०गा०स०; जवतै - वे०। छिनु – छिन - उ०वा०वे०स०मु०; छन - ह०। विछुरै – विछुरे - उ०मु०; विनुरै - को०; विछुरी - वा०; विछुरें - मो०; विछुरैं - न०; विसरै - वे०स०; विसरें - गा०। न – नें - वा०नी०। भरत – भरतु - न०वे०गा०। ढरत – तरत - शि०; ढरतु - न०वे०गा०। वूडत – वुडत - वा०; डूवतु - न०; डूवत - वे०स०; डूवति - गा०। तिरत – तरत - वा०पा०मो०भा०मु०नी०ह०; तिरति - गा०। रहत – हरत - उ०शि०; रहति - गा०मि०; रहट - भा०। घरी – घरि - को०। लौं – लौ - को०पा०भा०नी०; लों - वा०मो०मु०ह०। नैन – नैंन - उ०न०स०ह०; नेंन - को०मो०मु०; [३०७]

मै जवतै नयन परे तवतै घरी लौ छिनहू न विछुरत है। ऐसे भये रत तही करत अनेक भाइ भरत ढरत पुनि वूडत तरतु है [कृष्ण० ३०७]

हरि० : सषी सों नायिका की हकीकति सषी कहति है, हरि की जो छवि है, सो जल है, तामे जवते परे नायिका के नैन तवते छन भी विछुरे नही है, वही रूप तै आसक्त है, आंसू भरै है, ढरत को अर्थ आंसू ढारत है, आंसू मै वूडि जात है, आंसू मै तरत हैं, घरी की तरह रहत हैं, किंवा सषी नायिका सों कहति है, हरि के नैन तेरी जो छवि सो जल है, तामे जवते परे ऐसो जानिए, घरी उपमान नैन उपमेय लो वाचक भरिवो आदि धर्म, पूर्णोपमालंकार।

—★—

मार सुमार करी षरी। मरी मरीहि न मारि। सीचि गुलाव घरी घरी। अरी वरीहि न वारि [३०८] [155]

مار سومار کري دري مري مريہ نہ مار • سيچ کلاب کہري کہري اري بريہ نہ بار [ظا• ٣٠٨]

अन० : सषी की उक्ति सषी सो प्रोषितपतिका नायका के व्याधि संचारी उद्वेगदशा, अर्थ विरोधाभास लाटानुप्रास की संसृष्टि।

नर० : प्रोषित्पतिका नायिका कौ वैन सषी सौ, हे सषी, आगै तो मोकौ सु मार नै मारिकै षरी कीवी है, अरु अव तूं दूवली मुई सी पडी को क्यौ मारति है, ज्यौ गुलाव कौ पानी घरी घरी सींचिकै वली सी थी, अरु तोकुं अवताई वालमति न गई –

सीच गुलाव घरीन घरीन मै वाही को क्यो नहि यो परजारै। मार सुमार करी अति कामिनि ऐसो वियोग भयो भरतारै। ताहि डरी औ मरी वहुरुं सुनि वाही मरीन को क्यों अव मारै। हौं कर जोरि करौं विनती सुनि चंदन लाय वरीहि न वारै [नर० ३०८]

कृष्ण० : इह प्रोषित्पतिका, उद्वेग दसा नाइका वचन सषी सो, रतिरंग सषी सषीहू सो कहै तौ वनै –

वालम वियोग ते विकल अति प्रान कछु सूझत न आन वनो दुषही को दाउ री। और उपचार करि मार न मरी को जो हितू है तौ कृष्ण प्रानप्यारे को मिलाउ री। घरी घरी सीचति गुलाव के सलिल सौ तू कियो कहा चाहति है मोहू धौ वताउ री। भरति घरीयै मारी मार की डरीयै विरहागिनि परीयै अव वारि जिन वाउरी [कृष्ण० ३०८]

हरि० : नायिका की उक्ति सषी सो किंवा सषी सो प्रिय सषी वाक्य, मार, काम, ताने मारिकै षरी अति, सु मार करी, दृढ चोट लगाई, याते यह मरी न मारि, फेरि क्यों मारै है, घरी घरी मै गुलाव

[155] मार – मारु - मि०मु०नी०। सुमार – समार - वे०स०; सुमारु - मु०नी०। षरी – डरी - को०भा०मि०मु०नी०। मरी – री - को०; अ - शि०; अरी - मो०; मारिन - भा०। मरीहि – डरीहि - न०वे०गा०; डरीह, 'ह' में इकार बाद में - स०; मरी - भा०। न – नु - मि०। मारि – मार - पा०स०। सीचि – सींचि - उ०मो०न०ह०; सीच - वे०स०; सींच - गा०मु०। अरी – वरीहि – वनिहि - वा०; वरीह - न०स०। न – नि - शि०मि०। वारि – वार - पा०वे०स०। [३०८]

सींचिकै , अरी सषी, किंवा तू अरी है, हठि रही है, मै सीतल उपचार करि जिवावौंगी, हे सषी मै या वात सौ वरी हों, मोहि मत वारै, किंवा नायिकाहि मति वारै, जारै, ध्वनि मै गुलाव उद्दीपन है, यह अति दुषी है, दुषी ने दुषित मति करौ, आवृत्ति दीपक।

— ★ —

न ए विससियहि लषि नए। दुरजन दुसह सुभाइ। आंटे परि प्राननु हरत। कांटे लों लगि पाइ [३०९] [156]

نہ ای بسسیہ لکہ ني دورجن دوسہ سوبہاي ٠ انتي پر پرانن ہرت کانتي لون لک پاني [ظا٠ ٣٠٩]

अन० : कवि की उक्ति, साधुजन सिक्षा, मति भावध्वनि, उपमा।

नर० : सिक्षा, कवि विहारीदास कहतु है, रे या दुरजन को नमीयौ लषिकै याको विसास न करि, क्योंकि दुरजन को कठिन सुभाव होत है, ज्यौं कांटौ आडौ पर्‌यौ पाइ कौ लागिकै प्रान को हरि लेतु है, त्यौ –

> **या जग वीच वडे षल ए नर वाही को नैक पत्याउ न कीजै। नूतन जानियै आपने जीय मै दुस्सह रीति सवै लषि लीजै। आटे परै पुनि प्रान हरै वहु भांतिन कै सगरै अंग छीजै। कांटे लौ आइकै पाइ लगै तव कोरि उपाय किये कहु जीजै** [नर० ३०९]

कृष्ण० : प्रस्ताविक, नाइका को वचन सषी सो, नाइक दृष्ट, अधीरा नाइका है –

> **ऊपर ते देषियत अधिक भलाई भरे अंतर के दुसह वुराई के निकेत है। कहै कविकृष्ण वहु वातन वनाइ कहै दाउ परै आप नातै महादुष देत है। देषत है न ए तऊ मानत विरोधी नए भूलत न क्यौहू जे विचार मै सचेत है। काटे के सी रीति दुरजन के सुभाइनु की आडे परे पाइनहू लागि प्राण लेत है** [कृष्ण० ३०९]

हरि० : ए संवोधन, ए मित्र, दुर्जन को नए, नम्र लषिकै नहीं विस्वास कीजियै, इनको सुभाव दुसह है, असभ्य है, किंवा लच्छना सो निकृष्ट है, आंटे में, दांव में परे प्रानै कौ हरै है, जैसे कांटा पाय सो लागै प्राननि को हरै, दुष देइ, पूर्नोपमा।

— ★ —

156 न ए – न यें - को०; न ये - वा०पा०गा०स०मि०नी०; न यौ - मु०। विससियहि – विससियह - को०न०वे०गा०स०मु०; विससिए - शि०भा०मि०; विससिइहि - वा०ह०; विससिये - पा०; विससि अरु - मो०; विसासिये - नी०। लषि – लष - वे०। दुरजन – दुर्जन - शि०वा०मो०ह०; दुरिजन - गा०। सुभाइ – सुभांइ - उ०मो०; सुभाय - को०; सभाव - मु०ह०। आंटे - उ०न०गा०मि०नी०; आंटिं - को०; आटै - शि०वा०मु०; आटे - पा०; आंटें - मो०ह०; आडे - वे०स०भा०। परि – परे - को०शि०; पर - वे०गा०स०मु०। प्राननु – प्रांननु - उ०वा०गा०नी०; प्रांननि - को०पा०ह०; प्राननि - मो०मु०; प्रांनन - वे०स०; प्रानन - मि०। हरत – हरतु - उ०न०गा०; हरति - को०मि०मु०; रहै - भा०; हरें - ह०। कांटे – कांटै - उ०वे०मु०; कोटे - वा०; काटे - पा०भा०मि०; कांटें - मो०ह०; कां, आगे प्रति खंडित - नी०। लों – लौं - शि०मो०मु०; लौ - वा०भा०मि०; लो - पा०; ल्यौं - न०। लगि – लग - वे०स०; गडि - भा०। पाइ – पाय - को०स०; जाइ - भा०; पाव - मु०ह०। [३०९]

क्यौंहूं सहवात न लगै। थाके भेद उपाइ। हठ दृढ गढ गढवै सु चलि। लीजै सुरंग लगाइ [३१०] [157]

अन० : दूती की उक्ति नायक प्रति, नायका मानिनी, श्लेष रूपक लंकार को संकर।

नर० : अन्योक्ति, मानमोचन भेद उपाइ, सषी को वैन नाइक सो, हो कान्ह, या गढ लेवै कै हेत भेद के उपाइ करिकै थाके पै क्यौंहू कियैं वातांहू लागै नहीं, यातै जो हठीलौ दिढ गढ ह्वै तौ वा दढ गढै आपु चलिकै अरु भलौ रंग लगायकै लीजै, ए मनाइ लीजै –

> **क्यौंहू नहीं यह वात लगै अरु भेद उपाय थके कहा कीजै। कोरि जतन्न किये नहिं आवत हाथ सवै यह आपत छीजै। गाढ घनो हठ सोइ महाडिढ दुर्ग गढेस कछू न पतीजै। तो तुम साधन छांडि चलो अव लाइ सुरंग लगाइकै लीजै** [नर० ३१०]

कृष्ण० : इह गुरुमान है, सषी नाइका सौ कहति है कि चलै वाकौ मान छुटैगो –

> **आजु सज्यो हठु कौ गढ प्यारी नै देषत धीरज कौन को दीजै। कौनहू भांति लगै सहवात न भेद उपाइ थके मति छीजै। लोचन दूतन क्यौहू मिलै हरि मानियै मंत्र विलंव न कीजै। आपुनही चलियै वलि जाउ सुरंग लगाइ जौ लीजै तौ लीजै** [कृष्ण० ३१०]

हरि० : दूती की उक्ति नायक सो, क्योंहू, कोई तरह, हे सहनायक, वात नाहीं लागति है, किंवा कोई तरह सह, संग मे हमारी वातनि में नहीं लगति है, दूसरु अर्थ कोट पच्छ, सहवातसी छीनही लगै, रसिकप्रिया मे मान छोडायवे में साम दाम भेद लिष्यो, ताको उपाय थाके, कोट पच्छ गढवै को फेरि लेनो, हठ सो है गढ दृढ तहां गढवै नायिका है, ताको सुरंग आछो जो है, राग, प्यार, तासों लगाय लीजिए, कोट मै सुरंग लगावत हैं, रसिकप्रिया साम दाम अरु भेद पुनि प्रनति उपेछा मानै हठ गढ रूपक, सुरंग में श्लेष, एक शब्द के अर्थ जहं भासत आय अनेक। शव्दश्लेष सु कहत हैं जाके बुद्धि विवेक॥

— ⋆ —

तोही को छुटि मान गौ। देषतही व्रजराज। रही घरिक लौं मानसी। मान किये की लाज [३११] [158]

---

[157] क्यौंहूं – कैहूं - उ०शि०; क्यौंहुं - को०; कैहौ - वा०; केहू - पा०; क्योंहू - मो०; क्यौंहू - न०मि०; क्युंहुं - वे०; क्योंहो - गा०; क्योंहूं - स०; क्यौहू - भा०; क्यौहूं - मु०। सहवात – सौवात - न०गा०; सोवात - वे०स०; सैवात - मु०। लगै – लगैं - को०न०; लगे - मि०नी०। थाके – थाकै - स०। उपाइ – उपांइ - उ०; उपाय - को०गा०मु०ह०; उपाई - मो०। हठ – हठु - भा०मि०नी०; दृढ - ह०। दृढ – दिढ - उ०शि०न०स०; दृढ, 'ढ' में इकार बाद में - मु०; हिढ - वा०; द्रढ - मो०मि०; दिठ - वे०गा०; द्रग - नी०; दृग - ह०। गढ – गड - भा०; (लुप्त) - मु०; गढु - नी०। गढवै – वे - उ०वा०मु०; गढवे - को०; वैही - शि०; वैठी, पार्श्व पर 'गढ वे' - पा०; गुढवै - न०वे०गा०स०; गाढे - भा०। चलि – चलिं - पा०; चल - वे०स०। लीजै – लीजे - उ०मो०न०। सुरंग – सुरंगु - मो०। लगाइ – लगाय - को०मु०ह०। [३१०]

[158] तोही – तौही - शि०न०भा०; ताही - वे०गा०स०। को – कौ - उ०; कों - गा०ह०; कौं - मि०नी०; गौ - मु०। मान – मांन - वा०वे०स०मु०; मांनु - न०; मानि - मि०; मानु - नी०। गौ – गो - को०वे०भा०। देषतही –

توہي کو چہوت مان کو دیکہت ہین برجراج ۰ رہي کہرک سون مان سے مان کیے کي لاج [ظا۰ ۳۱۱]

नर० : सहजै माननोचन, सषी कौ वैन नायिका सो, हे राधे, श्रीवृजराज, तिनकौ देषतैही तेरो मान छूटि गयो, पै यौ जो घरीकु लौ मान राष्यौ सो मान किए की लाज के वासते –

तेरे हिये ते गयो छुटि मान औ स्यानप की सव वात कही है। और हसोही सी भोंह मनोहर देषतही व्रजराज लही है। मान सी एक घरीक लों आपने मानस मांझ षरी उमही है। रोस समूह उडाय दयो पुनि मान करैन की लाज रही है [नर० ३११]

कृष्ण० : इह मानमोचन, सषी को वचन सषी सो –

आजु कै रूसने की असोभा कहा कहौ पानि कपोल धरे की। आलिन की विनतीहु सुनै न टरी रिस राधिका के हियरे की। छूटि गई सु तौ देषतही मृदु मूरति कान्ह लुनाई भरे की। मानु ही सीउ जु मान रही वह लाज घरीक लौं मानु करे की [कृष्ण० ३११] [159]

हरि० : सषी वचन नायिका सो, तेरे ही, हृदय, को मान छूटि गयो, व्रजराज के देषतही, ऊपर तौ लाज की क्रिया नहीं, घरी एकताई मानसी, मन मै जो उपजै सो मानसी, मान करिवे की लाज मानसी रही मन मे रही, नायिका की प्रीति नायक को अति सौंदर्य ध्वनि, कृष्ण को दरसन कारन, छुटिवो कार्ज, सो संगही भयो, पहिले देषै, मनावै, तव मान छूटै, चपलातिशयोक्ति, चपलात्युक्ति जो हेतु के होत नामही को।

— ★ —

सषि सोहति गोपाल के। उर गुंजन की माल। वाहिर लसति मनौ पियै। दावानल की ज्वाल [३१२] [160]

देषतहीं - ह०। व्रजराज – वृजराज - न०भा०। रही – रगें - शि०; रह - वा०। घरिक – घरकि - उ०; घरीक - शि०वा०वे०स०; घरक - गा०; घरकु - मु०। लौं – लों - शि०वे०गा०स०ह०; लो - वा०; लौ - भा०मि०नी०। मानसी – मांनसी - शि०वे०स०ह०; मोनसी - वा०; मानुसी - न०भा०नी०; मांनुसी - गा०। मान – मांन - उ०न०वे०स०ह०; मांनुं - गा०; मानु - भा०नी०। किये की – कीये की - उ०को०मि०मु०नी०; कीए की - शि०; कियै की - वा०गा०स०; कीयै की - न०वे०; करे की - ह०। लाज – जाल - उ०। दोहा लुप्त - पा०मो०। [३११]

159 भा० मि० प्रतियों में केशवदास का यह छंद मिलता है –

वोलेही वोलै हसैही हसै अरु सैन कहै कछु वात हिये की। अंकहु मांझ निसंक न होति सु संक हिये पिय पाइ छुए की। केशव केशवराइ सौ दीठि छिपाये छिपै कहू जोति दिये की। मोहन के मिलि मान छुटो पै छुटी न षिसी मन मान किये की [भा० ३११]

160 सषि – सषी - शि०पा०मो०। सोहति – सोभित - को०; सोहत - शि०वा०भा०; लसति - पा०; लसत - मो०; सोभति - न०गा०; सोभत, 'भ' में इकार बाद में - स०; सोभत - वे०मु०। गोपाल के – गोपाल कै - शि०वा०वे०गा०स०; गोपाल कैं - मो०नी०ह०। उर – उरु - न०गा०। गुंजन की – गुंजे की - शि०; गोजनि की - वा०; गुंजनु की - भा०; गुंजनि की - नी०ह०। वाहिर – वाहरि - उ०मो०न०गा०मि०; वाहर - को०वे०स०; वाह्यर - पा०। लसति – लसत - पा०मो०वे०स०भा०ह०; लसात - मु०। मनौ – मनों - शि०वे०स०; मने - पा०; मनो - मो०; मानौं - गा०ह०। पियै – पिये - उ०पा०; पियें - को०; पीइ - शि०; पिएं - मो०; पियैं - मु०; पिए - ह०। ज्वाल – ज्वाला - उ०; झाल - वा०। [३१२]

سکھي سوہت کوپال کے اور کنجن کي مال • لست منون باہر پئين داوانل کي جوال [ظا • ٣١٢]

अन० : परकीया की उक्ति सषी प्रति, वचन अनुभाव ते अनुराग व्यंगि, उत्प्रेक्षा।

नर० : सिंगारु माला सोभा, सषी को वैन सषी सो, हे सषी, श्रीगोपालजू कै उर कै विषै या गुंजन, चिरमीतिन की माल सोभति है, सो कैसी कहै कि मानौ दावानल अगिन कौ पान कियौ है सो ताकी ज्वाला हिया वाहरि सोभति है –

> **हे सषी गुंजन की वरमाल वनी नंदलाल हियै अति जोहै। सोहति है अति सुंदर लाल निहारतही रमनी मन मोहै। ऐसी अनोपम ओप विराजति या जग मै उपमा कहि को है। मानौ पियौ पहिलै जु विसाल दवानल ज्वाल सी वाहिर सोहै** [नर० ३१२]

कृष्ण० : इह नाइका प्रौढा अधीरा षंडिता , नाइक कौ वचन सषी सौ –

> **भाग वडे निरष्यो यह वानिक आजु की हौं वलि जाउ घरी की। ऐन प्रभा लषि लागति है कछु मोहि तौ मैन की मूरति फीकी। देषि री मोहन के उर भाउती माल विराजति गुंज की नीकी। पीवी हुती प्रगटी सु तौ वाहिर ज्वाल मनौ वडवानल ही की** [कृष्ण० ३१२]

हरि० : नायिका को वचन सषी सो, हे सषी, गोपाल के उर, छाती, विषै गुंजनि की माला सोहति है, मानो पिये सो दावानल की ज्वाला वाहिर लसति, सोहति, है, इहां उक्तास्पद वस्तूत्प्रेक्षा, एक वस्तु की दूसरी वस्तु करि जहां संभावन कहिए, डौल कीजिए, सो उत्प्रेक्षा, गुंजमाल वस्तु विषै ज्वाला वस्तु की संभावन, संभावन उत्प्रेक्षा वस्तु हेतु फल लेषि, वस्तु दुविध उक्तास्पद अनुक्तास्पद लेषि, संदेह गोपाल के उर विषै, दावानल की ज्वाल हित सों नहीं कही जाति है, तव ऐसो अर्थ मानो, गुंजा की माला ने दावानल की ज्वाला पीई है सो वाहिर लसत है, भगवान ने दावानल नहीं पियो, सक्ति ने पियो, औ उत्प्रेक्षा मे भी अर्थ संभवै है, मानो माला ने दावानल पियो तौ भी कठोर माल हृदय पै रहै है, प्रेमी को नहीं सही जाति है, तव ऐसो अर्थ कीजिए, नायक के गरे की माला सपत्नी के गरे मे देषिकै नायिका कहै है, हे सषि, गोपाल के उर की गुंजन की माला नायिका के गरे मे ऐसी सोहति दीसति है, संभावना करै है मानौ माला नै दावानल की ज्वाल पीई है, सो वाहिर लसति है, क्यों हमारे नेत्र देषे सो वरत हैं।

— ⋆ —

गहिली गरव न कीजियै। समै सुहागहि पाइ। जिय की जीवन जेठ सौ। माह न छांह सुहाइ [३१३] [161]

[161] गहिली – गहली - उ०वे०स०मि०; गहलि - को०। गरव न – गरवु न - न०गा०भा०नी०; गरव नु - मि०। कीजियै – कीजिये - उ०पा०; कीजीये - को०; कीजीई - शि०; कीजीयै - वा०वे०गा०मु०; कीजिएं - मो०। समै – समय - शि०वा०पा०; समें - मो०; समैं - ह०। सुहागहि – सुहांगहि - उ०; सुहाग सु - शि०। पाइ -= पाय - को०वा०मो०वे०गा०स०मि०ह०। जिय – जीय - उ०शि०वे०मि०; जिव - ह०। जीवन – जीवनि - उ०पा०नी०; जीवनी - शि०। सौ – सो - को०मो०; सों - शि०वे०स०; सौं - वा०मि०; ही, मात्रा पर काटने का चिह्न - पा०; ज्यौ -

کہلي کرب نہ کیجیئے سمئے سوہاکہ پاي • جیہ کي جون جیتہ سو مانہ نہ چہانہ سوہاي
[ظا• ۳۱۳]

अन० : दृष्टांत, सषी की उक्ति माननी नायिका सो, विभाव विरुद्ध दूषन, शांतरस को प्रादुर्भाव है, ताही ते महाकविप्रयोग ते सहनो, शृंगार की हानि है तऊ।

नर० : सषी कर्म सिक्षा, सषी कौ वैन नाइका सो, हे राधे, गहिली, या समै सुहागु पाइकै गरव कीजियै नाही, सो क्योंकि जो छाया है सो जेठ के मास जिय की जीवन होति है, पै माह के मास मै सुहाति नाही है –

हे गहली सुनि कीजियै गर्व न या भव की गति कौनै लही है। पाइ सुहाग समै पर जामनी भांति भली सव तोहि कही है। री विधि की गति जात कछू नही पै जन की सव वात रही है। जीवन है जिय को वह जेठ सु माह मै छाह सुहात नही है [नर० ३१३]

कृष्ण० : यह सषी की सिक्षा है, अरु जो जेष्टा कनिष्ठा के भेद मै यासौ नाइक कहै हित जानि सौति को कहै तौहू संभवै, ईर्षा संचारी होइ –

अलि हौ समुझावति तोहि यहै तजि मानु हहा सुष देहि हमै। फल क्यों न लहै वलि जोवन कौ मनमोहन सौ मिलि क्यौं न रमै। लडवावरी पाइ सुहाग समै जिनि एतौ गुमान धरौ जिय मै। सव की वह जेठ मै जिवनमूरि सु छाह सुहाइ न माह समै [कृष्ण० ३१३] [162]

हरि० : सषी वचन मानिनी सो, हे गहिली, वावरी, गरव नहीं कीजिए, समय सोहागहि पाय, जो ऐसो अर्थ कीजिए, समय, जौवन, तामे सौभाग्य को पायकै, तो ध्वनि मै निकरै सांत रस, कोई दिन मै वूढी होयगी, तव तोहि कौन पूछैगो, समय को अर्थ संकेत, मिलिवे को स्थान, तहां तू वैठी है, नायक तेरो वस है, यह सौभाग्य, ताको पायकै नायिका को गर्व है तौ अच्छा, पै या समै मे नहीं जीव की जीवन जेव मे है तो भी माह मे छाया नही सुहाति है, कोई समें मे गर्व आच्छो, कोई समै मे नहीं, किंवा हे जीव की जेठ मे तो जीवन है तौ भी माह मे छाया नही सुहाति है, रसिकप्रिया मे, जीजै री जीव की नाक दै चूनो, ए जीव की ऐसे जानिए, किंवा नायक ने तोहि गहि ली, पकरि ली, अव गरव न कीजिए, हम वडे कुल की हमे तुम जोरावरी सो पकरि लेहुगे इत्यादि गर्व वाक्य, ताको समय सांत करौ, गर्व मति करौ, नायक सो जो सुष सो सोभा, ए ताको पायके हे जीव की, आगे वही अर्थ, दृष्टांत अलंकार, किंवा कलहांतरिता के पति सहित विहार करति जो है, औरि नायिका तासौ कलहांतरिता की सषी को वचन, हे गहिली गरव न कीजिए, कोई एक समय मे सौभाग्य को पायके वा नायिका सो विरह

भा०; में - मु०; ज्यौं - ह०। माह न – माह - शि०वा०; मांह न - वे०; माहि न - मु०; मोहि न - नी०। छांह – छाह, 'छा' पर चंद्रविंदु भिन्न क़लम से - उ०; छांहनि - शि०; छांह न - वा०; छाह - पा०भा०मि०; छांहं - मु०; छां, 'ह' ऊपर रिक्त स्थान में - नी०। सुहाइ – सुहाय - को०वा०मो०मि०ह०। [३१३]

[162] भा० प्रति में कवि दयादेव (दे० **संक्षिप्त०** १-४०५) का छंद उदाहरण में दिया हुआ है –

अपने अपने ग्रहन नर नारी भरे नेह हिलि मिलि रहै ज्यो उदधि अरु लहरी। पंछीहू न तजै भौन मानस की कहै कौन कीजै किनि गौन कहा सोचति ससहरी। कहै दयादेव साथ साहस के सोहति है तेरी जो सकुच कौन काम की इकहरी। सषिनि को कहो मानि प्रीतम सो हित ठानि माह के न सीत सम जेठ की दुपहारी [भा० ३१३]

सो जेठ है, तामे तू जीव की जीवन भई है, वासो प्यार होयगो, सो माह तहां तू छांह की तरह नहीं होयगी।

— ⋆ —

हसि हसाइ उर लाइ उठि। कहि न रुषौहै वैन। जकित थकित ह्वै तकि रहे। तकति तिलौछे नैन [३१४] [163]

ہس ہساي اور لاي اوتہ کہ نہ روکہوہین بین • جکت تہکت سي ہوي رہي تکت تلونچہي نین [ظا• ۳۱٤]

अन० : दूती की उक्ति मानिनी नायिका सो, सामोपाय, उत्प्रेक्षालंकार।

नर० : सषी कर्म विनय, सषी को वैन नायिका सौ, हे राधे, अवै तो रूषोहे वैन नाइक सो कहि मति, उठि हसाइकै उर ते लगाइ लेहु, सो क्योंकि देषि तौ जक्या थक्या सा ह्वैकै तिलौछे नेत्रां सो तकि रहे है –

> **तू हसि और उनै लै हसाइ हियै कहि लाइ रहे जु जके है। क्यो न करै सषी मेरी गुसाइन वैन हमारे सिषाय थके है। कै कर सोंही सी भोह रुषी रुष वाक कुवाक अनेक वके है। आपने चित्त चकित्त से होय है तेरे चिलोछ से नैनन के है** [नर० ३१४]

कृष्ण० : इह मान परिहास, नाइका के विद्यमान सषी नायका सो कहति है, जो नाइका कौ अपराध दुरावै को कहै तौहू संभवै –

> **मानु कियो होहि तौ मनावै प्यारी पाइ गहि रोस परिहास को जतन कहा कीजियै। रसिक रसाल तेरे लोचन तिलोछे चाहि चक्रत ह्वै रहौ ऐसे नाहक न षीजियै। हाहा तोहि सोहै अव सूधी करि भौहै वैन कहि न रुषौहै लाल छाती लाइ लीजियै। हसियै हसाइयै सुष सौ रिझाइयै री रसु वरसाइ दुषु सौतिनु कौ दीजियै** [कृष्ण० ३१४]

हरि० : मानिनी ते सषी वचन, दोष तेरोई है, ता दिन तूही रूषे वैन कहे, अव नायक आयो है, तू हंसि, नायक को हंसाव, किंवा नायक को हंसायकै तू हंसि, उठि उर सों लगायकै तकित थकित, तहां को तहांई होयकै, रहिकै, ताकि रहे हैं, तेरे तिरछोहें, तिरीछे वक्र नैननि को, सषी सो सषी की उक्ति लगै है, हंसि हंसाय इत्यादि करि रूषे वचन नायिका ने कहै, और वही अर्थ, रूषे वैन हेतु जकित थकित होनो हेतुमान, हेतु अलंकार, हेतु अलंकृत होति जहं कारन कारज संग, वहु जकित थकित से ह्वै रहे, यह भी पाठ है, तहां उत्प्रेक्षा।

---

[163] हसि – हस - वे०; हंसि - ह०। हसाइ – हसाय - को०मो०वे०मि०; हंसाय - ह०। उर – उरु - उ०न०गा०। लाइ – लाय - को०मो०मि०ह०; ला - वा०। उठि – उठ, ह०; 'ठ' में इकार बाद में - स०; उठ - मि०मु०। कहि न – कहै न - शि०; कहित - मु०; कहे जु - ह०। रुषौहै – रुषोहै - को०पा०मु०; रूषौहै - वा०; रुषोहे - मो०वे०स०; रुषेहे - न०; रुषेहै - गा०; रुषौहे - भा०; रूषे - ह०। वैन – वैंन - को०स०मि०नी०; वेंन - मो०मु०। थकित – थकित, 'ज' पर 'थ' संशोधन द्वारा - उ०। ह्वै – से - को०पा०मो०; हुइ - वे०स०। तकि – ह्वै - को०पा०मो०; किर - शि०; कै - वा०। रहे – रहै - को०मो०; तही - शि०; रही - वा०भा०मु०। तकति – तकित - को०पा०मो०स०मि०मु०; तकतु - न०गा०; तकत - वे०; तकीति - नी०। तिलौछे – तिलोछे - को०न०वे०स०भा०; तिलौछै - शि०वा०; तिरीछे - पा०मो०; तिलोंछै - गा०; तिलोछें - मु०; तिलौंछै - नी०; तिरीछें - ह०। नैन – नैंन - उ०को०गा०स०ह०; नेंन - वा०पा०मो०मु०। [३१४]

— ⋆ —

तीज परव सौतिन सजे। भूषन वसन सरीर। सवै मरगजे मुह करी। उही मरगजे चीर [३१५] [164]

تیج پرب سوتن سجي بهوکهن بسن سریر ٠ سبي مرکجي مونه کرین اوهني مرکجي چیر [ظا٠ ٣١٥]

अन० : उक्ति सषी की, सुरतांत, व्यंगि वैवर्णता, अनुभाव करि ईर्षा संचारी व्यंगि, असंगति अलंकार।

नर० : अन्यसंभोगदु:षिता सषी कौ वैन सषी सौ, हे सषि, राधिका की सौतां तीज के परव विषै भूषन अरु वसन करिकै आपनौ सरीर सज्यौ, अरु राधिकाजूही जु मसलयु चीर तिनसौ सरीर सज्यौ, सो सौतां सवही वाको देषितैही मैलो सो मुह्व कर्‌यौ –

सावन तीज सजे सव सोतिन भूषन भामिनि आपनो वानो। वास सुवास धरै अपनै तन और सिंगार कियो मनमानो। एक सु आप कियो परिरंभन चौसर चीर भयो कुमिलानो। मरगजी आनन ओप सवै करी वाके मरगजी चीरन जानो [नर० ३१५]

कृष्ण० : इह नाइका प्रेमगर्विता मरगजे चीर ते गर्वित भयो ताते सिंगार न कियो, सषी वचन सषी सौ –

सौतिनु हुलसि गुनगौरि को परवु साधि भूषन वसन वहु भांतिन सुधारे है। तिलक तमोल वेंदी वेसरि तरौना सजि अंजन सौ आंजे चारु लोचन अन्यारे है। कृष्ण प्रानप्यारे के रिझाइवे कौ होडीहोडा चपल कटाक्ष हाइभाइन सो टारे है। उही एक राति रति मरगजे चीरही सो सवही के नीके मुष फीके करि डारे है। [कृष्ण० ३१५] [165]

हरि० : सषी सो सषी वचन, तीज परव मै सौतिन भूषन वसन सो सरीर को साजे सिंगारे, वहै मरगजे चीर, वह नायिका ने मरगजे, मैले, चीर सो नायक के प्रस्वेद सो, सव सौतिन को मैला मुह की करी, किंवा वह रूप का गर्व ते सिंगार नही कियो तौ भी ऐसी सोभा भई सौति सहि नही सकी, इहां ईर्षा संचारी व्यंग्य, असंगति अलंकार, जो मैलन पट पहिरै सो मलिन, सौति विषै मलिन मरगजौ चीर सौति के मुष मलिन करिवे को कारन नहीं तासों कार्ज भयो, दूसरी विभावना जानि परति है।

---

[164] सौतिन – सौतिनु - उ०नी०; सौंतिन - को०शि०; सोतिन - मो०; सौंतिनु - न०; सोतन - वे०; सोंतिन - गा०; सौतन - स०; सौतिनि - मि०; सौंतिनि - ह०। सजे – सजें - शि०मो०; सजैं - न०मि०; सझे - वे०गा०स०; सझौ - मु०। वसन – वशन - न०। सरीर – शरीर - को०वा०न०भा०। सवै – सवैं - मो०न०मु०; सवे - वे०गा०स०। मरगजे – मरगजैं - शि०न०मु०; मलगजे - पा०; मरगजै - नी०। मुह – मौंह - वा०; मुष - पा०; मुहु - मो०न०गा०। करी – कक्रे - पा०। उही – इही - शि०न०; इहें - वा०; वही - पा०मि०; उहीं - मो०नी०; वहै - ह०। मरगजे – मरगजी - शि०वे०स०; मरगजै - वा०न०मि०नी०; मलगजे - पा०; मरगजा - गा०; मरगजैं - मु०। [३१५]

[165] भा० प्रति में चतुर्थ चरण का पाठ यह है --
सौतिन के वीच यौ विराजति व्रषभानलली मरगजे चीर पै सिंगार कोटि वारे है।

— ★ —

गढरचना वरुनी अलक। चितवनि भौंह कमान। आघ वकाईही वढै। तरुनि तुरंगम तान [३१६] [166]

کره رچنان برني الک چتون بهونه کمان • اکه بکائیهن هین[167] برهي ترن ترنگم تان [ظا• ۳۱۶]

अन० : सिक्षा, भावध्वनि, प्रस्ताविक, दीपक अलंकार।

नर० : गढ की रचना, वरनी की रचना, अलकां की रचना, चितवन की रचना, भौंहन की रचना, कमान की रचना, तरुनि की रचना, तुरंगम की रचना, तान की रचना, जो वांकपना कीनै आघ चढै है –

> **भोह कमान नई तरुनी गढ और सुनो वरनी मन मोहै। नीकी अलिक्क चितौनि तुरंगम तानरु मान वढावत जो है। आघ वढै इनहीं को वकाई तै एई निकाइ कहू अव तोहै। जाको वनाव कियो करतार सो और जगत्त मै दूसरो को है [नर० ३१६]**

कृष्ण० : इह प्रस्ताविक, कवि की उक्ति –

> **गढ कौ वनाउ वाको होइ तौ वडाई पावै ग्रंथनि मै वात यह वरनी प्रमान की। अधिकाई देषियै निकाई की वकाईही तै अलक चितौनि भौह वरनी कमान की। कहै कविकृष्ण रीति जानत प्रवीन त्यौही तरुनी की तुक की तुरंगम की तान की। वाकही ते पालकी के वास को वढतु मोलु वाकौ रजपूती लहै कीरति कृपान की [कृष्ण० ३१६]**

हरि० : नायक के रूप सों नायिका को अति अधीन देषिकै सषी उत्कर्ष सिषावै है, हे सषी एतने वस्तु विषै आघ जो है आदर सो वक्रता सौ वढै है, गढ की रचना औ वरुनी पक्ष्म अलक चितवनि औ भौह औ कमान औ तरुनी औ तुरंगम, घोरा, तान गाइवे मे भोह वर्नन के वल नहीं, दीपक अलंकार है, उपमानरु उपमेय सो इक पद लगत सुहाय। दीपक ताको कहत है जो कवि मे सरसाय॥ इहां अघ वंकाई पद सव सों लगत है।

— ★ —

166 वरुनी – वरनी - न०वे०गा०स०मि०। अलक – ऽलक - शि०पा०; अलिक - मु०; अलकक - ह०। चितवनि – चितवन - शि०वे०गा०स०मु०; चितविनि, 'वि' के इकार पर काटने का चिह्न - न०; चितन - मि०। भौंह – भोह - को०पा०वे०; भोंह - शि०मो०गा०स०मु०ह०; भौह - वा०भा०मि०नी०। कमान – कमांन - उ०शि०न०वे०स०नी०; कवांनि - मो०; कवांन - मु०। आघ – आव - को०; आघु - भा०नी०; आषु - मि०; आद्य - ह०। वकाईही – वकाईहीं - उ०; वकाईहै - को०गा०; वंकाइही - वा०नी०; वकाईह्वै - मो०; वकीईहे - न०; वंकाईहै - वे०स०; वंकाईही - मु०ह०। वढै – चढें - उ०; चढै - को०मो०गा०; चढे - स०। तरुनि – तरुणि - शि०; तरनि - वा०; तरुनी - मो०; तरन - वे०; तरुन - गा०स०। तुरंगम – तुरंग सु - शि०वा०। तान – तांन - उ०वा०मो०न०मु०; कान - भा०। [३१६]

167 بکائیهن هین - پکائیهن هین - ظا•

इत आवति चलि जात उत। चली छसातक हाथ। चढी हिडोरे सै रहै। लगी उसासनि साथ [३१७] [168]

ات اوت چل جات اوت چلي چھ ساتک ہاتھ • چدھي ہندوري سي رہي لگي اوساسن ساتھ [ظا• ٣١٧]

अन० : सषी की उक्ति सामान्या सषी सो होइ तौ प्रोषित्पतिका, जो नायक सो होइ तो पूर्वानुराग विरहनिवेदन, उत्प्रेक्षालंकार।

नर० : प्रोषितपतिका, ग्रामांतर विरह, सषी कौ वैन नाइक सौ, हो कान्ह, आजु राधाजू छसातक हाथ तौ इत कौ चली आवति है अरु छसातक हाथ उत कौ चली जाति है, ऐसे हिडोरे चढी की परै उसास के साथ लागी रहति है। और अर्थ, परकीया प्रोषितपतिका, सषी को वैन सषी सो, हे सषी, राधिका जान्यो कि नाइक इत कौ चले आवतु है, कि उत को चले जात हैं, सो नाइक टलकै छसातक हाथ उत कौ चले तव सौ नायका हिडोरे चढी सी परै उसास के साथ लागी रहति है –

> **आवति है इत जात चली उत सांवरे सुंदर रूप लगी है। और सुनो अव वाकी दसा चलि जात छसातक हाथ षगी है। झूले चढी सी रहै सगरो दिन षात नहीं कछु भूष भगी है। नैनन नीर झरै अवला कहु देह उसासन साथ लगी है** [नर० ३१७]

कृष्ण० : इह नाइका प्रोषित्पतिका, सषी वचन, विरह निवेदन होइ, कृशता को अधिकाई, सषी कौ वचन नाइक सौ, सषी सषीहू सौ कहै तौ होइ, दस अवस्थानु मै व्याधि सचारी, सुकुमारता संभवै –

> **मोहनलाल तिहारे वियोग रही व्रजनागरि चित्र गढी सी। होति छिनौछिन औरही रंग अनंग की वेदनि अंग वढी सी। वा तन आइ इती दुवरीई सषी लषि सोच समूह मढी सी। आवति जाति छसातक हाथ उसास के साथ हिडोरे चढी सी** [कृष्ण० ३१७] [169]

हरि० : नायिका की लघुता, स्वास की प्रवलता, सषी सो सषी कहति है, छसात हाथ स्वास के निकरिवे के समय इत, आगे, चली आवति है, स्वास के प्रवेस मै छसात हाथ पीछे चली जाति है, हिंडोरा पला पर चढी रहति है मानो, उसासन के साथे लागी चढी रहति यासों सी जो है मानो को अर्थ मे ताको अन्वय, अनुक्तास्पद वस्तूत्प्रेक्षा।

— ★ —

[168] **इत – ईत - नी०। आवति – आवत - को०शि०वा०मो०वे०गा०स०मु०। चलि – चल - वे०गा०स०। जात – जत - पा०; जाति - न०भा०मि०ह०। उत – ऊत - मु०। चली – चले - न०। छसातक – छिसातक - न०; छसातकि - वे०स०; छसातिक - मि०। चढी – चडी - भा०; चढि - मु०। हिडोरे – हिडौरैं - उ०; हांडोरैं - को०; हिंडोरै - शि०; हिडोरै - वा०मि०; हींडोरे - न०; हिडोरै - वे०; हीडोरै - गा०; हीडोरे - स०। सै – सैं - उ०न०स०; (लुप्त) - को०; सें - शि०मु०; सी - पा०ह०; से - मो०नी०; सो - भा०। रहै – रहे - उ०; (लुप्त) - को०; दहै - शि०; हीएं - मो०; हिये - भा०; हीयौ - मु०; हिए - ह०। उसासनि – उसासनु - उ०वा०न०गा०; उसासन - शि०वे०स०भा०।** [३१७]

[169] भा०मु० प्रतियों में उपरोक्त के स्थान पर यह छंद है –

मोहनलाल चलु चलि देषियै आपुही जाइ वियोगिन के ढंग। थोरेही द्यौसन तै लषि देषियै सव देह भई जरदी हरदी रंग। वैसहु के भरमै इहि भांति परे वर हौ नष रे दुवरे अंग। पैड छसातहि डोरे से वैठी जु आवति जाति उसासन के संग [भा० ३१७]

डर न टरै नीद न परै। हरै न काल विपाक। छिनकु छाकि उछकै न फिरि। षरौ विषम छवि छाक [३१८] [170]

در نہ ٹري نيند نہ پري ہري نہ کال بپاک • چھنک چھاک اوچھکي نہ پھر کھرو بکھم چھب چھاک [ظا• ۳۱۸]

अन० : जौ नायक की उक्ति होइ तौ वचन अनुभाव ते मति संचारी पूर्वानुराग व्यंगि, जो सषी की उक्ति नायक प्रति होइ तौ नायका को विरहनिवेदन अरु नायक को स्मृति दशा व्यंगि, अरु नायका सौ होइ तौ दोऊ उक्ति मै परकीया जानियै, व्यतिरेकालंकार।

नर० : प्रोषितपतिका, भय विभ्रम विरह, नायका को वैन सषी सो, हे सषी, सो नायक की छवि रूपी छाकु है, सो षरौ विमुष है, क्यौं कि याकी छाकु पलही फिरि उछकति नाही है, सो ना तौ मोकौ डर टरतु है, और ना तौ मोकौ नीद परतु है, और ना तौ मोकौ विपाकु कालु है सो हरतु है –

> **नेक टरै डर नाहिंन नींद परै न रहै कलि काल विपाकै। कासो कहै अरु कौन सुनै अव या विधि पीर भई तन ताकै। छाक छिनेक नही उछकै फिरि दूर भई सव देह दमा कै। नैन निहारतही उपजै डर ये विष माई भरी छवि छाकै** [नर० ३१८]

कृष्ण० : इह नेत्रलगन है, नायिका अथवा नायक सषी सो कहै है कि छवि कौ छाक विषम है, सु विषमता वर्नन करै है –

> **सुधि कौन धरै नीद नैसकौ न परै महाभय ते न टरै मुष निकरै न वाकु है। कहै कविकृष्ण क्यौहू एक वेर छकै सु तौ उछकै न नैकौ न समै को परिपाकु है। सीरो लागै वुरौ निसि दिन तरफरै पलकनि गति हरै धरै काहू कौ न धाकु है। और मत वारे ते तौ मेरे मतवारे यह सवही ते विकट विषम छविछाकु है** [कृष्ण० ३१८]

हरि० : सषी नायक सो विरह कहै है, किंवा नायिका वचन, मदिरा की छाक छकनि तें छवि की छकनि मस्ती सो षरो विषम है, अति दुःसह है, मदिरा की मस्ती डर सौं टरै है, यह डर सों नहीं टरै है, यामै नींद नहीं परै है, औ काल जौ घरी पहर इत्यादि, ताको विपाक इहां पूर्नता, सो भी याको नहीं हरै है, नहीं दूर करै है, एक छन भी याकी छाक चढे पीछे फेरि उछकै नहिं, उतरै नहीं, मदिरा की छाक मे घरी एक चेत भी होत है, पहर दो पहर वाकी अवधि है, पीछे उतरि जात है, विषम ज्वर सों छाक षरो अधिक ऐसे भी कोई कहत है, किंवा जो कोई विषम दुःसह है तासो छवि छाक षरो है,

---

170 टरै – टरें - को०मो०मु०। नीद न – नींद न - शि०मो०गा०स०मु०। परै – परें - को०मो०मु०; परैं - शि०। हरै न – हरें न - को०मो०मु०; हैरै न - वा०। विपाक – विपाकु - उ०न०नी०। छिनकु – छिनक - को०शि०वा०स०ह०; छिनुक - मो०मु०। छाकि – छाक - शि०वे०स०मि०मु०ह०; छांकि - वा०; छाकु - न०गा०। उछकै न – उछके न - को०; उछकति - वा०; उछकै - वे०स०; उछकैं - गा०; उचकै न - मु०। फिरि – फरे - को०; फिरै - वे०गा०स०; फिर - मि०। षरौ – षरो - को०वा०पा०मो०वे०मु०नी०। विषम – विषमु - उ०न०। छाक – छाकु - उ०न०नी०। दोहा लुप्त - भा०। [३१८]

दृढ है, इहां मदिर की छाक उपमान, ऊपर सो आवै है, व्यतिरेक अलंकार, व्यतिरेक जु उपमान ते उपमेय अधिकौ देषि।

— ⋆ —

रमन कह्यौ हठि रमन कौं। रति विपरीत विलास। चितई करि लोचन सतर। सलज सरोस सहास [३१९] [171]

رمن کہیو پئیہ رمن کون رت بپریت بلاس • چتئي کر لوچن ستر سلج سروس سہاس [ظا• ٣١٩]

अन० : सषी की उक्ति सषी सो, संजोग शृंगार, नायिका कै अभिलाष नायक के त्रपा संचारी, किलकिंचित हाव, स्वभावोक्ति अलंकार।

नर० : कुट्टमित हाव, विरस वर्नन, सषी कौ वैन सषी सौ, हे सषी, रमन कहियै पुरुष रमनि सौ हसिकै विपरीत रति कौ विलास करिवौ कह्यौ, तव रमनि नै लाज सहित अरु रोष सहित अरु हास सहित नेत्रां को वांके करिकै चितवनि करी –

> **वैठी प्रिया पिउ सेज समीप कह्यो रतिरंग के भेद उचार्यो। षेलियै षेल किए विपरीत प्रतीति चितै इह वोल सुधार्यो। कै हठ भांति अनेकन सों पुनि आपने जीय विचार विचार्यो। लोइन वंक किए चितई सतराहट रोस सलज्ज निहार्यो** [नर० ३१९]

कृष्ण० : विपरीत यथा, नाइका नाइक की चेष्टा सषी सषी सो कहै, इह नाइका नै रतिविपरीत की वात कही सु नाइका नै चितवनि मै जु चेष्टा कीनी सु सषी सषी सो कहति है

> **व्रषभानसुता नंदनंदुलला रसकेलि कलानि प्रवीन षरे। रतिमंदिर मै अति प्रेम पगे रतिकंत विलास के रंग ढरे। रति की विपरीत करौ रमनी हसि यौ जव प्यारे निहोरे करे। तव प्यारी करे लषि नैन तिरीछ गुमान हसी अरु लाज भरे** [कृष्ण० ३१९]

हरि० : सषी सो सषी वचन, रमन, नायक नै हठिकै रमनी, नायका सो यह कह्यौ, विपरीत रति कौ विलास करौ, लोचन को सतर करि, चढायकै, तरेर कै चितई, फेरि सलज, लाज सहित रोस क्रोध कृत्रिम सहित हंसी सहित, हाव किलकिंचित, स्वभावोक्ति अलंकार।

— ⋆ —

ऐंचति सी चितवनि चितै। भई ओट अलसाइ। फिरि उझकन कौ

[171] रमन – रवनि - मु०। कह्यौ – कहो - को०; कह्यो - पा०मो०वे०भा०। हठि – हसि - को०मो०न०वे०गा०स०मु०। रमन – रमनि - को०पा०मो०न०ह०; रवनि - भा०नी०। कौं – कौ - शि०वा०; सो - पा०; सों - मो०वे०; सौं - न०स०मि०मु०नी०ह०; सौ - गा०भा०। विपरीत – विपरीति - उ०को०पा०न०वे०गा०स०मि०नी०। चितई – चिलई - शि०पा०; चितईं - मो०। करि – कर - गा०स०। उत्तरार्ध 'लषी सषी तन दीठि करि सगरव सलज सहास' - को०; चतुर्थ यति 'सगवग सलज सहास' - भा०मि०; 'सगर सलजज सहास' - नी०। [३१९]

मृगनयनि। द्रगनि लगनिया लाइ [३२०] [172]

انچت سي چتون چتي بهئي اوت الساي ۰ پهر اوجهكن كون مركنين دركن لكنيان لاي
[ظا۰ ۳۲۰]

अन० : नायक कै स्मृति संचारी गुणकथन दशा वचन अनुभाव ते नायका के अभिलाष संचारी अलसायवो अनुभाव ते पूर्वानुराग व्यंगि, अलसाय शव्द लक्षक दुषमय अर्थ याको लक्ष्य है, रूपक अलंकार।

नर० : अभिलाष दसा, सषी को वैन सषी सो, हे सषी, मृगनैनी ऐचति सी आषि सौ देषिकै अरु अलसाइकै ओट ह्वै गई सो अव भी वा मृगनैनी के उझकनि कै हेत नायक नेत्रां की लगनि लाइ रह्यो है –

> **ऐचत सी अति आछी चितौनिन देषिकै नारि नवाइ दई है। आली की ओट न आतुर होइ रही अलसाइ जंभाइ भई है। ओठ अमेठ भरी ससकै रिस कै जु हसै मन मोहमई है। फेरि निहारन को मृगलोचनि नैन लगन्नि या लाइ लई है** [नर० ३२०]

कृष्ण० : यह नाइका की चितवनि नाइक के चित्त मै वसी है, सो नाइक सषी सौ कहत है, वैसेई फिर चितवै यह अभिलाष है –

> **षिरकी उघारि नवनागरि निहारि इत ठाढो वनवारी मनमथ छवि छाइकै। ऐचत सी चितवनि भौहनि मरोरि करि लगनि लगाइ चितु लै गई चुराइकै। कहै कविकृष्ण इंदुवदनवधू को लषि नंदलाल रह्यो ठग कीसी मूरी षाइकै। उत चितवत सव काज विसराइकै सु फिर अवलोकिवे की आस उर लाइकै** [कृष्ण० ३२०]

हरि० : नायक की उक्ति सषी सों, ऐंचति सी मनौ षैंचि लेति है, ऐसी चितवनि चितैकै, अलसायकै काहू की ओट भई, फिरि उझकिवे को, ऊंची ह्वै देषिवे को मृगनैनी ने दृगनि को लगनि, आसक्ति लगाई, फेरि काहू देषै तो भलो, जो नायिका अपनी हकीकति कहै तो मृगनैनी सषी को संवोधन जानिए, अभिलाष संचारी, अलसाइवो अनुभाव, ऐंचत सी इहां क्रिया के आगे सी वाचक है, तासों उत्प्रेक्षा, मृगनयनि इहां लुप्तोपमा।

— ⋆ —

नर की अरु नलनीर की। गति एकै करि जोइ। जेतो नीचो ह्वै चलै। तेतो

[172] ऐंचति सी – ऐंचित सी - को०मु०; एंचित सी - वा०; ऐचति सी - पा०मि०; एंचति सी - मो०; ऐचत सी - वे०भा०नी०; ऐचत सी, 'त' में इकार बाद में - गा०; ऐंचत सी - स०ह०। चितवनि – चितुवनि - उ०; चतिवने - शि०; चितिवनि - मो०; चितवन - वे०; चतवन - गा०स०। चितै – चित्रैं - को०; चित - वा०; चितैं - मो०स०ह०। भई – लई - शि०; लैई - वा०। ओट – औट - उ०को०वा०; वोट - पा०मि०; उंट - स०। अलसाइ – अलसाय - को०ह०; अलसाइं - मो०। फिरि – फिर - शि०गा०स०। उझकन – उझकनि - पा०गा०नी०ह०; उझकिनि - मो०न०। कौ – कों - को०शि०मो०गा०ह०; को - पा०वे०स०मु०; कौं - न०मि०। मृगनयनि – मृगनयन - उ०न०वे०गा०स०मि०मु०; मृगनयन, 'न' में इकार बाद में - को०; म्रगनयनि - नी०। द्रगनि – दृगनि - उ०पा०स०ह०; द्रिगनि - शि०वा०; द्रिगनु - न०गा०; द्रिगन - वे०; द्रगन - मि०। लगनिया – लगनियां - उ०को०मो०; लगन उर - मि०; लगनिआ - ह०। लाइ – लाय - को०ह०; ल्यांइं - मो०। [३२०]

ऊंचो होइ [३२१] [173]

[174] نر کي ارو نل نير کي کت يکئي کر جوي ۰ جيتو نيچو ہي چلے تے تو اونچو ہوي
[ظا۰ ۳۲۱]

अन० : अवर, दृष्टांत अलंकार।

नर० : प्रस्ताविक, कवि विहारीदास कहतु है, आदमी की और नल की एकही गति जोय लेहु, सो कैसे कि जेतनो नीचो ह्वैकै चालैं, तेतौ ऊंचौ होइ जात है –

है अति सुंदर लच्छन रूप विचच्छन जात विसेष गुनी मै। त्यागी महा अनुरागी वडो वडभागी सराहत वेदधुनी मै। या नर की नल के अरु नीर की एकही रीति असेष सुनी मै। ऐसोई ह्वै चलै नीचो सुनो सव ऊचो तितो फिर होइ दुनी मै [नर० ३२१]

हरि० : नर, मनुष्य, फुहारा के नल के नीर, जल, की गति एकै करि जोय, गति, तरह सो एकै करि निपट सम करि तू जोय, देष, जेतनो नीचो होय करि चलै पुरुष सव सों नम्र होय चलै है, तेतनो तेतनो वडो कहावत है, और नल को नीर तेतनो ऊंचो होय उछलै, दृष्टांत अलंकार।

— ⋆ —

भूषन भार संभारिहै। क्यौं इहि तन सुकुमार। सूधे पाइ न परत धर। सोभाही के भार [३२२] [175]

بهوکهن بهار سنمهارہي کيون يہ تن[176] سکمار ۰ سودہي پاي نہ پرت دہر سوبہا ہي کے بہار [ظا۰ ۳۲۲]

अन० : सषी की उक्ति नायक प्रति होइ तो द्रुतत्व स्तुति व्यंगि, काकूक्ति अलंकार।

नर० : विच्छित्त हाव, सषी को वैन नायक सों, हो कान्हजू याको सुकुमार तन है, सो यौ भूषन को भार क्यों संभार सकैगी, देषौ न हौ कि सोभाही के भार करिकै धरती ऊपर सूधे पाइ पर सकतु नाही है –

---

173 नर की – नरा की - वे०। अरु – अर - शि०वा०स०। नलनीर – लनीर, 'ल' के पूर्व काकपद मात्र - शि०; नरनीर - पा०; नीरनी?र - वे०। एकै – एकैं - मो०; एकें - मु०। जोय - को०ह०; जौय - वा०; जोई - मो०। जेतो – जेतौ - उ०न०स०मु०। नीचो – नीचौ - उ०न०स०मु०। ह्वै – ह्वैं - मो०न०। चलै – चलैं - शि०; चले - मो०। तेतो – तेतौ - उ०न०गा०स०ह०। ऊंचो – उचो - को०वे०; नीचौ - वा०; ऊचो - पा०मो०; ऊंचौ - न०गा०स०। होइ – होय - को०ह०; हौय - वा०; होई - मो०। दोहा लुप्त - भा०मि०नी०। [३२१]

174 ہوي - رہوي - ظا۰

175 संभारिहै – संभारहै - को०वे०स०; संभारिहैं - शि०मो०मु०; सभारहै, 'र' में इकार बाद में - गा०; सम्हारिहै - भा०; सभारिहै - मि०; संम्हारिहै - नी०। क्यौं – कौ - वा०; क्यो - पा०; क्यों - मो०स०; कुं - वे०; क्युं - गा०; क्यौ - भा०मि०नी०। इहि – इहिं - उ०; यह - को०; इह - शि०वा०न०वे०गा०स०; यहि - पा०; वह - मि०ह०। तन – तनु - वा०न०गा०। सुकुमार – सुकमांर - शि०; सुकमार - मु०; सुकुवार - ह०। सूधे – सुंधे - शि०; सुधे - वा०मो०; सूधै - वे०स०; सूधें - ह०। पाइ न – पाय न - को०पा०मो०ह०; पाइनि - वा०; पायनि - मि०। परत – धर - को०शि०न०वे०गा०स०भा०; धरै - वा०; परत हैं - मो०; परति - मि०। धर – परै - को०शि०वा०न०वे०गा०स०; मग - पा०; है - मो०; परत - भा०। सोभाही के – सोभाही कै - शि०स०; शोभाही के - भा०। [३२२]

176 يہ تن - نہ تن - ظا۰

भूषन भार संभारिहै क्यों सुकुमार सरीर के रंग रए ते। लांक लची परि जात घनी उर मै कुच भार नए उनए ते। सूधे न पाय धरे परै वाही सो सोभ अकेली के भार भए ते। काजर भारनि टीको लिलार न और महावर पाइ दए ते [नर० ३२२]

कृष्ण० : इह सुकुमारता है, सषी नाइका सौ कहति है, प्रयोजन यह है कि भूषन पहरति विलंव होय, याते वेग चलौ –

विरच्यो विरंचि तेरे अति सुकुमार तनु ओप्यौ तिहु लोक की लुनाई कौ सकेलि है। कृष्ण प्रानप्यारे की सौं तेरी यह दुति राषी मेरे मनमोहनहू नैननु मै मेलिहै। सोभाही के भार सूधे पग न परत मग केऊ ठौर लचकत लग ज्यो नवेलि है। हितू हौ तौहि तू करि वूझति हौ हाहा करि कैसे आभूषननु को भारी भार झेलिहै [कृष्ण० ३२२] [177]

हरि० : रूपगर्विता, किंवा नायक को वचन, किंवा सषी को वचन नायिका सों, यह जो सुकुमार तन है, सो क्यों करिकै भूषन के भार को संभारिहै, धारन करिहै, धर कहिए धरा, पृथ्वी, तामे सूधा पाय नहीं धरात है, सोभाही के भार सों, विधाता ने अति सुंदरता राषी है, ताके भार सों, किंवा स्त्री की सोभा कुच नितंव है, ताके भार, श्लेष काकु करि होत जहं और अर्थ को ज्ञान। वक्रोकति ताको कहत जो जग मै सुजान॥ कंठ की ध्वनि विसेष, सो काकु, भूषन भार संभारिहै, न संभारिहै यह अर्थ, सूधे पाय न परत, तेरी टेढी गति है, वक्रोक्ति अलंकार।

— ⋆ —

मुह मिठास दृग चीकने। भौहै सरल सुभाइ। तऊ षरे आदर षरौ। षिन षिन हियो सकाइ [३२३] [178]

مہ متہاس درک چيکني بہوہين سرل سوبہاي ۰ تاو کہري ادر کہرو کہن کہن ہيو سکاي
[ظا۰ ٣٢٣]

अन० : नायक की उक्ति नायिका सादरा धीरा षंडिता, विभावना।

नर० : सादराधीरा, सषी को वैन सषी सौं, हे सषी, नायिका के मुहु सौं मीठी वातां निकसति हैं और नेत्रां चीकने हैं और भौहैं पातरे सुभाव से हैं, और जितनौ षरौ आदर करति है तऊ नायक कौ षरौ सौ षिनु षिनु कै विषै हियै संकायमानु होतु है –

[177] भा०मि० प्रतियों मे इस दोहे का उदाहरण यह कवित्त है –

वोलनि चलनि चतुराई चितवनि तिन चाह नाही चितु और ठौर ठहरातु है। वाके आंगु उवटि जु ओपी तिय मैल छवि तेऊ उपमा दै और सुकवि सिहातु है। करता निहारि सुकुमारि जी विचारि यह कौनो विनु भूषनहि भूषन सो गातु है। सकिहै सम्हारि कैसे आभरन भारु पाइ आभाहू को भारु न सम्हारो तनु जातु है [भा० ३२२]

[178] मुह – मुहु - मो०। मिठास – मिठासु - उ०मो०न०बा०; मिठासि - को०। दृग – द्रिग - शि०वा०न०मि०मु०; द्रग - बा०नी०। चीकने – चिकनई - उ०शि०वा०मि०नी०; चिकने - को०; चीकनें - मो०; चीकनैं - न०; चीकने - वे०। भौहै – भौहैं - को०नी०; भोंहें - शि०; भोहें - वा०; मोहें - मो०; भोहै - वे०; भौंहे - गा०; भौंहैं - स०; भौंहें - ह०। सरल – सुभाइ – सुभाय - को०ह०; सुभाईं - मो०। तऊ – तौ - न०मि०। षरे – षंरे - शि०; षरै - वा०न०। आदर – आदरु - मो०बा०नी०। षरौ – षरै - को०; षौरौ - वा०; षरो - पा०वे०स०बा०ह०; करें - मो०। षिन षिन – षिनु षिनु - मो०न०गा०। हियो - को०पा०मो०न०वे०स०बा०ह०; हियौ - उ०मि०नी०; हीई - शि०; हियै - वा०; हीयौ - गा०मु०। सकाइ – सकाय - को०; संकाय - वा०गा०ह०; सगाईं - मो०; संकाइ - न०वे०स०मु०। [३२३]

ऊष मयूष पियूष सो आनन आइ मिठास रही वहुतेरी। सोह सुधाई समेत सुभाइन चीकनी भांतिन लोयन हेरी। ऐसो षरो अति आदर है तऊ चित्त भई अव संक घनेरी। आपन जीय की तोहि कहूं सुनि नेक निहारति जे हस नेरी [नर० ३२३]

कृष्ण० : इह नाइका सादराधीरा प्रौढा नाइका वचन नाइक सौ –

वदन कमल तै अधिक हित साने वैन मधुरे कढत अमी जिन मै चुचातु है। भृकुटी सुभाइही सरल लषियति कहू रोस के न रंच लवलेस दरसातु है। नेह की निसानी रस सानी चितवनि त्यौही कैसेहू न मोपै यह भेदु लह्यो जातु है। ज्यौ ज्यौ अति षरो षरो आदरु करति प्यारी त्यौ त्यौ मेरो हियो षरो षरोई सकातु है [कृष्ण० ३२३]

हरि० : सषी की उक्ति किंवा नायक की उक्ति नायिका सों, तुमारे मुष मे मिठास है, कटु वचन न है, कहति है, दृग चीकने हैं, रूषे नहीं, भौहें सरल सूधी हैं, वक्र नहीं सोभै हैं, सुभाव यह पाठ मै राव भी सुंदर है, तऊ, तौ भी षरे आदर सो अति आदर सो डरै है, सषी की उक्ति मे तौ भी षरे षरे है, आदर षरो, आदर तौ तू षरौ सांच करति है, तोसों डरत है, और अर्थ वैसेही, आदर ते संका विरुद्ध संका कार्ज भयो, काहू कारन ते जहां कारज होय विरुद्ध।

— ⋆ —

जदपि नांहि नांही नही। वदन लगी जक जाति। तदपि भौंह हांसी भरी। हांसीयै ठहराति [३२४] [179]

جدپ ناںہ ناںہیں نہیں بدن لگي جک جات ٠ تدپ بہونہ ہانسي بہري ہانسیئے ٹہرات
[ظا٠ ٣٢٤]

अन० : नायिका की उक्ति सषी सो, मध्या नायिका, सुरति वर्णन।

नर० : मुग्धा सुरत वर्नन, सषी को वैन सषी सो, हे सषी, राधिका के वदन करिकै नांही नांही सो नांही ऐसी जक लागी जातु है, तौपिन भौहै हासी करिकै नांही की वात नाइक हांसी मैंही ठहिरावतु है –

नांही नहीं वहुरो अति नांहि न जद्यपि आनन रीति जगी है। ऐसी अनेक भई जक जद्यपि जीय मै प्रीति प्रतीति पगी है। वैन रुषाई लगै सुषदाई सषीन सुहाइ अनंग रगी है। हासी भरी भृकुटी त्रिकुटी तऊ हासी हियै ठहरान लगी है [नर० ३२४]

कृष्ण० : इह सुरतारंभा नाइका, प्रौढा सषी को वचन सषी सो –

179 जदपि – जद्दपि - नी०। नांहि – नही - शि०वा०पा०वे०; नाह - भा०मु०; नाहि - नी०। नांही – नाही - शि०पा०वे०भा०नी०। नही – नहीं - उ०को०मु०; (लुप्त) - नी०ह०। लगी – लगी रहै, 'रहै' ऊपर के रिक्त स्थान में उसी क़लम से - नी०। जक – तक - शि०। जाति – जाइ - उ०; ताहि - शि०; जांहि - वा०; जाहि - गा०; जात - स०मु०। भौंह – भोह - को०पा०भा०; भोंह - शि०वा०मो०गा०स०; सोंह - वे०; भौह - नी०। हांसी – हासी - उ०पा०भा०। भरी – भरिनु - उ०; भरनु - शि०; भरनुं - वा०; भरति - मो०; भरतु - न०; भरत - वे०स०; करतु - गा०। हांसीयै – हासीए - उ०; हांसीये - को०स०नी०; हासीइ - शि०; हासीये - पा०; हांसीए - मो०मु०; हासीयै - भा०; हांसीऐ - ह०। ठहराइ – ढहराति - को०; ठहराति - मो०भा०मु०नी०ह०; ठहिराति - न०; ठहरात - वे०गा०स०। दोहा लुप्त - मि०। [३२४]

वैठी सिंगार सजै व्रजनारि अचानक मोहन आयो तहाही। पानि गह्यो अवलोकि अकेली औ लौकिक केलिकला चित चाही। जद्दपि वा नवनागरि के मुष लागी यहै जक नानन नाही। तद्दपि हासी भरी भृकुटीन मै वीसविसे ठहराति है हाही [कृष्ण० ३२४]

हरि० : सषी सो सषी वचन, जौ भी वदन सुष मे नहीं इत्यादि, जक हठ लगी जाति है, तदपि भौंह हांसी भरी है, तासों हांसीए ढराति हांसी जानि परति है, क्रोध द्योतक नांही प्रतिवंधक है, तौ भी प्रीति द्योतक भौंह हांसी भरी है, तीसरी विभावना, प्रतिवंधक के होतहू कारज पूरन जानि।

—★—

छुटन न पैयतु छिनकु वसि। नेहनगर यह चाल। मार्यौ फिरि फिरि मारिए। षूनी फिरै षुस्याल [३२५] [180]

چہوتن نہ پئیت چہنک بس نیہ نکر یہ چال • ماریو پہر پہر ماریت کہوني پہرت کہوسیال [ظا • ۳۲۵]

अन० : उक्ति नायक की अथवा परकीया की, त्रपा संचारी वचन अनुभाव ते पूर्वानुराग व्यंगि, रूपक अरु विभावना को संकर।

नर० : नायका कौ वैन सषी सौ, हे सषी, या नेह रूपी नगर है, ताकी ऐसी चाल है, कुवस पर्यां पीछै छिनकुही छुट्यौ पाइयतु नांही है, और भी मार्यौ कौ तौ भी मारियतु है, अरु षूनी जो हैं सो षुस्याली सौं फिरतु हैं –

छुटि न पैयत तेह के पत्तन या विधि के दुष देह भरै है। चाल इहै सगरे इह वास की आपनो भायो सवैई करै है। नीतन की कछु रीति न जानत प्रीति लगाइकै आप अरै है। मारे को मारत है फिरही फिर षूनी षरोई षुस्याल फिरै है [नर० ३२५]

कृष्ण० : यह लगनि कौ वर्ननु है, जाके लगति है ताको अधिक दुष है, जाको लगति है ताके कछु मनहू मै नाही आवतु, सु नाइक अवस्था नाइकु सषी सो कहै तो वनै –

छिनु वसै छुटियै न विनु वसै चटपटी नेहनगरी मे यह अटपटी रीति है। लीजतु छिडाइ मनु रतनु जतनु नाहि अतनु महीपत हा अधिक अनीति है। मारेही को मारियतु षुसी भयो षूनी फिरै जीतोही की हारि अरु हारेही की जीति है। सरवसु दीजै तऊ परवस परियतु जहां कछु लोक परलोक की न भीति है [कृष्ण० ३२५]

---

180 छुटन न – छुटत न - मो०वे०; छुटै न - नी०। पैयतु – पेयतु - को०; पैययतु - शि०; पैयत - मो०वे०स०ह०। छिनकु – छिनक - को०शि०वे०स०; छिनकि - वा०; छनकु - पा०; छिनुक - मो०; छिनुकु - न०; वसि - मि०नी०। वसि – वस - मो०न०वे०गा०स०; छिनकु - मि०नी०। यह – हय - को०; इह - शि०मु०; इहि - मो०। चाल – चल - मो०; चालि - गा०। मार्यौ – मार्यो - को०पा०मो०वे०। फिरि फिरि – फिर फिर - शि०वे०; फिरत न - गा०स०; फिर फिरि - मि०। मारिए – मारियत - को०स०; मारीई - शि०; मारियैं - वा०; मारिये - पा०नी०; मारीएं - मो०; मारीयतु - न०गा०; मारीयत - वे०; मारियै - मि०; मारीयै - मु०। षूनी – षूंनी - को०न०; षुनी - वा०मो०गा०; ?नी - पा०; षुंनी - वे०। फिरै – फिरे - शि०मो०; फिरत - न०वे०गा०स०ह०। षुस्याल – षुलास, 'ला' 'स' पर क्रमशः २ १ की संख्याएँ - उ०; षुसाल - को०मो०मि०। दोहा लुप्त - भा०। [३२५]

हरि० : नायिका की किंवा नायक की उक्ति, त्रास संचारी, नेह प्रीति सों नगर तहां छन एक भी वसिकै छुटे नहीं पाइयत है, और इहां की यह चाल, रीति, है, जो आसक्त कटाछनि सों मार्‌यो है, ताही को फिर फिर मारियतु है, षूनी जो है मारन वाला, मासूक, सो षुस्याल, राजी, फिरत है, नेहनगर रूपक, असंगति अलंकार, तीन असंगति काज अरु कारन न्यारे ठाम। और ठौरही कीजिए और ठौर को काम॥ षूनी मारिवे जोग्य है, मार्‌यौ को मार्‌यो है।

— ⋆ —

चुनरी स्याम सतार नभ। मुष ससि की उनहारि। नेह दवावत नीद लौ। निरषि निसा सी नारि [३२६] [181]

چونري سيام ستار نبھ مکھ سس کي اونہار • نيہ دباوت نيند لون نيرکھ نسا سي نار [ظا• ٣٢٦]

अन० : उपपति की उक्ति, वचन अनुभाव ते गुनकथन करि पूर्वानुराग व्यंगि, नायका कौ कोऊ भाव नहीं भासतु, ललित हाव है, नायिका परकीया, रूपकालंकार उपमा को संकर।

नर० : साक्षात दर्शन, नायिका कौ वैन सषी सो, हे सषी, इहां राधिका के स्याम चूनरी है सो तो उहां सतार नभ, तारा सहित आकास, है, और मुष जो है सो चंद्रमा की उनहार है, सो ऐसी निसा रूपी नारि निरषिकै नीद जो है ताकी परै नेह दवायै लेतौ है –

> **चुनरी स्याम सतार मनो नभ या विधि की उपमा जो भनी है। सुंदर आनन ओप विराजत वा ससि की उनहार गनी है। नेह दवावत नीद लो आइकै नैनन वीच सवाद सनी है। और कछ्रू मन मै नहीं आवत देष निसा सम नारि वनी है** [नर० ३२६]

कृष्ण० : यह साक्षात दर्शन है, जैसे नाइका देषी है, तैसेई नाइकु सषी सो कहतु है। –

> **उन्नत पीनु उरोजनु कौ जुग कोकनु की छ्वि पावतु है। मुष सोहतु सोमु जुन्है़या हसी दुति दीपक मोदु वढावतु है। कविकृष्ण विराजति चूनरी स्याम सतारक व्योम लषावतु है। यह जामिनि सी नवनागरि देषत नीद ज्यौ नेह दवावतु है** [कृष्ण० ३२६]

हरि० : उपपति को वचन, किंवा सषी वचन नायक सों, स्याम जो चूनरी है, सो सतार नभ, तारा सहित आकास है, मुष जो है, ससि, चंद्र, की अनुहारि, तरह है, नेह सों दवावति है, नींद की तरह वस करति है, निरषी है, हम निसा, रात्रि, सी नारि किंवा निरषौ निसा सी नारि, रूपक ने उपमा सो उपकार कियो याते संकर।

---

181 स्याम – स्यांम - उ०न०वे०गा०स०मि०मु०; श्याम - वा०भा०। सतार – सुतार - वे०। नभ – नभु - उ०। मुष – मुह - उ०को०शि०; मुषि - न०मु०। ससि की – शशि की - वा०पा०; सशि की - भा०। उनहारि – उनिहारि - न०; उनहार - वे०स०; उनहार, 'र' में इकार बाद में - गा०; अनुहारि - भा०ह०; अनुहार - मु०। नेह – नेहु - उ०नी०। दवावत – दवावतु - उ०न०; दवावति - पा०गा०। नीद – नींन, पार्श्व पर 'द' - उ०; नींद - मो०न०गा०मु०ह०। लौ – लौं - को०न०मु०; लों - शि०मो०वे०गा०स०ह०; तौ - वा०। निरषि – निरषी - शि०; निरषै - वे०; निरष - मु०। निसा सी – नीसा सी - वे०गा०; निसां सी - मि०। [३२६]

— ★ —

कहत सवै वेंदी दिये। आंक दसगुनो होत। तिय लिलार वेंदी दियै। अगनित वढत उदोत [३२७] [182]

کہت سبي بيندي دئين انک دسکونون ہوت ۰ تيہ للار بيندي دئين اکنت بدہت آودوت
[ظا۰ ٣٢٧]

अन० : जो सषी की उक्ति होइ तौ स्तुति, जौ नाइक की होइ तौ स्मृति गुणकथन करि अनुभाव रूप वचन ते अनुराग व्यंगि, व्यतिरेकालंकार।

नर० : वेंदी सोभा, सषी कौ वैन नायक सों, हो कान्हजू, सवही ऐसे कहतु है कि विंदी आंक पर लागै तो वाको दस गुनो विस्तार ह्वै, और देषौ तो या राधिका कै लिलाट के विषै वेंदी लागी है, ता करिके अगिनत उद्योत ह्वै रही है –

> **वेंदी दियै ते कहै सव मानुष एक नवीस को आध पढ्यो है। या विधि नेम गम्यो सव पोषिन ओर कछ्रू अधिको न चढ्यो है। हास विलास विरंचि वनाइकै वाको सरीर सुधा सो मढ्यो है। वेदी लिलार लगै तिय के सुषमा को उदोत असंष्य वढ्यो है** [नर० ३२७]

कृष्ण० : इह वेंदी दिए ते मुष की सोभा अधिक वढति है, सु नायक सषी सों कहत है, कवि की उक्ति होइ तौहू संभवै –

> **जोवन सों मिलि जगमगति अपार ओप महामुनिहू को मन देषै रस भोतु है। कहै कविकृष्ण छविपुंजन सो छाजि रह्यो सोहतु सिंगार वरसतु सुधा सोतु है। सव कोऊ ऐसेही कहत महिमंडल मै वेंदी के दिए ते आक दसगुनौ होतु है। वहै नवनागरि के ललित ललाट पर वेंदी लागै वाढै अनगनित उदोत है** [कृष्ण० ३२७]

हरि० : नायक नायिका सो कहत है, सव कहत हैं, वेंदी सोभा दिए सों आंक दसगुनो वढत है, हे तिय तेरे ललाट मै वेंदी दिए सों अगनित उदोत, प्रकास, वढत है, इहां व्यतिरेक अलंकार, व्यतिरेक जु उपमान ते उपमेयधिको होय। अंक दसगुनो ते भाल मे अगनित उदोत, किंवा नायक के ललाट में वेंदी देषिकै षंडिता की उक्ति, तिय के ललाट की वेंदी दिए सों पुरुष को अगनित उदोत वढत है, धीरा वोलै वक्र विधि, आधा दोहा को वही अर्थ।

---

182 कहत – कहति - शि०; कहतु - न०। सवै – सवे - शि०; सवैं - मो०मि०ह०। वेंदी – वैंदी - उ०मो०न०स०मि०मु०ह०; वैदी - को०वे०गा०; वैदि - वा०; वेदी - पा०। दिये – दीयें - उ०; दीयै - को०वा०गा०मु०; दिइं - शि०; दिएं - मो०; दियैं - न०मि०; दीयै - वे०; दियै - स०; दिए - ह०। आंक – अंक - वा०पा०; आक - मि०। दसगुनो – दसगुनौ - उ०न०मि०; दिसगुणौ - को०; दशगुनो - वा०पा०। होत – होत, 'त' में इकार तथा उकार - नी०। तिय – तीय - शि०मु०। लिलार – लिलाठ - मो०न०गा०मि०; ललार - वे०; ललाट - मु०; लिलाट - नी०। वेंदी - शि०मो०स०नी०ह०; वैदी - उ०को०वा०वे०गा०; वेदी - पा०; वैंदी - न०मि०मु०। दियै – दीये - उ०पा०; दीयै - को०; दीइं - शि०; दिएं - मो०; लगतु - न०गा०; लगत - वे०स०; लगैं - मु०; दये - नी०; दियैं - ह०। अगनित – अगनितु - उ०; अग्नित - पा०; अगिनतु - न०; अगनतु - गा०; अगिनित - नी०। वढत – वधै - शि०पा०; होत - मो०; वढतु - न०; होत, पार्श्व पर 'वढत' - मु०। उदोत – उद्योत - मो०। दोहा लुप्त - भा०। [३२७]

— ★ —

तर झुरसी ऊपर गरी। कज्जल जल छिरकाइ। पिय पाती विनही लिषी। वांची विरह वलाइ [३२८] [183]

تر جہرسي اوپر كري كجل جل چهركاي • پيہ پاتي بنہين لكہي بانچي بره بلاي [ظا• ۳۲۸]

अन॰ : पाती को अंगु, सषी को वचन सषी सों, विप्रलंभ शृंगार, काव्यलिंग अलंकार, विभावना को संकर।

नर॰ : स्त्री की पत्री सषी को वैन सषी सो, हे सषी, राधिका की पत्री जो आई सो नाइका ज्ञानी कि तरै तौ हाथ की अगिन ही और ऊपरै काजल सहित पानी तातै छिरकानी सो गलि गई सो वा पाती विनाही लिष्यौ वाची जानी कै विरह रूपी वलाइ कौ यो विचारु है –

> **ऊपरही को गिरी जल कज्जल छीटन ते छिरकाइ गई है। आपने हाथ के ताप तपाइ षरी झुरसी तर ज्वाल मई है। पीतम पाती पठाई पिया पर नारि नवाइकै आप लई है। वाल भली विधि वांची लषै विनु ऐसी वियोग वलाइ भई है** [नर॰ ३२८]

कृष्ण॰ : इह नाइका प्रोषितपतिका, विरह की अधिकाई पत्री लिषिवे ते जानि गई –

> **प्यारे को सदेस लिषिवै को वैठी साहसु कै लिषत वन्यो न मति विरह मलीनी है। ऐसियै लपेटि उनि सौंपी सजनी के हाथ उनि जाइ त्योही प्राननाथ हाथ दीनी है। षोलतही पाती पिय ताती की सुरति करि छाती गहभरि आई आषि भरि लीनी है। तर ताके पानि के परस पर जरी अरु ऊपर ते गरी असुवनि जल भीनी है** [कृष्ण॰ ३२८]

हरि॰ : सषी सो सषी वचन, हाथ की गरमी सो, तर, नीचे, झुरसी है, ऊपर गरी है, गलि गई है, कज्जल सहित जो आंसू जल ताके छिरकाव सो पाती लिषत कै रोदन कियो है, पिय ने विना लिषीही पाती वांची, विरह रूप वलाय, दुष वाको है, लिषी जाय तव वांची जाय, अच्छर कारन सो नहीं है, विभावनालंकार, होति छ भांति विभावना कारन विनही काज।

— ★ —

विरह सुकाई देह। नेह कियो अति डहडहो। जैसे वरसै मेह। जरै जवासौ

---

183 तर – त - वा॰। झुरसी – झरसी - वा॰न॰वे॰गा॰स॰भा॰; छरसी - मो॰। ऊपर – उपर - को॰वे॰; ऊपरि - वा॰मु॰। गरी – गिरी - शि॰; गिरि - वा॰; अरी - मो॰; करी - भा॰। कज्जल – कल, 'ज' पार्श्व पर - को॰; काजल - मो॰; कजल, 'ज' के नीचे चिह्न - न॰। छिरकाइ – छिरकाय - को॰वा॰वे॰ह॰; छिरकाई - मो॰नी॰; छरकाइ, 'छ' में इकार बाद में - मु॰। पिय – लहि - मु॰। पाती – आती - उ॰; पाति - को॰। विनही – विनुही - उ॰को॰मो॰नी॰; पिय की - मु॰; विनहीं - ह॰। लिषी – लषीं - उ॰; लीषि - वा॰। वांची – वांचि - को॰; वाचि - वा॰; वाची - वे॰स॰। वलाइ – वलाय - को॰वा॰ह॰; वलाई - मो॰। दोहा लुप्त - पा॰मि॰। [३२८]

जो जमै [३२९] [184]

بره سوکہائي ديہ نيہ کريو ات د ه دہو • جيسين برسي ميہ جري جواسو جو جمي [ظا•
[۳۲۹

अन० : जो सषी की उक्ति होइ साधारन सषी सो तो प्रोषितपतिका नायका, जो नायक की उक्ति होइ सषी सो तो दूती, जो उक्ति होइ नायक सौ तो पूर्वानुराग, दृष्टांत अलंकार।

नर० : सषी की पत्री नायक सौ, कान्हजू, तुम्हारे विरह करिकै राधाजू की देह को सुकाइ दीनी है अरु नेह कौ डहडहौ कर्‍यो है, सो कैसे जैसे मेह के वरसन ते जवासो जरै अरु जोज, दोष, जमै तैसे –

> **देह सुकाइ दई विरहानल सुष्ष समूह अनंत वमै है। नेह हस्योई हस्यो नित होत है याही मै जीव पर्‍योही रमै है। आठोही जाम अनंग अर्‍यो रहै आपनी ओर तै मोह दमै है। मेहझरी मै जवासो जरै जिमि ओर षरो जव जोज जमै है** [नर० ३२९]

कृष्ण० : इह नाइका प्रोषित्पतिका, विरह की अरु नेह की अधिकाई सषी सो कहति है,नाइकहू अपनी अवस्था कहै तो संभवै

> **देषौ वियोगिन देह सुषाइ करी दुवरी रह्यो मासु न मासौ। नेह लता उलहाइ हरी करी हेरि सषीनुहू के परी सासौ। आवति है जिय मै उपमा कविकृष्ण कहै यह देषि तमासौ। ज्यो वरसै घन पावस के सव और जमै जरै आक जवासौ** [कृष्ण० ३२९]

हरि० : दोहा उलटे सोरठा यह है छंद प्रमान। मत इग्यारह प्रथमही तेरह पीछे जान॥ सषी वाक्य, विरह मे देह को सुकाई, नेह को अति डहडहो कियो, अति पल्लवित कियो, अति वढायो, जैसे मेह के वरिसे जवासा, दुस्पर्श संस्कृत नाम, पूरव में हिगुआ कहत है, सो जरै है, गलि जात है, वाकौ जौ कहिए, जरि सो जामत है, विरह मेह जवासा सरीर, जौ नेह कोई कहत है, पारसी में जोज नाम असाढ को, जोज मे जवासा जरत है, तहां नेह को दृष्टांत नहीं मिल्यौ, तहां ऐसे अर्थ करिए, विरह ने देह को सुषाई, सूषी देह सो शृंगार चेष्टा नहीं होय सकै, नेह को अति डहडहो कियो, ताको दृष्टांत, जैसे मेह वरिसै है, षेतनि मै जो जामै है, वा जवासो गृहस्थ को जव की आसा जरै है, जाति रहति है, हमारे षेत मै जवा जामै है, दस वीस मन जौ आवैगो यह आसा, जाति है, जौ तौ जामत है, नेह तौ भयौ है, देह सूषे नेह सो शृंगार वनै नहीं।

— ★ —

[184] सुकाई – सुकाइ - शि०वा०; सुषाई - पा०; सुकाईं - मो०। नेह – नीहु, भिन्न क़लम से ईकार पर काटे का चिह्न तथा ए की मात्रा - उ०; नेहु - नी०। कियो – कीयौ - उ०शि०वा०गा०; कीयो - मो०स०मु०; कियौ - न०मि०नी०। अति – ऽति - को०। डहडहो – डहडहै - उ०; डहडहौं - शि०; डहडहौ - वा०न०गा०मि०मु०नी०; डहडह्यो - पा०; डहडह्यौ - स०। जैसे – जैसें - को०; जैसै - शि०वा०वे०स०मि०मु०; जेसें - मो०; जैसो - भा०। वरसै – वरसे - उ०; वरस - वा०; वरसें - मो०ह०। मेह – मेहु - मि०। जरै – जरे - को०पा०; जरें - मो०। जवासौ – जवासा - को०ह०; जोवासौ - वा०; जवासो - पा०मो०वे०गा०भा०मु०। जो – जौ - उ०वा०न०मि०ह०; ज्यौं - को०। जमै – जमैं - शि०मु०ह०; जमें - मो०। [३२९]

देषी सो न जु ही फिरति। सोनजुही से अंग। दुति लपटन पट सेतहू। करत वनौठी रंग [३३०] [185]

دیکھی سو جو ہی پہرت سونجہی سے انک ۰ دوت لپٹن پت سیت ہون کرت بنوتی رنک [ظا۰ ۳۳۰]

अन० : जो सषी की उक्ति नायक प्रति होइ तौ दूतत्व स्तुति, जो नायक की होइ तौ स्मृति संचारी, गुनकथन दशा वचन अनुभाव ते अनुराग व्यंगि, उत्प्रेक्षा।[186]

नर० : श्रवन दर्शन, सषी को प्रतिउत्तर नाइक को, हो कान्ह, सोनजुही सार सै अंगु फिरत ही, सो देषी नही और स्वेत जो पटु ओढ्यौ है ताके सरीर की दुति ताकी लपट निकरिकै वन कौ फूल चिनोठी सौ रंगु होत है, सो देषी नाहि –

> **देषी न सोनजुही कि तुमै जकरै न दिवा हिय आन अरै है। सोनजुही ऐसे अंग फिरै वह देषतही सव नैन हरै है। दीपति की लपटै करके पट सेन को केसर रंग करै है। वा सम और न देषी सुनी कछु रूपनिकाई अनोषी धरै है** [नर० ३३०]

कृष्ण० : इह नाइका के अंग की गुराई सषी नाइक सो निवेदन करति है –

> **सहज सिंगार दुति लसति अपार लषि मुनिहू के मन भाउ उपजै अनंग कौ। अति सकुमारी यातै लचकत लंक भारु सहि न सकति विवि उरज उतंग कौ। रूप की रसाल तुम देषी सो न वाल लाल कहा कहौ कनकवरन वाके अंग कौ। चारु तनसुष पट पहिनत षन वाहि तन दुति मिलि होत केसरिया रंग कौ** [कृष्ण० ३३०]

हरि० : नायिका वाग देषै है, सषी नायक को छवि सुनाय ल्यायो चाहति है, नायिका सोनजुही, पीत चमेली, देषत फिरति है, सोनजुही से जाके अंग हैं, दुति को जो है लपटन तासौं सेतहू जो पट है, ताको वनौठी रंग करति है, वनौठी रंग, कपास को फूल समान रंग, इहां तद्‌गुन अलंकार, आपनो गुन तजि आन को गुन लेत है।

— ★ —

185 देषी – देषि - वा०; देषत - पा०मो०; देषति - ह०। सो – सौ - उ०वा०; सों - मो०; 'स' में उ तथा ओ की मात्राएँ - गा०; सौं - मि०; सौं - मु०। न – नु - गा०। फिरति – फिरत - शि०पा०मो०वे०स०मु०नी०। सोनजुही – सौनजुही - उ०वा०; सोंनजुही - मो०; सौंनजुही - मु०। से – सै - उ०वा०; सो - मु०। अंग – अंगु - मो०न०गा०। दुति – द्युति - मो०स०; दुत - मु०। लपटन – लपटत - वा०वे०मु०; लपटनि - पा०; लपटतु - न०गा०; लपिटनि - भा०नी०; लपटनि - ह०। पट – पटु - न०गा०नी०। सेतहू – सेतहूं - शि०मो०नी०; सेतहौं - वा०; स्वेतहू - न०; स्वेतहुं - वे०; स्वेतहूं - गा०स०; सेतहुं - मु०। करत – होत - शि०वा०; करतु - न०गा०; करति - भा०। वनौठी – न०मि०ह०; केसरी - उ०शि०वा०मो०मु०; वनोठी - पा०; चिनोठी - वे०; चनोटी - गा०; चिनोटी - स०; वनोडी - भा०; वनौटी - नी०। रंग – रंगु - मो०न०गा०। दोहा लुप्त - को०। [३३०]

186 चिनोटी रंगु इति पाठ, दूती की उक्ति नायक प्रति, नायिका संकेत में पहुची सूचित करत है, केसर की वाटी संकेत है, वा चिनोटी वन संकेत है, जैसो पाठ होइ तैसो अर्थ, ए वोध व्यंगि, नायिका परकीया, जमक तद्‌गुन की संसृष्टि। - मो०।

वढत वढत संपति सलिल। मन सरोज वढि जाइ। घटत घटत सु न फिरि घटै। वर समूल कुमिलाइ [३३१] [187]

برہت برہت سنپت سلل من سروج بده جاي • کہتت کہتت سو نہ پہر کتت بر سمول کوملاي [ظا• ۳۳۱]

अन० : कवि की उक्ति, तुल्योगिता, असंगति को संकर, वरनरु अवर्न्य को। वर रूपक।

नर० : प्रस्ताविक, कवि विहारीदास कहतु है कि संपति कै वढनै ते अरु सलिलु, जल, तिनकै वढनै तै मन और कमल वढ्यौ जातु है, और पुनि फेर जो इनकै घटनै तै जो वरु, श्रेष्ठता और तरु, वृक्ष है सौ मूल सहितु कुमिलातु जाहि है –

> **वाढत वाढत संपत नीर लगे सव तीर अनंत लसै है। और सुनो कहुं वाकी दसा मन पंकज साथ वढै विकसै है। फेर घटै घटतै घटतै सुनि कैसी अनैसीयै वानि वसै है। याको सुभाव लष्यो सव नीकेही संग जरै कुमिलाइ नसै है** [नर० ३३१]

कृष्ण० : यह प्रस्ताविक, कवि उक्ति –

> सदन सरोवर मै सुष की हिलोरनि सौ संपति सलिल ज्यौंही ज्यौंही सरसातु है। यह तौ प्रगट सव जगतु वषानतु है मनहू सरोज त्यौही त्यौही अधिकातु है। जव कोऊ आनि परो आतपु अदिन जव जल को प्रमान तव निघटतु जातु है। कहै कविकृष्ण वह कमल वढो सो वढो क्यौंहू पै न घटत समूल कुम्हिलातु है [कृष्ण० ३३१]

हरि० : संपति औ सलिल, जल, वढत वढत कै मन औ सरोज, कमल, वढि जात है, संपति सलिल कै घटत कै मन औ सरोज नहीं घटै, वलु समूल, मूल सहित कुम्हिलात है, संपति सो जल सम सो सरोज, ऐसे किए रूपक, उपमानरु उपमेय मे अभेद।

—★—

ह्यां न चलै वलि रावरी। चतुराई की चाल। सनष हियै षिन षिन नटत। अनष वढावत लाल [३३२] [188]

---

187 वढत वढत – वढतु वढतु - न०गा०। संपति – संपत - स०। सलिल – सलिलु - न०; सललु - गा०। मन – मनौ - उ०; मनि - को०; मनु - न०वे०गा०स०। सरोज – सरोजु - उ०; हरोज - शि०; सरौज - वा०। वढि – वढ - मो०गा०स०। जाइ – जाय - को०; जाई - मो०; जाहि - ह०। घटत घटत – घटित घटत - को०; घटतु घटतु - न०गा०। सु न – सु नि - को०न०वे०स०मु०नी०; फुनि - शि०वा०; स न - मो०। फिरि – फिरै - वा०मो०; फिर - वे०गा०स०। घटै – घटें - मो०; घटत - मु०। वर – सर - को०; वरु - पा०न०ह०; वस - वे०। समूल – समुल - को०; समूर - मो०; सुरमूल - वे०; सुमूल - गा०। कुमिलाइ – कुमिलाय - को०; कुभिलाइ - पा०; सुकि जाई - मो०; कुमिलाइ - वे०; कुमलाइ - गा०स०; कुम्हिलाइ - भा०नी०; कुमिलांहि - ह०। दोहा लुप्त - मि०। [३३१]

188 ह्यां – ह्या - पा०; इहा - मि०। न चलै – न चले - मो०; न चलैं - मि०। वलि – वल - गा०मि०; कछु - भा०। रावरी – राउरी - वा०न०। चतुराई – चतुराईं - मो०। चाल – चालि - मो०गा०। सनष – सनषि, इकार पर काटने का चिह्न - उ०। हियै – हिइ - शि०; हियो - पा०; हिएं - मो०ह०; हियै - भा०नी०; हिए - मि०। षिन षिन – षन षन - उ०भा०। नटत – नटतु - न०गा०। अनष – अंनष - पा०; अनषु - न०गा०। वढावत – वढावतु - न०गा०। दोहा लुप्त - को०मु०। [३३२]

ہیان نہ چلاي بل راوري چترائي کي چال • سنکہ ہین کہن کہن نتت انکہ ودہاوت لال [ظا • ٣٣٢]

अन० : अधीरा षंडिता की उक्ति नायक सो, शव्द विरोधाभास अलंकार।

नर० : षंडिता नाइका कौ वैन नाइक सौ, कान्ह, ह्यां तौ वलि रावरी चतुराई की चाल चलतु नाही है, सो क्यौं कि हियौ तौ नष सहित है, अरु षिन षिन मै नटतु है, सो समौ यातै अनषु वढावतु है –

ह्यां न चलै वलि रावरी चातुरी कौन चलावत चाल नई सी। हे हरि हीय लग्यो नषजाल भये हो वेहाल औ वुद्धि गई सी। आइ वढावत हो अनषाहट दीठि लुकावत लाज लई सी। काहे को आप अवै नट जात हौ वाही न जानत सोंह दई सी [नर० ३३२]

कृष्ण० : इह नाइका प्रौढा अधीरा षंडिता, नाइका वचन नाइक सो –

ह्या न चलै कछु रावरी लाल चलावत जे चतुराई की चाला। छाती नषक्षत पीक सु गाल धरे अति रंगु महावर भाला। षात इते पर सौह गुपाल हिये उमगावत क्यौ रिस जाला। भाग वडे उहि भामिनि भाल हिये उपटी जिहि भेटत माला [कृष्ण० ३३२]

हरि० : नायिका की उक्ति नायक सो, हे वलि इहां तुमारी चतुराई की क्रिया किंवा वात नहीं चलै, सनष हिए, तुमारो हृदय सनष है, और स्त्री को नषछत लाग्यो है, तुम षिन षिन, छन छन मे नटत हौ, हमे झुठावत हौ, हे लाल याते अनष को वढावत हौ, किंवा छन छन नटत हौ, सनष हिए सो हमारो अनष वढावत हौ, उठावत हौ, दूर करत हौ, सो क्यों करि होय सकै, सव्द मे विरोधाभास है, जो सनष सो अनष नहीं, तिहि थल शव्द विरोध है अर्थ माहि न विरोध। शव्द विरोधाभास तहि भाषत जाहि प्रवोध॥ किंवा सनष हृदय हेतु, अनष वढिवो हेतुमान, हेतु अलंकार।

— ⋆ —

डीठि न परत समान दुति। कनक कनक से गात। भूषन कर करकस लगत। परस पिछ्राने जात [३३३] [189]

دیٹہ نہ پرت سمان دوت کنک کنک سي کات • بہوکن کر کرکس لکت[190] پرس پیچہانے جات [ظا • ٣٣٣]

अन० : उक्ति सषी की नायक सो होइ तो दूतत्व, जो सषी सो होइ तो स्तुति, जो नायक की होइ तो स्मृति, पूर्वानुराग व्यंगि, उन्मीलित अलंकार।

---

[189] डीठि – दीठ - को०शि०पा०वे०स०मि०ह०; दीठि - न०मु०; दीठ, 'ठ' में इकार बाद में - गा०। न – नु - गा०। परत – परतु - उ०न०गा०नी०; परति - मि०। समान – 'न' ऊपर रिक्त स्थान में - को०; समांन - वा०न०स०। दुति – द्युति - मो०। कनक कनक – कनकु कनक - उ०न०मि०; कनक कनकु - नी०। से – सों - शि०गा०; सै - वा०; सौ - स०; सो - मु०। कर – करि - स०। करकस – कसकर - भा०। लगत – शगति, पूर्वपद 'ल' तथा 'श' पर २ १ के अंक - को०; लगतु - न०गा०; लगति - मि०। पिछ्राने – ने, 'पिछ्रा' प्रति खंडित - वा०; पिछ्रांनै - न०मि०। दोहा ऊपर के रिक्त स्थान में - स०। [३३३]

[190] لکت - لکن - ظا•

नर० : अंग सोभा, सषी को वैन नाइक सो, हो कान्हजू, राधिका के सोना से गात की और सोना के भूषन की वरावर जोति है, सो पहर्यो तै जान्यो परत नाही है, पै हाथ के परसनै तै भूषन करकस लागतु है, ताते पिछाने जातु है –

> **दीठ परै न समान भई दुनि या विध की सुभ भांत भरे है। श्रीवृषभानकुमार सुनो तुम कंचन कंचन गात धरे है। भूषन कर्कस लागत है सवको मिलताई सुभाव टरै है। भेद कछू नहिं जान्यो परै पुनि पानि छियै ते पिछान परै है** [नर० ३३३]

कृष्ण० : इह नाइका के अंग की दीपति सषी नाइक सो कहति है, नाइकहू सषी सो कहै तो संभवै –

> **आजु लाल येक वृजवाल मै विलोकी जाकी ललित लुनाई लषि लोचन सिहात है। साजत सिंगार रचि पचिकै प्रवीन आली चिहूं के चित सव हेरत डिरात है। करत विचार पै न होत निरधार कछू जैसोई कनकु तैसे कनक के गात है। कोवरे करेरे कै वितान पहिचानियत कर परसे ते आभूषन जाने जात है** [कृष्ण० ३३३] [191]

हरि० : सषी की उक्ति नायक सो, किंवा सषी की नायक की उक्ति नायिका सो, कनक के भूषन कनक सरीषे गात मे डीठि नहीं परत हैं, नजर नहीं आवत हैं, समान दुति हैं, वरोवर दुति के है, परस सो, छुए सो पहिचाने जात है, भूषन कर मै छूवत कै करकसा, कठोर, लागत है, उन्मीलित अलंकार, उन्मीलित सादृश्य ते भेद फुरै तव मान, करकस यह भेद।

— ⋆ —

करत मलिन आछी छविहि। हरत जु सहज विकास। अंगराग अंगन लग्यौ। ज्यौं आरसी उसास [३३४] [192]

كرت ملن اچهي چهبہ ہرت جو سہل بكاس ٠ انكراک انكن لكيو جيو ارسي اوساس
[ظا٠ ٣٣٤]

अन० : जो सषी की उक्ति नायक सो होइ तो दूतत्व, जो सषी सो होइ तो स्तुति, जो नायक की उक्ति होइ तो स्मृति संचारी, गुनकथन दसा ते वचन अनुभाव ते पूर्वानुराग व्यंगि, विभ्रम अलंकार, उपमा को संकर।

---

191 भा०मि०मु० प्रतियों में यह भिन्न उदाहरण है –

ओप अनूपम आनन की अरु अंवुज नैननु अंजनु आनै। देषतही मनही मन सोचति आजु कहा जनु भूषन ठानै। ऐसे मै आइ गये रिझवार सु डीठि परै तव घूघट तानै। भूषन जानि परे न सषी व्रजभूषन देषत भूष न जानै [भा० ३३३]

192 करत – करतु - उ०गा०नी०; करित - वा०; करति - न०मि०। मलिन – मिलनु - न०; मिलत - वे०; मिलन - गा०मि०; मिलिन - मु०। आछी – आछि - को०। छविहि – छवहि, 'व' में इकार बाद में - उ०; छवी - मो०; छविह, 'ह' में इकार बाद में - गा०; छवहि - मि०। हरत – हरतु - उ०नी०; जरत - को०; करत - मि०; रहत - ह०। जु – सु - उ०को०मो०न०वे०गा०स०। सहज – विमल - को०; सहजु - मि०। विकास – विकासु - उ०मो०न०गा०नी०; विकाश - को०; प्रकास - पा०ह०। अंगराग – अंगुरागु - उ०मि०; अंगुराग - मो०; अंगरागु - न०गा०नी०। अंगन – अंगनु - उ०मो०न०मि०; आंगिनि - को०; अंगनि - पा०नी०। लग्यौ – लगै - को०वे०गा०स०; लग्यो - पा०मो०; लगैं - न०; लगो - भा०। ज्यौं – ज्यौ - वा०गा०भा०नी०; ज्यो - पा०वे०; ज्यों - मो०स०। आरसी – आसीस - वे०; असी, 'अ' पर दीर्घ करने का चिह्न, 'र' ऊपर रिक्त स्थान में - स०। उसास – उसासु - उ०मो०गा०; उजास - शि०वा०मु०। [३३४]

नर० : विछित्त हाव, सषी कौ वैन नाइका सौ, हे राधे, यो अंगरागु, अरगजौ जौ सरीर के लगावति है, सो सहजै विकासपनै हरत है, अरु आछी छवि कौ मलीन करत है, ज्यौं आरसी कौ उसासौ लागिकै मलीन करै त्यौं करत है –

दीपति सुंदर होति मलीन सी पीतम के अनुरागनि रागे। फैलि रही सगरै तमतोमन आपनो सहज प्रकासन जागे। अंगन अंगन मै अंगराग कियो ललना रसरंगन पागे। या विधि नैन निहारि लगै जनु आरसी वीच उसासन लागे [नर० ३३४]

कृष्ण० : इह नाइका के अंग मै केसर लागी है, सु नाइक कौ इतनौहू अंतराय सुहात नाहीं, यह जानि सषी नाइक सो कहति है, जो नाइक नाइका सो कहै तो रूपगर्विता होइ –

मैन की मोहिनी सी लषि न्याइही मोहन रीझि रहे रस पागे। जोवन रूप सुहागसनी लषि सौतिनु के उर दाहन दागे। ऊजरो लागै न और कछू नवनागरि तेरी गुराइ के आगे। केसरि लागै ते औ झलषात ज्यौ आरसी दीसै उसास के लागे [कृष्ण० ३३४]

हरि० : रूपगर्विता को वचन, पिछला दोहा मै जैसे वचन है तैसे, आछी जो छवि है ताको मलिन करत है, स्वभावही ते जो है अंग को प्रकास, ताको हरत है, अंगराग केसरि चंदनि सो अंगनि मे ऐसो लाग्यो है जैसे आरसी मे उसास, मुष की वाफ लागै, किंवा सपत्नी को लगायो नायक के अंग में अंगराग देषिकै सषी सों नायिका वचन, विषमालंकार, औरि भलो उद्यम किए होत वुरो फल आय, अंगराग सोभा के लिए लगायो, सोभा विगारत है, औ उपमा भी है, अंगराग उपमेय, आरसी उपमान, ज्यों वाचक, मलिन करनो प्रकास हरनो साधारन धर्म।

— ⋆ —

पहिरि न भूषन कनक के। कहि आवत इहि हेत। दरपन के से मोरचे। देह दिषाई देत [३३५] [193]

پہر نہ بہوکہن[194] کنک کے کہ اوت ایہ ہیت • درپن ک سے مورچي دیہ دکہاي دیت [ظا• ٣٣٥]

अन० : उक्ति सषी की अथवा नायक की, नायका प्रति, स्तुति, विषमालंकार।

नर० : विछित्त हाव, सषी को वैन नायका सो, हे राधे, मेरे हियै तोसौं हेत है तातें कहनी आवतु है कि सोने के भूषन पहिर मति ना, सो क्यौं कि आरसी के मोरचे सार से सरीर दिषाई देतु है –

---

193 पहिरि न – पहरि न - उ०मो०; पेहिर न - को०शि०वा०पा०गा०मु०; पहिर नु - न०; पहर न - वे०स०; पहर न, ‘र’ में इकार बाद में - मि०; भूषन - ह०। भूषन – पहिरत - ह०। कनक के – कनक कें - उ०। कहि – किहि - शि०। आवत – आवतु - मो०न०गा०मु०। इहि – हिय - उ०मो०न०वे०गा०स०; यहि - पा०। हेत – हेतु - मो०मि०। दरपन – दर्पं - उ०मो०; दाषन - शि०; दर्प्पन - न०गा०स०; दर्पन - वे०भा०नी०। के से – के सै - उ०गा०; कसि से - को०; कैसें - शि०; कै से - पा०मो०। मोरचे – मोरचै - को०; मोरचा - भा०। देह – देषि - शि०; पृगट - पा०; प्रगट - भा०मि०। दिषाई – देषाई - को०; दिषाइ - वा०; द्यषाई - पा०; दिषांई - मो०। देत – देति - मु०। [३३५]

194 ب،جوکہن - ب،جوکہي - ظا•

भूषन तू पहिरै जिन भामिनी कंचन के सुनि वात हमारी। ऐसी अनोपम जोति जगै अव जोन्ह की यामिनी यो उर धारी। एई अचंभौ सवै कोऊ जानत मानति हौ वहु वुद्धि विचारी। मोरचे आरसी माझ लगै जिमि देषति है इह देह तिहारी [नर० ३३५]

कृष्ण० : इह सषी नाइका के अंग की निकाई कहति है, जो भूषनहू को अंतराय जानि नाइकहू नाइका सो कहै तो वनतु है –

हित कौ तौ वात हितही सौ कहि आवति है तातै तोसौ कहति छवीली प्रेम पागिकै। तेरी समता कौ रति रंभा उरवसी है न तेरे अनुराग प्यारो रह्यो अनुरागिकै। लोनो तेरो तनु तामै सोनेही के गहने तू कत पहिरति इन्है अभई दै त्यागिकै। नीके नीके तन पर फीके फीके लागत है मोरचा रहे है मानौ मुकर मै लागिकै [कृष्ण० ३३५]

हंरि० : सषी वचन नायिका सो, भूषन तू कनक के पहिरति है, यह वात तोसों हेतु सों प्यार सों कहिवे मे आवति है, भूषन पहिर न कनक के, यह भी पाठ है, कनक के भूषन मति पहिरै, ए भी जानिए, तेरे देह में भूषन दरपन के मोरचा से दिषाई देत है, यह मति जानै जो सषी निंदा करति, हमारे अंग विषै सोभत नहीं है, सो नहीं, तेरी देह की सोभा ने भूषन मैलो करत है, विषमालंकार, औरि भलो उद्यम किए होत वुरो फल आय।

— ⋆ —

जदपि चवाइन चीकनी। चलति चहूं दिसि सैन। तऊ न छांडत दुहून के। हसी रसीले नैन [३३६] [195]

جدپ چواین چیکني چلت چہون دس سین ٠ تو نہ چہودت دوہن کے ہسي رسیلي نین
[ظا٠ ٣٣٦]

अन० : उक्ति सषी की सषी प्रति, दंपति के पूर्वानुराग धृति संचारी, धुनि सेन पद ते परकीया व्यंगि, विशेषोक्ति अलंकार।

नर० : परकीया अनूढा, सषी को वैन सषी सो, हे सषी, जदपि चवाइन चर्चा चीकनी होति है, अरु चहूं दिशि तैं सैन चालतु है, तऊ दोनो के रसीले नेत्र हैं सो हांसी छाडत नाहीं हैं –

यद्यपि चीकनी भांति अनेक चवाइन चालति है चहुं ओरै। गोकुल नारिन वात अनोषी सी सैन करै सगरी उठ सोरै। यद्यपि नैक न छांडत ये वहुरौं सरसाय सुधा सम जोरै। कोटि उपाय कियेऊ दुहून के नैन रसीले हसी नहि छोरै [नर० ३३६]

195 जदपि – यदपि - को०। चवाइन – चवायन - को०मो०; चवाइनु - न०गा०मि०; चवाई, 'नु' पार्श्व में - नी०; चवायनि - ह०। चलति – चलत - को०शि०वा०पा०वे०स०ह०; चलित - मो०मि०। चहूं – चिहुं - शि०वे०; चिहो - वा०; चहू - पा०मो०; चहुं - न०; चिहू - गा०; चिहूं - स०; चौहौं - मि०; चहौं - मु०। दिसि – दिन - उ०; दिशि - को०न०; दिस - शि०वे०मि०। सैन – सैंन - न०गा०स०ह०। तऊ न – तौ न - वा०मो०स०; तदपि न - पा०मि०नी०। छांडत – छोडत - पा०मो०; छाडत - न०वे०स०मु०नी०ह०; छांडत, 'त' में इकार बाद में - गा०; छाडित - मि०। दुहुन के – दुहुंन कें - शि०; दुहौन के - वा०; दुहु को - मो०; दुहुनि के -•न०मु०; दुहुन के, 'न' में इकार बाद में - गा०; दुहून के - स०। हसी – हसे - शि०; हंसी - ह०। रसीले – रगीले - उ०को०; रसीलै - वा०। नैन – नैंन - उ०को०न०गा०ह०; नेन - वा०; नेंन - मो०वे०मु०। दोहा लुप्त - भा०। [३३६]

कृष्ण० : इह नायिका परकीया है, सु दोउन के नेत्र देषतही हसति है, सु सषी सषी सो कहति है –

नेह की घात लगी जवते तवते रसरीति रहै नहि ढाकी। देषतही अति मोद भरे उर कौन करै कुलकानि कहा की। जद्दपि सैन चवाई सनी उपहास समेति चलै वहुधा की। तद्दपि छाडै न नैन दुहू के रसीली हसीरु विलोकनि वाकी [**कृष्ण० ३३६**]

हरि० : सषी सो सषी वचन, जदपि, जौ भी, चवायन, निंदानि सहित वातनि सो चीकनी पुष्ट चहूं दिस सो सैन, इसारा, होत है तौ भी दुहुनि के दंपति के रसीले जे नैन हैं वै हसी नहीं छाडत हैं, पूर्वानुराग, धृति संचारी, सैन पद ते परकीया व्यंग्य, विशेषोक्ति अलंकार, विसेसोक्ति जो हेतु सो कारज उपजत नाहि, सैन हेतु सो हसी को त्याग नहीं भयो।

— ⋆ —

अनरसहूं रस पाइयतु। रसिक रसीली पास। जैसैं सांठे की कठिन। गांठै भरी मिठास [३३७] [196]

انرس ہون رس پائیت رسک رسیلي پاس • جیسي سانٹہي کي کٹہن گانٹہو بہري مٹہاس
[ظا • ٣٣٧]

अन० : द्रूती की उक्ति नायक सो, नायिका मानिनी, उपमा [197] अलंकार।

नर० : स्वाधीनपतिका, नायक कौ वैन सषी सौ, हे सषी, जो रसिक रसीली ह्वै ताकै पास अनरसहू कौ हियै रस पाइयै हौ, सो कैसे परै कि जैसे सांठा की कठिनु गांठ ह्वैहै तदपि रस सौ भरी ह्वै तैसे –

जो अनषाइ तौ लीजै मनाइकै और कहा रसहीन भये ते। पावत है रस नारि रसीली न है रिसदायक नेह नये ते। जो वकै वाक कुवाक सुनो हरि वाही को संग लगाइ लये ते। सांठे की गांठ कठिन्न षरी तऊ मीठी लगै है मिठास दये ते [**नर० ३३७**]

कृष्ण० : इह मानवती की सोभा सषी नाइक सो कहति है, प्रयोजन यह है कि नाइकु चलै तो मान छूटै –

मानिनि तिहारी मनमोहन निहारी कछू मोपै न कह्यो परतु सोभा को विलासु है। नासिका सिकोरि मुष मोरि भृकुटी अनष वैठी लोचननु माझ अरुनाई कौ प्रकासु है। रसिक रसाल वा रसीली की विलोकौ छवि अनरसहू मै ऐसो रस कौ निवासु है। कहै कविकृष्ण जैसे साठे की सरस रीति गाठि है कठिन भरी तऊ पै मिठासु है [**कृष्ण० ३३७**] [198]

---

196 अनरसहूं – अनरसही - को०; अनरसहू - शि०पा०मो०न०भा०मि०; अनरसौहौ - वा०; अनरसहुं - वे०। पाइयतु – पायतु - को०; पाईयतु - शि०गा०मु०नी०; पाइए - पा०ह०; पाईए - मो०; पाययत - वे०; पाइयत - स०भा०मि०। रसिक – रसक - शि०न०वे०मु०। रसीली – रसीले - मु०। जैसैं – जैसे - को०पा०; जैसें - शि०मो०ह०; जैसै - वा०वे०गा०भा०। सांठे – साठें - शि०; सांठें - वा०; साठे - पा०नी०; सांठै - गा०मु०; गाडे - भा०। कठिन – कठन - को०; कठनु - न०; कठनु - गा०; गठिन - नी०। गांठै – गाठे - उ०गा०; गांठे - को०स०; गाठें - वा०; गठ्यो - पा०; गांठ्यों - मो०; गाठौ - भा०मि०; गांठैं - मु०; गांठ्यौ - नी०; गांठें - ह०। भरी – भलो - भा०; षरी - ह०। [३३७]

197 काव्यलिंग - पा०।

198 भा० प्रति में यह भिन्न उदाहरण छंद है –

हरि० : नायक सो सषी, हे रसिक, अनरसहूं, मान विषै वह अनरस किए है, तुमसो प्यार नही है, तौ वह रसीली रस भरी जो नायिका है, ताके पास रस सुष पाइए है, मान की सोभा देषिकै मन प्रसन्न होत है, जैसे सांठा, ऊष, ताकी गांठि कठिन कठोर तौ षरी है अति है किंवा षरी सांच है, तौ भी तौ मिठास है वामे, मिठाई है, षरी मिठास ऐसो अर्थ नहीं लगाइए, भरी मिठास, यों भी कोई पढै है, दृष्टांत अलंकार, पद समूह, जहं जुग धरम जिमि विंवित प्रतिविंव। सुकवि कहत दृष्टांत तह जौ मनि दर्पन विंव॥

— ⋆ —

गोरी छिगुनी नष अरुन। छला स्याम छवि देइ। लहत मुकति रति पलक यह। नैन त्रिवेनी सेइ [३३८] [199]

کوري چهکوني نکهہ ارن چهلا سیام چهب دیہ • لہت موکت رت پلک یہ نین تربیني سیہ [ظا • ۳۳۸]

अन० : नायक की उक्ति नायका प्रति, स्तुति, रूपक अलंकार। प्रथमार्थ, नायक की उक्ति, नायिका स्तुति, अन्वय छिगुनी छोटी अंगुरी, सो गोरी गौर वर्ण, गंगा साम्य, छला स्याम, स्याम वर्ण, सरस्वती साम्य, ए तीनो मिलये त्रिवेनी छवि देय सो कहा त्रिवेनी सोभा देत है, अतएव नैन रति ते पलक मुकति लहत, पलक जो पल ताकी मुक्ति जो निर्निमेषता को लहत, काहे ते अंगुरी को सोभातिसय ते आश्चर्य रस देषिकै जैसे त्रिवेनी जी परिपलक पल मात्र रति होय सो मुक्ति पावें तैसे ए छिगुनी सोभा रूप त्रिवेनी परि पलक रति नैन क्यों न मुक्ति पावेंई, ए संदेह विना अर्थ। इति ध्वनि। द्वितीयार्थ, नायिका षंडिता, हे प्रिय देषि इति उपरितः, छिगुनी स्याम छला इति, स्याम को स्याम मुद्रा असदृशीति, अरुन नष, आई नषक्षत, छवि देय, सोभा देत है, हेयवेन्ही मेरी सपत्नी त्रितापरि करति ताते नैन पलक मुकति लहत जुरत नाही ताही ते तू मानि कहे ते दुरावत है हे सठ, इति ध्वनिः। तृतीयार्थ, शिबभक्ति महिमा, सेय त्रिनैन पलक रति पल मात्र प्रीतियुक्त एसो जो पुरुष सो मुक्ति लहत, स्वल्प साधन ते मोक्ष प्राप्ति, इति भक्ति गौरवं। सेय कोन गोरी जो पार्वती, ताने छिगुनी अरुन नष छवि देय छला वस किए। छिगुनी वरनन करि सरव अंग वरने सगुन इति, वा सेय गोरी पलक नैन रति मुकति लहत, सेय कौन सी छिगुनी

जाके वस मदन सदन सुरपति के दसन की लसनि हसनि सरवसु है। ताकी नेक तिरछी चितवनि चित चोप होति ऐसी कौ चातुरी रहै न प्रेम गहतु है। जानिवूझि देषौ जगजीवन प्रवीन हौजू नैनन के नाते ते टरै गोसाई पसु है। वस ह्वै विकाने मनमाने भौह ताने रहौ तासो कैसो रोसु जाके रोसहू मै रस है [भा० ३३७]

199 गोरी – गोरि - वा०। छिगुनी – अंगुरी - भा०; छगुनी - नी०। नष – अरुन - भा०मि०नी०ह०। अरुन – अरुनु - उ०को०; नष - भा०मि०नी०ह०। छला – छल्या - शि०। स्याम – स्यांम - वा०न०वे०स०मु०; श्श्यम - पा०; स्यांमु - गा०; श्याम - भा०; स्यांम - मि०। देइ – देत - को०; देह - शि०; देयि - पा०; देय - मो०मु०ह०। लहत – लहति - उ०को०शि०गा०मि०मु०नी०; लहतु - भा०। मुकति – मुकत - वा०वे०स०; मुकुति - पा०ह०; मुक्ति - भा०नी०। रति – र - वा०। पलक – छिनक - वा०; पलहु - मो०; पलकु - न०नी०; षलक - वे०स०; षलकु - गा०; पल - मि०; छिनकि - ह०। यह – इह - शि०मु०; यैह - वा०; में - पा०; यहै - मि०; ए - ह०। नैन – नैंन - उ०स०मि०; नेंन - मो०मु०ह०। त्रिवेनी – त्रिवैनी - उ०; त्रवेनी - भा०; त्रवैनी - मि०। सेइ – सेय - को०वा०मो०मु०ह०; सेयि - पा०। [३३८]

अरुन नष छवि देय दिषाय त्रिनैन छला वसि किया, अत्र गोरी भक्ति को आधिक्य दिषायो, इति चतुर्थार्थ। सोय स्याम नैन पलक रति मुकति लहत इति हरि भक्तिराधिक्यं, सेय स्याम कौन, गोरी छिगुनी अरुन नष छला, अर्थ तैसोई स्याम एइ वनी त्रिवेनी ताकी छवि देय त्रिनैन छला मोहिनी रूप धरि मोहित किए, सर्व देवाधिक्यं ध्वनितः, इति पंचमार्थः।

नर० : ललित हाव, सषी को वैन सषी सो, हे सषि, नायक के चट्ट तो आंगली है, और नष लाल है, और स्याम छला है, सो ए तीनो त्रिवेनी की छवि दे रहे हैं, नायक के नेत्र या त्रिवेनी कौ सेवकै अव पलकेकु मै रति की मुकत लहैगी –

श्रीवृषभानकुमार के आनन रूप की रासि विरंचि दई है। वा सम और कहूं सुषमा न लषी न सुनी हियरा जु ठई है। गोरी वनी छिगुनी नष लाल है स्याम छला छवि देत नई है। ऐसी त्रिवेनी को सेवतहीं अहो नैनन आइकै मोष भई है [नर० ३३८]

कृष्ण० : इह नाइका की अगुरिन की सोभा नाइकु कहति है नाइका सो –

प्यारी की गोरी लसै छगुनी अरु लाल प्रभा नष की सुषदैनी। तापर स्याम छला की फवी छवि नैनन को लषि लागति ऐनी। लोचनसंत लहै रति मुक्ति निमेषतही लषिकै मृगनैनी। तो कर मांझ विराजति है यह तीरथराज की रीति त्रिवेनी [कृष्ण० ३३८]

हरि० : नायक नायिका को देषिकै आपने नेत्र सों कहत है, छिनक ए नैन त्रिवेनी सेइ है, नैन छिनक, एक छिन भी ए त्रिवेनी सेइकै रति जो है रमन सो मुकुति ताको लहत, पावत है, छिगुनी कनिष्टा अंगुरी सो गोरी है, सो गंगाजी जानिए, नष अरुन, सो सरस्वती, छला, अंगूठी, सो स्याम, जमुनाजी है, सोहत है, आगे त्रिवेनी कही है, जासौ गंगा आदि की प्रतीति, छनकि ऐसो भी पाठ है, नायिका के नेत्र त्रिवेनी है, तीन रंग नेत्र मे हैं, याते नैन जो है त्रिवेनी, ताको सेयकै, वहुत काल लों देषिकै रति रूप जो मुकुति ताको पावत है, कैसी नायिका है, गोरी जाकी छिगुनी है, इत्यादि जानिए, इहां नायक वचन सषी सो, रूपकालंकार।

— ⋆ —

उर मानिक की उरवसी। डटत घटतु दृग दाग। झलकत वाहिर भरि मनौं। तिय हिय कौ अनुराग [३३९] [200]

[200] मानिक – मासन - को०; मांनिक - वा०गा०; मानक - न०वे०स०मि०मु०। की – कौ - वा०। उरवसी – उरवशी - वा०भा०। डटत – डटतु - वा०मो०न०गा०नी०; उठत - भा०मि०; डटति - मु०। घटतु – घटत - को०शि०पा०वे०स०भा०मि०ह०; घटनु - वा०; घटति - मु०। दृग – द्रिग - को०शि०वे०स०मु०; द्रग - भा०मि०। दाग – दागु - उ०न०गा०मि०नी०। झलकत – छलकतु - उ०; झलकति - को०वा०भा०मु०; झलकन - शि०; छलकति - न०वे०गा०स०; छलिकत - मि०; झलकतु - नी०। वाहिर – वाहरि - को०वा०मो०न०गा०; वाह्वर - पा०; वाहर - वे०। भरि – भर - वे०स०मु०। मनौं – मनो - को०पा०; मनं - शि०; मनौ - वा०भा०मि०नी०; मनों - मो०वे०गा०मु०ह०। तिय – तीय - उ०शि०; विय - को०; पिय - मो०न०गा०स०; पीय - वे०मु०। हिय – हीय - उ०शि०वे०मु०; तय - को०। कौ – को - को०शि०पा०मो०वे०भा०; को, पार्श्व पर - मु०। अनुराग – ऽनुरा - शि०। [३३९]

آر مانک کي اوربسي د تت کتت درک داک • جہلکت باہر بہر منون تیہ ہیہ کو انراک
[ظا• ٣٣٩]

अन० : सषी की उक्ति नायक सो होइ तौ नायका के अनुराग को आधिक्य व्यंजित करति है, जो नायक की उक्ति होइ तो स्तुति, उत्प्रेक्षा।

नर० : उरवसी सोभा, सषी कौ वैन नायिका सो, हे राधे, तेरे उर के विषै मानिक तै जरी जो उरवसी, दुगदुगी है, सो याके डटने तै नेत्रां के दागु घटत हैं, और कैसी है कि पिय कौ अनुरागपनौ मनौ तेरो हियौ भरिकै वाहरि आनि छलक्यौ [201] –

> **मानक कै उर मै जु वसी वह भूषन राजतही ललकै है। आपको ए न घटै सुन माधव नैन निदाघ घत्यो किलकै है। आपनै चित्त विचारतही उपमा इहि भातिन तै किलकै है। और तिया हिय को अनुराग भर्यौ मनु वाहिर को छिलकै है** [नर० ३३९]

कृष्ण० : इह उरवसी की सोभा सषी नाइक सो कहति है, जौ सषी नाइका सौ कहै तौ तिय पद संवोधन होइ, नाइका लछिता जानिए –

> **आजु की निकाई वरनतु न वनतु मोपै रूप की तरंगिनी अनंदु वरसायो है। अंग अंग आभूषन जोति जगमग होति ऐसो तो वनाव रति रंभाहू न पायो है। मानिक की लसी उरवसी तिय उर पर द्रगनु कौ दुषदंदु देषत नसायो है। मेरे जान पूरन ह्वै अंतर कौ अनुराग हिये भरि वाहिर छलकि छलकायो है** [कृष्ण० ३३९] [202]

हरि० : नायक की उक्ति नायिका सो, तेरे उर विषै जो मानिक, लाल मनि, ताकी उरवसी चौकी ताकौ डटत अट कर करत निरषत दृग को जो दाग दाह विरह सो उपज्यो है, सो घटत है, छीन होत है, हे तिया हमे विषयक जो तेरे हिय मे अनुराग है ताको भरिकै, लैकै, मानो वाहिर झलकत है, सषी की उक्ति नायक सो होय तो तिय को तुमै विषयक जो हिय को अनुराग है, ताकौ भरिकै वाहिर झलकत है, और वैसेही जानिए, किंवा धीराधीरा कहत है मध्या ताहि वनाय। गुप्त प्रगट जाको कछू कोप पिछान्यो जाय, नायक सो धीराधीरा कौ वचन, सौति के गरे की उर्वसी पहिरे देषिकै, आधा दोहा मै गुप्त आधा दोहा मै प्रगट है, इहां वस्तूत्प्रेक्षा, और वस्तु करि वस्तु को संभावन जह होय। उक्तानुक्तास्प्द जहां वस्तूत्प्रेक्षा जोय॥ एक वस्तु की दूसरी वस्तु करि जहां संभावना डौर कीजिए सो उत्प्रेक्षा, सो दोय तरह की, एक उक्तास्पद एक अनुक्तास्पद, उक्तास्पद को अर्थ संभावना करिवे की ठौर जाहि विषै दूसरी वस्तु की संभावना की जैसो ठौर जाकी कहि दियो होय, जाकी संभावना कीजिए सो संभाव्यमान, अनुक्तास्प्द जाकी संभावना कीजिए सो होय, जा विषै संभावना कीजिए सो न होय, जहां क्रिया आगे वाचक आवै तहां जानिए, ऐचत सी

---

201 झलक्यौ - वे०।

202 भा० मि० प्रतियों में भिन्न उदाहरण छंद हैं -

हिय आलवाल तै प्रगट कोकनद फूल्यो किधौ अनुराग आभा उमगी है सुरवर। सुरसु मति किधौ भोरही उदित भानु वैठो चक्रवाकनि के प्रेम को प्रगट कर। मोतिन की माल सोभै गंगाजू की धार तामै ध्यानु लाइ तीसरो नयन षोलि दीनो हर। मानिकनि मय कुच अग्र उरवसी सोहै मंगल मुदित मानो मेरु के सिषर पर [भा० ३३९]

चितवनि चितै इत्यादि विषै मानिक की उरवसी विषै अनुराग वस्तु की संभावना, उरवसी संभावना विषै, अनुराग संभाव्यमान।

— ⋆ —

सहज सेत पचतोरिया। पहिरत अति छवि होति। जलचादरि के दीप लौ। जगमगाति तन जोति [३४०] [203]

سہج سیت پچتوریا پہرین ات چھب ہوت • جلچادر کي دیپ جو جکمکات تن جوت
[ظا• ٣٤٠]

अन० : जो सषी की उक्ति होय तो स्मृति संचारी गुनकथन दसा वचन अनुभाव ते अनुराग व्यंगि, उत्प्रेक्षालंकार।

नर० : अंग सोभा, सषी कौ वैन नाइक सो, हो कान्ह, आजु राधिकाजू की सहजैही सेत पचतोरिया कै पहिरतै अति छवि होत है, सो कैसी कि जलचादर के दीवा की नांई तन की जगमाति जोति ह्वै रही है –

> **गोरी गुराई रची कमलासन हाटक ओ कर हाट भगे है। औरन को हुलसै मन देषत सुद्धि छिनी छिन छांह जगे है। सेत सुतावतही पहिर्‌यो पचतोरिया वाही ते नीकी लगे है। नीर की चादर दीपक लों झलकै अपनै तन जोति जगे है** [नर० ३४०]

कृष्ण० : यह नाइका के तन की दीप्ति सषी कहै, नाइक सषीहू सो कहै तौ पूर्वानुराग जानिए, जो नाइका सषी सो कहै तो रूपगर्विता होइ –

> **कनक वरन तन वनक विचित्र वाल वालम के उर वीज आनद के वोति है। याके आगे औरन के गात की निकाई लागे मनि के निकट धरे लागति ज्यो पोति है। जव पहिरति पचतिरिया की सारी तव तन कीयो सहज जगमगात जोति है। कृष्ण प्रानप्यारे छवि छाजति विमल जलचादरि की दीपति ज्यो परगट होति है** [कृष्ण० ३४०]

हरि० : सषी वचन नायिका सों, सेत जो है पचतोरिआ, वस्त्र जाति विसेष अतिही मे होत है सारी, ताके पहिरे सहजही भूषन विसेष नही पहिरै तौ भी अति छवि होति है, जलचादरि के दीप लों, पानी की चादर छूटै है, ताके पीछे ताष रहै है, तामे दिया राषे है, ताकी तरह तन की जोति जगमगाति है, इहां पूर्णोपमा, नायिका उपमेय जलचादरि उपमान, लों वाचक, जगमगाति धर्म।

— ⋆ —

---

[203] सेत – सेतु - उ०नी०; सपेत - को०। पचतोरिया – पचतोलिया - को०; पंचतोरिया - शि०वा०; पचतोलीया - वे०; पचतोरीया - मु०; पंचतोरिआ - ह०। पहिरत – पहरति - को०मु०; पहिरति - मो०न०गा०; पहरत - वे०स०; पहिरै - भा०; पहिरें - ह०। होति – होत - उ०शि०वा०मो०वे०मु०नी०; होत, 'त' में इकार बाद में - गा०; हेत, एकार पर चिह्न - स०। जलचादरि – जलचादर - को०शि०वा०मो०न०वे०गा०स०मु०। के – कै - गा०। दीप – हीप - को०। लौ – लौं - को०न०मु०; लों - शि०मो०वे०गा०स०ह०। जगमगाति – जगमगात - को०वे०गा०स०भा०नी०। तन – जनु - शि०वा०; तनु - गा०भा०। जोति – सौति - शि०; ज्यौति - वा०; ज्योति - मो०; जोत - गा०स०। दोहा लुप्त - पा०मि०। [३४०]

लगत सुभग सीतल किरन। निसि सुष दिन अवगाहि। माह ससी भ्रम सूर त्यौ। रहति चकोरी चाहि [३४१] [204]

لکت سوبہک سیتل کرن سکہ نس دن اوکاہ • ماہ سسي بہرم سور تون رہت
چکوري[205] چاہ [ظا• ۳٤۱]

अन० : उक्ति कवि का सिसिर वर्नन, भ्रांत्यालंकार।

नर० : सिसिर रितु, कवि विहारीदास कहतु हैं कि या सिसिर रितु के सूर्य की किरन सुभगता सौ सीतल लागति है, तातै माह मै चंद्रमा के भ्रम जानिकै यौ चकोर सूरज की तरफ देषि रहतु, पै राति अरु दिन को विचार ना करतु है –

> **लागत है अति सीतल सुंदर सेत सुहामने नेहनिही है। रैनि दिवा सुष को अवगाहत वाही की प्रीति प्रतीति लही है। नैन चलाचल होत न रंचक या विधि की नव रीति गही है। माह चकोरी ससी भ्रम ते अहो देषो न सूर त्यों चाहि रही है** [नर० ३४१]

कृष्ण० : इह सिसिर रितु, कवि की उक्ति –

> **सिसिर मै सीतु नै करी है औरै रीति आई धौ माह मै चांदनी के चैन उमहत है। संपुट सरोज जह कुमुद विकास चाहि मिलि न सकत कौतिक विरह दहत है। सीरी सीरी सुभग वे किरनि लगति गात राति के विलास सव धौ सही लहत है। ससि के उदै कौ सुष मानि सविताही की ओर चोप सौ चकोरी चितवतही रहति है** [कृष्ण० ३४१] [206]

हरि० : पूर्वानुराग मै नायिका को सषी नायक की ओर देषावै है, अपूर्व वात कहिकै, सुभग सुंदर सीतल किरन लागति है, निसागनि कौ सुष दिन मै अवगाहिकै विचारि कै, पायकै यह अर्थ, माघ में ससि, चंद्रमा, के भ्रम ते सूर त्यौं, सूर्ज की ओर चकोरी चाहि रही, देषि रही, भ्रांति तो दोहाही मै कह्यो, सूर्ज की ओर चाहि रही, याको समर्थन कियो, काव्यलिंग।

— ⋆ —

---

204 लगत – लगति - उ०भा०मि०नी०; लहत - न०वे०गा०स०। सुभग – किरन - मु०। सीतल – शीतल - को०भा०। किरन – किरनि - - नी०; उ०पा०मि०; कीरन - मो०; कितिनि - भा०; सुभग - मु०। निसि – निशि - को०वा०न०; निस - वे०ह०; नि - नी०। सुष – दिनु - पा०; सव - न०वे०गा०स०; दिन - मु०। दिन – सुष - पा०मु०। अवगाहि – ऽवगाह - शि०; ऽवगाहि- वा०; अवगाह - मो०स०मु०; अवघाइ - गा०। ससी – सशि - को०; ससि - शि०मो०वे०मु०; शशी - वा०भा०। भ्रम – भृम - पा०भा०। सूर – सुर - को०। त्यौ – त्यौं - शि०मु०नी०ह०; त्यो - पा०वे०; त्यों - मो०गा०स०। रहति – रहत - को०मो०वे०स०मु०; रहत, 'त' में इकार बाद में - वा०; रहत - पा०; रहतु - न०; रहित - गा०; रहो - भा०; रही - ह०। चकोरी – चकोरि - को०। चाहि – चाह - मो०स०मि०मु०। उदाहरण लुप्त - भा०। [३४१]

205 چکوري - چکوا ي - ظا•

206 मि० प्रति में यहाँ सेनापति कृत [क०र० ३-४५] छंद है –

सिसिर मै ससि कौ सरूप पावै सविताहू घामहू मै चादनी की दुति दमकति है। सेनापति होत सीतलता सहसगुनी रजनी के वासर मै झाई झलकति है। चाहत चकोर सूर ओर दृगछोर करि चक्रवाकी छाती तजि धीर धसकति है। चंद के भरम होति मोद है कमोदिनी को ससि संक पंकजिन फूलीयै रहति है [मि० ३४१]

तपन तेज तपता तपति। अतुल तुलाई माह। सिसिर सीत क्यौंहू न मिटै। विनु लपटै तिय नाह [३४२] [207]

تپن تیج تپتا تپت اتول تولائي مانہ • سسر سیت کین ہو ن مٹي بن لپٹي تیہ ناہ [ظا• ٣٤٢]

अन० : उक्ति कवि की अथवा दूती की मानिनी प्रति, शिशिर वर्नन, परिसंष्यालंकार।

नर० : शिशिर रितु, सषी को वैन सषी सों, हे सषी, यौ सिसिर रितु कौ सीत है, सो तपन कौ तेज तिन करिकै और तपता कै तापनें करिकै और अतुल तुलाई, भारी रजाई, तिन करिकै माह के मास मैं विगर अस्त्री अरु भरतार लेटै काहू सो कटै नाही –

> **सूरज तेज प्रताप भली विधि पावक तापन आइ अटै है। और सुनो अति आतुर होइ अतुल्ल तुलाइन मै लपटै है। कोरि उपाय किये कलि रंच न क्योंहू घटावतहू न घटै है। पीन पयोधर प्रानपिया लपटै विनु नाह को सीत कटै है** [नर० ३४२]

कृष्ण० : इह सिसिर रितु, सषी को वचन नायका सो, सषीहू सो होइ, कवि की उक्ति –

> **मोल विसाल की ओढ दुसाल दिनेसु कौ तेजु इते पर होऊ। राषहु छाइ निहालिन मै तन पावक पुंज अंगीठी संजोऊ। माह को शीत विहात न कैसेऊ कोरि उपाउ करौ किनि कोऊ। जौ लगि पीउ प्रिया समुझाइ रहै लपटाइ न एक ह्वै दोऊ** [कृष्ण० ३४२]

हरि० : पूर्वानुरागवति सों किंवा मानिनी सो सषी वचन, तपन सूर्ज की तेज औ तापन तपन, तपनि को तापिवो, तप करसी को अलाव लगावत है, पूरव मे घूर कहै कौड कहत है, तिवनि को तापिवो माघ में तुलाई, रजाई, ए सव अतुल है, संजोग स्त्री पुरुष को ताको वरोवरि नहीं, सिसिर को सीत कोई तरह नही मिटै, तिय ओ नाह के लपटे विना, औरि सो सीत हानि नहीं संजोग सो सीत हानि, परिसंष्या अलंकार, परिसंष्या इक थल वरजि दूजे थल ठहराइ।

— ⋆ —

रहि न सकी सव जगत मैं। सिसिर सीत के त्रास। गरम भाजि गढवै

---

207 तपता – तपाता - उ०; मयता - मि०; तापनं - ह०। तपति – तपति, मूल में 'त' के स्थान पर 'प' - उ०; पतपि, 'त' पर १ की संख्या - को०; पतप, मूल में प्रथम 'प' का पार्श्व पर संशोधन 'त' - पा०; पपति - मो०; तपत - न०; तपन - वे०स०मु०ह०; पपन - गा०; अधिक - भा०; पतप - नी०। तुलाई – तुलइहि, 'ल' पर दीर्घ करने का चिह्न - उ०। माह – मांह - उ०गा०; मांहि - शि०वा०मु०। सिसिर – ससिर - उ०शि०मो०मि०मु०नी०; शिशिर - को०पा०; शशिर - वा०; सिशिर - न०; सिसर - वे०; शिशिर - भा०। सीत – सीतु - उ०नी०; शीत - को०वा०पा०मो०भा०। क्यौंहू – क्योहूं - उ०; कौहुं - को०वा०; क्यौंहु - शि०भा०मि०; क्यहु - पा०; क्योहं - मो०; क्योहु - वे०; क्योंहौ - गा०; क्यौहु - स०; क्यौंवह - नी०; किहुं - ह०। न – (लुप्त) - मो०भा०; ना - ह०। मिटै – कटे - को०; कहैं - मो०; कट - न०; कटै - वे०गा०स०मु०; घटै - मि०नी०। विनु – विन - को०शि०पा०वे०गा०भा०मि०मु०ह०। लपटै – लपटे - को०पा०; लपटें - वा०; लपटैं - मो०; लेटै - न०वे०गा०स०मु०। तिय – पीय - शि०; पिय - वा०; त्रिय - मु०। नाह – नांह - उ०; वांहि - शि०वा०मु०। [३४२]

भई। तिय कुच अचल मवास [३४३] [208]

ره ن سکي سب جکت مين سسر سيت کے تراس • کرم بهاج کرہوي بہئي تيه کوچ اچل مواس [ظا• ٣٤٣]

नर० : सिसिर रितु, कवि विहारीदास कहतु है कै वा गरमी जो हुती सो सिसिर सीत कै भय करिकै सगलै तौ संसार कै विषै रह सकी नाही पै भाजिकै स्त्री कै कुच सो अचल मैवास है, तिन गढ कै विषै रहती भई –

> **या जग वीच रही न सकी अस वाहि न काहू निवास दयो है। चौहुं दिसा डरपै अति आकुल पूस के सीत कौ त्रास भयो है। धाम गई भजि आप गढे सभई इह भांति निहार्‌यो नयो है। नायका हीय पयोधर पच्छय आछो अलोल मिवास लयो है** [नर० ३४३]

कृष्ण० : यह सिसिर रितु को समय कवि की उक्ति होइ –

> **सिसिर मै आयौ जु री सीत कौ प्रवलु जाकै त्रास हिय सवही कपत थहराइकै। ताहि लषि हरम हरम तै निकस तजी सरम गरम चलीयै हहराइकै। अंवर अवनि पौन पानी तजि तूल तकी टिकनि तहां उसकि भगी भहराइकै। ऊंचे ऊंचे अंचल उरोज नवनागरि के विकट मवास जाइ रही ठहराइकै** [कृष्ण० ३४३] [209]

हरि० : मानी नायक सो सषी वचन, सव, संपूर्न, जगत में किंवा तीनौ लोक में सिसिर के सीत के त्रास सों रहि नहीं सकी जो सो भाजिकै गढवै भई है, तिय के कुच सो अचल पर्वत सो मवास, दुर्ग भूमि मै तामे रहति है, किंवा अचल मवास है, काहू सो छोडाय नहीं जात है, तिय कुच अचल पहार है, सो मवास है, रूपकालंकार।

— ⋆ —

कोरि जतन कोऊ करौ। परै न प्रकृतिहि वीच। नल वल जल ऊंचौ चढै। अंत नीच कौ नीच [३४४] [210]

---

[208] रहि न – रह न - गा०; रही न - भा०। सकी – सकि - को०भा०; सकै - मु०। सव – जव - गा०। मैं – में - को०शि०वा०मो०; मै - पा०वे०गा०भा०मु०नी०। सिसिर – ससिर - उ०मो०मु०नी०; शिशिर - को०पा०भा०; शशिर - वा०; सिशिर - न०; सिसर - वे०; शिसिर - गा०। सीत – शीत - को०भा०। के – कै - शि०वा०न०वे०मु०नी०; को, मात्रा पर चिह्न - ह०। त्रास – वास - शि०; त्रासुं - वा०। गरम – गरमि - को०नी०ह०। भाजि – छाडि - शि०; भागि - पा०; भाज - न०वे०स०। गढवै – गढवे - को०; गढवें - वा०; गढमै - मो०गा०भा०मु०; गढमैं - न०स०। भई – गई - उ०को०शि०मो०वे०मु०; गै - वा०। तिय – तीय - शि०; त्रिय - न०वे०गा०स०। अचल – चल - स०। मवास – मैवास - शि०वा०वे०गा०स०; मेवास - न०मु०। दोहा लुप्त - मि०। [३४३]

[209] भा० प्रति में यहाँ भिन्न उदाहरण छंद मिलता है –

ग्रीषम की गरम कहूं रहन न पाई जव? आवत शिशिर के कैधौ कित कौ विलानी है। देषे गिरि कंदर अरु मंदिर ते मंदिर सव पाई ना षवरि कै वहहि गिरि समानी है। सीत के डरनि सो तौ डोलति जगत मांझ पायो न तवही ठीक ठहरानी है। तरुनी के कुचन वीच अचल मवासो तकि वचिवो विचारि याते हिय मै समानी है [भा० ३४३]

[210] कोरि – कौरि - वा०; कोटि - पा०भा०; कोर - वे०। कोऊ – कौउ - वा०; कोउ - वे०। करौ – करो - को०मो०वे०मु०; करै - पा०। परै न – परे न - उ०को०मो०; परिह न - वे०। प्रकृतिहि – प्रकतिहि - उ०; प्रकृतिढि

كور جتن كواو كرو پري نہ پركرتہ بيچ ٠ نل بل جل اونچو چرہي انت نيچ كو نيچ
[ظا٠ ٣٤٤]

अन० : अवर काव्य, कवि की उक्ति, अन्योक्ति अर्थांतरन्यास की संसृष्टि।

नर० : अन्योक्ति, कवि विहारीदास कहतु है कि जाके वीच प्रकृति परी ह्वै तासौं कोरिक जतन कोऊ करि देषौ, सो कैसी परै कि जो नल के जोर तैं पानी ऊचो चढै पै निदान नीचौ कौ नीचौ –

कोऊ करौ क्यों न कोरि उपाइन कै कै वृथा श्रम हार दयो है। जाको सुभाव भयो कृतपूरव
सो न कछू अव टार्यो गयो है। सोइ उठै संग आतुर चाहत याही नै ऐसो अदिष्ट वयो है।
ऊचो चढै नल कै वल यद्यपि तो जल नीच को नीच भयो है [नर० ३४४]

कृष्ण० : यह अन्योक्ति, जाको सुभाव नीचो होइ ताकी वढवारिहू होइ पै सुभाव न छुटै, कवि की उक्ति

और तै जैसो सुभाव पर्यो वह और प्रकार न कैसेहू ह्वैहै। कोरिक क्यो न उपाइ करौ
कविकृष्ण कहै निरधार यहै है। सो जग मै लषियै परचच्छ करौ जलजंत्रनि तै निहचै है।
केतोऊ ऊचो चढै नल के वल नीर तऊ ढरि नीचोई ऐहै [कृष्ण० ३४४]

हरि० : कोटि जतन कोऊ करौ तौ भी प्रकृति, सुभाव, ताहि मे वीच विसेष नहीं, वुरी प्रकृति सो भली प्रकृति होय, फुहार छूटै है, तहां नल के वल सों जल ऊंचै चढै है, तो भी नीच को स्वभाव नीचही परिवे को है, किंवा वोलनि है, नीच सो नीचही है, को इहां सोस के अर्थ में नीच सो नीचही है, सामान्य अर्थ को पुष्ट करिवे को विसेष अर्थ कर्यौ, अर्थांतरन्यास।

— ⋆ —

झूठे जानि न संग्रहै। मनु मुह निकसे वैन। याही ते मानहु किये। वातन को विधि नैन [३४५] [211]

- वा०; पृकतिहि - पा०; प्रकृतिहीं - मो०; प्रकृतह - वे०; प्रकृतह, 'त' में इकार बाद में - गा०; प्रकृतहि - स०; प्रकृतीही - नी०। वीच – वीचु - उ०नी०; वीचि - शि०वा०मो०। ऊंचौ – उंचो - को०गा०; उंचौ - शि०; उच - वा०वे०; ऊचे - पा०भा०; ऊचो - मो०; ऊंचो - मु०; उचौ - नी०; ऊंचै - ह०। चढै – च्चढै - वा०; चढ्यो - मो०; कीयो - वे०। अंत – तऊ - शि०वा०ह०; अति - गा०। नीच – नींच - उ०मु०ह०। कौ – को - को०मो०वे०भा०मु०नी०ह०; कौं - वा०। नीच – नींच - मु०। दोहा लुप्त - मि०। [३४४]

211 झूठे – झूठौ - उ०; झूठ - को०। जानि न – जांनि न - उ०वा०; जाति न - शि०; जान न - वे०मि०; जांन न, प्रथम 'न' पर इकार बाद में - गा०; जांन न - स०। संग्रहै – संग्रहैं - शि०; संग्रहे - नी०ह०। मनु – मन - वे०स०मि०; मुह - मु०; मन, पार्श्व में - नी०। मुह – मूह - को०; मुष - पा०; मुहु - मो०न०; मुहू - गा०; मै - मु०। निकसे – निकसै - उ०शि०गा०; निकसें - वा०; निकरे - मो०। वैन – वेंन - मो०; वैंन - न०गा०स०मि०ह०। याही ते – याही तैं - को०ह०; याही तें - शि०वा०मो०स०मु०; याही तै - न०वे०गा०। मानहु – मानौं - को०मु०; मानो - शि०मो०; मानों - वा०ह०; मांनहु - न०स०; मानु - वे०मि०; मांनहु - गा०; मानौ - नी०। किये – कियै - को०; कीए - शि०मो०; किऐं - वा०; कीये - वे०स०मु०; कीयै - गा०; किए - ह०। वातन को विधि – विधि वातन कौ – उ०शि०वा०। वातन – वातनि - पा०ह०; वातनु - नी०। को – कौं - को०स०; कों - मो०ह०; कौ - न०मि०मु०; के - नी०। विधि – विध - वे०गा०। नैन – नैंन - को०वा०स०मु०ह०; नेंन - मो०न०। दोहा लुप्त - भा०। [३४५]

جهوتهي جان نه[212] سنكرهين منون مُنه نكسي بين ٠ ياهي تين مانون كئي بده باتن كون نين [ظا٠ ٣٤٥]

अन० : नायका कौ नायक सो सैननि मै वातै करत देषि सषी हेतु लक्षित करि चतुराई सो जानिवो जानावति है, सैन लक्षित है, उत्प्रेक्षालंकार।

नर० : नेत्र लगन, सषी कौ वैन सषी सौ, हे सषी, मैं ऐसे जानी कि मुहु ते जे वैन निकरै है सो झूठे ते जानिकै वाकौ संग्रह नाही कियौ और तूही मानहु कि इन वास्तै विधाता नै वातां के हेत नेत्र कीयै है -

> **झूठेही जानिकै संग्रहे नाहिंन आनन तै निकसे न षरे है। स्वाद घने औ भले रस तै अति जीय मै आनिकै आय अरे है। सुंदर सोहने साचे षरे मृदु ऊजरे आछे पियूष भरे है। याही ते मानौ मेरो सषी सुनि वातन को विधि नैन करे है** [नर० ३४५]

कृष्ण० : इह दोहा आपुसही मै नेत्रनही मै वात करत है, सु सषी सो सषी कहति है -

> **इत व्रजराज को कुवरु रसरासि उत वनी वृषभान की कुवरि वर वानिकै। ठाढे हित वाढे आप आपनि अटानि पर करत कटाछ मनमथ की कलानि कै। वदन ते निकसे ते झूठे होत मेरे जानि वैनन को संग्रह कर्‌यो न यह जानिकै। परम प्रवीन दोऊ याही ते परसपर लोचनही मै वतरावत सुष मानिकै** [कृष्ण० ३४५]

हरि० : नायक नायिका नेत्रन सों इसारा करै हैं, सो देषिकै सषी पीछै कहति है, संसार मै सत्पुरुष हैं, तिनने मुह निकसे वैन , मुह ते निकसे जे वचन हैं, ताकौ झूठा जानिकै मानो नहीं संग्रह किए हैं, अर्थ यह नहीं प्रमान किए हैं, याही कारन ते विधाता ने सांची वात न कहिवे को नैन किए हैं, वनाए हैं, मनो इसारा की वात सत्यही है, इहां सिद्धास्पदहेतूत्प्रेक्षा है, मुष की वात मिथ्या यह हेतु, नैन के वैन सिद्धास्पद।

— ⋆ —

सुघर सौति वस पिय सुनत। दुलहिनि दुगुन हुलास। लषी सषी तन दीठि करि। सगरव सलज सहास [३४६] [213]

سوكهر سوت بس په سونت دولهن دوكن هلاس ٠ لكهي سكهي تن ديته كر سكرب سلج سهاس [ظا٠ ٣٤٦]

---

212 جوتهي جان نه - جو نه تهی چلی - ظا٠

213 सुघर – सुघरि - ह०। सौति – सौंति - वा०गा०; सोत - वे०; सौत - स०। वस – वस, 'स' में इकार बाद में - उ०; वसि - को०मो०मि०; पिय - पा०। पिय – पिव - उ०; पीय - शि०; वस - पा०। सुनत – शुनत - भा०; सुनति - ह०। दुलहिनि – दुलहनि - उ०को०शि०वा०मो०मि०; दुलहनु - न०गा०; दुलहन - वे०स०मु०। दुगुन – दुगन - शि०; डगुन - मु०। हुलास – उलास - उ०। लषी – लषि - को०वे०। सषी – सषि - को०वे०। तन – तिनु - उ०; न - शि०; तिन - वा०; तनु - न०गा०। दीठि – द्रढि - को०; दीठ - शि०गा०स०ह०; डीठि - पा०मु०नी०। करि – कै - न०वे०गा०स०। सलज – सलज्ज - भा०। [३४६]

अन० : सषी की उक्ति सषी प्रति, रूपगुणगर्विता मध्या नायिका, हर्ष संचारी, विभावना अलंकार।

नर० : रूपगर्विता, सषी कौ वैन सषी सौ, हे सषी, सुघर सौति कौ वस भरतार कौ सुनतैही दुलहिनु कौ दूनौ हुलास भयौ, सो मैं वाको आंषि करिकै देषी कि तनु के विषै सगरव है, सलज, है सहास है –

जे जे धनी सुघरै अति सुंदर सोतिन के वस पीउ भयो है। यों सुनिकै दुलही मन मै पुनि आदर कै जु हुलास लयो है। दीठ किये सषी आनन ओर भली विधि कै कै निहार्यो नयो है। और कहा कहौं वा जिय की सुनि लाज सगर्व सहास ठयो है [नर० ३४६]

कृष्ण० : इह नाइका गुनगर्विता, अपने गुन के गुमान तै सौति के आगम कौ वुरौ नाही मानति, प्रसन्न भई, सषी की ओर चितवति है, सषी को वचन सषी सौ –

रूप की रासि सषीनु समाज मै सोहै सिंगार सजे व्रजनारी। काहू कही सुघरापन कै तुम सौतिनै लीनो रिझाइ विहारी। यौ सुनिकै अतिही हुलसी गुन चातुरी की परमावधि प्यारी। लाज गुमान भरी मुसिकाइकै रंचक डीठि अली तन डारी [कृष्ण० ३४६]

हरि० : सषी सौ सषी, सुघरि, चतुर सौति के वस पिय को सुनतिकै दुलहिन को दुगनो हुलास, आनंद, मो मे रूप भी है, चतुराई भी है, याते सषी की तन, ओर, डीठि करि देषी सगरव, वा हमारे आगे वह कहा है, सलज नई आई है याते, सहास मन को मोद सूचित कियो, यह वात सुनि हम वहुत राजी भई सोति के वस, कारन, तासो हुलास भयो, विभावना, काहू कारन ते जवै कारज होय विरुद्ध।

— ⋆ —

लिषन वैठि जाकी सवी। गहि गहि गरव गरूर। भए न केते जगत के। चतुर चितेरे कूर [३४७] [214]

لکہن بیتہہ جاکي سبي کر کر کرب[215] کرور ۰ بہئي نہ کیتے جکت کے چتر چتیری کور [ظا۰ ٣٤٧]

अन० : जो सषी की उक्ति सषी प्रति होइ तो स्तुति, नायक सो होइ तो दूतत्व, जो नायक की उक्ति होइ तो गुनकथन, वहु वोधक व्यंगि, असंलक्ष्यक्रम ध्वनि है पै काकु व्यंगि ते मध्यम काव्य है, सो कहा, सवी लिषिवे के समे जव नायिका को सकल अंग स्मरन ते चित्रे को कामाविर्भाव ते करकंपादि सात्विक भाव होत है ताते लिष्यो नहि जात, इत ध्वन्यर्थ, अरु काकु व्यंग्य ते यमक काव्य है, सो कहा, केते न भए सवे भए, ए वाकी उक्ति है, शुद्ध वक्रोक्ति अलंकार।

नर० : मुग्धा नवलवधू, नायक कौ सुनायकै सषी कौ वैन सषी सौ, हे सषी, वा राधिका की सवी लिषन वासतै जो चतुर चितेरे हुते सो गरव अनै गरूर गहि गहिकै वैठे, सो वे संसार के केतेक चतुर चितारे कूर भए नाही है, एतावता सवी ह्वै सकी नहीं –

[214] लिषन – लिषिनै - वा०; लिषिन - स०मि०। वैठि – वेठि - को०; वैठ - शि०वे०गा०स०। जाकी – वाकी - भा०। सवी – शवहि - को०; सिवि - वा०; सविह - पा०। गहि गहि – गहिर - शि०पा०। गरव – गर्व - भा०। भए न – भये न - को०मो०वे०गा०स०मु०नी०ह०; भए ने - वा०। केते – कैते - वा०। जगत – जग, 'त' पार्श्व पर - उ०। के – मै - वे०गा०भा०; मैं - स०। चितेरे – चितेरै - वा०; चतेरे - मि०। कूर – कुर - को०न०। [३४७]

[215] کرب - کرت - ظا۰۰

वैठे है आइकै जे जे जगत्त मै केते गुनी लिषिवै उनये है। याकी सवी को सुधारन काज घनी गहकै गरवाइ लये है। कै तो कहै हठि हेरि रहे जव वैसी भई नहिं हार गये है। आपनी ओर ते चातुरी छोरिकै केते चीतारन कूर भये है [नर० ३४७]

कृष्ण० : इह नाइका की निकाई सषी नायक सौ कहति है, इहै प्रेम प्रगट करति है कि वाहि देषे सात्विक भाव होत है याते चितेरे ऐह लिषत वनै नाही, जो वैससंधि कहिए तौहू संभवै –

रूप की अवधि ऐसी और न वनाई विधि जाके लषिवे को भाल देवता मनाइवो। जाकी सोभा लिषिवे को वैठत गरवु करि आनतही मन होत घूमि घननाइवो। ऐसी भाति आइ आइ कूरही कहाइ गए चतुर चितेरे तिन्हे कहा लौ गनाइवो। कृष्ण प्रानप्यारे वह चित्रिनी विचित्र गति काहू पै न वन्यो वाके चित्र को वनाइवो [कृष्ण० ३४७]

हरि० : सषी की उक्ति चितेरा सो, गरूर नाम गर्व को, और गरूर गर्वी को भी कहत हैं, गिर तें नग कहो, गरूर हों निगाहहू तें हें गरूर चितेरा जान इकाकी सवी को अर्थ, चित्र सो गरव गहि गहिकै लिषन वैठे वाकी सूरति नहीं लिषी गई, याते जगत के केते चतुर चितेरा कूर वेवकूप नहीं भए हैं, भए हैं यह अर्थ, चतुर वेवकूप भए याते रूप की अधिकाई, किंवा सषी वचन नायक सो, हे चतुर तुम वाके रूप मे समुद्र है, सव्द अधिक होय तो अर्थ भी अधिक जानिए, हिंद्रू चितेरा गरव सो जानिए, मुसलमान चितेरा गरूर सो जानिए, और अर्थ वैसेही, नहीं भए भए यह काकु स्वर सों वक्रोक्ति अलंकार, औरि वात मै औरही अर्थ करै जहां जानिए, श्लेष सुद्ध द्वै भांति को वक्रोकति उर आनि। जहां काकु होय तहां मध्य काव्य जानि॥

— ⋆ —

टुनहाई सव टोल मैं। रही जु सौति कहाइ। सु तैं ऐंचि प्यौ आपु त्यौं। करी अदोषिल आइ [३४८] [216]

تونہائي سب تول مين رہي جو سوت کہاي ۰ سو تين ينچ پہ اپني کري ادوکہل اي
[ظا۰ ٣٤٨]

अन० : सषी की उक्ति नायक प्रति, स्तुति करति है, नायक उपसन्न स्वाधीन जानियै, श्लेषालंकार।

नर० : स्वाधीनपतिका, सषी कौ वैन नायका सो, हे नायिका, वा तेरी सौति सवही टोलि मै टूनागारी कहाइ रही हुती सो अव तौ आइकै और प्यौ कौ अपनी तरफ ऐंचिकै वाकौ अदोषिल सी करी है –

[216] टुनहाई – टुनहाई, 'न' पर संशोधन चिह्न - को०; टुनहाइ - शि०भा०; टुनहाईं - मो०; टुनिहाई - न०नी०; टुनिआई - वे०गा०; टुनआई - स०; टुनिहांई - मु०। सव – सषि - मो०। टोल – (अपठ) - पा०; ?एल - वे०; टोलि - गा०। मैं – में - शि०मो०ह०; (अपठ) - पा०; वै - वे०; मै - गा०भा०; में - मु०। रही जु – रहि जू - वा०; रही जो - गा०; रही ज - मु०। सौति – सौंति - वा०; सोति - मो०वे०गा०; सौत - स०। कहाइ – कहाय - को०ह०। तैं – तें - शि०वा०मो०; तौ - पा०भा०ह०; तै - वे०स०मु०नी०। ऐंचि – अचि, 'अ' पर भिन्न क़लम से एं की मात्रा - को०; अंचि - वा०; ऐचि - पा०वे०ह०; एंचि - मो०; ऐंच - न०स०; ऐच - गा०। प्यौ – प्यो - पा०मो०वे०; पिय - ह०। आपु – त्यौं – करी – करि - वा०। अदोषिल - को०वा०पा०मो०न०स०भा०मु०नी०ह०; अदोषिल, पूर्वलिहित वर्ण पर संशोधन द्वारा 'अ' - उ०; अदोषिलि - शि०; अदोषल - वे०; अदोषिल - गा०। आइ – आय - को०ह०। दोहा लुप्त - मि०। [३४८]

सोतिन टोल मै वा टुनिहाई सवै कोऊ जानत दोष भरी है। आप त्यों ऐंचिकै पीतम को सुनि तै भली भांतिन आय अरी है। ताको कलंक गयो सगरो अहो औरन की मति हेरि हरी है। याते कछू नहिं वापुरी नारि सों आछी अदोषिल आइ करी है [नर० ३४८]

कृष्ण० : स्वाधीनपतिका, सषी को वचन सषी सो, वा नाइका सो –

राति दिना छकि याही के धाम पग्यौ रस मै रहतौ सुषदाई। पास परोस सवै कहती यह वीसविसे तिय है टुनहाई। तू जवते गुन रूप कि रासि सुसील सुहागिल गौनेहि आई। प्रानपती अपने वसकै तै भली करी सौति की छूति वहाई [कृष्ण० ३४८]

हरि० : नवल दुलही सो सषी वचन, तेरी जो सौति है सो सव टोलनि में टुनहाई कहाय रही है, जो टोना जानै सो टुनहाई, सो तैं आयकै आपु त्यौ, आपनी ओर, प्यौ नायक को ऐंचिकै रूप सौं षैंचिकै सौतिन को अदोषिल करी, दोष रहित करी, टोनही होती तो नायक तेरे वसही होतो, स्वाधीनपतिका, सौतिन को टोना दोष थो, तामे गुन भयो, लेश अलंकार, किंवा पिय को ऐंचिवो हेतु, अदोषिल हेतुमान, हेतु अलंकार, किंवा जुक्ति सो अदोषिल कियो, याते काव्यलिंग भी संभवै है, संदेह ते संकर भयो।

— ⋆ —

दृगनि लगत वेधत हियहि। विकल करत अंग आन। ए तेरे सव तें विषम। ईछन तीछन वान [३४९] [217]

درکن لکت بیدہت ہیہ بکل کرت انک ان • یي تيري سب تین بکہم ایچہن تیچہن بان
[ظا• ٣٤٩]

अन० : उक्ति नायक की नायका प्रति, वचन अनुभाव ते अनुराग व्यंगि, असंगति अलंकार।

नर० : अद्भुतरस, सषी कौ वैन नायका सौ, हे राधे नेत्रां कौ तौ लागते हैं और हिया कौ वेधतु है अरु वीजा अंग कौ विकल करतु है, सो ए तेरे नैनवान से तीषे सो सवु तै विषमु है –

नैनन लागत वेधत है हिय या विधि की अव रीति लये है। आपने काम तै दूर परे अरु वावरे औरही गात भये है। ता छिन तै इन छाडि दयौ ढंग रंग रहे अकुलाय गये है। वंक षरे सवतै हम जानत ईछन तीछन वान नये है [नर० ३४९]

कृष्ण० : यह नाइका के नेत्र देषि नायक कौ विकलता भई है, सो सषी नाइका सौ कहति है, अथवा नाइक नाइका सो कहै –

---

217 दृगनु – दृगनि - को०पा०ह०; द्रिगनि - शि०; द्रिगन - वा०स०मु०; द्रगन - मो०मि०; द्रिगनु - न०गा०; द्रिग - वे०; द्रगनि - भा०; द्रगनु - नी०। लगत – लगति - मि०; लगतु - नी०। वेधत – वेधन - भा०; वेधति - मि०नी०। हियहि – हिएहि - उ०; हियो - पा०मो०ह०; हियह, 'ह' में इकार बाद में - गा०; हियहि - स०; हीयो - मु०। विकल – करत - उ०शि०मु०; करति - वा०। करत – विकल - उ०शि०वा०मु०; करिन - गा०; करति - मि०। अंग – अंगु - मो०; करिन - गा०। आन – आंन - उ०शि०वा०न०स०मि०; आनि - मो०; आंनु - गा०। ए – (लुप्त) - भा०; ये - नी०। तेरे – तेरै - न०; मेरे - वे०स०। सव – सवु - न०वे०; छ - स०। तैं – तै - उ०न०वे०गा०; ते - वा०पा०भा०नी०; तैं - स०। विषम – विषमु - उ०न०; विषम ये - भा०। ईछन – इछिन - वा०; ईन्छन - पा०; ईछम - गा०; ईषन - भा०; इछन - मि०मु०। तीछन – तीछिन - वा०; तीषन - भा०; तिछन - मि०। वान – वाम, 'न' ऊपर उसी क़लम से - उ०; वांन - शि०वा०न०वे०गा०स०मि०मु०ह०। [३४९]

भौह कमान विना जेहि ते छुटि टेढे चले दुहु ओर अनेरे। नैनन आनि अचूक लगै हिय भेदत क्योंहू फिरै नहिं फेरे। और सवै अंग व्याकुल ह्वै सरसात विथा घहलात घनेरे। रीति गहै सवतै विषमै विषमै सर तीछन वीछन तेरे [**कृष्ण०** ३४९]

हरि० : नायक की उक्ति नायिका सो, नेत्र हमारे दृगनि सो लागत हैं, हृदय को वेधत हैं, आन, औरि अंग को विकल करत हैं, ए वाल तेरे जो यह ईछन, नैन, हैं सो तीछन वान हैं, सवते वरछी तीर कटारी ते विषम हैं, सहे नहीं जात हैं, असंगति अलंकार को प्रथम भेद, तीन असंगति काज अरु कारन न्यारे ठांव, दृगनि मै लागै चाहिए ताही कौ भेदै, कार्ज भेदिवो, सो औरि ठौर भयो, ऐसे आगे भी जानिए।

— ⋆ —

पीठि दीयैही नैक मुरि। कर घूघट पटु टारि। भरि गुलाल की मूठि सौं। गई मूठि सी मारि [३५०] [218]

پیتھ دینہي نیک مر کر کہونکٹ پٹ تار ٠ بہر کلال کي مونتھ سون کئي مونتھ سي مار [ظا٠ ٣٥٠]

अन० : होली वर्नन, नायक को वचन सषी सो, स्मृति संचारी, नायिका स्वकीया होय तो विप्रलंभ, परकीया होय तो पूर्वानुराग, उत्प्रेक्षालंकार।

नर० : पूर्वानुराग, नायक कौ वैन सषी सौ, हे सषी, राधिका पीठ दियेही थोरी सी मुरिकै अरु कर तें घूंघट को पटु दूरि करिकै अरु गुलाल की मूठि भरिकै वाही सौ मोकौ मूठि सी मारिकै गई है –

पीठ दिये अरु नैक मुरी करि घुंघट आनन ओट दई है। सुंदर वानी सुधा सम राजत याकी अनोपम ओप नई है। नार नवाइकै नैन नचावत वांह झुलावत मोहमई है। लै अपने कर वाल गुलालन मूठि सो मूठि सी मारि गई है [नर० ३५०]

कृष्ण० : यह होरी षेल को समय नाइका की सोभा नाइक सषी सो कहतु है –

मोपै कछु कहतै न वनै करि जैसी दसा व्रजनारि गई है। पीठि दियेही मुरी मनु लै वह फागुन षेल षिलारि गई है। घूघट को पट टारिकै भौह उसारिकै नेक निहारि गई है। यौं भरि मूठि गुलाल सौ प्यारी अचानक मूठि सी मारि गई है [कृष्ण० ३५०]

---

218 पीठि – पीठ - को०शि०मो०न०वे०स०मु०। दीयैही – दीएंही - उ०; दीये जग - को०; दियैंदी - वा०; दियेही - पा०; दीयैंही - मो०; दियैही - गा०स०; दिजही - भा०; दियेंही - मि०; दियैहा - मु०; दियौही - नी०; दिएहीं - ह०। नैक – नैंक - उ०; नेक - को०भा०; नेंक - वा०; नेकु - पा०मो०; नैकु - न०गा०नी०; निक - मु०; नेंकु - ह०। मुरि – मुर - वे०स०; मरि - गा०। कर – केरि - वा०वे०; करि - स०मि०मु०। घूघट – गुंघट - को०शि०मो०स०; घोघट - वा०; घूघुट - पा०; घूंघति - न०; घुंघट - वे०गा०; घूंघट - मु०ह०; घुंघटु - नी०। पटु – पट - को०शि०वा०पा०वे०गा०स०भा०मु०ह०। टारि – ?रि, प्रथम वर्ण 'दा' अथवा 'डा' - को०पा०; डारि - वा०गा०भा०ह०; डार - वे०स०। भरि – भर - स०; भरी - नी०। गुलाल – गुलाव - उ०को०वा०ह०; गुलाव, 'व' पर काकपद, पार्श्व में भिन्न क़लम से 'ल' - पा०। मूठि – मुठ - को०; मुंठ - शि०वे०स०मु०; मूंठि - वा०न०; मुंठि - गा०। सौं – सौ - को०भा०नी०; सो - पा०; री - मो०; सों - वे०गा०ह०। गई – गै - को०वा०। मूठि सी – मुठ सी - को०; मुंठ सी - शि०वे०; मोठी सी - वा०; मूठि सी, 'ठ' में इकार बाद में - मो०; मुंठि सी - गा०ह०; मूंठ सी - स०; मूंठ सौ - मु०। मारि – मार - शि०वे०स०। [३५०]

हरि० : नायक की उक्ति सषी सों, पीठि दिएही नेकु, थोरो मुरिकै फिरिकै कर सों घूंघटपट को टारिकै भरी है जो गुलाल की मूठी तासों मूठि सी मारि गई, जैसे कोई मूठि चलावै है, वाहि देषे विना कल नहीं परत है, वसीकरन है, मूठि मारि गई है मानौ, अनुक्तास्पद वस्तूत्प्रेक्षा।

— ⋆ —

गुनी गुनी सवको कहै। निगुनी गुनी न होत। सुन्यौं कहूं तरु अरक तैं। अरक समान उदोत [३५१] [219]

کوني کوني سب کہین نکني کني نہ ہوت • سونیون کہون تر ارک تین ارک سمان اودوت [ظا• ۳۵۱]

अन० : अवर काव्य, कवि की उक्ति, अर्थांतरन्यास।

नर० : अन्योक्ति, कवि विहारीदास कहतु है, जाको नाम गुनी ह्वै ताको सव कोऊ गुनी कहतु है, पै है निगुनी तौ गुनी कैसे ह्वै, जैसे अरक के तरु है ताको अरक कहतु है पै कहूं अरक, सूरज, वराबर उदोत भयो सुन्यो, ए न सुन्यौ –

मैहु गुनी अरु मैहू गुनी कहिकै अपने मन मान लयो है। मै यह जानत हौं जग वीच गुनी सो षरो गुन ईस दयो है। जो निगुनी सो गुनी नहि होत विचारतही भ्रम दूर गयो है। यो कवहूं न सुनी जग मै तरु आक तै अर्क उदोत भयो है [नर० ३५१]

कृष्ण० : कछु नाही अरु सव कोऊ वासौ कहत होइ तहां कहियै, कवि की उक्ति –

विनु करतूति झूठी पदवी लही तौ वह नीकी न लगति उपहास पेषियत है। गुनी गुनी सव कोऊ कहत पुकारि कहू निगुनी गुनीन माझ लेषे लेषियत है। जगत विदित जासौ मीठो कहि जानतोई निपट विषम विषु अवरेषियत है। जऊ पेडु आक को कहावतु अरकु तऊ अरक समान कोऊ उदोतु देषियतु है [कृष्ण० ३५१]

हरि० : निगुनी कौ सव कोई गुनी गुनी कहै तौ गुनी नहीं होय जाय, अर्क तरु, आक के वृक्ष ते अर्क, सूर्ज को समान उदोत, प्रकास, कहूं सुन्हो है, नहीं सुन्यो, काकु जानिए, सामान्य वात कहि विसेष वात कहै, तासों अर्थांतरन्यास।

— ⋆ —

---

219 सवको – सवकौ - उ०; सव कोऊ - शि०; सवकै - वा०; सवके - पा०भा०ह०; सहु को - न०; सव कोक - मि०; सवकौं - मु०। कहै – कहैं - उ०न०ह०; कहे - पा०; कहत - मो०। निगुनी – निगुनीं - न०; नगुनी - मु०। गुनी – गुनि - को०। होत – होतु - उ०मो०भा०नी०; होइ - शि०; होति - न०गा०; होइत, 'इ' पर काटने का चिह्न - वे०। सुन्यौं – सुन्ह्यो - को०पा०; शुन्यौ - वा०गा०मि०नी०; सुन्यो - मो०दे०; सुन्यौ - न०स०ह०। शुनो - भा०। कहूं – कहुं - को०मु०; कहौं - वा०स०; कहु - पा०; कहू - मो०मि०; कहौ - वे०गा०; कह? - भा०। तरु – अरु - स०। अरक – अरुक - उ०; अर्क - पा०भा०मु०ह०। तैं – तिं - को०शि०; तें - वा०मो०ह०; को - पा०भा०; तै - वे०गा०नी०; कुं - मु०। अरक – अर्क - पा०भा०मु०; अरुक - वे०। समान – समांन - शि०वा०न०गा०स०मु०नी०; सनान - वे०। उदोत – उदोतु - उ०भा०नी०; ओदोत - को०; उद्योत - शि०मो०मु०ह० [३५१]

छुटत मुठिनु संगही छुटी। लोकलाज कुल चाल। लगे दुहुन इक वेरही। चल चित नैन गुलाल [३५२] [220]

چهوتت موٹهن سنک ہین چهوتي لوکلاج کل چال • لکي دوہون اک بیر ہین چل چت نین کلال [ظا • ٣٥٢]

अन० : उक्ति सषी की सषी सो, दंपति को षेल मै आसक्तिपूर्वक चित्त लगनि, सहोक्ति तुल्योगिता की संसृष्टि।

नर० : तमासै कौ मिलन, सषी कौ वैन सषी सों, हे सषी राधिका के गुलाल की मूठी छूटतैही मूठी अरु जो अव लों कुल की लाज हुती सो साथही छुटी, अरु तहां दोनों के चंचल चितु अरु नैन और गुलाल एक साथही लागे –

> **छूटतही संग मूठीन कै छुटिगो कुल लाज अकाल भगे है। लोकन लाज औ सील समाज गये तजिकै मानो काहू ठगे है। पीय पिया रंग षेलत फाग वने छवि सो अति पेम पगे है। एकहि वेर दुहूनि के चंचल चितै उत नैन गुलाल लगे है** [नर० ३५२]

कृष्ण० : यह होरी षेल को समय सषी सषी सो कहै –

> **होरी कौ समाजु वरसानै के वगर आजु कहा कहौ आली वनि आयो नीको ष्याल री। इत जुवतीन संग राधिका किसोरी उत सहित सषानि वनो मदन गुपाल री। छूटत मुठी के संग छूटत है एकै वेर गुरजन डर लोकलाज कुल चाल री। कहै कविकृष्ण त्योही लागत दुहू के तन एकै साथ चाउ चितु लोचन गुलाल री** [कृष्ण० ३५२]

हरि० : सषी सों सषी वाक्य, गुलाल की मूठी छूटत कै सोभा विसेष, सो संगही छूटत है, लोक की लाज औ कुल की चाल, रीति, परपुरुष की ओर नहीं देषनो, दंपति को एकही वेर लागै है, चिलकै जायकै चित्त ओ नैन ओ गुलाल, सहोक्ति अलंकार, सो सहोक्ति जहं साथही वरनै रस सरसाय।

— ⋆ —

ज्यौं ज्यौं पट झटकति हठति। हसति नचावति नैन। त्यौं त्यौं निपट

---

220 छुटत – छुटतु - उ०; छुटित - वे०गा०स०मि०; छुटति - मु०नी०। मुठिनु – मुठी - को०मो०ह०; मूठि - पा०; मुठिन - वे०स०भा०; मुठनि - मु०; मूठिनु - नी०। संगही – संगहि - शि०वा०; संगहीं - मो०; सगही - मि०। छुटी – छुटे - उ०; छुटै - शि०वा०मो०भा०मि०नी०; छुटैं - ह०। चाल – चालि - मो०। लगे – लगै - वा०; लगत - भा०मि०; लगें - मु०। दुहुन – दुहौन - वा०; दुहुनि - पा०गा०ह०; दुहुनु - भा०; दुहून - मु०; दुहुंनु - नी०। इक – यक - पा०; ईक - मो०; एक - नी०। वेरही – वारही - उ०; साथही - पा०; वेरहीं - मो०; वारही, मूल में, एकार की मात्रा, आकार पर काटने का चिह्न - मु०। चल – चलि - उ०न०गा०ह०; चिल - वा०। चित – चतु, 'च' पर मात्रा लगाने का चिह्न - उ०; चितु - शि०वा०न०गा०मि०। नैन – नंइन - उ०ह०; नेंन - को०मो०मु०; नेन - वा०; नैंन - न०स०; नैनु - मि०। गुलाल – गुलालु - उ०; गुलालि - मो०। [३५२]

उदारहू। फगुवा देत वनै न [३५३] [221]

جیون جیون پت جھتکت ہتت ہنست نچاوت نین • تیون تیون نپت اودار ہون پھکوا دیت بني ن [ظا• ٣٥٣]

अन० : होरी वर्नन, उक्ति सषी की सषी सो, नायिका के कटाक्ष विक्षेप अनुभाव ते पूर्वानुराग नायिका के उदार पद तें ध्वनि है, नायिका के चपलता संचारी, दंपति को षेल, विशेषोक्ति।

नर० : सषी कौ वैन साषी सो, हे सषी, देषि तौ ज्यौं ज्यौं राधिका नाइक के पट कौ नेत्र नचाइ हसिकै फगुवा के वास्तै हठ करिकै झटकति है, सो त्यौं त्यौं कान्हजू कौ उदार सी लागति है, सो ताते फगुवा देत वनत नाही है –

> **षेलत फागु प्रिया अति आदर ज्यों ज्यों षरी उझकै सुष पावै। तापर और झुकै विहसै सतराहट कै अंचरा मुह लावै। आइ अरी अरु फेरि मुरै ससकै झपटै लषिकै मन भावै। झूठेही मूठ गुलाल की लै पिय त्यों त्यों कला करिकै झझकावै** [नर० ३५३]

कृष्ण० : होरी वरनन, नाइका प्रौढा को सोभा नाइक देषिवे को लोभ भयो है, सो सषी सषी सो कहति है –

> **फागुन के षेल कौ समाजु वनि आयौ जैसो तैसो एक रसना सौ कहत वनै न है। सांकरी गली मै नंदलाल कौ पकरि वाल मनभाए करति वढावै चित चैन है। ज्यों ज्यों नेह चाइ भरी लोचन नचाइ पटु झटकि कहति हसि हसि मृदु वैन है। ज्यो ज्यो चितु लालन को निपट उदार तऊ फगुवा को दीवो कछु आनत मनै न है** [कृष्ण० ३५३]

हरि० : सषी सो सषी, नायक के पट को नायिका ज्यौं ज्यौं झटकति है, हसै है, नैन नचावति, त्यौं त्यौं, तौ भी निपट उदार है, पै वाकी छवि देषिवे के लिए फगुआ देत वनै नहीं, किंवा फगुवा देत में ना, यह जो शव्द है सो वनै है, नहीं देहिगे, विशेषोक्ति, उदारता कारन मे दान कार्ज नहीं भयो, किंवा एक वेर वहुत भाव ए पट झटकिवो आदि, याते समुच्चय।

— ⋆ —

ज्यौं ज्यौं पावक लपट सी। तिय हिय सौं लपटाति। त्यौं त्यौं छुही

---

[221] ज्यौं ज्यौं – ज्यो ज्यो - पा०; ज्यों ज्यों - वे०गा०स०; ज्यौ ज्यौ - भा०। पट – पटु - उ०नी०। झटकति – फटकति - वा०; झटकत - वे०स०मि०; हठकति - गा०। हठति – हसति - मो०भा०मि०नी०; हठत - वे०स०; 'हठति' पर 'फठकि' संशोधन - गा०। हसति – हसत - वा०वे०स०मु०; सहति - न०; हटति - भा०; हठति - मि०नी०। नचावति – नचावत - स०मु०। नैन – नेंन - मो०मु०; नैंन - गा०स०ह०। त्यौं त्यौं – त्यो त्यो - पा०वे०; त्यों त्यों - मो०गा०; त्यौ त्यौ - भा०। उदारहू – उदारहुं - को०वे०नी०; उदारहूं - शि०मो०गा०स०; उदारहौं - वा०। फगुवा – फगवा - उ०मु०; फगुया - को०; फगुहा - भा०; फगुआ - ह०। देत – देतं - को०; दैत - शि०। वनै – वने - को०; वनैं - स०ह०; वनै - मु०। [३५३]

गुलाव सौ। छतियां अति सियराति [३५४] [222]

جون جون پاوک لپت سي تہ ہہ سون لپتات • تون تون چھہي کلاب لون چھتيا ات سيرات [ظا• ٣٥٤]

अन० : उक्ति नायक की, स्मृति संचारी गुनकथन दशा वचन अनुभाव तें अनुराग व्यंगि, गुलाव की फुही सो कहा फुहारी नलजंत्र ते उछलति है, विभावना लंकार।

नर० : व्याधि दसा, सषी कौ वैन नायक सौं, हो कान्ह, ज्यौं ज्यौं राधिका के हिया तैं अगनि सी लपट आवति है, सो त्यौं त्यौं सषी समीप की छाती गुलाव की छुही लै करिकै अति सियरावतु है -

> **ज्यों ज्यों हिये अति पावक की लपटै सम आइ तिया लपटानी। कै रदनेछद पान महा अरु भेद तै अंक भरी हठ ठानी। और सुनो इह भांति अनेक करी रससरीति सवै मनमानी। त्यों त्यों गुलाव छुही छतियां अव पीतम की वहुतै सियरानी** [नर० ३५४]

हरि० : ज्यौं ज्यौं, जैसे जैसे पावक, आगि की लपट ज्वाला सी तिय हिय सों लपटाति है, त्यौं त्यौं, तैसे तैसे गुलाव सों छुही, सींची है मानो, ऐसे छाती सियराति है, सीतल होति है, पावक लपट सी, उपमा छुही है, मानौ जानिए, लुप्तोत्प्रेक्षा, पावक लपट सी नायिका सों सीतलता विरुद्ध ते कार्ज, विभावना।

— ★ —

भाल लाल वेंदी छुए। छुटे वार छवि देत। गह्यौ राह अति आह करि। मनु ससि सूर समेत [३५५] [223]

بہال لال بيندي چہجي چوتي بار چہب ديت • کہو راہ ات اہ کر سس منون سور سميت [ظا• ٣٥٥]

[222] ज्यौं ज्यौं – ज्यो ज्यो - पा०; ज्यों ज्यों - मो०वे०गा०स०। लपट – झपट - को०। तिय – ताही - शि०। हिय – (लुप्त) - शि०; हीय - गा०। सौं – सों - को०शि०मो०वे०गा०ह०; सौ - वा०; सो - पा०। लपटाति – लपटात - को०वे०स०; लपिटाइ - पा०; लपटाय - मो०; लपटाइ - मु०। त्यौं त्यौं – त्यो त्यो - पा०; त्यों त्यों - मो०वे०गा०स०। छुही – छही - उ०; फुंहीं - मो०; कुही - मु०। सौ – सें - उ०; सी - को०; की - पा०मु०; लों - मो०; सैं - न०गा०; सै - वे०स०; सौं - ह०। छतियां – छतिया - उ०पा०; छतीया - शि०; छतयां, 'त' में इकार बाद में - गा०; छतयां - स०; छतिआ - ह०। अति – ऽति - वा०। सियराति – सीयराति - शि०गा०; सियराइ - पा०मु०; सिहराय - मो०; सियरात - वे०स०। दोहा लुप्त - भा०मि०नी०। [३५४]

[223] वेंदी – वैंदी - उ०मि०मु०; वैदी - को०; वेदी - वा०पा०नी०; वैदी - वे०गा०। छुए – छुपै - उ०; दीयै - को०; छिपिं - शि०; छियै - वा०गा०; दिए - पा०; दीएं - मो०; छीये - न०; छीयै - वे०; छुयै - मु०; दिये - नी०; छुऐं - ह०। गह्यौ – गह्यो - को०पा०मो०वे०; रह्यौ - मि०। राह – राहु - ह०। अति – ऽति - वा०न०। आह – आहि - मो०। मनु – मनौ - उ०वा०; मनों - शि०; मनु, 'न' पर एकार भिन्न क़लम से - पा०; मनो - मो०; मन - वे०; मुनु - मु०; मनू - ह०। ससि – शशि - वा०न०। दोहा लुप्त - स०भा०। [३५५]

अन० : उक्ति नायक की गुनकथन, स्मृति करि वचन अनुभाव ते अनुराग व्यंगि, जो सषी की उक्ति होय तो नायक प्रति होइ तो दूतत्व व्यंगि, उत्प्रेक्षा।

नर० : मुष सोभा, सषी कौ वैन नायक सों, हो कान्ह, राधिका के भाल के विषै लाल वेंदी तासों जो छूटे वार छुये हैं, सो छवि देतु है कि मानौ आह अति करिकै सूरज समेत चंद्रमा को गह्यो है –

सुंदर सील सकोच भरी सरसीरुह नैन निहार रह्यो है। चंद से भाल मै लाल लसै अति वेंदी वनाव हियो उलह्यो है। तापर वार छुटे विथुरे लषिकै सु समान समूह वह्यो है। आह कियै अहो राह नै आइ मनो ससि सूर समेत गह्यो है [नर० ३५५]

कृष्ण० : इह नाइका के ललाट पै लाल वेंदी है, अरु तापर वार छुटे है, सु सोभा सषी कहति है, नाइका सो अथवा सषी सो अरु कैहू की उक्ति होइ –

नवनागरि के मुषचंद की चारु प्रभा सरसीरुह ते सरसी। पुनि वेंदी विराजति भाल पै लाल विलोकत काहि करै न वसी। अरु तापर स्याम सुदेस सिरोरुह छूटि छये अति ओप लसी। मनौ आनि गहै अति आह सो राह ने एकतही दोऊ भान ससी [नी० ३५५] [224]

हरि० : सषी नायक को मिलाइवो चाहति है, रूप की प्रशंसा करिकै, भाल विषै लाल जो है वेंदी, किंवा हे लाल, भाल विषै जो है वेंदी, कुंकुम के सरि की, ताकौ छायकै, छुए यह पाठ है तौ छुइकै, छूटे जे हैं वार ते छवि देत हैं, मुष की सोभा वढावत हैं, तहां संभावना करै हैं, केस सो राहु है, तानै अति आह करि अति अट कर रूरिकै सूर्ज चंद्रमा को एकही ठौर पकरि लयो है, राहु नै अति आह करिकै मानो ससि समेत सूर्ज को पकर्‌यो है, जा समै ग्रह लगै है, ता समै ससि सूर्ज को सोभा नहीं रहै, इहां कह्यो छूटे वार छवि देत, कैसे लगौ, यों अर्थ कीजिए, मानो ससि सूर्ज मिलिकै अति आह करिकै राहु को गह्यो है, सत्रु के पकरे सूं जयश्री वढी है, याही ते कह्यो वार छवि देत है, उक्तास्पदवस्तूत्प्रेक्षा, भाल मै ससि की, वेंदी मै रवि की, वार में राहु की तकी।

— ⋆ —

तिय कित कमनैती पढी। विनु जिहि भौह कमान। चलचित वेधत चुकत नहि। वंकविलोकनि वान [३५६] [225]

[224] मि० प्रति में यहाँ भिन्न उदाहरण छंद मिलता है –

रमै रुचि सौं रति संपति दंपति काति दुहू की तहा सरसी। वृषभानसुता घन मै जिमि दामिनि स्याम के संग सुरंग लसी। क्रीडत वार छुटे इक वार तर्‌यौना ढप्यो मुष ओप गसी। मनौ दोस सौ दोऊ गहे सुर भान अचानक आनिकै भांनि ससी [मि० ३५५]

[225] तिय – तीय - शि०मु०। कित – कत - शि०वा०गा०स०मि०मु०नी०; तक - न०; (लुप्त) - भा०। कमनैती – कमनेंती - उ०को०; कमनेती - न०वे०गा०स०; कमनती - भा०। विनु – विन - शि०भा०मि०। जिहि – जिह - उ०वा०मि०; जही - शि०; जहि - वे०गा०स०; जह - भा०; जीह - मु०। भौह – भौंह - को०न०मि०ह०; भोंह - शि०; भुंह - वे०; भूमिह, 'मि' पर काटने का चिह्न - गा०; भूंह - स०; भौंहे - मु०। कमान – कमांन - उ०को०वा०न०वे०स०मि०; कमानं - शि०; कवांन - मु०। चलचित – चलचितु - न०गा०; चित - ह०। वेधत – वेझी, ईकार पर औ की मात्रा भिन्न क़लम से - उ०; वेझें - को०ह०; वेधन - न०; वेधति - गा०; वेझो - भा०;

تیہ کت کمنیتي پدہي بن جیہ بہونہ کمان • چلچت بجنہ چوکت نہ نیک بلوکني بان [ظا• ٣٥٦]

नर० : अद्भुतरस, सषी को वैन नायिका सो, हे तिय, ऐसी कमनैती कित सीषी कि विना चिलै भौंह रूपी कमान अरु वंक विलोकनि रूपी वाननु को तिन करिकै चंचल चित्त को वेधेही लेत है, पै चूकत नांही हैं –

> **हे तिय तूं कमनैती पढी कित या विधि सौ लघुताइ तिहारै। भोह कमान विना जिय भामनी वाह लषै छिन मै नहु भारै। ऐसे अचानक आइ चुभै कछु याको विलोकतही यह हारै। चंचल चित्त चुकै नहिं वेधन वंक विलोकनि वान निहारै** [नर० ३५६]

कृष्ण० : अद्भुतरस, सषी को वचन नाइक सो, नाइक कौ वचन नाइका सौ, नाइका को वचन नाइका की सषीहू सौ संभवै –

> **सीषी सषी कहा ते तुव अद्भुत गति यह तेरी कमनैती वरनत न वनति है। कहै कविकृष्ण येतौ प्रगट विलोकियत भृकुटी कमान जिहि विनाही तनति है। तिनते न कढै डीठि कुटिल कटाछ सर चूकति न चलचित वेझै कौ हनति है। तेरी या विलोकनि की निरषि अनोषी रीति मेरी मति अति हित कौतिक सनति है** [कृष्ण० ३५६]

हरि० : नायक किंवा सषी कहति है, हे तिय, तूं कित, कहां, कमनैती, कमान चलाइवो, पढी, जिह गुन विना भौंह कमान है, चित जो देषिवे में नही आवै, सोई है, वेझा, निसाना, ताको चूकै नहीं, वंक, टेढी जो विलोकनि सो वान है, टेढा तीर निसान में लागै नहीं, सवही आश्चर्य, दूसरी विभावना है, तुव पूरन ते जवै कारन पूरन होय। विन गुन धनुष इत्यादि, चित्त निसाना मै नहीं चूकत है, यह कार्ज याको अर्थ मारै है।

— ⋆ —

दुसह दुराज प्रजानु कौ। क्यौं न वढै दुषदंद। अधिक अंधेरो जग करतु। मिलि मावस रवि चंद [३५७] [226]

دسہ دوراج پرجان کون کیون نہ بدہي ات دند • ادہک[227] اندہرو جک کرت مل ماوس رب چند[228] [ظا• ٣٥٧]

वेझौ - मि०नी०। चुकत नहि – चुक, 'त नहि' पार्श्व पर भिन्न क़लम से - उ०; चुकति नहि - न०गा०मि०नी०; चुकतही - मु०; चूकति नहीं - ह०। वंकविलोकनि – वंकविलोकन, 'न' पर इकार का गोलार्ध बाद में - उ०; वंकविलोकन - शि०मि०नी०; वंकविलोकत - वे०स०; वंकविलोकति - गा०; वंकविलोकन - ह०। वान – वांन - उ०को०वा०गा०स०मि०नी०ह०; वांनि - वे०; वानि - मु०। दोहा लुप्त - पा०मो०। [३५६]

226 प्रजानु – प्रजानि - शि०ह०; प्रजांनि - वा०; प्रजान - वे०स०मि०; प्रजांन - गा०मु०। कौ – कों - उ०; कौं - को०वा०गा०मु०ह०। क्यौं – क्यौ - शि०वा०भा०; क्यो - वे०; क्यों - गा०स०। वढै – होहि - को०। दुषदंद – दुषदुदु - उ०को०; अति दुंद - न०स०मि०; अति दुंदु - गा०; अति दंद - ह०। अधिक – अधक - वे०गा०। अंधेरो – अंधेरौ - उ०न०; ऽधेरी - वा०; अधेरा - वे०; अधेरौ - मि०; अधेरो - ह०। करत – करतु - न०; करति - मि०; कीयो - मु०। मिलि – मिल - वे०गा०स०। रवि – रव - वे०। चंद – चंदु - उ०को०न०गा०। दोहा लुप्त - पा०मो०नी०। [३५७]

227 ادہک - کنک - ظا•

228 ماوس - پاوس - ظا•

नर० : प्रस्ताविक, कवि विहारीदास कहतु है कि दुराजौ ह्वै सो प्रजा कौ कठिन ह्वै, अरु दुष को दुंद कौन ह्वै, ए कही सो किस दृष्टांत कि जो अमावस की राति के विषै रवि अनै चंद्रमा मिलै तौ घनौ सो अंधेरा कर्‌यौ है –

क्यों न दुराज प्रजान कौ दुःष षरो दुषदाई सवै चित हेरो। कोहू न काहू की लीक न मानत त्यों त्यों वढै अति दुंद घनेरो। एक थपैउ थपै अरु दूसरो या विधि कै कै लरै वहुतेरो। ज्यो रवि चंद मिलै रवि वीच अमावस को अधिकोई अंधेरो [नर० ३५७]

कृष्ण० : प्रस्ताविक, कवि की उक्ति –

एक रजाइसि मै प्रभु द्वै सुत मो गुन कौ वहु भांति वढावत। होत महा दुषदंद प्रजानु कौ और सवै सुभ काज थकावत। कृष्ण कहै दिननाथ निसाकर एकहि मंडल मै जव आवत। देषौ प्रतक्ष अमावस कौ अधियारो कितौ जग मै सरसावत [कृष्ण० ३५७]

हरि० : एक देस मे दोय को राज, दोय के हुकुम सो प्रजानि को दुसह है तहां अति दंद, अधिक झगरा क्यों न होय, लोग तहां दुषी होत हैं, यह अर्थ, अमावस में रवि चंद्र मिलिकै जगत में अधिक अंधेरो करत हैं, दृष्टांत अलंकार।

— ⋆ —

ललन चलन सुनि पलनु में। अंसुवा झलके आइ। भई लषाइ न सषिनहूं। झूठेही जमुहाइ [३५८] [229]

للن چلن سن پلن[230] مين انسوا جهلكي آي • بهي لكهاي نه سكهن هون جهوتهين هون
جمهاي [ظا • ٣٥٨]

अन० : सषी की उक्ति सषी सो, नायिका मध्या गमिष्यत्पतिका, अवहित्था संचारी, काव्यलिंग अलंकार। [231]

---

229 ललन – ललनु - न०गा०। चलन – चलनु - न०गा०नी०। सुनि – निस - वे०; सुन, 'न' में इकार बाद में - गा०; निसि - स०; शुनि - भा०; सुन - मु०नी०। पलनु – पलन - को०शि०पा०मो०भा०मि०मु०; पलक - वे०गा०स०; पलनि - ह०। में – मैं - उ०न०मु०; मै - वा०वे०गा०स०भा०नी०; मे - पा०; हीं - मि०। अंसुवा – असुआं - को०; असुवा - शि०पा०मो०वे०मि०मु०; अंसुवां - न०; अंसूवा - स०; अशुआ - भा०; अंसुआ - ह०। झलके – झरके - उ०; छलके - वे०स०; झलकै - मु०नी०। आइ – आय - को०ह०। भई – आइ - न०। लषाइ – लषाईं - मो०; लषाय - वे०स०ह०। न – नु - न०गा०नी०। सषिनहूं – सषिन मैं - को०; सषिनहौं - वा०; सषिन मे - पा०; सषिनि में - मो०; सषिनिहूं - न०ह०; सषिनहु - वे०; सषिनहू - भा०; सषीनहू - मि०; सषिलहूं - मु०; सषिनिहू - नी०। झूठेही – झूठेंही - उ०वा०; झूठेई - शि०; झूठेनही - पा०; झूठेइं - मो०; झूठेहीं - न०; झूठेहू - भा०; झूठैंही - मि०; झूठैही - मु०; झुठैहू - नी०। जमुहाइ – जमुआइ, 'आ' पर रिक्त स्थान में 'हा' - उ०; जभुआय - को०; जंभुआय - ह०। [३५८]

230 پلن - پلي - ظا•

231 पिहितालंकार - मो०।

नर० : मध्या प्रवत्सत्भर्तृका, सषी को वैन सषी सो, हे सषी राधिका कै ललन कौ पलकेक मे चलनौ सुनितैही नेत्रां के विषै आंसू आनिकै झलके, सो इतनै मे जान्यो कि सषीनि कौ लषाइतु भई तव झूठीही उवासी लेन लागी –

लालन कौ चलिवै को विचार सुन्यो जवतै सुधि भूलि गई है। आपनै जीय उसास वढ्यो असुवा पुलकै झलकाइ दई है। लाज लपेटी वडेन की वेटी इतै पर वाही की वेस नई है। जानै सषीन लषै इन नै पर झूठेही वाल जंभाइ लई है [नर० ३५८]

कृष्ण० : इह नायिका मध्या प्रवत्सत्पतिका, सषी वचन सषी सौ, क्रियाविदग्धा परकीया हू होइ –

षेलति ही सजनीगन मै व्रषभानकुमारी सरूप सौ सानी। कान्हर काल्हि करैगो पयानु सुनी यह काहू के आनन वानी। आषिन मै असुवा झलके यह भेद की वात अलीहू न जानी। यौ मुह मोरि जम्हाइवे कौ करि ऊठम पोछति नैन सयानी [कृष्ण० ३५८]

हरि० : सषी सों सषी वाक्य, ललन को चला सुनिकै पलक में आंसू झलके दिषाइ दीनी आयकै, सषिनहू सो लछि नहीं भई, झूठेही जंभुआयकै, जंभाइकै, ज़भाइ लैके, उवासी षायकै भई न लक्षित, सषिनहू ऐसो पाठ चाहिए, जंभाई सों आंसू छपायो, जुक्ति अलंकार, इहै जुक्ति कीने क्रिया मर्म छपायो जाय। पिय चलत आंसू चले पोंछति नैन जंभाय॥

— ★ —

कंचनतन धन वरन वर। रह्यौ रंग मिलि रंग। जानी जाति सुवासही। केसरि लाई अंग [३५९] [232]

کنچن تن دہن برن بر رہیو رنک مل رنک • جاني جات سوباسن ہین کیسر لائي انک
[ظا• ٣٥٩]

अन० : जो नाइक की उक्ति होइ तो स्मृति संचारी, गुनकथन दशा वचन अनुभाव ते अनुराग व्यंगि, जो सषी की उक्ति नायक प्रति होइ तौ दूतत्व, जो सषी प्रति होय तो स्तुति ह्वा वक्ता की उक्ति ते अरु अन्यसंनिधि ते व्यंगि है, उन्मीलित अलंकार।

नर० : अंग सोभा, सषी कौ वैन सषी सौ, तथा नायक सो, हो कान्ह, राधिका को तन है सो सोना कैसे रंगु है, सो केशरि अंग के विषै लाई है, ताको रंगु तौ रंगु सौ मिलि रह्यो है, पै सुवासना करिकै जानी जाति है –

---

[232] कंचनतन – कंचनधन - वे०गा०स०। धन – घन - मो०नी०; धनि - ह०। रह्यौ – रह्यो - को०पा०मो०वे०गा०; रहो - भा०। रंग – रंगु - उ०मो०न०वे०गा०मु०। मिलि – मिल - वे०गा०। रंग – रंगु - उ०मो०न०गा०। जानी – जांनी - उ०वा०न०स०; जानि - को०शि०पा०; ज्यानी - गा०। जाति – जात - शि०वे०गा०स०भा०; जाती - वा०; जाय - मो०; जातु - नी०। सुवासही – सुवासुही - उ०पा०मु०नी०; सुवासहू - शि०भा०; सुवासकौहौ, 'कौ' पर काटने का चिह्न - वा०; सुवासहीं - मो०न०। केसरि – केसर - मो०वे०स०मि०; केशरि - न०भा०। लाई – लाइ - शि०; लाए - पा०; लाईं - मो०; लागी - भा०। अंग – अंगु - मो०गा०। [३५९]

चंद सो आनन है सुषदाइक कंचन गात वने वलदाई। रंग रह्यो मिलिकै अपने रंग या विधि की अति गोरी गुराई। और तो भेद कछ्रू न पर्‍यो पुनि घ्रानन आछी सुगंध सुहाई। या अनुमान सषी सव जानत वाही ने केसरि अंग लगाई [नर० ३५९]

कृष्ण० : इह नाइका के अंग की गुराई सषी नाइक सो कहति है, अथवा लै चलिवे की उताइल करि अंगरागु कौ निवारनु करति है कि अंतरा जानि नाइक सो कहति है –

जो कछ्रु तो तन मे तरुनी सुरती न लहै रति रूप निकाई। तापर जोवन जोति जगै कवि को वरनै छ्रवि की सरसाई। रंग मो रंग समोय गयो जव कंचन से तन मै घसि लाई। अंग सुगंधनि की न लहै सरि केसरि वासुहि तै लषि पाई [कृष्ण० ३५९]

हरि० : घन यह पाठ है, तहां सषी वचन, कंचन सो तन को धन कहिए वहुत वरन, रंग, सो वर, श्रेष्ठ है याते केसरि के रंग सौ रंग मिलि रह्यौ है, सुवासही ते अंग में केसरि लगी जाने परति है, धन यह भी पाठ है, नायक किंवा सषी नायिका सों कहति है, हे धनि, नायिका, कंचन सो तेरो गोरो तन, सरीर, है, वरन, रंग, श्रेष्ठ है, किंवा वरन वर वरन श्रेष्ठनि नायिकानि ते तूं वर श्रेष्ठ है, किंवा वर जो है, तेरो दूलह ताको तोहि ते औरि कोई वर, श्रेष्ठ नायिका नाही है, सषी कहति है, तेरे रंग सो केसरि को रंग मिलि रह्यो है, तू अंग में केसरि लगाई है, सो सुवासही ते जानी जाति है, रंग सो नहीं जानी जाति है, किंवा तेरे अंग में सुवास है, केसरि में वास है, ऐसे भी जानिए, उन्मीलित अलंकार है, उन्मीलित सादृश्य ते भेद करै जहं नाहि।

— ⋆ —

षरे अदव इठलाहठी। उर उपजावति त्रास। दुसह संक विस की करै। जैसै सोठि मिठास [३६०] [233]

کہري ادب اتہلاہتي اور اوپجاوت تراس • دوسہ سنک بس کي کري جيسين سوتہ متہاس [ظا• ٣٦٠]

अन० : नायक की सषी की उक्ति सादरा धीरा सो, दृष्टांत अलंकार।

नर० : सादरा धीरा सषी कौ वैन सषी सौ, हे सषी राधिका षरी सी अदव करतु है, और षरीही इठलाहठी करति है, तऊ नायक उर के विषै भय उपजत है, सो कैसे कि जैसे सूंठि के विषै मिठासपनौ लागै तौ विष की सी दुसह संक करै तैसे –

[233] षरे – षरें - उ०वा०मो०; षरी - को०मु०; षरै - वे०गा०; अरे - ह०। इठलाहठी – हठलाहठी - शि०; इठिलाहटी - पा०; ईठलाय - मो०; इठलाहटी - न०; अठिलाहठी - भा०; इटलाहटैं - मु०; इठलाहटौ - नी०। उर – हठ उर - मो०; उरु - न०; अरु - गा०। उपजावति – उपजावत - को०शि०वा०मो०वे०स०मि०मु०; उपजावतु - न०; उपजावैतु - गा०। त्रास – त्रासु - उ०। संक – संकु - गा०मु०। विस – विष - मो०; चिसु - मु०। करै – करे - मो०; करतु - न०गा०; करत - वे०स०। जैसै – जैसैं - को०शि०मि०मु०नी०ह०; जसै - वा०; जैसे - पा०न०; जैसे - मो०। सोठि – सौंठि - उ०नी०ह०; सुंठ - को०वे०स०; सोंठ - शि०; सौठि - वा०मो०; सुंठि - न०; सुटि - गा०; शोठि - भा०; सौंठ - मि०; सूंठ - मु०। मिठास – मिठासु - उ०न०मि०नी०; मिंठास - को०; मिठीसु - गा०; मिठांस - ह०। [३६०]

जे इठला अति नाह षरे सुनि ओर हठीलेई पेम पगे तै। ते अधिकी दव राषति है ते अव जानत हूं तव रात जगे तै। त्रास घनो उपजै उर मै उपजावत ओर तै चित्त भगे तै। दुस्सह संक करै विस की जैसे आनन सुंठ मिठास लगे तै [नर० ३६०]

कृष्ण० : इह नाइका सादरा धीरा प्रौढा नाइका को वचन सषी सौ –

गांसु गह्यो उर मै जितनौ कछु मै तो इतीक न चूक करी है। वा निसि जो इठिलाहट की अव काहे ते सोधौ न जानि परी है। त्रास हियै उपजावै षरो अति आदर सौ अभिमान भरी है। सोठि चवावत मीठी लगै सव कोऊ कहै विसही की डरी है [कृष्ण० ३६०]

हरि० : नायक की सषी की उक्ति षंडिता धीरा सों, षरे अति अदव सों, किंवा नायक षरे, षडे, हैं, तूं अदव सों इठलाहठी, इतरानि करति है, गर्व की चेष्टा उर उपजावति त्रास, जैसे सोंठ में मिठास होय तो दुसह, असह्य, विष की संका ताको हरै, इठलाहठि में अदव सोंठि में मिठास, दृष्टांत अलंकार, पद समूह जहां जुग धरम जिमि विंवित प्रतिविंव। सुकवि कहत दृष्टांत तहं ज्यों मनि दर्पन विंव॥ अदव त्रास उपजावै विभावना, काहू कारन ते जवै कारज होय विरुद्ध।

— ★ —

तौ लगु या मनसदन मै। हरि आवै किहि वाट। विकट जटे जौ लौ निपट। षुटै न कपट कपाट [३६१] [234]

تو لک یا من سدن مین ہر اوین کہ بات • بکت جتي جیہ لک نپت کہولین نہ کپت کپات [ظا• ٣٦١]

अन० : वचन अनुभाव ते सांतरस व्यंगि, काव्यलिंग रूपक को संकर।

नर० : भक्तजन वाक्य कवि विहारीदास कहतु है, रे नर, जौ लौ कपट रूपी किवार निपट, विकट, जरे सौ षुलै नहीं तौ लौ या मन रूपी घर कै विषै श्रीहरि कैसी वाट करिकै आवै –

तो लग या मनधाम न आवन कै कै उपाय अनेक न वाटै। जे हरि नायक है सव लायक आवहि मान परी किहि वाटै। लोह विकट्ट जंजीर जरे अति जो लों षुटै न कपट्ट कपाटै। चेते रे चित्त अज्यों चित अंतर क्यों विषयी विषया रस चाटै [नर० ३६१]

कृष्ण० : शांतरस, भक्त कौ वचन –

---

234 तौ – तो - को०वा०न०वे०गा०स०मु०; सो - मो०; जौ - भा०। लगु – लगि - को०पा०मो०भा०मु०नी०ह०; लग - वे०स०। या – मन या - नी०। मनसदन – मनुसदनु - न०गा०; मदसदन - मु०; सदन - नी०। मै – मैं - को०न०मु०ह०; में - शि०मो०स०; मे - पा०। हरि – हर - वे०। आवै – आवहि - उ०; आवे - मो०; आवतु - न०गा०; आवत - वे०स०भा०। किहि – कहि - पा०; किह - वे०; किय, 'ह' हाशिए पर - गा०; का - भा०; किहिं - नी०ह०। विकट – विकठ - नी०; वीकट - ह०। जटे – जरे - न०वे०गा०स०; नटे - नी०। जौ – ज्यों - को०; लौ - शि०; जो - मो०वे०गा०स०; तौ - भा०। लौ – लगु - उ०शि०; ला - को०; लै - वा०; लों - मो०वे०गा०स०ह०; लौं - न०मु०। निपट – रहैं - मु०। षुटै – उ०शि०ह०; षुटिं - को०; षुटें - वा०; षुलै - पा०न०वे०गा०स०भा०; षुले - मो०; फटै - मु०; षुटे - नी०। कपट – कपटु - न०गा०। कपाट – पाट - वा०। दोहा लुप्त - मि०। [३६१]

सरल सुभाउ गहि संतन के संग रहि संग्रहि धरम लागि भगति के घाट रे। छोडि औ उपाइ गुन गाइ करुनामय के यह समुझाइ तोसो कहत निराट रे। कहै कविकृष्ण तुही देषि धौ विचारि मनमंदिर मै हरि तोपै आवै किहि वाट रे। जटे है वृथा विकट वाद की जजीरनु सौ जौ लौ पे षुटत नही कपट कपाट रे [कृष्ण० ३६१]

हरि० : तव ताई यह जो मन सो सदन है,तामै हरि कौन वाट कौन पथ सौ आवै, जौ लौ, जव ताई विकट जटे, निपट कठिन जडे जो कपट रूप कपाट छूटै नहीं, मनसदन रूपक।

— ⋆ —

ह्वै कपूरमनिमय रही। मिलि तन दुति मुकतालि। छिन छिन षरी विचच्छनौ। लषति छ्वाइ तिनु आलि [३६२] [235]

هوئي كپور من مين رہي مل تندوت مكتال ٠ چہن چہن كہري بچچہنون لكہت چہوائي
تن ال [ظا٠ ٣٦٢]

अन० : जो सषी की उक्ति नायक प्रति होइ तो दूतत्व, जो सषी सो होइ तो स्तुति, नायक की तो स्मृति संचारी गुनकथन ते पूर्वानुराग व्यंगि, भ्रांति अलंकार।

नर० : वोधक हाव, सषी को वचन सषी सो, हे सषी, राधा के मोतियां की माला पहिराई है सो तन की दुति करिकै कपूरमनिमई ह्वै रही है, सो छिन छिन कै विषै षरी सी विचछना जो अली है सो तन छ्वैकै लषति है –

हे सुनौ लाल तु आज मै ग्वालन ऐसी अनोपम एकल देषी। जा दुति देह की जोति मिलै तै मुताहल माल कपूर सी पेषी। सो फिर फेर षरी जु विचच्छन है जु सषी सव भाति विसेषी। छ्वाइ लषै तन आलि षुस्याल मै पै उनकी गति क्यो न परेषी [नर० ३६२]

कृष्ण० : इह अंग दिपति की निकाई सषी नाइक सौ कहति है सषीहूं सो कहै तौ होइ –

कुंदन से गात जलजात से नयन जाकी दीपति जुन्हाई सी भवन मांझ वै रही। कंचन की चौकी पर वैठी वर वाल साजै सकल सिंगार जोति जगमग कै रही। मोतिन की माल सजनीन

---

235 कपूरमनिमय – कपुरमनमय - को०; कपूरमनिए - शि०; कपूरमनियै - वा०; कपूरमनिमै - पा०भा०मि०; कपूरमनिमें - मो०; कपूरमनमय - वे०स०; कपूरमनै - गा०; कपूरमनमें - मु०; कपूरमनिमो - नी०; कपूरमनिमैं - ह०। रही – गईं - मो०। मिलि – मिल, ईकार बाद में - उ०; तन - पा०; मिल - वे०गा०स०मि०। तन – तिन, इकार पर हरताल - उ०; दुति - पा०। दुति – तिय - उ०; मिलि - पा०; द्युति - मो०। मुकतालि – मुकुतालि - उ०पा०ह०; मुकलालि - शि०; मुकताल - वे०स०मि०; मुकलाल - गा०; मुक्तालि - भा०। छिन छिन – फिरि फिरि - को०; षिन षिन - पा०स०; षिनु षनु - मो०; छिनु छिनु - गा०भा०। षरी – षरि - को०। विचच्छनौ – विचछिनो - उ०; विचछनो - को०; विचछिनौ - शि०; विचच्छिनौं - वा०; विचच्छिनो - पा०; विचछ्नो - मो०; विचछनौ - न०वे०मि०ह०; विचच्छिनों - गा०; विचक्षनो - भा०; विचच्छनौ - मु०; विच्चछ्छनै - नी०। लषति – लषत - शि०वा०पा०; लषि - मो०; लषिति - न०; लषित - वे०गा०स०; लहति - भा०मु०नी०; लहित - मि०। छ्वाइ – छाय - को०मि०; क्ष्वाय - पा०; छ्वाय - मो०ह०; छाइ - वे०नी०; छूइ - गा०; छांह - भा०। तिनु – तन - शि०न०वे०गा०स०; तनु - वा०; तनु - नी०; तिन - ह०। आलि – आल - गा०स०मि०; वाल, 'ल' में इकार बाद में - भा०। [३६२]

पहिराइ दीनी तनदुति मिलति कपूर की सी ह्वै रही। एक अली चतुर जकी सी चकि रही एक करिवे कौ निहचै तिनुका हाथ लै रही [कृष्ण० ३६२]

हरि० : सषी नायिका के रूप की स्तुति नायक सों करति है, नायिका के तनद्दुति सों मिलिकै मुक्तालि जौ है, मोती की माला, सो कपूरमनिमय हो रही है, अर्थ यह, कपूरमनिही होय रही है, भ्रांति वस तें षरी विचच्छन तै अति प्रवीन जो है आली, सषी, सो भी तनको छ्वायकै लषति है, जानति है, कपूरमनि को हाथ में घसै, तृन पै धरै उठावै तो तृन में लिएही उठि आवै, इहां तद्‌गुन अलंकार औ भ्रांति अलंकार है, मुक्तावली ने आपनो गुन स्वेतता, ताको छोडि तनद्युति को गुन लियो, सुमिरन भ्रम संदेह ए लच्छन नाम प्रकास।

— ⋆ —

दृग उरझत टूटत कुटुम। जुरति चतुर चित प्रीति। परति गांठि दुरजन हियै। दई नई यह रीति [३६३] [236]

درک اورجہت توتت کوتم جورت چتر چت پریت ۰ پرت کانتہ درجن ہي دئي نئي يہ
ريت [ظا۰ ٦٣٣]

अन० : परकीया नायिका की उक्ति, वचन अनुभाव ते तर्क संचारी, पूर्वानुराग व्यंगि, असंगति अलंकार।

नर० : अद्भुतरस, नायिका को वैन भगवान सो, हो दई, नैना सौ नैना लागतु है अरु कुटंव सौ टुंटन होतु है, चतुर के चित सौ प्रीति जुरति है, और दुसमन के हियै गांठ परतु है, सो याको उर नईही रीति है -

डीठि षरी उरझै ते कुटुंव गयो अति टूट सरोष मई है। ऐसी कियै ते जुरी चित नागर प्रीति प्रतच्छ पिछान लई है। गांठ परी षल कै जिय आनि महादुष दाननि दानु भई है। कौन पै जाउं कहा करिये दई या विधि नेह की रीति नई है [नर० ३६३]

कृष्ण० : अद्भुतरस, दृष्टानुराग, नाइक अथवा नाइका कौ वचन सषी सौ -

लागी रहै मन मै दिषसाध दई यह रीति नई दुहु घातौ। लोचन पीतम की छवि सौ उरझे सव टूटै कुटुंव को नातौ। कृष्ण कहै अति चोप के चाइ जुरै हिय मै हितु होतु न हातौ। वैरिन के उर मै परै गांठि अनोषो निहार्‌यो सनेह को नातौ [कृष्ण० ३६३]

---

236 दृग - द्रिग - शि०वा०न०वे०गा०स०मि०; द्रग - भा०नी०। उरझत - अरुझत - पा०। कुटुम - क?मु, 'क' में उकार बाद में, मध्यवर्ती वर्ण पर संशोधन का प्रयास, ऊपर 'टम' भिन्न क़लम से - उ०; कुटंव - को०; कुटम - शि०मि०मु०नी०; कुटव - मो०; कुटमु - न०; कुटुमु - गा०; कटुम - स०; कुटुंव - ह०। जुरति - जुरत - शि०वा०पा०मो०वे०स०मु०ह०; जुरतु - गा०। चतुर - चुतर - वा०। प्रीति - प्रीत - मु०। परति - परत - शि०वा०मो०वे०स०मु०। गांठि - गांठि, 'टां' पर 'गां' - को०; गंठ - शि०वे०; गांठ - स०मु०; गाठ - मि०। दुरजन - दुज्जनि - को०; दुर्जन - शि०मो०ह०। हियै - जियनु - उ०; हिये - को०पा०; हीइं - शि०; हींएं - मो०; हीयै - वे०गा०मु०; हियें - मि०; हिंए - ह०। दई - दै - वा०; दंई - मो०। नई - नै - वा०; नईं - मो०। यह - इह - शि०वे०स०मु०। रीति - रीत - को०। [३६३]

हरि० : परकीया कौ वचन, दृग अरुझात है, कुटुंव सौ छूटै है, छाडि देत है, चतुर जो है नायक नायका तिनके चित्त मे प्रीति जुरति है, वंधै है, दुर्जन के हिए गांठि परति है, विरोध वंधै है, हे देव प्रीति की नई रीति है, किंवा विधाता ने नई रीति दीनी है, असंगति अलंकार, जो उरझत है सोई टूटत है, जो टूटै है सो जुरै है, तहांई गांठि परति है, तीनि असंगति कारन न्यारे ठांव।

— ⋆ —

नहि नचाइ चितवति दृगनि। नहि वोलति मुसकाइ। ज्यौं ज्यौं रूषी रुष करति। त्यौं त्यौं चित चिकनाइ [३६४] [237]

نہن نچاي چتوت درکن نہن بولت مسکاي • جيون جيون روکهي روکہ کرت تيون تيون چت چکناي [ظا • ٣٦٤]

अन० : नायक की उक्ति सषी सो, विभावना अलंकार।

नर० : स्वाधीनपतिका, सषी को वैन सषी सो, हे सषी, राधिका नाही तौ चाह कहकै नेत्रां की चितवन करति हैं, और नाहिंन मुस्काइकै वोलति है, औरही त्यों त्यों नाइक को चित चीकनो ह्वै जात है –

> **नैन नचाइ निहारत नाहिनै आपने नैनन के सौहेही हेरो। और सुनो मुसकाइ न वोलत कै अति आदर कैसेही टेरो। भोह चढाइ रहै छिनही छिन कै कै गरूर कितो मुह फेरो। ज्यों ज्यों करै रुष रूषी षरी सुनि चित्त त्यों त्यों चिकनाई घनेरो** [नर० ३६४]

कृष्ण० : इह नाइका की चेष्टा नाइक सषी सो कहै कि वह रुषाई मेरे चित कौ चिकनावतु है –

> **जोरति न लोचन नचाइ नेह चाइ भरे मृदु मुसकानि को न भाउ दरसातु है। वोलति न कहू मनमोहन मधुर वैन मोरति न भृकुटी मरोरति न गातु है। कहै कविकृष्ण वाकी गरवीली वानि कछू सहज वसीकर कौ मंत्र जानो जातु है। ज्यौही ज्यौ रहति प्यारी राधा रूष रूषो करि त्यौही त्यौ षरोई षरो चितु चिकनातु है** [कृष्ण० ३६४]

हरि० : एकांत में संभोग को चाहति है नायिका, तासौं नायक वचन, दृगनि कौ नचाइकै नहीं चितवति है, मुसक्यायकै नहीं वोलति, किंवा नहीं नांही वोलति है, ज्यौं ज्यौं जैसे जैसे रुष तो रतीकौ रूषी रुष करै है, त्यों त्यों तैसे तैसे तेरो चित चिकनाय है, चित तुमारो रूछ नहीं होत, चित्त मिलिवो चाहत

[237] नहि – नही - उ०को०; नाहि - मु०; नहिं - ह०। नचाइ – नचाय - को०मो०ह०; नचावति - मु०। चितवति – चितवनि - शि०ह०; चितवत - मो०; चितवन - न०वे०गा०स०; ए - मु०। दृगनि – दृगनु - उ०; द्रिगनि - शि०वा०; द्रिगन - न०वे०स०; द्रगनि - भा०मि०मु०नी०; द्रिगन, 'न' में इकार बाद में - गा०। नहि – नही - उ०; नंहि - मो०वे०; नहिं - ह०। वोलति – वोलत - उ०शि०वे०गा०स०मि०नी०; वोले - मो०। मुसकाइ – मुसकाय - उ०; अनषाय - को०; अनषांईं - मो०; मुसिकाइ - न०भा०; मुसकाइ, 'स' में इकार बाद में - मु०; मुसुक्याय - ह०। ज्यौं ज्यौं – ज्यो ज्यो - पा०; ज्यों ज्यों - मो०वे०गा०स०; ज्यौ ज्यौ - भा०। रूषी – रुष - को०पा०भा०मि०नी०; रुषी - मो०ह०। रुष – रूषी - को०; रूषो - भा०नी०; रूषौ - मि०। करति – करत - को०शि०वे०स०; करै - पा०भा०मि०नी०ह०; करें - मो०। त्यौं त्यौं – त्यों त्यों - वा०मो०; त्यो त्यो - पा०; त्यौ त्यौ - भा०। चित – चितु - शि०भा०। चिकनाइ – चिकनाय - को०मो०ह०; चिकनै - वा०; चकनाइ - मु०। [३६४]

है, यह अर्थ, रुषाई ते चिकनाई होति है, जवै अकारन वस्तु ते कारज परगट होय, विभावना अलंकार।

— ⋆ —

भजन कह्यौ तातै भज्यौ। भज्यौ न एकौ वार। दूरि भजन जातै कह्यौ। सो तै भज्यौ गवार [३६५] [238]

بہجن کہیو تاتین بہجیو بہجیو نہ ایکو بار ۰ دور بہجن جاتین کہیو سو تین بہجیو کنوار [ظا ۰ ٣٦٥]

अन० : वचन अनुभाव ते सांतरस व्यंगि, मुमुक्ष की मति संचारी करुनारस, जमक अलंकार।

नर० : भक्तजन कवि विहारीदास कहतु है, रे गवार, जाको भजन कह्यो है सो तै एकही वार भज्यो नाहीं अरु तिनसों नास तो फिर्यो और जातै अलगी भागनो कह्यो है, सो तै भजन कियो है –

तोसो कह्यो भज राम निरंतर तातै भयो विषया रस रातो। जो जग पावन पाप निवारत
सो न भज्यो विन एक न भातौ। दूर कह्यो भजियै दुषदायक जातै घनी अहो षायगो लातो।
सो तै भज्यो रे गवार अचानकहूं नहिं वाम रहै विललातो [नर० ३६५]

कृष्ण० : भक्त वाक्य, अपनै मन सौ –

मेरी तौ सीष सुनी असुनी करि तै मन औरै मतो अंग जोरे। मै कहौ वाहि भली विधि सौ
भजि तू तिहि तै भजि दूर भयो रे। जातै कही अति दूरि भजो रहि सो तै भज्यो हित साजि
नयो रे। कृष्ण कहै इह स्वारथ तै सव एकई वेर कहावत योरे [कृष्ण० ३६५]

हरि० : गुरु वचन, जे भगवान को भजिवे को सेइवे को कह्यो तासों तू भज्यौ, एक वार भी नहीं यो, विषय रूप रसादि सों दूर भाजिवे को कह्यो रे गंवार, ताहि तूं भज्यो, जमक।

— ⋆ —

वैसीयै जानी परति। झगा ऊजरे मांहि। मृगनैनी लपटत जु हिय। वेनी उपटी वांहि [३६६] [239]

---

[238] कह्यौ – कह्यो - को०पा०मो०मु०; कहो - भा०। तातै – तांतै - उ०; तातिं - को०; तातें - शि०वा०मो०; ताते - पा०; तातैं - मि०मु०; तासों - ह०। भज्यौ – भजौ - को०मु०; भज्यौं - शि०नी०ह०; भज्यो - पा०मो०वे०; भजो - भा०। भज्यौ – भजो - को०भा०; जज्यो, 'न' पर काटने का चिह्न - वा०; भज्यो - पा०मो०वे०गा०स०; भजौ - मि०; भज्यौं - नी०। एकौ – एको - को०शि०न०वे०गा०स०मु०; एकहीं - मो०; एकै - मि०; ऐको - ह०। दूरि – दूर - को०शि०वा०वे०स०मि०मु०ह०। जातै – जांतिं - को०; तातें - शि०; जातें - वा०मो०; जातैं - स०मि०; जासों - ह०। कह्यौ – कह्यो - को०पा०मो०वे०गा०; कह्यौं - शि०; कहो - भा०। सो – तो, 'त्' पर 'स्' संशोधन - उ०; सों - शि०; सौ - वा०। तै – तैं - उ०स०मि०; तें - को०शि०वा०मु०; ते - मो०; तू - ह०। भज्यौ – भज्यो - को०पा०मो०न०वे०गा०; भजो - शि०भा०; भजौ - मि०। गवार – गंवार - उ०मु०ह०; गमार - को०; नवार - शि०; गिवा?र - न०; गवारि - नी०। [३६५]

[239] वैसीयै – वैसीजै - उ०; वेसीए - को०; वैसी - शि०नी०; वेंसीए - मो०; वैसीये - न०; वैसियै - स०; वैसीए - मि०; ऐसीऐ - ह०। जानी – जांनी - उ०वा०न०मु०; जानिए - शि०; जानीय - वे०। परति – परिति

ويسيئے جاني پرت جهكا اوجري مانہ[240] • مركنيني لپتت جو يہ اوپتي بيني بانہ [ظا•
[٣٦٦

अन० : अधीरा षंडिता की उक्ति नायक प्रति।

नर० : मध्या धीरा नाइका कौ वैन सषी सौ, हे सषी, नायका के ऊजरे झगा कै विषै वैसीही जानी जाति है, कि कोऊ मृगनैनी हिया सों लपटी है, ताकी वेनी वांह के विषै उपटी है –

> **वैसीयै जानी परै है अमानत भेटतही भरि अंक भई है। ऊजरे झीने झगा मधि राजत मानौ अनंग नै नीवि दई है। पंकजलोचनी लागै नहीं गल वारही वार उसास लई है। वांह सो वैनी वुरी उपटी इंदु देषतही मुरझाइ गई है** [नर० ३६६]

कृष्ण० : प्रौढा अधीरा को वचन, नाइका सो, वा नाइक के आगे सषी सो कहै –

> **काहे को करत चतुराइ के चरित्र लाल सोच भरी सूरति प्रगट पेषियति है। सोहै जिनि करौ नैन नेक किन सोहै करौ सोहनी सी सोभा अंग अंग लेषियति है। कृष्ण प्रानप्यारे कुचकुंकुम की छाप रही छाती पै उघरि यह अवरेषियति है। मृगनैनी लपटत उपटी षये पै वैनी ऊजरे झगा मै अरगट देषियति है** [कृष्ण० ३६६]

हरि० : नायक सो षंडिता की उक्ति, ऐसीए या वात निश्चै जानि परति, ऊजरे जामा में, मृगनैनी लपटी जु हिय, मृगनैनी इनके हिय सों लपटी है, ताकी वेनी चोटी, वांह सो उपटी, उघरी है, जानी परति है, जानौ है, उत्प्रेक्षा व्यंजक है, वेनी उपटी है मानो, वस्तूत्प्रेक्षा।

— ⋆ —

प्यासे दुपहर जेठ के। फिरे सवै जल सोधि। मरुधर पाइ मतीरही। मारू कहत पयोधि [३६७] [241]

پياسي دوپہر جيتہ كي پہري سبين جل سوده • مردہر پاي متير ہون مارو كہت پوده
[ظا• ٣٦٧]

- वा०; परत - मो०वे०स०; परत, 'त' में इकार बाद में - गा०; परिते - नी०। झगा – झगै - न०वे०गा०स०; झषा - मु०; झंगा - नी०ह०। ऊजरे – ऊजरै - न०वे०गा०स०नी०; उजरे - मि०मु०। मांहि – मांह - उ०को०; माह - भा०मि०नी०। मृगनैनी – मृगनैंनी - को०स०ह०; मृगनयनी - शि०वा०; मृगनेंनी - मो०मु०; म्रगनैनी - भा०; मृ?गनैनी - नी०। लपटत – लपटी - को०मो०न०वे०गा०स०ह०; लपट - शि०; लपटति - वा०नी०; लपटतु - मु०। जु – ज - मु०। हिय – यह - उ०भा०मि०मु०नी०; हीय - को०शि०गा०; वह - मो०। वेनी – वैंनी - उ०मि०मु०; वैनी - को०न०वे०गा०स०नी०; वेंनी - शि०वा०भा०। उपटी – उघ?री - उ०। वांहि – वाह - उ०भा०नी०; वांह - को०मि०मु०। दोहा लुप्त - पा०। [३६६]

240 مانہ - چانہ - ظا•

241 दुपहर – दुपर - वा०; दुपहरि - मो०। जेठ – जेट - नी०। के – कें - शि०। फिरे – - शि०; थके - पा०; रहै - न०वे०गा०स०। सवै – सोधि – सोध - गा०स०। मरुधर – मुरधर - शि०वा०; मरुधरि - पा०। पाइ – पाय - वा०वे०स०; पांइ - मो०; पाई - नी०। मतीरही – मवीरही - शि०; मतीरहीं - मो०; मतीरहू - भा०मि०मु०नी०। मारू – मारु - वा०; मारें - मो०। कहत – कहति, (पहिले लिखा हुआ पाठ मिटाया गया है) - उ०; मूड - मो०; कहति - मि०। पयोधि – पयोध - मि०मु०। दोहा लुप्त - को०ह०। [३६७]

अन० : अन्योक्ति अलंकार, मूढ स्थिति वर्णन।

नर० : अन्योक्ति, कवि विहारीदास कहतु है कि जेठ की जो दुपहर तिन के विषै प्यास मरते मतीर पाइकै जिए तौ जो मैतु, घनौ है, अपार है, अगाध है, ऐसो जल सो भर्‌यो पयोधि है सो माथे मार्‌यो –

कौन काज जगत मै तासु की वडाई भाई जातै कछु गरज सरै न काहू पन मै। छोटेही ते आपनो सफल होइ काज तोपै वाकी पटतर और कौन त्रिभुवन मै। जाकै प्रान दारुन निदाघ की तृषा मै वा मतीरै पाइ वचै सियराइ भई तन मै। ताके आगे कहौ कोऊ सागर की वात औडी सलिल अपार कैसे आवै वाके मन मै [नर० ३६७]

— ⋆ —

विषम वृषादित की तृषा। जिये मतीरनु सोधि। अमित अपार अगाध जल। मारौ मूड पयोधि [३६८] [242]

بکہم برکہادت کي تيرکہا جئي متيرن سوده ۰ امت اپار اکاده جل مارو موند پيوده
[ظا ۰ ٣٦٨]

अन० : अन्योक्ति अलंकार, मूढ स्थिति वर्णन।

नर० : अन्योक्ति, कवि विहारीदास कहतु है कि विषम वृषा के दिन के विषै तृषा लागी सो सगलैही पानी सोध कै रहै, अरु एते मै मरुधर के मतीरे ही पाए, तव मारू कह्यो कि पयोधि पायो है –

आतुर होय षरो सगरे अति वंक वृषादिक की गति जानी। सोध रहे जल और भले थल भांति घनी पलही पल छानी। ऐसी तृषा चित लागी कराल महामरु देस असेष पिरानी। पाइ मतीरहू मारु कहै अहो या सम नाहि पयोध को पानी [नर० ३६८]

कृष्ण० : यह अन्योक्ति, प्रयोजन काहू छोटै ते सिद्ध भयौ अरु वडे के वहुत समृद्धि है अरु अपनै काम नाही आवति है, तहां कहिए –

वृष को तरनि तचै विषम करनि सव ललित सु कातिकहूं औंडेई रहत है। जीव जंतु जल थल प्रवल अवल सवै अकल विकल होत कल न लहत है। आतप के ताए अति प्यास के सताए जल सोधत फिरत प्रान राषिवो चहत है। ऐसे समै पायो काहू भाग ते मतीर तासो मारू लोग जलनिधि न्याइही कहत है [कृष्ण० ३६८]

---

242 वृषादित – वृषदित, 'ष' पर दीर्घ का चिह्न - उ०; व्रषादिक - को०; वृषादिन - शि०न०स०; वृषाऽदित - वा०; वृषादिन - वे०; वृथादिन - गा०; त्रषादित - मि०; व्रषादिन - मु०; व्रषादित - नी०। तृषा – त्रिषा - शि०नी०; त्रषा - मि०। जिये – जियें - उ०; जीयें - शि०; जीयै - वा०; जियै - न०वे०गा०स०; रहे - भा०मि०मु०; रहै - नी०। मतीरनु – मतीरनि - को०मि०ह०; मतीरन - गा०स०मु०। सोधि – सोध - वे०; सोध, 'ध' में इकार बाद में - गा०। अमित – अमितु - उ०न०गा०। तृतीय यति 'मुरधर पाइ मतीरही' - वा०। मारौ – मारो - को०; मारू - शि०वा०मु०नी०; मारयु - न०; मार्‌यौ - वे०गा०स०ह०। मूड – मुंड - को०वे०स०; मूढ - शि०; मूंड - गा०मु०नी०ह०। पयोधि – पयौधि - वा०; पयोध - मि०। दोहा लुप्त - पा०मो०। [३६८]

हरि० : विषम, सह्यो नहि जाय ऐसो जो वृष को सूर्ज जेठ मास को तामै लगी जो प्यास, किंवा विषम जो तृषा तहां मतीरा, तरवूज, को सोधि करि जिए हैं मतीरा को षोजिकै षायकै जिऐ हैं, ते कहत है अमित अप्रमान अगाध गहिरो ऐसो जल है जाहि पयोधि समुद्र मै ताकौ मूड मार्‌यौ, ताकौ अनादर कियौ, थोरीही दौलति के मनुष्य सों काहू को कार्ज सिद्ध होय तहां गूढोक्ति।

— ★ —

यह वरिया नहि और की। तूं करिआ वह सोधि। पाहन नाव चढाइ जिहि। कीने पार पयोधि [३६९] [243]

یہ بریا نہین اور کي تون کریا وہ س‌ءودہ • پاہن ناو[244] چدہاي جہ کیني پار پودہ [ظا •
[۳٦۹

अन० : मुमुक्ष प्रति गुरु वचन, करुणारस, ताते हितोपदेस, रूपक काव्यलिंग अलंकार। अर्थ, या ओर की विरिया समयो न, और देव तारि न सके, कलिकाल है, ताते तू वह करिया, वह षेवट सोधि, वह कोन सो, पाहन नाव चढाय जिन पयोधि पार किये, ऐसे रघुनाथ को भज। और अर्थ, दूती प्रसंसा, नायिका कलहांतरिता प्रति सषी की उक्ति, या दूती हे विरिया और की न अपनी है, तू वह करिया सोधि, वह कौन सी, पाहन नाव चढाइ जिन पयोधि पार कीने, ऐसी मंत्रवादिनी जोगिनी है, ताते याको पठो, ओ शीघ्र नायक को लै आवैगी, वा मानिनी नायिका प्रति सषी को कलह, हे विरिया, या जो मेंसो ओर कीन तेरी हों, तू वह करिया, वह चाकरी सोधि, पूर्व दिन की सोभा देषि, मोको पाहन नाव जिन चढाइ मत चढाइ पयोधि पार कीने, रूपकातिसयोक्ति अलंकार।

नर० : भक्तजन वाक्य, रे नर, वह विरिया मलाह तिनको सोधि, सो वह मलाह कैसो है कि जिन पत्थर की नाव पर चढाइकै पयोधि पार कीने है –

> **औरन की विरिया इह नाहिन गात भये अवही वलहीने। तू किरिया वह सोधि भली विधि काय मनो वच नेह नवीने। वाही सो काम सरै सगरो अव जे रघुनाथ कै वुद्ध प्रवीने। पाहन नाइ चढाइ लगूरन पार पयोधिन के जिहि कीने** [नर० ३६९]

कृष्ण० : इह सांतरस, भक्त कौ वचन मन सौ –

---

[243] **यह** – इह - शि०वा०स०; या - मो०; यहा - गा०भा०। **वरिया** – विरिया - को०मो०; विरीयां - शि०वे०मु०; विरियां - वा०; विरीया - न०स०; वेरियां - गा०; वरियां - नी०; विरिआ - ह०। **नहि** – नहीं - उ०; नहिं - को०; नही - वा०गा०स०मु०। **और की** – ओर की - वा०मो०; उंर की - वे०स०। **तूं** – तू - शि०पा०मो०भा०मि०नी०; तौ - वा०; तुं - वे०गा०। **करिआ** – कटियों - को०; करि? - पा०; करिया - मो०न०भा०नी०; किरीया - वे०मु०; किरीय - गा०; केरीया - स०; कहिया - मि०। **वह** – वहू - शि०वा०; ?ति - पा०; वस - गा०। **सोधि** – सोध - वे०; सोध, 'ध' में इकार बाद में - गा०मु०। **पाहन** – पांहन - उ०गा०मि०नी०। **नाव** – जा - को०; नाह - भा०। **चढाइ** – वढाय - को०वे०मु०ह०; चढाई - मो०; चटाई - नी०। **जिहि** – जिह - को०; जिन - मो०; कै - वे०; जिह, 'ह' में इकार बाद में - गा०; जिनि - ह०। **कीने** – (अपठ) - पा०; कीनै - मि०; कीनौ - नी०। **पार** – पारि - को०। **पयोधि** – पयोध - वे०मि०। [३६९]

[244] ناو - نین ناو - ظا •

सागर अथाह भौरौ भारी विकराल गाह जदपि पहारहू ते दीरघ लहरि है। देषि न डराहि कतराहि मति वारवार भावरे तऊ न तेरो कछूवै विगारि है। वांध्यौ जो सिंधु जो है दीनन कौ वंधु जिनि सेनापति कुंजर की कीनी धरधरि है। राम महाराज धरे विरद की लाज सोई साजिकै जिहाज कौ निवाह परहरि है [कृष्ण० ३६९]

हरि० : यह वेर, यह समय, औरि को नहीं है, तू वह करिया, केवट, श्रीरामचंद्रजू तिनको सोध विचार्यौ, पाहन पत्थर सो भयो नाव, तापर चढायकै वांदरनि को पयोधि, समुद्र, कै पार किए, रामजी को सोधिवो समर्थन कियो, काव्यलिंग, वाहन नाव रूपक।

— ★ —

निपट लजीली नवल तिय। वहकि वारुनी सेइ। त्यौं त्यौं अति मीठी लगति। ज्यौं ज्यौं ढीठ्यौ देइ [३७०] [245]

نپت لجيلي نول تي بہک بارني سيہ • تيون تيون ات ميتي لکيون جون جون دہتون ديہ [ظا• ٣٧٠]

अन० : मद्यपान वर्नन, नायक की उक्ति, स्मृति संचारी, विभावनालंकार।

नर० : मुग्धा रति, सषी को वैन सषी सौं, हे सषी, नवल स्त्री निपटही लजीली है, सो वारुनी सेइकै वहकी थकी ज्यों ज्यों ढीत्यो देति है, त्यों त्यों अति मीठी लगति है –

नेह नयो नवनारि लजीली निपट्ट सरूप सुधा सम सोहै। वारुनी सेइ वकी वहकी अति नाह के नेह षरो मन मोहै। हांसी करै अरु अंक भरै लपटाइ रहै अंषिया भरि षोहै। त्यों त्यों मिठास घनेरी लगै कछु ज्यों ज्यों ढिठाइ करै कहि वोहै [नर० ३७०]

कृष्ण० : इह मदपान समै सषी वचन नाइक सौ –

लाज भरी अतिही नवनागरि जाकी सुधाई सुधाइ कै नाई। ताहि छकी छवि देषिवे कौ पिय प्यारी भुराइकै वारुनी प्याई। ज्यों ज्यों उमंग उठै मद की तिय त्यों त्यों निसंक ह्वै देति ढिठाई। ढीठ्यौई लागति नीकी महा वह मानौ भरी वहु भांति मिठाई [कृष्ण० ३७०]

हरि० : सषी सों सषी की उक्ति, अति लाज जुक्त नवोढा स्त्री वारुनी, मदिरा, के सेवन सो, पान सो, वहकी है, तैसे तैसे अति प्यारी लगै है, जैसे जैसे ढिठाई करति है,

[245] निपट – निपटि - भा०। लजीली – नीजीली - शि०; लजाली - गा०। नवल – नव - मो०। तिय – तीय - उ०शि०मो०; तीयं - वा०। वहकि – वहवि, ‘व’ पर ‘क’ संशोधन - उ०; वहिकि - वा०; वहक - मो०। वारुनी – वारनी - उ०न०गा०स०। सेइ – सेय - को०ह०; सेई - नी०। त्यौं त्यौं – त्यों त्यों - शि०पा०मो०वे०गा०स०; त्यौ त्यौ - वा०भा०मु०। अति – ‘त’ में इकार बाद में - को०; ऽति - वा०। लगति — लगति, ‘ल’ ऊपर रिक्त स्थान में - उ०; लगै - पा०मो०भा०मि०मु०नी०; लगत - वे०स०। ज्यौं ज्यौं – ज्यौ ज्यौ - वा०भा०; ज्यो ज्यो - पा०; ज्यों ज्यों - मो०वे०गा०स०। ढीठ्यौ – ढीठ्यो - को०मो०गा०स०; ढीठ्यौं - वा०; ढीठो - पा०; दीठ्यो - वे०; ढीठौ - भा०; ढीठौं - मि०; धीठ्यौ - मु०। देइ – देय - को०ह०; देई - नी०। [३७०]

लजीली नवोढा मै ढिठाई की उत्पत्ति, विभावना, जवै अकारन वस्तु ते कारज परगट होय।

— ★ —

सरस कुसुम मडरात अलि। न झुकि झपटि लपटात। दरसत अति सुकुमार तनु। परसत मनु न पत्यात [३७१] [246]

سرس کوسم مندرات ال نجوک جپت لپیتات • درست ات سکمار تن پرست من نہ پتیات [ظا • ۳۷۱]

नर० : अन्योक्ति, सुकुमारता, सषी को वैन सषी सो, हे सषी, या सिरस कै विषै कुसुम के ऊपर अलि मंडरातो रह्यौ है, पै नाही तौ झुकत है नाही झपत है नाही तो लपटात है क्योंकि अति सुकुमार तनु देषत है, ताते परस ते मन पत्यात नाहीं है –

> **सुंदर रूप परस्स के ऊपर आय अली मडरात घनेरो। आप झुकै न झपट्ट करै डरप्योई रहै औ भयो नहि नेरो। देषत है सुकुमार षरो तन भांति भली कर राषत घेरो। वाको छ्वै न पत्याइ नहीं मन आपनो सो तुम काहे न हेरो [नर० ३७१]**

कृष्ण० : इह सुकुमारता विसेष है, अरु कोउक सषी नाइक को अनभिज जानति है सु सषी भ्रमर के प्रसंग करि अन्योक्ति सो वाको भ्रम निवारन करति है –

> **सुष कौ अगारु उपवन कौ सिंगारु चारु सौरभ विविध उमगत जाको गात है। सरस सुमन न सरस अति सोभा सान्यो निरषि लुभान्यो अलि देषे न अघात है। कहै कविकृष्ण अति रीझि पग्यो आसपास रहै मडरानो न झपटि लपटात है। दरसत वाको तन अति सुकुमार तातै परसत वाको मन क्योहू न पत्यात है [कृष्ण० ३७१]**

हरि० : सरस वेस कुसुम है, तापै अलि, भौंरा, मडरात है, झुकिकै झपटिकै लपटात है नहीं, अति सुकुमारता दरसै है याते परसत कै मन नाही प्रीति निकरत है, आछो राजा है, कविजन आवै है, राजा को सेवन नही करत है, समझवारीही दीसै है, दान सक्ति नहीं, कवित्व है, सव की विदा को सवही के गुन सीषै है, सेवन करिवे को मन नहीं पत्यात है, ए हमे क्या देहिगे, धनि को अर्थ सुकुमार मुग्धा पर लगावै है, कहुं सिरिस कुसुम ऐसो भी पाठ है, गूढोक्ति।

— ★ —

[246] सरस – निरस - न०; सिरस - वे०स०भा०मु०। कुसुम – कुसमु - उ०शि०; कुसम - को०वा०मि०मु०। मडरात – मंडरात - वा०; मंडरातु - न०; तै डरत - भा०; मडराति - मि०; मंडराति - मु०; मडरातु - नी०। अलि – ऽलि - वा०। न – नहि - नी०। झुकि – झूकि - वा०। झपटि – झपट - को०न०वे०गा०स०। लपटात – लपटाय - उ०; लपटाइ - शि०वा०; लपटातु - न०गा०मु०; लपटा?त - वे०; लपिठात - भा०; लपटाति - मि०; पलातु - नी०। दरसत – दरसति - गा०मि०; दरशत - भा०। सुकुमार – सकुमार - न०वे०; सुकमार - मि०मु०। तनु – तन - को०भा०मु०ह०; तानु - वे०; तरनु - नी०। परसत – परसतु - न०गा०नी०; परसति - मि०। मनु – मन - को०शि०वा०वे०स०नी०ह०। न – नु - मि०; (लुप्त) - नी०। पत्यात – पत्याइ - उ०शि०वा०; पत्यातु - न०गा०मु०नी०; पत्यांति - मि०। दोहा लुप्त - पा०मो०। [३७१]

निरदय नेह नयो निरषि। भयो जगत भयभीत। यह न कहूं अव लौं सुनी। मरि मारिये जु मीत [३७२] [247]

نردي نيہ نيو نرکہ بہيو جکت بہيہيت • يہ نہ کہون اب لون سوني مر مارئيي جو ميت
[ظا• ٣٧٢]

अन० : जो सषी की उक्ति होय नायक प्रति तो नायक को पूर्वानुराग व्यंगि, जो नायिका मानवती होय तो ईर्ष्या संचारी क्रियानुभाव ते विप्रलंभ व्यंगि, नायका ने सामोपाय कियो है, विभावना अलंकार।

नर० : भयानकरस, सषी कौ वैन सषी सौ, हे सषी, यो नयो नेह निरदई, तिनकौ देषिकै संसार भय मान्यो, सो क्योंकि ऐसी अव लौ कवहू सुनी न थी कि आपु मरीयै अरु मीत कौ मारियै –

> **नाह को नेह दया विन देषि जगत्त वडो भयभीत भयो है। वाकी दसा सवके मन जानत आपने जीय कह्यो न गयो है। नैन भरे हिलकीन रहै पुनि वारही वार उसास लयो है। आज लौं ए न सुनी कवहूं मरीन कौ मारिवे कौन नयो है** [नर० ३७२]

कृष्ण० : इह मान विरह सषी वचन नाइका सौ, नाइक के पछ की सषी है, जो परकीयाहू नाइका सौ कहियै तौ कहियै –

> **ऐसो अधीन भयो मनमोहन तो विनु नैक न अंग सम्हारहि। ताहि इतो तरसावति वावरी क्यों न करै मिलि कुंज विहारहि। तेरो नयो निरदै हितु हेरि डस्यौ जगु होंहू भरी भय भारहि। आज लौ ऐसी सुनी न कहूं गति आप मरै अरु मीत कौ मारहि** [कृष्ण० ३७२] [248]

हरि० : नायक मनाइवे को आयो है, तहां मानिनी सों सषी वचन, हे निरदयी नायक के नयो नेह की ओर तूं निरषि, देषौ, या नायक की दसा देषिकै जगत, संसार, भय सों भीत भयो है, किंवा सारी

---

[247] **निरदय – निरदई - भा०मि०नी०; निरदै - ह०। नेह – नेहु - न०मि०। नयो – नयौ - उ०शि०न०मि०नी०। निरषि – निरिष - शि०; निरष - वे०स०। भयो – भयौ - शि०वा०न०मि०नी०ह०। जगत – जगतु - उ०न०भा०; जगति - मि०। भयभीत – भयभीतु - उ०नी०; भयभीति - वा०; अति भीतु - भा०। यह – इह - शि०वा०; इ - न०; एक - वे०गा०स०। न – अव लो - पा०; अव लों - मो०; (लुप्त) - ह०। कहूं – कहुं - को०; कहौ - वा०; न - पा०मो०; हो - वे०; हों - गा०स०; कहू - भा०मि०; (लुप्त) - ह०। अव लौं – अव लों - शि०वे०स०मु०; अवै लौ - वा०; कहू - पा०मो०; अव लौ - भा०नी०; अव लो कनहूं - ह०। सुनी – शुनी - भा०। मरि – मरे - पा०; मरी - मो०; मर - वे०स०; मारो - भा०; मर, 'र' में इकार बाद में - मु०; मारि - नी०। मारिये – मारीयै - शि०वा०न०गा०मु०; मारिय - पा०; मारएं - मो०; मारीये - स०; मरियतु - भा०नी०; मारियै - मि०; मारिए - ह०। जु – तु - पा०; (लुप्त) - मो०भा०नी०। मीत – मीतु - उ०भा०नी०; माति - वा०; मींत - ह०। तुकांत में उकार बाद में - उ०। [३७२]**

[248] भा० प्रति में दयादेव की कविछाप का यह उदाहरण दिया हुआ है –

हित करि मानौ भावै अनहितु करि मानौ हितु होइ जासो तासो हित की वताइयै। आए है गुपाल उठि दीजै अंकमाल वाल सोने सो सलोनो तन नाहक न ताइयै। कहै दयादेउ तै सताइवोई सारु करि समझो है याहू माझ अहेत अताइयै। मान करि ज्यौही मनमोहन सतायो त्यौही मानिकै न काहे अव सौतिनु सताइयै [भा० ३७२]

मु० प्रति में ऊपर स्वीकृत उदाहरण के दूसरे-तीसरे चरणों के स्थान पर ये दो चरण हैं –

देषो जु निरदई नेहु लग्यौ सु भलो न वुरो मन मन नाहि विचारहि। कहै कविकृष्ण भयभीत जगत जु रात दिने मन माहि विचारहि।

राति जग जागत रह्यो है, तेरे भय सों भीत भयो है, यह वात अवलोक अव तांई कहूं नहीं सुनी है, मरि मारिए जु मीत, आपु मरिकै दुषी होयकै मीत को मारिए, दुष दीजिए, मार्यो मारिए मीत एह भी पाठ है, किंवा मानी नायक सों सषी वचन, नेह में, प्रीति में तू यो निरदै है, तोहि निरषिकै जगत भयभीत भयो, उत्तरार्ध वैसेही, आपु मरिकै मीत को मारिए यासों निर्दयता को समर्थन कियो, काव्यलिंग।

— ⋆ —

नैन लगे तिहि लगनि जु । न छुटे छुटैहूं प्रान। काम न आवत एकहू। तेरे सौक सयान [३७३] [249]

نين لگي جنه لگني جو نه چهوتي جوهن پران ٠ کام نه اوت ايکهون تيري سيک سيان
[ظا٠ ٣٧٣]

अन० : परकीया नायिका की उक्ति सषी सो, वचन अनुभाव ते धृति संचारी ते पूर्वानुराग व्यंगि, अत्युक्ति अलंकार।

नर० : सषीकर्म, शिक्षा मिलायवो, सषी को वैन नायका सों, हे राधे, सुनि तेरे नेत्र तिन लगन करिकै लागै सो प्रान छूटै ते छूटै पै और मेरे सौ एक सयानपना ने अव एकहू काम आवै नाहीं –

> **नैन लगै तिहि रीति लगी जु न छूटत प्रान छुटै हम जानी। आपनी ओर ते माइ कहौ सुनि या विधि की अवला कत छानी। आवत काम न तेरो कियो कछु हेरतहू वहु भांति हरानी। जीभ थकी पै कह्यो नहिं मानत क्यों करै आप सयान अयानी** [नर० ३७३]

कृष्ण० : इह नायिका प्रौढा परकीया, सषी सिच्छा देति है, तासौ अपनी दृढता कहति है –

> **नैननु ऐसो गहो हित को पलु चैन लहै जवलौ हरि हेरे। प्रान छुटेहू न वान छुटै जगु क्यों न हसै उपहासि घनेरे। को कुल कानि कहौ वपुरी गई लाज लगाम न आवत नेरे। तेरे भटू अव सौक सयान पै एकहू काम न आवत मेरे** [कृष्ण० ३७३]

हरि० : परकीया की उक्ति सषी सों, नैन लगे हैं नायक सों, तिहि लगनि सों ताहि अनिर्वचनीय लगनि, अनुराग, सों लगे हैं, जो प्रान छूटै तो भी नहीं छूटै, हे सषि, तेरे जे सौक सपकरा सयान, चतुराई, तामे एक भी हमारे काम नहीं आवत है, तेरे कहे प्रीति नहीं

[249] नैन – नेंन - को०मो०; नैंन - न०स०मु०ह०। लगे – लगै - उ०शि०वा०गा०स०भा०। तिहि – ताहि - पा०; तिह - वे०; जिहि - भा०; तिहिं - ह०। लगनि – लगत - शि०; लगन - मो०न०वे०गा०स०मि०मु०। जु – जू - मो०; सु - वे०गा०स०; हूं - भा०; सौं - ह०। न – त - शि०मु०; (लुप्त) - मो०न०भा०ह०; नि - वे०गा०स०। छुटे – छुटै - को०; छुटै - शि०वा०पा०मो०न०भा०मु०ह०। छुटैहूं – छुटेहूं - उ०स०; छुटेहुं - को०वे०गा०; छुटैहुं - शि०; छुटेहौं - वा०; छुटेहू - पा०; छुटैहू - मो०; छुटेहु - मि०; न छूटै - ह०। प्रान – प्रांन - उ०वा०पा०न०वे०गा०स०मु०; न प्रान - मो०। काम – कांम - उ०वा०न०वे०मु०। आवत – आवत हौ - वा०; आवै - पा०। एकहू – एकहूं - उ०शि०न०गा०स०; नेंकहू - को०; एकहौ - वा०; येकहू - पा०; एकहुं - वे०; येकहूं - नी०। सौक – सोक - को०शि०वा०मो०वे०गा०स०मु०; सैक - मि०; सौंक - नी०। सयान – सयांन - उ०वा०मो०न०वे०गा०स०म०ह०। [३७३]

छूटै, धृति संचारी, प्रान छूटै नहीं छूटै, अत्युक्ति अलंकार, अत्युक्ति वह वर्नन अतिसय रूप।

— ★ —

उडत गुडी लषि ललन की। अंगना अंगन मांह। वौरी लों दौरी फिरति। छुवति छवीली छांह [३७४] [250]

اورت کوري لکہ لال کي اکنان انکن مانہ • بوري لون دوري پہرت چہو وت چہبيلي چہانہ [ظا• ٣٧٤]

अन० : सषी की उक्ति सषी सो, नायिका के चपलता संचारी पूर्वानुराग, उपमालंकार।

नर० : पूर्वानुराग, सषी कौ वैन सषी सौ, हे सषी, ललन की गुडी अंगना आपुने आंगना के विषै उडती लषिकै गहली की नांई दौरी फिरिकै वा गुडी की छवीली छाया है तिनको छुवति है –

> **लाल की देषि गुडी उडती हियरा अति आनंद सों हहरै है। अंगन मै ललना अलवेली इकेलिऐ मात सी आन अरै है। वौरी लों दौरी फिरै चहुं ओरन ऐसे चरित्र अनेक करै है। नैनन नैक निहार वलाइ लै छांह छवीली को छै न टरै है** [नर० ३७४]

कृष्ण० : इह नायिका परकीया प्रौढा है, सो नायक की चंग की छाह छुए ते मिलेहू को सौ सुष मानति है, सो लषि सषी सषी सों कहति है –

> **नंदलला नवनागरि पै निज रूप दिषाय ठगौरी सी नाई। वाहिर जाति वनै ग्रह तै न विलोकिवे कौ अतिही अकुलाई। प्यारे की चंग इतै मे उडी लषि मोद भरी निजु आगनु आई। होती गुडी की जितै जित छाह तितै तित छूवे को डोलत धाई** [कृष्ण० ३७४]

हरि० : अति प्रेम सों गुडी की छाया छुए, सो नायक को आपनो मिलन मानति है, प्रेम सो ऐसो भी संवंध मानति है, आजु द्वैज सुनिहै सषी, ससि उगे आकास मो नैना औ पिय के मिलिहै जाय अकास, सषी सों सषी, लाल की गुडी, चंग, उडी देषि, अंगना, नायिका, आंगन मै, वावरी सी दौरी फिरति है, छवीली जो नायिका सो छांह छुवती, चपलता संचारी, उन्माद दसा, अंगना अंगना जमक, नायिका उपमेय वावरी उपमा, सी वाचक, दौरिवो साधारन धर्म, उपमेयरु उपमान जहां वाचक धर्म सु चारि। पूरन उपमा हीन जहं लुप्तोपमा विचारि॥

— ★ —

[250] उडत – उडति - न०गा०; उडी - मि०नी०; गुडी - ह०। गुडी – उडी - ह०। लषि – (लुप्त) - वा०। ललन की – ललनु की - वा०गा०; लाल की - नी०ह०। अंगना – अना, 'ग' पार्श्व पर - उ०; अगना - मि०। अंगन – अगना - उ०; आगन - गा०मि०; आंगन - स०; अंगना - नी०ह०। मांह – माहि - को०मि०; मांहि - शि०वा०मो०न०वे०गा०स०; माह - नी०ह०। वौरी – वोरी - उ०को०मो०वे०गा०स०मु०। लों – लौं - को०शि०न०; लौ - वा०मि०नी०; सी - ह०। दौरी – दोरी - न०गा०मु०। फिरति – फिरै - न०वे०गा०स०; फिरत - नी०; फिरै - ह०। छुवति – छुवत - को०वा०मो०वे०स०मि०नी०। छवीली – छविली - को०; नछीली - न०। छांह – छांहि - शि०मो०गा०स०; नांहि - न०; छाह - मि०नी०। दोहा लुप्त - पा०भा०। [३७४]

ऊचे चितै सराहियतु। गिरह कवूतर लेत। झलकत द्रग मुलकित वदन। तन पुलकित किहि हेत [३७५] [251]

اونچي چتے سراہیت کرہ کبوتر لیت • درک جلکت ملکت[252] بدن تن پولکت کہ ہیت
[ظا• ۳۷۵]

अन० : उक्ति सषी की परकीया नायिका अश्रु रोमांच सात्विक भाव नायक कै, कवूतर वोधव्य है याते, गूढोक्ति अलंकार।

नर० : मुदिता, मोट्टाइत भाव, सषी को वैन नायिका सों, हे राधे, ए ऊचे कवूतर गिरह जो लेत है, तिनकौ देषिकै सराहति है, और नेत्र झलकति है, और वदन मै मुलकति है, और तन पुलकति है, सो कारन कहा है –

> **ऊंचे चितै कर नारि उठाय सराहति है अति नेह नयो है। नीके रसीले कवूतर के जुग वेग रहै को समूह लयो है। नैन निहारे भये झलकै अति आनन को मुलकाइ दयो है। सीकर संग रोमांचन को गन देह अवै किहि हेत भयो है** [नर० ३७५]

कृष्ण० : इह नाइक के कवूतर देषि नाइका कौ सात्विक भाव उपजौ है, सो सषी नाइका सौ कहति है, परकीया लच्छिता –

> **अंवर मै सोभा साजि उडत कपोत एतौ वाजी करै रंग मै गिरह आछी लेत है। तिन्हे सव कोऊ नैन ऊचे करि चाहत है रीझि रीझि सुघर सराहत सहेत है। चाहिवो सराहिवो विसरि गयो तोहि प्यारी देषतही देषि रही हरे चित चेत है। झलकित नैन मुलकित है अधर तेरे सांची कहि अंग पुलकित कौन हेत है** [कृष्ण० ३७५]

हरि० : नायक अटारी पर चढि गिरहवाज जे है कवूतर, ताको उडावे है, नायिका कवूतर के छल करि नायक को देषै है, सो वात जानिकै सषी परकीया सो कहति है, ऊचै चितै, ऊपर द्रष्टि करिकै सराहै है, कहा अच्छा कवूतर गिरह लेत है, गिरह, उडनि विसेष, द्रग, नेत्र, झलकत है, चमकत है, वदन मुलकत है, कछ्रु हंसी सहित होत है, तन तेरे पुलकत है, कौन कारन सो, किंवा नायक के कवूतरही को देषिकै सात्विक , जो सषी नायिका सो कहति है, नायक को सुनावति

---

[251] ऊचे – उंचे - को०वा०गा०; उंचें - शि०; उचे - पा०मो०वे०; ऊचैं - न०; ऊंचे - स०भा०मि०; उंचै - मु०; ऊंचैं - ह०। चितै – चिते - को०गा०; चितें - शि०; चितैं - वा०स०। सराहियतु – सराहियत - को०पा०वे०स०भा०मि०ह०; सराहियनु - वा०; ?हियतु - गा०; सुराहियतु - मु०; सराहियैतु - नी०। कवूतर – कवुतर - को०; कवूतरतर - पा०। झलकत – झलकि - उ०; उझकीत - को०; झलकति - वा०; दृग - पा०मो०ह०; लागति - मु०; झलकित - नी०। द्रग – दृगनु - उ०; द्रिग - शि०वा०न०वे०गा०स०; झलकत, 'क' में इकार बाद में - पा०; झलकत - मो०ह०। मुलकित – मुलकितु - उ०; मुलकत - शि०मो०वे०मि०मु०ह०; मुलकति - वा०; पुलकत - भा०। वदन – वन, 'द' ऊपर भिन्न हस्तलेख में - उ०। तन – तनु - वा०नी०; (लुप्त) - ह०। पुलकित – पुलकत - मो०न०मि०नी०; पुलकित, ऊपर 'तन' भिन्न क़लम से - ह०। किहि – किह - को०वे०; हि - पा०; कहि - मो०; किंहि - स०; किहिं - मु०; केहि - नी०। हेत – हेतु - उ०; देत - मो०। [३७५]

[252] ملکت - ہولک - ظا•

है, यह तुमसो आसक्त है, तौ गूढोक्ति कवूतर के छल सों नायक को देषै है, पर्जायोक्ति अलंकार।

— ★ —

लागत कुटिल कटाछ सर। क्यौं न होहि वेहाल। कढत जु हियहि दुसाल करि। तऊ रहत नटसाल [३७६] [253]

لاکت کوتل کتاچھ سر کیون نہ ہونہ بے ہال • کدہت جو ہیہ دوسال کر تو رہت نتسال [۳۷٦ • ظا]

अन० : उपपति नाइक की उक्ति, वितर्क संचारी ते पूर्वानुराग व्यंगि, काव्यलिंग अलंकार।

नर० : उराहनो, सषी को वैन राधा सो, हे राधे, तेरे नेत्रां के कटाक्ष रूपी सर तिनके लागेते वेहाल क्यों न होत है, ए ह्वैही ह्वै सो क्योंकि हिया को दुसार करकै काढतु है तऊ नटसाल से रहतु है -

> **लागतही अति वंक कटाछ वहै सर दुःषन देह दहै है। होत न क्यों नंदलाल विहाल री आनन आन सी वात कहै है। काढत है हियरा जु दुसाल कै और कराल विसाल वहै है। ऐसो उपाय किये निकसै पुनि रंच तऊ नटसाल रहै है** [नर० ३७६]

कृष्ण० : इह नाइका के नेत्र नाइक के हृदै मे षुभे हैं, सु सषी नाइक सौ कहति है, नाइक सषी सो कहै, सषी नाइका सो कहै तौहू संभवै

> **भिदै सूधे तीर तै तौ तन कौ वढावै पीर जानि यह वाति जिय सकल डरात है। लागैं व्रजनागरी के कुटिल कटाछि सर क्यों न होंहि विकल विहाल सव गात है। विक्रमनिधान अति पारथ के वानहू ते मेरे जानि इनके अनोषे उतपात है। देषिए न घाइ उर कढत दुसाल करि एते पर देषौ नटसाल रहि जात है** [कृष्ण० ३७६]

हरि० : सषी की उक्ति सषी सों, कुटिल, टेढा किंवा कुटिल दुषदाई जो कटाछ सोई है सर ताके लागतही नायक क्यों नहीं वेहाल होय, दुःसार तीर जे छेदिकै कढि जाय, नटसाल टूटिकै भाल अंग मै रहैं, कढत जु हियो दुसार करि, हृदय को दो दुसार कहिए छेद सो करिकै कढत है तो भी नटसाल रहत है, वितर्क संचारी, काव्यलिंग, वेहाल होनो कुटिल कटाछ के लागे सों समर्थित कियो, किंवा विरोधाभास, जहां विरोध सो चहै विरोधाभास।

— ★ —

---

253 लागत – लागति - उ०गा०मि०। कुटिल – कुटल - वे०स०। कटाछ – कठाछ्र - को०; कराछि - वा०; कटाच्छ - वे०गा०स०; कटाछि - मि०। क्यौं – क्यौ - मि०नी०। होहि – होंहि - उ०मु०ह०; हौहि - वा०; (अपठ) - पा०; होत - मो०; होइ - नी०। कढत – कढतु - पा०। जु हियहि – जियहि - उ०वा०; जुहि - को०; ती यहि - शि०; जु हिये - पा०; जु हियैं - मो०; जि हियहि - न०गा०; जि हयहि - वे०; जि हिंइह - स०; जु हियेंहि - मि०; जु? हियें - मु०; जु हियो - ह०। दुसाल – दुसार - न०वे०स०ह०; उसार - गा०। करि – (अपठ) - वा०; कर - वे०। तऊ – (अपठ) - वा०; तउ - वे०मि०; तहु - ह०। रहत – रहति - उ०मि०; (अपठ) - पा०। नटसाल – तटसाल - को०वा०; (अपठ) - पा०; नठसाल - मो०; नटसार - वे०। दोहा लुप्त - भा०। [३७६]

जनम जलधि पानिप विमल। भौ जग आघ अपार। रहै गुनी ह्वै गर पर्‌यौ। भले न मुकताहार [३७७] [254]

جنم جلده پانپ بمل بهو جک اکه اپار • رہین کوني ہوي کر پري بہلین نہ موکتاہار
[ظا • ٣٧٧]

अन० : उक्ति कवि की, उत्तम पुरुष को सिक्षा मति, अन्योक्ति अलंकार।

नर० : अन्योक्ति, कवि विहारीदास कहतु है, रे मोतिन को हार, तेरौ जनम जलधि, समुद्र तिनके विषै और तेरो पानी विमल है, और संसार के विषै अघ घनौ भयो है, पै अव इहां गुनी के विषै ह्वैकर गरे पर्‌यो है, सो भलो नाहीं है –

> हे जलजात सुनौ मेरी वात जु है तुम तात वडो वडभागी। और सुनो पुनि पानिप विम्मल भो जग आघ अपारन लागी। ह्वै गुनिनीन कै गरेऊ परे रहौ सौ हम साच कहा रस पागी। जानो नहीं सुनि या भली वातन काहू की सीष तुमै इह लागी [नर० ३७७]

कृष्ण० : इह कोऊ भलो पात्र भली ठौर रहिवे लाइक है, छोटी ठौर अनादर सो रहै तहा कहिए –

> जनमु जलधि कुल पानिपु विमल अति तेरी सुभ सोभा जगमगति सुहाई है। सव कोऊ जगत मै चौप करि चाहै तौही तैही वेस किंमति जवाहर मै पाई है। तेरो संग पाइ छितिपाल औरु वालनि की कैसी नीकी देषियति रूप की निकाई है। ऐसो तू गुनी ह्वै गरै परिकै रहतु सुनि मुकता के हार यामै कहा धौ भलाई है [कृष्ण० ३७७]

— ⋆ —

गहै न नैको गुन गरव। हसो सवै संसार। कुच उचपद लालच रहै। गरे परेहू हार [३७८] [255]

---

[254] जनम – जनमु - उ०नी०। जलधि – जलध - न०मु०; जलिध - मि०। पानिप – पांनिपु - उ०; पानप - न०वे०; पांनप - गा०स०; पांनी - मु०। विमल – विमलु - उ०; विलम, ‘लम’ पर क्रमशः २ १ की संख्याएँ - वे०। भौ – भो - को०पा०मो०वे०स०भा०मु०नी०। जग – जगु - उ०न०गा०मु०नी०। आघ – आघु - उ०भा०मु०; ऽअघ - वा०; आध - मि०। रहै – रह्यो - को०पा०; रहे - नी०। गुनी – गुनि - को०। ह्वै – हूं - स०। गर – गिर - शि०; गल - भा०। पर्‌यौ – परे - पा०; पर्‌यो - मो०वे०; परो - भा०; परौ - मि०; पर्‌यौं - नी०। भले न – भलें न - को०; भलै न - वा०न०वे०गा०मु०; भलो न - मो०भा०; भलैं न - स०; भल्यौ न - नी०। मुकताहार – मुक्ताहार - को०पा०भा०मि०नी०; मुगताहार - वा०। दोहा लुप्त - ह०। [३७७]

[255] गहै – गहिं - को०; गहें - वा०; लहै - पा०; गहे - मि०; गहौ - नी०। न – नै - वे०; नैं - मि०। नैको - उ०मो०वे०; निंको - को०; नैकौ - शि०स०नी०; नेकौ – नेंकौ - वा०; नैंको - न०; नैकों - गा०; नकौ - मि०; नेंको - मु०। गुन – गन - वे०मु०। गरव – गरवु - उ०भा०मि०नी०। हसो – ‘कस्यौ’ मूल में, इस पर ‘हसौ’ संशोधन - उ०; हसौ - शि०वा०न०गा०स०मु०नी०; हसै - पा०मि०; हसो - भा०; हंसै - ह०। सवै – सकल - उ०शि०वा०पा०ह०; सवैं - मो०। संसार – संसारि - को०; संसारु - भा०मि०नी०। लालच – लालचि - मो०। रहै – रहे - उ०मि०; भए - को०; रहें - शि०; रह्यो - भा०; रहों - नी०। गरे – गरें - उ०ह०; गरै - न०वे०गा०स०भा०मु०नी०; गरैं - मि०। परेहू – परेंहू - उ०शि०; परिंहुं - को०; पर्‌यौहौ - वा०; परैहू - न०वे०गा०भा०नी०; परैहूं - स०मु०; परैंहू - मि०; परेंहूं - ह०। हार – हारु - उ०भा०नी०; हास - वा०। [३७८]

جهے نہ نیکو جون[256] کرب ہنسو سبے سنسار • کوچ اوچپد لالچ رہي کرین پري ہون ہار [ظا• ٣٧٨]

अन० : कवि की उक्ति प्रत्युत्त्तर रूप, अन्योक्ति अलंकार।

नर० : अन्योक्ति, कवि विहारीदास कहतु है कि यौ हार अपने गुन कौ जो गरव है, सो नैकही गहतु न है, भावै तो सवही संसार हसौ, सो ऊंचौ पर्‌यौ रहतु है, सो कुच के ऊचे पद कै लालच के वासते रहतु है –

> **हे सुनौ मित्र जु या मेरी वत्त जु क्यों गहियै गुन गर्व कहा रो। सारो दुनी मिलकै जु हसो पुनि पै उनकी कथ काहू निहारो। पीन पयोधर है जु सुहामने तापर वैठि करौ अविहारो। गरेऊ परे रहु ऊच के लालच हौ तुम चातुर क्यो न विचारो** [नर० ३७८]

कृष्ण० : इह अन्योक्ति आछौ गुनी भलौमानस अपनी गौं जानि छोटीहू जगह रहै तहा कहिए –

> **छाडि वडे कुल की पदवी गुन की गरुवाई न जी मै धरे। क्यों न सवै हसवोई करै जग पानि पहाननहू ते न डरे। हाटनि हाट विके इहि आसु विंधायो हियो पन तै न टरे। उच्च उरोजनि को सुष लाभ रहे हिय याते गरेहू परे** [कृष्ण० ३७८]

हरि० : मोती को हार चंद्रमा को लक्ष्मी को भाई है, समुद्र सों उत्पन्न है, गुन में श्लेष गुन डोरो को भी जानिए, नेक भी थोरा भी गुन को गरव को नहीं गहत है, औ सकल संसार हंसै है, हार कहिकै हार बंधन को कहिए लच्छना सो बंध्यो होइ ताको जानिए, भाषाभूषन, गुन निधि नीके देत तूं तिय को अरि को हार, कुच जो है ऊंचो स्थान ताके लालच सों गरे परे भी अनादर सों भी हार रहत है, वडो राजा को कोई प्रतिष्ठा के लिए सेवै है, राजा वहुत आदर नहीं करै है, तहां जानिए, गूढोक्ति।

— ⋆ —

तच्यौ आंच अव विरह की। रह्यौ पेमरस भीजि। नैनन के मग जल वहै। हियौ पसीजि पसीजि [३७९] [257]

تچیو انچ ات بره کي رہیو پیم رنک بهیج • نئینن کے مک جل بہي ہیو پسیج پسیج [ظا• ٣٧٩]

[256] جون - کي - ظا•

[257] तच्यौ – तच्यो - को०मो०न०वे०; तचो - भा०; तचौ - मि०; तच्यौं - नी०। आंच – आंचु - उ०; आच - वा०पा०भा०मि०मु०; आंचि - मो०; आंक - वे०। अव – अति - पा०भा०मु०नी०ह०। विरह की – विहर की - वे०; दिरह की - गा०। रह्यौ – रह्यो - को०पा०मो०वे०; रहो - भा०; रहे - मि०। पेमरस – प्रेमरस - स०ह०; प्रेमरंग - भा०; प्रेंमरस - मि०; प्रैंमरस - नी०। भीजि – भीज - को०न०वे०गा०स०ह०। नैनन – नैंननु - उ०मु०नी०; नैंननि - को०ह०; नेंननि - वा०; आषिन - पा०; आंषिन - मो०; नैन - न०; नैंनन - स०; नैननु - भा०मि०। के – कैं - उ०; कै - गा०। मग – मगु - न०गा०। जल – जलु - उ०नी०; जग - मु०। वहै – चुवै - भा०। हियौ – हियो - को०पा०न०वे०भा०मु०ह०; हीयो - मो०स०। पसीजि पसीजि – पसीज पसीज - को०न०वे०गा०स०ह०। दोहा लुप्त - शि०। [३७९]

अन० : नायिका की उक्ति, कै सषी की उक्ति, वितर्क संचारी करि प्रोषित्पतिका, उत्प्रेक्षा।

नर० : सषी की पत्री नाइक सो, हो कान्ह, राधिका को हियो पहिले तौ तुम्हारे प्रेम के रस करकै भीज रह्यो हुतौ पै अव विरह की आंच करिकै तप्यौ, ताते हियौ पर्सीजिकै नेत्रां के मारग ह्वैकै जल वहि रह्यौ है –

आंच तच्यो है घनी विरहानल दुःष अनेक असेष सह्यो है। और सुनो अति आतुर होइ सु पेम महारस पाग रह्यो है। वाल कै हाल निहारतही जिय या विधि की उपमा को गह्यो है। हीय पसीज पसीज मनो अव नैनन की दिस नीर वह्यो है [नर० ३७९]

कृष्ण० : इह नाइका अथवा नाइक के वियोग तै असुवा वहत है, तिनकौ उत्प्रेक्षा करति है, नाइका सषी सौ कहति है, सषी सषी सो कहै तौहू संभवै –

जा दिन ते व्रजनारिन कौ मनु नंदकिसोर के नेह गह्यो। आच तच्यो विरहानल की हित के रस मै अति भीजि रह्यो। ता दिन तै दिन रैनि ढरै असुवा तिनको यह भेद लह्यो। ताते पसीजि पसीजि हियो विय नैननु के मग नीर वह्यो [कृष्ण० ३७९]

हरि० : गुलाव कौ पानी काढै है जंत्र वनायकै ताकी समता जानि परै है, नायिका की, किंवा सषी की उक्ति सषी सो, अति जो विरह है ताकी आंच सौ तच्यौ है, किंवा अति तप्यो है, प्रेम सो है रस जल तासौ भीजि रह्यौ है, नैननि किए मग, राह, सों जल वहै है, आंसू चलै है यह अर्थ, हृदय पसीजि पसीजिकै, किंवा मानी नायक सों सषी चंदन औरि वही अर्थ, नैननि के मग जल वहै है, हियो पसीजिकै यातें तूं पसीजि, राजी हो प्यार करि, प्रेम सौ रस, रूपकालंकार, गुलाव कौ पानी चुआयो जात है ता ठौर मैं नायक सों सषी कहति है, दोऊ वात प्रस्तुत है, प्रस्तुतांकुर, प्रस्तुत अंकुर है किए प्रस्तुत में प्रस्ताव।

— ⋆ —

वसै वुराई जासु तन। ताही कौ सनमान। भलौ भलौ कहि छाडियै। षोटे ग्रह जप दान [३८०] [258]

بسي بوراي جاس تن تاہي کو سنمان ٠ بہلو بہلو کر چہانڈئي کہوتي کره جپ دان
[ظا٠ ٣٨٠]

---

[258] वसै – वसें - को०; वसे - वा०मो०; घनी - न०वे०गा०स०; वसैं - भा०; सवै - मि०। वुराई – वुराइ - वा०; वुराईं - मो०। जासु – जास - शि०वा०न०वे०स०मु०। तन – उर - पा०; तनु - वे०गा०; मन - भा०। कौ – को - को०पा०वे०भा०ह०; कुं - शि०; कों - मो०। सनमान – समानमांन - उ०; नसमान, 'न' 'स' पर क्रमशः २ १ की संख्याएँ - को०; सनिमान - शि०; सनमानु - मो०नी०; सनमांनु - गा०; सनमांन - स०मु०। भलौ भलौ – भलो भलो - को०शि०पा०मो०वे०स०भा०ह०। कहि – करि - पा०भा०मि०नी०ह०; कही - वे०। छाडियै – छोडिये - उ०पा०; छांडिये - को०; छोडियें - शि०; छोडियैं - वा०; छोडियै - मो०स०; छोडीयै - न०वे०गा०; छांडीयै - मु०; छांडियै - नी०; छाडिए - ह०। षोटे – षोटै - वा०मो०न०वे०गा०स०मु०। ग्रह – ग्रहै - स०; ग्रहि - भा०। जप – जपु - उ०न०गा०। दान – दांन - वे०स०मु०; दांनु - नी०। [३८०]

अन० : अवर काव्य, कवि की उक्ति, दुर्जन प्रशंसा, अर्थांतरन्यास अलंकार।

नर० : प्रस्ताविक, कवि विहारीदास कहतु है कि जाके तन घनी वुराई ह्वै ताही को सनमान ह्वैहै सो कैसी परै कि जो भलौ ग्रह आवै ताको तौ भलो कहिकै छांडि दै अरु जो षोटो ग्रह ह्वै ताकौ जप अरु दान दीजतु है –

जाके सरीर वुराइ वसै दुषदाई महा सव कोई कहै है। ताही को होत वडो सनमान सवै गुन षान सुजान वहै है। और सुनो उलटी यह रीति कहै सरलाई जगत्त चहै है। छांडत कै कै भलोई भलो ग्रह षोटे अवै जप दान लहै है। [नर० ३८०]

कृष्ण० : प्रस्ताविक, कवि की उक्ति –

जा तन मांझ वुराई वसै कछु सो जग मै सनमानहि पावै। वाही को जी मै सवै डर मानत देषौ दुनी मै प्रतिच्छ प्रभावै। जोतिषी जो ग्रह भाषै भलो तो भलेही भले कहिकै वहिरावै। जो पै वहै ग्रह षोटो सुनै तव दान करै अरु जापु करावै [कृष्ण० ३८०]

हरि० : जाके सरीर में वुराई वसै है ताही को लोक आदर सनमान करत है, भलो ग्रह आवै ताको भलो आछो कहि छोडै, षोटां वुरा ग्रह आवै, ताके लिए जप करावै दान देत है, दृष्टांत अलंकार।

— ⋆ —

छला परोसिनि हाथ तें। छलु करि लियौ पिछानि। पियहि दिषायो लषि विलषि। रिस सूचक मुसकानि [३८१] [259]

چهلا پروسن ہاتہ تین چهل کر لیو پچهان • پیہ دیکهایو لکہ بلکہ رس سوچک مسکان [ظا• ۳۸۱]

नर० : धीराधीरा, अन्यसंभोगदुःषिता, सषी को वैन सषी सो, हे सषी, राधिका भरतार को छला छल करिकै परोसन के हाथ के विषै पिछानिकै लै कै भरतार को दिषायो, सो भरतार को विलषौ लषिकै जो रिस थी ताकी सूचकता करी अरु मुसकानी –

हाथ ते वाही परोसन के सुनि आछो छला कहिकै कछु वानी। कै कै रमूज अनेक अनूपम कै छल आपतै लीनो पिछानी। नायक लाज दिषाय दयो अरु दुःष घने हिहरा हहरानी। ह्वै विलषी लषिकै रिस सूचक आपने आनन वा मुसकानी [नर० ३८१]

---

259 छला – छलो - को०भा०। परोसिनि – परौसिनि - उ०नी०; परोसनि - को०शि०मि०; परौसनि - वा०; परोसनु - न०; परोसन - वे०गा०स०मु०। तें – तै - को०भा०; ते - शि०; तैं - न०गा०स०मि०; तै - वे०। छलु – छलि - को०शि०वा०; छल - वे०स०भा०मि०ह०। करि – क - वा०; कै - न०वे०गा०स०मु०। लियौ – लीयो - को०शि०; लियो - वे०गा०ह०; लयौ, 'ल' में इकार बाद में - स०; लयो - भा०; लयौ - मु०। पिछानि – पिछांनि - वा०नी०; पिछांनु - न०गा०; पिछांन - वे०स०। पियहि – पियह - उ०; पियहिं - वा०। दिषायो – दिषायौ - वा०गा०मि०नी०। विलषि – विलष - वे०। रिस – रि - गा०; रिसि - भा०; रस - मि०। सूचक – सुचक - शि०; सूचिक - मु०। मुसकानि – मुसकांनि - वा०न०; मुसकांन - वे०गा०स०; मुसुकानि - भा०ह०; मुसिकानि - मि०मु०; मुसिकांनि - नी०। दोहा लुप्त - पा०मो०। [३८१]

कृष्ण० : इह नाइका अन्यसंभोगदु:षिता, सषी वचन सषी सो –

> **पेषि परोसिनि के कर प्यारी करी चतुराई की चारु कला है। मागि लियो कछु ऊठम सौ वहु कै मनुहारि हलाउ भला है। प्रीतम सौ मुसिकाइ कही कविकृष्ण कहै रुष रोस रला है। नेक इतै लषिये मनमोहन आजु भलो हम पायो छला है** [कृष्ण० ३८१]

हरि० : सषी सों सषी वाक्य, नायक के हाथ की अंगूठी परोसिनि पहिरें थी, परोसिनि के हाथ तें नायिका ने छला पिछानिकै हमारे नायक को है, छल करिकै लियो, आपु लषिकै, देषिकै, पिय को विलषायकै दिषायो, रिस को सूचक, जतावनिहारे, ऐसी मुसक्यानि सो, परकीया आसय को जानै ऐसो नायक को दिषाय चेष्टा करति है, सूक्ष्म अलंकार।

— ⋆ —

हठ हित करि प्रीतम लियौ। कियौ जु सौति सिंगार। अपने कर मोतिनु गुह्यौ। भयौ हरा हर हार [३८२] 260

ہٹہ ہت کر پیتم لیو کیو جو سوت سنکار ۰ اپنے کر موتن کوہیو بھیو ہرا ہر ہار [ظا۰
[۳۸۲

नर० : अन्यसंभोगदु:षिता, सषी कौ वैन सषी सौ, हे सषी, राधिका अपने कर करिकै मोतिन कौ हार गुंथ्यौ हुतौ, सो हित सहित हठ करिकै भरतार लयौ, सोतिन हार कौ सौत को सिंगार कर्‌यौ देष्यौ, सो हार विष सौ ह्वै गयो है –

> **पीतम नै करिकै हठ ओ हितु और अनेक उपाय लयो है। सोति सिंगार कियो अति आदर याही सो वाको हियो उनयो है। आपने पानिन मोतिन सो गुहिकै पहिर्‌यो अव वाहि दयो है। यौं कहिकै विलषी जु फिरै तिय ताही हरा हरहार भयो है** [नर० ३८२]

कृष्ण० : इह नायिका अन्यसंभोगदु:षिता, याको हार नायक नै लैके सौति को पहरायो, सु नायका सषी सौ कहति है –

> **मागि लयो हित कै हठि प्यारे नै हारु सुचारु प्रभानि सौ पाग्यो। ताहि लै लालची लाल गयो काहू सौति के धाम तही अनुराग्यो। वाही कौ रीझि सिंगारु कियो लषि याके हिये**

---

260 हठ – हठि - को०शि०वा०न०मि०नी०ह०। हित – हठु - उ०; हितु - शि०न०वे०गा०स०भा०मि०नी०। करि – कर - वे०; कर, 'र' में इकार बाद में - गा०। प्रीतम – पितम - को०; प्रीतमु - न०। लियौ – लीयौ - उ०शि०गा०; लयौ, 'ल' में इकार बाद में - को०; लयौ - न०; लीयो - वे०स०; लयो - भा०; लियो - ह०। कियौ – कीयौ - उ०शि०न०गा०; कियो - को०भा०ह०; कीयो - वे०स०। जु – (लुप्त) - मु०। सौति – शौति - भा०; जुवति - मु०। सिंगार – स्यंगारु - उ०; सिंगारु - वा०मि०नी०; सिंगारि - न०गा०; संगार - वे०; शिगारु - भा०। अपने – अपुने - न०गा०; अपनै - मि०मु०; अपनौ - नी०। कर – करि - को०गा०मु०। मोतिनु – मोतिन - को०शि०गा०मि०ह०; मौतिनु - वा०; मोतन - वे०स०; सौतिन - मु०; मैती - नी०। गुह्यौ – गुह्यो - को०; गह्यौ - वा०; गुही - न०; गुहो - वे०स०भा०; गहौं - गा०। भयौ – भयो - को०वे०स०भा०मि०मु०ह०। हरा – हला - को०; हहा - वे०। हर – हरु - उ०भा०; हल - को०; हरि - वे०मि०। हार – हारु - उ०भा०मि०; हारि - न०; हरु - नी०। दोहा लुप्त - पा०मो०। [३८२]

अनषाहट जाग्यो। आपन हाथ वनाइ गुह्यो मुकता कौ हरा हरहार सौ लाग्यो [**कृष्ण०** ३८२]
261

हरि० : सषी सों सषी, हठिकै हित करिकै प्रीतम ने नायिका सों माला लीनी, सो सौति को पहिराई, सोति को सिंगार कियो, जाकी माला लीनी ताको आपने हाथ सौं मोतिन सौं गूथ्यौ जो हो हरा सो सौति के गरे में देषतकै भयानक लागत है, हर जो महादेव, तिनको हार सर्प, ताहि तुल्य भयो, या अर्थ में नायक को दारिद्र भासै है, सौति को लैके दियो, ऐसे अर्थ, नायिका ने आपने घर में नायक को सिंगार कियो है, हार पहिरायो है, तव नायक सौति के घर गयो है, वाको हार पहिरै, प्रीतम सो हठि करि हित करि हार लियो, वाकी सौति ने आपनो सिंगार कियो, जाने पहिले सिंगार करायो, ताको हर हार भयो, हर के हार सों भयो, दुषदाई भयो, वाचकधर्मलुप्ता उपमालंकार।

— ⋆ —

वे ठाढे उमदाहु उत। जल न वुझै वडवागि। जाही सौ लाग्यौ हियौ। ताही के हिय लागि [३८३] 262

وي ٹھادي اومداہو اوت جل نہ بوجھي بدواک ٠ جاہي سون لاکو ہيو تاہي کي ہي لاک [ظا٠ ٣٨٣]

अन० : सषी की उक्ति नायका प्रति, नायक ठाढो है, तासों चेष्टा करति है, ताते पूर्वानुराग व्यंगि, सो उन लच्छित कर्‌यो है, ताते लच्छिता कहियै, अर्थांतरन्यास।

नर० : लक्षिता नायिका कौ वैन नायक सों, हो ललन, जासों हियो लाग्यो है, सो तो ताही के गले लागिकै वडवानल वुझावौ, सो देषो, वा षरी उमदा ह्वै रही है एतावता वाके जावो –

कान्हर वैठी ही वा उमदात षरी अरसात कछू न धरै है। आपने आनन सो कहि वात
सुनो अवदात वियोग जरै है। नीर सों वा वडवागि वुझै नहिं या विधि की जु अलाप करै है।
जाही सो लाग्यो हियो अव रावरो ताही की संगति साध सरै है [नर० ३८३]

---

261 भा० प्रति में यह उदाहरण है –

आइ गह्यो हितु कै हठि प्यारे नै तंतु औ मौक्तिक वाहि सो माग्यो। आपने हाथ सो सीप की माला वनाइ सु चारु प्रभानि सो पाग्यो। ताहि लै लाल गयो काहू सौति के धाम तही मनु भा अनुराग्यो। वाही के रीझि सिंगार कियो लषि याके हिये अनषाहट लाग्यो [भा० ३८२]

262 **वे – वै - उ०न०वे०गा०स०। ठाढे – ठाढी - न०गा०स०मु०; ठाही - वे०; ठाढा - भा०। उमदाहु – उमदात - को०; उमराउ - शि०; उदमात, 'दमा' पंर क्रम विपर्यय का चिह्न - पा०; उमदाह - मो०मि०नी०ह०; उमदांहु - गा०स०; उमदाइ - मु०। उत – वत - उ०न०वे०गा०स०; जुत - भा०; अति - नी०। जल – लल - न०वे०गा०स०। न – नु - वा०। वुझै – वुझे - को०मो०; वुझ - मि०। वडवागि – वडवाग - गा०स०; वा आगि - भा०। जाही – ताही - शि०; वाही - स०। सौ – सौं - को०स०मि०मु०; सो - पा०; सों - मो०वे०गा०नी०ह०। लाग्यौ – लाग्यो - को०पा०वे०; लग्यौ - वा०स०भा०; लग्यो - मो०; लागौ - मि०मु०। हियौ – हियो - को०पा०मो०भा०नी०; हीयौ - शि०गा०मु०; हीयो - वे०। ताही – ताहि - उ०को०शि०वा०पा०मो०न०वे०। के – कै - उ०वे०गा०स०; की - वा०। हिय – उर - को०नी०; ही मै - वा०; गर - मो०। लागि – लाग - वे०स०।** [३८३]

कृष्ण० : यह नायक को आलिंगन करति है, सु सषी प्रगट करति है, नाइका सो –

अंग मरोरि भुजा भरि भेटति मोसो कहा इठलाति है ठाली। पानी की आगि सिराइ जु पानी सो रीति अली कवते यह चाली। चाह उतै उमदाह भली विधि ठाढे है देषि वहै वनमाली। जाही सो तेरो लग्यो हिय कौ हितु ताके हिये किनि लागति आली [कृष्ण० ३८३] [263]

हरि० : नायक को देषि नायिका चेष्टा करै है, तहां सषी वचन, वे ठाढे, वे नायक ठाढे हैं, उत उनकी ओर उमदाहु, उन्मत्त की सी चेष्ता करौ, कोई उमदाहु को अर्थ तेरी उमेद ते ठाढे कहत हैं, हमारे गले सों क्यों लपटाति है, जल सों वडवागि, समुद्र की आगि, नहीं वुझति है, जा नायक सों तेरो हियो, मन, लाग्यौ है किंवा जाके ही सों, हृदय सों तेरो हृदय लाग्यौ आगे जिन तोहि छाती सों लगाई है ताही के हिय सों लागौ, अर्थांतरन्यास कर्‌यौ, कह्यौ अर्थ जहां पोषिए औरि अर्थ सों मीत। सो अर्थांतरन्यास है वुधजन करत प्रतीत॥

— ⋆ —

डीठ परोसिनि ईठ ह्वै। कहै जु गहै सयानु। सवै संदेसे कहि कह्यौ। मुसकाहट मै मानु [३८४] [264]

[265] دیتھ پروسن ایتھ ہوي کہي جو کہین سیان • سبي سنديسي کہ کہيو مسکاہت مین مان

[ظا• ٣٨٤]

अन० : सषी की उक्ति सषी सो, परोसिनि की कहनावति है, अरु ईठ तुल्य करि कहै है, अरु सयान जो नायक सो सवें वात गहत है, तव चतुर परोसिनि को मंद हास्य ने मुसकाहट जो मुसकानि ता करि संदेस की तरह सो मानु नायक को जानिए कहि दियो है, सषी सषी सो कहति है, सूक्ष्म अलंकार।

नर० : सषी को वचन सषी सौ, हे सषी, आज श्रीभगवानजू ढीठ परोसनु सो मित्रता ह्वैकै कह्यौ कि याकौ कही कै सयानता गहै, सो परोसिन सवही संदेसौ कहिकै जो मुसकाहट करी तामै मानु करनो वताइ

---

263 भा०मि०मु० प्रतियों में उदाहरण छंद **र०प्रि० ५-१० है** –

मेरो मुह चूमै तेरी पूजी साध चूमिवे की चाटे ओस असु क्यो सिराति प्यास डाढे है। छोटे कर मेरे कहा छ्ववावती छवीली छाती छ्ववावो जाके छ्ववाइवे को अभिलाष वाढे है। षेलन जौ आई है तौ षेलौ जैसे षेलियतु कैसौराइ की सौ तै ए कौन षेल काढे है। फूलि फूलि भेंटति है मोहि कहा मेरी भटू भेटे किनि जाई जे वे भेंटिवे को ठाढे है [भा० ३८३]

264 डीठ – दीठ - शि०वे०गा०स०; डीठि - मो०; ?ईठि - न०; ढीठि - मु०नी०; दीठि - ह०। परोसिनि – परोसनि - उ०को०शि०मो०मु०; परौसिनि - वा०; परोसनु - न०; परोसन - वे०गा०स०; परौसिन - नी०। ईठ – इठ - वा०; इंठ - मो०; ईठि - नी०। कहै – कहे - उ०पा०मु०नी०; कहैं - मो०। गहै – गहे - को०पा०न०; गहैं - मो०। सयानु – समान - को०; सयान - शि०भा०; सयांन - वा०वे०स०ह०; सयांनु - न०गा०मु०। सवै – सवें - शि०वा०; सवैं - मो०; सवे - वे०मु०। संदेसे – संदेसै - उ०; संदेसें - शि०मो०; संदेशै - वा०; सदेशे - पा०; संदेसो - वे०स०; सदेशे - भा०; सदेसे - नी०। कह्यौ – कह्यो - उ०को०पा०वे०; गह्यौ - ह०। मुसकाहट – मुसुकाहट - पा०भा०; मुसकाहटु - न०; मुसिकाहटु - मु०; मुसक्योहट - नी०; मुसुक्याहटि - ह०। मै – मैं - उ०को०न०; मे - पा०गा०; मैं - मो०ह०। मानु – मांनु - उ०न०वे०; मांन - को०शि०वा०स०मु०; मान - भा०ह०। दोहा लुप्त - मि०। [३८४]

265 من - مہان - ظا•

दियो है –

दीठ परोसन ईठ ह्वै आइ वसीठ करै अति आदर भारी। वाहि घरै घर योही कहै गहिकै जु सयान लगाइकै सारी। पीतम नै जे संदेस कहे है सवै कहिये जु करी मनुहारी। फेर कह्यो मुसकाहट मै अव मानौ तिया मन मै इह धारी [नर० ३८४]

कृष्ण० : परकीया परोसिनि सषी को वचन सषी सो –

जाहि परोसिन के दुष पी सौ झुषी ललना रिस जी मै दिढाई। सोइ परोसिनि ढीठ इहा लगि ईठ ह्वै याहि मनावन आई। पीतम के जु संदेसे हुते वे कहे सिगरे करिकै चतुराई। एते पै मान कह्यो मुसकाइ यहै कहि प्यारी षरी कै रुसाई [कृष्ण० ३८४]

हरि० : सषी सों सषी वचन नायक को सुनावै है, परोसिनि सों कहति है, दीठि परोसिनि ईठ ह्वै नायक को दीठि कहिए देषिकै परोसिनि की ईठ कहिए मित्र होयकै परोसिनि सों कहति है, गहै सयान, सुज्ञान जो है नायक सो या वात कौ गह, ग्रहन करौ, नायिका हमसों कहति है, परोसिनि के छल करि सवै संदेसा कहिकै कह्यौ, मुसक्याहटि मै की मुसक्याहटि तामे मान कर्‌यौ, जतायो, ज्यों पूछै संदेसो कहा कह्यौ सवै यह संदेसो कहिकै नायक सो कहिहौ, वह नायिका जासौं आसक्त भए है, सो तुमारी सवय है, वय कहिए उमिरि, सो तुमारी वाकी एक ध्वनि में रूप गुन है नहीं, हम थोरे दिन की तुमारे छल नहीं जानति हैं, हम संदेसे नायक नजीक सुनै है, किंवा कवहूं नायक या परोसिनि सों मुसक्यायो थो सो देषि नायिका ने मान कियो, तव नायक ने वाही परोसिनि को मनाइवे को पठाई, नायिका को मान किए दीठि, देषिकै, ईठ होयकै सयान चतुराई गहे कहै है, नायक के सव संदेसा कहिकै कह्यौ, मुसिक्याहटि मै मान, नायक हमसो मुस्कयायो थो, तामे तूं मान कियो, मुसिक्याहटि सों मान ऐसो चाहिए, तहां ऐसी भी वोलनि है, ष्याल सों राजी भयो, ष्याल में राजी भयो, कहूं को ढीठ परोसिनि यह भी पाठ है, नायिका वचन दूती सों, ढीठ जो है नायक सो परोसिनि को इष्ट होयकै परोसिनि सों आसक्त होयकै जो संदेसो सयान गहै चतुराई लिए कह्यौ है सो संदेसो सव तू कहौ, तव दूती कहति है, मुसुक्याहटि मै मान, मैं तो परोसिनि सों मुसुक्यायो थो, तामें इन मान कियो, किंवा नायक ने परोसिनि सों मैत्री वांधि परोसिनि सों कहै है, नायिका को सुनायो, सो हकीकति नायिका सषी सों कहति है, ढीठ जो नायक सो परोसिनि को ईठ होयकै हे परोसिनि हमारे सवै संदेसे नायिका सों तू कहि यह कह्यो, संदेसो काढनो या अर्थ में संदेसा, तूं हमें सयान गद्यौ, याको अर्थ तूं हमै काहू पास सोवत पायो जो मान करै है, फिरि कह्यौ मुसक्याहटि में हांसी में तूं मान कियो, परोसिनि सों कहति है, मुसक्यानि चेष्टा सों नायक सों मान जतावै है, सूक्ष्मालंकार, सूछम जो आसै लषै तासों सैन निभाव।

—★—

पतवारी माला पकरि। और न कछू उपाउ। तरि संसार पयोधि कौ। हरि

नावै करि नाउ [३८५] [266]

پتواري مال پکر اور نہ کچھو اوپاو ۰ تر سنسار پیودہ مین ہر ناوي کر ناو [ظا۰ ٣٨٥]

अन० : वचन अनुभाव ते सांतरस व्यंगि, गुरु को वचन करुणा ते मुमुक्ष प्रति माला पतिवारी जे है ले, सांता को पकरि हरि नामे नाव करि संसार पयोधि तरि, रूपकालंकार।

नर० : भक्तजन कवि विहारीदासु कहत है, हे नर, जो तूं संसार रूपी समुद्र को तरन चाहै तो माला रूपी वादवान चंपौ पकरि अरु हरि नाव के रूपी नाव करि, सो क्योंकि या विगर और कोऊ उपाव नाही है –

> **माल गहै क्युं न हे पतवारी धरो निरधारि हियै मे विचारी। और कछ्छ न उपाय सुन्यो हम डारै न क्यों पकरी वनवारी। रैनि दिवा छिन धाप न छाडत ऐसी कुटेव कहा उर धारी। या भवसागर क्यों न तिरै हरि नावै वडी कर नाव अनारी** [नर० ३८५]

कृष्ण० : शांतरस, भक्त कौ वचन मन सौ –

> **जहां काम क्रोध मद दारुन तिमिंगिल है सूझत न क्यौहू पार परिवे को दाउ रे। सोच भरो सलिल लहरि तामै लोभनु की तृष्ना विकराल भारी भौरनु को भाउ रे। कृष्ण कहै पर्‌यो तू विकट भवसागर मै अव कछ्छ और न विचार चित लाउ रे। मेरो कह्यो मानि याहि सुषही तरैगो अव माला पतवारी हरिनाम करि नाउ रे** [**कृष्ण० ३८५**]

हरि० : नाव को रसी लगाय लकरी में वहुत लोग षींचै हैं, ताको नाम पतवारी, माला सो पतवारी है, ताको तूं पकरि किंवा पकरि पावौ कौ अर्थ औरि कछ्छ उपाय नहीं, संसार पयोधि को सरो हरि नांव को नाव करिकै, तीर में पतवारी लागत हैं, तहां पार उतरनो होत है तहां पतवारी नहीं लागै याते जानिए है, कवि ने पतवारी देषी नहीं, रूपक।

— ★ —

छिनकु चलति ठठुकति छिनकु। भुज प्रीतम गल डारि। चढी अटा देषति

266 पतवारी – पतवारि - वा०; पतिवारी - मो०। पकरि – पकर - वे०स०; करत, 'पकर' हाशिए पर - गा०। और – ओर - मो०वे०; उंर - मु०; औरि - ह०। न – न, हाशिए पर - उ०; (लुप्त) - को०; कछ्छु - वे०; कछ्छू - गा०स०। कछ्छू – कछ्छु - उ०शि०वा०मो०; कछ्छु, 'न' ऊपर रिक्त स्थान में - को०; न - वे०गा०स०; कक्षू - भा०। उपाउ – उपाय - को०शि०वा०भा०ह०; उपाव - मो०वे०गा०स०मि०; उपाइ - न०; ऊपाव - मु०; उपाऊ? - नी०। तरि – तिरि - वा०; तिर - वे०; तर - स०मु०; तरु - भा०। पयोधि – पयौधि - उ०; पयोध - वे०गा०मु०; समुद्र - भा०। कौ – कों - शि०मो०गा०स०; कै - वा०; को - पा०; कौं - न०मि०; कुं - वे०; कूं - ह०। हरि – हर - वे०। नावै – नांवे - उ०शि०; नामै - को०भा०; नांवें - वा०; नामे - मो०; नावैं - न०; नांवै - स०; नाव - मि०; नामें - ह०। करि – कर - वे०स०। नाउ – नाय - को०शि०; नाव - वा०मो०वे०गा०स०मि०मु०ह०; नाइ - न०; नाऊ - नी०। [३८५]

घटा। वीजुछटा सी नारि [३८६] [267]

چھنک چلت تھتوکت چھنک بہج پریتم کل دار • چدہي اتا دیکہت کہتا بیج چھتا سي نار [ظا • ٣٨٦]

अन० : वर्षा वर्नन, संजोग शृंगार, सषी को वचन सषी प्रति, स्वाधीन भर्तृका को सुष वरन्यो है, उपमा वृत्यानुप्रास लाटानुप्रास की संसृष्टि।

नर० : हेला हाव सषी को वैन सषी सो, हे सषी, राधिका वीजुरी छटा सार सी आपने पीतम के गलै भुजा डारिकै अटानि पर चढिकै छिनकु तौ चालति है अरु छिनकु मै षरी रहति है सो ऐसी परै घटा को देषतु है –

> **कै झमकार चलै छिन मै सुनि और छिनैक रहै ठठकी सी। पीतम के गल डारि भुजा अपनी भली भांतिन कै लटकी सी। देषति है चढि ऊंची अटा घन की जु घटा गज की घटकी सी। वीजछटा सी मनोहर नार वडे कच भार छवी छटकी सी** [नर० ३८६]

कृष्ण० : स्वाधीनपतिका, संयोग सिंगार, सषी को वचन सषी सो –

> **मेलि भुजा मनमोहन कंठ चलै ठुमकै उमगै सुष भारी। ता छवि पै कविकृष्ण कहै घनदामिनि कोरि करै वलिहारी। कुंदन से तन वानिक सौ वनी सारी सुरंग लसै लहकारी। कारी छटा छवि सौ अवलोकति सावन सांझ अटा चढी प्यारी** [नी० ३८६] [268]

हरि० : सषी सों सषी, छिनक चलति है, एक छन ठठकि रहति है, भुज प्रीतम के गरै मै डारिकै अटारी पर चढी घटा देषति है, वीजुरी की छटा चाक चक्य सी जो नारि है, किंवा औरि की हकीकति कहि सषी मान छोडावति है, उपमा धर्मलुप्ता।

— ★ —

[267] छिनकु – छिनिकु - को०; छनकु - पा०; छिनुक - मो०; छिनक - वे०स०मु०ह०; छुनकु - नी०। चलति – चलत - शि०पा०वे०स०मि०; चपलति - मो०। ठठुकति – ठढकि, 'त' बाद में भिन्न क़लम से - उ०; ठुठुतक - शि०; ठठुकत - पा०मि०; ठढुकति - न०; ठठकत - वे०स०; वढकति - गा०; ठढूकति - मु०; ठटकति - ह०। छिनकु – छिनक - को०शि०वा०वे०स०मु०ह०; छनकु - पा०; छिनुक - मो०। प्रीतम – पीतम - पा०मो०मु०नी०। गल – गर - शि०पा०न०वे०गा०स०; डार, मूल में, 'ड' पर 'उ' संशोधन - मि०; गलि - मु०। डारि – डार, 'र' में इकार बाद में - गा०; डार - स०। चढी – चली - को०; चडी - भा०। देषति – देषत, 'त' में इकार बाद में - उ०; देषत - को०शि०न०वे०स०मि०; देषन, 'न' में इकार बाद में - मु०। वीजुछटा सी – विजुछटा सी - उ०को०शि०वा०; विज्जुछटा सी - पा०न०भा०; वीजछटा सी - मो०वे०गा०स०मि०मु०; विज्जुछुटा सी - नी०। नारि – नार - स०। [३८६]

[268] भा० मि० प्रतियों में इतर उदाहरण मिलते हैं –

सावन को द्यौस मनभावन के संग प्यारी अटा पर ठाढी भई घटा अधियारी मै। दामिनि के धोषे चकचौधे द्रग कवि नाथ छविन सौ मुरि दुरे पिय अंकवारी मै। कोरि रति वारौ ऐसी राधाजू के रूप पर रंभा रंक हा संक सची को निहारी मै। पगि रही रस जगि रही जोतिजालन मै नेह भीजी देह भीजी सेत सारी मै [भा० ३८६]

राति दिना छकि याही के धाम पग्यो रस मै रहतौ सुषदाई। पास परौसि सवै कहती इह वीसविसे तिय है टुनहाई। तू जवतै गुन रूप की रासि सुसील सुहागिल गौनेही आई। प्रानपती अपनै वस केते भली करी सौति की छोत वहाई [मि० ३८६]

धनि यह द्वैज जहां लष्यौ। तज्यौ दृगनु दुषदंदु। तुम भागन पूरव उयौ। अहो अपूरव चंदु [३८७] [269]

دہن یہ دویج جہان لکہیو تجیو درکن دوکہ دند ۰ تو بہاکن[270] پورب اویو اہو اپورب چند [ظا ۰ ٣٨٧]

अन० : षंडिता परकीया की उक्ति सषी प्रति, द्वैज चंद्र दरसन समय नायक के नषछत देषिकै, शव्दविरोधाभास अलंकार।

नर० : मध्याधीरा, सषी कौ वचन नाइका सो, हे राधे, तू धन्य है, कि ऐसो चंद्रमा द्वैज के दिन जहां देष्यौ हुतौ और नेत्रां को दुषदुंद तज्यो हुतौ सो अव तेरेही भाग करिकै कोऊ यौ अपूरव सौ चंद्रमा पूरव कौ उग्यो है –

> **द्वैज इहै धन जासु लग्यो जिह सुंदर सुभ्र अकास वसै है। याके निहारतही द्रिग को दुषदुंद घट्यो रु चकोर हसै है। और सुनो अधिकाइ महा जग मै तमतोम असेष नसै है। भागन पूरव तेरे उयो है अपूरव चंद निहार लसै है** [नर० ३८७]

कृष्ण० : चंद्रोदय, सषी को वचन नाइका सो, प्रयोजन नाइका को दिषाइवो –

> **सकल कलानि परिपूरन पियूषनिधि सोहै अकलंक सव सुषनि कौ कंद है। जाहि देषि वारिजवदन और तियन को सकुच उदित होत सोभा को अमंद है। धनि यह द्वैज जहा नीकै कै निरषि पायो देषतही द्रगनु को गयो दुषदंद है। पूरव की ओर तुव पूरव सुकृतु फलु निरषि अपूरव उदित भयो चंद है** [कृष्ण० ३८७]

हरि० : सषी को वचन नायिका सो, धन्य यह द्वैज है, जहां द्वैज में लष्यौ नायक को, दृगन में दुषदंद, दुषदंद वोली है, दुष छोड्यौ किंवा दुष को जोडा द्वंद नाम जोडा को अकुलानिऔ वरनि, तो भागनि तेरे भाग सौं पूरव ओर ऊग्यौ द्वैज के दिन अपूर्व चंद्रमा, नायक जानिए प्रस्तुत अंकुर तासों प्रस्तुत नायक को जतायो, प्रस्तुतांकुर अलंकार, प्रस्तुत अंकुर प्रस्तुतही सो प्रस्तुत देय जताय।

— ★ —

269 **धनि** – धन - को०गा०मि०। **द्वैज** – द्वेज - उ०वा०। **जहां** – लष्यौ - को०न०; लष्यो - वे०; लिष्यौ - गा०स०; जहा - भा०मि०नी०। **लष्यौ** – जहां - को०न०वे०; लष्यो - मो०; जहां - गा०स०; लषो - भा०। **तज्यौ** – तेज्यौं - उ०; तज्यो - मो०वे०गा०; तजो - भा०; तजौ - मि०; तज्यौं - नी०। **दृगनु** – दृगनि - को०मो०ह०; द्रिगनि - वा०; द्रिगनु - न०; दृगन - स०मि०; द्रगनु - भा०; द्रगनि - मु०नी०। **दुषदंदु** – दुषदंद - वा०वे०भा०मु०ह०; दुषुदंदु - न०; दुषदुंद - स०; दुषददु - नी०। **तुम** – तो - भा०मि०नी०ह०; उदै - मु०। **भागन** – भागनु - उ०वा०; भागनि - मो०ह०; भाग - मु०; भागिनि - नी०। **उयौ** – उयो - को०मो०स०मि०; अयौ - वा०; उयो - भा०; उऔ - मु०; ऊयौ - नी०; उग्यौ - ह०। **अहो** – अहौ - उ०; ऽहो - वा०; अहै - न०; अहे - वे०गा०स०मि०नी०। **अपूरव** – ऽपूरव - वा०। **चंदु** – चंद - उ०को०वा०वे०स०भा०नी०ह०। दोहा लुप्त - शि०पा०। [३८७]

270 بہاکن - بہاکي - ظا ۰

लरिका लेवे के मिसनु । लंगर मो ढिग आइ। गयो अचानक आंगुरी। छाती छैल छुवाइ [३८८] [271]

لرکا ليي کے مسن لنکر مو دہک اي ٠ کيو اچانک انکوري چہاتي چہيل چہواي [ظا٠ [٣٨٨

अन० : नायिका की उक्ति अंतर्वर्तनी सषी सो, वचन अनुभाव ते हर्ष संचारी, पूर्वानुराग व्यंगि, पर्यायोकि अलंकार।

नर० : नायिका कौ वैन सषी सौ, हे सषी, लंगर लरिका लेन कै मिस मेरे पास आनिकै अचानकही मेरी छाती सों आंगुरी छुवाइकै छैल चालतु रह्यो –

> **हे सजनी लरका कहि लैन कौ कै मिस आय हसाय दयो है। लंगर मो ढिग आइ रह्यो चुपचाप सो चेरन भांति भयो है। केतो अपूरव आदर कै मनुहार करी अरु सोह लयो है। छैल अचानक आंगुरी आपनी ऐसेही छाती छुवाइ गयो है** [नर० ३८८]

कृष्ण० : यह नाइकु धृष्ट है, नाइक की करतूति नाइका सषी सो कहति है –

> **गोरस के मिस रोकि रहै वन गैल न छाडतु छैल चवाई। भौन भरे मै कहा कहौ जैसी करी जसुदा के लला लगराई। मो ढिग आइ हरेईहरे कछु कीनी सनेह सनी चतुराई। छोहरा लैवे के ऊठम आनि अचानक आंगुरी छाती छुवाई** [कृष्ण० ३८८]

हरि० : परकीया की उक्ति प्रिय सषी सों, काहू के लरिका या नायिका षेलावै है, लरिका लेवे के मिस, वहाना, करिकै लंगर नागर प्रवीन जो वह नायक सो मो ढिग में मेरे नजीक आयकै अंगुरी अचानक छाती सों छुवायकै छैल गयो, छल करि छुवायो, पर्जाजोक्ति मिस करि कारज साधिए जो है चितहि सोहाय।

— ⋆ —

ढीठ्यौ दै वोलति हसति। पोढ विलास अपोढ। त्यौं त्यौं चलत न पिय नयन। छकए छकी नवोढ [३८९] [272]

---

[271] लरिका – लरका - को०न०वे०गा०स०मु०। लेवे – लेवै - न०वे०स०; लैवे - भा०मि०। के – कैं - उ०; कै - वा०न०। मिसनु – मिसन - वे०स०; मिसहि - भा०। लंगर – लंगरें - को०; लंगरु - भा०। ढिग – ढिगु - न०। आइ – आय - को०ह०। गयो – गयौ - वा०न०गा०मि०। अचानक – अचांनक - उ०को०वा०न०वे०गा०स०ह०। आंगुरी – आगुरी - पा०मि०; अंगुरी - वे०स०मु०; आगुरिन - नी०। छाती – छतिया - वा०; छातै - वे०। छैल – छैलु - उ०; छेंल - मो०। छुवाइ – छुवाय - को०स०ह०; छुवाई - मो०। [३८८]

[272] ढीठ्यौ – दीठ्यौ - को०; ढीठ्यो - वे०स०; ढीठौ - भा०नी०। दै – दे - न०वे०गा०स०। वोलति – वोलत, 'त' में इकार बाद में - उ०; वोलत - मो०वे०गा०स०। हसति – हसत - मो०वे०स०; हसत, 'त' में इकार बाद में - गा०; हंसति - ह०। पोढ – पौढ - उ०मो०; प्रौढ - शि०पा०वे०गा०स०; प्रोढि - न०; प्रौड - भा०; प्रोढ - नी०ह०। अपोढ – अप्रौढ - शि०पा०; अप्रोढि - न०; अपोढि - वे०गा०स०; अप्रोढ - भा०नी०। त्यौं त्यौं – त्यो त्यो - पा०; त्यों त्यों - मो०वे०स०; त्यौ त्यौ - भा०। चलत – चढत - उ०; चालत - वे०स०। न – (लुप्त) - को०वे०नी०। पिय – पीय - शि०। छकए – छकये - को०पा०नी०; छकयै - मो०; छकएं - ह०। छकी – छाक - न०वे०गा०स०। नवोढ – नवोढि - न०वे०गा०। दोहा लुप्त - मि०मु०। [३८९]

ديتهون دي بولت ہست پوده بلاس اپوده • تيون تيون چلت نہ پيہ نين چہکي چہکي نوده [ظا• ٣٨٩]

अन० : उक्ति सषी की सषी सो, नायका मुग्धा की मद्यपान चेष्टा, नायक के हर्ष संचारी, स्वभावोक्ति अलंकार।

नर० : सषी को वैन सषी सो, हे सषी, ज्यों ज्यों प्रौढा नायिका अप्रौढा के विलास ढीठ्यो दै वोलि हंसिकै करति है सो त्यों त्यों नायक के नेत्रन नवोढा की छाक करिकै छकै है, सो चलाइमानु होत नाही हैं –

> **ढीठ्यो दे वोलती और हसै विलसै अपने जिय प्रीति भई है। प्रौढ विलास करै पै अप्रौढ है जानति नांहि न रीति नई है। त्यों त्यों चलै नहिं पीतम नैन रहे थकिकै जानो थाकि दई है। नारि नवोढ की वात सुनो जु छके उन आपतै छाकि लई है** [नर० ३८९]

कृष्ण० : मदपान समय, सषी को वचन सषी सो –

> **आजु वारुनी की वार नीकी मै विलोकी वह सोभा मेरे नैनन मे अवलौ वसति है। ज्यो ज्यो वह ढीठ्यो दै दै वोलति सरस वैन नागरि नवेली हेरि हेरिकै हसति है। कहै कविकृष्ण उर लागिवे को ललकति प्रौढा के से सकल विलास विलसति है। त्यों त्यों छाकी तिय नैन छकाए ऐसे पी के नैन पलकनहू की गति भूली दरसति है** [कृष्ण० ३८९]

हरि० : सषी सों सषी कहति है, ढिठाई दैकै, ढिठाई करिकै वोलति है, हसति है, प्रौढा को सो तो विलास करै है, नायिका अप्रौढ है, त्यौं त्यौं तैसे तैसे पिय के नैन नहीं चलत हैं, वाकी चेष्टा सों वंधे हैं, तहां कारन कहत हैं, मादक वस्तु षिआयकै छकाई है, तासों छकी है, मग्न भई है, नवोढा नवविवाहिता, नायक को हर्ष संचारी, स्वभावोक्ति अलंकार, जाको जैसो रूप गुन वरनत ताही रीति। स्वभावोक्ति तासों सुकवि भाषत हैं करि प्रीति॥

— ⋆ —

रनित भृंग घंटावली। झरत दान मधुनीर। मंद मंद आवत चल्यौ। कुंजर कुंज समीर [३९०] [273]

رنت بہرنک کہنتاولي جہرت دان مدہو نير • مند مند آوت چليو كونجر كونج سمير [ظا• ٣٩٠]

[273] रनित – रनत - को०वे०स०; रनन - गा०। भृंग – भ्रंग - को०पा०मि०नी०। घंटावली – घंटावनि - शि०; घंरावली - नी०। झरत – झरित - उ०; झरतु - गा०नी०। दान – दांन - वा०वे०गा०स०; दांनु - न०नी०। मधुनीर – धुनीर, 'म' ऊपर भिन्न क़लम से - उ०; मधुनीरु - नी०। मंद मंद – मंत मंत - शि०; मंदु मंदु - मो०। आवत – आवतु - न०गा०भा०नी०। चल्यौ – चल्यो - को०पा०मो०वे०; चलो - भा०। कुंजर – कुंजरु - उ०; कौजर - वा०; कुंज - भा०। कुंज – २ - वा०। समीर – समीरु - उ०नी०। दोहा लुप्त - मु०। [३९०]

अन० : सषी की उक्ति है, संकेत सूचित करति है, वसंत ऋतु को वायु वर्णन त्रिविधि, रूपक अलंकार।

नर० : वसंत पवन, जो भृंग वोलत है, सो तौ घंटावलि रनति है, और मधुनीर है सो दान झरतु है, और हौलै चाल चालतु है, सो यौ कुंज कै विषै पवन रूप हाथी आवतु है –

गुंजत भृंग घंटावलि वाजत मत्त महावल सौ अति राजै। दान वहै मधुनीर झरै संग या विधि की सुभ साजनि साजै। मंदही मंद चल्यो पुनि आवत याके लगै गढ भूररु भाजै। देषि सषी इहि रीति सदा गति कुंजर कुंज समीर समाजै [नर० ३९०]

कृष्ण० : प्रात वायु वरनन कवि की उक्ति –

घंटनि के सवद अषंड तेई सुनियतु गुंजत अनंद भरो अलिन को वृंद है। सुमन समूहनि की धूरि सो धुरूटे गात मदजल उमगि झरत मकरंद है। रंग रंग फूलनि की झूलनि झपाए तनु जगत विदित याको विक्रम अमंद है। मानतरु तोरिवे को आवत गुमान भरो मंद गति पवन मनोज को गयंद है [कृष्ण० ३९०]

हरि० : कवि वचन, रनत भृंग, शव्द करत जे हैं भृंग, भौंरा, सो घंटावली है, घंटा हाथी को होत है, ताकी अवली पंक्ति है, दान मद सो नीर झरत है, सो मधु है, सो फूल को रस है, मंद मंद चल्यो आवत है समीर सो कुंजर, हाथी है कुंज मैं, पौन सो हाथी सो रूपक।

— ⋆ —

रही रुकी क्यौंहूं सु चलि। आधिक राति पधारि। हरति ताप सव द्यौस कौ। उर लगि यारि वयारि [३९१] [274]

رہي روکي کيونہون سو چل ادہک رات پدہار • ہرت تاپ سب ديوس کو اور لک يار بيار[275] [ظا• ۳۹۱]

अन० : कवि की उक्ति, पावस वर्नन, रूपक अलंकार।

---

274 रुकी – सकी - मु०। क्यौंहूं – क्यौहौ - वा०; केहू - पा०; क्योहू - मो०; क्यौंहू - न०; क्योहुं - वे०; क्योंहूं - स०; क्यौहू - भा०; क्यौंहों - मि०; क्यौंहुं - नी०; केंहूं - ह०। सु – सुं - शि०वा०पा०; (लुप्त) - वे०; सि - मि०। चलि – चिलि - उ०; चलत - वे०; चल - स०। आधिक – अधिक - गा०। राति – रात - वे०। पधारि – पधार, 'र' में इकार बाद में - गा०; पधार - स०। हरति – हरत - शि०पा०मो०भा०; हरित - मु०। ताप – तापु - उ०न०। द्यौस – द्यौंस - शि०; द्योस - पा०; घोस - मो०; द्योंस - वे०स०। कौ – कौं - शि०वे०गा०; को - पा०मो०ह०; के - भा०; कै - नी०। उर – उरु - न०गा०; प्याउ - नी०। लगि – लगी - गा०। यारि – आरि - पा०; यार - न०स०मि०; आर - मु०; रिहि - नी०। वयारि – वयार - स०मु०; वियारि - नी०। दोहा लुप्त - को०। [३९१]

275 بيار - بہار - ظا•

नर० : प्रश्नोत्तर, राजा जैसाहजू ने पूछ्यो कि आधिक रात के आवन के समै जो चली हुती सो रुकी सी क्यो ह्वै रही, तव विहारीदास उत्तर दियो कि आपनौ वयार रूपी यारि, तिनके उर सौ लागिकै सव दिन को ताप दूरि करत है –

केतिय वेर रही रुकिकै अरु क्योंहू चली मन रंगरली है। आधिक राति पधारि भली विधि फूल सुगंध सु देह मली है। ताप हर्‌यो सगरे दिन को अति फूल रही तिय कंज कली है। आपनी जीय की भावती चार लगी उर यारि वयारि भली है [नर० ३९१]

कृष्ण० : वायु वर्नन कवि की उक्ति –

ऐसी रही रुकि क्योहू आवन न पाई जाके विन मिलै प्राननु की गति अकुलाति है। लोचन चकित जाको आगामु विलोकिवे को चहु ओर चितवत छाती होति ताति है। क्यौहू क्यौहू चलि कै कै अचानकही आधी राति आइ गई प्यारी जैसे वयारि आइ जाति है [कृष्ण० ३९१]

हरि० : कवि वचन, वयारि सों, सो उर, छाती, सों लागिकै संपूर्न दिन के ताप, दुष, ताको हरति है, इयारि है, केंहूं, कोई तरह सों दिन में रोकी रही नायिका गुरजन के डर सों आधी राति कै पौन चली नायिका आधी राति कै पधारी, रूपक अलंकार, किंवा नायक कहत है, तूं ताप को हरति उपरी सषी घर वाहिर सुनति है, वह पूछति है, तुमारी इयादि है, नायक छपावै है, नहीं वयारि, पधारि को अर्थ आई, चलि आई, और वही अर्थ, छेकापन्हुति, छेकापान्हुति जुक्ति करि पर सों वात दुराय।

— ⋆ —

चुवत स्वेद मकरंद कन। तरु तरु तर विरमाइ। आवतु दच्छिन तै चल्यौ। थक्यौ वटोही वाइ [३९२] [276]

چوت سوید مکرند کن تر تر تر برماي ۰ اوت دچهن تین چلیو تهکو بتوہي باي [ظا۰ ۳۹۲]

अन० : वसंत रितु वर्णन, त्रिविधि पौन रूपक अलंकार।

नर० : वसंत पवन सोभा, मकरंद के कन है, सो तौ पर स्वेद चुवत है, अरु वृक्ष वृक्ष के तरै विलंवतु है, सो जानौ पवन रूपी वटोही थाको थको दक्षिन दिसि ते चल्यो आवतु है –

---

276 चुवत – चुवतु - उ०; चौवत - वा०; चुवति - गा०। स्वेद – स्वेदु - उ०; स्वेत - वे०। तरु तरु – तर तर - को०; तरु - नी०। तर – तरि - न०; तरु - मि०। विरमाइ – विरमाय - को०न०गा०स०ह०; विरमाई - मो०; चिरमाय - वे०। आवतु – आवत - को०शि०वा०पा०वे०स०भा०मि०ह०। दच्छिन – दक्षण - को०; दक्षिन - पा०; दछ्छन - मो०; दछिन - न०मि०मु०नी०ह०; दच्छन - वे०; दक्षन - भा०। (लुप्त) - को०पा०न०वे०गा०स०भा०मु०नी०; देस - उ०शि०मो०ह०; देश - वा०। तै चल्यौ – तैं - उ०; तिं चल्यो - को०को०; तें - शि०वा०मो०ह०; ते चल्यो - पा०; तैं चल्यौ - स०; तै चलो - भा०; ते चलौ - मि०; तें चल्यौ - मु०। थक्यौ – थक्यौं - उ०नी०; थक्यो - को०पा०मो०; थको - वे०भा०; थकौ - गा०मि०। वटोही – वंटोही - वा०; वटोई - नी०। वाइ – वाय - को०वे०गा०स०ह०; वाई - नी०। [३९२]

स्वेद श्रवै मकरंदन के कन या विधि कै वन वाग विहार्‌यौ। भांति भली सव साषन कै तरु वाहन सों वरन्यो अति हार्‌यौ। आवत है दिस दच्छिन तै जु चलाक चल्यो चलतै पथ हार्‌यौ। या विधि देह थक्यो औ झक्यो कछु वृच्छ वटोही सो वायु निहार्‌यौ [नर० ३९२]

कृष्ण० : इह पौन वर्नन, कवि की उक्ति

निझरत जात जलजंत्रनि के विमल सलिल परसत ऐसे ढार सौ ढरे ढरे। कृष्ण कहै जहां तहां सीरी सीरी छांह देषि विरमि रहत तरु तरु के तरे तरे। सुमन पराग रंग पागि रह्यौ अंग अंग स्वेदकन वुंद मकरंद के धरे धरे। सुरभि समूह छाक्यो दच्छिन दिसा ते वाइ थाक्यो सो वटोही चल्यो आवतु हरे हरे [कृष्ण० ३९२]

हरि० : कवि वचन, मकरंद फूल को रस ताकी कना चुवत हैं सो स्वेद, पसीना, है, वृछ वृछ के नीचे विलंव करै है, आवत है दछिन देस तें थाक्यो वयारि सो वटोही, पथिक, रूपकालंकार।

— ★ —

लपटी पुहुप पराग पट। सनी स्वेद मकरंद। आवति नारि नवोढ लौं। सुषद वायु गति मंद [३९३] [277]

لپتي پوہپ پراک پت سني سويد مکرند ٠ اوت نار نوده لون سکہد باي کت مند [ظا٠ ٣٩٣]

अन० : वसंत रितु वर्णन, उपमालंकार।

नर० : वसंत पवन सोभा, पराग जो लपटी है, सो तौ पटु है, सनी के मकरंद है, सौ प्रस्वेद है, सो यौ सुषद पवन नवोढा स्त्री लौं मंद गति किये आवतु है –

है लपटी अति फूल पराग भले पट सों सुभ वेष वनी है। संग सुगंध मनोहर राजत स्वेद सवै मकरंद सनी है। है सुषदानि वडी रस षानि षरी अवदात सुहात घनी है। आवति है गति मंद चली किधौ नारि नवोढ वयारि भनी है [नर० ३९३]

कृष्ण० : यह पवन वर्नन, कवि की उक्ति, नायिका नवोढा करिकै वरनी –

फूलनि की रज अंवर मै नष तै सिष लौ लपटी छवि छावति। स्वेद लसै मकरंद फुही लगि नैनन सौ छतियाहि सिरावति। कृष्ण कहै वहु भांतिन कै तन सौरभ चौहू दिसा महकावति। मंद गहै गति नारि नवोढ लौ व्यारिन कुंज गली तन आवति [कृष्ण० ३९३]

---

[277] पुहुप – पट – घट - मु०। स्वेद – स्वेत - वे०स०। मकरंद – मकरंदु - मो०। आवति – आवत, 'त' में इकार बाद में - को०; आवत - शि०मो०न०वे०स०मि०। नारि – नार, 'र' में इकार बाद में - न०; नारि - वे०; नार - गा०। नवोढ – नवोढि - न०। लौं – ल्यौं - को०; लों - शि०न०वे०गा०स०ह०; लौ - पा०भा०नी०। सुषद - उ०को०शि०वा०पा०मो०न०भा०मु०नी०ह०; दुषद - वे०गा०स०। वायु – वाय, 'य' में 'इ' तथा उकार मात्राओं के संशोधन - उ०; वाइ - शि०वा०; वाई - मो०; वाय - न०वे०गा०स०ह०। गति – मति - गा०। दोहा लुप्त - मि०। [३९३]

हरि० : फूल को जो पराग, रज, सो पट है, तासों लपटी है, किंवा जुदा जुदा पुहुप पराग सों लपटी है, नायिका पट सों लपटी है, मकरंद सों सनी है, स्वेद सों सनी है, ऐसो क्रम चाहिए, नवोढा नई व्याही नारि की तरह आवै है, सुषद जो है वायु सो मंद गति सों पहुप की रज सों, पराग पुहुप पद अधिक है, पूर्नोपमा।

— ★ —

ललन सलोने अरु रहे। अति सनेह सो पागि। तनक कचाई देत दुष। सूरन लों मुह लागि [३९४] [278]

للن سلوني ار رہي ات سنیه سون پاک • تنک کچاي دت دوکہ سورن لون مہ لاک [ظا •
[٣٩٤

अन० : उक्ति सषी की नायक प्रति, विव्वोक हाव है, प्रीति तें अनादर, नायक को लाज है, भय प्रीति व्यंगि है ताही तें, श्लेष उपमा को संकर।

नर० : चिंता दसा वर्नन, नायका कौ वैन सषी सौ, हे सषी, लाल के सलोने नैन हैंही, और भी सनेह सों पागकै रहै हैं, पै अरु रहै हैं सो सूरन की परै तनकि मुह लागिकै कचाई है सो द्रुष देतु है –

> **लालन आछे सलोने भए अति या सुभ भातिन तै जु चहे है। और सुनो अधिकै रसदायक पूरे सनेह सो पागि रहे है। यों कवहूं इन वीच कचाई रही तनको दुष देह लहे है। सूरन लों मुह लाग वुरी विधि आपनी ओर ते नाम कहे है** [नर० ३९४]

कृष्ण० : इह नाइका प्रौढा है, नाइक के अंतःकरन मै कपट जानि उराहनौ प्रगट करति है, नाइका कौ वचन नाइक सौ –

> **नैक चितै चितु चोरतु हौ अनुराग मै काहू के प्रेम सचाई। रावरे प्रेम प्रवंधनु की जितही तितही सुनियै चरचाई। रूप सलोने सनेह पगे अति प्रीति के रंग मै वुद्धि रचाई। सूरन लौ मुह लागि तऊ दुष देत लला यह नेह कचाई** [कृष्ण० ३९४]

हरि० : प्रेमगर्विता की उक्ति सषी सों, लाल सलोने हैं, लावण्य भरे हैं, औ सनेह, प्रेम, सों अति पागि रहे, अति कहे सों नेत्रादि सों अंतकरन सों प्रेममय होय रहे हैं, वक्र विधि कहति है, तनक थोरी जो है कचाई व्यवहार को सो हमको दुष देति, विपरीत लच्छना करि सुष देति है जानिए, मुह लागि मुष सों मुष लगाए रहत है, हमारो वियोग एक घरी भी नहीं सह्यो जात है, सूरन, जमीकंद, पूरव में ओल कहत हैं, जाको उपमा देति है, सलोनो लोन सहित है, औ नेह ते लता सों पागि रह्यो

278 ललन – लाल - पा०मो०ह०; ललिन - मु०। सलोने – सलौने - उ०भा०; सलोंने - शि०मो०मु०; सलौनै - वा०नी०; सलौंने - न०; सलोनै - वे०; सलूने - गा०; सलौंने - मि०। अरु – अरि - पा०मि०; नैन - वे०; नैंन - स०। रहे – रहैं - शि०न०; है - वे०; हैं - स०। अति – ऽति - वा०। सो – सौ - उ०को०भा०; सौं - वा०न०मि०नी०; सों - मु०ह०। पागि – पाग - शि०वे०स०; पाग, ‘ग’ में इकार बाद में - गा०। कचाई – कचाईं - मो०। देत – देति - भा०मु०नी०। दुष – दुषु - नी०। सूरन – सुरन - को०। लों – लूं - उ०; लो - को०पा०; ल्यौं - न०; लौ - वा०भा०; लौं - मि०मु०नी०। मुह – मुष - मो०न०। लागि – लाग - शि०वे०स०। [३९४]

है, ज्यौं कचा रहै तो मुह में लागै, किंवा मुह लागि हमारे मुष सों लागि उठै है, हमारी वात नहीं सहत है, या अर्थ कहे विव्वोक हाव है, विव्वोक जु इष्ट को गर्व अनादर सोय, लाल उपमेय, सूरन उपमान, ज्यौं वाचक, मुंह लागि साधारन धर्म पूर्नोपमालंकार, इहि विधि सव समता मिले पूरन उपमा जानि, षंडिता में औरनि सों नायक को वात कहत सुनी है, औरनि सों अंतर करन की लगनि नहीं है, मुष लागिहै, मुंह सों लगै है, अंतःकरन सों प्रेम नहीं, इतनोई हमें दुष देति है, सूरन भी हृदय को नहीं लगै है मुंह को लगै है, मुष लागि शव्द छल करि कह्यौ, मुष्य षंडिता को उदाहरन नहीं।

— ★ —

न करु न डरु सव जग कहत। कत विनु काज लजात। सौहै कीजे नैन जौ। सांची सौहै षात [३९५] [279]

نہ کر نہ در سب جک کہت کت بیکاج درات ٠ سونہین کیجي نین جو سانجي سونہین کہات [ظا٠ ٣٩٥]

अन० : अधीरा षंडिता की उक्ति नायक प्रति, काव्यलिंग लोकोक्ति जमक की संसृष्टि।

नर० : षंडिता, नायका कौ वचन नायक सौ, हो कान्ह, सव संसार तौ ऐसै कहतु है कि न करै सो न डरै सो तुमही न करो तो वेकाज क्यों लजात हौ, जो सांची सौंहैं षावते हौ तौ मेरे सांमने नेत्र करो, देषौ –

जो न करै सो डरै कत कान्हर या विधि सो सवको जग जोहै। तो तुम क्यों विन काज लजात हौ टेढी किए रहे काहे को भोहै। मेरी सौ मोहन साची कहौ अहौ वात कहै कछु वा अव को है। कीजियै सोहै सलोने विलोचन जो तुम षात हौ सांचिये सोहै [नर० ३९५]

कृष्ण० : यह नाइका प्रौढा अधीरा, धीरा षंडिता नाइका को वचन नाइक सो –

मोहि तौ लागत नीके महा तुम आए प्रभात प्रभा सरसौहै। जौ करियै तो हियै डरियै विन कीने कितै डरियै उर सौहै। क्यो विन काज सकोच करौ उर काहे को कीजत नैन लजौहै। जो तुम साचियै सौह करौ पिय तौ इत क्यौ न करौ मुष सौहै [कृष्ण० ३९५]

हरि० : नायक सों नायिका वाक्य, न करै न डरै, यह वात सव जगत कहत है, तुम क्यौं वेकाज, निरर्थक लजात हौ, सांची सौंहैं षात जो तुम सत्य सपथ करत हौ तौ हमारे सौंहै, सामने, नैन को कीजिए, नैन

[279] करु – कर - को०शि०न०वे०गा०स०मु०। डरु – डर - को०शि०न०वे०गा०स०मु०। सव – (अपठ) - पा०। जग – जुग - उ०; (अपठ) - पा०; जगु - न०मि०नी०। कहत – कहतु - उ०न०मि०नी०। विनु काज – वेकाज - को०पा०मो०भा०नी०ह०; विन काज - वे०गा०स०; विन करै - मि०; विण काज - मु०। लजात – लजातु - मि०। सौहै – सौंहै - उ०मि०; सोंहै - को०शि०स०; सोंहें - मो०; सौहैं - न०मु०ह०; सोहै - वे०गा०नी०। कीजै – कीजे - उ०मो०; कीने - को०; कीज्यै - वा०। नैन – नयन - को०; नेंन - शि०मो०मु०; नै? - पा०; नैंन - न०स०ह०। जौ – ए - को०शि०मो०मि०; ज्यौ - वा०; जो - वे०स०मु०नी०; ज्यों - गा०; जे - भा०। सांची – साची - वा०पा०मो०स०भा०मि०मु०; साचो - वे०; साचौ - गा०। सौहै – सोदै - को०; सौहें - शि०; सोंहै - मो०; सौंहैं - न०; सोहै - वे०गा०स०; सौहैं - मि०; सोंहे - मु०; सौहे - नी०; सौंहै - ह०। [३९५]

में लाली जागरन की है, औ लाज डर नहीं होयगो, न करै न डरै लोकोक्ति इहां ऐतिह्य अलंकार है।

— ★ —

रहिहै चंचल प्रान ए। कहि कौन की अगोट। ललन चलन की चित धरी। कल न पलन की ओट [३९६] [280]

رہِہین چنچل پران یئي کہ کون کي اکوت • للن چلن کي چت دہري کل نہ پلن کي اوت [ظا• ٣٩٦]

अन० : गमिष्यत्पतिका नायिका की उक्ति सषी सो, कोमला वृत्ति, वृत्यानुप्रास।

नर० : प्रवसत्भर्तृका, सषी कौ वैन नायिका सो, हे राधे, तेरी तांई तो पलकन की ओट तैही कल परत नाहीं है, सो अव ललन तौ चलने की चित मे धरी है, अरु तेरे ऐसे चंचल प्रान हैं, सो कौन के आसरे रहैंगे, सो कहि –

> **क्यों रहिहै अति चंचल प्रान ये संग चलै न सहै दुष चोटै। तू कहि ह्या इन के अव को सुनै क्यो ठहरै अरु काकी अगोटै। नंदलला चलिवे की धरी चित तातै कवूतर लों इत लोटै। नाहि विनेक कछू जिय को कल जो कवहूं पल की भई ओटै** [नर० ३९६]

कृष्ण० : इह नाइका प्रौढा प्रवत्स्तभर्तृका, नाइका वचन सषी सो –

> **मैन सुष सिंधुनि मै नेह की तरंगनि मै अंग अंग पागि रहे रंग मै उमहि है। कृष्ण प्रानप्यारे ते न छिनौ भरि न्यारे भये औरही तै वस भये ऐसी वानि गहिहै। पलनु की ओट भये कल न लहति क्योंहू जैसी गति होति सौंधे आवत न कहि है। ललन विचारि चित चलन की वात अव कौन की अगोट ये चपल प्रान रहिहै** [कृष्ण० ३९६] [281]

हरि० : सषी सों नायिका वचन, ए सषी चंचल प्रान कौन के अगोट रोके सों रहैंगे तूं कहि, ललन ने चलन की वाति चित में धरी, पलक की ओट व्यवधान होत है, नायक को देषत कै तव कल नही परै अव क्यों करि कल परिहै, कौन के अगोट रहिहै, नहीं रहिहै, काकु करिकै वक्रोक्ति अलंकार, वक्रोकति स्वर श्लेष सों अर्थ फेरे ज्यौं होय, प्रोष्यत्पतिका नायिका।

— ★ —

280 **रहिहै – रहेहें - को०; रहिहैं - न०नी०; रहहै - वे०; रहीये - मु०; हरिहैं - ह०। प्रान – प्रांन - को०वा०न०गा०स०मु०नी०; मान - शि०। ए – ये - पा०मि०नी०; ही - वे०गा०स०। कहि – कहें - को०; कहौ - पा०; कहै - वे०गा०स०मु०। कौन – कौंन - को०वा०न०मि०; कोन - शि०; कोंन - मो०वे०स०; कन - मु०। की – (लुप्त) - पा०; क - मु०। अगोट – ऽगोट - शि०; अंगोट - वा०न०मु०; आगोट - पा०; उंट - वे०स०; ओट - गा०। धरी – घरी - नी०। कल न – कल नु - गा०नी०। पलन – पन - न०; पलनु - गा०नी०; पलनि - ह०। ओट – औट - वा०नी०; वोट - पा०वे०गा०; चोट - स०; योट - भा०। [३९६]**

281 भा० प्रति में यह भिन्न उदाहरण आया है –

इह माह विचारु कहा विछुरै ज्यु वियोग विथा हित कौ फलिहै। उनसौ कहि सिद्धि करै सुष सौ इहि वात इतै नहिं यो हलिहै। समुझावति काहि चले अवही किनि होतु है कौनु जुदी अलि है। कहि सोचु कहा पिय के परदेस चले जु जियौ संगही चलिहै [भा० ३९६]

जौ चाहत चटक न घटै। मैलौ होइ न मित्त। रज राजस न छुवाइए। नेह चीकने चित्त [३९७] [282]

جو چاہت چتک نہ کہٹے میلو ہوي نہ مت • رج راجس نہ چھواي تو نیہ[283] چیکني چت [ظا• ۳۹۷]

अन० : सषीजन सिच्छा दंपति सो, श्लेष रूपक को संकर।

नर० : सषी कर्म, मनाइवो, सषी को वैन नायिका सो, हे राधे, जो तुम जानौ कि या मीत सौ चटक, उघाड, छूटै नाहीं अरु मैलो ह्वै सकै नाहीं तौ वाके नेह करिकै चित जौ चीकनौ है ताकौ राजस की रजस एतावता नाम छुवैयै नाही –

> **जो तुम चाहत हौ न घटै चटकील चटक्क रहै पुनि ऐसै। मैलो न होहि कहूं कवहूं कछु मित्त करो जु कह्यो अव जैसै। राजस रै न छुवै नहीं रंचक ताते सुनो विगरै इह कैसै। नेह षरी चिकनाई भर्‌यो चित या विधि तै रंग कैसै को तैसै** [नर० ३९७]

कृष्ण० : यह प्रस्ताविक, मित्र तामै रजोगुन न लागै ते सुद्ध रहसि, मित्र कौ वचन –

> **जगत मै सवही तै महगी है प्रीति एक साच विन कोऊ ताको लेसहू न दरसै। यही है जतन कविकृष्ण याके पालिवे को मानु मति दोष जो तू आषिन्हि न दरसै। जो पै नेह चीकने हिए की एकरस राष्यो चाहत चटक ऊजराई अति सरसै। तो पै काहू भाति याहि मैलो मति करै मीत ऐसे राषि जैसे रज राजस न परसै** [कृष्ण० ३९७]

हरि० : जौ चाहत चटक, चमत्कार, नहीं घटै औ मित्र मैलो न होय, वेरानी न होय यह अर्थ, रज धूरि सोई है राजस, रजोगुन, नहीं छुवाइए, उन पर हुकुम नहीं चलाइए नेह, प्रीति, औ श्लेष मे तेल, तासों चीकनो चित्त है, पट ध्वनि मे निकरत है, पट को भी तेल दैके धोवत हैं, चीकनो रहै, श्लेषालंकार, रज सों राजस रूपक।

— ⋆ —

कोरि जतन कीजै तऊ। नागर नेह दुरै न। कहै देत चित चीकनो। नई

---

[282] जौ – जो - को०वा०पा०मो०न०वे०गा०स०मु०। चाहत – चाहतु - उ०; चाहै - भा०। घटै – घटें - शि०; घटैं - मो०। मैलौ – मैलो - को०शि०वा०वे०मु०ह०; मेलो - मो०गा०; मैले - भा०। होइ – होहि - को०नी०; हौइ - वा०; होय - मो०ह०; होह - वे०। मित्त – मित - शि०। राजस – राजसु - उ०न०; राजास - वा०। छुवाइए – छुवाइ तौ - उ०शि०वा०; छुवाईयै - को०गा०; छुवाइये - पा०; छुवाई तू - मो०; छुवाइयै - न०मु०; छुवायकै - वे०; छवाइयै - स०; छुवाउ तू - भा०; छवाइ तौ - नी०। चीकने – चीकनौ - शि०वा०न०स०; चीकनो - वे०गा०; चीकनै - नी०। चित्त – चित - को०शि०। दोहा लुप्त - मि०। [३९७]

[283] نیہ - تیہ - ظا•

रुषाई नैन [३९८] [284]

کور جتن کیجي تاو ناکر نیہ دوري نہ • کہین دیت چت چیکنو نیہ روکہاین نین [ظا •
[۳۹۸

नर० : षंडिता लक्षिता नायिका कौ वैन नायक सो, हो कान्ह, चातुर सो जो नेह लग्यो है सो जौ कोरिहिक जतन कीजै तऊ छिपै नाही, सो कैसे करिकै वासौ तो नेह करि चित चीकनौ है, अरु मोकौ नेत्रा की नई रुषाई है, सो कहै देतु है –

> **कीजियै कोरि जतन्न तऊ इह और के जीय मे वात वहै है। नागर नंदकुमार सो नेह दुरायै ते नैक कहूं न रहै है। और तो याकी भली सगरी पुनि चीकनौ चित्त असेष कहै है। आपनो जानतै ऐसी करो जन नैन नई सी रुषाई लहै है** [नर० ३९८]

कृष्ण० : इह नेत्र देषि सषी नाइका सौ कहै, लच्छिता होइ –

> **तै मनमोहन सौ मिलियै मनु मै तवही छविही लषि पाई। वूझति तोहि हिये हित मानिकै मोसो चलावति तू चतुराई। कोरि उपाइ करै किनि नागरि नेह की डीठि दुरै न दुराई। नैनन माझ रुषाई नई यह देत कहे चित की चिकनाई** [कृष्ण० ३९८]

हरि० : नायिका सषी सो नायक की प्रीति को नेत्र रूढ करै छपावै है, तहां सषी वचन, कोटि जतन करिए तौ भी हे नागरि प्रवीन, नायक विषय नेह दुरै नहीं, छपै नहीं, स्नेह सो चीकनो जो चित्त है, सो कहे देत है, नैन में नई रुषाई है, कपट सो वनाई रुषाई रूछता है, किंवा नैन कहे देत हैं, याको चित्त नायक विषै चीकनो है, स्नेह भर्‌यो है, नई रुषाई, ई कहिए यह रुषाई, रूढता नहीं है, किंवा षंडिता को वचन, कोटि जतन करिए तौ भी वह जो नागरि है, तुमै वस करिवे मै प्रवीन है, ताको नेह दुरै है नाहीं, नैननि मै नई रुषाई, हमारे आगे वनावत है, ताको तुमारो चीकनो जो चित्त है, सो कहे देत है, किंवा नैननि मै जो रुषाई है, सो चीकनो चित्त को कहे देत है, रूछ नैन चीकनो चित्त को कहै, विरुद्ध कारने कार्योत्पत्ति, विभावना अलंकार।

— ⋆ —

ललन तुम्हारे रूप की। कहौ रीति यह कौन। जासौं लागै पलक दृग। लागत पलक पलौं न [३९९] [285]

---

[284] कोरि – कौरि - वा०। कीजै – कीजे - को०; कोऊ - भा०; करिए - ह०। तऊ – करौ - भा०; तौ - मि०। नागर – नागरु - गा०; नागरि - मि०नी०ह०। नेह – नेंहु - मु०; नेहु - नी०। दुरै – दुरें - वा०; दुरैं - न०स०; दुरे - मु०। कहै – कहें - उ०शि०वा०ह०; कहे - भा०मु०नी०। देत – देतु - उ०। चित – चितु - उ०। चीकनो – चीकनौं - उ०; चीकनौ - वा०वे०गा०स०; चीकने - भा०मु०नी०। नई – नै - वा०। रुषाई – रुषाइ - उ०को०शि०वा०। नैन – नेंन - वा०वे०मु०; नैंन - स०ह०। दोहा लुप्त - पा०मो०। [३९८]

[285] ललन – लाल - पा०मो०न०गा०स०भा०मु०ह०। तुम्हारे – तुमारे - शि०मु०; तिहारे - पा०न०वे०भा०ह०; तिहारें - मो०। कहौ – कहो - को०मो०; कहै - नी०। रीति – रीत - मु०। यह – इह - शि०। कौन – कौंन - उ०को०न०स०मि०मु०ह०; कोंन - मो०वे०। जासौं – जासों - शि०मो०गा०; जासे - पा०; जाकी - न०; जासौ -

لالن تیري روپ کي کہو ریت یہ کون ۰ جاوسون لاکو یک پل لاکت پلک پلو ن
[ظا۰ ۳۹۹]

अन० : जो सषी की उक्ति नायक सो होइ तौ परकीया नायिका को विरहनिवेदन जानिए , पूर्वानुराग व्यंगि, अर्थ विरोधाभास।

नर० : सषी कर्म, उराहनौ, सषी को वैन नायक सो, हो लालजू, या तुम्हारे रूप की कहौ कैसी रीति है कि जाको नेत्र पलकही लगै है, ताकी पलकां पलकही लागै न है –

हे नंदलाल तिहारे सरूप की सुंदरताई सवै लषि भागै। रीति कहौ यह कौन भई मन प्रीति षरी उर पूरन पागै। देह भई चकरी सम डोलत व्याकुल होइ दिवा निसि जागै। लागत है दृग याको छिन कैसो ताकी पलक्क पलो नहिं लागै [नर० ३९९]

कृष्ण० : यह नाइका की अवस्था सषी नाइक सौ कहति है, कि जवते तुम देषे हौ तवते वाके पलक पलकहू नाही लागति है, नाइकाहू नाइक सो कहै तौ संभवै –

वारक देषि सुधौ न रहै दिषसाध लगै कुलकानि भगै। मोहिनी रीति कछू मनमोहन रावरे रूप की ज्यौ उमगै। कौन ठगौरी लही कितही उर मानौ वसीकर मंत्र पगै। जाको कहूं पल एक लगै दृग ताकी पलौ पलकै न लगै [कृष्ण० ३९९] [286]

हरि० : सषी की उक्ति नायक सों नायिका को विरह कहति है, हे लाल तिहारे रुप की कौन सी रीति है तुम कहौ, जाहि सों एक पलक भी नेत्र लागत है, तुम जाको एक पल भी देषत हौ ताको एक पलक अहोरात्र में पलक नहीं लगै, नींद नहीं आवै, पलक लगत पलक न लगत, विरोधाभास अलंकार, भासै जहां विरोध सो वहै विरोधाभास।

— ★ —

कालवूत दूती विना। जुरै न और उपाइ। फिरि ताकै टारै वनै। पाकै पेम लदाइ [४००] [287]

वे०भा०मि०। लागै – लागत - को०शि०वा०पा०मो०भा०; लागति - मि०; लागतु - नी०। पलक – पलकु - उ०नी०; घलक - वा०; पलेक - गा०। दृग – दृगु - उ०; द्रिग - शि०न०वे०गा०स०; द्रग - भा०मु०; पलु - मि०नी०। लागत – लाकत - शि०वा०; लागतु - मि०; लागै - ह०। पलक – पल - मो०; पलकु - न०। पलौं – पलों - शि०वे०स०; पलौ - वा०पा०गा०भा०नी०; पलकौं - मो०। [३९९]

286 कितही उर मानौ – कित काहू रमै न - नी०।

287 दूती – दूतीं - उ०; दुती - शि०। विना – विनां - स०मु०ह०। जुरै – जुरैं - उ०; जुरे - को०; जोरै - शि०न०; जुरत - वा०; मिलै - वे०गा०स०; वनैं - मु०। न – (लुप्त) - वा०। और – आन - को०वे०मि०नी०; आंन - न०गा०स०मु०; औरु - भा०; औरि - ह०। उपाइ – उपाय - को०वा०ह०; उपाव - न०स०; उपाव, संशोधन द्वारा 'व' - वे०; उपाउ - गा०मु०। फिरि – फिर - शि०गा०स०मु०। ताकै – ताके - को०न०भा०मु०; वाकै - वे०; ताकौ - नी०; ताकों - ह०। टारै – टार्यौं - न०; टार्यौ - गा०; टार्यै - स०; टारे - भा०; टारें - ह०। वनै – लसै - न०गा०स०मु०; तरै - वे०; वनैं - ह०। पाकै – पाके - शि०भा०; पाकौ - गा०; पाकें - मु०ह०। पेम – पैम - उ०नी०; प्रेम - को०न०गा०स०भा०ह०; प्रेंम - मि०। लदाइ – लदाय - को०वा०; लदाव - न०गा०स०मु०ह०; लदाव, संशोधन द्वारा 'व' - वे०। दोहा लुप्त - पा०मो०। [४००]

كاليوت دوتي بنان جوري نہ اور اوپاي ٠ پہر تاكي[288] تاري بنا پاكي پيم لواي [ظا٠
[٤٠٠

नर० : प्रस्ताविक, कवि विहारीदास कहतु ऐ कि लदाव के काम कौ अरु प्रेम कौ कालवूत दूती विना और पावत जुरै नाही, अव जव यौं काम पाकै तव इनके दूरि दूर किये ते लसे –

> **भांति भली कलवूत औ दूतिका दोऊ विना कृत होत है काकै। आन उपाय जुरे नहिं रंच लगाव लगै नहिं कोटि कला कै। फेरही वाही के टारे लसै अति या विधि को अनुमान है जाकै। दूर किये सुष होत मनोहर नीके हिये मलदाव के पाकै** [नर० ४००]

कृष्ण० : यह प्रस्ताविक, नीति, प्रेम कै परिपक्व करिवे कौ उपाइ, कवि की उक्ति –

> **मदिर लदाव कौ वनैयौ चाहै कोऊ सौ तौ विना कालवूत क्यौहू वनत न वानि है। त्यौंही प्रेम मंदिर कौ कालवूत दूती ताहि वीच दिये विनु कहौ कैसे ठिक ठानि है। कहै कविकृष्ण परिपक्व होहि दोऊ तव सकल प्रवीन यह वात उर आनिहै। कालवूत दूती वीच राषियै न एक आक टारियै न जौ लौ तौ लौ सुषही की हानि है** [कृष्ण० ४००]

हरि० : कलहांतरिता नायिका मन में विचार करति है, नायक को मनाइवे को मिट्टी को छना को गुम्मज सो वनावत हैं, ताको नाम कालवूत, तापै गुम्मज चुनत हैं, कालवूत सोई है दूती, ताहि विना औरि उपाय सों गुम्मज नहीं जूटै औ रूठ्यौ है जो नायक तासों स्नेह भी नहीं जूटै, फेरि ताही कालवूत को औ दूती को टारै वनै दूरि किए वनै, प्रेम सो है लदाव ताके पाके पक्व भए दृढ भए पर अभेद रूपकालंकार है, है रूपक द्वै भांति को मिलितद्रूप अभेद। अधिक न्यून सम दुहुन के तीनि तीनि ए भेद॥

—★—

रह्यौ ऐंचि अंत न लहै। अवधि दुसासन वीर। आली वाढत विरह ज्यौं। पंचाली कौ चीर [४०१] [289]

رہو انچ انت نہ لہي اوده دوساسن بير ٠ الي بادہت بره جون پنچالي كو چير [ظا٠
[٤٠١

अन० : प्रोषित्पतिका की उक्ति सषी सों, रूपकालंकार को संकर।

---

[288] پہر تاكي - تاكون ہاشيے پر - ظا٠

[289] रह्यौ – रह्यो - को०पा०मो०वे०मु०; रहो - भा०। ऐंचि – एंचि - उ०वा०; एंच - को०; अंचि - शि०मो०वे०गा०स०; ऐचि - पा०भा०मु०; ऐच - न०। अंत – ?त - शि०; अत - मो०; अंतु - न०गा०; अ - नी०। न – नु - मो०मि०नी०। लहै – लहैं - शि०वा०मो०; लह्यौ - पा०ह०; लगैं - स०। अवधि – औधि - ह०। वीर – चीरु, 'च' पर 'व' संशोधन - उ०; चीरु – मि०; वीरु - नी०। वाढत – वाढतु - उ०; चाढत - को०शि०; वाढति - मु०; वाढीतु - नी०। विरह – विरहु - नी०। ज्यौं – ज्यौ - को०; ज्यो - पा०; ज्यों - मो०वे०गा०स०; जो - भा०; त्यौं - मु०। पंचाली पंचालि - वा०। कौ – के - को०; कों - शि०; को - पा०मो०वे०गा०भा०ह०। चीर – चीरु - उ०मि०नी०। [४०१]

नर० : प्रोषितपतिका नायिका को वैन सषी सो, हे सषी, अवधि रूपी दुसासन वीर सो दुर्‌योधन ऐंच कै रह्यो है, पै अंत आवतु नाही है, यों विरह पंचाली के चीर की ज्यों वढतु है –

ऐंचि रह्यो अपनै भुज जोरन अंत लह्यो नहिं मोह मढ्यो है। वासर औधि दुसासन वीर महारनधीर न वज्र घर्‍यो है। क्यौंहू टरै नहिं ऐसी कछू गति या विधि को कछु मंत्र पढ्यो है। ऐसो वियोग चढ्यो अपने उर जैसे पंचाली को चीर वढ्यो है [नर० ४०१]

कृष्ण० : प्रोषितपतिका परौढा नाइका कौ वचन, सषी सौ –

चैनु परै नहि जीउ दहै द्रग नैनन माझ रहै जल छायो। भावै न भोजन भौनु सुहाइ न हाइ हियो परिताप तचायो। ऐचत औधि दुसासन वीर जऊ वल कै तऊ अंतु न पायो। वा हरि के विछुरे विरहा अव द्रौपदी के पट ज्यौ अधिकायो [कृष्ण० ४०१]

हरि० : सषी सौं विरहनी वचन, स्त्री को स्त्री व्रज मै वीर कहति है, हे वीर संवोध नायक को आइवे को दिन सो अवधि, सो दुसासन है, किंवा दुसासन वीर अहै, सो विरह कौ ऐंचि रह्यौ, छोडाय रह्यौ, पै अंत पार नहीं पायो, हे आली, विरह वाढत है, जैसे पंचाली, दौपदी, को चीर, वस्त्र औधि दुसासन रूपक, विरह उपमेय, चीर उपमान, ज्यौं वाचक, वाढिवो धर्म, पूर्णोपमा अलंकार।

— ⋆ —

पावक झर ते मेह झर। दाहक दुसह विसेषि। दहै देह वाके परस। याहि दृगनुही देषि [४०२] [290]

پاوک جہر تین میہ جہر داہک دوسہ بسیکہ • دہي دیہ واکي پرس یاہ درکن ہین دیکہ
[ظا• ٤٠٢]

अन० : नायिका की उक्ति सषी प्रति, विरह निवेदन, उद्दीपन दिषाइ दूतत्व करायो चाहति है, पूर्वानुराग व्यंगि, व्यतिरेकालंकार।

नर० : उद्वेग दसा, नायका कौ वैन सषी सो, हे सषी, अगिन की झाल तै या मैरु को झरु है सो विसेष कठिन दाहकु है, सो कैसे कि वाके तो परसनै ते देह को दहन ह्वैहैं, औ याके तो नैना के देषनैही तै देह को दहनहार होतु है –

---

290 ते – तें - को०मो०स०मु०ह०; से, पार्श्व पर 'ते' - पा०; तैं - न०; तै - वे०गा०नी०। मेह – मेहु - उ०; मेह मेह - पा०; मेर - गा०; मेघ - भा०। झर – झरु - उ०वे०; र, 'र' के पूर्व हंसपद - शि०। दाहक – दाहकु - उ०; दायक - को०। दुसह – दुसहु - उ०। विसेषि – विशेष - शि०न०वे०गा०स०; विशेषि - वा०पा०भा०; विसेष - मु०ह०। दहै – देह - शि०मु०; दहैं - मो०। देह – दहै - मु०। वाके – वाकैं, 'ऐं' पर 'कौं' संशोधन, दीर्घ सूचक चिह्न - उ०; वाको - को०शि०मो०; वाकौ - वा०; वाकै - वे०मि०। परस – परसु - शि०वा०। याहि – वाहि - उ०न०वे०गा०स०भा०; याही - शि०; या - वा०; वाहीं - मो०; ?हि, ऊपर रिक्त स्थान में 'या' - ह०। दृगनुही – दगनही - को०; द्रिगनुही - शि०वा०न०गा०; दृगनही - पा०; दृगनिही - मो०; द्रिगनही - वे०स०मि०मु०ह०; दृगनुही - भा०; दृगनिही - नी०। देषि – देष - शि०न०वे०गा०स०। [४०२]

पावक झार ते मेह की धार विसेष दहै कछु दाहक भारी। ऐसो है ताप षरो दुषदायक आंच षरी नहिं जात सभारी। वा परसै ते दहै सव देह को देषो न क्यों अपनै हिय धारी। जा तन नैक निहारतही इह या विधि की अव तेज महा री [नर० ४०२]

कृष्ण० : इह नाइका प्रोषितपतिका विरहनी, नाइका वचन सषी सौ, उद्वेगहू संभवै –

धूमधरै धुरवा गहिरे अरु अंवर पूरि मही अवगाहै। देषि री पावक की झर तै यह मेह की ज्वाल कराल महा है। वाहि भटू परसेहि दहै यह नैननुही निरषै तन दाहै। वा गिरिधारी विना वचिवे कौ तुही कहु और उपाउ कहा है [कृष्ण० ४०२]

हरि० : विरही की उक्ति, पावक, आगि, ताकी झर, ज्वाला, ताते मेह को झर, वृष्टि, अधिक है, विसेष दाहक है, औ दुसह है, सह्यौ नहिं जाति है, वाके पावक के झर, ज्वाला के परस, छुये, सों देह दहत है, याहि मेघझर को तौ आंषिनही सों देषिकै देह वरत है, दाहक विषय है, या वात को दृढ करै है, याते काव्यलिंग व्यतिरेक भी है।

— ★ —

चलित ललित श्रम स्वेदकन। कलित अरुन मुष तैं न। वनविहार थाकी तरुनि। षरे थकाए नैन [४०३] [291]

چلت للت سرم سوید کن کلت ارن مکہ نین ٠ بن بہار تہاکي ترن کہري تہکائي نین
[ظا٠ ٤٠٣]

अन० : उक्ति नायक की साकृत दरशन वचन अनुभाव ते असंलक्ष्यध्वनि करि अनुराग व्यंगि, नेत्रनि को थकाइवो लाक्षनिक है, विभावना अनुप्रास अलंकार की संसृष्टि है। [292]

नर० : वनविहार कौ मिलनु, सषी को वैन सषी सो, हे सषी कलित थकी मनोहर स्रमस्वेद के कन तरुनी मुष तै चलत नाहीं हैं, सो वनविहार के विषै तरुनिहू थाकी है, और नेत्रहू षरे थकाने हैं, नायक को देषिकै भागी तथा नायक कौ ढूंढती है –

सुंदर चाल चली है मराल सी भूषन सोहने अंग सुहाए। फूल चुनै तरु के मनभावते स्वेद के सीकर आनन आए। पीन पयोधर छाजत है उर ज्योति जगे तरुनाई के पाए। नाहि थकी तरुनी वन गाहत मोह निहारत नैन थकाए [नर० ४०३]

कृष्ण० : वनविहार नाइका की सोभा नाइक की आसक्ति, सषी सषी सो कहति है –

---

291 चलित – चलत - उ०न०वे०स०; चलत - ह०। श्रम – स्रम - मु०। स्वेदकन – श्वेदकन - उ०; सेदकन - पा०। कलित – चलत - भा०। अरुन – तरुन - शि०। तैं न – तै न - शि०पा०मो०न०भा०मु०; चै न - वे०; वैंन - गा०स०। वनविहार – वनविरहा - को०। थाकी – थाकि - को०। तरुनि – तरुन - वे०स०। षरे – षरें - शि०; षरै - मु०। थकाए – थकोये - को०नी०; थकाये - शि०पा०; थकायें - वा०मो०। नैन – नैंन - को०वा०न०गा०स०; नेंन - मो०मु०ह०। दोहा लुप्त - मि०। [४०३]

292 पुष्पावचय रूप असमर्थ कारन ते श्रम रूप कार्य कथनात विभावना, सुकुमारता वर्णी है। - मो०।

सुषमा कलित तरुनाई की गुराई माझ उमगि प्रकास अरुनाई के सुहाए है। तैसेई ललित स्रम स्वेदकन झलकत जगमग जोति के समूह सरसाए है। कहै कविकृष्ण देषि रहै अनिमेष ह्वैके चलत न क्यौहू पग ऐसे रीझ छाए है। विपिनविहार रस छाकी व्रजवाला वाकी थकित प्रभा नै षरे लोचन थकाए है [कृष्ण० ४०३]

हरि० : सषी सों सषी को वाक्य, ललित श्रम स्वेदकन, याको अर्थ, सुंदर जो श्रम सो प्रस्वेद कनिका तासौ कलित जुक्त, कलित वलित अनेकार्थ है, लाल मुष ते नायक के नेत्र चलत है नहीं, देषि रहे हैं, वनविहार मै तरुनी थाकी है, तासौं छवि विसेष भयौ है, जाने नायक ते नैन को षरे अति थकाए हैं, थकाइवो को अर्थ लच्छना करि आसक्ति जानिए, लच्छना लच्छन मुष्य अर्थ को वांधनहार है, मुष्य को जोग, औरि अर्थ जहां जानिए कहै लच्छना लोग, राषी सक्ति सु लच्छना ध्वनि विन रूढा रूप, सो प्रयोजनवती जहां उपजै ध्वनि कवि भूप, केवार दियो, यहां दान नहीं संभवै, जडिवो जानिए पीठि दीनी, हवा षात है, इत्यादि निरूढा, नायिका को अति सौंदर्य नायक को अनुराग ध्वनि, कोई अरुन मुष वैन, यह भी पाठ कहै है, थकिवो थकाइवे को कारन नहीं, याते विभावना, जहां अकारन वस्तु तें कारज परगट होय।

—★—

कुढंग कोप तजि रंगरली। करति जुवति जग जोइ। पावस गूढ न वात यह। वूढनहू रंग होइ [४०४] [293]

کودہنک کوپ تج رنکرلے کرت جوت جک جوي • پاوس کوده نه بات اه بودہن ہو
رنک ہوي [ظا• ٤٠٤]

अन० : उक्ति दूती की मानिनी प्रति, भेदोपाय अर्थांतरन्यास श्लेषोक्ति को संकर। सषी को सिक्षा वचन, मानिनी नायिका सों, काव्यलिंग अलंकार।

नर० : वर्षा रितु, कवि विहारीदास कहतु है कि पावस रितु की वात तो गूढ रहति नाही है, सो कैसे कि कुरंग अपने कोप छाडिके जगु की स्त्रियां रंगरली करतु हैं, अरु वूढनहू को रंग होतु है –

कोप कुरंग लग्यो तजि सुंदर छाड गरूर कर्‌यो कर मेरो। रंगरलीन करै कत मानिनि ऐसो सुभाव भलो नहिं तेरो। देष्यो न को जग की जुवती सव राषत है पिय को कर वेरो। पावस गूढ न वात कछू इह वूढनहू रंग होत घनेरो [नर० ४०४]

---

293 कुढंग – कुढंगु - उ०वा०मो०; कुटंग - शि०; कुरंग - न०वे०गा०स०। कोप – कोपु - उ०मो०भा०; कौप - वा०। तजि – तजु - न०; तज - वे०गा०स०मु०। रंगरली – रंगुरली - उ०मो०; रगरली - भा०; रंगरलि - मु०। करति – करत - उ०शि०वा०पा०वे०स०मु०। जुवति – युवति - को०शि०; जुवत - वे०स०। जग – ज्यौग - नी०। जोइ – होइ, 'ह' पर 'ज' संशोधन - उ०; जोय - को०मु०ह०; होइ - शि०; जोई - मो०; जाइ - नी०। गूढ – गुढ - को०शि०। न – त - शि०स०; यह - ह०। वात – चात - मो०। मूढ न गूढ, मूल पाठ पर काटने का चिह्न, पार्श्व पर 'गूढ न वात' - पा०। यह – ये - को०; इह - शि०वा०। वूढनहू – वूडनहूं - उ०शि०न०स०ह०; वुढनहु - को०; वूढनहौ - वा०; वूढनकों - मो०; वूढनहुं - वे०; वूधिनहूं - मु०; कूढनहूं - नी०। रंग – रग - को०भा०; रंगु - मो०। होइ – होय - को०मु०ह०; होई - मो०। तीसरी यति, 'पावस वात न गूढ यह' - ह०। दोहा लुप्त - मि०। [४०४]

कृष्ण० : वर्षा समय सषी कौ वचन, नाइक सौ, मनाइवौ –

> **पावस आवतही षगपुंजनि मोद सौ कूक मचाइ दई है। चाइ भरी वहु भाइ भरी मिलि रंगरली वनितानि ठई है। कोपु प्रसंग कुढंग निवारिनि हारि घटा उनई जु नई है। गूढ न है यह वात गुसाइनि वूढनहू छवि लाल भई है** [कृष्ण० ४०४]

हरि० : सषी की उक्ति मानिनी सौ, हे कुढंग, तोमे गुन नहीं आछो, किंवा कुढंग जो है कोप ताको तजिकै रंग, अनुराग सौं जगत मैं रली रमन, क्रीडा, नायक के संग करति है, ताको तू जोय, देषो, पावस, वरिषा रितु मै यह वात गूढ, गुप्त नहीं, वुड्ढनहू, वृद्धनहू को रंग होत है, नवीन स्त्री विषै रंग, अनुराग, होत है, सो जुक्त, वूढ, वीरवहूटी, इंद्रवधूनी कहत हैं, ताको भी रंग लाल होत है, श्लेष वूढ मै, औ अर्थांतरन्यास कह्यौ अर्थ जहां पोषिये औरि अर्थ सों मीत, सो अर्थांतरन्यास है वुधजन करत प्रतीत।

—★—

न जक धरत हरि हिय धरै। नाजुक कमला वाल। भजत भार भयभीत ह्वै। घन चंदन वनमाल [४०५] [294]

نجک دہرت ہر ہیہ دہري ناجک کملا بال • بہجت بہار بہي بہیت ہون کہن چندن بن مال [ظا• ٤٠٥]

अन० : जो उक्ति कवि की है तो लक्ष्मी की चंचलता, वितर्क उत्प्रेक्षा करत है, भजत मानो उत्प्रेक्षागम्य है, जो सषी की उक्ति सषी सो होइ तौ नायक के प्रेम की प्रसंसा मै तौ नायक अनकूल, नायका स्वाधीनपतिका है, या अर्थ मे असमर्थ दूषन है, सो अपुष्टार्थामित्ति क्लिष्टौ श्लेषादौ न च दोष भाषः, इति अलंकारिक के वचन ते निवारन है, जो या दूती की उक्ति नायक सो होइ तौ व्याजस्तुति करिकै वक्रोक्ति करि मानमोचन करति है, उत्प्रेक्षा। श्लेष जमक श्लेष वक्रोक्ति अलंकार।

नर० : सुकुमारता, भयानकरस, सषी को वैन नायक सो, हो हरि, नाजक कमला सी या सी वाल घन क० कपूर और चंदन और वनमाल तिनकौ हिया कै विषै धरौ नैन कै धरत नाही है, सो क्योंकि याकै भार के भाजनि ते भौचक सी ह्वै रही है –

> **नाहि धरौ जक श्रीहरि आपने हीय रमाधर कै सुषदानी। नाजुक वाल घनी सुकुमार मुरारी सो गात षरी मनमानी। भार से भाजि परै जिन भूधर या विधि तै जिय मै डरवानी। तातै धरै जक ना वनमाल विसाल धर्‌यौ घन चंदन पानी** [नर० ४०५]

[294] न जक – जक न - को०वा०; ना जक - मो०; न जिक - नी०। धरत – धरति - वा०पा०मि०। हरि – धरि - भा०। हिय – हीय - शि०; ही - भा०। धरै – धरें - उ०; धरे - शि०मो०न०भा०मि०ह०; धरत - नी०। नाजुक – नाजक - शि०वा०मो०वे०स०; नजकु - न०; नाजकु - गा०। कमला – मला - भा०। वाल – वांल - गा०। भजत – भजति - न०मु०; भरत - मि०। भयभीत – भैभीत - पा०भा०; भयभीति - गा०। ह्वै – ह्वैं - को०। चंदन – चंदनु - उ०न०। [४०५]

कृष्ण० : इह नाइक के हृदय में जु नाइका वसति है, ताकी प्रीत कौ आधिक्य सषी सषी सौ कहति है –

निजु भक्तिनि के हित कौ कमलापति संतति चित्त विचारु करै। अति चंदन अंग लगावै नही वहु फूलन की नहि माल धरै। अरु जौ कवहूंक सिंगार सजै कविकृष्ण तऊ कल कैसे परै। इहि सोचु हियै निसिद्यौस डरै अति नाजुक श्रीमति भार भरै [कृष्ण० ४०५]

हरि० : सषी नायिका की सुकुमारता नायक सो कहति है, हे हरि, नाजुक कोमल जो कमला लछमी सदृस वाल है सो घन चंदन वनमाल घन वहुत जो चंदन किंवा घन कहिए घनसार कपूर औ चंदन औ वनमाल सो हिय पै हृदय पै धरे सो जक कल नहीं धरति, भार, वोझ, ताके भय सों भाजति है, ऐसी सुकुमारि है, कमला सी वाल इहां वाचक सी ताको लोप है वाला उपमेय कमला उपमान नाजुक साधारन धर्म लुप्तोपमा अलंकार, दूसरो अर्थ किंवा सषी नायक की विरहदसा नायिका सो कहति है, हे नाजुक कमला वाल विरह मे दुषदाई जानिकै घन चंदन वनमाल कौ हृदय पै धरत कै हरि जो है जक नहीं धरत है, भार के भय सो भीत होय कै भाजत है, ऐसे विरह में छीन भए हैं, तीसरो अर्थ, नायिका को विरहनिवेदन सषी नायक सो करति है, अर्थ वही, हे हरि घन चंदन वनमालहि धरे सो वह नाजुक कमला वाल वोहै सो, वाको यह सव गरम लागत है विरह मै, भार के भय सो, भार कहिए चूल्हा, ताके भय सो भीत ह्वै भजति है, घन चंदन वनमाल ते चूल्हा समान जानति है, चौथो अर्थ, सषी सो सषी वचन, हे सषि, हरि आपने हृदय में नाजुक कमला वाल को धरे हैं, घन चंदन वनमाल हृदै पर धरै जक कल नहीं धरत हैं, भार के भय सो भजत नहीं, धरति अति प्रीति हमारे प्रीतम पै भार परैगो, तासों इन सव सों भजति है, भजत हैं, हमारे हृदय में नाजुक नायिका है, वापर भार परैगो, पंचमार्थ, सषी सों सषी वचन, नाजुक जो कोमल जो है हरि ताको कमला लक्ष्मी जो है वाला सो हृदय मै धर्यौ, षष्टार्थ, गुरु सिष्य सो कहत है, भक्त जो है सो हरि कौ औ कमला लक्ष्मीहू ते नाजुक सुकुमार वाला श्रीराधिकाजी ताको हृदय मै धरें, कोई विषयसुष मै जक विश्राम नहीं धरत है, केवल उनही के रूप में मग्न होय रहे है, घन चंदन वनमाल आदि जो उपभोग सामग्री है, तासौं तो भार चूल्हा के भय सों जैसे भीत होय भाजत हैं, तैसे भाजत हैं, अर्थ यह उपभोग को भार समान जानत हैं।

— ⋆ —

नासा मोरि नचाइकै। करी कका की सौंह। कांटे सी कसकति हिये। गडी कटीली भौंह [४०६] [295]

[295] मोरि – मोर, 'र' में इकार बाद में - को०। नचाइकै – नचाइयें - उ०; नचाय दृग - को०मो०ह०; नचाइ हैं, 'ह' पर 'क' - शि०; नचाइ दृग - पा०: नचायकै - न०मु०; नचाइ द्रग - मि०नी०। करी – कर, 'र' में इकर ईकार - शि०; कीए - मो०। सौंह – सोंह - शि०; सौह - वा०नी०; सो, 'ह' हाशिए पर - पा०; सोंह - मो०वे०; सोह - गा०। कांटे – काटे - पा०गा०मि०; काटें - मो०। सी – लौ - पा०; लों - ह०। कसकति – कसकैति - उ०; कसकत - को०मो०वे०स०मु०नी०; कसिकत - मि०। हिये – हिएं - उ०; हीइं - शि०; हियै - वा०न०स०; हीए - मो०; हीये - वे०; हीयै - गा०; हियैं - मि०; हीयैं - मु०; हियें - ह०। कटीली – कटीली, संशोधन द्वारा 'क'

ناسا مور نچاي درک کري ککا کي کي سونہ • کنتي سي کسکت ہين وہي کنتلي بہونہ
[ظا• ٤٠٦]

अन० : उक्ति नायक की स्मृति संचारी, नायिका परकीया, स्वभावोक्ति, उपमालंकार की संसृष्टि।

नर० : पूर्वानुराग, नायक को वैन सषी सो, हे सषी, राधिका नासा को मोरिकै अरु नचायकै जो कका की सौंह करी सो वे कटीली भौंहनि हिया मै गडी है, सो कांटा सार सी कसकति है –

> **नासिका मोरि नचाइकै सुंदरि सोंह कका की करोरि दई है। नैन नचाइ उचारत वैन पसारत पानि उसास लई है। ऐसे अनेक चरित्र करै कछु नारि नईन की रीति नई है। कांटे समान षरी कसकै हियरा गडि भौह कटीली भई है** [नर० ४०६]

कृष्ण० : इहि नायिका की भौह नचाइवे की चेष्टा देषि नाइक सषी सौ कहत है –

> **मो तन हेरि परोसिन सों वतराति कछु वनिते रस छाकी। एक रती रति कौ दुति होत न वाकी निकाई लषै समता की। नाक चढाइ उचाइकै ओठ नचाइ करी द्रग सौंह कका की। वा छवि कीव कटीली सी भौह करेजे मै सूल सी सालति वाकी** [कृष्ण० ४०६]

हरि० : नायक की उक्ति सषी सो, नायिका परकीया, नासिका को मोरिकै नचाइकै काका की सौंह करी, कांटा की तरह कसकि, सालै है, वहै को अर्थ हमारो मन जानै है कटीली टेढाई लिये जो है भौंह, इहां सुभावोक्ति अलंकार, औ उपमालंकार, दोऊ आपुस मै निरपेछ हैं याते संसृष्टि, जहां रहै लंकार वहु निरपेछ सु संसृष्टि, स्वभावोक्ति यह जानिए वर्नन जाति सुभाव, भौंह उपमेय कांटा उपमान लों यह वाचक सकिवो साधारन धर्म।

— ★ —

क्यौं वसिये क्यौं निवहिए। नीति नेहपुर नांहि। लगालगी लोयन करै। नाहक मन वंधि जांहि [४०७] [296]

کيون بسيي کيون نبہيئي نيت نيہ پور نانہ • لکالکي لوين کرين ناہک من بندہ جانہ
[ظا• ٤٠٧]

अन० : उक्ति नायक की अथवा परकीया नायिका की, त्रास संचारी, वचन अनुभाव ते पूर्वानुराग व्यंगि, असंगति अलंकार।

- उ०; कंटीली - वा०मु०। भौंह – भोंह - को०शि०मो०गा०स०; भौह - वा०मि०नी०; भोह - पा०वे०। दोहा लुप्त - भा०। [४०६]

[296] क्यौं – कौ - वा०; क्यो - पा०वे०; क्यों - मो०; क्यौ - नी०। वसिये – वसियें - उ०; वसये - को०; वसिइ - शि०; वसियैं - वा०; वसिए - मो०ह०; वसीयै - न०वे०गा०मु०; वसियै - स०मि०। क्यौं – कौं - वा०; क्यों - मो०; क्यो - वे०; क्यौ - गा०। निवहिए – निवहिये - को०नी०; विवहिइं - शि०; निवहियै - वा०न०स०मि०; निवहियें - मो०; निवहीयै - वे०गा०मु०। नीति – निति - वा०; नीत - वे०गा०मु०। नेहपुर – नेहुपर - नी०। नांहि – लोयन – लोयनु - उ०; लोइन - शि०वा०वे०गा०स०मि०नी०; लोइनु - न०। करै – करे - मो०; करैं - न०। नाहक – नाहिक - मि०। मन – मनु - पा०। वंधि – वधि - को०शि०पा०मि०मु०; वध - मो०; वंध - न०वे०गा०स०। जांहि – दोहा लुप्त - भा०। [४०७]

नर० : चिंता दसा नायक कौ, नायक कौ वैन सषी सौ, हे सषी, नेह रूपी जो नगर तामै नीति नाही है, सो कैसे कै वसियै अरु कैसे कै निवहियै सो क्यों कि लगलागी तो नेत्र करैं अरु नाहक मन वंध्यो जात अहै –

> **क्यौ वसियै इह वास अनोषन ऐसेन सो कवहूं सुष पैहै। क्यो निरवाह करै कोउ मानुष या विधि कैसे सवै दिन लैहै। नीत तो नेहपुरै नहिं रंचक वंचकताई षरी अव दैहै। लै कर लोयन आय लगालगी नाहक और वंधे मन जैहै** [नर० ४०७]

कृष्ण० : इह लगन है, नेत्रन कै लगै मनु वधतु है, इहि अद्भुत अनीति है, सो नायका अथवा नायक सषी सौ कहत है –

> **पावक प्रचंड जाते भागैहू न छूटियतु वरियतु ज्यौ ज्यौ उपचार कीजियतु है। प्रवल कजाकनु पै मग न चलन पैयै चितु वितु दीजै तऊ हित भीजियतु है। ऐसे प्रेमपुर कैसे वसिये निवहिये क्यों देषे ये अनीति छिनु छिनु छीजियतु है। लागनि करति धाइ नैन मैन मतवारे नाहक विचारौ मनु वाधि लीजियतु है** [कृष्ण० ४०७]

हरि० : परकीया किंवा नायक की उक्ति, क्यौं करि वसिए क्यौं करिकै निवहिये, नेह जो सो पुर है, तहां नीति नही है, लोयन लगालगी करत है, नाहक, वेतकसीर मन वंधि जात है, नायक की उक्ति में, नेहपुर में नाही जो है निषेध सुरतारंभ में सो भीति है, लोयन लागै सो नहीं वंधे मन वंधि जात है, असंगति, और ठौरही कीजिए और ठौर को काम।

— ⋆ —

ललन चलन सुनि चुप रही। वोली आपु न ईठ। राष्यौ गहि गाढे गरे। मनो गलगली दीठ [४०८] [297]

للن چلن سن چپ رہي بولي اپ نہ ایتہ ٠ راکہو کہ کاوہي کرین منون کلکلي دیتہ [ظا٠ ٤٠٨]

अन० : उक्ति सषी की सषी सो, नायका प्रोषितपतिका, उत्प्रेक्षालंकार।

नर० : प्रवत्सत भर्तृका, सषी कौ वैन सषी सौ, हे सषी, राधिका ललन कौ चलते सुनि आप वोली नाहीं, चुप ह्वै रही पै लगालगी दीठि करिकै ईठ कौ राष्यौ सो मनौ गलै सै गाढौही जु पकरिकै राष्यौ है –

[297] ललन – ललनु - गा०। चलन – सुनि – शुनि - भा०। चुप – चुपु - वा०नी०। रही – रहि - शि०; रिही - वा०। आपु – आप - को०पा०वे०स०ह०। न – नु - नी०। ईठ – ईठि - उ०पा०नी०; इठि - वा०; इठ - मो०; नीठि - भा०। राष्यौ – राष्यो - को०पा०मो०वे०; राषो - भा०। गहि – गह - न०वे०स०। गाढे – गाढें - को०ह०; गाढै - शि०वा०; गाढा - मो०; गाढौ - न०गा०मु०; गाढो - वे०स०; गाढै - मि०; गाढैं - नी०। गरे – गरें - को०ह०; गरैं - शि०नी०; गरै - वा०न०वे०गा०स०मि०; गरो - मो०; गरौ - मु०। मनो – मनौ - वा०न०भा०नी०; मनों - मो०वे०गा०स०मु०ह०। गलगली – लगलगी - को०; गलगलि - नी०। दीठ – डीठि - उ०वा०पा०नी०; दीठि - शि०भा०; डीठ - मो०वे०मि०। [४०८]

लाल विदेस चलैंगे सवार यों वात सुनी चुप होइ हिरानी। आपही आप विचारि रही अपनै मुष तै न कही कुछ वानी। लै लै उसास प्रलाप धरै हिय ऐसी अनंग दसा सरसानी। राष्यो गरै गहि गाढो मनो अव देषतही नयनान के पानी [नर० ४०८]

कृष्ण० : इह नायक मध्या प्रवत्सत्पतिका सषी कौ वचन सषी सौ –

प्यारी के भवन अति हितु करि प्रानपति आयो विदा होन परदेस कौ उमहिकै। ललन चलन सुनि रही अनवोली तिय आलीहू न वचन सुनायो कछु कहिकै। चकित सी भई चकचौहट सौ छायौ चित आवत सलिल दोऊ नैननि सौं वहिकै। गलगली डीठि करि हेरि हसि सनमुष मेरे जान राष्यौ वेही गाढो गरो गहिकै [कृष्ण० ४०८] [298]

हरि० : सषी सों सषी वचन, आपनो इष्ट नहीं वोली, गलगली, आंसू भरी जो है दृष्टि, तामे वाके गरें गर को गाढो गहिकै राष्यो है, मानो यातें नहीं वोली, किंवा चुप भई अचेत भई, प्रान वाको जातो सो सृष्टि मै प्रान को गाढे गलो गहिकै राष्यो मानौ, मानो उत्प्रेक्षा, व्यंजकता को, अन्वय राष्यौ यह कि यासों है, अनुक्तास्पद वस्तूत्प्रेक्षा।

— ★ —

अपनी गरजन वोलियतु। कहा निहोरो तोहि। तू प्यारो मो जीय को। मो ज्यौ प्यारो मोहि [४०९] [299]

اپني كرجن بوليت كہا نہورو توه ٠ تون پيارو مو جيو كو مو جيو پارو موه [ظا٠
[٤٠٩

अन० : उक्ति कलहांतरिता नायिका की उक्ति नायक प्रति, ईर्ष्या भाव शांति औत्सुक्योदय, काव्यलिंग लाटानुप्रास की संसृष्टि।

नर० : प्रौढा धीराधीरा नायका कौ वैन नायक सौं, हो कान्ह, जो तैसों कछु वुरौ न वोलियै है सो आपुनी गर्ज के लिए न वोलियै है, मेरौ तूही तौ निहोरो कैसौ है, पै तू मेरे जिय कौ प्यारौ है, अरु मेरो जीउ मोको प्यारो है, ताते न वोलत है –

आपने स्वारथही सव वोलत क्यों नहिं जानत वैन जगै है। तोहि निहोर कहा कहों लालन रैन दिवा मोहि नैन दगै है। तू तो है मो जिय प्यारो अहो निसि मो जिय मोही को प्यारो लगै है। काह करूं कित जाऊं अहो सुनि और के संग न चित्त भगै है [नर० ४०९]

---

298 भा० प्रति में इस दोहे का यह इतर उदाहरण मिलता है –

सुन्यौ कहूं जवते चलत स्याम तवते ऊंचो मन सकोच सम्हार न लहति या। करिहैं पयान कंत विछुरो चहत प्रान प्राननाथ याहू तै विलोकि विछुरति या। पाइ पीर नमन गमन को रमन वूझी कहै विनु रही न कही न कछू वतिया। विलषे से रुष हसि हेरो हरि सनमुष आषै भरि आई गहवरि आई छतिया [भा० ४०८]

299 अपनी – गरज - पा०। गरजन – गरजनु - को०नी०; गरजनि - वा०ह०; आपनी - पा०। वोलियतु – वोलीयत - को०वे०; वोलीत - शि०; वोलियत - वा०स०भा०मि०ह०; वोलीयतु - गा०मु०। निहोरो – निहौरो - वा०; निहोरौ - पा०मि०; निहिरों - भा०; निहोरौं - नी०। तोहि – ताहि - भा०। तू – प्यारो – प्यारौ - शि०वा०न०गा०मि०; प्यारे - पा०। मो – मौ - शि०। जीय – जिय - को०; जीव - शि०पा०गा०नी०। को – कौ - को०वा०न०गा०मि०मु०; कौं - शि०। मो – मौ - शि०वा०। ज्यौ – जिय - को०पा०भा०ह०; जीय - शि०वा०वे०मु०; जि - मो०; जीउ - न०; ज्यों - गा०; जी - स०। प्यारो – प्यारौ - शि०वा०मि०। [४०९]

कृष्ण० : यह नाइका प्रौढा है, सो नाइक सौ अपने जीउ की अवस्था कहति है, तेरे विना देषे मेरो जीउ रहत नाही, यातै अपनो जीउ राषिवे कौ तोसो वोलति हौ, नाइका कौ वचन नाइक सौ –

> **अपने अपने प्रान सवही कौ प्यारे होत जात भांति राषिवो सवनि चहियतु है। ऐसो कछु वानि आनि परी मेरे प्राननि कौ तोहि देषौ जौ लौ तौ लौ चैनु लहियतु है। करति उपाउ हौं तौ तिनही के राषिवे कौ कृष्ण प्रानप्यारे कित न्यारे रहियतु है। तातै लाल वोलियतु आपनीये गरजन ताकौ कछु तुमसौ निहोरो कहियतु है** [कृष्ण० ४०९]

हरि० : रोष भाव सांति भए औत्सुक्य भावोदय भए कलहांतरिता की उक्ति नायक सों, अपनी गरज, चाह, सों वोलियतु है, तुमै या वात को क्या निहोरा, तुम हमारे जीव के प्यारे हो, हमारो जीव मोहि प्यारो है, वोलिवो कौ समर्थ कियो, हमारो जीव हमारो प्यारो है यासौ, काव्यलिंग अलंकार, काव्यलिंग जव युक्ति सों अर्थ समर्थन होय, औ लाटानुप्रास है, वही अर्थ पद पुनि परै भिन्न भाव कछु होय। सो लाटानुप्रास है कहत सयाने लोय॥ आवृत्तिदीपक।

— ★ —

रह्यौ चकित चहुंघां चितै। चित मेरौ मति भूलि। सूर उदै आए रही। द्रिगनु सांझ सी फूलि [४१०] [300]

رہیو چکت چہون کہاں چتے چت میرو مت بہول • سور اودین ایے رہي درکن سانجہ
سي پہول [ظا • ٤١٠]

अन० : अधीरा षंडिता की उक्ति नायक प्रति, विभावनालंकार उत्प्रेक्षा को संकर।

नर० : षंडिता नाइका कौ वैन नाइक सौं, हो कान्ह मेरौ चित्त आपनी मति भूलिकै अरु चकित सौ ह्वैकै च्यारौ दिशा कौ चितव रहौ है, सो क्योंकि तूं आए हौ सूरज कै उदै भयो अरु आंषि सांझ सी फूलकै रही है ताते –

> **होय रह्यो चकि चाकि चितै चिहुघा चितवै कछु थाह नहीं है। मेरिय वुद्धि की भूलि भई किधौ प्रीति प्रतीति की रीति नई है। या विधि कौ अनुराग दियै सुषमा के समूह की पात गही है। देष्यौ न क्यो कर आरसी लै अहो नैनन सांझ सी फूलि रही है** [नर० ४१०]

कृष्ण० : यह नाइका प्रौढा अधीरा षंडिता नाइका को सषी वा नाइक सौ कहै –

---

300 रह्यौ – रह्यो - को०पा०मो०वे०; रहो - भा०। चकित – चमकित - गा०। चहुंघां – वहुघा - उ०पा०; चहुघा - को०मि०; चिहुघां - शि०वे०स०; चहौघां - वा०; चिहोंघहि? - गा०; चौघा - भा०। चितै – चितं - शि०; चितें - मो०; गै?तै - गा०; चितैं - स०मु०ह०; चितौ - नी०। चित – चितु - उ०नी०। मेरौ – मेरो - शि०मो०न०वे०स०भा०मु०ह०; (अपठ) - पा०। मति – मत, ‘त’ में इकार बाद में - उ०; मलि - वा०; मत - वे०; मन - स०। भूलि – भूल - शि०वे०स०मु०। सूर – सूरि - न०। उदै – डए - को०; उदें - मो०; उयें - मु०। आए – दृगनि - को०; आयै - शि०; आय - वा०; आये - पा०नी०; आप - वे०; आयें - मु०। रही – (अपठ) - पा०; (लुप्त) - भा०मि०; द्रगनु - नी०। द्रिगनु – दृगनु - उ०; (लुप्त) - को०; दृगनि - पा०ह०; दृगन - मो०; द्रगनि - भा०मि०; द्रिगनि - मु०; रही - नी०। सांझ – साझ - वा०पा०; सांझि - मो०; सांझ, ‘झ’ में इकार बाद में - गा०; रही साझ - भा०मि०। फूलि – फूल - शि०गा०स०। [४१०]

देषत रावरी मोहनी मूरति मोहि सवै सुधि भूलि रही है। चाहि रह्यौ चहुघा चकि सो चित आचिरजै मति झूलि रही है। आए हो सूर उदोत भए विष नैननु साझ सी फूलि रही है। काहे को कान्ह दुरावत हौ उर माझ सो नाइका झूलि रही है [कृष्ण० ४१०]

हरि० : वक्र वोलै है याते धीरा की उक्ति नायक सो, हमरो चित्त चकित होयकै आश्चर्य मानिकै चहुंघां, चहुं ओर चितै विचारि रह्यौ, मति भूल की तरह भ्रांत सो, किंवा मेरो मति भूलि मेरो मति भ्रष्ट है, किंवा हे मति भूल भ्रांत हमसो तुरत आइवे को कहि गए थे, तुम सूर्ज के उदै समै आए, तुमारे दृगनि मै सांझ सी फूलि रही है, राति जागे हैं नेत्र लाल हैं, किंवा कोए सों हमारे दृगनि मै रवि उदै संध्या फूलिवे को वाधक, प्रतिवंधक के होतहू कारज पूरन मानै। सी के अर्थ मानो आछो वनै है, संध्या फूली है मानौ, याते उत्प्रेक्षा।

— ★ —

अति अगाध अति ओथरो। नदी कूप सर वाइ। सो ताकौ सागर जहां। जाकी प्यास वुझाइ [४११] [301]

ات اکادہ ات اوتہرو ندي کوپ سر باي ٠ سو تاکو ساکر جہان جاکي پیاس بوجہاي [ظا٠ ٤١١]

अन० : कवि की उक्ति, सज्जन प्रशंसा, अन्योक्ति उल्लेषालंकार।

नर० : अन्योक्ति, कवि विहारीदास कहतु है कि नदी, कुवा तलाव वावडी के विषै भावै तौ जल अति होइ अरु भावै तौ झीलर होइ पै जाकी जहां प्यास मिटै ताको तहां ओ सागरई है –

वेई वडो है अपार अगाध औ वेई षरो अति ओथरो पानी। वेई नदी अरु कूप भर्यो पुनि वेई सरोवर वाइ सी जानी। या विधि जीय धर्यो निरधार ये और तो नाहिन पीर हिरानी। ताके भलो सोइ सागर है सुनि जाकी जहां कछु प्यास वुझानी [नर० ४११]

कृष्ण० : अन्योक्ति अपनौ काज छोटेहू ते होइ, तहां कहिए –

कूप गभीर सरोवर वापी किती महि मै नहि जाति वषानि। छोटी नदी रु वडी सरिता नद जो रचना जगदिश नै ठानी। उत्तिम मद्धिम कोऊ जलासै होउ अगाध कि ओथरो पानी। वाको वहै कविकृष्ण समुद्र है जाकी तृषा जिहि ठौर सिरानी [कृष्ण० ४११]

हरि० : अति अगाध अथाह अति औथरै अति उथल नदी औ कूप औ सरोवर औ वाप वापी, सोई ताको सागर जहां, जाहि ठौर मै जाकी प्यास वुझाय, मिटै, जौ छोटे राजा सों वडी प्राप्ति होय

[301] अगाध – अगाधु - उ०; अगांधि - को०; अगाधि - न०मि०; अगाढि - भा०। ओथरो – ओथरो - को०गा०; औथिरे, संशोधन द्वारा 'औथरौ' - उ०; ओथरौ - शि०; ऽओथरौ - वा०; वोथरो - पा०; ओघरो - मो०; यौथरौ - न०; उंथरो - वे०स०; ऊथलो - भा०; औथरे - मि०ह०; आथरौ - मु०; औथरौ - नी०। कूप – कुप - को०। वाइ – वाय - उ०को०शि०मु०ह०; वार - वा०; वाहि - मो०। सो – सौं - वा०; सौ - स०मु०; सी - भा०। ताकौ – ताकों - को०वा०ह०; ताको - शि०पा०वे०भा०; वाको - मो०; ताकौ - न०; तांकौ - स०। सागर – सागरु - नी०। जहां – जहा - पा०भा०मि०; जिहां - मु०; तहां - ह०। जाकी – याकी - को०; जियकी - मो०। प्यास – त्रिषा - शि०वा०। वुझाइ – वुझाई - शि०मो०। [४११]

तौ वडो राजा लै कहा करै जहां कछु मिलै नहीं, गूढोक्ति, गूढोकति मिस और के कीजै परउपदेस।

— ⋆ —

कपट सतर भौंहैं करी। मुष अनषौहे वैन। सहज हसौहै जानिकै। सौहै करति न नैन [४१२] [302]

کپٹ ستر بہوہین کرین مکہ انکہوین بین ٠ سہج ہنسوہین جان کے سوہین کرت نہ بین [ظا٠ ٤١٢]

अन० : सषी की उक्ति सषी सो, नायका के हर्ष अवहित्था संचारी, पूर्ण ईर्ष्या भास है, विव्वोक हाव मान भास है, काव्यलिंग अलंकार।

नर० : सषी कर्म, मिलाइवो, सषी को वैन नाइक सो, हो कान्ह, राधिका कपट सौ तौ वांकी भौहैं करी हैं और कपट सौंही मुष तैं अनषीले वैन वोलति है, पै देषौ न हौं सहजै हसौहै नैन जनि है, तिन कौ सामै करतिही नाही है, सो यौ कपट है –

भोंहे करी छल ते सतरोंही सी आंष रुषाई हियै न अरै है। और सुनो अधिकाई विराजत आनन वैन दुषौहै भरै है। याको सुभाव नयो सो निहारत ता छिन तै हियरा हहरै है। वानै हसोहै उमंग भरे कछु आपने नैनन सोंह करै है [नर० ४१२]

कृष्ण० : इह मान परिहास है, नाइका प्रौढा मानवती, सषी वचन सषी सौ –

प्रीतम की प्रीति की प्रतीति लषिवे कौ प्रानप्यारी कछु कियो परिहासु झूठो मान ठानि। कहै कविकृष्ण उर ऊपर रुषाई भरि वदन विदोरि वैठी धरि कपोल पानि। आपनी अलीनहू सौ ओरति न मुष रुष मुष अनषाइ कहिए की ज्यो त्यो गही वानि। भृकुटी सतर कीनी कपट सौ तानि यै पै सौहै न करति द्रग सहज हसौहे जानि [कृष्ण० ४१२]

हरि० : सषी सों सषी वाक्य, कपट सो सतर, तरेरी भौहें करी, मुष सों सतरोंहे क्रोध सहित वैन, वचन कहै सहजे स्वभावही ते हसौहे, हसन वाले जानिकै सौंहे, नायक के सामने नैन नहीं करति है, जो मनाइवे तांई वहरै सो संभोग संचारी मान, सहज हसौहे नैननि कौ नहीं सामने कियो ताको समर्थन भयो काव्यलिंग। भौहें सतरोहें हसोहें छेकानुप्रास है।

— ⋆ —

[302] कपट – पकर - को०। सतर – सर - मो०। भौंहैं - उ०न०; भौंहै - को०गा०मि०मु०नी०; भोंहें - शि०; भोंहै - वा०स०; भौहै - पा०भा०; भोहैं - मो०; भोंहै - वे०; भौंहें - ह०। करी – करीं - ह०। अनषौहै – अनषोहै - को०पा०गा०; ऽनषोहै - शि०; अनषोंहै - वा०; अनषोंहें - मो०; अनषोहे - न०स०; अनषोहें - वे०; अनषौहैं - मि०; अनषोंहे - मु०; सतरोंहैं - ह०; वैन – वेंन - शि०; वैंन - मो०न०स०मि०ह०; वैनि - गा०। सहज – सह - गा०। हसौहै – हसोहै - को०पा०; हसोहें - शि०; हसोंह - वा०; हसोहे - मो०वे०स०; हसोहैं - गा०; हसौंहै - मि०नी०; हसोंहें - ह०। जानिकै – जानिकैं - को०नी०; जानिके - पा०; देषिकैं - मो०; जानिकरि - न०; जानकर - वे०; जांनिकरि - गा०; जांनकर - स०। तीसरी यति 'देषि षिसौंहे पिय नयन' - मु०। सौहै – सोहै - को०पा०न०गा०; सोहें - मो०; सोंहे - वे०ह०; सोंहै - स०; सौंहै - मि०नी०; सौंहैं - मु०। करति – करत - शि०वा०पा०मो०वे०गा०स०मि०मु०। नैन – वैन - उ०; नेन - वा०; नेंन - मो०ह०; नैंन - न०स०मु०; तैन - गा०। [४१२]

मानहु विधि तन अच्छ छवि। स्वच्छ राषिवे काज। दृग पग पोछन कौ किये। भूषन पायंदाज [४१३] [303]

[304] مانوں بدہ تن اچچھ چھب سوچچ راکھبے کاج • درک پک پوچھن کون کیے بھوکھن پایںداج [ظا• ۴۱۳]

अन० : उक्ति सषी की अथवा नायक की नायिका प्रति स्तुति, अवर काव्य, उत्प्रेक्षालंकार।

नर० : विच्छित्त हाव, सषी को वैन नायका सो, हे राधे तै मानहु कि विधाता नै तेरो तन की आछी सी छवि वनाई है, सो इनकै पाक राषिवै कै वासते जो नेत्र रूपी पग है तिनके पोंछन कौ ये भूषन पायंदाज करे हैं –

> **मानहु वातन की छवि अच्छि षरी विधि राषन कौ अधरै है। दाग परै नहि सुच्छ रहै नहि अंत यो हिय धीर सवै पहिरै है। अंग अनोपम को लषिकै वह आपनी ओर हियै हहरै है। पोंछन कौ द्रिग पाइ मनोहर भूषन पायंदाज करै है** [नर० ४१३]

कृष्ण० : इह नाइका के तन की छवि सषी नायक सो कहति है अरु सषी को वचन सषी सो, नाइक को वचन नाइका सोहू होत है –

> **तुही तीनौ लोक की लुनाई लूटि लाई देषै रूप की निकाई नंदलाल ललचाए है। तेरी दुति आगे आली कंचन के गहने ये फीके फीके लागै ऐसे गात छवि छाए है। डीठि कै परसही ते मैले होत अंग ऐसी उज्जलता सहित विरंचि न वनाए है। तिनकी निकाई स्वच्छ राषिवे के हेत एतो द्रगनि कौ मनौ पग पोछना विछाए है** [कृष्ण० ४१३]

हरि० : सषी वचन नायक सों सौंदर्य की स्तुति करै है, विधि, विधाता, ने याके तन की जे अच्छी छवि है ताकौ स्वच्छ, निर्मल, राषिवे के लिए मानो दृग जे हैं नेत्र ताके पग ताको पोंछन को भूषन सो पायदान करे है, मानों संपूर्ण वाक्य में यह ध्वनि, वाके अंग अति सुंदर हैं, भूषन सो वाको सोभा घटति है, सो नहीं, विछोना के नजीक पाय पोंछिवे को विछौना रहै, सो पायंदाज कहावै है, जो ऐसो अर्थ करै, नीच लोग की दृष्टि भूषन पै परति है, ताके पाव पोंछिवे को करै है, तौ सांचही है, संभावना नहीं वनै, उत्प्रेक्षा अलंकार नहीं होय, फेरि दृष्टि को पाव ठहरावनो चहिए, तामे धूरि लागी ठहरावनो

---

[303] मानहु – मानहू - वा०; मानौ - पा०मि०; मानों - मो०; मांनहुं - गा०; मानौं - भा०; मांनौ - मु०। विधि – विध, 'ध' में इकार बाद में - गा०; विध - स०; वीधि - भा०। तन – लहि, हाशिए पर भिन्न क़लम से - भा०। अच्छ – अछ - उ०वा०मो०भा०मि०ह०; अतु - न०; अक्ष - नी०। छवि – च्छवि - को०शि०वा० गा०। स्वच्छ – सु?च्छ - उ०; सुछ - को०वे०स०; सूच्छ - शि०; स्वछ - मो०ह०; सुछ्छ - न०गा०; स्वक्ष - भा०मि०नी०। राषिवे – रषिवे - पा०; राषत - मो०; राषिवै - न०गा०मु०; राषवै - वे०; राषन - स०। काज – काजि - को०; वेकाज - मो०स०। दृग – द्रिग - शि०वा०मि०; द्रग - भा०मु०नी०। पग – परौग - वा०; पट - भा०। पोछन – पोंछन - उ०मो०ह०; पौंछन - को०गा०मि०; पौछन - वा०नी०; पौंछन - न०स०; पौंछनि - मु०। कौ – कौं - को०न०स०मु०नी०; कों - शि०वे०गा०ह०; को - पा०मो०मि०। किये – कीए - शि०मो०गा०स०; किए - वा०मु०; करैं - न०; कीये - वे०; करे - ह०। पायंदाज – पांइंदाज - उ०; पाइदाज? - शि०; पायनदाज - पा०मो०; पायंदीज - गा०; पाइंदाज - भा०मु०; पायेदाज - नी०। [४१३]

[304] بھوکھن - بھوکے - ظا•

चाहिए, मानो पूर्वार्ध में उत्तरार्ध में लगाइए, क्रिया के आगे मनो को अन्वय याते अनुक्तास्पद वस्तूत्प्रेक्षा, भूषण पायंदाज रूपक, उत्प्रेक्षा संभावना वस्तु हेतु फल लेषि।

— ⋆ —

विरह विथा जल परस विनु। वसियत मो मन ताल। कछु जानत जलथंभ विधि। दुरजोधन लौ लाल [४१४] [305]

بره بتھا جل پرس بن بسیت مو بہ تال • کچھو جانت جل تھن بہ بدھ دورجودہن لون لال [ظا• ٤١٤]

अन० : जो दूती की उक्ति होय नायिका की नायक सो संदेस तौ प्रोषितपतिका, जो नायक सो उक्ति होय तौ उपालंभ संचारी पूर्वानुराग, ह्यां वक्ता की अन्यसंनिधि ते व्यंगि है, उपमा रूपक को संकर।

नर० : प्रलाप दशा, सषी को वैन नायक सो, हो कान्ह, राधा ऐसै कहतु है कि मेरे हिय रूपी तलाव के विषै विरहविथा रूपी जल परसै विना लालजू रहतु है तौ देषियत है, कछुक दुरजोधन की परै जलथंभ की विधि जानतु है –

> **मेरे वियोग को दुस्सह दुष ह्वै जल परस्स विना जु वसो हो। मो जिय ताल विसाल सुनो अव नीकै विराजत आप लसो हो। जानत हौ जलथंभ भली विधि तामै दुरै तै किते निकसो हो। राज तहां दुरजोधन लों हरि ऐसे चरित्र किए ते हसो हो [नर० ४१४]**

कृष्ण० : नाइका कौ वचन नाइक सौ इह नाइका प्रौढा है, उराहनौ देति है –

> **हरि मो हिय प्रेमसरोवर मै वसिवो निसिवासर ठानत हौ। तहा नीचु विथा सु भिदै न उपाउ कहा उर आनत आनत हौ। कविकृष्ण कहै अपने उर को हम सौ पिय भेद न मानत हौ। कछु जानि परी दुर्जोधन लौ जलथंवन की विधि जानत हौ [कृष्ण० ४१४]**

हरि० : नायिका की पाती नायक को है, विरह सो जो है व्यथा, पीडा, सो है जल, ताके परस विना हमारो जो जीव सो तलाव है, हमारो दुष तुमै व्यापतु नाही है, लाल तुम दुरजोधन की तरह जलथंव विधि जानत हौ, जैसे दुरजोधन पानी मै पैठै औ पानी नाही लगै, व्यथा जल रूपक, दुरजोधन उपमान, लाल उपमेय लों वाचक, जलथंव विधि धर्म, पूर्णोपमा अलंकार।

— ⋆ —

रुष रूषी मिस रोष मुष। कहति रुषौहै वैन। रूषे कैसे होत ए। नेह चीकने

[305] परस – परस्स - न०। विनु – विनुं - शि०मो०; विन - वे०वे०स०; वन - मु०मु०। वसियत – वसीयतु - शि०; वसियतु - वा०मो०न०नी०; वसयत - पा०; वसीयत - गा०; वसियति - भा०। मन – निय, ऊपर 'म' 'य' पर काटने का चिह्न - को०; जिय - मो०भा०मि०मु०ह०; हिय - न०वे०गा०स०नी०। कछु – कछुक - वे०; कक्षु - भा०। जानत – जांनित - वा०; जांनत - मि०। जलथंभ – थंभ - वे०। विधि – विध - न०गा०स०; विधु - वे०। दुरजोधन – दुर्जोधन - उ०; दुरज्योधन - को०मि०ह०; दुरज - न०; ओधन - शि०वा०; दुरयोघन - पा०; दुर्योधन - मो०भा०; दुरजोंधन - मु०। लौ – लो - शि०पा०वे०गा०; लों - वा०स०ह०; लौं - मो०न०मि०मु०नी०। [४१४]

नैन [४१५] [306]

روکہ روکہي من روکہ مکہ کہت روکہوہين بين ٠ روکہي کيسين ہوت ين نيہ چيکني
نين [ظا٠ ٤١٥]

अन० : उक्ति सषी की सषी सो, संयोग शृंगार, ईर्ष्या शांति हर्षोदय अवहित्था संचारी, पूर्ण कृपा अनुभाव मानिनी नायिका, काव्यलिंग अलंकार।

नर० : सषी को विनय, सषी को वचन नायका सो, हे राधे तैं रोष कै मिस करिकै रुष कौ रूषी करी है, अरु मुष तेहू रुषोहे वैन कहति है, पै ए नेह करिकै जो चीकने नेत्रां हैं, रूषे कैसे करत भए जात हैं, सो आश्चर्य है – [307]

कृष्ण० : यह नाइका परकीया लक्षिता रुषाई करि सषी सौ दुरावति है पै प्रीति के नेत्र देषि सषी नाइक सौ कहति है –

> **भ्रकुटी मरोरि मुहु मोरि रोस मिस करि ऊपर रुषाई साधि कहै रूषे वैन है। आलिन को यह पनु प्रीतिही को धरै तनु कैसेऊ दुरैवो कछु इनसो दुरै न है। हरि के सनेह सानी कैसे धौ रहत छानी कहै देति प्रगट छवीली छवि ऐन है। रूषो रुष करि रूषी वानि ठानि वैठी पर रूषे कैसे होत नेह चीकने ए नैन है [कृष्ण० ४१५]**

हरि० : मान छोड़ावति सषी वाक्य, रुष तोर रूषी रुच्छ है, मिस छल को रोस, कोप, मुष मै है, और रूषे वैन, वचन, कहति है, रूषे रुच्छ क्यों करि होत हैं ए नेह सों चीकने नैन, चीकनो सो रूषो होत है, विरोधाभास।

— ⋆ —

पति रितु औगुन गुन वढत। मान माह कौ सीत। जात कठिन ह्वै अति मृदौ। रमनी मन नवनीत [४१६] [308]

---

306 रुष – रुषि - न०। रूषी – रूषो - पा०; रूषे - भा०। मिस – मिसि - शि०वा०मु०। मुष – रुष - शि०मो०मु०। कहति – कहत - शि०पा०मो०गा०स०भा०नी०। रुषौहे – रुषौंहें - उ०; रुषोहै - को०; रुषोहैं - शि०; रुषोहें - मो०; रुषोहे - न०स०; रुषौहे - भा०; रुषोहै - मु०; रुषौंहै - ह०। वैन – वेंन - मो०; वैंन - स०मि०ह०। रूषे – रुषै - शि०। कैसे – कैसै - उ०को०वा०गा०भा०; केसै - शि०; कैसैं - न०मि०मु०। ए – हैं - शि०; है ए - वा०; ये - पा०गा०भा०नी०; है - मो०; ऐ - न०। नेह – सहज - उ०; मेह - गा०। चीकने – हसौंहे - उ०; चीकनै - वा०मि०। नैन – नैंन - उ०को०स०ह०; नेंन - मो०मु०। [४१५]

307 नर० प्रतियों में कृष्ण० का समान उदाहरण कवित्त छंद है।

308 रितु – रतु - को०नी०; रति - शि०वा०वे०; रित - न०गा०स०। औगुन – ओगुन - उ०को०वे०स०; ऽओगुन - वा०; ओगनु - मो०। वढत – वढतु, 'च' पर 'ब' - उ०; वा - मो०; वढतु - भा०नी०। मान – मांनु - उ०स०मि०; मांन - वा०न०वे०मु०; मानि - मो०; मनौ - भा०। माह – मांह - नी०। कौ – को - मो०वे०भा०ह०। सीत – सीतु - उ०भा०नी०। जात – जाति - मो०न०गा०मि०मु०; जातु - भा०नी०। ह्वै – अति - न०स०। अति – ऽति - वा०; ह्वै - न०स०; (लुप्त) - गा०। मृदौ – मदो - को०; मृदों - वा०; मृदू - मो०; मृदो - न०स०; मृदुं - वे०; मृदु - गा०; प्रदौ - मि०; मृदौं - मु०; म्रदौ - नी०। रमनी – रवनी - भा०मि०मु०नी०; रिमनी - ह०। मन – मनु - उ०भा०मि०नी०। नवनीत – नवनीतु - उ०नी०; जवनीतु - भा०। दोहा लुप्त - पा०। [४१६]

پت رت اوکن کن بدہت مان ماه کو سیت • جات کتہن ہوي ات مردو رمني من نونیت [ظا• ٤١٦]

अन० : सषी की उक्ति सषी प्रति, मान वर्णन, विषम काव्यलिंग की संसृष्टि, अन्य रंगु कारन ते जहां काज आनि रंग जाइ। उद्यम कीजै भलेन को होय वुरो फल आइ॥ असदृष को जहं वरनिए एक ठौर जहं लाइ। अलंकार यह विषम जु त्रिविध दियो दिषाइ॥ अर्थ समर्थन कीजिए जहां जुक्ति सो मित्र। काव्यलिंगभूषन तहां भाषत वुद्धि विचित्र॥

नर० : प्रस्ताविक, कवि विहारीदास कहतु है कि पति के औगुन तै तो मान वढै है, अरु गुन ते जो रवनी कौ मन कठिन ह्वै सो अति कोमल होतु है, अरु और माह की जो रित है तिनके गुन तै तो सीत वढै औ औगुन ते जो नवनीत क० माषन कठिन ह्वै सो अति नरम ह्वै है –

> **हे मेरे लाल न व्याकुल वाल न आजु तो गाम गुमान चढै है। नाह के औगुन मान वढै सुनि औरति के गुन सीत वढै है। जुवती मन माषन ये दोऊ कोमल जात कठिन ह्वै लेति गढै है। जो तुम वेग चलो तो मनाइ ल्यो वाही के देह मै मान मढै है** [नर० ४१६]

कृष्ण० : यह प्रस्ताविक, कवि की उक्ति, नाइकाभेद मै सषी कौ वचन नाइक की सषी सौ कि नाइक के औगुन ते नाइका कौ मानु कठिन होतुही है –

> **ऐसे पति औगुन तै वहुत है मानु जैसे रितु गुन शिशिर को शीतु सरसातु है। मान के भए ते तिय मनु कठिनातु त्यौही सीत के भए ते नवनीतु कठिनातु है। दोउन को जीउ अति मृदु है सुभाउ औरै भाति प्रकृति को भाउ दरसातु है। कहै कविकृष्ण रीति जानत प्रवीन यहै विनयतु ताई तै तुरत पघिलातु है** [कृष्ण० ४१६]

हरि० : भाषा मै रितु स्त्रीलिंग है, पति सों रूपक जोग नहीं, पै संस्कृत मै पुरुष है, यह रीति लीनी है, पति सों रितु है, औगुन और नायिका को संग सों मान वढत है, रितु के गुन सों माघ को सीत वढतु है, अति कोमन है रमनी, नायिका, ताकौ मन औ नवनीत, माषन, सो कठोर होय जात है, कवि की उक्ति पति सों, रूपक, वढिवो एक क्रिया लगै है, याते दीपक भी जानिए।

— ★ —

त्यौं त्यौं प्यासेई रहत। ज्यौं ज्यौं पियत अघाइ। सुगुन सलोने रूप की। जु न चष तृषा वुझाइ [४१७] [309]

309 त्यौं त्यौं – त्यों त्यों - को०मो०वे०गा०; ज्यौं ज्यौं - शि०मु०; ज्यौ ज्यौ - वा०; त्यो त्यो - पा०; त्यौ त्यौ - भा०। प्यासेई – प्यासेइ - वा०; प्यासेही - मि०। रहत – रहैं - न०; रहै - वे०गा०स०भा०मि०। ज्यौं ज्यौं – यौं यौं - को०; त्यौं त्यौं - शि०मु०; त्यौ त्यौ - वा०; ज्यो ज्यो - पा०; ज्यों ज्यों - मो०वे०गा०स०; ज्यौ ज्यौ - भा०। पियत – पिवत - को०वा०; प्रीत - शि०; पीयत - मि०; पीयति - मु०। अघाइ – अघय - को०वे०; ऽघाइ - वा०; अघांइ - मो०; अघाय - गा०मि०मु०ह०। सुगुन – सगुन - गा०भा०ह०; सुगन - मि०मु०। सलोने – सलौंने - उ०न०; सलुने - को०भा०; सलोनें - शि०; सलौनें - वा०; सलोंने - गा०ह०; सलौनै - मि०। की – कौं - उ०नी०; को - मो०; कौ - मि०। जु न – ज न - शि०मु०; ज नु - वा०मि०; नहि, हाशिए पर 'जु न' - पा०; जनि - ह०। चष – चषु - वा०। तृषा – त्रिषा - शि०पा०गा०स०; त्रषा - मो०मि०नी०। वुझाइ – वुझाय - को०मि०ह०; वुझांइ - मो०। पद विपर्यय; चतुर्थ यति, 'त्रषा न मूल वुझाइ' - भा०। [४१७]

تيو تيون پياسي رہت جيون جيون[310] اكہاي ٠ سوكن سلوني روپ كو جو نا چكہ تركہا بجہاي [ظا٠ ٤١٧]

अन० : उक्ति परकीया की अथवा नायक की वचन अनुभाव ते वितर्क संचारी ते पूर्वानुराग व्यंगि, श्लेष वक्रोक्ति विशेषोक्ति अलंकार, और वात मै औरही अर्थ करै जहं जानि। सो श्लेष शुद्ध है भांति वक्रोकति उर आनि॥ सव कारन काज न सरै उक्ति विसेष हिय मै धरै।

नर० : साक्षात दर्शन, नायका कौ वैन सषी सो, हे सषी ज्यौं ज्यौं मेरे चष अघायकै पियतु हैं त्यौं त्यौं प्यासेई रहतु हैं, पै नायक के सगुने सलोने रूप की अजौं तृषा वुझति नांही है –

> **ज्यों ज्यों अघाइ पियै तै सुनौ हर त्यो त्यो मो नैन जु प्यासे रहै है। काह करौ कित जाउ अहो सुनि मो दृग मोहे को क्यों न वहै है। है सुगुनो ओ सलोनो तो रूप जु मो जिय तो जिय मांझि रहै है। मो दृग क्योंहूं त्रिषा न वुझै सुनि रैन दिनादिन नीर वहै है** [**नर०** **४१७**]

कृष्ण० : इह नाइका के नेत्र लागे हैं, सो सषी सौ कहति है –

> **हरि मुष चंद त्यो चकोर मेरे ह्वै रहै जानि लोचनकमल गति भोर की गहत है। देषतहू देषत रहत दिषसाध लगी होत अनिमेष जौ विसेष उमहत है। टौने कछु प्रानप्यारे कौ सलोनो रूप ताते न वुझति तृषा कल न परति है। तृपति न होत क्योहू माई री नैन मेरे पियत अघाइ त्यौ त्यौ प्यासेई रहत है** [**कृष्ण०** **४१७**]

हरि० : परकीया नायिका, किंवा नायक की हकीकति सषी सषी सों कहति है, ज्यौं ज्यौं रूप को अघायकै पियत है, सादर देषिकै तृप्त होत है, तौ भी प्यासेई रहत हैं दंपति, देषिवे की चाह सों भरेई रहत हैं, सगुन मोहनादि गुन सहित है, सलोनो ल्याय अन्य सहित रूप जो को अर्थ, ताकी जो है तृषा, चाह, सो चष, नेत्र, में नहीं वुझाय है, नहीं मेटै है, लोक प्रसिद्धि भी है, लोन सों प्यास वहुत लागै है, अघायकै पीवत है, प्यासे रहत है, यह विरोद्ध सो है, विरोधाभास अलंकार, भासै जहां विरोध सो कहै विरोधाभास।

— ★ —

अरुन वरन तरुनी चरन। अंगुरी अति सुकुमार। चुवति सुरंग रंग सी मनौ। चपि विछियन के भार [४१८] [311]

---

[310] हाशिए पर ٠ظا - كہاي

[311] अरुन – ऽरुन - वा०। वरन – वरुन - मि०मु०। तरुनी – सरोरुह से - पा०। अंगुरी – अगुरी - पा०न०मि०; अंगुरि - भा०। अति – ऽति - वा०। सुकुमार – सुकुमारि - को०भा०; सुकमार - वे०। चुवति – चुवत - शि०पा०वा०वे०मि०ह०। सुरंग – सुरंगु - को०। सी – सौ, औ पर ईकार - उ०; रंग - पा०; सों - ह०। मनौ – मनों - उ०शि०ह०; मनो - को०पा०मो०; मनौं - वा०; मनों - वे०गा०। चपि – चपिं - उ०; चंपि - शि०न०; चप - गा०; चिप - स०। विछियन – विछुअन - को०; विछीयन - शि०; विछुवन - पा०; विछियनि - वा०; विछियन - मो०; विछियनु - न०गा०भा०; विछयन - वे०; वंछियन - मु०; विछुवनि - ह०। के – कै - उ०को०वे०; कैं - वा०। भार – भारि - भा०। प्रथम यति, 'अरुन सरोरुह कर चरन' - मो०। [४१८]

ارن برن ترني چرن انکوري ات سکمار • چو وت سورنک رنک سو منون چپ
بچھون کے بہار [ظا• ٤١٨]

अन० : सषी की उक्ति नायक सो होइ तो दूतत्व व्यंगि, साक्षात दर्शन नायक को होइ तो वचन अनुभाव वितर्क संचारी ते अनुराग व्यंगि, उत्प्रेक्षा अलंकार।

नर० : पदांगुली सोभा, सषी को वैन नायक सो, हो कान्हजू, राधा के चरन कौ रातो वरन है, ताकी आगुरी अति सुकुमार है, सो मानो विछियनु के भार तें चपिकै सुरंग रंग सी चुय रही है –

> **है अति तामर रंग भली विधि छाजत है तरुनी पग नीकै। अंगुरि आछी लसै सुकुमारता रही अनुराग अवै मन पी कै। सुंदर गीत वनी अवदात सु देषत और लगै सव फीकै। मानौ चपी विछुआन के भारन रंग सुरंग स्रवै उनही कै** [नर० ४१८]

कृष्ण० : इह चरन अंगुरीन सी सोभा नाइक सषीन सौ कहत है, नाइकाहू सो कहै–

> **मंद गति हेरे कलहंस न लहत कल समद गयंदनु को गरव गरतु है। कृष्ण प्रानप्यारे चारु चरननि हार वाके जलज समूह जिय आजही धरतु है। अति सुकुमार तरुनी की पग अंगुरीन ऐसी अरुनाइ कौ उजास उघरतु है। मेरे जानि पर्‌यौ विछियानि कौ अपार भार ताहि ते उमंग रंगु निचुरो परतु है** [कृष्ण० ४१८] [312]

हरि० : सषी वचन नायक सो, आछिप्त दोहा है, अरुन रंग नायिका के चरन हैं, अंगुरी अति सुकुमार है, विछियन के भार सो चपिकै सुरंग, लाल अंगुरी ताको रंग से चूवत है मानौ, किंवा अंगुरी को विसेषनही कियो, लाल रंग चूवै है, सो पाद पूर्नार्थ, मानो को अन्वय क्रिया सो है, अनुक्तास्पद वस्तूत्प्रेक्षा।

— ⋆ —

मोरमुकुट की चंद्रकनि। यों राजत नंदनंद। मनु ससिसेषर की अकस। किय सेषर सत चंद [४१९] [313]

---

312 भा० प्रति में यहाँ कालिदास की छाप सहित यह छंद है –

रानी ठकुरानी सोई चंदनी विछौनन पै पग अंगुरीनु छलकत छवि जाल है। कालिदास जावक मै ज्योति कहा पावक मै देषि भेष भए ब्रजनाइक निहाल है। रजत वलित विछियानि के वदन पर कलित भए जो ललित नष लाल है। मोतिनु के विरह विसूरि सो सुकुमारि मानौ लाल चुनी चापि रहे चोचिनु मराल है [भा० ४१८]

313 मोरमुकुट – मोरमुकट - मो०वे०स०मु०नी०। चंद्रकनि – चंद्रिकन, 'न' में इकार तथा उकार - उ०; चंद्रिकनि - पा०न०नी०; चंद्रका - वे०गा०; चंद्रकन - स०; चंद्रिका - भा०; चंद्रकनु - मि०; चंद्र, 'कनि' पार्श्व पर - मु०। यों – यौ - वा०भा०मि०; यो - पा०न०गा०; यौं - स०मु०नी०। राजत – राजति - न०भा०ह०; राक - स०। नंदनंद – नंदनंदु, 'नंदु' भिन्न क़लम से - उ०; नंदनंदु - मो०न०; नदनंद - भा०; नदनंदु - मि०; नंदनंद्रनु - नी०। मनु – जनु - पा०; मानहु - मो०; मनौ - वे०; मनों - गा०स०मु०। ससिसेषर – शशिशेषर - पा०भा०; ससिशेषर - स०। की – (लुप्त) - मो०। अकस – अकसि - उ०मो०। किय – कीये, एकार पर काटने का चिह्न - शि०; 'किये' मूल में, इसे ओकार की मात्रा बनाने के लिए खड़ी पाई बाद में - पा०; कीय - मो०; किये - न०भा०मि०नी०; कीये - गा०मु०। सेषर – ससेसेषर - वा०; सिषरु - न०; शेषर - स०; शिषिररे - भा०; सषर - मु०नी०। सत – (लुप्त) - वा०; शत - पा०न०भा०; स० - मि०। चंद – चंद्र - पा०; चंदु - मो०न०मि०नी०। [४१९]

مور مکت کي چندرکن یون راجت نند نند • منون سس سیکہر کي اکس کئیے سیکہر ست چند [ظا• ٤١٩]

अन० : षंडिता को वचन नायक सो, मुकुट मोर की चंद्रकनि सेषर सेत यथार्थ चंद कियै, ससिसेषर की अकसि यों राजति मानहु, इति परिहास वचन, तात्पर्य कहावे साधारने ते सादृश्य होत नाहीं, ससिसेषर काम के जेतवार रहे, तुम तो काम के अधीन हौ, इति ध्वनि, उत्प्रेक्षालंकार।

नर० : मुकुट सोभा, सषी को वैन नायका सो, हे राधे, नंदजू के नंदन के मोरमुकुट की चंद्रिका है, सो ऐसी विराजति है कि मनो ससिसेषर क० महादेवजू तिनकी अकस करिकै आपने सिषर परि सो चंद्रमा किये हैं –

> **मोर किरीट वंध्यो सिर सुंदर तापर पेच वनाय दिये है। राजत है अति नंदकुमार षरे वडभाग वडाई दिये है। ऐसो सुहामनो रूप लसै लषि को उपमा कहि काहे हिये है। वे ससिसेषर की अकसै करि सेषर को सत चंद किये है** [नर० ४१९]

कृष्ण० : इह श्रीकृष्ण के मुकुट की शोभा, भक्तवचन, सषी वचन नाइक सो –

> **आज लष्यो व्रजराज कुमार सुदेस सिंगार वने सिगरे है। मोरमुकुट की कौमुदी यौ कविकृष्ण कहै अति सोभि रहे है। रूप की रीझ कही न परै अवलोकि विलोचन मोद भरे है। मान्यौ अकसै ससिसेषर सौ हरि सेषर चंद अनेक करे है** [कृष्ण० ४१९]

हरि० : सषी नायक को अद्भुत रूप सुनायकै नायिका कों मिलायो चाहति है, मोर को जो है मुकुट ताकी जो है चंद्रिका, चंद वा तासों यौं या तरह सौ राजत है सोभत हैं नंदनंद, तहां संभावना करै है, मानों ससिसेषर जो हैं महादेव ससि चंद्र सोहै, सेषर मस्तक विषै जाको तिनकी अकस कहिए, ईर्षा सहि नहि सकै है, जौं भी सिव सों ईर्षा नहीं तो भी मान लीनी, ससिसेषर पद सों यह अर्थ निकर्यौ, सिव ने एक चंद्रमा धार्यौ है, तो मित्र आपने मस्तक को सतचंद्र करौं, या ईर्षा सों सेषर सतचंद किए, कोई कहै है सिव नै काम वैरायो है, श्रीकृष्ण ने उपजायो ईर्षा, यह तौ व्रजलीला है, तव काम की उत्पत्ति नहीं, नचेत कहौ कई वार लीला प्रगट होति है, तव काम उपजवे की ईर्ष्या क्यौं कही, वानासुर के जुद्ध की ईर्षा क्यौं न कही, हेतु अकस, मोरचंद्रिका में ससि की उत्प्रेक्षा, असिद्धास्पद हेतूत्प्रेक्षा।

— ★ —

अधर धरत हरि के परत। ओठ डीठि पट जोति। हरित वांस की वांसुरी। इंद्रधनुष रंग होति [४२०] [314]

[314] अधर – अधर २ - उ०; अरध - गा०। धरत – (लुप्त) - उ०; धरति - मि०। हरि – हर - वे०; हर, 'र' में इकार बाद में - स०। के – कैं - उ०। परत – परतै - वे०; परति - भा०मि०नी०। ओठ – औठ - उ०शि०वा०न०गा०मु०ह०; वोठ - पा०मि०; ऊठि - मो०; दीठि - भा०। डीठि – दीठि - उ०; दीठ - को०शि०न०वे०गा०मु०; ददीठ - स०; ओठ - भा०। जोति – ज्योति - को०वा०मो०; ज्यौति - शि०; ज्योत - मु०। हरित – हरत, 'र' में इकार बाद में - वा०; हरिति - न०; हरत - वे०गा०। वांस – वास - पा०भा०; वासु - मो०मि०; वंस - न०। वांसुरी – वांसरी - शि०वा०न०स०; वासुरी - पा०भा०मि०। इंद्रधनुष – इंद्रधनष - गा०मि०। रंग – द्युति - मो०; रंगु - न०; दुति - भा०; सी - ह०। होति – होत - को०मो०स०। [४२०]

ادہر دہرت ہر کین پرت اوتہ دیتہ پت جوت ۰ ہرت بانس کي بانسري اندر دہنک رنک ہوت [ظا۰ ٤٢٠]

अन० : इहां जो नायका की उक्ति होइ तौ शृंगार व्यंगि होइ, पूर्वानुराग गुनकथन ते व्यंगि, रति को अनुभाव है, वचन उक्ति सषी प्रति, तद्‌गुण अलंकार।

नर० : वंसरी सोभा, सषी को वैन नायका सो, हे राधे, हरीयै वांस की वांसरी श्रीहरिजू अधर पर धर्‌यो है, ओठ की अरु दीठ की अरु पट्ट की जोति परी सो इंद्रधनुष कौ रंग सो भयो है –

> **धारतही अपने अधरा परि सुंदर सोहनी तानन वाजै। ओठ षरे अवदात है लालन ताकी ललाई नवी छवि छाजै। सांवरी दीठ परी पियरे पट ज्योति जुरी लषिकै दुति लाजै। वांसुरी वांस हरे की वनी मघवाधनु रंग के रंगनि राजै** [नर० ४२०]

कृष्ण० : इह नाइका श्रीकृष्ण को मुरली वजावते देषि रीझि मे है सु वह सोभा भांति भांति करि कहति है –

> **अलि देषि री वानिक सौं वनिकै ब्रजराज कौ लाडिलो आवतु है। मुषचंद की चारु मरीचनु सौ वलि नैन चकोर सिरावतु है। जव दीठि को ओठनु को पट को मुसिकानि को रंग मिलावतु है। तव वांसुरी वांस हरे की लला सुरचाप को रंगु दिषावतु है** [कृष्ण० ४२०]

हरि० : सषी आश्चर्ज सोभा सुनायकै मिलायो चाहति है, जव वांसुरी को अधर विषै ओठ विषै धरत है तव हरि के ओठ की डीठि की पट की जोति परति है, तव हरित वांस की जो है वांसुरी सो इंद्र के धनुष समान होति है, इंद्र को धनुष जो मेघ मै उगै है तामे भी अनेक रंग हैं, इहां तद्‌गुन अलंकार है, तद्‌गुन तजि गुन आपनो संगति को गुन लेइ, जो कहिए औरि गुन यामे आए हरित गुन को त्याग नहीं भयो तौ उपमा भी है, धनुष उपमान वांसुरी उपमेय सी वाचक, साधारन धर्म को लोप है।

— ⋆ —

प्रीतम दृग मीचत प्रिया। पांनि परस सुष पाइ। जानि पिछानि अजान लौ। नैक न होति जनाइ [४२१] [315]

پریتم درک مہچت پیا پان پرس سکہ پاي ۰ جان پچہان اجان لون نیک نہ ہوت لکہا [ظا۰ ٤٢١]

[315] प्रीतम – पीतम - पा०मो०वे०स०भा०मि०नी०; प्रीतिम - गा०। दृग – द्रिग - शि०न०वे०मु०; द्रग - भा०मि०नी०। मीचत – मिहचित - उ०; मिहिचत - मो०; मीचति - गा०; मिहचत - भा०मि०नी०; मिहचति - मु०। प्रिया – प्रीआ - शि०; पिया - वा०मो०मि०; प्रीया - न०। प्रथम यति ‘दृग मिचत प्रीतम प्रिया’ - को०। पांनि – पान, ‘न’ में इकार बाद में - को०; पनि, ‘प’ पर दीर्घ सूचक चिह्न - शि०; पानि - पा०भा०ह०; पांन - न०वे०गा०स०; पान - मि०। परस – परस्प - वा०; परसि - पा०। सुष – सुषु - उ०नी०; स्सुष - पा०। पाइ – पाय - को०मि०ह०; पाई - मो०नी०। जानि – जांनि - उ०को०वा०न०मु०; जांन - वे०गा०स०। पिछानि – पिछांनि - उ०वा०न०मु०; पिछान - शि०; पिछांन - वे०गा०स०मि०; पिछांनैं - नी०। अजान – अजांन - उ०न०वे०गा०स०मु०; ऽजांन - वा०; जांनि - मु०। लौ – लौं - को०न०मि०मु०; लों - शि०वा०मो०वे०गा०स०ह०; लो - पा०। नैक - उ०वे०मि०नी०; नेंक - को०शि०वा०; नेकु - पा०; नेंकु - मो०ह०; नेक - न०भा०; नैन - गा०; नैंक - स०; नैंकु - मु०। होति – होत - को०मु०; होतु - पा०मो०; करति - न०; करत - वे०गा०स०। जनाइ – जनाय - उ०को०मि०; लषाइ - शि०वा०; जनाई - मो०नी०; लगाइ - वे०; नलाइ - गा०; नलाइ - स०; लषाय - ह०। [४२१]

अन० : सषी की उक्ति सषी सो, नाइका परिहास करति है, नायक के हर्ष, पर्यायोक्ति अलंकार।

नर० : जनी के घर कौ मिलन, सषी को वैन सषी सौ, हे सषी, भरतार राधिका के नेत्र आनिकै मीचे सो पानि क० हाथ तिनके परस ते सुष पायो, सो जानि पिछनि है पै अजान ह्वैकै नेकही जनाव करति नाहीं है –

आइकै प्रीतम मीचि रहे द्रिग ऐसे अनेक वनाव वनावै। राधिका कान्ह के पानि छुये तव आपने जीय महासुष पावै। कै कै टराटरी षेल करै अति काहु लषै नहि ऐसेही धावै। जान पिछान अजान लों नेक निहारि रही नहि होत जनावै [नर० ४२१]

कृष्ण० : जाति वर्णन, दांपत्य चेष्टा सषी को वचन सषी सो –

षेलत मै कछु पाछिली घातै अचानकही चलि आयो विहारी। मूदिकै प्रानपियारी के नैन रह्यो चुप ह्वै रसरीति सचारी। जद्दपि वा मनमोहन कौ कर लागतही उमग्यो सुष भारी। तद्दपि जानिकै आपनी गौंहि अजान भई व्रषभानदुलारी [कृष्ण० ४२१]

हरि० : प्रीतम के दृग प्रिया मीचति है, किंवा प्रिया के दृग प्रीतम मीचत है, पानि, हाथ, ताकौ जो है परस तासौं जो है सुष ताको पाय करि किंवा परस सुष सों पानि को पाय को जानिकै, पाय को अर्थ जानिवो भी है, यह वात पाइ नाम जानी, जानि पिछानि अजान की तरह, नैकु, थोरो भी, लषाय, जाहिर नहीं होत है, नायिका पच्छ में होति, नायक पच्छ में होत पाठ पढिए, लषाय पद षैंचिकै लगै है, अजानै है मानौ, अनुक्तास्पद वस्तूत्प्रेक्षा।

— ★ —

देषो जागत वेसिये। सांकर लगी कपाट। कित ह्वै आवत जात भजि। को जानै किहि वाट [४२२] [316]

ديکهون جاکتو ويسئي سانکر لکي کپات • کت هوي اوت جات بهج کو جاني که بات [ظا• ٤٢٢]

अन० : परकीया नायिका की उक्ति सषी सो, वितर्क स्वप्न मोह चिंता चपलता स्मृति संचारी, वचन अनुभाव ते पूर्वानुराग व्यंगि, स्वप्न दर्शन के विषै जाग्रत अवस्था को सादृस करि कहति है, विभावना अलंकार।

नर० : स्वप्न दर्शन, नायका कौ देषि सषी सौ, हे सषी, मैं जागकै देषौ तौ कपाट कौ सांकल वैसीही भांति लागी है, सो या वात कौन जानै कि किहि भांति ह्वै आवतु है अरु किहि मारग ह्वै भाग जातु है –

[316] देषो – देषौ - न०गा०स०भा०मि०मु०नी०; देषै - शि०; देष्यौ - वा०; देषों - ह०। जागत – जागित - उ०; जागितो - को०; जागति - न०गा०मि०; जागितौ - भा०; जगतौ, 'ग' में इकार बाद में - नी०। वेसिये – वैसिये - को०; वेसीइं - शि०; वैसियैं - वा०; वैसियै - पा०न०स०भा०; वैसीयै - मो०वे०गा०; वैसई - मि०; वैसैइ - मु०; वैसिए - ह०। सांकर – सांकरि - को०; संकर - शि०; साकर - वा०पा०। लगी – लागि - नी०। कपाट – नपाट, 'न' पर 'क' संशोधन - उ०; कपट, 'प' पर दीर्घ सूचक चिह्न - वा०। आवत – आवतु - उ०; आवति - मि०। जात – जातु - उ०; जाति - मि०। भजि – भज - न०वे०गा०स०। को – का - उ०; कौ - वा०मु०ह०। जानै – जानौं - उ०; जनें, 'ज' पर दीर्घ सूचक चिह्न - को०; जांनै - वा०न०वे०गा०; जाने - मो०; जांनैं - मु०; जानैं - ह०। किहि – कीहि - को०; किंहि - स०; केहि - नी०; किहिं - ह०। [४२२]

देषो तौ जागिकै वैसियै सांकर आगेही जैसी की तैसी रही है। दोऊ किवार लगे पुनि या विधि पोन लग्यो नहि पैठत ही है। जानै को वात कहा कहियै सषी आपनी जीय मै मोन गही है। आवत है कित होय कहो भज जात कितै कर वाटनही है [नर० ४२२]

कृष्ण० : इह स्वप्न दर्सन, नाइका सषी सौ कहै है –

रंचक नीद परै जवही तवही ढिग आनि टिकै षगिकै। हेरि हसै रस कौ वरसै वतराइ महा हित सौ पगिकै। जागौ तौ डीठ परै न कछू अरु त्यौही कपाट रहे लगिकै। यह जानै को आवत धौ कित ह्वै पुनि जात कवै कितकौ भजिकै [कृष्ण० ४२२]

हरि० : परकीया नायिका की उक्ति, वितर्क स्वप्न मोह चिंता चपलता संचारी, वैसियै जैसी मैं लाई तैसीए, कौन जानै कहां होय आवत है, औ कौन वाट ह्वै भाजि जात है, कपाट आइवे जाइवे को प्रतिवधक है, तौ भी आवनो जावनो भयो, विभावना तीसरी, प्रतिवंधक के होतहू कारज पूरन जानि।

— ⋆ —

ज्यौं ह्वैहौ त्यौं होउगौ। हो हरि अपनी चाल। हठ न करौ अति कठिन है। मो तारिवो गोपाल [४२३] [317]

جیون ہویہي تیون ہویکو ہو ہر اپني چال • ہتہ نہ کروات کتہن ہي مو تاربو کوپال
[ظا • ٤٢٣]

अन० : मुमुक्ष को वचन अनुभाव ते सांतरस व्यंगि, उत्प्रेक्षा अलंकार। साभिप्राय विसेष्य जहं परिकर अंकुर सोइ। गुपाल पद साभिप्राय, पसुपालक जो होइ सो अपनो हठ छोडे न कैसे तुम तारोगे इति आशय, वा सिच्छा वचन दूति को नायक प्रति, गुपाल राधिका के तारिवो दुषसमुद्र इति उपरितः मोहि कठिन है, तुम हो हरि अपनी चालि हठ न करो, कुचालि छोडो, ज्यों ह्वैहै सो होहिगी जैसी पूर्व प्रसन्न है त्यो होहिगी, पै तुम अपराध करत हो इति।

नर० : भक्तजन कविविहारीदासु कहत है हो हरि ज्यों तारहै त्यौ ह्वैही गो जौ अपनी चाल है त्यौं हो गोपाल तुम हठ करो मति ना, मेरौ तारिवौ अति कठिन है –

आगे ज्यो ह्वैहौ वही विधि होउगो हो हरि आपनी चाल लियेही। सो संग लाग रही है कुटेव छुटै नहि कोरि उपाय कियेही। छाडो न क्यों हठ नंदकुमार मो तारिवो है कठिनाई लियेही। ज्यों विष की विषमाई घटै न मिटै मधु की पुट लाय दियेही [नर० ४२३]

317 ज्यौं – ज्यों - को०मो०वे०गा०स०; जौं - शि०; ज्यो - पा०; जो - न०; ज्यौ - भा०। ह्वैहौ – ह्वैहो - को०; ह्वैहै - पा०मो०न०वे०गा०स०मु०; ह्वैहौं - मि०ह०। त्यौं – त्यों - को०मो०गा०स०; त्यौ - शि०मि०नी०; त्यो - पा०; तों - वे०; त्यौ - भा०। होउगौ – होहुगो - को०; होइगौ - शि०मि०; हौगौ - वा०; होइगो - पा०मु०; होहिगी - मो०; होउंगो - न०ह०; होंउगो - वे०; होइगौ - गा०; होउगो - स०भा०; हौंउगौ - नी०। हो – हौ - वा०भा०मि०नी०; हो - पा०; हों - स०। हरि – हर - वे०। अपनी – आपनी - गा०। चाल – चालि - मो०गा०। हठ – हठु - उ०नी०। करौ – करो - को०शि०मो०वे०मु०। कठिन – कठन - शि०। है – हे - उ०; हैं - शि०मो०नी०; ह्वै - वा०। मो – मोहि - मो०। तारिवो – तारिवौ - उ०न०मु०नी०; तरिवे - पा०; तारवो - वे०स०; त्यारवौ - मि०। गोपाल – गुपालु - उ०; गौपाल - वा०; गोपालि - मो०; गुपाल - न०वे०गा०मि०नी०। [४२३]

कृष्ण० : यह भक्त कौ वचन अपनौ पाप करिवे कौ पनु, भगवान कौ उधारिवे को पनु, उपाव लसै प्रगट करतु है –

> **हौ उनकी गनती मै न हौ प्रभु जे तुम तारे ते आपनी गौही। कृष्ण कहै गनतै न वनै कछु पापिन की परमावधि हौही। होनी है जो कछु ह्वैहै वहै गति मेरियै चालि कुचालिनु सौही। षेल न है प्रभु मेरो उधारिवो भूलि न कीजै वृथा हठ यौही** [कृष्ण० ४२३]

हरि० : ज्यौं जैसे होहुगो तैसे होहुगो, हे हरि हों कहिए मैं अपनी चाल सों करनी सौं, हठ मति करौ, अति कठिन है मोको तारिवो, हे गोपाल, निषेधाभास आक्षेपालंकार।

—★—

करौ कुवत जग कुटिलता। तजौ न दीनदयाल। दुषी होहुगे सरल हिय। वसत त्रिभंगी लाल [४२४] [318]

کرو کوبت جک کوتلتا تجون نہ دیندیال ۰ دوکھی ہو وکي سرل ہي بست ترہنکي لال
[ظا۰ ٤٢٤]

अन० : मुमुक्ष को वचन प्रभु सों, करुणारस भक्त को, श्लेष परिकुरांकुर अलंकार की संसृष्टि।

नर० : भक्तजन वाक्य, कवि विहारीदास कहतु है, हे दीनदयाल मेरी संसार कुवत क० निंदा करो पर मेरो कुटिल गति है, सो छोड़ूं नहीं सो क्योंकि त्रिभंगीलाल मेरे तन मै वसो हो, मै सरल तन ह्वैगो तो दुषी ह्वैहो सो याते –

> **वात कुवात करो सगरी लषि आपनी चाल छुटै नहि मो तै। और करो कुटिलाई घनी जग लच्छिन ताहि आगै सव को तै। आपनि दीनदयाल विसाल हो रंचक रीति छिपै नहि जो तै। होहुगे दुष्षित लाल त्रिभंगी निवास हियै सरलाई कै होतै** [नर० ४२४]

कृष्ण० : भक्त को वचन भगवान सौ –

> **चाहत हौ अपनै हिय मांझ वसायौ तुम्है प्रभु जैसेहु तैसे। क्यो न कुवात करौ सिगरो जगु मो चित एकहू आवै न वैसे। हो कुटिलाई तजौ न कृपानिधि जानत हौ अपने जिय ऐसे। दीनदयाल कहावत हौ उर सूधो भये वसिहौ तुम कैसे** [कृष्ण० ४२४]

हरि० : जगत हमारी कुवत, निंदा, करौ, हे दीनदयाल हौं कुटिलता, टेढाई को नहीं तजौं, हे त्रिभंगीलाल, तीनि ठौर के टेढे तुम हौ, ग्रीवा कटि चरन, सूधे हृदय के वसत कै दुषी होहुगे, टेढी तरवार को टेढोई म्यान चाहिए, तुम दीनदयाल हौ, हम दीन हैं, औ औगुन हम छोडे कुटिलता तुम्हारे

---

[318] करौ – करो - को०शि०वा०मो०वे०मु०; कोटि - पा०। कुवत – करौ - पा०; कुवति - मो०गा०। जग – जगि - न०; जगु - नी०। कुटिलता – कुटिलगत - न०; कुटलता - वे०स०; कुटलिता - गा०; कुटलता - नी०। प्रथम यति, 'कोटि करौ तौ कुटिलता' - भा०। तजौ – तज्यौ - को०शि०; तजों - वा०; तज्यों - मो०; तज्यौं - न०; तजो - वे०ह०; तजौं - स०। दुषी – ?षी - शि०। होहुगे – होइउंगे - वा०; होहिगे - वे०; होंहुगे - गा०। हिय – हीय - शि०गा०; हुय - न०। वसत – वसति - गा०। त्रिभंगी लाल – तृभंगी लाल - न०; त्रभंगी लाल - भा०। दोहा लुप्त - मि०। [४२४]

सुष पाइवे के लिए राषी है, कोई कूवरी को वचन लगावै है, समालंकार, अलंकार सम तीनि विधि जथाजोग को संग, किंवा कुटिलता को नहीं त्याग को दृढ करै है, काव्यलिंग।

— ⋆ —

निज करनी सकुचेहि कत। सकुचावत इहि चाल। मोहू से नित विमुष त्यौं। सनमुष रहो गोपाल [४२५] [319]

نج کرني سکوچیہ کت سکوچاوت انہ چال • موہو سے نت بموکہ تیون سنموکہ رہو کوپال [ظا• ٤٢٥]

अन० : मुमुक्ष को वचन प्रभु सों, करुणा रस, दीनता संचारी, वचन अनुभाव ते विषमालंकार।

नर० : भक्तजन कवि विहारीदास कहतु है, हो श्रीगोपाल आपनी करनी तातै क्यौं सकुचत हौ और यौ मारग क्यौं सकुचावते हौ जौ मो सार सौ नित विमुष हैं तिनकी तरफ सन्मुष ह्वैकै रहौ –

आप भली करनी सकुचौ कत राजतो आपनी चाल धरो हो। और अनेक अधम्म जु धारत
पाप पजार कै छार करो हो। मोसै विमुष्ष की ओर सनम्मुष रहै मन रंचक संक भरो हो।
चालत है सकुचावत है इह मेरी तऊ तुम दुष्ष हरो हो [**नर०** ४२५]

कृष्ण० : यह भक्त को वचन, अपनी विमुषता भगवान कौ भक्तनि सौ सनमुष रहिवे कौ पनु सु प्रगट करतु है –

जानि परै न तिहारी प्रभू गति वेदहू नीके कै भेद न पावत। संग फिरै व्रजग्वालनि के मुनि
पावै न ध्यान समाधि लगावत। एक तौ हौ अपनी करतूतिनही सकुच्यौ वहुर्यौ सकुचावत।
हौ तुम सौ नितही विमुषै तुम दीनदयाल न सनमुष आवत [**कृष्ण०** ४२५]

हरि० : संसार मै लोग आपनी करनी सों संकोच करत हैं, हिये, मन, में हम यह आछो काम नहीं कियो यह जो हमारी चाल क्रिया निंदा जोग्य तासों तुम कत क्यौं संकोच करत हौ, मोहू सो अति विमुष त्यौं, हमै सरीषे विमुष हैं, तुमसों मुह फेरि वैठे हैं, हे गोपाल भूमिपालकता सौं तुम संमुष रहौ, हम तौ तुम्हारी ओर देषत हैं नहीं, जौ मैं तुमारी ओर देषौं तो तुमै लाज आवै, औ लाज आवै तौ हमै आवै, तुम्हें क्यों लाज आवै, विमुष सो संमुष कहनौ विरोधाभास।

— ⋆ —

[319] करनी – करणी - उ०मु०। सकुचेहि – सकुचेंहि - शि०; सकुचैंहि - वा०; सकुचहि न - मो०; सुकचैहि - वे०; सुकुचेहि - स०; सकुचैहि - भा०; सकुचेह - मु०; सकुचैहियें - ह०। कत – कित - को०न०वे०स०; कित, इकार मिटाने की चेष्टा - पा०; चित - मो०। सकुचावत – सकुचावति - मो०न०; सुकुचावत - वे०स०; साकुचत - ह०। इहि – यह - को०भा०; इहि, हाशिए पर - पा०; इह - न०स०मु०; ईहि - नी०। मोहू – मोहूं - उ०नी०; मोहु - वा०वे०। से – से, दीर्घ सूचक चिह्न लगाकर काटा गया - को०; सो - पा०; सें - मो०; सौ - भा०। नित – निति - उ०; अति - पा०ह०। विमुष – वमुष - न०। त्यौं – सौं - को०; त्यौ - शि०वा०भा०; सो - पा०; त्यों - मो०वे०। सनमुष – सन्मुष - पा०। रहो – रहित - उ०; रहि - शि०वा०न०स०मु०; रह - वे०; रही - नी०; रहौ - ह०। गोपाल – गुपाल, 'गु' पर गुरु सूचक २ - पा०; गुपालि - मो०; गुपाल - भा०ह०। दोहा लुप्त - मि०। [४२५]

तो अनेक औगुन भरी। चाहै याहि वलाइ। जौ पति संपतिहू विना। जदुपति राषै जाइ [४२६] [320]

تو انیک اوکن بہري چاہي یاہ بلاي ۰ جو پت سنپت ہو بنا جدپت راکہي جاي [ظا۰ [٤٢٦

अन० : संभावना, जा यो होइ तौ होइ, जो तरु वरनिये।

नर० : प्रस्ताविक, कवि विहारीदास कहतु है कि जो पति या माया विना श्रीयदुपति राषि जाय तौ तो साक्षात अनेक औगुन करिकै भरी है, सो या संपति कौ वलाइ चाहत है –

> **सील संतोष षमा विसरावत छांड प्रभू विष थार सचाषै। काहू को आप समान न जानत वैन गरूर भरे मुष भाषै। या विधि औगुन लाष भरी कछु वाहि वलाय धरी अभिलाषै। आपनो जानिकै यादव को पति संपतिहूं विन जो पति राषै** [नर० ४२६]

कृष्ण० : प्रस्ताविक संपति विनाही रहति यह व्यंग्य –

> **औगुन पुंज भरी अति चंचल याहि कहौ जिय कौ अभिलाषै। नंदकिसोर कृपा करिकै वह संपतिहू विन जो पति राषै। या विन काज कछु न सरै सव कोऊ यहै निहचै मत भाषै। जनि यहै चित चाहत याहि उपाइनुकै वहु ताकत आषै** [कृष्ण० ४२६]

हरि० : राजा को भय चोर को भय चित्त विकार को हेतु ऐसे अनेक औगुन सों भरो जो है संपति तौ याको वलाय चाहै, जौ संपति विना भी जदुपति लाज को राषें जाय, तुलसी पत्र चढाय श्रीभगवान को पूजै जो कछु मिलै सो भोग लगावै, संभावनालंकार, वलाय चाहै याते लोकोक्ति।

— ⋆ —

मोहि तुम्है वाढी वहसि। को जीतै जदुराज। अपने अपने विरद की। दुहुन निवाहन लाज [४२७] [321]

---

320 तो – जो - शि०; तौ - पा०न०स०नी०ह०; ए - मो०; है - भा०। अनेक – ऽनैक - वा०। औगुन – ओगुन - को०मो०; ओगन - वे०; औगन - मु०। भरी – भरिहि - उ०। याहि – याह - न०; यांहि - स०। वलाइ – - नी०। जौ – जो - को०वा०पा०वे०स०नी०; ज्यो - मो०। पति – पत - न०; संप्तिहू - मु०। संपतिहू – संपतिहुं - उ०वे०; संपतिहुं - को०स०; संपतिहौ - वा०; पति - मु०। विना – विनां - स०। जदुपति – यदुपति - को०न०वे०स०। राषै – राषौं, 'औं' की खड़ी पाइ पर काटने का चिह्न - उ०; राषे - पा०मो०न०भा०; राषैं - ह०। जाइ – जाय - को०ह०; जाहि - मो०; जाई - नी०। दोहा लुप्त - मि०। [४२६]

321 मोहि – मोह - को०मु०। तुम्है – तुमहि - शि०वे०भा०; तुमही - वा०; तुमै - पा०न०; तोहि - मो०; तुमैं - स०; तुमैं - मु०; तुमें - ह०। वहसि – वहस - को०पा०भा०मु०नी०ह०; विहसि - शि०न०; वहस, 'स' में इकार बाद में - स०; विहस - मि०। को – कौ - शि०वा०; को, संशोधन द्वारा 'क्यो' - वे०; क्यौं - गा०स०। जीतै – जीते - को०मो०गा०; जिते - वा०; जीतैं - स०; जीतें - मु०ह०; जीत्यौ - नी०। जदुराज – यदुराय - को०; वृजराज - पा०; यदुराज - वे०गा०स०। अपने अपने – अपनै अपनै - वा०वे०गा०स०मि०नी०। विरद – विरुद - वा०वे०गा०स०मु०। दुहुन – दुहुं - उ०वे०गा०मु०; को०पा०ह०; दुहू - शि०न०मि०; दुहौ - वा०; वने - मो०; दुहूंनि - स०; दुहुनु - भा०; दुहूनि - नी०। निवाहन – निवांहन - उ०; निवाहण - शि०; निवाहें - मो०। लाज – लाल - ह०। दोहा लुप्त - न०। [४२७]

موہ تومہین بادہي بہس کو جیتي جدراج • اپني اپني برد کي دوہون نباہن لاج [ظا• ٤٢٧]

अन० : मुमुक्ष को वचन, करुणा रस, क्रोध व्यभिचारी, वृत्यानुप्रास।

नर० : भक्तजन कवि विहारीदास कहतु है, हो जदुराज, मेरे अरु तुमारे अव वहसि वढी है, सो देषियै कि कौन जीतै सो क्योंकि दोनौ को अपने अपने विरद की लाज निभावनी है –

> **मोहि तिहारै वहस्स वढी अति जीत औ हार लषो जदुराई। हौं पुनि छुद्र षरो दुवरो सव रावरी रीति सवै सुषदाई। आपनि आपनि ओर विरुद्द की दोउनहूं हिय लाज सुहाई। या विधि को निरवाह करो तुम मैंहु करी अव राम दुहाई** [नर० ४२७]

कृष्ण० : भक्त की कामना भगवान सौ –

> **तुम जे जे तारे ते मो ते न पतित भारे मोसो पूरो पापी कोऊ दूसरो न पेषियै। तुमहि वानि परी अधम उधारिवे की मेरे एक पापही की टेक अवरेषियै। दुहुन कौ लाज आप आपने विरद की है पूरी पैज पालिकै निवाहनी विसेषियै। कहै कविकृष्ण मोसौ तुमसौ वहस वाढी कौनु लचि जाइ अव जीतै कौनु देषियै** [कृष्ण० ४२७]

हरि० : मोहि सों तुमसो वहसि वाढी है, हम जीतै हैं कि तुम जीतौ हौ, ऐसी वात वहस कहावै, हे जदुराज, कौन जीतै है, तुम अधम उधारन हौ, हम अधम हैं, तुमारो दीनदयाल विरद है, हमारो दीन विरद है, आपने आपने विरद को निवाहिवे को लाज दूनौ को है, हम आपने विरद पै दृढ हैं, तो तुम आपने विरद कौ क्यौं करि छाडोगे, हमें निश्चय तारौगे, हमें तारो यह रचना सों कही, पर्जाजोक्ति, पर्जाजोक्ति प्रकार द्वै कछु रचना सों वात।

— ★ —

दूरि भजत प्रभु पीठि दै। गुन विसतारन काल। प्रगटत निर्गुन निकट रहि। चंग रंग भूपाल [४२८] [322]

دور بہجت پربہو پیتہ دي جون بستارن کال • پرکت نرجن نکت ہین چنک رنک بہوپال [ظا• ٤٢٨]

अन० : गुरु को वचन मुमुक्ष प्रति, मानमोचन को करुणा को उद्दीपन कियो है, तुल्योगिता।

नर० : प्रस्ताविक, कवि विहारीदास कहतु है कि यौ प्रगटपनै जानौ जव गुन के विस्तार कौ काल ह्वै तव आपने प्रभू ते दूरि भाजै है, अरु निर्गुन ह्वै तव नैरौ आनिकै प्रगटत है, चंग कहिए गुडी के से रंग जौ भूपाल है सौ –

---

[322] दूरि – दूर - को०मो०वे०गा०स०; दुर - वा०। भजत – भजन - न०वे०गा०स०मि०मु०। प्रभु – प्रभू - शि०; पृभु - पा०। पीठि – पीठ - शि०मो०वे०स०मु०; पीठी - वा०। दै – दे - को०वे०गा०स०भा०। विसतारन – विस्तारन - वे०गा०स०भा०मि०मु०ह०। प्रगटत – परगट - को०न०वे०गा०स०; पृगटत - पा०; प्रगटित - मो०मु०। निर्गुन – निरगुन - को०मो०वे०गा०स०मि०मु०नी०। निकट – निपट - न०गा०स०; निपटि - वे०। रहि – ही - पा०भा०मि०; हरि - ह०। चंग – चगे - उ०; चंगु - मो०। रंग – रंगु - मो०। भूपाल – गोपाल - पा०भा०ह०। [४२८]

या विरिया विसतार करै गुन आछे षरे दृढ साजन साजै। दूर रहै अवलौं वल कै प्रभु को पल एक मै पीठि दै भाजै। निर्गुन होइ प्रगट्ट रहै ढिग चंगु के रंग रसा पति राजै। ऐसे सभाव सदा सम सोहत या विधि की कहितै मन लाजै [नर० ४२८]

कृष्ण० : यह भक्त कौ वचन जव याकौ गुनाभिमान है तव यातै प्रभु दूरि है अरु निर्गुनत्व है तही प्रगट है यह रीति कलिकाल के सजानु की कहियै तौ संभवै –

कृष्न कहै कवि एक सी रीति प्रभू अरु चंगनि चाहत सोऊ। पीठि दै दूरिही दूरि भजै गुन को विस्तार करै जव कोऊ। नीकेही क्यौ न लहौ गुन मुक्त ह्वै सोचुकै वादि पचौ मति कोऊ। निर्गुनता प्रगटै जवही अतिही निकटै प्रगटै तव दोऊ [कृष्ण० ४२८]

हरि० : पीठि देवो लोकोक्ति, प्रभु गुन के विस्तारन समय विषै पीठ दैके दूर भाजत है, जव सगुन को षोजै है कहां है, कोई छीर समुद्र मै वतावै है, कोई वैकुंठ विषै वतावै है, जव निर्गुन रूप ठहराइए है तव सव यह ब्रह्म है याते चंग को रंग कहिए तरह समान गोपाल है, चंग गुन विस्तारिवे किये आकास की ओर पीठ देवौ दूर भाजै है, जव चंग की डोरी षीचि लीजिए है तव नजीक प्रगटै है, कहूं भूपाल ए भी पाठ है, राजा तहां भी भूमिपाल गोपालही जानिए, राजा पच्छ लगाए चमत्कार नहीं निकरै, उपमालंकार चंग कोसो रंग, तरह, है जाकी तहां सो वाचकता को लोप, किंवा जव आपनो गुन विस्तारिवे लागै मै वेदपाठी उत्तम कुल तव प्रभु दूर भाजै, जव पुरुष निर्गुन रूप होय अहो प्रभु तुमें कछु जानत नांहि, तव प्रगटत ताकों प्रत्यच्छ होत है।

— ⋆ —

कहै यहै श्रुति समृतिहू। यहै सयाने लोग। तीन दवावत निसकही। पातकु राजा रोग [४२९] [323]

کہي اہي سُرت سمرت يہ سبہي سياني لوک • تين دباوت[324] نسک کو پاتک[325] راجا روک [ظا• ٤٢٩]

अन० : कवि की उक्ति, साधारन जन सो, तुल्योगिता अलंकार।

---

323 कहै – कहति - मि०; कहत - नी०। यहै – यहें - न०; वहै - ह०। श्रुति – सुश्रत - उ०; सुश्रुति - को०; सुश्रुत - वा०; सुशृति - मो०; साशत्र - न०; सास्त्र - वे०गा०; शास्त्र - स०; स्रुति - मु०; सोश्रुति - ह०। समृतिहू – सुमिति - उ०; समृति - को०वा०मो०न०ह०; स्मृतिहू - पा०भा०मि०; स्मृतिहूं - वे०गा०स०; सुमृति - नी०। यहै – यहे - उ०; कहै - मो०; सवै - भा०मि०नी०; सवे - मु०; वहै - ह०। सयाने – सयानो - उ०; पुराने - पा०; सयांने - न०वे०स०; पुरातन - भा०मि०; पुरातम - मु०नी०। लोग – लोगु - उ०न०मि०मु०नी०। तीन – तीनि - पा०भा०ह०; तानि - नी०। दवावत – दिवावति - उ०मु०; ददवावत - वा०; दवाव - पा०; दवावति - न०गा०; दवावै - मि०; दवावैहू - नी०। निसकही – निससही, दूसरे 'स' पर भिन्न क़लम से 'क' - उ०; निकस - वा०; निसंकही - पा०; निसंषही - मो०; नसकही - न०; निकसही - वे०गा०स०; निशिकही - भा०; नीस कौ - मि०मु०; निसहु - नी०। पातकु – राजा - को०; पात? - वा०; पातक - पा०गा०भा०नी०ह०; पावक - न०वे०स०; पातिकु - मु०। राजा – पातक - को०वा०। रोग – रोगु - उ०न०मु०नी०; रोवग - वे०। दोहा लुप्त - शि०। [४२९]

324 دباوت - داوت - ظا•

325 پاتک - باہک - ظا•

नर० : प्रस्ताविक, कवि विहारीदास कहतु है कि सास्त्र के विषै और पुरान के विषै ऐसे कहतु हैं, और सयाने लोगहू ऐसे कहतु हैं कि पावक अरु राजा अरु रोगु ए तीनौ निरसक्त भयौ कौ दवाव करतु हैं, पुनः पावक तौ लकडी कौ वालै औ राजा तौ भोमीया को दवावै, और रोग आदमी कौ दवावै है –

> **ऐइ कहै है सुमेध सु सुश्रुति लोक सयाने सवेई कहै है। या विधि की रचना रचिकै विधि आपनी ओर न दोष लहै है। तीन दवावत है निरसंक कहूं नहिं छांडत आनि गहै है। राजा यो रोग किए पुनि पावक पाछे परे दुष देह दहै है** [नर० ४२९]

कृष्ण० : प्रस्ताविक, कवि की उक्ति –

> **कहै यहै श्रुति और सकल पुरानै लोग सुमृति पुरानन मै सुनै इहे हेत है। कहै कविकृष्ण यह जगत विदित वात जानत सकल जे जे सुमति निकेत है। रिपु राजा रोग अरु पातकु रहतु एतौ एकै वानि गहै ऐसे वांधे नेम नेत है। जही देषै वल तहा करै न अमल तहां देषै निवलाई ए तहाई दुष देत है** [कृष्ण० ४२९]

हरि० : वही वात को श्रुति वेद स्मृति धर्मशास्त्र मनु मिताक्षरा आदि कहत हैं, वही वात को सुज्ञानी लोग कहत हैं, पातक, पाप, औ राजा औ रोग ए तीन जो है सो निसकही को दवावत है, सकहीन वलहीन, ताही को दवावत है, दान देकै तीर्थ जायकै औरि भी प्रायश्चित्त करिकै पाप काटिवे को सामर्थ्य नहीं ताको दवावत है औ ऐसे राजा वलहीन को दवावत पद सों यह जानिए है, वलहीन है थोरो कुपथ्य करै तो रोग दवावै, वलवान को सव पथ्य है, यह वचन है, सव्द प्रमान करि प्रमानालंकार।

— ⋆ —

जो सिर धरि महिमा मही। लहियत राजा राय। प्रगटत जडता अपनिये। सु मुकुट पहिरत पाय [४३०] [326]

جو سر دہر مہمان مہي لہيت راجا راي • پرکت جرتا اپني مکت سو پہرت پاي [ظا • ٤٣٠]

नर० : मानमोचन प्रणत उपाय, सषी कौ वैन नायक सौ, हो कान्ह जो या मुकुट तै राजा राव सिर धरिकै मही कै विषै महिमा पायै सो या मुकुट को पाय तेरे पहरायत है, या तुमारीही मूरषताई है –

> **याके धरै ते लहै महिमा अति राव महा धरनीपति जो है। सीस विराजति है छवि सुंदर देषतही जग के मन मोहै। आपनीये प्रगटावत है जडता सिगरी सिष दै अव को है। सो पग मै पहिर्यो परतच्छ किअरीट गवार लषी सु न सो है** [नर० ४३०]

[326] सिर – शिर - भा०। धरि – धर - न०वे०गा०स०। महिमा – मा - वे०; महिमां - नी०ह०। मही – (लुप्त) - शि०; महा - वा०। लहियत – लहियतु - को०; लहियति - न०भा०; लहीयत - गा०; लहीयतु - मु०। राय – राइं - उ०; राइ - शि०वा०न०स०भा०मु०; राई - नी०; राव - ह०। प्रगटत – प्रगटतु - उ०; परगट - न०वे०गा०स०; प्रगटति - भा०। जडता – जडता, संशोधन द्वारा - शि०। अपनिये – अपअनि, दूसरे 'अ' पर काटने का चिह्न - को०; घनी - शि०; अपनियै - वा०गा०; अपनयें - स०; आपनी - भा०ह०; अपन - मु०; आपनीयै - नी०। सु – (लुप्त) - गा०; कौ - मु०। मुकुट – मुकटु - उ०नी०; मुगट - को०; मुकट - वा०न०स०; मुकटे - वे०; मुकुटत - मु०। पहिरत – पहेरे - को०; पेलियति - न०; पेलियत - वे०गा०स०; पहिरने - भा०; पहिपरति - नी०; पहिरियति - ह०। पाय – पाइं - उ०; पाइ - शि०वा०भा०मु०; पाई - नी०; पाव - ह०। दोहा लुप्त - पा०मो०मि०। [४३०]

कृष्ण० : यह अन्योक्ति, जो आछौ मानुस है भले आदर लाइक ताहि निरादर सौ राषै तहां कहिए –

> **जो वहु भाति जवाहरु लै वहु भाति रचो अतिही छवि छाई। जाकी जगम्मग होति प्रभा मति जाहि लषै सव की ललचाई। जाहि धरै सिर भूपन की महिमंडल मै प्रभुता सरसाई। ता मुकुटै पग मै पहिरै प्रगटै तव वाही की मूरषताई** [कृष्ण० ४३०]

हरि० : मुकुट को सिर पर धरिकै महिमा वढाई मही भूमि मे राजा राव लहत हैं, आपनी जडता जाहिर होय मुकुट पहिरियत पाय, मुकुट पांव मै पहिरै, जासों सव प्रतिष्ठा पावै, जाको सव आदर करै, ताको अनादर किए आपनी मूर्षता है, गूढोक्ति।

— ★ —

को कहि सकै वडेन सौं। लषे वडीयो भूल। दीने दई गुलाव की। इन डारन वे फूल [४३१] [327]

کو کہ سکے بدین سون لکہین بدیو بہول ٠ دئي دئي کلاب كي ان دارن وي پہول [ظا٠ [٤٣١

अन० : कवि की उक्ति, वडे को अविवेक वर्णन, दृष्टांत अलंकार।

नर० : अन्योक्ति, कवि विहारीदास कहतु है कि जो वडे ह्वैं तिनसौ कौन कहि सकै वडाई भूली देषिकै ए न कहि सकै, सो किन दृष्टांत कि दई नै इन गुलाव की डारीनि कौ ऐसे फूल दीने हैं–

> **काकी चलै अरु कौन कहै सक ऐसे वडेन को मोह मये है। नीकी लषै है वडी इह भूल लगै हिय हूल उसास लये है। रूप रसीले सुहामने है मृदु और षरे कमनीय भये है। आप दई यै गुलावन की इन डारन को वह फूल दये है** [नर० ४३१]

कृष्ण० : यह अन्योक्ति कोऊ प्रवीन महाज्ञानी अजानै अविवेक कौ काम कहै तहां कहियै –

> **को यह वात सकै कहि भूलिकै काम करे करतार नै जैसे। एती करी जग की रचना पै विचार विना न करै नहि तैसे। देषिहु कोऊ उसासै न सास वडे जु करे कछु काम अनैसे। वैसी सकंटक डार गुलाव की फूल सुगंध दए मृदु ऐसे** [कृष्ण० ४३१]

हरि० : वडे पुरुष सों को कहि सकै वडी भूल भोराई देषिकै, दैव, विधाता, ने गुलाव को एसी कांटा भरी डारनि में ऐसे सुंदर फूल दीने है, दुष्ट को संपत्ति, नास्तिक को वैष्णव पुत्र कृपन कौ दाता पुत्र, गूढोक्ति।

---

[327] को – कौ - मो०। सकै – सके - उ०मो०; सकिं - को०; कैस, ऊपर क्रमशः २ १ की संख्याऐ - शि०; सकैं - न०नी०। वडेन – वडेनु - उ०भा०; वडेंन - शि०; वडैनु - वा०; वडैन - वे०; वडैंन - स०; वडेनि - मु०नी०। सौं – कुं - को०; को - शि०; कौ - वा०; सो - पा०गा०; कों - मो०; सों - वे०ह०; सौ - भा०; तैं - मि०। लषे – लषिं - को०; लषें - शि०; लषै - मो०न०गा०स०नी०; लहै - भा०; लषैं - मि०; लषो - मु०। वडीयो – वडीओ - को०; वडी इह - शि०वा०; वडीए - पा०मि०; वडीओं - मो०; वडीयौ - न०गा०; वडीयुं - वे०; वडीउं - स०; वडीयै - भा०; वडीयौं - नी०; वडीही - ह०। भूल – भूलि - उ०को०वा०मि०; भुल - शि०। दीने – दीनें - उ०को०; दीहै - पा०; दीनै - मि०नी०; दीन्हौ - मु०। दई – दै - वा०; दैव - मि०। की – कौं - को०मो०; कै - शि०वे०मि०; को - पा०; कों - ह०। इन – (अपत) इन - शि०; उन - नी०; इनि - ह०। डारन – डारनु - उ०; डारिन - को०मो०;डारनि - न०भा०ह०। वे – व - वा०; वै - मो०न०गा०मि०; ए - ह०। फूल – फूलि - को०वा०; फुल - गा०। [४३१]

— ⋆ —

समै समै सुंदर सवै। रूप कुरूप न कोइ। मन की रुचि जेती जितै। तित तेती रुचि होइ [४३२] [328]

سمین سمین سندر سبے روپ کروپ نہ کوي ٠ من کي روچ جیتي جتہ تت تیتي روچ ہوي [ظا٠ ٤٣٢]

अन० : कवि की उक्ति, काव्यलिंग अलंकार।

नर० : प्रस्ताविक, कवि विहारीदास कहतु है कि स्त्री के रूप को अनै कुरूप कौ कारन कोऊ नांही, यो सव समै को समै क० विचार है, जिनके मन की रुचि जैती रुचि सो तिनकी रुचि तिही सो ह्वैहै –

> **आपनी आपनीयै विरियां कछु सुंदर लागत है सवही के। ए अनरूप मनोहर है अरु ऐतु कुचील विरूप है फीके। या विधि की न धरो चित अंतर रूप कुरूप सवै अति नीके। जाको जितै अभिलाष चलै पुनि तेती तितै रुचि है मनही के** [नर० ४३२]

कृष्ण० : यह प्रस्ताविक, कवि की उक्ति, नाइकाभेद मै सषी कौ वचन नाइक सौ –

> **सुंदर रूप कहौ किहि काम है जौ अपनो चित मै नहि आवै। जौ चित माझ कुरूप चुभ्यौ तौ वहै उर कौ अति मोद वढावै। होत समैही समै अति सुंदर रूप कुरूप न कोऊ लषावै। जाकी जिती जिहि ठौर वढै रुचि सो तिहि ठौर तिती रुचि पावै** [कृष्ण० ४३२]

— ⋆ —

या भव पारावार कौ। उलंघि पार को जाइ। तिय छवि छाया ग्राहिनी। गहै वीचही आइ [४३३] [329]

یا بہو پاراوار[330] کون اولہنگ پار کو جاي ٠ تیہ چہب چہایا کراہني کہي بیچ ہین اي [ظا٠ ٤٣٣]

---

[328] समै समै – समे समे - मो०। सुंदर – सौदर - वा०। सवै – सकल - को०; सवैं - मो०न०मु०; सवे - वे०। कुरूप – २ - वे०; करूप - गा०स०मु०नी०। न – (लुप्त) - वे०; क - गा०स०। कोइ – कोय - को०वा०; होइ - वे०। रुचि – रुच - वे०। जेती – येती - को०; तेती, 'त' पर 'ज' संशोधन - स०; जे जीती - वा०; जैंती - न०; तेजी - वे०; तैजी - गा०। जितै – जिते - उ०; जितें - को०मो०मु०; जीतै - वा०; रुच, इ तथा ऐ की मात्राएँ - न०; रुचै - वे०स०; सवै - गा०। तित – तिहि - न०स०; तिह - गा०; तितै - भा०नी०; तिन - मु०। तेती – तेंती - न०; तेजी - गा०; तिती - भा०नी०। रुचि – रुच, 'च' में इकार बाद में - स०स०। होइ – होय - को०। दोहा लुप्त - शि०। [४३२]

[329] भव – सव - शि०। कौ – कें - उ०; कौं - को०गा०; के - शि०पा०; कै - वा०मि०नी०; को - मो०स०; की, बाद में औं की मात्रा - वे०; कों - ह०। उलंघि – ऊंलंअघि - उ०; उंलंघी - वा०; उलघि - पा०भा०मि०; उलंघ - वे०गा०। को – कौ - वे०मु०; कौं - नी०। जाइ – जाय - को०वे०गा०मि०मु०ह०; जाई - मो०। तिय – तीय - वा०मु०। ग्राहिनी – ग्राहनी - वे०मि०नी०। गहै – गहैं - उ०; ग्रहै - शि०पा०वे०गा०मु०; गहै जु - मो०; ग्रसित - भा०। वीचही – वीचिहीं - उ०; वीच तें - को०; वीचिही - मो०गा०; वीचुही - न०; वीचहीं - ह०। आइ – आय - को०मि०मु०ह०। [४३३]

[330] پاراوار - واراپار - ظا٠

अन० : वचन अनुभाव ते सांतरस व्यंगि, रूपक।

नर० : प्रस्ताविक, कवि विहारीदास कहतु है कि या संसार रूपी पारावार क० समुद्र, ताकौ उल्लंघ कै पार न जाइ सकै, सो क्योंकि स्त्री के छवि की छाया सों ग्राहिनी क० कौन मगरमच्छिनी है, सो वीचही ते आनिकै गहति है –

> **हे नर तूं सुनि वात कहूं इक या भवसिंधु अपार कहै है। है अति उंडो अगाध अनोपम ताहि उलंघ को पार लहै है। कै कै उपाय अनेक भली विधि झांकि उहां सव हार रहै है। कामिनी की छवि छाया अचानक ग्राहिनी वीचही आनि गहै है** [नर० ४३३]

कृष्ण० : यह प्रस्ताविक संसार सागर कै पार ह्वैवे कौ ये स्त्री औरोध है –

> **लोभ मोह वासना भयानक भवर जहा असुर मनोज जाको विक्रम महतु है। ऐसो भवसागर अपार विकरार महा कहै कविकृष्ण कोऊ लाषिनु वहतु है। साहस हिये मै धरि जतन अनेक करि सव कोऊ या तरि पार भो चहतु है। तरुनी की छवि छाया ग्राहिनी विकट ग्रहि राषतिउ प्रवल ताते वीचही रहतु है** [कृष्ण० ४३३]

हरि० : यह जो भव, संसार, सो पारावार, समुद्र, है, ताको लांघिकै कौन पार जाय, मुक्त होय, यह अर्थ, तिय, स्त्री, ताकी छवि ते छायाग्राहिनी राछसी है, छायाग्राहिनी ने हनुमान कों पकर्यौ, वीचही आयकै पकरै है, छवि छाया ग्राहिनी, रूपक।

— ⋆ —

दिन दस आदर पाइकै। करिलै आपु वषान। जौ लगि काग सराध पष। तौ लगि तो सनमान [४३४] [331]

دن دس ادر پاي كي كر لي اپ بكہان ۰ جو لک کاک سراده پکہ تو لک تو سنمان [ظا۰ ٤٣٤]

अन० : कवि की उक्ति, अन्योक्ति अलंकार।

नर० : अन्योक्ति, कवि विहारीदास कहतु है, रे काग, अव दिन दसेक तांई आदर पाइकै आपने वषान करि लेहु, जौ लगि सराधि को पच्छ है, तौ लगि तेरौ सनमान है –

> **आदर आइ भलौ दस वासर क्यौंहू कुतूहल आइ करैगो। आप गमान वषानत भाई भली विधि पेट झपेट लरैगो। नीकी वनी है षरी जिय भावती टेरतही सव हेरि हरैगो। जो लग काग सराध पषै रहै तौ लौ न तो सनमान टरैगो** [नर० ४३४]

331 दस – दशा - वा०; दश - पा०भा०; दसि - न०। आदर – आदरु - उ०भा०मि०नी०। पाइकै – पाकै - उ०वा०; पाइकैं - को०न०नी०; पायकै - वे०ह०। करिलै – करले, 'र' में इकार बाद में - उ०; करलै - को०; करलैं - मो०; करिले - न०; करले - वे०स०; करिले - गा०। आपु – आप - को०शि०वा०वे०गा०स०मि०मु०। वषान – वषानु - उ०; वषाण - को०; वषांनु - न०; विषांन - वे०गा०; वषांन - स०मु०; वषाल - नी०। जौ – यो - को०; जो - शि०वा०मो०न०वे०गा०स०मु०; जव - पा०। लगि – लगु - उ०न०; लो - शि०; लों - वा०; लग - वे०गा०स०; लौं - ह०। सराध – सराधु - उ०; सीराध - शि०; सराद - मो०; सराष - भा०। पष – पषै - वा०; पग - स०भा०। तौ – तो - को०शि०वा०मो०न०वे०गा०स०मु०; तव - पा०। लगि – लगु - उ०न०; लौं - शि०ह०; लों - वा०; लगि - पा०; लग - वे०गा०स०। तो – तौ - उ०शि०नी०; तू - पा०। सनमान – सनमानु - उ०; सनमांनु - न०; सनमांन - गा०स०मु०। [४३४]

कृष्ण० : यह अन्योक्ति थोरे दिननि कौ वढवारि तै गरव करै तहां कहियै –

> **धूसर कंठ कठोर महा सुर एकहि लोचन रंगु है कारो। नीच कहावत पंछिनु मै अर भक्ष्य को साजु कुचील निहारो। आदर पाइ दिना दस को अभिमान निसाक घनो चित धारो। जौ लगि काग सराध को पाष है तौ लगि है जग आघु तिहारो** [कृष्ण० ४३४]

हरि० : दिन दस आदर पायकै, थोरे दिन आदर पायकै आपनौ वषान, वडाई, तूं करि लेहु हे काग, जौ लौ श्राद्ध पछ है तौ लौं, तव तांई, तेरो सनमान आदर, कोई प्रिय कामदार रूठ्यौ है ताकी ठौर कोई औरि कौ राष्यौ है, ताहि प्रति सराध पष कहे जव तांई वह नहीं आवै, गूढोक्ति अलंकार।

— ⋆ —

मरत प्यास पिंजरा पर्‌यौ। सुवा समै के फेर। आदर दै दै वोलियत। वायस वलि की वेर [४३५] [332]

مرت پیاس پنجران پریو سوا سمي کي پہیر ۰ ادر دي دي بولیت بایس بل کي بیر [ظا۰
[٤٣٥

अन० : कवि की उक्ति, अन्योक्ति अलंकार।
नर० : अन्योक्ति, रे सुवा, पिंजरा के विषै पर्‌यौ तृसा मरतु है, सो यो समै को फेर है, अरु जव वल की विरिया ह्वैहै तव वायसहू कौ आदर दे दे कै वुलाइयत है –

> **प्यास मरै पिंजरान पर्‌यौ सुक को उन ताकी संभार निहारै। फेर परै विरिया की कहा कहौं आपनी ओर सवै को संभारै। जाको परै जग काम विधान सो वाकैही नाम निदान पुकारै। आदर दै दै वुलावत वायस दैन वली सुरलोक सुधारै** [नर० ४३५]

कृष्ण० : भलेमानस कौ दुष दीजै अरु नीच कौ आदर होइ तहां कहियै –

> **देष्यौ समै के प्रभाउ के भाउ भयौ जग औगुनही को रिझौवा। वूझ गई गुनवंतन की प्रगटे अव कूर कुरूप अगौवा। प्यासो मरै पिजरा मै परो सुक है मृदु वैनन को जु कहौवा। आदर कै वलि देवे की वेर वुलैयत चाह के चाइ सौ कौवा** [कृष्ण० ४३५]

हरि० : पिंजरा मैं पर्‌यो सुक प्यासौ मरै है, यह समै को फेर है, समय फिर्‌यौ है, वलिदान की वेर वायस कौआं कौ आदर दैकै वोलाइए है, कोई कार्ज वस सों नीच को आदर करै है, सतपुरुष को नहीं

---

[332] मरत – मरतु - उ०पा०भा०नी०; प्यास - मो०; मरति - मि०। प्यास – परत - मो०। पिंजरा – पीजरां - उ०; पिंजर - को०शि०पा०मु०; पिजरा - वा०मो०भा०मि०; पिंजरै - वे०स०; पिंजरां - नी०ह०। पर्‌यौ – पर्‌यो - को०पा०मो०वे०; पर्‌यौं - शि०वा०नी०; परो - भा०। सुवा – सुआ - उ०को०ह०; सूवा - शि०वा०वे०स०मु०; सूअ - गा०। समै – समे - उ०मो०भा०; समैं - को०मि०ह०; समय - गा०। के – कै - उ०वा०मु०; कौ - न०स०; को - वे०। फेर – फेरि - न०। आदर – आदरु - पा०भा०मि०; आईसु - नी०। दै दै – दे दे - शि०न०वे०गा०स०मु०; दैं दैं - मो०। वोलियत – वोलियतु - उ०मो०नी०; वोलयत - शि०; वोलियै - न०; वोलीयत - वे०गा०; वोलिए - ह०। वायस – वाइस - शि०वा०; वायसु - मो०मि०; वाइसु - भा०नी०। वलि – वल - उ०शि०न०वे०गा०मि०मु०; वर - स०। की – (लुप्त) - मु०। वेर – वेरि - न०। प्रथम यति से आगे का दोहा पाठ ऊपर भिन्न क़लम से - गा०। [४३५]

पूछै है, तहां गूढोक्ति, किंवा परदेसी नायक गयो है, ताको आइवे के लिए सगुन लेति है, सषी सों सषी वचन।

— ⋆ —

मूड चढायौहू रहै। पर्‌यौ पीठ कचभार। रहौ गरै परि राषिवौ। तऊ हियै पर हार [४३६] [333]

موند چدہایوہو رہي پریو پیتہ کچ بہار ۰ رہو کرین پر راکہبو تاو ہیے پر بہار [ظا۰
[٤٣٦

नर० : अन्योक्ति, जो ए कच क० केस हो तिन कौ माथे चढए है पै इनकौ भार तौ पीठि ऊपरै पर्‌यो रहत है अरु यौ हार है सो गरौ परिकै रह्यो है, तऊ हिया पर रह्यौ है –

> मुंड चढायै कहा भयौ जाही को ठौर वनाय दयो करतारै। आषिर पीठ पर्‌योई रहै कचभार अपार विचार विचारै। मान प्रमानरु मान सवै लहि याकौ जहां निरधार सुधारै। आइ गरे परि योंहि रह्यो तऊ अंत हिया पर हार विहारै [नर० ४३६]

कृष्ण० : परकीया, कवि की उक्ति –

> काहू के मूड चढे रहियै न यहै गहिकै चित मै चतुराई। नीको मतो रहियै जु गरे परि तो लहियै अधिकै गरुवाई। मूड चढेहू परे रहि पाछै की वंधन की गति काहू न पाई। देषौ रहौ जु गरेहू परे तौ विहारु करै छतिया पर आई [कृष्ण० ४३६]

हरि० : माथा पै चढाए भी कच, केस, ताको भार इहां समूह सों पीठ पै रहै है, पीछे रहै है, नीच सुभाव है, गरै परि तिहां रह्यौ है, तौ भी हार कौ हृदय पर राषियै है, वडो जो आपुसो आय रहै तौ भी नहीं जाय, गूढोक्ति।

— ⋆ —

इही आस अटक्यौ रहतु। अलि गुलाव के मूल। ह्वैहै फेरि वसंत रितु।

---

333 मूड – मुंड - को०वे०गा०स०मु०; मौंड - वा०; मूढ - भा०; मूंड - ह०। चढायौहू – चढायोऊ - उ०; चढायौहुं - को०; चढायौही - वा०; चढायोहुं - वे०; चढायौहूं - गा०; चढायोहूं - स०; चढाङेहू - भा०; चढायैं - मि०; चढायोहू - मु०; चढायैहू - नी०; चढाएंऊं - ह०। रहै – रहे - उ०; रहैं - शि०; रहै - ह०। पर्‌यौ – पर्‌यो - को०वे०; परो - भा०। पीठ – पीठि - उ०वा०न०मि०। कचभार – कचभारु - भा०मि०नी०। रहौ - उ०; रह्यो - को०वे०; रहे - शि०मि०नी०; रहै - वा०भा०; रह्यौ - न०गा०स०मु०ह०। गरै – गरैं - उ०नी०; परे - शि०; गरे - भा०मि०ह०। परि – गर - शि०वे०; पर - गा०स०मि०। राषिवौ – राषिवो - को०; राषिवौं - न०; राषवो - वे०; राषवौ - गा०स०; राषियै - भा०; राषुवौ, उ पर इ की मात्रा - मु०; राषिए - ह०। तऊ – तहु - को०; तौ - गा०; तोही - मु०। हियै – हीये - उ०; हिए - को०ह०; हीई - शि०; हीयै - गा०मु०; हियेे - मि०नी०। पर – परि - वा०वे०स०। हार – हारु - उ०मि०नी०। दोहा लुप्त - पा०मो०। अंतिम यति, 'भलो न मुकुता हारु' - भा०। [४३६]

इन डारन वे फूल [४३७] [334]

اہین اس اتکو رہي ال کلاب کي مہول ۰ ہوئي ہین پہیر بسنت رت[335] ان دارن وي پہول [ظا۰ ٤٣٧]

अन० : अन्योक्ति अलंकार।

नर० : जावत अलि क० भ्रमर है सो इन डारी आस करिकै गुलाव के पेड़ ते अटक्यौ रहतु है कि फेरि जव वसंत रित ह्वैहै तव इन डारिन के विषे वैही जु फूल ह्वैहें –

आपने हीय मै आस इही अटक्यो रहै ऐसे मनोरथ लै। ती को सुगंध महा मकरंद अनेक लष्यो जिनके संग झूलै। न्यारो रहै नहि एक घडी कहुं सो मडरात गुलाव कै मूलै। ह्वैहै वसंत जवै रितुराज तवै इन डारन वे सव फूलै [नर० ४३७]

कृष्ण० : अन्योक्ति, जहां जानै कछु पायौ होइ तहा तैसी आस लाग्यौ रहै, तहा कहियै –

वे इन डारनि फूल हुते जिनके रस तै सव दुष भुलानो। ऐहै वसंत वहार तवै यह वा सुष सौरभही को ठिकानो। वीति वहार गई तिनकी कुसुमावलि चित्तनु मै नहि आनो। आस यहै जिय मै धरि भौर गुलाव के मूल रहै मडरानो [कृष्ण० ४३७]

हरि० : कोई राजा की संपत्ति गई है, गुनी वाको सेवै है, तापर कहत है, एही आसा सों अलि, भौंरा, गुलाव के मूल को अटक्यौ रहत है, लग्यौ रहत है, फेरि वसंत रितु में इनि डारनि में तरह तरह के मनोहर फूल ह्वैहें, होंहिगे, गूढोक्ति।

— ★ —

वे न इहां नागर वढी। जिन आदर तो आव। फूल्यौ अनफूल्यौ भयौ । गवई गांव गुलाव [४३८] [336]

---

[334] इही – उहि - को०; इंही - वा०; इहि - पा०मो०भा०नी०; ईही - न०; इहै - मि०; इहिं - मु०ह०। आस – आसा - पा०भा०। अटक्यौ – अटक्यो - को०पा०मो०वे०; अटक्यौं - शि०मु०नी०; ऽटक्यौ - वा०; लाग्यौ - भा०। रहतु – रहत - को०शि०वा०मो०; रहै - पा०वे०गा०स०भा०मि०मु०नी०ह०। अलि – अली - शि०। गुलाव – गुला - उ०। के – कैं - उ०वा०मि०; कै - वे०स०; कै - नी०। मूल – फूलि - को०। ह्वैहै – ह्वैहंहि - पा०; ह्वैहैं - मु०। फेरि – फेर - शि०वे०स०मु०; वहुरि - पा०भा०; फिरि - मो०। रितु – ऋत, ‘त’ में इकार तथा उकार - उ०; रित - शि०न०वे०गा०स०मि०मु०; रितिं - वा०; रति - मो०; ऋतु - भा०। इन – इ - वा०; ई - मो०; उन - मु०। डारन – डारनु - उ०भा०; डारिन - को०शि०ह०; डानरनि - वा०; डारनि - मो०; डालिन - मु०। वे – वै - शि०मो०मि०मु०। फूल – फूलि - को०। [४३७]

[335] رت - ات - ظا۰

[336] वे – वै - उ०शि०मो०न०वे०; वें - गा०स०। इहां – इहा - भा०मि०। नागर – नाकर - मो०; नागरि - न०। वढी – नवल - को०; चतुर, ऊपर काटने का चिह्न, हाशिए पर ‘वडे’ - पा०; वटी - मो०; वडे - भा०; वढे - मि०मु०ह०; वसत - नी०। जिन – जिहि - मो०; विन - न०वे०गा०स०। आदर – आदार - शि०पा०। तो – ते - उ०; तौ - वा०स०मु०; तु - पा०; तो - मो०न०मि०; तें - ह०। फूल्यौ – फूल्यो - को०पा०मो०; फूलौ - वा०; फूलो - वे०भा०। अनफूल्यौ – अनफूल्यो - को०पा०मो०वे०मि०; अनफूलौ - वा०; अनकूलो - भा०; (लुप्त) - नी०। भयौ – भयो - को०पा०मो०वे०स०भा०मि०ह०। गवई – गवईं - को०ह०; गवै - वा०; गगई - भा०। गांव – गाम - को०वा०; गांम - शि०; गाव - पा०गा०; गांमु - मो०; गाउ - भा०नी०; गांउ - मु०। [४३८]

[337] پہلیو - پہکہو - ظا۰

وي نه ايان ناكر بدهي جن ادر تو او • پهوليو[337] ان پهوليو بهيو كوين كانو كلاب [ظا• ٤٣٨]

अन० : अन्योक्ति।

नर० : प्रस्ताविक, कवि विहारीदास कहतु है, हे नागरि, वे इहां नहीं कि विना आदरही तेरी आस वधी हुती और जौ गवारे गांव के विषै जा गुलाव फूल्यौ तऊ अनफूल्यौ सो भयौ त्यौं –

> **वे न इहां अव नागर सुंदर आदर आव वढ्यौ जिन तेरो। और वहै थल जानत हो तुम ह्यां सव कूर कुवात न हेरो। जानतही कुछ उत्तम मध्यम छाडि चल्यौ इह वास वसेरो। फूल्यो महा अनफूल्यो भयो अति गांव गमार गुलाव घनेरो** [नर० ४३८]

कृष्ण० : यह अन्योक्ति प्रवीन लोगनु को समुदाइ होइ गुन की वूझ कोहू न करै तहां कहियै –

> **चाइ सो आदरु तेरो करै अरु तोही सौ राषै हियो अनुकूल्यो। किम्मत तेरी वढावै घनी रिझवारन वे जिनकौ तकि तूल्यो। कृष्ण कहै सुनि ए री भटू व्रज मांझ मै क्यौ तू अजान सौ भूल्यो। ऐसे गमारन के वसो वास मै फूलि गुलाव भयो अनफूल्यो** [कृष्ण० ४३८]

हरि० : वे वडे नागर प्रवीन इहां नहीं हैं, जिनके आदर किए सों तुमैं आव वढै, पानिप चढै, ईजति वाढै, यह अर्थ, गवंई गांव में है, गुलाव तूं फूल्यो सो विना फूल्यो सो भयो, अज्ञानी के गांव में गुनी जाय तहां जानिए, फूल्यौ अनफूल्यौ विरोधाभास, औ गूढोक्ति।

— ⋆ —

चल्यौ जाहु ह्यां को करै। हाथिन को व्यापार। नहि जानत इहि पुर वसै। धोवी ओड कुंभार [४३९] [338]

چليو جاه هيان كو كرت هاتهين كو بيوپار • نهين جانت انه پور بست دهوبي اود كومهار [ظا• ٤٣٩]

अन० : अन्योक्ति, काव्यलिंग अलंकार।

नर० : अन्योक्ति, रे महावत चले जाहु, इहां हाथी की षरीद कौन करै, अरे तू जानतु न है कि इन पुर के विषै धोवी उंड कुंभार वसते हैं –

---

338 चल्यौ – चले - को०पा०भा०; चल्यौं - शि०; चल्यो - मो०वे०; चलौ - मि०। जाहु – जाह - उ०; जाहि - शि०मि०; जाहू - वा०; जाहु - पा०मु०। ह्यां – इहां - वा०वे०मु०; इह - पा०; ह्या - भा०। को – क्यौं, मूल में, 'य' पर स्याही फिरी - उ०; कौ - वा०; कों - गा०। करै – करे - मो०; करैं - न०; करत - भा०। हाथिन – हाथिनु - उ०वा०स०; हाथनु - शि०; हाथिनि - न०ह०। को – के - उ०शि०वा०मि०; कौ - न०गा०स०भा०। व्यापार – व्यौपार - शि०न०स०भा०मि०; वैपार - पा०; व्योपार - मो०गा०। नहि – नहिं - ह०। जानत – जांनतु - उ०; जांनत - वा०स०मु०; जांनति - न०। इहि – ईह - उ०; इंही - वा०; यहि - पा०; इह - न०वे०मि०; इंह - स०; यह - मु०; इहिं - ह०। वसै – सवै - उ०; वसत - को०; वसे - मो०; वसैं - न०ह०; वस - भा०; वसौ - मु०। धोवी – धोवि - को०; धौवी - वा०; धो - भा०। ओड – वोड, संशोधन द्वारा 'वो' - उ०; उड - शि०; वोड - पा०मि०; उंड - न०स०; ऊंड - वे०। कुंभार — कुभा?र - वा०; कुभार - पा०ह०; कुम्हार - भा०। दोहा लुप्त - भा०नी०। [४३९]

जाहु चले अहो वैठि कहा रहे हेरतही सव संग दुसै है। को करिहै तुम जानत नाहि भले सव साहि हिये हुलसै है। हाथिन को जु वडोई व्यौपार सुन्यो इक वार षरेई त्रसै है। वावरे हो किधौ नाहि वहै पुर धोवी औ ओड कुंभार वसै है [नर० ४३९]

कृष्ण० : अन्योक्ति।

जानिवूझि काहे को तू चरचा करतु उन कदलीवन की विकट थरीन की। रचि पचि वदन सौ काहे को वनाए कुंभ काहे को ए झूल झलकाई है जरीन की। चलो किन जाइ वृथा वासर गमावै जिनि गाहकी करै को मदमोकल करीनि की। वसत कुम्हार ओड धोवी इहि गाउ एतौ करत षरीदि वासा षर औ षरीनि की [कृष्ण० ४३९]

हरि० : चले जाहु, इहां कौन करै हाथिन को व्यापार, षरीदी, नहीं जानत हौ, या गांव मै वसत हैं, धोवी ओड, वेलदार, औ कुभार, तीनौ गदहा राषत है, कोई गंवार के गांव में गुनी रह्यौ चाहत है, ताहि प्रति गूढोक्ति।

—★—

षरी लसति गोरै गरै। धसति पान की पीक। मनौ गुलीवंद लाल की। लाल लाल दुति लीक [४४०] [339]

کہري لست کوري کرين دہنست پان کي پيک • منون کوليبند لال کي لال لال دوت پيک [ظا• ٤٤٠]

अन० : जो सषी की उक्ति नायक सो होइ तो दूतत्व, जो सषी प्रति कै नायिका प्रति होइ तौ स्तुति, जो नायक की उक्ति होइ परोक्ष सो तो स्मृति संचारी गुणकथन, दशा वचन अनुभाव करि पूर्वानुराग व्यंगि, जो प्रत्यक्ष होइ तौ स्तुति, ह्यां क्रम ते वक्ता की उक्ति, अन्य संनिधि ते व्यंगि है, उत्प्रेक्षा।

नर० : पदमिनी वर्णन, सषी कौ वैन सषी सौ, वा गोरे गरे के विषै पान की पीक धसती षरीही सोभती है, सो कैसी कि मानौ लालजू के गरे लाल मनि जो कंठी गलूवंद है तिनकै दुति की लाल लीक है –

राजति है अति गोरै गरै कछु पान की पीक धसी सुनि मेरी। ऐसी मनोहर नाजुक नारि षरी सुकुमारि कहा कहु टेरी। देषतही हहराय गई मति या विधि की अकुलाइन घेरी। लीक लसै मनो लाल अनोपम लाल गलूवंद की छवि हेरी [नर० ४४०]

कृष्ण० : इह कंठ वर्नन है, इह सुकुमारता सषी नाइक सौ कहै, अथवा नाइका सौ कहै –

---

339 लसति – लसत - वा०न०वे०स०नी०। गोरै – गौरै - उ०; गोरे - को०पा०ह०; ग - न०; ओरें - मो०; गोरी - नी०। गरै – गरैं - उ०; गरे - पा०नी०ह०; गरें - मो०। धसति – धसत - शि०वा०पा०मो०वे०स०। पान – पांन - उ०को०वा०मो०न०वे०गा०स०मु०; पीन, ईकार के अर्ध गोलक पर हरताल - शि०। मनौ – मनौं - को०; मानों - शि०; मांनौ - वा०; मनो - पा०वे०मु०ह०; मनों - मो०गा०स०। गुलीवंद – गुलावद - उ०नी०; गलूवंध - को०गा०ह०; गुलवद - वा०; गुलूवंद - पा०स०; गुलीवंधु - मो०; गलूवंद - न०; गुलीवंध - वे०; गुलीवध - मि०; गुलवद, 'ल' में इकार बाद में - मु०। दुति – द्युति - मो०। दोहा लुप्त - भा०। [४४०]

प्यारे मै प्यारी तिहारी लषी नष तै सिष लौ सु निकाई भरी है। केसरि की सुकुमारि मनौ छविपुंज सौ ओप विरंचि करी है। गोरी के गोरे गरे मनौ मोहति सोहति पीक की लीक षरी है। चारु गुलीवंद लाल की पीकै मनौ दुति की प्रतिलीक परी है [कृष्ण० ४४०]

हरि० : सषी वचन नयक सों, पान की पीक गोरे गरे में धसति कै षरी, अति, सोभति है, हे लाल, लाल जो लीक, लकीर सी वंधि जाति है, ताकी जो द्रुति, कांति तासो ऐसो लगै है, लाल जो न वाहैर ताकी गलोवंद, गलो को भूषन है, पारसी में गल को नाम गलू है, पान को पीक मै गलूवंद की संभावना, वस्तूत्प्रेक्षा।

— ⋆ —

पाइल पाइ लगी रहै। लगौ अमोलिक लाल। भोडरहू की भासिहै। वेंदी भामिनि भाल [४४१] [340]

پایل پاي لکي رہي لکیو امولک لال ٠ بہودر ہو کي بہاسین بے ندي بہامن بہال [ظا٠
[٤٤١

अन० : कवि की उक्ति, स्थान को प्राधान्य वरन्यो, गुण को अनादर, अन्योक्ति अलंकार।

नर० : प्रस्ताविक, संगति फल, कवि विहारीदास कहतु हैं कि जो पायल कै अमोलक लाल लग्यो है तऊ पाय को लगी रहै, अरु जो जाकी भोडर की तो सोभा है अरु वैंदी है तऊ भामिनि के भाल के विषै लागै है –

पायल पाइ लगीही रहै कछु या विधि वाही कौ नीच निहारो। का भयो जो लग्यो लाल अमोलक आषर ठोर वहै निरधारो। छोटे वडे जो भए सो भए पुनि क्योहू टरै नहि कैसेहु टारो। भौडरहू की भली विंदुली सुनि भामिनि भालनि भास है भारो [नर० ४४१]

कृष्ण० : इह अन्योक्ति, नीचु है अरु धनवान है पै नीची ठौर रहैगो अरु भलोमानसु है अरु निर्धन है तऊ ऊचेही रहैगो –

जो जिहि ठौर के लाइक है तिहि कौ वस वासु तिही थल ह्वैहै। देषौ निहारि सिंगार के भेद मै देषियै वात प्रत्यक्ष यहै है। जद्दपि लाल अमोल लगै तऊ पाइल पाइनिही लगि रैहै। है वह भोडर की विदली तऊ भामिनि भालहियै छवि पैहै [कृष्ण० ४४१]

हरि० : औरि के छल सों औरि सों कोई कहत है, पायल जो पूरन भूषन सो पाव में लगी रहति है, कैसी है जामे अमोलिक, जाको मोल नहीं, ऐसे लाल रत्न लगे हैं, भोडल अभूषन ताहू की जो वेंदी

340 पाइल – पायल - को०पा०मो०न०वे०स०मि०ह०। पाइ – पांइ - उ०; पायं - को०; पाय - मो०स०मि०। लगी – लगे - को०। रहै – रहे - गा०; रहैं - नी०। लगौ – लगो - उ०वा०; लगे - को०पा०मो०भा०ह०; लंग्यो - वे०; लग्यौ - गा०स०; लग्यो - मि०मु०; लगै - नी०। अमोलिक – अमालिक - को०; अमौलिक - वा०; अमोलक - मो०वे०गा०स०मु०; अमलिक - न०। भोडरहू – भांडरहू - उ०; भोडरहुं - को०वे०; भौडरहू - शि०; भौडरहौ - वा०; भौडरहूं - गा०; भोदलहू - ह०। भासिहै – भासहै - को०वे०पा०ग०स०; भासिहैं - शि०; भासुही - मो०; भासुहै - न०; भातिहै - भा०; भासियै - मु०। वेंदी – वैंदी - उ०न०स०मु०; विंदी - को०; वेडी - पा०; वैदी - वे०मि०नी०; वेदी - भा०। भामिनि – भाजन - वे०; भामिन - गा०; भामनि - स०मि०; भांमिनि - मु०ह०। भाल – भालि - को०। [४४१]

टीकी ताकी भास सोभा भामिनि नायिका ताके भाल मैं है, उत्तम जो निर्धन होय तौभी उच्च आसन के जोग है, नीच धनिक है तौभी सेवकता के जोग है, इहां अप्रस्तुत प्रसंसा अलंकार है, याको अन्योक्ति कहत हैं, जहां डारि सिर औरि के कहै औरि की वात। तासों अन्योकति कहत जे कविता सरसात॥ किंवा अप्रस्ताविक दोहा मै नहीं कह्यौ तासौं और अर्थ भी जानिए, सषी अभिसार करावति है, तूं परम सुंदरी है, समय रूप सिंगार काहे को करति है, पायल तौ तेरे पाय में लगी रहति है, सदा पहिरे रहति है, औ संकेत भी दूरि नहीं है, लगै कहिए नजीकही, अमोलिक लाल नायक है, अमोलिक कहिए जाके गुन रूप कहिवे में नहीं आवत है, अव भी कहनी है, फलाना अमोलिक आदमी है, हे भामिनी तेरे भाल मै भोडलहू की बेंदी सोभैगी, किंवा वेंदी सूं तूं सोभैगी।

—★—

कुटिल अलक छुटि परत मुष। वढिगो इतौ उदोत। वंक वकारी देत ज्यौं। दाम रुपैया होत [४४२] [341]

کتل الک چهت پرت مکہ بده کیو اتو اودوت ٠ بنک بکاري ديت جيون دام روپيا ہوت [ظا٠ ٤٤٢]

अन० : उक्ति सषी की होय तो स्तुति, जो नायक की होइ तो वचन अनुभाव करि रति व्यंगि, उपमा अलंकार।

नर० : अलक सोभा, सषी कौ वैन नायका सो, हे राधे, तेरे ए कुटिल अलकां छूटिकै जो परी है सो इनतै मुष कौ इतनो उदोत वढ्यो है कि वाकी वंकारी ज्यौं दाम कै दियै तें रुपइया ह्वै त्यों –

> **हे सजनी सुनि आनन ऊपर छूटि रही अलकै जु वनी है। है अति सुंदर स्याम सुहामनी और महा सटकारी घनी है। एतो उदोत वढ्यो है कहा कहुं या छवि देषी न ना जु सुनी है। अंक वहै दियो दोऊ वकारनि दाम तो मोहर होत भनी है** [नर० ४४२]

कृष्ण० : इह मुष पर वार छुटे ते सोभा अधिक भई है सो सषी नाइक सो कहै, नाइक नाइका सो कहै, कवि की उक्ति होइ –

> **जगमगि रही मुषचंद की अमंद दुति चांदनीहू हात होति आठौ जाम धाम ते। तापर सुदेस साजै सकल सिंगारु चारु न्याइ वस कीनो घनस्याम व्रजवाम ते। कृष्ण प्रानप्यारे की सौं तापै यह छूटतही कुटिल अलक सोभा भाल अभिराम ते। एते मान वढि गये उमंगि उदोतु वंक दिए ते वकारि ज्यौं रुपैया होतु दाम ते** [कृष्ण० ४४२] [342]

---

341 कुटिल – कुलिट - वा०; कुटल - वे०मु०। अलक – ऽलक - वा०; अलिक - गा०स०। छुटि – छुट - वे०मु०। मुष – त्यो - पा०। वढिगो – वढिगौ - शि०न०गा०स०मि०मु०ह०। इतौ – इतो - को०शि०पा०; ईतो - मो०। उदोत – उदोतु - उ०नी०; उद्योत - मो०; उदो - मि०; उद्यौतु - मु०। वकारी – वकाई - शि०मु०; वंकारी - वा०; विकारी - पा०; वकीरी - गा०; वंकाई - ह०। ज्यौं – ज्यों - को०वे०गा०स०; ज्यौ - वा०मि०; ज्यो - पा०मो०। दाम – दामु - उ०; दांम - वा०वे०गा०मु०। रुपैया – रुपैंया - उ०; रूपईया - शि०मु०; रुपईये - वा०गा०; रूपैया - मो०; रुपयीये - वे०; रुपैये - स०; रुपैआ - नी०। होत – होतु - उ०न०मु०नी०। दोहा लुप्त - भा०। [४४२]

342 मि० प्रति में निम्नलिखित उदाहरण छंद है –

हरि० : सषी की उक्ति नायक सो, कुटिल जो अलक है सो मुष पर छूटि परति है, एतनो यो या तरह उदोत प्रकास वढिगो, वंक क० टेढी वंकई क० वकारी ताके देतही जैसे दाम को अंक रुपैया होत है, पूर्णोपमालंकार, उपमेयरु उपमान जहं वाचक धर्म सु चारि। पूरन उपमा हीन तहं लुप्तोपमा विचारि॥ मुष अलक उपमेय दाम वकारी उपमान उदोत साधारण धर्म।

— ★ —

रहि न सक्यौ कसु करि रह्यौ। वसि करि लीनौ मार। भेदि दुसार कियो हियो। तन दुति भेदै सार [४४३] [343]

ره نہ سکیو کس کر رہیو بس کر لینون مار ٠ بہید دوسال کیو ہو تن دوت بہیدین سار [ظا٠ ٣٤٣]

नर० : भय विभ्रम विरह, नायक को वैन सषी सो, हे सषी, एते दिन तौ मार मोसौं कस करिकै थाकौ पाइ रहि सकौ नाही है और अव ज्यौं सार भेदै त्यौं राधिका के तन की दुति मेरो हियौ भेदिकै दुसार कियो, सो ता पीछै मारहू मेरे तांई वस करि लीनौ है –

> **हे सजनी न सक्यौ रहि कैसेहूं और षरो कसिकै जु रह्यो है। वाकी दसा न कही परै रंचक मारन आपने हाथ गह्यो है। भेद दुसार कियो जु हियो अति नैनन नीर प्रवाह वह्यो है। देह की दीपति भेदिकै सार भई है सु मार उसास लह्यो है** [नर० ४४३]

कृष्ण० : इह नाइका की तन की दुति सषी नाइक सौ कहति है –

> **राधिका रंग भरी कौ मनौ विधि तीनिहू लोक को रूप दियोई। ताहि अली अवलओकतही विय नैनन प्रेम पियूष पियोई। जद्यपि केतो रहो कसुकै धरिकै अति धीरजु मेरो हियोई। तद्यपि वा तन की दुति भेदक मार ने भेदि दुसार कियोई** [कृष्ण० ४४३]

हरि० : सिच्छा देति है सषी, तासों नायिका को वचन हियो, मन, हमारो नायक सौ मिलिवे कौ नहीं चाह्यौ, कसकरि षेंच करि रह्यौ पै रहि नहिं सक्यौ क्यौं मार जो है काम तानै वस करि लीनौ, नायक की तनद्युति भेदिकै दुसार कियो, पार कियो, तहां पूछै ज्यौं सषी तनदुति में एतनो जोर है, तहां कहति है, तनदुति तौ सार जो कठोर ताको भेदै यह अर्थ, जड़ को भी भेदै तौ मन की कहा वात है, विभावना अलंकार, जवै अकारन वस्तु ते कारज परगट होय, तनदुति भेदवे को कारन नहीं, ताने भेद्यौ।

मानौ भुजंगन कंज चढी मुष ऊपर एक छुटी अलकै यौं। कारी महा सटकारी है सुंदर भीजि रही मिलि सौं धनही यौं। छुटी लटि वा लटकी ढिग और गई वढिकै छवि आनन की यौं। आंक वहै दियै दूजी उकारी कै होत रुपैयान ते मुहरै यौं [मि० ४४२]

[343] सक्यौ – सक्यौं - उ०गा०; सकौ - वा०; सक्यो - वे०भा०नी०। कसु – (लुप्त) - को०; कस - वे०स०ह०; कसि - गा०मु०। करि – कर - वे०स०मु०। रह्यौ – रह्यो - को०वे०भा०नी०; रह्यौं - शि०। वसि - उ०को०शि०मि०ह०; वस - वा०न०वे०गा०स०भा०मु०नी०। करि – कर - शि०न०वे०मि०। लीनौ – लीनो - को०शि०वे०स०भा०मु०ह०; लीनौं - न०। मार – मारि - न०गा०। भेदि – भेद - शि०वा०न०वे०गा०स०मु०। दुसार – दुसाल - को०; दुर, 'स' ऊपर बाद में - स०; दुसाल - भा०। कियो – कीयौ - उ०शि०वा०गा०स०; कीया - को०; दियै - न०; कीयो - वे०; कियौ - नी०। हियो – हीयौ - उ०शि०वा०गा०; हियौ - न०मि०; हीयो - वे०स०मु०; हियौ - नी०। दुति – दुत - वे०। भेदै – भेदे - को०न०मु०; भैदें - शि०; भेदन - भा०; भेदी - मि०। दोहा लुप्त - पा०मो०। [४४३]

— ⋆ —

षल वढई वल करि थके। कटै न कुवत कुठार। आल वाल उर झालरी। षरी प्रेम तरु डार [४४४] [344]

کہل بدہي بل کر تہکي کتي نہ کوبت کوتہار • البال اور جہالري[345] کہري پريم تر دار [ظا• ٤٤٤]

अन० : सषी की उक्ति सषी सो, अमिट स्नेह प्रसंसा, वा दूती की उक्ति नायक सो, नायिका को ईठ प्रेम कथन, नायिका के हृदै संस है, सो व्यंगि, झालरी सो हरी सो कहियै, रूपक विशेषोक्ति अलंकार।

नर० : प्रेमगर्विता, सषी को वैन सषी सो, हे सषी, इनके षल रूप वढई क० षाती, कुवत रूप कुठारौ लैकै वल करि थाके परंतु प्रेमरूपी जे तरु तिनकी डारि आल सौ क० सरसाई सौ वाल के उर के विषै षरी झालरी है पै वा काटी नाही –

> **जोरिकै थाकि रहे वढई षल और उपाय किए न सर्यो है। क्यौंहू कटै न कुवाक कुठार महादुष झार लगाय अर्यो है। जाकी वडाई कही न परै सुनि फूलउ पात वचाइ भर्यो है। झालरी है उर पाल भली विधि पेम के वृक्ष की डार धर्यो है [नर० ४४४]**

कृष्ण० : इह स्नेह की दृढता नाइका वा नाइक सषी सो कहै –

> **देषतही मूरति मधुर मनमोहन की नैनन के मिलै मिल्यो मन अवदातु है। आल वाल उर तै प्रगट भयो प्रेम तरु दिन दिन झालरत अति सरसातु है। ताहि दूरि करिवे को कितने षलनि षग कुवत कुठार की गहि कीनो उतपातु है। कहै कविकृष्ण सवै थाके अति वल करि नेक न घटतु त्यौ त्यौ दृढ होत जातु है [कृष्ण० ४४४]**

हरि० : नायक किंवा परकीया की उक्ति, षल दुष्ट सो है वढई, षाती, सो वल करिकै थाको, कुवत कुवाती निंदा की वात सो है कुठार, कुल्हाडा तासों कटै नहीं, आलवाल क्यारी सो है उर, हृदय, तामे प्रेम तरु की डार षरी अति झालरी है, पत्रपुष्प सों भरि रही है, कारन है तौ भी प्रेम तरु कटै नहीं, विसेसोक्ति रूपक, रूपक ने विशेषोक्ति को उपकार कियौ याते संकर, उपकार ह्वै एक को जहां संदेह लषाय। एक पद में भूषन वहु तत्रै संकर।

— ⋆ —

सौ विजुरी मन मेह। आनि इहां विरहा धरी। आठौ जाम अछेह। दृग

---

344 षल – षलक - वा०। वढई – वढइ - उ०वा०; वलई - को०; वढाइ - भा०। वल – वलु - उ०नी०। करि – कै - उ०वा०; कर - को०वे०गा०स०मि०मु०। थके – थकैं - शि०; थकै - वा०। कटै – कटें - को०; कटे - मो०नी०। कुवत – कुवति - मो०; कुमति - भा०; कुवुत - नी०। उर – उरु - गा०। प्रेम – पेम - उ०शि०वा०मु०; प्रेंम - मि०; प्रैंम - नी०। तरु – तर - नी०। डार – डारि - मो०; डारु - मु०। दोहा लुप्त - पा०। [४४४]

345 جہالري - جہالئي - ظا•

जु वरत वरसत रहत [४४५] [346]

سون بجوري سنون میہ ان ایہان برہا برہا دہري • اتہو جام اچہي درک جو برت
برست رہت [ظا • ٤٤٥]

अन० : उक्ति नायक की सषी सौ होइ तो प्रोषित्पतिका, दूती सौ होइ तौ पूर्वनुराग, नायक की उक्ति होइ तो पूर्वानुराग उत्प्रेक्षा।

नर० : प्रोषितपतिका, सषी को वैन सषी सो, हे सषी, मनौ इन विरहिन का इहां सौ विजुरी अरु मेह आनिकै धरी है, सो कहा नेत्र जु आठहू पहरि अछेह वरतै अरु वरषत रहत है –

> **जीव वहै विजुरी मन मेह कह्यो नहि छेह असेष वहै है। आनि इहां विरहान धर्‌यो कछु याको प्रचंड प्रताप दहै है। आठहू जाम अछेह रहै नहि देह कपै अकुलान गहै है। नेम किये नयना वरषै जल या विधि की झर लाइ रहै है** [नर० ४४५]

हरि० : नायिका की उक्ति सषी सों, पूर्वानुराग मै नायिका की उक्ति दूती सों, नायक की उक्ति आछी नहीं लागि, स्यौं को अर्थ सहित, विजुरी सहित मेघ को आनिकै इहां हमारे नेत्र में विरह ने धर्‌यौ है, मान्यौ जनु को अर्थ मानो, आठौ पहर अछेह अनंत निरवधि यह अर्थ, दृग, नेत्र, वरत हैं, यह वीजुरी को धर्म औ वरिसत रहत यह मेघ कौ धर्म, आंसू परत हैं, कृपा के आगे जनु उत्प्रेक्षा व्यंजक को अन्वय है, अनुक्तास्पद वस्तूत्प्रेक्षा।

—★—

कत वेकाज चलाइयत। चतुराई की चाल। कहै देत यह रावरे। सव गुन निरगुन माल [४४६] [347]

کت بیکاج چلاییت چترائي کي چال • کہین دیت یي راوري سب کن نرکن مال [ظا •
٤٤٦]

अन० : अधीरा षंडिता की उक्ति नायक प्रति, शव्दविरोधाभास अलंकार।

---

346 सौ – सौ, 'स' पर संशोधन का प्रयास - उ०; सौं - को०; ज्यौं - शि०; ज्यौ - वा०; संशोधन किए जाने से अपठ, औ की मात्रा - पा०; सो - मो०वे०गा०स०मु०; स्यौं - ह०। विजुरी – विजु, 'री' ऊपर भिन्न क़लम से - उ०। मन – मनु - को०न०गा०; जनु - पा०ह०; विंनुन - वे०। आनि – आंनि - को०वा०गा०; आइ - पा०; आंन - वे०स०। इहां – इहा - उ०पा०; विरहा – विरहा - वा०; विरही - न०वे०गा०स०। धरी – धरै - को०; धर्‌यो - पा०; धरे - मो०; धर्‌यौ - ह०। आठौ – आठो - को०वे०; आठों - मो०गा०; आठ्यों - न०; आछी - मु०। जाम – जांम - वे०गा०स०; भांति - मु०। अछेह – अछे - को०; अछैह - शि०। दृग – दग - को०; द्रिग - शि०वा०मु०; द्रग - न०। जु – (लुप्त) - मो०। वरत – वरषत - मो०। वरसत – तरसत - वे०; वरिसत - ह०। दोहा लुप्त - भा०मि०नी०। [४४५]

347 वेकाज – वैकाज - मु०। चलाइयत – चलाईयत - को०वे०; चलायैत - वा०; चलाइयतु - मो०न०; चलाईयतु - गा०; चलाइयति - भा०; चलाईजुत - मु०; चलाईयति - नी०। चतुराई – चतुराइ - वा०। चाल – चालि - को०मो०। कहै – कहैं - उ०को०; कहे - शि०पा०भा०मु०; कहें - मो०ह०। देत – देत, 'त' में इकार बाद में - उ०; देति - न०नी०। यह – ए - शि०मि०; इह - वा०; है - वे०; ये - गा०; हें - मु०; गुन - ह०। रावरे – रावरें - शि०। निरगुन – गुनविनु - मो०; विनु गुन - न०भा०मु०; विन गुन - वे०गा०स०मि०नी०ह०। [४४६]

नर० : षंडिता नायिका कौ वचन नायक सो, हो लाल, या चतुराई की चाल विना काम क्यों चलावत हौ, जो ए विन गुन माल उघरी है रावरे सगरेही गुन कहै देति है –

काज विना क्यौ चलावत हौ हरि हो तुम नीके षरे हम जानी। आपनी चाल लिये चतुराई भली सुषदाई घनी मन मानी। देत कहे गुन रावरे सांवरे कान सवै गुन सांच निसानी। और कहा कहियै इतने पर निर्गुन माल हिये ठहरानी [नर० ४४६]

कृष्ण० : प्रौढा अधीरा षंडिता नाइका कौ वचन नाइक सौ –

सौति के धाम विराम कै आपु प्रभात इतै पग धारत हौ जव। मैन छकी छवि ऐन दिषाइ अनंद हिये उपजावत हौ तव। क्यौ विन काज चलावत हौ चतुराइ की चालि लला हमसौ अव। माल विना गुन की उर पै उपटी गुन रावरे देति कहै सव [कृष्ण० ४४६]

हरि० : प्रात आए नायक सों षंडिता वचन, कत, क्यौं वेकाज चलावत हौ, चतुराई की क्रिया कौ वात कौ यह अर्थ, विना गुन की छाती मै उपटी है जो माला औरि की, सो रावरे, तुमारे, सव गुन को कपट झूठ इत्यादि को कहि देति है, किंवा सव नाम राति को है पारसी मै, राति के गुन को, जो कछु राति किए हौ, ताको कहे देति है, विना गुन की है जो माला ताको कहनो नहीं संभवै, विरोधाभास भासै जहां विरोध सो वहि विरोधाभास।

— ⋆ —

उनकौ हित उनही वनै। कोऊ करौ अनेक। फिरत काकगोलक भयौ। दुहूं देह ज्यौं एक [४४७] [348]

اون کو ہت اون ہی بنے کواو کرو انیک ۰ پہرت کاک کولک بہو دوہون دیہ جیون ایک [ظا۰ ٤٤٧]

अन० : सषी की उक्ति सषी सौ दंपति के हित की प्रशंसा करति है, रूपक अलंकार।

नर० : अधीरा नायिका कौ वैन सषी सौ, हे सषी, जिन काहू कौ हित जिनसो ह्वै तिनही सौ वनि आवै, सो कैसे कि काक के नेत्रां की परै सरीर दोय है पै जीव एक भयो फिरत है –

हे सजनी उनकौ हित है अति सो उनही नै वनाय लयो है। कोऊ अनेक करै तो कहा भयो देषतही हियरा उनयो है। ऐसी अनोपम रीति लिये संग दंपति को मन मोहमयो है। काग के गोलक लों फिरितौ रहै देह दुहू जिय एक भयो है [नर० ४४७]

कृष्ण० : इन दोउन के हित की आधिकाइ सषी सषी सो कहति है –

---

[348] उनकौ – उनको - को०वा०पा०मो०वे०गा०स०भा०नी०; इनकौ - शि०। हित – हितु - उ०वा०न०नी०; हीतु - शि०। उनही – उनहीं - उ०मो०नी०; ऊनही - मु०। वनै – वने - मो०; वन्यो - भा०; वनैं - मु०। कोऊ – कोउ - वे०स०मि०। करौ – करो - को०शि०वा०मो०वे०मु०; करै - पा०। अनेक – अनेकु - उ०मो०; ऽनेक - शि०। फिरत – फिरतु - उ०न०मि०; फेरतु - गा०। काकगोलक – काकुगोलक - उ०; काकगोलकु - न०मि०। भयौ – भयो - को०पा०मो०वे०स०भा०मु०नी०ह०। दुहूं – दहूं - उ०; दुहुं - शि०गा०मु०; दुहो - वा०; दुहू - पा०मो०भा०मि०; दुहुं - वे०। देह – दीठ - मु०। ज्यौं – ज्यों - को०शि०वे०गा०स०; ज्यौ - वा०भा०मि०ह०; जिय - पा०; दिऐ - मो०। एक – एकु - उ०को०मो०; येक - पा०नी०। [४४७]

आजु लौ ऐसे न देषे कहूं उनही पै वने उनके हित के पन। और अनेक उपाइ कियेहूं पै होहि न ऐसे सनेह सने मन। कोऊ न जानत दोऊ है एकही श्रीवृषभानसुता मनमोहन। वाइस गोलक ज्यौं सजनी फिरिवो करै एकही जीउ दुहूं तन [कृष्ण० ४४७] [349]

हरि० : सषी सों सषी की उक्ति, नायक नायिका को हित की प्रसंसा उनको दंपति को हित दंपतिही सो वनै, कोऊ औरि अनेक करौ तौ भी नही वनै, दुहुन के देह मै एक जो ज्यौ प्रान सो काकगोलक को वाको नेत्र गोलक भयो फिरै है, कौआ कौ एकै आंषि दुहूं ओर फिरै है, तैसे एक जीव, रूपक किंवा दृष्टांत।

—★—

गडे वडे छवि छाक छकि। छिगुनी छोर छुटै न। रहे सुरंग रंग रंगि उही। नह दी महदी नैन [४४८] [350]

کدي بدي چهب چهاک چهکني چهب چهکني چهور چهوتي نه • رہي سورنک رنک ہو
وہي نہوندي مہدي نين [ظا• ٤٤٨]

अन० : स्मृति संचारी, गुणकथन दशा वचन अनुभाव करि पूर्वानुराग, नायक को व्यंगि, उत्प्रेक्षा अलंकार।

नर० : षंडिता नायिका कौ वचन नायक सो, हो स्याम, या छवि की छाक मै छवि की वडी सी गडी हौ, सो छोरीहू छूटति नाहीं है, सो कैसी कै, जिन तुम्हारी छिगुनी यकै नष कै सुरंग रंग महदी रंगी है, तिन सरीषे नेत्र हैं –

छाक छके है वडी छवि वे पुनि आय गडे न टरे विन टारे। छोरतै छोटे नहीं छिगुनी के षरे लपटाइ चकै सै निहारै। और निहारिवो छाड दयो इन आन अरे जग के डर डारे। नीकी सुरंग रंगी नह दी महदी लषि नागर नैन निहारे [नर० ४४८]

कृष्ण० : इह महदी कौ वरनन है, जौ नाइका कौ वचन नाइक सौ होइ तौ षंडिता होइ –

वाकी छवीली छिगुनी के छोर छए रुचिपुंजन एई नए है। तापर चारु लसै नह दी महदी दल विद्रुम जीति लए है। ताकी महाछवि के मद छाकि छुटै न अजौ गडि ऐसे गए है। जौ विय लोचन वाही के रंग मै राचि कै मानौ सुरंग भए है [कृष्ण० ४४८]

---

349 भा०मि० प्रतियों में यहाँ राजाराम की कविछाप का निम्नलिखित कवित्त है –

आधे आधे कहिवे कौ राधा माधौ लहिवे कौ आधौ छिनु राधा ते न माधौ विछुरतु है। ऐसो कछू नेम गह्यो मन मै न भेद रह्यो दुहुन के प्रेम वढ्यो कह्यो न परतु है। पलक मै आइ इत पलक मै जाइ उत पलक नचाइ नटविद्या सी करत है। राजाराम मेरे जान दुहू तन एक प्रान कागदृग पूतरी लौ फिरिवो करत है [भा० ४४७]

350 गडे – गड्यो - को०; गडें - वा०; गडी - वे०स०मु०; मडे - ह०। वडे – वडें - उ०; वडें - वा०; वडी - वे०स०मु०। छाक – छाकि - को०मो०मु०नी०। छकि – छवि - वा०वे०स०। छिगुनी – छिगुन, 'न' में इकार बाद में - शि०; छिंगुनी - नी०। छोर – छारि - शि०; छौर - वा०। छुटै – छुटैं - वा०ह०; छुतें - मो०; छुटैं - मु०। रहे – रंगे - को०; रंग - वे०स०। सुरंग – सुरंगही - को०; सुरंगि - मि०। रंग – (लुप्त) - को०वे०स०; रंगि - नी०। रंगि – (लुप्त) - को०; रंग - शि०पा०; रंगी - वे०स०; रग - मि०नी०; रगि - ह०। उही – तुही - उ०; रही - वा०भा०; उहीं - नी०; वही - पा०ह०। नह – तेह - को०; नेह - पा०; वेह - पा०; नहि - मु०। दी – (लुप्त) - मु०। महदी – मिंहदी - शि०ह०; मेहदी - पा०; मेंहिदी - मो०; मैहदी - वे०; मिहदी - भा०; महिदी - मु०। नैन – नैंन - को०शि०वा०ह०; नेंन - मो०स०। [४४८]

हरि० : नायक सषी सों कहत है, वडे जो छवि के छाक मत्त तासों छवि के मत्त होइकै हमारे नैन छिगुनी कनिष्टा आंगुरी ताके छोर, अग्र भाग, तामे गडे है, क० लगे हैं, छूटत नहीं हैं, कन गुरिया को जो नष ताकी जो मेहदी ताको जो सुरंग, सुरंग रंग उही कहिए ओही सो रंगि रहे है, अनुरागी होय रहे हैं, नह को तहां पंजावी भाषा में नहदी कहत हैं, सुरंग को अर्थ लाल नहीं कियो, मेहदी को रंग तो लालही है, गडे वडे छेकानुप्रास, रंग है, रंग रंग इहां जमक, मानो वाही रंग में रंगि रहे हैं, लुप्तोत्प्रेक्षा।

— ⋆ —

वाढत तो उर उरज भरु। भर तरुनई विकास। वोझनु सौतिनु कै हियै। आवति रुंधि उसास [४४९] [351]

بارہت تو اور اورج بہر بہر ترنئي بكاس • بوجہين سوتن كے ہنين اوت روندہي اوساس
[ظا• ٤٤٩]

अन० : सषी नायका की षुसामति करति है, भरि तरुनई उद्यतजोवना व्यंजित है, असंगति अलंकार।
नर० : कुच सोभा, सषी कौ वैन नायका सो, हे तरुनई, तेरे उर के विषै उरोज कौ भरु तिनको भार विकास किया वाढतु है, सो वोझ तौ तेरै है अरु तेरी सौतिन के हिये के विषै उसास की रुंधि आवतु है –

> **वाढत है सषी तो उर मै भरे गाढे उरोज कौ पी मन भावै। आय गई है षरी तरुनाई विलास हुलास सवै संग लावै। ये उलटी गति हेरी अवै कछु पंडित लोग इहै गुन गावै। वोझन सोतिन कै उर मै अति रुंध उसास अचानक आवै** [नर० ४४९]

कृष्ण० : यह नाइका नवजौवनभूषिता है, जाको देषिकै सौतिनु कौ दुष होत है, सषी नाइका सौ कहति है –

> **तोसी तुही रमनी कमनीय भयो अति तो वस प्यारो विहारी। वैस विलास जगो जव ते तवते यह अद्भुत वात निहारी। वाढतु है नवनागरि तो उर मै उरजातन को भरु भारी। जा भरु सौतिनु स्वास उसास तपी रही सौ हिय होति दुषारी** [कृष्ण० ४४९]

हरि० : नायिका सो सषी वचन, तेरे उर, वच्छस्थल में उरज, कुच, ताको भरु क० भार सौं वाढत है, तरुनई जवानी ताको भरु आधिक्य औ विकास प्रकास, किंवा तरुनई को विकास भरु भारी वडो वाढति

---

351 वाढत – वाढतु - उ०पा०; वाढें - को०। तो – तौ - वा०; (लुप्त) - वे०गा०स०। उर – उरु - न०। उरज – उरोज भय - वे०; उरोज - स०। भरु – भर - को०शि०वा०स०मु०; तरु - मो०; भय - वे०। भर – भरत - को०; भरु - न०गा०वे०; अरु - भा०; भरि - नी०; भरु - ह०। तरुनई – तरुनै - वा०। विकास – विकासु - उ०न०; विकाश - को०। वोझनु – वोझनि - को०ह०; वोझिनु - वा०; वोझनि - पा०; वोझन - मो०भा०मि०मु०; छोडति - न०; वोझति - वे०गा०स०। सौतिनु – सोंतनि - को०; सौतिन - शि०पा०भा०मु०; सोंतिन - मो०गा०; सोतिनु - न०; सोतन - वे०स०; सौतिनि - ह०। कै – के - को०पा०मो०भा०नी०ह०। हियै – हीइ - शि०; इये - पा०; हिए - मो०ह०; हिये - न०नी०; हीयै - वे०। आवति – आवतु - उ०; आवत - शि०वा०मो०वे०स०भा०मु०ह०; आ? - पा०। रुंधि – रुधे - वा०; रुकी - पा०ह०; रुंध - वे०गा०स०; रूंधि - भा०; रूदि - मि०; रूंध - मु०; रूधि - नी०। उसास – काकपद के आगे ‘सास’ - पा०; उसांस - नी०। [४४९]

है, वोझनि सों सौति के सौंदर्य दुष ताके भार सौतिन के हृदय सो रुकी सी दवी सी निस्वास आवति है, जाको भार परै ताको रोकी उसास आवै, उरज को भार, औरि के उए वोझक की उस्वास कारज औरि ठौर असंगति अलंकार तीन असंगति काज अरु कारन न्यारे ठांव।

— ★ —

अलि इन लोइन सरनि कौ। षरौ विषम संचार। लगै लगाये एक से। दुहुंन करत सुमार [४५०] [352]

ال ان لوین سرن کو کہرو بکہم سنچار • لکي لکاین ایک سے دوہون کرت سمار [ظا • [٤٥٠

अन० : उक्ति सषी की सषी सो, दंपति की दसा देषिकै उनको पूर्वानुराग व्यंगि जानियै, व्यतिरेकालंकार।

नर० : अद्भुतरस वर्णन, सषी कौ वैन नाइका सौ, हे अलि, इन नेत्र रूपी सरन तिनकौ षरौ सो विषमो संचार है, लगाया तौ एक सो लागै हैं, पै घाइल दोनो को करतु है –

हे सजनी इन लोइन वान चढे षुरसान से प्रान रहै है। है अति वंक लिये अति टेढी संचार वुरो अति आन गहै है। भेदन मर्म न वर्म फटै कछ्रु कोरि उपाय कियै न टरै है। एक से देसे लगाय कहा कहौ लागे दुहून के सु मार करै है [नर० ४५०]

कृष्ण० : यह नाइका अपने नेत्रनु की अवस्था सषी सौ कहतु है, नाइका कहै अथवा नैकु कहै –

सरु जाके लागे ताहि सुधि न रहति कछ्रु जौ हत न ताके उर रंचक विथा न है। तिनते अधिक कुसुमायुध के पांचौ वान जिनके लागे तै टरै मुनिन के ध्यान है। कृष्ण प्रानप्यारे की दुहाई जिय जानि आली सवही तै विषम विसेष नैनवान है। दुहुन विकल करै जतन लगै न आन दुहूं भांति विषम लगाएहू समान है [कृष्ण० ४५०]

हरि० : हे अलि, ए जो लोयन, नेत्र, सर हैं ताको षरो अति विषम दुःसह संचार गति है, लगे काहू के नेत्र आपु कों लगै, आपुनो नेत्र और को लगाए एक से समान है, दुहुन को सुमार करत हैं, षरो विषम काटनो, तहां ऐसे जानिए षरो तीछ्रन को भी कहिए है, इन लोयन सरनि को षरो तीछ्रन जानि, अपना तीर सों औरि को सुमारि करै, आपु सुमारु होय, यह विषमता वाननि की समता नहीं, लोयन सो सर, रूपक अलंकार।

---

[352] अलि – ऽलि - वा०। इन – इनु - वे०गा०। लोइन – लोयन - को०पा०मो०ह०; लोयनि - वा०; लोइनौ - न०; लोइनु - वे०गा०नी०। सरनि – सरनु - उ०न०मि०मु०नी०; सरन - को०वे०गा०स०; सर्नि - भा०। कौ – को - को०पा०मो०वे०; सों - शि०; कों - गा०; कौं - नी०; के, ऊपर दीर्घ सूचक चिह्न - ह०। षरौ – षरो - को०शि०पा०मो०न०वे०भा०नी०। विषम – विषमु - उ०; विमुष - वे०गा०स०। संचार – संचारु - उ०न०गा०भा०मि०मु०नी०। लगै – लगैं - उ०मि०; लगे - शि०वा०मो०भा०मु०नी०; लगें - ह०। लगाये – लगांएं - उ०; लगाए - शि०; लगाएं - मो०मु०ह०; लगायै - न०वे०गा०स०; लगाङे - भा०; लगायें - मि०। एक – येक - नी०। से – सें - को०शि०मो०; (लुप्त) - पा०; सौं - न०; सौ - वे०स०; सों - गा०। दुहुंन – दुहून - उ०न०; दूहूनि - को०; दुहोन - वा०; दुहुनि - पा०; दोऊन - मो०; दुहूंन - स०; दोउन - भा०मि०मु०; दोऊन - नी०; दुहुअनि - ह०। करत – क - भा०। सुमार – शुमारु - न०; सुमारु - भा०मि०मु०नी०। [४५०]

— ★ —

वेई कर व्यौरनि वहै। व्यौरौ कौन विचार। जिनही उरझ्यौ मो हियौ। तिनही सुरझे वार [४५१] [353]

ویئي کر بیورن وہي بوري کو نہ بچار ٠ جنہي اورچیو مو ہیو تنہي سورچہون بار
[ظا٠ ٤٥١]

अन० : उक्ति नायक की, स्मृति संचारी, गुणकथन पूर्वानुराग व्यंगि, वितर्क संचारी ते रति स्थाई कै व्यंग के अनुभाव रूप नायक के वचन मन को उरझिवो लाक्षणिक है, विभावनालंकार।

नर० : सषी नायिका को परस्पर वैन, सषी वोली कि हे राधे तेरे वेही तो कर हैं अरु वाही कौ व्यौरनि क० कांगसी है सो व्यौरति न हौ, जो कौन विचार है, तव राधे वोली कि हे सषी, जो न हौ कि मेरौ हियौ उरझायौ तिन वासते एक वार सुरझत नाही है –

> **वेई है हाथ तिहारे सषी सुनि काहि न है वहि व्यौरति वारी। कौन विचार कहौ इन वौरिवो सो हिय मै अति आदर भारी। यौ सुनिकै अव उत्तर देत सषी कहि श्रीवृषभान दुलारी। मो जिनही उरझाइ लियो हिय वा सुरझाए है वार विहारी** [नर० ४५१]

कृष्ण० : इह नाइका की आसक्ति नाइक के हाथनु पै है सु वार व्यौरति देषि नाइकु सषी सो कहतु है –

> **पानि लसै सरसीरुह सौं तिन ऊपर मो दृग भोर भए है। केलि फरी सी षरी सुघरी अगुरी नष चंद प्रमान छए है। वेई हैं हाथ वहै चलिवो कहि यामै विचार कहाधो उए है। मेरो हियो उरझ्यो जिनसो जिन व्यौरनिही सुरझे कच ए है** [कृष्ण० ४५१]

हरि० : सषी नायिका के केस सवारे है, तव नायक पीछे सो आय सषी को उठायकरि आपु केस सवारे है, तब नायका नायक के कर को परस पिछानिकै कहति है, आगै भी हमारे केस संवारियै, वेही कर वेही हाथ है, व्यौरनि वहै है, वहै संवारनो है, रे मन तूं व्यौरो, भेद, क्यूं न विचारौ, यह भेद है, जिनही सों हमारो हियो, मन, अरुझायो है, तिनही सों वार सुरझे हैं, विभावना अलंकार, कारज होय विरोध ते यह विभावना जानि। अरुझायवे को कारन नायक, तिनसों वार सुरझे।

— ★ —

[353] वेई – वैई - को०; केई - शि०; वेइ - वा०; वोई - पा०; वैइ - मो०। व्यौरनि – व्यौरति - वा०; व्योरनि - पा०; व्योरन - वे०; व्यौरन - गा०स०मि०; व्यौंरनि - मु०; व्यौरत, 'त' में इकार बाद में - नी०। वहै – उहैं - शि०; वेहौ - मो०। व्यौरौ – व्यौरौं - उ०; औरयो - को०; व्यौरो - वा०गा०ह०; व्योरो - पा०मो०वे०; व्योरनि - मो०; व्यौरों - स०; व्यौरा - मु०। कौन – कौंन - उ०शि०मि०मु०; क्यौंन - को०ह०; कोन - वा०; कोंन - मो०वे०स०। विचार – विचारु - न०गा०। जिनही – जिनहीं - उ०; जितही - वा०। उरझ्यौ – उरझो - को०मो०; उरज्यौ - वा०न०गा०; उरझ्यो - पा०वे०स०। हियौ – हियो - को०पा०मो०मु०ह०; हीयौ - शि०; हीयो - वे०स०। तिनही – तिनहीं - मो०। सुरझे – सुरझै - उ०; सुरजै - वा०; शुरझै - न०। वार – वारु - न०। दोहा लुप्त - भा०। [४५१]

करत जात जेती कटनि। वढि रस सरिता सोत। आलवाल उर प्रेम तरु। तितौ तितौ दृढ होत [४५२] [354]

کرت جات جیتي کتن بده رس سلتاسوت • البال ار پیم تر تیتو تیتو دره ہوت [ظا •
[٤٥٢

अन० : सषी को वचन परकीया नायिका सो, चातुरी की स्तुति करति है, श्लेष रूपक को संकर।

नर० : स्वाधीनपतिका, सषी कौ वैन सषी सौ, हे सषी, नायक के उर के विषै जो प्रेम रूपी तरु है तिनकौ सौत रूपी नदी है, ते रस वढायकै जिनकी जेती कटनिता करतु जातु है तित्यौ आल क० सरसाई वाल क० नवौ करिकै तितनौ द्रिढ ह्वैतौ जातु है –

> **काठिन जेती करै तट की अति आवत नीर नयौ जव नेरो। वाढत है रस की सरिता सव स्रोतन तुंग तरंगनि घेरो। देह सो दुर्ग को छीन करै पुनि वाढ ग चैन लता नहि हेरो। थाल हियै पर पेम महीरुह तेरौ षरौ डिढ होत घनेरो [नर० ४५२]**

कृष्ण० : यह सनेह के अंग मै द्रढता नाइका कौ अथवा नाइक कौ वचन सषी सौ, सषी नाइका नाइकहू सौ कहै –

> **आलवाल उर मै मनोज वयो नव वीज जातै भयो आली प्रेम अंकुर उदोत है। सुरति सलिल सीचो याही तै उमगि उठ्यो फूल फल प्रगट्यो विरह ओत पोत है। कहै कविकृष्ण ज्यौ ज्यौ उमगि प्रवल पूर करत कटनि रस सरिता कौ सोत है। नेक न डिगत वाकी त्यौही त्यौ जमति जर झालरति झोरति षरोई दृढ होत है [कृष्ण० ४५२]**

हरि० : नायक किंवा नायिका की उक्ति, रस, जलरस शृंगार, ताकी सरिता, नदी, ताको सोत प्रवाह सो चढिकै तनी कटनि कटावत को अरु लज्जा को करत जात है, आलवाल कियारी सो है उर हृदय, ताम्रे प्रेमतरु, प्रेमवृछ तेतनो तेतनो दृढ होत है, रूपक अलंकार।

— ★ —

राति द्यौस हौसै रहै। मान न ठिक ठहराइ। जेतौ औगुन ढूढिये। गुनै हाथ परि जाइ [४५३] [355]

---

354 करत – करतु - उ०मो०न०गा०मि०नी०; करति - मु०। जात – जातु - उ०मो०नी०; जाति - मि०मु०। कटनि – कठनि - शि०; कठिन - वे०स०मु०। वढि – चढि - ह०। रस – र - स०; रसि - मि०। सरिता – सलिता - उ०को०शि०वा०; सुरता - वे०गा०स०। सोत – सोतु - उ०न०गा०नी०; सोन - वा०; स्रोत - मो०मु०; सोति - वे०; सौतु - मि०। आलवाल – ०अलवाल - वा०। उर – अरू - को०; उरु - न०गा०स०मु०; तउर - ह०। प्रेम – पेम, 'प' पर संशोधन का प्रयास - उ०; पेम - शि०वा०न०वे०गा०स०मु०; प्रैम - भा०; प्रेंम - मि०; यैम - नी०। तितौ तितौ – तितो तितो - को०मो०भा०; तित्यौं तित्यौं - न०गा०; तित्यौ तित्यौ - वे०स०; तितै तितौ - मु०। दृढ – दृढु - उ०; डिढ - शि०वा०नी०; द्रिढु - न०गा०; द्रिढ - मि०। होत – होतु - उ०न०गा०मि०। दोहा लुप्त - पा०। [४५२]

355 राति – रात - शि०वे०। द्यौस – द्यौंसु - उ०; दिवस - को०; द्यौंस - शि०; द्योस - पा०मो०; द्योंस - स०। हौसै – हौंसे - उ०; हौंसै - को०न०स०; होसै - शि०वे०; होंसे - मु०; हौसे - नी०; हौसैं - ह०। रहै – रहे - उ०नी०; रहैं - शि०वा०; रहति - पा०मो०ह०; रहें - मु०। मान – मानु - उ०भा०नी०; मांन - को०; ह, हाशिए पर

رات ديوس ہوسين رہي مان نہک تہراي • جيتون اوکن دہونديي کوني ہاتہ پر جاي[356]
[ظا• ٤٥٣]

नर० : मानमोचन, सषी को वैन नायका सो, हे राधे, तेरे मिलन की राति अरु दिन चाहताही रहति है, अरु जेते औगुन है सो हाथ पर गुनतै जातु है, पै क्यौंहू ठीक ठहरातु नहीं हैं, और सषी को वैन नायक सो, हो कान्ह राधिका के अव मान ठीक ठहरात नाही है, रात अरु दिन मिलतै की हौसही रहति है, सो कैसे जानिए कि तुमारे जेते औगुन ढूढति है सो हाथ पर गुन पर जात है –

राति औ द्यौस रहै हिय हौस कहा करियै इह भांति विहारे। ठीक न मान कछू ठहराय
न नैक रिसाय हहा करि हारे। चातुरी वाकी कहा कहियै सषि पाय परौ कर जोरि तिहारे।
औगुन ढूढिए जेतो छवीलन हाथ गुनै पर जाय निहारे [नर० ४५३]

कृष्ण० : यह दोहा स्वकीया नाइका कहै, नाइका कौ वचन सषी सौ, नाइक के औगुनहू गुन भासत है –

जौ हौं झूकौ तौ षरोई लटू ह्वै करै मनुहारि अनूठी अनूठी। औगुन ढूढेहू हाथ न आवत
सौ गुन की रहै सिद्धि सी तूठी। सील सुभाउ सदा निवहै हसि वोलै अमी वरषा मनु छूटी।
हौस हियै निसि द्यौस रहै मनमोहन सो कवहू नहि रूठी [कृष्ण० ४५३]

हरि० : संभोग संचारी मान, जो विना मनाए छूटै, नायिका वचन सषी सौ, रात दिन होस मिलिवे की चाह रहति है, मान ठीक निश्चल नहीं ठहरात है, नायक को जितनो औगुन ढूढियै है गुनही नायक को हाथ में, लछना सो चित्त में परि जात है, आवत है, धीरोदात्त नायक है, सुजस छमा मरोर विनय गरव जोर धीरोदात्त लसै वहु गुन पन धारी है, चावल की रासि मै दस वीस कांकर रहै तौ हाथ नहीं आवैं, औगुन षोजिवो अभीष्ट, गुन हाथ आवै अनभीष्ट, विषाद अलंकार, सो विषाद चित चाह ते उलटो ह्वै कछु जाय।

— ⋆ —

मन न मनावन कौ करै। देत रुठाइ रुठाइ। कौतिक लाग्यौ प्यौ पिया।

'मांन' - न०; कोह - वे०; क्यौंह - गा०; क्योंहु - स०; मांनि - मु०। न ठिक – ठिकु न - उ०; ठिक न - शि०; ठिकठ - वा०; न ठिकु - पा०मो०न०ह०; न ठकु, 'ठ' में इकार बाद में - गा०; न ठीक - स०। ठहराइ – ठहरात, 'ठ' पर 'ह' संशोधन - को०; ठहराति - शि०; नहराइ - वा०; ठहरात - पा०मो०; ठहराय - वे०मि०ह०। जेतौ – जेतो - को०ह०; केतौ - पा०मो०; जेते - न०वे०गा०स०भा०; जैतो - मु०। औगुन – औगुनु - उ०; ओगुन - को०वे०; औगुनो - पा०मो०; उंगुन - स०; औगुन, 'न' पार्श्व पर - मु०। ढूढिये – ढूंढिये - उ०; ढुंढीईं - शि०; ढुंढियै - वा०वे०स०; ढूढिए - पा०मो०ह०; ढूढियैं - न०; ढूढीयै - गा०; ढूढियै, 'डि' पर 'ढि' संशोधन - भा०; ढूढीयै - मु०; ढूढियै - नी०। गुनै – गुन्ये - उ०; गुने - को०; गुनि - शि०; गुनतु? - न०; गुननि - वे०; गुननु - गा०; गुनन - स०; गुनहि - मि०। परि – पर - उ०को०शि०गा०। जाइ – जात - को०पा०; जाति - शि०मो०; जाय - मि०ह०। [४५३]

[356] दूसरी यति पर काकपद, हाशिए पर مان نہ دہک – ज़ा०।

षिझहूं रिझवत जाइ [४५४] [357]

من نہ مناون کون کري ديت روٹهاي روٹهاي • کوتک لاکيو پيو پيا کجھ ہون رجھوت جاي[358] [ظا• ٤٥٤]

अन० : मान मनावन को, सषी की उक्ति सषी सो, अभिलाषपूर्वक परिहास, अवज्ञा अलंकार।

नर० : सषी को वचन सषी सौ, हे सषी, नायक नायका कौ मनावनौ मन क० जान करिकै नाही करत है, सामौ रुठाइ रुठाइ देत है, काहे ते कि भरतार स्त्री के तमासै लाग्यो षीझकै न रिझावतु है –

> **वाको मनावन कौ मन होइ न ऐसेही भावत है मनही को। देत रुठाइ रुठाइ घरी परि कैकै चरित्र सवै उनही को। कौतिग लागि रह्यो पिय आप पिया षिनहू मै रिझावन जी को। प्रीति की रीति कही न परै कछु आनि अचंभौ भयो सवही को** [नर० ४५४]

कृष्ण० : यह नाइक कौ मान देषिवौ प्रयोजन है, सो मानु छूटत जानतु है, वही फिरि रुठाइ देतु है, सु सषी सषी सौ कहति है –

> **रोस भरी अषियानहू की अवलोकनि माझ भरो रसु भारी। कृष्ण कहै सरसीरुह नैनी को रूप महामृदु मंगलकारी। होति मनौही प्रिया जवही तव सै करि देतु रुसाइ विहारी। कौतिक लाग्यो इही रसकै षिझिहू कै रिझावत राधिका प्यारी** [कृष्ण० ४५४]

हरि० : सषी सों सषी, नायक को मन मनाइवे को नहीं करै, प्यारी को रुठाय रुठाय देत है, अति सुंदरी है, प्रिय कौतुक सों लागै है, प्रिया षीझति तौ भी ऐसी चेष्टा करति है, रिझावति जाति है, षीझि ते रिझावनो विरुद्धता ते कार्ज, विभावना।

— ⋆ —

विरह विपति दिन परतही। तजे सुषनु सव अंग। रहि अव लौंव दुषौ भए। चला चलै जिय संग [४५५] [359]

---

[357] मन न – मनु न - उ०वे०नी०; मांन - को०; ?नु न - न०; मनु न - गा०; मनु - स०; मनु जु - भा०। मनावन – मनाउन - वा०; मनावनु - न०। कौ – कौं - उ०मि०; को - को०शि०वे०मु०; कों - मो०गा०स०ह०। करै – करें - मो०। देत – देते - गा०; देति - मि०। रुठाइ – रुठाइ, 'उ' पर 'र्' संशोधन - उ०; रुढाय - को०; रुठाय - मो०ह०। रुठाइ – २ - उ०न०; रुढाय - को०; रुठाई - मो०; रुठाय - ह०। कौतिक – कोतिग - को०न०स०भा०; कौतुक - शि०वा०पा०ह०; कोतक - मो०वे०; कौतिग - मि०मु०; कौति - नी०। लाग्यौ – लागौ, 'ग्यौ' पर संशोधन द्वारा - उ०; लगो - को०; लाग्यो - पा०वे०गा०स०मि०; लागो - मो०भा०; लागे - ह०। प्यौ – प्यो - को०वे०मि०; पौ - वा०; पिय - पा०मो०ह०। पिया – प्रिया - उ०पा०भा०; पीया - शि०गा०। षिझहूं – षिजहुं - को०वे०; षिजहू - शि०न०; षिजहौं - वा०; षिझहू - पा०; षिजऊ - मो०; षिझिहू - भा०मि०; षिजवत - मु०; षिझिहूं - नी०। रिझवत – रिझवति - उ०मि०नी०; रीझत - पा०; रिझवतु - भा०। जाइ – जाय - को०ह०; जाई - मो०न०। [४५४]

[358] मूल के من تنا को काटकर हाशिए पर نہ منا - ज़ा०।

[359] विपति – विपत - न०गा०; विथा- भा०मि०; विया - नी०। दिन – दिनु - उ०। परतही – परतहीं - मो०मु०; परतिही - मि०। तजे – तजें - शि०; तजै - वे०स०। सुषनु – सुषनि - पा०मो०भा०मु०ह०; सुषन - न०वे०गा०स०मि०। अंग – अंगु - मो०मि०। रहि – रहै - शि०मि०। लौंव – लोव, 'व' के ऊपर रिक्त स्थान में 'अ' - उ०; लों - शि०गा०स०; लौं - वा०न०वे०मु०नी०; लंव - पा०; लोंवि - मो०; लौव - भा०। दुषौ – दुषों - उ०मो०; सव दुष

بره بپت دن پرت ہین تجي سوکہن سب انک ٠ ره ابلون اب دوکہو بہي چلاچلي جه سنک [ظا٠ ٤٥٥]

अन० : उक्ति नायक की सषी सो होइ तौ प्रोषित्पतिका, सषी उक्ति नायक सो होइ तौ पूर्वानुराग, जो नायका की उक्ति होइ तौ पूर्वानुराग उत्प्रेक्षा।

नर० : प्रोषितपतिका सषी कौ वैन नायक सो, हो कान्हजू, तुम्हारे विरह की विथा तिन करि दुषही तौ परतही थे अरु अंग कौ संग लौही सुष तज्यो है, सो अव विना दुष भए रहैगी कि तुम चल्यो ते वाको जीवहू साथ चलैगो –

> **नायक कै विछुरै तै वियोग विपत्ति के वासर आनि परे है। आनन छांडि उसास वहै अति दुष सवै अंग अंग अरे है। प्रान को चैन नहीं पल एक सो या विधि के दिन मान भरे है। आज लों ज्यो त्यो रहे अव दुष भए चलिवौ संग जीव करे है** [नर० ४५५]

कृष्ण० : यह नाइका प्रोषित्पतिका कौ वचन सषी सौ, सषी कौ वचन नाइक सौ, अरु सषी सषी सौ कहै तौहू संभवै –

> **जौ लौ प्राननाथ के समीप रही तौ लौ अंग अंग सरसाने सुष उमगि उमगिकै। न्यारे होन प्यारे के वियोगविथा वाढतिही नातो करि हातो व अगाउ गए भागिकै। दुष की निकाई कछु वरनी न जाति माइ एतो दुषु सहो तऊ रहो प्रेम पागिकै। पैम भयो हीनो री इहा लौ साथु दीनो अव चलिवो विचारौ संग प्रानन के लागिकै** [**कृष्ण० ४५५**]

हरि० : नायिका की उक्ति सषी सों, विरह सो विपति के दिन ताके परत, ताके आवता, सव सुष्षनि ने हमारे अंग को छोडो, अवलों, अवतांई रहिकै दुष जो है सो भी चलाचले, चंचल भए, जीव के संग, जीव जायगो तव दुष भी जायगो, नायिका को जो विरह परिवो है सो विपति दिन परिवो है, समान दूनौ वाक्यार्थ है, ताको जोसो शव्द करि एकता को आरोप किए निदर्शना भी होय, विरह विपति दिन परिवो कारन, ताही समै सुषनि अंग छोडो, यह कार्ज, चपलातिसयोक्ति, चपलात्युक्ति जु हेतु के होत नामही काज।

— ⋆ —

नयें विरह वढती विथा। षरी विकल जिय वाल। विलषी देषि परोसिन्यौ। हरषि हसी तिहि काल [४५६] [360]

- शि०वा०; दुषो - पा०; विलयौ - न०; विलषौ - वे०गा०स०; दुषै - भा०; हुषौ - मि०; विदुषौ - मु०; धौं यौ - नी०। भए – भएं - उ०मो०; भयो - पा०भा०; भयौ - मि०मु०नी०। चला चलै – चला चली - पा०भा०; चला चले - मो०ह०; चले चलै - न०; चलै चलै - वे०गा०स०; चला चलौ - मि०नी०; चले चले - मु०। जिय – जीय - शि०मो०। दोहा लुप्त - को०। [४५५]

[360] नयें – नए - शि०भा०ह०; नयै - वा०; नये - पा०नी०; नयो - मो०न०वे०स०; नयौ - गा०मि०। वढती – वढति - को०; छुटती - शि०; वाढी - पा०भा०; वढीती - नी०। विथा – विथां - उ०; व्यथा - को०वा०; वीथा - शि०। षरी – षरि - नी०। जिय – भयि - को०; जीय - शि०गा०; जि - न०; जय - मु०। विलषी – विलषि

نے برہ بدہتي بتہا کہري بکل جہ بال ٠ بلکہي ديکہ پروسنو ہرکہ ہنسي تہ کال [ظا٠ [٤٥٦

अन० : सषी की उक्ति सषी सो, नायका प्रोषित्पतिका, ईर्ष्या ते हर्षोदय, याको गुनीभूत व्यंग कहत हैं, मध्यम काव्य सुकिया परकीया सो संकर है, विभावना।

नर० : प्रोषितपतिका सषी को वैन सषी सौ, हे सषी राधिका कै नवोही विरह है, तिनसो विथा वढती जाति है, सो जिय के विषै वाल षरीही विकल है, पै परोसिन कौ विलषी देषिकै हरषिकै हंसी तिन भये –

नूतन आय गयो है वियोग षरी जिय आन विथा जु भई है। ह्वै गई वावरी लै लै उसासन अंग सवै दुष भूलि गई है। वाल के हाल कहै न परै सुनि या विधि की कछु रीति नई है। देषि परी विलषी सी परोसिनि हर्ष हसी तिहि काल लई है [नर० ४५६]

कृष्ण० : यह नाइका अन्यसंभोगदुःषिता, सु कुतौ नाइक यासौ हितु नाही करतु, ताते विकल है, दूसरै परोसिन देषी ताही समय तव षरी विलषी देषि परोसिनि प्रसन्न भई –

वालम कौ हितु आन वधू सौ रहौ न कहू घर एक घरी है। ता दुष वाल महा जिय व्याकुल काम षरी कलकान करी है। वाढी विथा अति दाढी सी डोलति गाढी वियोग की गाढ परी है। त्यौ मृगनैनी षरीयै परोसिनि कौ विलषी लषि मोद भरी है [कृष्ण० ४५६]

हरि० : सषी की उक्ति सषी सो, नए विरह सो वढती व्यथा षरी अति जीव मै विकल दुषी है, वाला परोसिनि सो नायक की आसक्ति थी ताको विलषी देषिकै ताहि काल, ताहि समै, हरषिकै हसी आई, ईर्ष्या ते, विषाद की शांति हर्ष संचारी नायक के विरह सो ईर्षा वडी भई प्रेम की कमती दोष है, तहां ऐसो अर्थ, परोसिन नायिका को भए विरह में विलषी देषि हरषिकै हंसी, ताहि नायिका को अवकाल मृत्यु होय है, याके तन ताप को हमारे दुष छूटैगो, वसिवे को ग्रीषम दिन पर्‌यो परोसिनि पाय, किंवा नायिका कहै थी तुमरे विरह सों मरौगी, सषी सव रोदन करै थी, परोसिन कौ भी विलषी देषिकै जान्यो निश्चै मृत्यु है, हमारी प्रतिज्ञा रही याते हरषि हसी। परोसिनि को विलषी देषे हरषि हसी, विभावना।

— ★ —

छतौ नेह कागर हियै। भई लषाइ न टांक। विरह तचें उघर्‌यौ सु अव। सेहुड कौ सौ आंक [४५७] 361

- को०। देषि – देष - वे०गा०स०मु०। परोसिन्यौ – परोसिनौ, 'नौ' पर 'न्यौ' संशोधन - उ०; परोसिन्यो - को०पा०; परोसिनों - शि०; परौसन्यौं - वा०; परोसन्यो - मो०वे०; परोसन्यौं - न०गा०; परोसन्यौ - स०मु०; परोसयौ - मि०; परौसिन्यौ - नी०। हरषि – हरष - वा०न०वे०गा०स०। तिहि – तिह - को०वा०वे०गा०; त्यहि - पा०; तिहिं - स०; तिन - मु०। [४५६]

361 छतौ – छतो - को०मो०वे०मु०ह०; छतै - शि०; छप्यो - पा०; छिपो - भा०। नेह – नेहु - मि०। कागर – कागद - को०पा०मो०न०गा०मु०; कागरि - वा०; कागल - वे०। हियै – हियों - उ०; हियो - को०पा०; हीइ - शि०; हीयैं - वा०; हीयो - मो०; हियैं - न०मि०; दीयै - गा०; हियौं - मु०; हिये - ह०। भई – नयो - पा०;

چهتیو نیه کاکر ہئین بہیو لکهاي نه تانک • بره تچین ؟تہو سو اب سینہود کو سو انک
[ظا • ٤٥٧]

अन० : सषी की उक्ति नायक सो, जो नायका मध्या होइ तौ प्रोषित्पतिका, जो परकीया होय तो पूर्वानुराग, भाव की व्यक्ति क्लिष्ट तासो है, ताते क्लिष्ट कल्पना दोष, टांक पद लाच्छनिक है, उपमालंकार।

नर० : परकीया प्रोषितपतिका सषी कौ वैन सषी सौ, हे सषी, राधिका कै अव तक तौ कागद रूपी हिया के विषै सेहुड कौ आंक रूपी नेह छतौही हुतौ पै लषावपनौ टांकहू भयौ नाहीं, अव नाइक के विरह के तचनै ते सेहुड क० थोहर के आंक की परै उघर्यो है –

नागर नेह छतो पहिलो वह जैसो को तैसो षरोई षर्यो है। सुंदर टांक लषाय नहीं भई कागद वाल हियो सु धर्यो है। तेज तच्यो विरहानल मै अव सेंहुड अंक सो यौं उघर्यो है। दुष के भार कह्यो न पर्यो पुनि देषिकै नैननि नीर भर्यो है [नर० ४५७]

कृष्ण० : यह नाइका प्रोषित्पतिका, सषी कौ वचन सषी सौ, नाइकाहू कौ वचन सषी सौ संभवै –

जौ लगि समीप रह्यौ हरि तौ लगि मै अपने मनभायो करोई। काहू लहो यह भेद न जीय को जद्दपि हौ सव भौन भरोई। नेह छतौई हुतो जिय को गर कोनहु भाति न जानि परोई। सेहुड के सी लिषाइ अली विरहागि तचे अवतौ उघरोई [कृष्ण० ४५७] [362]

हरि० : नायिका की उक्ति सषी सो, कागर हिए, हृदय सो कागद है, तामें नेहलता प्रीति थी, जोग में टांक, थोरी भी, लषाय नहीं भई, लच्छित नहीं भई, अव विरह की अग्नि सों तचे, तपे, उघर्यो, जैसे सेंहुड, थूहरि, ताके दूध सो लिषै कागद पै फेरि तपावै तव आंक अच्छर उघरै, जाहिर होय, हृदय कागद रूप, विरह उपमेय सेंहुड को आंक उपमान सो वाचक, नहीं लषाइवो उघरिवो साधारन धर्म, पूर्णोपमा, नायिका को वचन है किंवा नायक को वचन है, विभाव की व्यक्तता नहीं होति है, संदिग्ध है।

— ⋆ —

फूलीफाली फूल सी। फिरति जु विमल विकास। भौर तरैया होहु ते। चलत तोहि पिय पास [४५८] [363]

भयो - मो०; भइ - न०; भयौ - मि०नी०। लषाइ – लषाय - को०न०वे०स०ह०; लषा - मो०। न – नु - न०। टांक – टाकु - उ०; टाक - पा०मि०; टांकु - न०नी०। तचें – तचै - शि०वा०न०स०; तच्यो - पा०; तचौ - वे०; तच्यौ - गा०नी०; तचे - मि०ह०। उघर्यौ – उघर्यो - को०पा०मो०; उघरो - वे०भा०। सेहुड – सेंहड - उ०; सैहुड - को०गा०; सैंहुड - वे०स०; सैंहड - मि०नी०; सेहुंक - ह०। कौ सौ – सो - पा०वे०गा०; कै सौ - स०; कौ सा - नी०। आंक – आंकु - उ०मो०न०नी०; आक - पा०गा०। [४५७]

362 छतौई – छिपोहि - भा०।

363 फूलीफाली – (अपठ) फाली - पा०। फूल – कमल - भा०; फूलु - नी०। फिरति – फिरत - उ०शि०पा०मो०मि०; रहत - न०वे०गा०स०; रहति - मु०। जु – ज - वा०स०। विमल – विरह - शि०; (अपठ) - पा०। विकास – विकाश - को०। भौर – भोर - मो०न०वे०स०भा०मि०ह०। तरैया – तरेया - शि०; तरैंया - मो०; तरैङा - भा०; तरैईयां - मु०; तरैआ - ह०। होहु ते – होत है - को०शि०; हौहु तैं - वा०; होत हैं - मो०; होहु तै - न०वे०गा०स०; होहि ते - भा०; होह से - मि०; होह तें - मु०; हौंहि ते - नी०; होंहि तें - ह०। चलत – चलति - गा०ह०। तोहि – तौहि - वा०। पिय – पीय - शि०गा०। पास – पाश - को०। दूसरा चरण अपठ - पा०। [४५८]

پہولین پہالین پہول سین پہیرت جو بمل بکاس • بہورتریان ہونہ تے چلت توہ پیہ پاس
[ظا• ٤٥٨]

अन० : ईर्ष्या शृंगार, नायिका मानिनी प्रति वाणी, दूती की उक्ति, वाणी दूती सो वणिक पत्री कहिये, नायक के भेदोपाय कहैं, उपमालंकार।

नर० : मानमोचन, सषी कौ वैन नायिका सौ, हे राधे, तैं भोर के तारे सी ह्वैकै रही है, सो पिया के पास चलनै ते फूलसार सी फूली फली अरु विमल अनै विकस रहै –

> **फूल सी फूलि रही फयली अरु अव मै दौरि लिवावन आई। क्यों न चलौ विमला सी विकासन हेरत है मग तो जु दुराई। चंचल नैन निहारति हौ कत क्यों फिरती मन छांडि ढिठाई। चालति चालतिही पिय के ढिग भोर तरैइन होत दिषाई।** [नर० ४५८]

कृष्ण० : यह मनाइवौ सषी नाइका सौ कहति है –

> **निरषि निकाई तेरी हौं तौ हौं विकाई वलि तूहू अलवेली कछु मेरो कहौ करैगी। तेरी तनदुति आगे रति न रतीक लागै साची कहि कौ लौ ऐसौ हठु उर धरैगी। फूलीफाली फिरति सिंगार सजे सौति तेरी तिनके गुमान कहि तू धौ कव हरैगी। भोर की तरैया सम देषियैगी प्यारी सवै हितु करि जव तू पिया की ओर ढरैगी** [कृष्ण० ४५८]

हरि० : सषी वचन नायिका सौ, फूलीफाली फूल सरीषी है, औ विमल अनै निरमल है, प्रकास जागे ते नायिका तेरे आगे प्रात समय की तारा सी, प्रकासहीन होहिगी, तोकौ पिय के पास चलन कौ सौतिन के सौंदर्ज कहे नायिका के रूप की अधिकाई भई। उपमा अलंकार।

— ⋆ —

अरी षरी सटपट परी। विधु आधे मग हेरि। संग लगे मधुपनु लई। भागन गली अंधेरि [४५९] [364]

اري کہري ستپت پري بده ادہي مک ہیر • سنک لکي مده پن لي بہاکن کلي اندہیر
[ظا• ٤٥٩]

अन० : परकीया अभिसारिका की उक्ति सषी प्रति, प्रहर्षण अलंकार, विना जनन वांछित फल होइ। पहलो भेद कहत सव कोइ॥ इच्छितहू ते अति फल लहै। दूजो भेद सुमति यह कहै॥ जाको जतन ढूढियतु होइ। वस्तु हाथ आवै पुनि सोइ॥ त्रिविध प्रहर्षण जानै मित्त। लक्षन लषि अवधारौ चित्त॥

---

[364] सटपट – सटपटि - ह०। आधे – आधै - शि०वा०; आधें - मो०; आधै - न०गा०स०; आधे - मु०। मग – मधु - मो०। हेरि – हेर - न०वे०स०। संग – संगु - मो०। लगे – लगें - उ०; लगैं - वा०; लये - पा०; लयें - मो०; लगै - न०वे०गा०स०। मधुपनु – मधुपनि - को०वा०ह०; मधुपन - शि०मो०न०वे०गा०स०भा०मु०; मधुपन, 'न' में इकार बाद में - पा०। लई – लइ - वा०; चली - मो०; लगी - वे०गा०स०। भागन – भागुनु - उ०; भगनु - वा०; भागनि - मो०; भागुन - मु०; भागनु - नी०; भागनिभ - ह०। गली – लगी - वा०भा०। अंधेरि – अधेरि - पा०मो०भा०; अंधेर - न०वे०गा०स०। दोहा लुप्त - मि०। [४५९]

नर० : कृष्णाभिसारिका सषी कौ वैन नायका प्रतै, हे राधे तेरे तांई आधे मग के विषै विधु कुं हेरकै षरी सी सटपटी क्युं परी अरु तूं अंधारा की गली मैं भाग मति नां, अव तौ भमरा संग लगाइकै लीवी है, और विचार राधिकाजू को वैन सषी प्रतै, अरी सषी आधे से मारग आयै ते विधु को उद्योत भयो देष्यो सो समोकै षरी सी सटपट परी पै भागकै अंधेरा की गली मै आई तव तांई साथि मधुप नैनें लगाय लीवी –

आज षरी सटपट्ट परी सषिहुं विधु हेरि अरी मग आधै। जाय विपुंछिन मै जिहि और सुवौरलहुं न डरूं अपराधै। मेरे सरीर सुवास की रासि लगे संग भौर सुगंधनि साधै। वेई अंधेरी गली लई भाजन जाइ मिली सुषसिंधु अगाधै [नर० ४५९]

कृष्ण० : यह नाइका कृष्णाभिसारिका अपनी राति की वात सषी सौ कहति है, राह मै चंद्रोदय भयो सु भौरन गली गली छाइ लीनी, या पद ते रूपगर्विता भई –

स्याम निसा लषि तैसोई साजु सिंगारि कै हौ पति पास चली री। यौ अध गैल उदोत भयो ससि देषत मो मति सोच रली री। पंकज छाडि सुगंध के लोभ लगी संग भौरनि की अवली री। ताही समै मनभावन आइकै छाइ लई उन कुंज गली री [कृष्ण० ४५९]

हरि० : अभिसार और दिन कियौ थौ, ताकी हकीकति सषी सों नायिका कहति है, अरी सषी षरी अति सटपति व्याकुलता परी ता दिन आधा पथ मै विधु, चंद्रमा, कौ देषिकै हमारो मुष को प्रकास दूसरौ चंद्रमा उग्यौ, याते षरी सटपट पठि, और आधा पथ कहूं छपिवे की ठौर नहीं, प्रकाश भयौ अंग की सुगंध पाय, फूलन को छोडि संग में लगे जे मधुप भौंरा, तिन ने भाग्यन सों गली किंवा कुंजगली ताको अंधेरी करि लीनी, मधुपनि गली अंधेरी करी, याते प्रहर्षन अलंकार, तीन प्रहर्षन जतन विन वांछित फल जो होय। किंवा मनिनी सों सषी वचन, हे मानिनी तू षरी अति अरी है, हठ करि रही है, याते मोहि सटपट, व्याकुलता परी है, विधु श्रीवत्स लांछन नाम कृष्ण को है, विधु तोहि आधे मग गैल तहां वैठे तोहि हेरि रहे हैं, देषि रहे हैं, किंवा वेधु को तूं आधे मग मग में हेर देष आयो जानौ, यह अर्थ, आधे मग कौन ठौर सषी ठिकाना वतावै है, ता दिन तू अभिसार किऐं जाय थी, पद्मिनी मैं भौंर रहत हैं, किंवा उडिकै फूलनि ते संग लगे, जे मधु तेरे अंग के सुवास तें तिनने भागन याको अर्थ भा कहिए, प्रभात के गन समूह ताहि सहित गली को अंधेरी लीनी, अंधकार करि लीनी, घेरि लीनी, गली नहीं नजरि आवै यह अर्थ।

— ⋆ —

चलत घेर घर घर तऊ। घरी न घर ठहराइ। समुझि उही घर कौं चलै। भूलि उही घर जाइ [४६०] [365]

[365] चलत – चलत, 'ल' ऊपर रिक्त स्थान में - उ०; चलै - न०वे०वे०गा०स०; चलतु - मि०। घेर – घेरि - उ०मो०; घेरु - पा०न०गा०स०; द्वौरु - नी०; घैर - ह०। घर घर – घरि घारि - मो०। तऊ – तउ - को०मो०मि०। घर – घरि - मो०। ठहराइ – तुहरात - को०; ठहरायि - वा०; ठहराय - मि०ह०; ठहरात - मु०। समुझि – समझि - शि०वा०मि०; समुझ - वे०। उही – उंही - को०; उहि - वा०; वही - पा०; वहीं - गा०; इहिं - मु०; उहीं - नी०; वहै - ह०। कौं – कों - शि०मो०गा०ह०; को - पा०; कौ - न०वे०स०मु०। चलै – चले - उ०गा०; चलें - शि०मो०। भूलि – भूल - वे०स०। उही – उहीं - उ०मु०; उंही - को०; उहिं - वा०; वही - पा०ह०। घर – घरि - मो०। जाइ – जात - को०मु०; जाहि - वा०; जाई - मो०; जाय - मि०ह०। दोहा लुप्त - भा०। [४६०]

چلت کہیر کہر کہر تاو کہري نہ کہر تہراي • سمجہ اوہين کہر کون چلي بہول اوہين کہر جاي [ظا• ٤٦٠]

अन० : उक्ति सषी की सषी सो परकीया कौ प्रेम लच्छित कियो है अरु नायका कै क्रिया अनुभाव ते मोह संचारी ते पूर्वानुराग व्यंगि, विशेषोक्ति अलंकार।

नर० : धृष्ट नाइका सषी कौ वैन सषी सौ, हे सषी, इनकी घेरु क० निंदा घर घर के विषै चलतु है, तऊ घरही घर के विषै ठहरतु नाही है, जो समुझिकै चालै तौऊ उही के घर कौ चालै अरु भूलकै चालै तौऊ उनही के घर मै जाइ –

घेरि घनी घरही घर चालति आन न आनन वैन वहै है। और सुनौ इतने पर मेरी तऊ न घरी घरही ठहरै है। याको सुभाव निहारतही छिनही छिन मै हियरा हहरै है। जाति इही घर कौ समझै अलि भूलि उही घर जाइ रहै है [नर० ४६०]

कृष्ण० : इह नाइका प्रौढा परकीया है, जहा चितु लाग्यो है तहा जातु है, सषी सषी सौ कहै –

वाल विधी रस के चसके वस कै न सकै मन कौ समझावै। होत घने घरघैरु तऊ घर एक घरी रहिवौ नहि भावै। रैनि दिना कलकान फिरै न कहूं कुल कान लषे विनु पावै। जानि चलै तौ उही घर आवति भूलि परै तौ उही घर आवै [कृष्ण० ४६०] [366]

हरि० : सषी सो सषी परकीया की वात कहति है, घर घर मै घैर चौआव चलै है, यह परपुरुष सों आसक्त है, तौ भी एक घरी घर मै नहीं ठहराति है, समुझै है हमारी लोग निंदा करै है, तौ भी वाही के घर कौ चलै है, नायक सों अनुराग है, तासों निंदा भलै है, तौ भी वाही के घर कौ जाति है, समुझै है हमारी लोग निंदा करै है, तासों आपने घर को चलै है, अनुराग सों या वात भूलै है, तव वही के घर जाति है, उन्माद।

— ⋆ —

गाढे ठाढे कुचनु ठिलि। पिय हिय को ठहराइ। उकसोंहेंही तो हिये। दई सवै उकसाइ [४६१] [367]

[366] मि० प्रति में उपरोक्त के स्थान पर यह भिन्न उदाहरण मिलता है –

निधरक भई अनगावति है नंदघर और ठौर कहू टोहैहू न अहिटाति है। पौरि पाषै पिछ्वारै देहरी उसारे द्वारै आगति अटारी इहि वीचि मडराति है। हरि रस राती से घनै कहन हाती होत पैमरस माती न गनत दिनराती है। जव अब आवति है ता कछू भूलि जाति भूल्यौ लेन आवति है फिर भूलि जाति है [मि० ४६०]

[367] गाढे – ठाढ - भा०। ठाढे – वाढे - को०शि०मो०मि०; गाढे - न०वे०गा०स०नी०; गाडे - भा०; वाढै - मु०। कुचनु – कुचनि - पा०मो०न०भा०मु०; कुचन - वे०स०; कुचिन - गा०। ठिलि – ढिलि - को०नी०; ठिल - पा०मो०; ठल - न०वे०गा०स०; मिलि - भा०। पिय – को पिय - मि०मु०नी०। हिय – हीय - शि०वे०गा०; हियैं - वा०। को – को, ऊपर रिक्त स्थान में - उ०; कों - मो०गा०स०; कुं - शि०; कौ - वा०न०; क्यों - वे०; कौं - भा०; (लुप्त) - मि०मु०नी०। ठहराइ – ढहराय - को०; ठहराय - वे०मि०मु०। उकसोंहेंही – उकसोहेंही - को०; उकसौंहैंही - वा०; उकसोहेही - पा०वे०; उकस्योएही - मो०; उकसौंहैही - न०; उकसौहैही - गा०; उकसोहैही - स०; उकसौहे - भा०; उकसौंहैंई - मि०; उकसौइ - मु०; उकसोहैई - नी०। तो – तौं - वा०; तेरे - भा०; तौ - नी०। हिये – हींयें - उ०; हींइं - शि०; हीयैं - वा०; हिएं - मो०; हियै - न०वे०स०; हीयै - गा०; हिए - भा०; हियैं - मि०। दई सवै – सवै दई - उ०; सवें दई - शि०; सवैं दई - वा०; दईं सवें - मो०; चई सवै - न०; भई हीयै - वे०गा०; भई हियै - स०; दई सवै - मु०। उकसाइ – उकसांइ - उ०को०; उकसाय - मो०वे०मि०। दोहा लुप्त - ह०। [४६१]

كادہي تہادہي كوچن تہل كو پيہ ہيہ تہراي • اوكسوہين تو ہين دي سبي اوكساي [ظا • ٤٦١]

अन० : सषी नायका प्रति परिहास करति है, नवजोवन भूषिता, विभावना अलंकार।

नर० : स्वाधीनपतिका, सषी को वैन नायिका सो, हे राधे, तेरे गाढे कुचनि तिनके गाढे से वल करिके तिन आगे और स्त्री कोन कि पिय के हियै ठहरै, जव तै तेरै हियै के विषै उकसौही भई हुती, तवही तै सगली उकसाई भई हुती, और विचार कुच सोभा, सषी कौ वैन सषी सौ, हे सषी या राधा के गाढे जो कुचनि तिनके गाढे से ठल सो पिया को हियौ कैसौ कि ठहर सकै, जव याके कुचनु की उकसौही हुती तवही हिया कौही तौ कहतनै वारे हुते सो अव तौ याकी सवही उकसाई भई है –

गाढे षरे अति वाढे पयोधर या विधि की उन रीति लई है। को ठहरै अव पीतम के हिय दै दै ठका अति ठेलि गई है। अंग अनंग उमंग जगी इह नारि नई की रीति नई है। तो हिय ते उकसौहे भए सुनि सौति सवै उकसाइ दई है [नर० ४६१]

कृष्ण० : यह नाइका नवोढा है, नायक की यासौ वहुत आसक्ति है, सो सषी नाइका सौ कहति है –

पीन पयोधर भूधर से तिय तो उर ऊपर ह्वैहै जवै। को वसिहै पिय के हिय भामिनि सुंदर रूप अनूप तवै। नेक विलोचन लोल भए नवजोवन जोति जगी न अवै। तो उकसे उरजातनही पिय के हिय तै उकसाइ सवै [कृष्ण० ४६१]

— ★ —

दीप उजेरेहूं पतिहि। हरत वसन रति काज। रही लपटि छवि की छटनि। नैकौ छुटी न लाज [४६२] [368]

ديپ اوجرين پتہ ہرت بسن رت كاج • رہي لپت چہب كي چہتن نيكو چہوتي نہ لاج [ظا • ٤٦٢]

अन० : सुरत वर्णन, सषी की उक्ति सषी सो, मध्या नायिका, रूपक अलंकार।

नर० : सुरति, सषी कौ वैन सषी सौ, हे सषी, दीवा के उजियारेही पति रति के काज वस्त्र हरनै लागे सो छटनु क० विजली तिनकी सी छवि लियै नायक सुं लपटिकै जोरही सो नैकही लाज छुटी नाही –

दीपक के उजियारे पिया पिउ और मनोरथ की गति षूटी। कै अधरामृत पान परस्पर आपुस मै रस मोटन लूटी। ऐचि लयै रति काज षरै हठ नायक नै सव वास वधूटी। सेज छटान रही लपटाइकै रंच न वाल की लाजन छूटी [नर० ४६२]

368 उजेरेहूं – उजेरेहुं - को०; उजेरेहू - शि०पा०न०मि०; उजैरैंहौं - वा०; उजेहूं - मो०; उजैरै - वे०; उजेरीहू - भा०; उजेरेही - मु०। पतिहि – पतहि - वे०गा०। हरत – हरन - शि०; हरति - न०गा०मि०मु०; रहत - नी०। वसन – वसनु - उ०; वसनि - गा०; वसत - नी०। रही – रहि - वा०। लपटि – लपट - शि०वा०न०वे०गा०स०। छवि की – छव की - शि०; तन की - वे०गा०स०; छवि - मि०। छटनि – छटनु - उ०नी०; छटति - वा०; छटिनि - मो०; छदनु - न०; झपट - वे०गा०स०; छटन - भा०; छटनु मै - मि०। नैकौ – नेको - को०; नेकौं - वा०; तनको - पा०; नेकों - मो०; नैकौं - न०; नैंकु - वे०; नैंको - स०; नेकौ - भा०ह०; नैको - मि०। छुटी – छटी - मो०। [४६२]

कृष्ण० : इह सुरत वर्नन नाइका के तन की निकाई कौ आधिक्य सषी सषी सौ कहति है –

> **तैसोई प्रकासु रतिमंदिर के दीपनु कौ तैसोई समूह जगमगत रतन को। तैसियै सुधानिधि से मुष की निरषि जोति मोहन के मन भाउ उपज्यो अतन को। प्रीतम विहारी लाल लैवे को सुरतिसुष निज कर वसन झटकि हारो तन को। छवि की छटानही सो रही लपिटाइ राधा नगनहू तन की छुटी न लाज तनको [कृष्ण० ४६२]**

हरि० : सषी सो सषी वचन, दीप के प्रकास में भी पति को रति काज रति के लिए वसन, वस्त्र, हरत देषिकै अपना अंग की जो छवि की छटा चाक चक्य तासों लपटि रही, छवि नजरि आवै, अंग नहीं नजरि आवै नेकौ, थोरी भी लाज नहीं छुटी, कोई कहत है नायक दीप उजेरेहू को हरत है, ओ वसन को हरत है, पति को दीप वुझावनो संभवै नहीं, लाज छुटाइवे को हेतु उजेरो वसन हरन, तौ भी लाज नहीं छुटी, विशेषोक्ति अलंकार।

— ★ —

लषि दौरत पिय कर कटक। वास छुडावन काज। वरुनी वन गाढे दृगनि। रही गुढो करि लाज [४६३] [369]

لکہ دورت پیہ کر کتک باس چہوداون کاج ۰ برني بن[370] کادہي درکن رہي کوُدہو کر لاج [ظا۰ ٤٦٣]

अन० : सषी की उक्ति सषी सो, नायक के चपलता, नायिका के त्रपा रस अनुभाव ते संजोग शृंगार, नायका मध्या, रूपकालंकार।

नर० : विहृत हाव, सषी को वचन सषी सो, हे सषी, नायका को वस्त्र छुडावन के वास्ते पिय के कर रूपी कटक कै राधिका दौरते लषे, सो वरनी रूप वन, तिनके विषै नेत्र जो गाढे, तामै लाज गुढो करिकै रही है –

> **नाथ के हाथ चमूचय दोरत देषतही अति भीति गही है। वास छुडावन काज अचानक आपतै या विधि रीति लही है। भाषति है मुष नाहि नही तनु आपनि जीय षरी उलही है। जाइ दुरी वरुनी वन गाढन नैन गुढो करि लाज रही है [नर० ४६३]**

कृष्ण० : इह सुरति समै सषी सषी सौ कहति है –

---

[369] लषि – लष - गा०। दौरत – दोरति - को०; दोरत - मो०; दोरन - वे०; दौरन - गा०स०; दौरति - मि०मु०। कर – करु - उ०। कटक – कटकु - उ०नी०; कटुक - मि०। वास – वासु - भा०मि०। छुडावन – छुटावन - पा०वे०गा०; वडावन - मो०। वरुनी – वरनी - न०वे०गा०स०मि०। वन – गाढे – गाढै - वा०मो०; गढ - पा०। दृगनि – दृगनु - उ०; द्रिगनि - शि०वा०; दृगनि मै - पा०; द्रिगनु - न०गा०; द्रिगन - वे०स०; द्रगन - भा०; द्रगनु - मि०नी०; द्रगनि - मु०। गुढो – गुढौ - शि०वा०न०गा०स०मि०नी०; गूढै - पा०; गुडो - भा०; गाढे - मि०। करि – कहि - पा०; कर - वे०। तृतीय यति 'वरुनी घन दृग गढनि में' - ह०। [४६३]

[370] بن - تن ظا۰

रतिमंदिर मै नवनागरि कान्ह मिले रसरंग हियै ढरिकै। दल दौरत देषो तहां पिय को कर वासु छुटावन कौ अरिकै। कविकृष्ण कहै ठहराइ तहां न सकी रहि धीरज कौ धरिकै। गहि ओट घने वरुनी वन की रहि नैननु लाज गुढो करिकै [कृष्ण० ४६३]

हरि० : सषी सों सषी वचन, पिय को जो कर, हाथ, सो कटक, फौज है, ताको नायिका दौरत देषिकै, आपनी ओर आवत देषिकै, वास में दो अर्थ, वास वस्त्र वास घर ताको छोडावे के लिए, वरुनी पक्ष्म सो है वन दृग सो है गढ, तिन में लाज गूढो करि रही, गूढो मवास जेहि ठौर को कोई जीति सकै नहीं, नायिका मध्या, रूपकालंकार।

— ⋆ —

सकुचि सुरत आरंभही। बिछुरी लाज लजाइ। ढरकि ढार ढुरि ढिग भई। ढीठ ढिठाई आइ [४६४] [371]

سکچ سورت ارنبہ ہین بچہوري لاج لجاي • دہورک دہار دہور دہوک بہي دہینٹہ دہتاي اي [ظا• ٤٦٤]

अन० : सषी की उक्ति सषी सो, नायिका रतिकोविदा प्रौढा, संयोग शृंगार, उत्प्रेक्षा।

नर० : सुरतांत, सषी को वैन सषी सो, हे सषी, सुरति के आरंभ ते तौ भेली सी ह्वै रही हुती अरु नायक सों बिछुरे ते लाज जो ही ताही कौ लाज आई, सो ढीठ की ढिठौही जानिकै जो ढुरकनै की ढार हुती तिनमे ढरिकै आनि ढिग लौ भई –

पीतम सों रति आगम साहि सकोच षरे अकुलाइ गई है। लाज लजाइ घनी विललाइ कितै न सुहाइ वियोग ठई है। ठौर नहीं जहं जाय रहै तव ढार ढरी ढिग ढंग भई है। आपने जीय विचार भली विधि दीठ न आइ ढिठाइ लई है [नर० ४६४]

कृष्ण० : इह प्रौढा नाइका की सुरति सषी सषी सौ कहति है –

अति अभिराम स्यामा स्याम रतिमंदिर मै विहरत उमग अनंगरंग भरिकै। नषदान रददान चुंवन अधरपान अलिंगन करत अनेक भाइ भरिकै। सुरत अरंभही तै लाज लजावती सषी निपट लजाइ पिय गई जहू ढरिकै। ढाढसु हिये मै गहि निधरक ह्वैकै आई ठाढी भई निकट ढिठाई ढीठ करिकै [कृष्ण० ४६४]

हरि० : सषी सो सषी वचन, सुरत के आरंभही विसेष सकुच जो नायका सों संकोच करनो, किंवा सिकुरि जानो, अंग को समेटि लेनो, सो बिछुरी जाती रही, मानौ लाज सौं लजायकै लाज को मानो

371 सकुचि – सकुची - शि०भा०; सकुच - पा०न०मु०ह०; सुकुच - वे०स०। सुरत – करत - वे०; सुरत, 'त' में इकार बाद में - गा०; सुरति - नी०। आरंभही – आरंभ की - शि०; आरंभहीं - मो०; अरंभही - भा०। बिछुरी – विछुरी - न०। लजाइ – लजाय - को०ह०। ढरकि – ढुरकि - को०न०गा०मु०; ढरक - वे०स०; ढरिकि - भा०। ढुरि – ढुर, 'र' में इकार बाद में - वा०; ढर - वे०स०; ढरि - गा०भा०ह०। ढिग – ढिंग - नी०। भई – ढरी - नी०। ढीठ – डीठि - को०भा०; दीठ - वा०; ढिठ - वे०; भई - नी०; ईठ - ह०। ढिठाई – ढीठाई - उ०को०शि०; ढिठोहीं - मो०; ढीठौई - न०; ढिठोई - वे०गा०स०; डिठाइ - भा०; ढीठ ढिग - नी०। आइ – आय - को०ह०; आन - शि०। अंतिम यति 'ढिढि ढिग भई आइ' - मि०। [४६४]

लाज भई, यथा, जिहिं लज्जे जगलज्जि यासौ तौ लज्जा गई है लजाय। ग्वालिनी पूरो प्रगट्यो नेह॥ ढार सो आछी तरह सो ढरकिकै सरकि कै, सरकिकै टरिकै राजी होयकै ढिक नजीक भई, ईठ ढिठाई आय, वास मैं इष्ट जो है ढिठाई सो आई, यह वस्तु सुढार है, इहां सुंदर तरह जानिए, ढरिवो राजी होनो, जापै दीनानाथ ढरै, गम्योत्प्रेक्षा।

—★—

सकुचि सरकि पिय निकट तें। मुलकि कछुक तन तोरि। कर आंचर की ओट करि। जमुहांनी मुह मोरि [४६५] [372]

سکوچ سرک پیہ نکت تین مولک کچھوک تن تور ۰ کر انچر کي اوت سون جمہاني مہ مور [ظا۰ ٤٦٥]

अन० : सषी की उक्ति सषी प्रति, समान लज्जा मदना मध्या सुरति, सुभावोक्ति अलंकार।

नर० : चेष्टा, सषी को वैन सषी सो, हे सषी, राधिका पिय के निकट तै सकुचि कै सरकी अरु कर ते अंचल की ओट दैकै कछुक तन कौ मरोरि मुलकि मुहु मोडिकै उवासी करी है –

> **देषतही सकुचै सरकै अति पीतम के उर नेहनही है। आनन सो मुलकी कछु नूतन कै तन मोरि समीप गही है। ओट करी उर अंचर की पुनि या विधि की दुलही उलही है। आनन मोरि मरोरिकै नैननि मानस कौ तरसाइ रही है** [नर० ४६५]

कृष्ण० : इह सुरतांत नाइका प्रौढा सषी कौ वचन सषी सौ –

> **केलिकला कुसल कुरंगनैनी पिकवैनी जाकी छवि पर सौति वारियै करोरि कै। सैन सुष पागी अनुरागी पति संग जागी मैन के विलासनि सौ लेति चित चोरिकै। सरकि सकुचि मनमोहन के निकट ते कछुक मुलकि अंगरानी तन तोरिकै। सोभा वह मोपै क्यौहू जाति न वषानी कर आंचर की ओट जमुहानी मुह मोरिकै** [कृष्ण० ४६५] [373]

हरि० : सषी सो सषी, सकुचिकै सरकिकै, प्रिय के निकट तें मुलुकि मुसक्याय कछू तन को तोरिकै आंग ऐंठ, कर सों आंचर की ओट करिकै जंभुआई मुह को मोरिकै, स्वभावोक्ति अलंकार।

---

372 सकुचि – सुकच - वे०; सुकुच - स०। सरकि – सरक - वे०स०। पिय – पीय - शि०। तें – तैं - उ०न०स०; ते - वा०पा०भा०नी०; तै - वे०गा०मि०। मुलकि – पुलकि - मो०भा०; मुलक - वे०गा०स०। कछुक – कछुकु - उ०; कछक - को०; कछू - ह०। तन – तनु - शि०वा०मि०मु०नी०। तोरि – तौरि - वा०; तोर - स०; जोर - मु०। कर – कुच - को०; करी - शि०; करि - वा०। आंचर – आंचुरि - वा०; अचरा - पा०; अंचर - स०; आचर - मि०। ओट – औट - वा०मु०; वोट - पा०; उठ - वे०; उंट - स०; वो - मि०। करि – कर - वे०स०; ह्वै - भा०मि०नी०। जमुहांनी – जभुआनी - को०; जमुहानी - शि०पा०गा०भा०मि०मु०; जहांमुनी - वा०; जमुआई - ह०। मुह – मुषु - उ०; मुष - पा०भा०नी०ह०; मुहु - मो०न०; मुंह - मु०। मोरि – मौरि - वा०; मोर - स०मु०। [४६५]

373 भा० प्रति में अज्ञात कवि ऊधौराम का निम्नलिखित उदाहरण छंद है –

चारौ जाम जागी वाम पूरि पूरि सवै काम ह्वै गयो कहूं भूषन को साजु है। भेटे अरसात तातै षरीऐ गिराति ज्यों ज्यों सोभा सरसात त्यों त्यों पोषे रितुराजु है। ऐडानी जम्हानी भुज मोरि दोऊ ऊधौराम देषी मै अनूप तहा औरै छवि आजु है। भामिनी को वदन भुजन वीच राजै मानौ दामिनी के पारस मै वैठो दुजराजु है [भा० ४६५]

— ⋆ —

देह लग्यौ ढिग गेहपति। तऊ नेह निरवाहि। नीची अषियनही इतै। गई कनषियनु चाहि [४६६] [374]

دیہ لکہو دیک کر نہ پت ناو تبہ نرناہ • نیچی انکہن ہین اتی کئی کنکہین چاہ [ظا• [٤٦٦

अन० : उक्ति उपपति की, नायिका क्रियाविदग्धा, दोउन को पूर्वानुराग व्यंगि, नायक के हर्ष संचारी, वचन अनुभाव ते नायिका औत्सुक्य संकेत ते कटाच्छ विच्छेप, विभावनालंकार।

नर० : क्रियाविदग्धा, सषी को वैन सषी सो, हे सषी, जासौं देह लाग्यो है, ताके ढिग भरतार बैठो जानिकै तासौं तऊ नेह कौ निवाह कियौ, सो कैसे कि नीचीही अंषियां सौं इत कौ कनषियां करि चाहिकै गई –

देह लग्यौ ढिग गेह को नायक नायका व्याकुल अंग भई है। क्यौं लषियै रु लषै विन क्यों रहुं नेह तऊ निरवाह लई है। नीचियै नैननही कै इतै इठलायकै आदर वाह दई है। या विधि की चतुराइ कियै कछु कौन कै इच्छन चाहि गई है [नर० ४६६]

कृष्ण० : यह नाइका परकीया की चेष्टा नाइक सषी सौ कहतु है –

मोपै न कछु कहतै न वनै चित चातुरी जैसी विहारि गई है। मै जवतै निरषी तवतै उर मैन के सायक मारि गई है। पास जऊ पति देह लग्यो तऊ रीति सनेह की पारि गई है। नीचियै आषिनु सौ इह ओर कनौषी चितौनि निहारि गई है [कृष्ण० ४६६]

हरि० : सषी सों नायक वचन, देह सौं लाग्यो, या तरह सों सौतिगन नजीक गेहपति नायक है, तऊ नेह को निरवाहि, निवाहि गई है, ढीली आंषिन सों इतै हमारी ओर कनषिअनि कनषिनै सों, नेत्र कोन सों देषनो, सो मनषी चाहि कौ नेह निवाहनो काज गेहपति प्रतिवंधक, विभावना।

— ⋆ —

इक भीजे चहलै परै। वूडे वहे हजार। किते न औगुन जग करै। नै वै

374 लग्यौ – लगो - को०भा०; लग्यो, 'य' पर काटने का चिह्न - पा०; लग्यो - मो०वे०स०। ढिग – ढिंग - नी०। गेहपति – ?हपति - शि०; गेंहपति - नी०। तऊ – तहु - को०; तौ - मो०; तहू - भा०। नेह – नेंह - वा०। निरवाहि – निरवाह - को०वे०स०। नीची – ढीली - पा०मो०ह०; नीकी - वे०; नीचो - भा०। अषियनही – अंषियनुही - उ०न०; अषीनुही - वा०; अषियनुहू - पा०; अषियनिहीं - मो०; अंषियनही - वे०स०; अंषीयनुही - गा०; आंषिनिही - मु०; आंषियनुही - नी०; अंषिअनिहीं - ह०। इतै – इ - मो०; ते - को०; इतें - शि०; यतैं - वा०; इतैं - मु०। गई – गै - न०भा०। कनषियनु – कनषियन - को०पा०; कनषीयनु - शि०; कनीषियनि - मो०; केनषियों - न०; कनषीयां - वे०गा०; कनिषीया - स०; कनषियनि - भा०; कनषिअनि - ह०। चाहि – दोहा लुप्त - मि०। [४६६]

चढती वार [४६७] [375]

اک بهیجي چهلي [376] پري بودي بهي بهجار • کتک نه اوکن جک کرت ني وي چدهتي بار [ظا • ٤٦٧]

अन० : रूपक ताको पोषक दीपक अरु श्लेष है, याते संकर। कवि की उक्ति, तुल्योगिता अलंकार।

नर० : प्रस्ताविक, कवि विहारीदास कहतु है कि यामे हजारेक तो छलै पर्‌या भीजत है, अरु हजारक तो वूडा वहा जात है, सो या नै अरु वै चढती वार जग कै विषै केते औगुन न करै एक रे –

> **भीजि रहे नष तै सिष लों इक या विधि के दुष देह हरै है। कीच कलंक लग्यो सगरे तन और किते चहिले न परै है। वूडे है केते हजार कहा कहूं आनि करोर वहे न अरै है। नैक सवै चढती विरियान किते जग औगुन क्यो न करै है** [नर० ४६७]

कृष्ण० : इह प्रस्ताविक, कवि की उक्ति, अन्योक्ति –

> **एक परे ते फसे चहलै एक भीजि रहै इक वूडि गए है। एक वहे तिनकी न लही सुधि एकनि धीरज छोडि दए है। वोरि दई पहिली मरजाद विलोकि किते भैभीत भए है। वैस नदी चढती वेरिया जग औगुन कीने कितेक न ए है** [कृष्ण० ४६७]

हरि० : कितनो औगुन जगत मै नहीं करत हैं, नय क० नदी औ वय क० वयःक्रम, ए दोऊ वढती वार, चढिवे के समय में नदी जव चढै है इक भीजै है, एक चहला मै परै है, ऐसे जानिए, वयःक्रम जब चढै है तहां लगावनो, चारि प्रकार के दरसन हैं, श्रवन स्वप्न चित्र प्रत्यक्ष दर्सन, जिनि नायिका को रूप सुन्यो सो भीजे जो भीजै है, ताहि कंपा होति है, इनैं कंपा सात्विक भयो, मिलन विना दुषही है, किंवा स्वेद सात्विक भयो तासौं भीजै, जिनि स्वप्न मै देषी सो चहलै परै, चहला कीच तामै, कोई जैसे परै निकरि नहीं सकै, स्तंभ सात्विक भयो, मिलन विना दुषही है, किंवा मेघ वरसत केतने नदी के पार अभिसार करि नाइका पास चले, एक भीजे औ चहला मैं, पंक मै परे, केतने वूडे केतने वहे, हजार याको अर्थ प्रसिद्ध सव जानत हैं, जार अपर पति, किंवा हे की ठौर मेह है, वहे हजार, जैसे उन दौही अंषि आंककै छंद के लिए, कै कै कों ककै पढ्यौ, जगत मै केतना औगुन को नहीं करत हैं, नय नवीन जो वय ताकी चढती वार जिन चित्र में देषी सो वूडें, चित्र देषतही जड से ह्वै रहे, प्रलय सात्विक, जिन

---

[375] इक – यक - पा०; ईक - मो०। भीजे – भीने - को०; भीजैं - वा०न०; भीजै - वे०गा०स०मु०नी०। चहलै – चहले - को०शि०पा०भा०; चिहलैं - वा०न०; चहिलें - मो०; चहुलै - मि०; चहलें - ह०। परै – परें - को०शि०मो०; परैं - वा०न०; परे - पा०भा०मि०नी०ह०। वूडे – वूडें - उ०; वूडै - शि०न०; वूडैं - वा०। वहे – वहै - उ०मो०न०गा०मु०; वहें - शि०; वहैं - वा०; वह - नी०। किते न – कितें न - वा०; कितो न - मो०; कितै न - वे०; इते न - मि०; कितौ न - ह०। औगुन – ओगुन - को०मो०स०; औगुंन - वा०; ओगन - वे०। जग – जगि - न०। करै – करिति, ‘रि’ के इकार पर ऐ की मात्रा - उ०; करत - पा०मो०मु०नी०ह०; करैं - वा०; करे - गा०भा०; करति - मि०। नै वै – वै नैं - को०; न वें - शि०; नइ वैं - वा०; व नें - मो०; वै नै - वे०; जोवन - भा०; वय नय - मि०; व न - नी०। चढती – चढंती - शि०मो०; चढीति - वा०; वढती - गा०। [४६७]

[376] چهلي - چکهن - ظا •

साच्छात देषी केते वाके देषिवे को फिरै, जव नहीं देषै है तव आंसू की धारा परै है, किंवा एक कहिए प्रधान कौन है नेत्र, तौ भी रहै, अस्रु सों, कज्जल मै मन गडि रह्यो, हजार मनोरथ वूडे वह सिद्ध नहीं भए, इहां को अर्थ उपर है, किंवा गुरु सिस्य सों कहत है, हे सिस्य चढती नय वढती वय जगत मैं केतना औगुन नहीं करति है, तुं वारि तूं रोक, औगुन आपने मन को मति करिवे देय, जैसो वय रूपक, नै को चढती वार, वै की चढती वार, एक क्रिया लगी याते दीपक।

—★—

मार्‌यौ मनुहारिनु भरी। गार्‌यो षरी मिठाहि। वाकौ अति अनषाहटौ। मुसकाहट विनु नाहि [४६८] [377]

مارو منہارن بہرین کارو کہري متہاہ[378] ۰ واکو ات انکہا نہتو موسّکاہت بن ناہ [ظا۰ ٤٦٨]

अन० : धृष्ट नायक की उक्ति नायिका की सषी प्रति, रस शृंगार, विभावना अलंकार।

नर० : स्वाधीनपतिका, सषी को वैन सषी सौ, हे सषी नायका नायक कौ मार्‌यौ सो तौ मनुहार करी है, अरु गारी देति है, सो षरी सी मीठी लागति है, अरु वा जो अति अनषावति है सो मुसकावन विना और नाही है –

> **मारै मरी मनुहारन सों अति षीजत सौ मन रीझि लई है। गारी मिठास षरी अति लागति भौरि मरोर अंगूर नई है। जो अपमान सवै सनमान करै जव सोहन सीष दई है। वा अनषाहट जेती करै सो विना मुसिकाहट नाहि भई है** [नर० ४६८]

कृष्ण० : यह नाइकु धृष्ट है, नाइक को वचन सषी सौ है, याते गुनकथन मै नीके संभवतु है, वाकौ या पद ते प्ररोक्ष की प्रतीति भई –

> **मारै तो फूलनि की छटिका सौ तऊ मनुहारि अनेग जनावै। गारी जो देइ कहा कहियै मधुराई इतेक सुधा कित पावै। वारति मूरति को सतराहट मेरे हिए अति मोद वढावै। सील सुभाउ सुहागिल को रसहू रिसहू हसिहू हसि आवै** [कृष्ण० ४६८]

हरि० : धृष्ट नायक की उक्ति नायिका की सषी सों, नायिका ने लीला कमल सों मार्‌यो हमें सापराध मानिकै, तासौं हमारे मन मै हारि पराजय, किंवा हारि नहीं भई, गुरु लघु लघु गुरु होत है निज इच्छा

---

[377] मार्‌यौ – मारौं - उ०; मार्‌यो - को०मो०वे०; मारो - भा०; मारौ - मि०नी०। मनुहारिनु – मनुंहारिनु - उ०; मनुहारिन - शि०मो०ह०; (अपठ)रनि - पा०; मनुहारनु - न०गा०; मनहारन - वे०स०; मनुहारन - मि०; मनुहारनि - मु०। भरी – भई - ह०। गार्‌यो – गार्‌यौं - उ०वा०न०; गार्‌यौ - शि०गा०स०मु०नी०; गारौ - मि०; गर्‌यौ - ह०। मिठाहि – मिठांहि - उ०मि०; मिठांहिं - वा०; मिठाइ - वे०गा०स०। वाकौ – वाको - को०पा०मो०वे०भा०ह०। अनषाहटौ – अनषाटहो - को०; अनषाहटो - पा०वे०ह०; अनषोहटो - मो०; अनषांहटौ - मि०; अनिषाहटौं - नी०। मुसकाहट – मुशकाहट - वा०; मुसक्याहट - पा०; मुसिकाहट - भा०नी०; मुसकाहरि - मि०; मुसक्याहटि - ह०। विनु – विन - स०भा०मि०ह०। नाहि – नांहि - को०गा०ह०; नांहिं - वा०; नाह - वे०; नाइ - स०; माहि - मु०। [४६८]

[378] متہہ - نہان - زا۰

अनुसार, मान कौ मन है, हमारो मान मार्‍यौ अनादर कियौ तासों हमारी हानि विगार नहीं भयो, किंवा वा नायिका नै आपनो मन मार्‍यौ है, हमसों मन बैंचि वैठी है, तासों हमारी हानि, विगार नहीं भयो है, कहा वहुत विगार भयो है, क्यौं जाकी गारियौ, गारी भी षरी अति मिठास भरी है, वाको अनषाहट अनसाइवो रिस भरी वोलनि सो मुसिक्यानि विना नहीं, रिसाति है तौ भी मुसिक्याइकै, मार्‍यौ मनुहारिन भरी ऐसो भी कोई पढत है, मनुहारि को अर्थ आदर जानिए, गारी सों मन विषै हारि नहीं भई, गारी हानि को कारन है, तासौं हानि नहीं भई, विशेषोक्ति।

—★—

नाचि अचानकही उठे। विनु पावस वन मोर। जानति हौ नंदित करी। यह दिसि नंदकिसोर। [४६९] [379]

ناچ اچانک ہیں اوتہي بن پاوک بن مور • جانت ہون نندت کري یہ دس نندکسور
[ظا • ٤٦٩]

अन० : सषी की उक्ति नायिका प्रति, संकेत सूचक, नायिका परकीया जानियत है, वितर्क भास करि सषी की संका सूचित होति है, याते हेतूत्प्रेक्षा।

नर० : नायका कौ वैन सषी सौ, हे सषी, आजु विना पावस वन के विषै मोर अचानकही नाचिकै उठे हैं, सो जानितहू कि इहि दिसि को नंदकिसोर नै नंदित क० सराहना करी है –

> **नाचि उठे विन पावस मोर अचानक आप ते नीके लसै है। और सुनो रवि राजति है अति पंथवधू हहराय त्रसै है। आपने जीय उमंग ते जानत हेरतही हियरान हसै है। सुंदर सूरति मैन की मूरति या दिसि नंदकिसोर वसै है** [नर० ४६९]

कृष्ण० : आगत्पतिका, नाइका कौ वचन सषी सौ, सषीहू को वचन नाइका सौ होइ –

> **राधा यौ विसाषा सौ कहति जाको रूप मोहि चारु चित्रपट अवरेषि तू दिषायो री। जानियतु वाही चितुचोर नंदपूत धूत आली इहि कानन कहूते आजु आयो री। लहलही होति वहु काल की सुषानी वेलि फूलत कुसुम ऐसो वन छवि छायो री। विनु उनऐहू घन भए हरषित मन नाचि नाचि मोरनु कुलाहल मचायौ री** [कृष्ण० ४६९] [380]

हरि० : लच्छिता नायिका सों भूत सुरत जानिकै सषी कहति है, घनस्याम रूप श्रीकृष्ण को देषिकै ता दिन पावस वरषत विना वन में मोर अचानक नाचि उठे, मोर वर्षा रितु मैं नाचत है, याही लछन सों मैं

---

[379] **नाचि – नांचि - उ०मो०; नाच - शि०न०वे०गा०स०मि०मु०। अचानकही – अचांनकही - वा०मो०वे०गा०स०। उठे – उठें - शि०; उठैं - वा०; उठै - न०। विनु – विन - पा०न०वे०गा०स०भा०मि०ह०। पावस – पावसु - मो०। वन – वनु? - मो०; रितु - मु०। मोर – मोंर - वा०; मोरि - गा०। जानति – जांनति - उ०वा०; यानत - को०; जानत - शि०मो०वे०; जांनित - गा०; जांनत - स०; जानित - मु०। हौ – हों - शि०पा०मो०वे०गा०स०ह०; हौं - वा०न०नी०; हूं - मु०। नंदित – नंदिन - को०शि०; नंदत - वे०; नंदति - नी०। यह – इहि - को०न०गा०मु०; इह - शि०वे०स०; इही - वा०; ईहि - मो०। दिसि – दिस - शि०वे०मि०ह०; दिशि - वा०न०भा०। नंदकिसोर – नंदकिसौर - वा०। [४६९]**

[380] ‘नाही है पावस वन मोर सव वोलि उठे कोकिला कलापी कोकुहू सव गायो री’ चतुर्थ चरण - भा०।

जानति हों या दिसा विषै नंदकिसोर तोहि नंदित करी, राजी करी, हम तोहि नाइक को वुलाइवे को पठई थी, नंदकिसोर साथ तूं या दिसा को नंदित करी, अर्थ यह हमै राजी करी, तहां अन्यसंभोग दुःषिता, किंवा उत्का नायिका सौं सषी कौ वचन, श्रीकृष्ण को तूं आयो जान, किंवा विरह व्याकुल नायिका कौ धैर्य देति सषी को वचन, अनुमानालंकार, इहां मोर को नाचिवो हेतु तासों श्रीकृष्ण को आइवो जान्यो, अथ लच्छिता लच्छन, सभाप्रकास, प्रीति आदि प्रिय की भई लषै सषी अव ताहि। लच्छन तै वह लच्छिता कविगन कहत सराहि॥ पिय जो तिय सों रति करै ताहि देषि अनषाय। अन्य भोग रूषित कहै हरि कवि ताहि नवाय॥ प्रीतम कौने कारनै आये नहिं संकेत। चिंता जो मन में करै उत्का सों यह हेत॥

—★—

मै यह तोही मै लषी। भगति अपूरव वाल। लहि प्रसाद माला जु भौ। तनु कदंव की माल [४७०] [381]

مین یہ توہي مین لکہي بہکت اپورب بال ۰ لہ پرشاد مالا جو بہو تن کدمّب کي مال
[ظا۰ ٤٧٠]

अन० : उक्ति सषी की परकीया नायिका प्रति, पूर्व पद ते रोमांच शृंगारही की जानियै, भक्ति पद ते सांतरस, रसवतालंकार, यासो गुनीभूत व्यंगि कहत है मध्यम काव्य, रूपकातिशयोक्ति, कदंव माल को उपमेय रोमांच को ग्रहण होत है, ताही ते उपमान की उपमेय ग्रहन करै तिहि रूप को रूपकाति लषि लेय।

नर० : स्वाधीनपतिका, सषी कौ वैन नायका सौ, हे वाल, मै या अपूरव भगति तेरेही विषै लषी, सो क्योंकि तेरी जो उतारू माला पायके श्रीभगवानजू को तन कदंव के फूल की सी माला भयो है –

मै हिय तूं इहि भांति लषी पुनि भक्ति अपूरव वाल नई है। तेरे चरित्र कितेक कहै कोऊ आपनी ओर ते मौन लई है। माल समेत प्रसाद कौ पाइकै अंगनि अंगनि फूल भई है। और कहा उपमा कहियै कछु देह कदंव की माल भई है [नर० ४७०]

कृष्ण० : परकीया लक्षिता, सषी वचन नाइक नाइका सो, यह सात्विक भाव, सषी कौ वचन नाइका सौ, परकीया लक्षिता होइ –

कोरिक वारनि पैम पगी रंगि लालन के रंग लाल भई है। को न छकी छवि देषि गुपाल की को वनिता न विहाल भई है। मै निरषी यह तो तन आजु अपूरव भक्ति रसाल भई है। माल प्रसाद को पावतही सव देह कदंव की माल भई है [कृष्ण० ४७०]

---

381 मै – में - को०शि०वा०मो०; मैं - स०मु०नी०ह०। यह – इह - शि०। तोही – तोंहीय - शि०; लौंही - वा०; तोही - नी०। मै – में - को०शि०मो०ह०; मैं - वा०स०मु०नी०। भगति – भगत - को०न०वे०गा०स०; भक्ति - मो०; लगन - ह०। अपूरव – ०पूरव - शि०। जु – जु, बाद में ओ की मात्रा - उ०; यु - वा०; भु - वे०। भौ – भो - को०मो०भा०ह०; तौ - शि०; तौं - वा०; जौ? - वे०; भौं - मु०। तनु – तन - को०पा०वे०भा०मि०मु०ह०; तनुं - वा०। माल – मालि - को०। [४७०]

हरि० : ऊपरि सषिन मै नायिका परकीया वैठी है, नायक ने माला पठाई है, सषी प्रसाद माल को नाम लैकै देति है, और कोई जानि न सकै याके लिए ऊपरि सषी जानि गई है, परिहास करिकै कहति है, नायिका लछिता, हे वाल, मैं यह अपूरव पहिले ऐसी देषिवे नहीं आई, भक्ति को अर्थ चकिता परिहास करन वाली ऊपरी सषी ताके प्रभाव ते प्रीति जानिए, मैं तोही मै यह अपूरव प्रीति देषी है, लगनि अपूरव वाल यह भी पाठ है, लहि, पायकै प्रसाद माल तेरो तन कदंव की माला भई, नायक के गल के संवंध तें नायिका को रोमांच भयो, याते कदंव की माला की समता, कदंव की माला सी जानिए, ठाकुर का पंडा सों नायिका की प्रीति है, यौ भी लगावै है, उपमा धर्मवाचक लुप्ता।

— ★ —

वतरस लालच लाल की। मुरली धरी लुकाइ। सोंह करै भोहन हसै। दैन कहै नटि जाइ [४७१] [382]

بت رس لالچ لال کئي مرلي دہري لکاي • سونہ کري بہوہن ہسي دئي کہئي چپ جاي
[ظا• ٤٧١]

अन० : सषी की उक्ति सषी सो, परकीया नायिका कै हर्ष अभिलाष परिहास करि छिपावति है, याते अवहित्था संचारी अरु संक क्रिया अनुभाव करि अनुराग व्यंगि अरु एक मत श्रवन लाल सुमति कहि जाति वर्नन अलंकार।

नर० : चेष्टा वर्नन, सषी को वैन सषी सो, हे सषी, राधिका वतरस कै लालच लागी लाल की मुरली लुकाइकै राषी है, सो सौंह कहै अरु भौंहनि करि हसै है, और दैन कहति है, अरु नट जाति है –

> **नंद के लाल की वातन के रस लालच लागी रही वहुतेरी। ताते लुकाइ धरी मुरली सुनि या विधि कै पुनि वैन कहे री। वारही वारन सौह करै अरु भोहन हास घनी हम हेरी। आनन मोरि नचाइकै नैननि देन कहै नटि जाइ घनेरी** [नर० ४७१]

कृष्ण० : इह नाइका परकीया प्रौढा, जाति वर्णन सषी कौ वचन सषी सौ –

> **आजु अली व्रषभानलली मनमोहन सौ रस षेल ढरी है। वातन के चसके सु रली मुरली हरि की दुवकाइ धरी है। ज्यौ ज्यौ हहा करि मागै लला त्यौ त्यौ कछू इठिलाति षरी है। देन कहै मुकरै हसि भौहनु सौह करै रस भाइ भरी है** [कृष्ण० ४७१]

---

382 वतरस – वरतसे - वा०। लालच – लालचि - मो०। लाल की – लालची - को०; ला की - नी०। मुरली – मुर्ली - पा०। धरी – धरं - को०। लुकाइ – लुकाय - को०मि०ह०; लुकाई - वा०मो०नी०; छिपाइ - भा०। सोंह – सोह - को०मो०वे०; सौंह - वा०न०मि०मु०ह०; सौह - पा०भा०नी०। करै – करैं - को०स०। भोहन – भोंहनु - उ०; ?हन - शि०; भौंहनुं - वा०; भौहनि - पा०; भौंहनु - न०मि०; जोहनु - गा०; भौहनु - भा०नी०; भौंहनि - मु०; भौंहन - ह०। हसै – हसैं - को०शि०ह०; हसें - मो०; हंसै - नी०। दैन – दैंन - को०स०; देंन - वा०मो०; देन - पा०गा०भा०। कहै – कहें - को०; कहि - शि०; कहैं - वा०। नटि – नट - को०न०वे०स०मि०। जाइ – जाय - को०मि०ह०; जांइं - वा०; जाई - मो०नी०। [४७१]

हरि० : सषी सों सषी वचन, वात के रस के लालच सों लाल की मुरली लुकाय लीनी, स्पष्ट, एक में अनेक भाव, कारक दीपक।

— ★ —

रही लटू ह्वै लाल हौं। लषि वह वाल अनूप। कितौ मिठासु दयौ दई। इतें सलोने रूप [४७२] [383]

رہي لتو ہوي لال ہون لکہ وو بال انوپ • کتو متہاس ديو دئي اتي سلوني روپ
[ظا• ٤٧٢]

अन० : सषी की उक्ति उपपति सो, स्तुति करति है, उपपति सो जुक्ति, नायिका को पूर्वानुराग वोध व्यंगि, इहां असंलक्ष्यक्रम ध्वनि, सो कहा गूढ प्रीति प्रगट कियो है, शव्द विरोधाभास अलंकार।

नर० : रूप सोभा, सषी को वैन नायक सो, हो लाल, वह वाल अनूप कौ देषिकै हौ तौ लटू की सी ह्वै रही है कि दई नै याके इतने सलोने रूप कौ कितनौ मिठास दयौ है –

ऐसी लटूक रही लषि लालन वाल अनूप गरूर गही है। रूप तिलोक निकाइ निहारत वाकौ विचारनि हार रही है। केतौ मिठास दयौ है दई तुम ऊष मयूष पियूष वही है। सौहने सोंधे सलोने सरूप ने सुंदरताई इतीक लही है [नर० ४७२]

कृष्ण० : इह नाइका कौ रूप सषी नाइक सौ निवेदनु करति है, सलोने रूप मै मिठास इहै अद्भुत है –

जैसी जहां चाहियति तैसी तहां वनी विधिहूं पै घुनआषर के न्याइ वनि आई है। सुषद सुहाई कापै वरनि वताइ जाइ रतिहू ने जाकी तिल समता न पाई है। वाल छवि छाई तामै और अधिकाई दई दई वा लुनाई माझ कितनी मिठाई है। सुंदर कन्हाई हौ तौ निरषि विकाई वह रूप की निकाई मानौ देह धरि आई है [कृष्ण० ४७२]

हरि० : दूती नायक सों नायिका की स्तुति करै है, हे लाल, वह अनूप आश्चर्य वाल देषिकै लटू, आसक्त होय रही, लटू लकरी को नचाइवे को वालक राषैं हैं, सो अर्थ इहां नहीं संभवै, इतो, एतनो सलोने रूप लावन्य भर्यो रूप में देव जो है विधाता , ताने केतनो मिठास माधुर्य दियो है, विरोधाभास अलंकार है, सलोना में मिठास विरोध, ललित ललाम, जहां विरोध सो लगत है होत न सांच विरोध। कहत विरोधाभास तहं वुधजन वुद्धि विवोध॥ किंवा सपत्नी की सषी है सो नायिका की निंदा छल सो

---

[383] रही – रटे - को०। लटू – रटू - पा०; लटुक - न०। ह्वै – ह्वैं - मो०। लाल – वालाल, 'वा' पर काटने का चिह्न - भा०। हौं – हुं - को०वे०; हू - शि०; हौ - पा०भा०मु०; हूं - गा०; हों - ह०। लषि – वह - मो०; लषिकै - न०। वह – उह - शि०; लषि - मो०; (लुप्त) - न०। वाल – लाल - वे०गा०स०। अनूप – अनुप - को०। कितौ - उ०शि०न०वे०गा०मि०नी०ह०; केतो - को०; कितौं - वा०; कितो - पा०भा०मु०; कितैं - मो०; कैतौ - स०। मिठासु – मिठास - को०शि०पा०मो०वे०गा०स०मि०मु०ह०। दयौ – दयो - को०मो०वे०भा०मु०; दई - पा०गा०स०। दई – दयो - पा०; दईं - मो०; दयौ - न०गा०स०। इतें – इति - को०; इत - शि०; इतैं - वा०स०; इते - पा०भा०मि०; इतै - न०वे०गा०; इतो - नी०; इतौ - ह०। सलोने – सलुने - उ०न०; सलोंने - को०; सलौनैं - वा०; सलोनै - वे०; सलोंनें - स०; सलौने - भा०; सलौने - मि०; सलोंनै - मु०; सलौंने - ह०। [४७२]

करति है, हे लाल, हे अनूप तुम सरीषो कोई दूसरो नायक तुमारी प्यारी वाल देषिकै लट्टू ह्वै वस होय रही, वक्र वात कहति है, किंवा लटू जड है, मैं लटू ह्वै रही, सलोना रूप में विधाता नै केतनो मिठास डार्‌यो है, लोन की वस्तु मैं मिठाई डारै तौ विगरि जाय, विधाता कौ विगार्‌यौ रूप तासों तुमारी आसक्ति, यह ध्वनि।

— ★ —

जाकै एकौ एकहूं। जग व्यौसाइ न कोइ। सो निदाघ फूलै फलै। आक डहडहौ होइ [४७३] [384]

جاکین ایکو ایکہو جک بوساي نہ · کوي • سو نداکہ پہولي پہلي اک دودہو ہوي
[ظا• ٤٧٣]

अन० : अन्योक्ति अलंकार, दुर्जन प्रशंसा।

नर० : ग्रीषम रितु, कवि विहारीदास कहतु है कि जाके एको एकहू संसार व्यौसाय सकत नाही है, सो क्योंकि ज्यु उसन काल के विषै आक फूल फल पाइकै डहडहौ होतु है, ए औगुन निदाघ को है –

> **एकहु एको न जाके है काम के अंग उपंग सवै हम लेष्यो। क्यो व्यवसाय अकारथ है अति वैठत नाहिन भौर विसेष्यो। ग्रीषम वासर फूल घने अरु तोम महा फल भूमि असेष्यो। सो अव आव निसांक ससाष षरोई हस्यो सगरै जग देष्यो** [नर० ४७३]

कृष्ण० : यह अन्योक्ति, काहू के धनु वढवारि वहुत है अरु काहू एकहू के धन कामना नाही आवतु तहां कहियै –

> **छाह न काहू के वैठिवे जोग न छीर अचै कोऊ पेट भरै। फूलन तै फल तै दल तै जग मै नहि काहू को काज सरै। भौर न भूलि भ्रमै उहि ओर पषेरू न कोऊ विराम करै। होत हरो यह आक निकाम निदाघ समै वहु फूलि फरै** [कृष्ण० ४७३]

हरि० : जाके लिए एकौ पुरुष कोई एकहू एक भी व्यवसाय, उद्यम, कोई नहीं करै है, नहीं पानी सो सींचै है, नहीं पसु सों रच्छा करै है, सो आक निदाघ ग्रीषम में फूलै है, फलै है, डहडहो होत है, अनाथ को रच्छक परमेश्वर है, गूढोक्ति अलंकार।

— ★ —

[384] जाकै – जाकैं - उ०वा०; जाको - को०; जाके - पा०न०गा०स०भा०मि०नी०; जामें - मो०। एकौ – एको - को०मो०न०वे०गा०स०; एका - शि०वा०भा०; एकत - मि०; येकत - नी०। एकहूं – एकहुं - को०; एकहौं - वा०; अंकहू - पा०; एकहुं - मो०; एकही - न०वे०गा०स०भा०; एकहू - मि०मु०ह०; येकतहू - नी०। जग – फल - शि०वा०; जगि - न०गा०; लग - वे०स०। व्यौसाइ – व्योसाय - को०वे०; व्यौंसइ - वा०; व्योसाइ - पा०; हुलसैं - मो०; व्यौसाय - स०मु०; विवसाइ - भा०; व्यौसाई - नी०; व्यवसाय - ह०। न – नहि - मो०। कोइ – कौय - को०मु०ह०; कौइ - वा०। सो – सौ - शि०; तिहि - मो०। निदाघ – नदाघ - मि०। फूलै – फूले - उ०मो०; फूल्यो - को०; फूलैं - वा०; फूरै - गा०। फलै – फले - उ०मो०; फल्यो - को०; फलैं - वा०; फरै - पा०न०गा०भा०; फूलै - मु०। आक – आकु - गा०भा०। डहडहौ – डहडहो - को०पा०स०भा०नी०ह०; डहडहे - मो०। होइ – होय - को०मु०ह०; हौई - वा०; होई - मो०। [४७३]

नहि पावस रितुराज यह। तजि तरवर चित भूल। अपत भये विनु पाइहै। क्यौं नव दल फल फूल [४७४] [385]

ناہن پاوس رتراج یہ تج ترور چت بہول • اپت بہین بن پایہي کیون نو دل پہل پہول
[ظا• ٤٧٤]

अन० : कवि की उक्ति, रूपक श्लेष की उक्ति।

नर० : वसंत रितु, कवि विहारीदासु कहतु है, रे तरुवर तेरे चित के विषै भूल है सो छांडि देहु, सो क्योंकि या पावस रितु ना है, या तौ रितुराज क० वसंत है, सो हिया के विषै अपत भयै विनु क्यों करिकै नवा दल फूल फल पावै है –

कृष्ण० : अन्योक्ति काहू दाता के धोषै सूम पै कोऊ कछू चाहै तहां कहियै, झगरे के प्रसंग मैं, गढ के प्रसंगहू मैं संभवै –

> **मघवा के जल सौ उमगि अधिकानौ वहु पक्षिनु कौ राष्यो तै वसाइ समुदाइ है। छोडि चित भूल वा भरोसे मति भूलै अव वैसी तो वनक नीठि नीठि वनि आइ है। पावस न जानि रितुराज को समाज यह यौंही कैसे हरित भरित छवि छाइहै। सुनि तरुवर जौ लौ ह्वैहै न अपत तौ लौ नवदल फूल फल संपति न पाइहै** [**कृष्ण० ४७४**]

हरि० : हे तरवर, तू मति भूल, भ्रम को तजि, छोडो, यह पावस, वर्षा रितु नहीं है, रितुराज वसंत है, अपत, पातहीन भए विना पहिली संपति दिए विना, नव दल फूल औ फल, किंवा फूलिराजी होयकै, पहिली संपति को दान करैगो तवई संपति मिलैगी, रितु वसंत जाचक भयो, झरि दिए द्रुम पात। याते नव पल्लव भए दियो द्वरि नहिं जात। किंवा वहुत कष्ट सहैगो तव या राज सो फल पावैगो, गूढोक्ति।

—★—

वन वाटन पिक वटपरा। लषि विरहिनु मत मैं न। कुहौ कुहौ कहि कहि उठै। करि करि राते नैन [४७५] [386]

[385] नहि – नही - को०; नहिं - वा०। पावस – पावश - को०। रितुराज – रतुराज - को०; ऋतुराज - वा०मो०; रितराज - वे०गा०; रितुराग - मु०। यह – इह - शि०वा०; है - न०वे०गा०स०। तजि – तज - न०वे०स०; तजु - भा०। तरवर – तारुवर - न०गा०। चित – मत - को०; विन - वा०; मति - पा०मि०नी०ह०। भूल – भूलि - मो०गा०मि०। अपत – अपतु - उ०; अपतैं - वा०; अप - नी०। भये – भएं - उ०; भए - शि०वा०न०वे०गा०स०भा०मु०। विनु – विन - शि०पा०वे०स०मु०ह०; विनुं - वा०। पाइहै – पाईहै - उ०; पायहै - को०मि०मु०ह०; पाईइ - शि०; पाइयै - वा०; पायहौ - पा०वे०; पाईहैं - मो०नी०; पाइहौं - न०गा०; पैहै - स०भा०। क्यौं – क्यों - शि०मो०स०; क्यो - पा०वे०; को - भा०। दल – दन - गा०। [४७४]

[386] वाटन – वाटनु - उ०न०गा०; वाटत - शि०; वागनु - भा०; वाटनि - ह०। वटपरा – वढपरा - शि०; घ्टपरा - वे०। लषि – तकि - भा०ह०। विरहिनु – विरहनि - को०शि०वा०मो०मु०; विरहिनि - पा०भा०ह०; विरहन - न०स०मि०; विहरन - वे०गा०। मत – मन - शि०वा०मो०ह०; मनौं - मु०; मनु - नी०। मैं न – में न - को०शि०वा०गा०; मै न - वे०भा०नी०। कुहौ कुहौ – कुहो कुहो - को०ह०; कुहू कुहू - शि०वा०पा०मो०गा०स०; कुहुं कुहुं - वे०; कहौं कहौं - मि०नी०; कुहूं कुहूं - मु०। कहि कहि – करि करि - शि०वा०मु०; करिकै - न०; करकै - वे०गा०स०। उठै – उठें - उ०; उठिं - को०; उठैं - वा०; उठे - मो०वे०गा०भा०; उठति - मि०; उठत - नी०; ठठैं - ह०। करि करि – कर कर - वे०; करि - नी०। राते – रातै - शि०वा०नी०; रातें - मु०। नैन – नैंन - उ०वा०स०ह०; नेंन - को०मो०मु०। [४७५]

بن باتن پک بتپرا لکہ برہن مت مین • کوہو کوہو کر کر اوتہین کي کي راتي نين [ظا•
[٤٧٥

अन० : विरहिनि की उक्ति, मुग्धा नायिका सों, भय देषायकै मान छुडायो चाहति है, वा नायिका की उक्ति सषी सों, विरह निवेदन वचन अनुभाव तें भय विभिचारी व्यंगि, अनुप्रास अलंकार।

नर० : प्रोषितपतिका, सषी कौ वैन, मैन की मति लैकै या पिक वन वाट के विषै वटपरा है, सो यामो विरहिन को लषिकै राते नेत्र किये पुकार पुकार उठति है –

> **वाट परा पिक वाढत है वन झार रसालन माझ लुकै है। देषि वियोगिन के मन मैन अचानक एकही वार झुकै है। कुहू कुहू करिकै उठि धावत पंथ सवै लषिकै विझुकै है। राते विलोचन रोस किए अति मारग मार भले सटुकै है** [नर० ४७५]

कृष्ण० : यह वसंत समय सषी कौ वचन नाइक सौ होइ तौ मनाइवौ, नाइक कौ वचन, सषी सौ होइ तौ अपनी अवस्था –

> **मैन महीप कौ मानि मतौ द्रुम डार चढे वहु ओरनु दूकत। देषतही विरहीजन कौ करि लोचन लाल कुहौ कुहौ कूकत। वीसविसै वन वागन मै वटपार वसै पिक भूलति तू कत। प्रानपती विन क्यौ वसियै अव दाउ परै रिपु क्यौ टक चूकत** [कृष्ण० ४७५]

हरि० : वन के पथनि में पिक, कोकिल, सो वटपरा वटवार विरहिनि को तकिकै मैन, काम, ताके मन सों सलाह सों कुहो कुहो पिक की वोली है, कूहो मारिवे को भी कहत हैं, कूहौ कूहौ, मारौ मारौ कहि कहि उठत हैं, राते लाल नैन करि करि, कोकिल के लाल नैन हैं, पिक सो वटपरा, रूपक अलंकार।

— ⋆ —

दिसि दिसि कुसुमित देषियत। उपवन विपिन समाज। मनहुं वियोगिनु कौ कियो। सरपंजर रितुराज [४७६] [387]

دس دس کوسمت دیکہیت آوپون[388] بپن سماج • منون بوکن کون کیو سرپنجر رتراج
[ظا• ٤٧٦]

नर० : उद्वेग दशा नायका कौ वैन सषी सौ, हे सषी, या उपवन औ विपिन के समाज के विषै दसौ दिस कुसुम जे देषियत है सो मानहु कि यौ वियोगिनु के वास्ते रितुराज नै सर पंजर कियौ है –

---

[387] दिसि दिसि – दिस दिस - उ०वे०; दिशि दिशि - को०वा०; दिश दिश - भा०; कुसुमित – कुसमित - उ०न०वे०नी०; कुसुमत - को०; कुसमत - शि०मि०; कुसुमीत - वा०; कुसमति - मु०। देषियत – देषयत - को०; देषीयत - शि०वे०; दैषियत - वा०; देषियतु - न०गा०; देषीयतु - मु०; देषिए - ह०। विपिन – विपन - को०शि०वे०स०मि०मु०नी०; विपनि - न०गा०भा०। समाज – समांज - गा०। मनहुं – मनो - को०ह०; मनहौं - वा०; मनहु - न०वे०स०मु०; मनु - भा०मि०; मनौ - नी०। वियोगिनु – वियोगनि - को०मि०मु०नी०; वियोगनी - शि०; वियौगिन - वा०; वियौगिनु - न०; वियोगन - वे०स०; वियोगनु - गा०; वियोगिनि - ह०। कौ – कों - उ०ह०; कुं - को०वे०; कौं - गा०; को - स०। कियो – कीयौ - शि०; कियौ - वा०न०नी०; कीयो - वे०स०; कीयौ - गा०मु०। सरपंजर – सरपंजरु - उ०नी०; सरपिंजर - को०ह०। रितुराज – रितुराजि - को०; रतिराज - शि०मु०; ऋतुराज - वा०भा०; रितराज - न०स०। दोहा लुप्त - पा०मो०। [४७६]

[388] آوپون - آوتین - ظا•

हे सजनी अव वात कहूं कछु कौन सुनै अरु काकौ हियौ है। देषतही दसहू दिसि सुंदर फूल प्रफूलत फूल लियौ है। वाग तडाग महावन मै कछु भांति भलीन समाज दियौ है। मानौ वियोगिनि कौ सरपंजर राषिवै कौ रितुराज कियौ है [नर० ४७६]

कृष्ण० : यह वसंत समय है, सषी कौ वचन नाइका सौ होइ, नाइक सौ होइ तौ प्रवत्स्यत्पतिका होइ –

आयौ है मदन छितिपाल कौ हुकुम पाइ अमिल प्रवल ऐसो अमल चलायो है। मानगढ तोरिवे को अधिक प्रचंड देषौ सवही के उर अनुराग उमगायो है। वन उपवन जित तित अवलोकियत दिसि दिसि कुसुम समूह छवि छायो है। वैरु वांधि विषम वियोगिनु के रोकिवे को मानौ रितुराज सरपंजर वनायो है [कृष्ण० ४७६]

हरि० : नायक की उक्ति, किंवा नायिका की उक्ति, दिसा दिसा में कुसुमित, फूले, देषियतु है, उपवन वाग, औ विपिन, वन, इनके समाज समूह, रितुराज वसंत मानौ वियोगिनि को सरपंजर कियो है, वन उपवन विषै सरपंजर की संभावना, वस्तूत्प्रेक्षा।

— ★ —

मीत न नीत गलीत ह्वै। जो धरियै धन जोरि। षायै षरचै जो जुरै। तो जोरिए करोरि [४७७] [389]

میت نہ نیت کلیت ہوي جو جوري دہن جور ٠ کہائین کہرچین جو ملي تو جوریے کرور [ظا٠ ٤٧٧]

अन० : शिक्षा, मति भावध्वनि संभावनालंकार। उत्तमजन सिच्छा सव जन को।

नर० : प्रस्ताविक, कवि विहारीदास कहतु है कि जो धन जोरिकै धरियै तो द्वै औगुन ह्वै, एक मीत को ऊन ह्वै औ द्वै नीत गलीत ह्वै औ जौ षाए षरचै ते जुरै तो कोरिक जोरियै –

हे सजनी नहि नीति कहूं जु गलीत ह्वै सूम सुभाव वनावै। उद्यम कै धरियै धन जोरि षरे मन कोरि कमावन धावै। कै सतकार जु जानत है अरचै षरचै अरु आप न षावै। जो जुरै या विधि भाग संजोगन तौ घर वीचि करोरि जुरावै [नर० ४७७]

कृष्ण० : प्रस्ताविक, सूम ह्वैकै धन जोरै यह उचित नाहीं, षाइवौ षरचिवौ मुष्य है –

---

[389] मीत न – मात न - वा०; मांत न - मु०। नीत – नीति - उ०मो०गा०ह०; मीत - वा०। गलीत – जो – जौ - उ०वा०भा०; लै - पा०ह०; जै - न०। धरियै – धन - को०वे०स०; धरिइ - शि०; धरियें - पा०; धरीयै - न०; धरियत - भा०; धरिए - ह०। धन – धनु - उ०नी०; धरिये - को०; धरीयै - वे०; धरियै - स०। जोरि – ज्योरि - को०; जौरि - वा०; जारि - गा०; जोर - स०। षायै – षांएं - उ०; षायें - को०मि०; षाइं - शि०; षाये - पा०; षायैं - न०; षाए - वे०स०ह०; षाय - गा०; षाडै - भा०। षरचै – षरचें - उ०; षरचे - शि०पा०न०गा०ह०; षरचैं - नी०। जो – ज्योउ - को०; जय - वा०; जौ - भा०; ज्यों - ह०। जुरै – ज्युरै - को०; जुरें - शि०; जुरे - मो०; वढै - भा०। तो – तौ - उ०वा०पा०गा०स०भा०मि०ह०। जोरिए – ज्योरिये - को०; जोरिइ - शि०; जौरियै - वा०; जोरिये - पा०; जोरीयै - मो०न०; जोरियै - गा०स०भा०मि०मु०नी०। करोरि – करोडि - उ०; करौरि - वा०; करोर - वे०स०; किरोर, 'र' में इकार बाद में - गा०। [४७७]

जो पै गलीत भयेही जुरै धनु तौ वह जोरिकै काहू न भावै। नाउ सुनै सव भीत ह्वै भाजत क्यो जग मै अति सूम कहावै। मीत तमो जिय मै धरिकै यह जोरि करोरि लौ जो वनि आवै। षाये दिये षरचे जो जुरै कछु सो अति मोदु हियै उमगावै [कृष्ण० ४७७]

हरि० : हे मीत, आप गलीत होयके, कुचील वुरी दसा वनायके धन लैके जोर रषिए, यह नीति नहीं, षाए षरच किए जो जुरै, संग्रह होय, तो करोरि जोरिए, जो जुराय तो करोरि जोरिए, संभावना अलंकार।

— ★ —

टटकी धोई धोवती। चटकीली मुष जोति। लसति रसोई कै वगर। जगर मगर दुति होति [४७८] [390]

تتیكي دہوئي دہوتي چتكیلي موكہ جوت • لست رسوئي كي بكر جكر مكر دوت ہوت [ظا • ٤٧٨]

अन० : दूती की उक्ति नायक प्रति, नाइका की प्रसंसा करति है, कै स्मृति गुणकथन करि पूर्वानुराग करिकै नायक के अनुराग वचन है, जाति अलंकार।

नर० : मिलाइवो, ललित हाव, सषी को वचन नायक सो, हो कान्ह, राधा टटकी वस्त्र की धोई तो धोवती पहिरे है, औ चटकीली मुष की जोति है, सो जगर मगर जोति भए रसोई के वगर क० वारनै सोभति है –

सुंदरी धोवती धोई भली टटकी सव सेत सुरंग भई है। आनन ज्योति जगी चटकीली षरी मटकीली निहारि नई है। पाक वनाइ भली विधि सों पुनि द्वार रसोई कै आइ ठई है। राजति है रमनीय रमा सम देह जगम्मग जोति लई है [नर० ४७८]

कृष्ण० : इह जाति वर्नन, सषी नाइका के रूप की निकाई नाइक सो निवेदन करै –

वैठी अपरस व्रजनागरि सरस वेष पेषि मनमोहन की सुधिवुधि डग री। कृष्ण प्रानप्यारे की दुहाई री सुहाई वैस तैसी दई विधि नै सकेलि सोभा सगरी। दमकै वदन जोति विसद वरन धोती पहिरै लसति सो तौ रूप गुन अगरी। ह्वै रह्यो प्रकास अति जगर मगर तिहि वगर रसोई के अपार ओप वगरी [कृष्ण० ४७८]

---

390 धोई – धौई - वा०; धोईल - मो०। धोवती – धोवति - को०; धोइती - मो०। चटकीली – चटकीलि - को०; चलकीली - वे०। मुष जोति – मुह ज्योति - को०; मुष जौति - शि०; मुष ज्यौति - वा०; मुहु ज्योति - मो०। लसति – दिपत - पा०; लसत - मो०वे०गा०स०; फिरति - ह०। रसोई – रसौइ - वा०। कै – कैं - उ०मि०; क - को०; के - पा०मो०न०भा०नी०ह०; कै कै - मु०। वगर – वगरि - को०मो०; गरव - वा०; गवर, ‘गव’ पर क्रमशः २ १ की संख्याएँ - गा०। जगर मगर - शि०वा०मो०न०वे०गा०स०भा०मि०मु०नी० जिगर मगर - उ०; जगर जगर - को०पा०ह०। दुति – द्युति - मो०। होति – होत - को०ह०; हौत - वा०; होइ - वे०; हात, ‘त’ पर इकार बाद अमें - स०। [४७८]

हरि० : या दोहा के आगे यह दोहा चाहिए, सहज सेत पंचतोरिया, टटकी तुरत की धोई धोवती है, किंवा तुरत की भिजाई धोई दाल को धोवति है, चटकीली, चमत्कृत मुष की जोति है, रसोई के आसपास फिरति है, द्रुति जगमगाति है, स्वभावोक्ति।

—★—

सोहत धोती सेत मै। कनक वरन तन वाल। सारद वारिद वीजुरी। भारद कीजति लाल [४७९] [391]

سوہت دہوتي سيت مين كنك برن تن بال • سارد وارد بيجُري بہارد كيجت لال [ظا• [٤٧٩

अन० : दूती की उक्ति नायक सो, नायिका की स्तुति करि है, कनक जोरू वर्ण ताको वरन रंग है, ताके समान है, द्युति कांति जाकी ऐसी जा वाल नायिका सो सेत मय सुपेत धोती सो सोहतु है, हो लाल सो कैसी है, सारद जो सरद समय भए ऐसो जो वारिद जो घन ताके विषेवी वीजुरी ताकी सोभा कांति ताको रद कीजतु ऐसी भी है, तत्र हेतु उपरितः सरद काल के विषै वीजुरी है सो रस पुष्टि करति है, नायिका वीजुरी ते अधिक, अलंकार प्रतीप, अनुप्रास की संसृष्टि, संसृति सो कहा तिल तंदुल वत् न्याय, उत्तम काव्य।

नर० : मिलाइवो, सषी को वैन नायक सो, हो लाल, वा वाला के सेत वरन मे तो धोती सोभति है, अरु कनक के वरन तन है, सो कैसी कै सोभै है कि सरद के वादर विषै वीजुरी है ताकी भा क० सोभा कौ रद करति है –

> **धोवति सेत मैं सुंदरि सोहति नाइक ऐक अनूप षरी है। हाटक रंग रंगीली तनै छवि अंग अनंग तरंग भरी है। देषतही हुलस्यौ हियरा पुनि औ रमनीय मै आनि अरी है। लाल सुनौ तुम सारद वारिद वीजुरी की रद ज्योति करी है** [नर० ४७९]

कृष्ण० : इह नाइका की गुराई सषी नाइक सौ कहति है –

> **कंचन वरन तन वनक अनूप मानौ रूप की अवधि मनमथ की रसाल है। एक धोती सेत मै अनेक छवि देत वाल मानौ हंसमंडली मै चंपक की माल है। सरद छटानु मध्य दामिनी लसति किधौ छीरसिंधु माझ वडवानल की ज्वाल है। सुरसरि सीत मै सुधानिधि की कला किधौ संकर के अंग लसै पारवती वाल है** [कृष्ण० ४७९]

हरि० : दूती वचन नायक सों, पूर्वार्ध स्पष्ट है, हे लाल, सारद, सरद रितु कुआर कातिक ताको जो वारद मेघ स्वेत, जामे जो है वीजुरी ताकी जो भा, क० दीप्ति, ताको रद कीजियत है, यह कछु नहीं,

[391] सोहत – सोहति - उ०ह०; सौहत - वा०। धोती – धोति - को०। सेत – सेतु - न०गा०; स्वेत - मु०। मै – में - को०शि०मु०ह०; मैं - वा०न०स०मि०; मय - मो०। तन – दुति - को०; त - वा०; द्युति - मो०; तनु - मु०। सारद – सारिद - वा०। वारिद – वारीद - को०; वारद - शि०न०गा०स०भा०मि०मु०ह०; पारद, 'प' पर 'व' संशोधन - वे०। वीजुरी – वीजरी - शि०स०मि०; वीजली - वे०; वीजुली - भा०। कीजति – कीजत - को०शि०वे०स०मि०मु०ह०; कीजतु - वा०मो०भा०। दोहा लुप्त - पा०। [४७९]

निकम्मा, स्वेत धोती सो सरद को मेघ, वीजुरी नायिका, प्रतीपालंकार, नायिका ते वीजुरी उपमान को अनादर, वृत्यानुप्रास।

—⋆—

वहु धन लै अहसान कै। पारौ देत सराहि। वैदवधू हसि भेद सौं। रही नाह मुह चाहि [४८०] [392]

بہو دہن لے اہسان کے پارو دیت سراہ ٠ بید بدہو سن بہید سون رہي ناہ مکہ چاہ [ظا٠ [٤٨٠

अन० : देषि रहिवे ते हास्यरस व्यंगि, सूक्ष्मालंकार।

नर० : वैद सौ मजाष, कवि विहारीदास कहतु है, वैद काहू कौ पारौ सराहिकै देहै सो आसान सो धन वहुत लेतु है, अरु वैद आप नामर्द है, सो वैद की स्त्री भेद सौ नाह के मुहु कौ देषि रही है –

> **लै धन वाढि गतै वहु भांतिन सुंदर वानी सुधा सी कही है। और सुनौ कहि सान को पारद देत सराहि गरूर गही है। देह करै दिढ धातु वढै अस्तंभन को अरु रीति लही है। वैदवधू हसि आपतै भेद सों नाह को आनन चाहि रही है** [नर० ४८०]

कृष्ण० : इह वैद्य को हास्यरस, कवि की उक्ति –

> **विग्य चिकित्सा के भेदनि मै इकु वैद हुतो पुरुषारथ हीनो। काहू नपुंसक को वहकाइ घनो धन लै वहुतै थिरु कीनो। पारो प्रचंड वढावतु है चित केलि कलोल को चाउ नवीनो। ए वतिया सुनि वाकी तिया पति के मुष ओर चितै हसि दीनो** [कृष्ण० ४८०]

हरि० : काहू को वचन, वहुत तौ धन लैकरि अहिसान, उपकार, करिकै पारो देहि तो गुन होय, कच्चा पारा देहि तौ फूटि निकरै, जो कछु वस्तु देत है ताको पारा सराहि देत है, ऐ दूसरो पारो है, पारा षाहु भावै यहि षाहु, तव वैद्य की वधू भेद सों, अभिप्राय सों हंसिकै, तुम क्यों नहीं षात हौ, नाह को मुष चाहि रही, देषि रही, किंवा कोई स्त्री आपने पति सों कहति है, अर्थ आपने हेनहते पति को मुष चाहि रही भेद सों हंसी, तुम यही रोज षात हौ, किंवा जाको भगवान अनुग्रह करै ताके चित्त को हरै है, ऐसे भी कोई पुरान वचन को अर्थ करै है, मुष्य अर्थ तौ है, ताकौ वित्त पहुंचावत हैं, सुदामा दृष्टांत, वहुत धन को लैके, हरिकै, फेरि वाके ऊपर अहिसान, उपकार, करिकै पारो देत है, संसार समुद्र ताको पार देत है, फिर सराहिकै हम तेरो धन धर्‌यो, तू हमारी भक्ति नहीं छांडी, स्वावासि तोहि,

---

[392] धन – धनु - उ०नी०। लै – लैं - मो०; लेतु - न०गा०; लेत - वे०स०मु०। अहसान – असानु - न०गा०; असान - वे०; आसान - स०भा०; अहिसान - मि०ह०; औसान - मु०; अहिसांनु - नी०। कै – कौ - उ०; कैं - को०वा०नी०; के - न०; कर - वे०मि०। पारौ – पारो - को०मो०स०भा०मु०नी०ह०। देत – दैत - वा०; देति - न०गा०मु०ह०। सराहि – सराह, ‘ह’ में इकार बाद में - गा०। वैदवधू – वैदवधु - को०; वेदवधू - वा०; वैद्यवधू - मु०। हसि – हसी - मु०; हंसि - ह०। सौं – सौ - को०गा०भा०नी०; सों - मो०ह०। रही – रहि - को०वा०। नाह – नाहि - को०; नांहि - वा०। मुह – मुहु - उ०मो०न०; मुंह - वा०; मुष - भा०मि०। चाहि – चाह - वे०गा०स०। दोहा लुप्त - शि०पा०; तृतीय यति ‘वैद वधू हसकै कह्यौ’ - वे०। [४८०]

वैद्य नारायन संसार रूप रोग को दूर करत हैं, तिनकी वधू लक्ष्मी सो भेद सो हंसिकै, वाकी लक्ष्मी तौ तुम हरी मत्तता को कारन जानिकै, तुम हमें छाती सों लगाए क्यों रहत हौ, नाह को मुष देषि रही, किंवा दूती नायक को ल्याय नायिका सों मिलायो है, तहां सषी को वचन नायक सौं, धनी नायक को लछ्न है, रसिकप्रिया मैं कह्यो है, भव्य छमी सुंदर धनी सुचि रुचि सदा कुलीन, वहु धन तो यह नायक है, ताको तू लै अंक सों लगायौ, मैं तेरो काज कियो, तू अव हमारो अहिसान उपकार करो, सषी नहीं मांग, दूती मांगै, यह भेद दूती सों सषी सों, यह नायक पारो देत थे, जमुना मैं नाव चलावै थे, मैं तेरो रूप सराहिकै ल्याई हौं, लै यह पद कह्यौ है, तासों ल्याई हौं, रात ना निकर्यो, तव वैद जो वधू है, जानन वाली रूप गुन को समुझन वाली जो वधू है सो भेद सों दूती की ओर हंसी, जैसी तारीफ तू करै थी तैसो सुंदर नायक है यह भेद, तव नाह को मुह चाहि, देषि, कै रही, जथा स्थित रही, छकि रही, स्तंभ सात्विक भयो, किंवा देषि रही, किंवा वहू वधू को कहत हैं, हे वधू धन्य है तू, ऐसो नायक तेरे रूप गुन जोग्य आयो, अव लै मिलौ, और वही अर्थ, पहिला अर्थ मै सूक्ष्म अलंकार, और श्लेष।

— ⋆ —

रहौ गुही वेनी लषै। गुहिवे के त्यौनार। लागे नीर चुचान जे। नीठि सुकाए वार [४८१] [393]

رہي کہي بيني لکھے کہبئي کي تيونار ۰ لاکي نير چوچان جي نيتہ سوکائي بار [ظا۰ [٤٨١

अन० : उक्ति स्वाधीनपतिका की, नायक के स्वेद सात्विक व्याजोक्ति अलंकार, व्याजोकति कछु और विधि कहे दूसरे काज।

नर० : सात्विक भाव, सषी कौ वैन नायक सो, हो कान्ह रहौ गुथन के वासते स्त्री त्यौ आए सो लषे तुम वैनी गुही है ते जो आगै चुवतो सो तौ निवसै सुकाया है –

> **वाल की वैनी गुही लषि नाह षरी टक लायकै मोहि रह्यो है। नारिन त्यौ गुहिवे कहि काज सुनौ वडभाग विचार लह्यो है। या विधि लागे चुवात जो नीरनु सोंह ककै मुह वैन कह्यो है। नीठ सुकाय लियै हम वार रही न सभार प्रवाह वह्यो है** [नर० ४८१]

कृष्ण० : यह नाइका सषी भाव ह्वैकै नाइका कौ श्रंगार करन लाग्यो, वेनी गुहत सात्विक भाव भयो तव नाइका नै जान्यो, सो नायक सो कहति है –

393 रहौ – रहों - उ०; रहो - को०वे०स०; रह्यौं - शि०; रह्यौ - वा०; रही - मो०; र - मि०। गुही – गुंही - न०। वेनी – वैंनी - उ०मो०; वैनी - को०शि०वा०न०मु०नी०; वेली - वे०गा०स०; वैनै - मि०। लषै – लषे - उ०पा०; लषें - शि०मि०; लषैं - न०नी०; लषो - भा०; लष्यौ - ह०। गुहिवे – गुहीवै - वा०; गुहवे - मो०; गुहिवै - न०गा०; गुहवै - वे०स०। के – को - को०शि०भा०; कौ - वा०न०गा०स०; कौं - मो०; कों - वे०; कैं - मु०। त्यौनार – त्यौंनार - उ०शि०गा०मु०; त्यौंनारि - को०; त्यौनारि - वा०स०; त्योनार - पा०; त्योंनारि - मो०वे०; त्यौंमार - न०। लागे – आये - को०; लागै - वा०; लागै - वा०; लगे - मो०मु०; आए - न०वे०गा०स०। नीर – नीरु - मु०। चुचान – चुचांन - उ०; चुवान - को०शि०मु०; चुचाव - वा०; चुचुवान - पा०; चुचाम - मो०। जे – नै - वा०; ये - पा०; जो - मो०। नीठि – नीठ - को०शि०मो०न०गा०स०मि०; नीत - वे०। सुकाए – सुषाये - को०पा०; सुकाऐ - न०; सुकाये - भा०नी०। वार – चार - शि०। [४८१]

गोपी कौ वेषु वनाइ गुपालजू श्रीवृषभानसुता ढिग आए। हौ सजि जानति नीके सिंगार कहौ सो करौं कहि वैन सुहाए। वेनी गुहावन प्यारी कह्यो सुघरापन ये कित तै तुम पाए। नीर चुचान लगे अवही सटकारे से वार जे नीठि सुकाए [कृष्ण० ४८१]

हरि० : नायक नायिका की वेनी गूथै है, नायका वचन, रहौ तुम वेनी, चोटी, गुही, अर्थ यह तुमसों नहीं गुही जायगी, तुमारो गुहिवे को त्यौनार, ढंग, लष्यौ, देष्यो, नीठि, कैसेहू जे वार सुषाए, तामे नीर चूइवे लागे, प्रस्वेद सात्विक भयो, ताको तरह सो कहति है, स्वाधीनपतिका, व्याजोक्ति अलंकार।

—★—

दुरै न निघरघट्यौ दिये। ए रावरी कुचाल। विसु सी लागति है वुरी। हसी षिसी की लाल [४८२] [394]

دۇري نہ نکہرکہتیو[395] دئیں راوري کوچال • بس سي لاکت ہي بوري ہسئي کہسي کي لال [ظا• ٤٨٢]

अन० : अधीरा षंडिता, धृष्ट नायक सो, उत्प्रेक्षा।

नर० : अधीरा नायिका कौ वैन नायक सो, हे लाल या रावरी कुचाल है सो निघरघट्यौ क० निघरवालौहूं दियै दुरति नाही है, या जो षिसानी हांसी हसते हौ सो विष सरीषी वुरी सी लागति है –

अंचर ओट दियै न हरै कछु नेह की रीति नई हम हेरी। रावरी छूट नही नंदलाल कुचाल कहा करौ आप सु ढेरी। डोलत हौ दस वीसन के संग चाह तुम्है अति चेरन चेरी। लागति मोहि वुरी विस सी कछु हासी षिसी करि लाल लहे री [नर० ४८२]

कृष्ण० : इह नाइका प्रौढा अधीरा षंडिता, नाइका को वचन नाइक सो –

जानति हौ हिय के हित सौ उनही के वसे सुष सौ निसि नासी। भोर किहू भ्रम भूलिकै लाज पधारे इतै कछु कीनी कृपा सी। ढीठौ दिए कहौ कैसे दुरै यह औरहि ते जु कुचालि प्रकासी। लागति वीस विसे विसु सी सु षिसापन के मुह आवति हासी [कृष्ण० ४८२]

हरि० : नायक सों नायिका वाक्य, हे लाल, ए रावरी कुचाल, यह जो तुमारी कुचलनि सापराध होय आए हो, निघरघट्यो दिए दुरै, छिपै नहीं, निघरघट हो लषिवो, पूरव में घघोट कहैं, तुम यह काम किए हौ, हम क्या ऐसो काम करैंगे या तरह, विस सरीषी वुरी लागति है, हंसी षिसी की कछु

394 दुरै – दुरैं - को०वा०स०; दुरौ - पा०; दुरें - मो०मु०। निघरघट्यौ – निघरघडौ - उ०; निघरपट्यौ - को०; निथरथप्रौ - शि०; निघर्घट्यौं - वा०मो०; निघरघट्यो - पा०वे०; निघरघटौ - न०भा०; नीरघट्यौ - मि०। दिये – दीयै - शि०; दियै - वा०न०स०नी०; दियो, ओकार की खड़ी पाई पर काटने का चिह्न - पा०; हीयैं - मो०; हियै - वे०गा०; दियैं - मि०; दीयां - मु०; दिए - ह०। ए – ये - भा०; ये, पार्श्व पर - नी०। रावरी – राउरी - वा०; रावरो - मु०। कुचाल – कुचालि - को०मो०। विसु – विस - को०न०वे०स०मु०। लागति – लागत - मो०न०वे०गा०स०मु०; लगत - नी०। है – हैं - मो०। वुरी – वरी - न०। हसी – हस - वा०न०; हंसी - ह०। षिसी – षसी - शि०मो०मु०; षिसि - वा०। की – का - न०गा०स०। लाल – लालि - को०। [४८२]

395 نہ نکہرکہتیو - نکہو نکہت - ظا•

लाज कछु क्रोध सों षिसी, विष उपमा, नहीं उपमेय सी वाचक वुरी लागिवो धर्म, पूर्णोपमालंकार।

—★—

छाले परिवे के डरनु। सकै न हाथ छुवाइ। झझकत हियै गुलाव के। झवा झवैयतु पाइ [४८३] [396]

چهالي پربے کے درن سکے نہ ہاتہ چهواي ٠ جهجکت ہین کلاب کے جهوان جهاوت پاي
[ظا٠ ٤٨٣]

अन० : जो सषी की उक्ति नायक प्रति होइ तौ व्यंग सो सुकुमारता कहि नायक को रुचि उपजावति है, जो सषी सो होई तौ स्तुति व्यंगि, संवंधातिशयोक्ति।

नर० : पद सोभा, नायक कौ वैन सषी सौ, हे सषी राधिका के पाय के छाले परन के भय ते हम हाथ लगाइ सकति नाही हैं, क्योंकि गुलाव के फूल झावा ते पाइ झवैयत है, ताही सो हिया के विषै झिझकति है –

> **है सुकमार घनेरो सरीर महामृदु कंज पै या सम नाही। छाले परै मति या डर सो कछु हाथ छुवाय सकै नहि जाही। एडी उजारन कौ अवला ढिग आलिन के हियरा हहराही। हेरतही सगरी न ससंक गुलाव झवान सो पाइ झवाही** [नर० ४८३]

कृष्ण० : इह नाइका के चरनन की सुकुमारता सषी नाइक सो कहति है, सषीहूं सो कहै –

> **पौन लगै अलि पंषु को होत चलाचल कैसे वयारि करै। कृष्ण कहै कहु केसरि अंग लगैये तो सौति उछाह भरै। प्यारी के नाजूक पाइ निहारिकै हाथ लगावत दासी डरै। धोवति फूल गुलाव के लैकै तऊ झिझकै मति छाले परै** [कृष्ण० ४८३]

हरि० : सषी वचन नायक सों, छाला, फोरा, ताके परिवे के डर सों हाथ छुवाय नहीं सकै है, गुलाव के झांवां सों, जव पाव झवैयत, धोइत, है, तव भी हिए मन में किंवा मन करिकै झिझिकति, अर्थ यह सत्यही झिझकति है, छाला परिवे को डर हेतु, हाथ को नहीं छुवाइवो हेतुमान, हेतु अलंकार,

—★—

396 छाले – छाला - मो०। परिवे – परवे - को०शि०मो०गा०स०मु०; परिवै - वा०न०; परवै - वे०; परवे, 'र' में इकार बाद में - भा०। के – कैं - उ०; कै - वा०वे०। डरनु – डरनि - को०पा०मो०भा०मि०मु०नी०ह०; डरन - वे०स०। सकै – सके - उ०को०मो०; सकत - भा०मि०। न – नि - मि०। हाथ – हाथि - को०; हाप - नी०। छुवाइ – छिवाय - को०; छुवाय - वा०मो०वे०स०ह०; छिवाइ - नी०। झझकत – झडकत - को०; झझकति - वा०न०गा०नी०; ऊझकत - मो०; झिझिकत - ह०। हियै – तहीइ - शि०; हियेे - वा०मु०; हीएं - मो०; हीयै - गा०; फूल - भा०; हियें - मि०; हिएं - ह०। के – कैं - उ०; कै - शि०वा०नी०; कौ - न०वे०स०; कौं - गा०। झवा – जांवा - न०वे०गा०स०; झमा - भा०मि०; झवां - नी०ह०। झवैयतु – झवेयत - उ०; झवैयत - को०; झवावति - वा०; झवीयनु - मो०; झवियत - न०वे०; झपियतु - गा०; झपियत - स०; झमैयत - भा०मि०; झवैइत - मु०; धोवत - नी०; झंवैयत - ह०। पाइ – पाय - उ०वा०मो०वे०गा०स०ह०; पावय, 'व' पर काटने का चिह्न - को०। [४८३]

तिय तरसोहै मुनि किये। करि सरसोहै नेह। धर परसोहै ह्वै रहे। झर वरसोहै मेह [४८४] [397]

تیہ ترسونہي من کري کر سرسوہي نیہ[398] • دہر پرسونہین ہوي رہي جہر برسوہین میہ
[ظا• ٤٨٤]

अन० : कवि की उक्ति, वर्षा वर्नन, जमकालंकार।

नर० : वर्षा रितु, कवि बिहा ीदास कहतु है, कि यौ झर करिकै मेह वरषतु है, सो इतना वाना करतु है जो विरहन है तिनके मन तरसौहै किए हैं, अरु संजोगिनि है तिनके नेह की सरसाई कीनी है और धरती पर हरियाली सोभित ह्वै रही है –

> **हे तिय तै तरसोहे किये मन आछे अनूप अलाप नए है। नेह समेत असेष षरे करि वार उसासनि वास लए है। सोहैई होइ रहे जगती पर घेरि घटा चहु ओर छए है। लागि रही झर झार वहै जल मेह घने वरसोहे भए है** [नर० ४८४]

कृष्ण० : यह वरषा समय है, कवि की उक्ति अरु स्वयंदूत नाइका कौ वचन नाइक सौ –

> **हरित पुहुमि जल भरे वन उपवन चहू ओर सौरभ के उमगि उदै रहै। महामही लता लहलही छवि छाइ रही कूजि कूजि षगकुल कोलाहल करै रहै। उमडि घुमडि परसत से पुहुमि घन सौहे सरसौहे वरसौहे झुकि ह्वै रहै। हेरि हेरि मुनि मन तिय तरसोहे होति इत घनवृंद अनुराग के उनै रहै** [कृष्ण० ४८४]

हरि० : मानिनी को राजी करिकै सषी नायक सों कहति है, तिय ने तरसौहे चाह भयो, चित्त कियो तुमको, तरसौहे को अर्थ चाहे है, मेह को सरसौहै करिकै अधिक करिकै झर लगाय कै वरसों है, मेघ है, वरसन वालो है, तुम पराया घर के सोंहे सामने होय रहे हौ, और नायिका पास जाने को चाहत हौ, छेकानुप्रास है, वही अच्छर समता पद मै परी है, वरसौहै सरसौहै।

— ★ —

घन घेरा छुटिगौ हरषि। चली चहूं दिसि राह। कियो सु सुचैन आइ

---

[397] तिय – तीय - शि०गा०। तरसोहै – तरसौहें - उ०; तरसोहे - को०वे०; तरसोवै - शि०; तरसौहै - वा०गा०नी०; तरसोंहें - मो०; तरसौंहैं - न०मि०मु०; तरसौहे - भा०; तरसौंहे - ह०। मुनि – मुन - उ०वा०; मत - शि०; मनु - न०गा०मि०; मन - वे०स०भा०ह०। किये – कीयै - शि०वा०गा०; कीये - मो०वे०; कियै - न०स०; कियैं - मि०नी०; किए - मु०ह०। करि – कर - वे०गा०स०; कर, 'र' में इकार बाद में - मु०। सरसोहै – सरसौहै - उ०वा०गा०नी०; सरसोंहे - को०मो०मु०ह०; सरसोहैं - शि०; सरसौंहैं - न०मि०; सरसोहे - वे०स०; सरसौहे - भा०। नेह – 'वैन' पर 'नैह' संशोधन - शि०; नेहु - मो०। धर – घर - मि०मु०ह०। परसोहै – परसौहे - उ०स०भा०; परसोंहे - को०; परसुहे - शि०वा०गा०; परसौहै - वा०; परिसोहे - मो०; परसौंहैं - न०मि०; परसौंहे - मु०; वरसौहे - नी०; परसौंहे - ह०। ह्वै – हे - को०; ह्वैं - मो०। रहे – रहै - को०वा०मो०मु०नी०; रहैं - शि०; रही - न०वे०गा०स०। वरसोहै – वरसौंहें - उ०; वरसोहे - को०मो०वे०स०; वरसौहै - वा०पा०न०गा०नी०; वरसौहे - भा०; वरसौंहैं - मि०मु०; वरसौंहे - ह०। मेह – 'मैंन' पर 'नैंह' संशोधन - शि०; मेंह - वा०; मेहु - मो०। [४८४]

[398] سرسوہي نیہ - مرسوہین تیہ - ظا•

जगु। सरद सूर नरनाह [४८५] [399]

کہن کہیرا چہوت کو ہرکہ چلي[400] چہو دس راه ٠ کیو سو سوچینو اي جک سرد سور نر ناه [ظا٠ ٤٨٥]

अन० : कवि की उक्ति, सरद रितु वर्नन वा विरहनी को मनोरथ, प्रियागम को, तुल्योगिता अलंकार।

नर० : सरद रितु, कवि विहारीदास कहतु है कि सरद रितु के विषै जो घन क० घटा तिनकौ घेरौ जो हुतो सो तौ छूटि गयौ अरु हरष ह्वैकै चहूं दिसि मारग चाल्यो है जो सरद रूप नरनाह क० राजा सूरवीर तिन आनिकै जगत को सचैनो कर्‌यो है –

> **घेरो घनो घन को छुटिगो सुचि अंवर उज्जर ओप दियो है। राह चली दिसि चारु मनोहर पंथि समूह पयान लियो है। कीच कुचील विलाय गयौ भजि हेरत हंस हरानो हियो है। सूर सरद्द भले नरनाह नै आय जगत्त सचैन कियो है** [नर० ४८५]

कृष्ण० : सरद रितु, कवि की उक्ति –

> **घन घेरौ छुटि गयौ अंधियारौ मिटि गयौ विसद प्रतापु जगमग्यो छवि छाइकै। कहै कविकृष्ण उर हरषि निरषि चले पथिक चहूंघा भूरि भय विसराइकै। फूले हिय कमल अमल भये जल थल घटै अपचलन उछाह उमगाइकै। सरद सुभट सूर नाह की निकाई नीति देषैं सव जगत सुचैनौ नीकौ लाइकै** [कृष्ण० ४८५] [401]

हरि० : कवि की उक्ति, सरद जो है सूर नरनाह राजा है, सो आयकै जगत को सुचैनो सुंदर सुष कियो, दियो जानिए, घन मेघ छुटि गयो, जहां राजा आछो नहीं तहां प्रजा पर घेरा सत्रु कौ परै है, अच्छा राजा के आए छुटि जात है, किंवा मेघ को घेरा छुटि गयो चहूं दिसा में राह चलनो नहीं संभवै, तहां लछन लछना करि राहगीर लिए, सरद सो नरनाह राजा, रूपक अलंकार।

— ★ —

---

399 घेरा – घोरो, ओकार की खड़ी पाई पर काटने का चिह्न - को०; घोरा - शि०भा०; घैरा - वा०; घेरो - मो०वे०स०; घेरौ - न०गा०मि०मु०; घैरो - नी०। छुटिगौ – छुटिगो - को०पा०मो०भा०; छुटगौ - न०गा०स०; छुटगो - वे०। हरषि – हरषु - न०गा०; हरष - वे०स०मि०। चहूं – चहुं - को०ह०; चिहों - शि०; वहै - वा०; चहू - पा०मो०भा०मि०; चिहुं - न०वे०गा०; चिहूं - स०; चहौं - मु०। दिसि – दिशि - को०पा०न०; दीस - शि०; दिस - मो०स०नी०; दिश - भा०। राह – राइ - भा०; राहि - मि०। कियो – कीयौ - उ०शि०वा०; कीयो - मो०स०; कियौ - न०गा०मि०मु०नी०। सु सुचैन – सुचैनौ - न०स०मि०नी०; सुचैंनौं - उ०; सचेनो - को०; सचैनो - शि०मु०; सचेनौ - वा०; सुचेनो - पा०; सुचैंनो - मो०; सुचैनो - वे०गा०भा०ह०। आइ – आय - को०गा०ह०; आप - मो०। जगु – जग - शि०वा०वे०स०भा०मि०मु०ह०; कै - पा०। सरद – शरद - भा०। [४८५]

400 چلي - چہلي - ظا٠

401 मु० प्रति में उपरोक्त छंद के स्थान पर केशवदास कृत **विज्ञानगीता** का निम्नलिखित छंद है –

छूटि गयि प्रजन चलन अपमारग कौ अपनै अपनै सतमारग समीत है। सोहत परमहंस सूर सुभ कलानिधि गाय द्विजदेवतानि पूजिवे की प्रीति है। पावै न प्रवेस विभावरी निसिचारी चोर धामनि धामनि रामदेवजू की गीति है। केसौराय सवही के हृदयकमल फूले सोहति सरदि किधौ आछी राजनीति है [मि० ४८५]

अरुन सरोरुह कर चरन। दृग षंजन मुष चंद। समै आइ सुंदरि सरद। काहि न करति अनंद [४८६] [402]

ارن سروره کر چرن درک کہنجن مکہ چند • سمے اي سندر سرد کاه نہ کرت انند [ظا • ٤٨٦]

अन० : सषी की उक्ति मानी दंपति प्रति, रूपक अलंकार।

नर० : सरद रितु, जो राते कमल है सो तौ हाथ अनै पग है, और षंजन है सो नैन है, औ चंद्रमा है सो तौ मुह है, सो आपनो समय आए ते सरद रूपी या स्त्री है सो अनंद क्यों न करै, ए करैही करै –

> **राते सरोरुह राजत पानि वहै सुषदानि चरन्न धरै है। नैनन षंजन रंजित है मन नैक विहारत हीय हरै है। आनन ओप ससी सम देषत और कछू उपमा न अरै है। पाइ समो सुभ सुंदर काहे न आय सरद्द अनंद करै है** [नर० ४८६]

कृष्ण० : इह सरद समय कवि की उक्ति –

> **सोहत अरुन सरसीरुह चरन कर जिनहि जगतु जिय सदन गनावई। कला परिपूरन सुधानिधि वदनु लसै जाकी अदभुत छवि कहत न आवई। देषियत षंजन तरल कजरारे नैन कहै कविकृष्ण देषे जीउ सवु पावई। समै सुषपुंज सनी सुंदरि सरस आइ कौन के न उर मै अनंदु सरसावई** [कृष्ण० ४८६]

— ⋆ —

नाहि न ए पावक प्रवल। लुवै चलति चहूंपास। मानहुं विरह वसंत के। ग्रीषम लेत उसास [४८७] [403]

نانہ نہ اي پاوک پربل لوئین چلت چہوں پاس • مانون بره بسنت کین کریکہم لیت اوساس [ظا • ٤٨٧]

---

[402] सरोरुह – सरौरुह - वा०। चरन – चरण - उ०। दृग – दग - को०; द्रिग - शि०न०वे०गा०मु०; द्रग - भा०मि०नी०। मुष – मुहु - न०; मुह - वे०गा०स०। चंद – चंदु - उ०गा०नी०। समै – समइं - शि०; समे - मो०; समैं - न०मु०नी०; समइ - भा०। आइ – आय - को०वा०न०; आंई - मो०; आ - मि०। सुंदरि – सुंदर - शि०न०वे०गा०स०भा०मु०नी०; सौदर - वा०; सुरि - मो०। सरद – सरदि - वा०; सरिद - मु०। काहि न – काहे न - शि०मि०; काह न, 'ह' में इकार बाद मेम - स०। करति – करतु - उ०न०गा०नी०; करत - शि०वा०वे०स०मु०। अनंद – अनंदु - उ०न०गा०नी०; आनंद - को०शि०मो०मु०। दोहा लुप्त - पा०ह०। [४८६]

[403] नाहि न – उ०भा०मि०ह०; नांहि न - को०मो०न०वे०गा०मु०नी०; नाह न - शि०; नहि न - वा०; नहि - पा०; नाह न, 'ह' में इकार बाद में - स०। ए – ये - पा०नी०। प्रवल – पृवल है - पा०। लुवै – लुवें - उ०; लुए - को०; लुवैं - शि०वा०मु०; लुये - पा०; लुवै, 'वै' पार्श्व पर भिन्न क़लम से - नी०; लुवे - ह०। चलति – चलें - उ०; चलैं - को०मो०; चलत - शि०वा०पा०न०वे०स०मि०; चुलति - मु०। चहूंपास – चहुंपाशि - को०; चिहुंपास - शि०वे०; चहौपास - वा०मो०मि०; चिहूंपास - गा०स०; चहुपास - भा०; चिंहुपास - मु०; चहूंपास - नी०ह०। मानहुं – मानुं - को०; मानहौं - वा०; मानहु - पा०मो०नी०; मांनहु - न०गा०स०; मानौ - भा०मि०; मांनौ - मु०। वसंत – वसत - नी०। के – कें - उ०; कै - को०शि०वा०मु०नी०; की - न०वे०गा०स०। ग्रीषम – ग्रीष्म - वा०; ग्रीषमु - न०। लेत – लेति - भा०नी०। उसास – उसास - ह०। [४८७]

अन० : नायिका विरहिनी की उक्ति सषी सो, विरह व्याधि व्यंगि वचन अनुभाव तें, अपन्हुति उत्प्रेक्षा को संकर।

नर० : ग्रीषम रितु, कवि विहारीदास कहतु है कि ए जो लुवै चहुपासा तै चली आवति है, अगिन प्रवल तौ नाही है, जो है तौ मानहु कि वसंत के समै की विरहनी या ग्रीषम रितु मै उसास लेतु है –

> **आइ अचानक जारत है तन पावक पुंज वयार वहै है। नाहिन ये चहुंओर चलै लुय जाके लगै सव जीय जरै है। ऊचे अकास विकास करै तव चंडव धूलन के गन ऐहै। मानु वसंत वियोगन दुष्षन ग्रीषमकाल उसासन लैहै** [नर० ४८७]

कृष्ण० : यह ग्रीषम समय, नायिका प्रोषितपतिका, नाइका को वचन सषी सौ –

> **चंदकर मंडल तै मंडिकै अषंड धार वरषत पावक प्रवल किधौ यह री। कृष्ण प्रानप्यारे की दुहाई किधौ आई वडवानल की लुवै तातै तचति दुपहरी। चंडकर मंडल ते पावक न वरषत लुवै न चलति जिन्है देषि मति हहरी। मेरे जान प्रीतम वसंत को वियोग भयो ग्रीषम विरहनी उसासै लेति गहरी** [कृष्ण० ४८७]

हरि० : विरहनी की उक्ति किंवा कवि की उक्ति, पावक आगि ताते प्रवल जोरावर लुएं झुरझुरानिल, पूरव में लूचि कहत हैं, नाहिन को अर्थ नहीं है, चहुंपास, चहुं ओर, वसंत के विरह सों ग्रीषम के विरह ने उसास लीनी है, मानौ क्रिया आगे मानो को अन्वय है, अनुक्तास्पदवस्तूत्प्रेक्षा।

—★—

कहलाने एकत वसत। अहि मयूर मृग वाघ। जगत तपोवन सौ कियो। दीरघ दाघ निदाघ [४८८] [404]

کہلاني يكت بست اه ميور مرک باکہ ۰ جکت تپوبن سو کيو ديرکہ داکہ نداکہ [ظا۰
[٤٨٨

अन० : तुल्योगिता उपमा को संकर।

नर० : ग्रीष्म रितु, या निदाघ के विषे दीरघ दाघ सो जगत मै तपोवन कियो है सो तातै कहलाना भया साप मोर हिरन वाघ एकठे आनि कै वसे है, ए काहू मै सकत नाही –

> **नाचत है अहि कै फन ऊपर मोर अनेक उमंग लियो है। वाघ वसे सघने मृग के गन सिंह करी सव एक हियो है। एकहि ठौर वसे कहलाने विरोध औ क्रोध को छाडि दियो है। दीरघ दाघ घने नित आइ तपोवन सो जग जाति कियो है** [नर० ४८८]

---

404 कहलाने – कहलानें - उ०; कहलांने - को०न०; कहलानै - शि०वा०नी०; कहिलांने - वे०; कहलांनै - गा०; कहिलानै - मि०; कहालांने - मु०। एकत – येकत - मि०नी०। वसत – वसैं - वा०। मयूर – मयुर - को०। मृग – मृघ - वा०। जगत – जगतु - मि०नी०। तपोवन – तपौवनु - उ०; तपोइवस - वा०; तपोवनु - नी०। सौ – नौ - वा०; सो - पा०मो०वे०स०भा०ह०; सों - गा०। कियो – कीयौ - उ०वा०मु०; कीयौं - शि०; कीयो - मो०स०; कियौ - न०नी०; करयौ - गा०। दाघ – हाघ - शि०। निदाघ – नदाघ - मु०। [४८८]

कृष्ण० : यह ग्रीषम समय, नायिका वचन नायक सो होइ तौ प्रवत्सत्पतिका, सषी कौ वचन नाइक सौ होइ –

> **हौ तौ वरहीन वरही न हेरै अहिनु कौ अहिनु कै झुंडनु के रंध्रनि गहत है। करि करि रितु के उदर के नरही आइ सोवत तपोवन की रीति निवहत है। हरिनु की छाती तर वैठत हरिन आइ छोडि चित ठाइनु विरोध विसरत है। देषि रितु ग्रीषम कौ तीषन प्रताप वल दहलाने कहलाने एकत वसत है** [कृष्ण० ४८८] [405]

हरि० : दोपहरी में नायिका को अभिसार करावति कै सषी कहति है, कहलाने, दुषी होयकै विरोधी परस्पर एकत वसत हैं, अहि सर्प मयूर मृग वाघ, जगत को तपोवन सो कियो, तपस्या के वन में कोई काहू को मारै नहीं, दीरघ है दाघ, दाह जामै ऐसो निदाघ, ग्रीषम, तपोवन उपमान, जगत उपमेय, सो वाचक धर्म विरोधी को एकत्र वसिवो धर्म, पूर्णोपमालंकार।

— ★ —

पावस घन अंधियार महि। रह्यौ भेद नहि आनु। राति द्यौस जान्यौ परतु। लषि चकई चकवानु [४८९] [406]

پاوک کہن اندہیار مین رہو بہید نہن ان • رات دیوس[407] جانیون پري لکہ چکي چکوان [ظا• ٤٨٩]

अन० : उक्ति दूती की, नायक प्रति संकेत सूचित करति है, वर्षा वर्णन, काव्यलिंग अलंकार।

नर० : वर्षा रितु आए से पावस के घन क० वादर तिनकी अंध्यारे मै और जान पर्‌यो तौ काहू तै रह्यो नही जो राति द्यौस के भेद चकी चकवान के संजोग वियोग तै जान्यो परतु है –

> **पावस मे घन घेरो घनो अति और अंध्यार षरोइ अरै है। आन को भेद रह्यो न कछू सुनि देषतही हियरा हहरै है। ऐकत ऐसी भई जग वीच सु उन्नत नीच समान धरै है। राति न द्यौस को भेद अवै चकई चकवा लषि जान्यो परै है** [नर० ४८९]

---

405 मु० प्रति में दोहे का उपरोक्त से भिन्न उदाहरण छंद है; मि० प्रति में **कविप्रिया** १०-२६ छंद। भा० प्रति में उदाहरण लुप्त है –

नाचत है अहि कै मन ऊपर मोर अनेक उमंग लियो है। वाघ वछेरू घने मृग के गन संग करी सव एक हियो है। एकहि ठौर वसै कहालाने विरोध औ क्रोध कौ छाडि दियो है। दीरघ दाघ निदाघ ने आइ तपोवन सो जग जीति कियो है [मु० ४८८]

एकभूतमय होत भूत तजि पंचभूत भ्रम। अनिल अंवु आकास अवनि ह्वै जात अनिल सम। पंथ थकित मंद मुकति सुषित सिंधुर सर जोवत। काकोदर कर कोस उदर तर केहरि सोवत। पिय प्रवल जीव इहि विधि अवल सकल विकल जल थल रहत। तजि केसवदास उदास मति जेठ मास जेठे कहत [मि० ४८८]

406 अंधियार – अंधयार - को०; अंधियारि - वा०; अधियार - पा०भा०मि०; अंधीयार - मु०; अंधार - ह०। महि – महिं - उ०न०स०; मै - पा०वे०गा०भा०मि०; में - मु०ह०। रह्यौ – रह्यो - को०पा०मो०वे०गा०; रहो - भा०। भेद – भेदु - उ०मो०वे०नी०। नहि – नही - को०स०; हि - मो०; नहीं - गा०ह०। आनु – आंन - को०वा०वे०स०मि०; आं - वा०; आन - पा०भा०मु०ह०; आंनि - मो०; आंनु - न०गा०। राति – रात - वे०। द्यौस – द्यौसु - उ०; दिवस - को०; द्योस - पा०; द्यौंसु - न०; द्योंस - वे०स०; द्यौंस - मु०ह०। जान्यौ – जान्यो - को०पा०; जानि - शि०; जानी - वा०मो०; जांन्यौ - न०नी०; जांनी - वे०गा०स०; जानो - भा०। परतु – परति - को०मि०; परें - शि०; परै - वा०मु०; परत - पा०मो०वे०स०ह०। लषि – लष - गा०। चकई – चकवी - न०वे०गा०स०। चकवानु – चकवानुं - उ०; चकवांन - को०वे०स०मु०; चकवान - पा०भा०ह०; चकवानि - मो०मि०; चकवांनु - न०। [४८९]

407 دیوس - پوس - ظا•

कृष्ण० : इह वरषा समय स्वयंदूत नायक को वचन नायका प्रति नाइका को वचन नाइक सौ, प्रति नाइका को वचन सषी सौ –

अंवर औनि दिसा विदिसा सिगरे तमही को वितानु सो तानो। मेचक रंग सवै जग भो अति मोद हियै निसिचारनि मानो। पावस के घन के अंधियार मै भेद कछू न परै पहिचानो। द्यौस निसा को विवेकु सु तौ चकई चकवानु को वोल ते जानो [कृष्ण० ४८९]

हरि० : सषी वचन नायिका सों पावस रितु वरषा मै और भेद नहीं रह्यो, चकई चकवा को लषिकै राति दिवस जान्यो परै है, दिन मै मिले रहत हैं राति मै विछुरत हैं, किंवा हे सषी तूं लषि जानौ चकई चकवा को राति द्यौस नहीं जान्यो परत है, किंवा चकवानि इकारांत भी पाठ है, चकई औ चक नाम चकवा को है, ताकी वानी सव्द सों राति दिन जान्यौ जात है, या वात को तूं लषि जानौ, भ्रांति में कूकत हैं, काव्यलिंग अलंकार।

—★—

पग पग मग अगमन परत। चरन अरुन दुति ऊलि। ठौर ठौर लषियत उठे। दुपहरिया से फूलि [४९०] [408]

پک پک مک اکمن پرت چرن ارن دوت جهول • تهور تهور لکهیت اوتهي دوپهریا سي پهول [ظا٠ ٤٩٠]

अन० : दूती की उक्ति, नायक प्रति, दूतत्व व्यंगि, उत्प्रेक्षा।

नर० : चरन सोभा, सषी को वैन नायक सो, हो कान्ह राधिका के चरन की अरुनता तिनकी ऊलस मारग के विषै पावडे पावडे आगे परतु है, सो कैसो सोभतु है कि ठौर ठौर के विषै दुपहरिया के से फूल से उठते लषियतु है –

पैडन पैडन अंगन के मग ओप के पुंज अपार अरे है। वाल के पायन की छवि और षरी फलकायकै झूल धरे है। ज्यो ज्यो चलै गति हंसन की अति ठौरही ठौर लषाय परे है। सो छवि सुंदर नंदकुमार दुपोरिया फूल सी हेरि हरे है [नर० ४९०]

कृष्ण० : इह नाइका के चरनन कै अरुनता की अधिकाई सषी नाइक सो कहति है नाइक नाइका कौ कहै सषी नाइका सौ कहै सषी सो कहै –

पलिक ते उतरि प्रवीन प्रानप्यारी धाम धरनी में सहज चलति मंद गति है। कृष्णप्रानपयारे ऐसे कौतिग निहारै तव चरन अरुन दुति अति उमगति है। जही जही एडी छवि पतिहि

---

408 मग – में - को०। अगमन – अगमनि - को०मो०; अमग - वा०। परत – परति - मु०। चरन – चलत - पा०। अरुन दुति – अरून दुति - उ०; अरुंन दुति - वा०; अरुन द्युति - मो०; अरन दुति - वे०गा०स०मि०। ऊलि – ऊलि, ऊपर रिक्त स्थान में 'केलि' - उ०; झूलि - को०शि०वा०पा०मो०ह०; झुलि - न०; ऊल - वे०स०; हूल - मि०; कूलि - नी०। ठौर ठौर – ठोर ठोर - को०वे०; ठोरि ठोरि - मो०; चौठौ ठौर - गा०। लषियत – लषियतु - उ०को०मो०न०; लषीयत - शि०; लिषीयत - मु०। उठे – उठै - शि०वा०पा०न०भा०; उठैं - ह०। दुपहरिया – दुपहरीया - शि०वे०स०; दुपहिरिया - ह०। से – सी - पा०भा०; के - वे०स०मि०; सें - मु०। फूलि – फूल - को०शि०न०वे०गा०स०मि०; फूल, 'ल' में इकार बाद में - मु०। [४९०]

अगौडी आनि तिनकी झलक जग जोति सी जगति है। तही तही फूलें दुपहरिया से देषियत कौन की न मति देषै प्रेम सौ पगति है [कृष्ण० ४९०] [409]

हरि० : पग पग डेग डेग मग राह तामें अगुमन क० आगे को परत हैं, चरन की अरुन द्युति लाल कांति तासों झूलिकै लगिकै ठौर ठौर मै देषियतु है, दुपहरिया, वंधुजीव, सो फूलि उठे है, नायिका जाति देषि सषी नायक को छवि सों ललचायकै लै गयो चाहति है, सो को अर्थ इहां मानो दुपहरिया फूलि उठे हैं मानो, वस्तूत्प्रेक्षा अलंकार।

— ⋆ —

नीच हिये हुलसे रहत। गहै गेंद के पोत। ज्यौं ज्यौं माथै मारियत। त्यौं त्यौं ऊंचे होत [४९१] [410]

نیچ ہئین ہولسي رہین کہین کیند کو پوت[411] • جیتے ماتہین ماریت تیتے اونچے ہوت [ظا• ٤٩١]

अन० : अवर काव्य, कवि की उक्ति, नीचजन स्वभाव कथन, पोत सत्रु रूप वाचक, उपमालंकार।

नर० : धृष्ट नायक, कवि विहारीदास कहतु है कि गेंद की परै जो नीच है सो हुलसे हिया के विषै गहे रहत है, सो ज्यों ज्यों माथे मारियतु है त्यों त्यों ऊंचे होतु जात है –

सोच सकोच न आवति है जिय हीय हुलास षरोइ लयो है। नीच की रीति यहैइ कछू सुनि कूर कुचील कुवुद्धि मयो है। होय रह्यो लघु गेंद लौ वा सव छांडि नही हठ हीठ ठयो है। सीस पै मारिये ज्यों ज्यों लगालगि त्यों त्यों षरो पुनि ऊंचो भयो है [नर० ४९१]

कृष्ण० : अन्योक्ति, प्रस्ताविक कवि की उक्ति –

जनम तै कवहू भलाई तै सौ भेट भई जगत मै कोटिक धिकार धारियत है। सहज सुभाइ परकाज लै विगारि डारै औगुन गहत गुन पुंजु ढारियत है। नीच नर येते पै हियेई मै हुलसेई

---

409 भा०मि० प्रतियों में यहाँ चिंतामणि की कवि छाप का निम्नलिखित छंद है –

प्यारी के पगन पायै ऐसी अरुनाई जाते मुगधवधू न दिन संध्या करि भाष्यो है। वाग ह्वै कढत वाके सिसिर लतानुहू मै किसलै अलीनि तोरिवे की अभिलाष्यो है। चिंतामनि चांदनी विछौना पर आवै वाके लाल मषमल को विछौना मनु नाष्यो है। चरन धरति वाके आंगन फटिक वंधु मानौ लाल विद्रुम दलनि वांधि राष्यो है [मि० ४९०]

410 नीच – नीचि - को०; नींच - मु०। हिये – हीइं - शि०; हीयैं - वा०; हीयै - मो०वे०स०मु०; हियै - न०नी०; हीये - गा०; हियो - भा०; हियें - मि०; हिएं - ह०। हुलसे – हुलस्यो - को०मो०; हुलसै - शि०वा०; हुलस्यो - भा०। रहत – रिहें - शि०; रहै - वा०नी०; रहतु - गा०; रहैं - मि०ह०। गहै – गहे - पा०; गहैं - मि०ह०; गहें - मु०। गेंद – गैंद - उ०को०स०मि०; गेद - पा०न०भा०; गैद - वे०गा०नी०। के – क - को०न०गा०; कै - वा०; को - भा०ह०; कौ - मि०। पोत – पौत - वा०। ज्यौं ज्यौं – जेते - उ०वा०; जैती - शि०; ज्यो ज्यो - पा०; जेतो - मो०ह०; ज्युं ज्युं - वे०स०; ज्यों ज्यों - गा०; ज्यौ ज्यौ - भा०। माथै – मांथे - उ०स०; माथो - पा०भा०; माथे - मो०नी०। मारियत – मारीइं - शि०; मारिये - पा०; मारीयैं - मो०; मारियतु - न०भा०; मारीयतु - गा०; मारीयै - मु०; मारिए - ह०। त्यौं त्यौं – तेते - उ०वा०; तेतो - शि०मो०; त्यो त्यो - पा०; त्यौ त्यौ - वे०भा०मि०; त्यों त्यों - गा०स०; तेतौ - ह०। ऊंचे – उंचै - को०; उंचे - शि०गा०मु०; ऊंचै - वा०; ऊचो - पा०भा०नी०; उचो - मो०; ऊचो - वे०; ऊचे - स०; नीचे - मि०; ऊंचौ - ह०। [४९१]

411 پوت - کوت - ظا•

रहै गेद के सुभाइ गहे यौ निहारियत है। जितही निचाई देषै िततही ढुरकि जाहि ऊचै होत त्यौ त्यौ ज्यौ ज्यौ माथे मारियत है [**कृष्ण० ४९१**]

हरि० : नीच प्रकृति पुरुष मन में सानंद रहत है, पोत नाम दाव को वार को नाम पोत, एक पोत एक वार, इहां लच्छना सों तरह जानिए, गेंद की तरह, जैसे जैसे माथे और गेंद के ऊपर मारिए है, तैसों तैसों ऊंचो होत है, गेंद उछलै है, नीच आपकी वडाइ मानत है, गेंद की समता गहे जैसो गेंद तैसो नीच, आर्थी उपमा।

— ★ —

ज्यौं ज्यौं वढति विभावरी। त्यौं त्यौं वढत अनंत। ओक ओक सव लोक सुष। कोक सोक हेमंत [४९२] [412]

جیون جیون بدہت بہاوري تین تیون بدہت اننت ۰ اوک اوک سب لوک سوکہ کوک سوک ہیمنت[413] [ظا ۰ ٤٩٢]

अन० : नायिका की उक्ति, हर्ष संचारी करि सषी सो कहति है, हेमंत वर्नन, दीपक अलंकार।

नर० : हेमंत रितु, कवि विहारीदास कहतु है कि हेमंत रितु के विषै ज्यौ ज्यौ विभावरी क० राति वढति जाति है त्यो त्यो ओक ओक के विषै सव लोक को सुष और कोक कौ सोक अनंत वढत है –

वाढति है अति ज्यों ज्यों विभावरी द्यौस भयो लघु वेस समान्यो। त्यो त्यो वढै सुष ओकनि ओकनि लोक अनंत सवै सुष सान्यो। आपने जीय वियोग के दुष्षनि सो कहिये निज कोकनि जान्यो। सीरी वयार चलै चहु ओरनि मानिनि साल हेमंत वषान्यो [**नर० ४९२**]

कृष्ण० : हेमंत, कवि की उक्ति मुष्य है, संजोगहू होइ, विप्रलंभहू होइ अन्योक्तिहू जानियै, सोक कोक को प्रसंग है –

हिमरितु आई भई सात सरसाई देषि भाजि गई गरम उरोज अंचलन मै। वासर की लघुता विलोकि मुरझात कौल सूछम ह्वै रह्यो तेजु तपन के तन मै। कहै कविकृष्ण ज्यो ज्यो रजनी वढति त्यो त्यो उमगतु मोदु अनुरागिनु के मन मै। ओक ओक लोक लोक वाढत अपार सुष सोक है वियोगी केकी कोकनु के गन मै [**कृष्ण० ४९२**] [414]

हरि० : मानिनी सों सषी वचन, डर देषाय सुष सुनाय मान छोडावति है, ज्यों ज्यों जैसे जैसे विभावरी राति वढति है त्यों त्यों तैसे तैसे एतनई वस्तु अनंत वढै है, सव लोक के ओक ओक में घर घर में सुष

---

412 ज्यौं ज्यौं – ज्यं ज्यं - उ०; ज्यो ज्यो - पा०; ज्यों ज्यों - मो०वे०गा०स०; ज्यौ ज्यौ - भा०। वढति – वढत - उ०को०शि०वा०पा०मो०न०वे०स०; वढै - भा०; वाढति - नी०। त्यौं त्यौं – त्यो त्यो - पा०; त्यों त्यों - मो०वे०गा०स०; त्यौ त्यौ - भा०। वढत – वढति - ह०। अनंत – अनंत, 'त' पर 'द' संशोधन - को०; अंत - वा०। ओक ओक – औक औक - वा०गा०; वोक वोक - पा०; उंक उंक - वे०स०। सव लोक – सव लौक - वा०; सव लोग, 'ग' पर संशोधन के लिए चिह्न - भा०। कोक सोक – कोक कोक - उ०; कोक शोक - को०; कौक सौक - वा०; कोक सोक - भा०। दोहा लुप्त - मि०। [४९२]

413 ہیمنت - ہتمنت - ظا ۰

414 चतुर्थ चरण, 'लोक लोक वाढत अपार सुष ओक ओक सोक है वियोगी एक कोकन के गन मै' - भा०।

वढै है, चकवा ताको सोक वढैं है, अग्रहन पोष की राति वडी होति है याते सुष वढै है, औ सोक वढै है, वढत वढत की आवृत्ति है, आवृत्ति दीपक वढत है यह क्रिया, सुष सौ सोक सो लागै याते दीपक अलंकार।

—★—

रह्यौ मोह मिलनौ रह्यौ। यौं कहि गहे मरोर। उत दै सषी उराहनो। इत चितई मो ओर [४९३] [415]

رہیو موہ ملنو[416] رہو یون کہ کہي مرور ٠ اوت دي سکہي اوراہنون ات چتي مہ مور [ظا٠ ٤٩٣]

अन० : उपपति की उक्ति, वचन अनुभाव ते स्मृति संचारी गुनकथन पूर्वानुराग व्यंगि, नायिका कै क्रियाविदग्धा अनुभाव ते अवहित्था संचारी, गूढोक्ति अलंकार।

नर० : सषीकर्म मिलन, सषी को वैन नायक सो, हो कान्ह; राधिका मरोर गहे ऐसो कह्यो कि नाइक सो मोहु हुइ रह्यो, अरु मिलनोऊ रह्यो, सो उत सषी सो उराहनौ देकै इत मेरी ओर को चितई, ए मै मिलाऊं मेरे वस है –

> **मोहि रह्यो मिलनोइ रहो अव आपने जीय उमंग न आवै। और सुनौ इतने पर रोस ते आतुर होइकै नैन नचावै। यो कहि गाढे मरोर गहे पुनि जानि परै न कहा जिय भावै। दीनौ उतै सुषही जु उराहनौ नैन निहारि इतै विरमावै** [नर० ४९३]

कृष्ण० : यह नाइका परकीया, वाक्विदग्धा जु क्रिया करि गई है सो नाइक कौ सषी कहति है –

> **ता दिन की वह ग्वालि गली मै मिली हुती काल्हि गही चित चोरिकै। एकही ठौर करी इक ठौरी मनौ विधि रूप की रासि वटोरिकै। छाडो मया करिवो मिलिवोउ परोसिनि सौ कह्यो भौह मरोरिकै। भौ सजनी सौ उराहनौ दै परि मो तन हेरि गई मुह मोरिकै** [कृष्ण० ४९३]

हरि० : परकीया सषी सो कहिवे को छल करि वचनविदग्धा तासों क्रियाविदग्धा तासों नायक को समुझावै है, नायक वचन सषा पीठमर्द सों, मोह प्यार रहौ, मिलनो भी अव रह्यो, यों या तरह सों कहिकै मरोर दिमाग की क्रिया है, सो गह्यो उतै वा ओर सषी को उराहनो देति है इतै, या तरफ मो

---

415 रह्यौ – रह्यो - को०पा०मो०वे०; रहो - भा०। मोह – मोही - शि०; मोंह - वा०; मोहु - न०वे०स०; माहु - गा०; मोहि - भा०; मोहू - नी०। मिलनौ – मिलनो - पा०मो०वे०गा०भा०। रह्यौ – रह्यो - को०पा०मो०वे०; रहो - भा०। यौं – यौ - को०गा०मु०; यों - शि०मो०; यो - पा०नी०; युं - वे०; ङौ - भा०। कहि – वह - मु०। गहे – गहि - शि०; गहै - वा०पा०वे०गा०स०नी०ह०; कहै - मो०; गहैं - न०मु०; वही - भा०। मरोर – मरौर - वा०; मरोरि - वे०गा०स०। दै – दे - को०न०वे०गा०स०; दें - वा०। सषी – सषिहि - उ०ह०; अली - मि०; अलिन - नी०। उराहनो – तुराहनौ - उ०; ऊराहनौ - वा०गा०; उरांहनो - मो०; उराहनौ - शि०न०स०मि०मु०। इत – उत - वे०स०मु०। चितई – चितईं - मो०। मो – मौ - वा०। ओर – और - शि०वा०न०गा०मु०; वोर - पा०मि०नी०; उंर - वे०स०। [४९३]

416 ملنو - ملہو - ظا٠

ओर मेरी ओर चितई देषी, कहूं फिर चितई, ऐसो भी पाठ है, गूढोक्ति अलंकार, हम सषी सों नहीं कहति हैं तुमसो कहति हैं।

— ⋆ —

नहि हरि लौं हियरा धरौ। नहि हर लौं अरधंग। एकतही करि राषियै। अंग अंग प्रति अंग [४९४] [417]

نہن ہر لون ہیرا دہرون نہین ہر لون اردہنگ ۰ ایکت ہي کر راکھیون انک انک پرت انک [ظا۰ ٤٩٤]

अन० : सषी दूती की उक्ति ते परिहास, नायक को अभिलाष, नायिका परकीया व्यंगि षंडिता की उक्ति होइ तौ अधीरत्व, नायिका स्वकीया नायक सापराध, वक्र वोध व्यंगित है, उपमालंकार।

नर० : प्रेमगर्विता, नायिका को वैन नायक सो, हे राधे, मै ऐसो जानत हौं कि तोकौ नाही तौ श्रीभगवान की परै हिया के विषै धरौ और नाही तौ श्रीमहादेव की परै अरधंग करि राषौ, तोकौ तो अंग प्रति अंग के विषै एकतही जु करि राषियै -

> **श्रीहरि लों हियरा न धरो तुम लेहु न क्यों अभिलाषन लाषो। संकर ज्यों अरधंग धरो जिन ऐसी मिठास लषी नहि दाषो। और कहा कहियै तुम जानत या विधि प्रीति सुधारस चाषो। अंगनि अंगनि कै प्रति अंगनु वाके हिए करि एकत राषो** [नर० ४९४]

कृष्ण० : यह नाइका अनुकूल है, सो नाइक के मन को विचारु जानियै -

> **राषिये जौ हरि लौ हियराधि और सवै अंग होत दुषारी। जौ हर लौ धरिए अरधंग तौ एकही ओर वढै सुष भारी। याते इहै जिय आवति है करियै नहि वाहि छिनौ भरि न्यारी। अंग मै अंग मिलाइकै एकतही करि राषिये प्रानपियारी [कृष्ण० ४९४]** [418]

हरि० : दूती वाक्य, धरौ लों को अर्थ वैसे, हरि जैसे लक्ष्मी को हृदय में धरी है ऐसे तुम हृदय में मति धरि राषौ, सव अंग सों लगाओ यह अर्थ, हर महादेव की तरह आधा अंग में मति धरो, एकत्रही करि राषिए, आपने अंग अंग प्रति वाके अंग, किंवा षंडिता की उक्ति, हरि चंद्रमा ने जैसे कलंक हृदय में राष्यो है तैसे मति राषौ, हरि जो है सिव तिन आधा अंग मै विष राष्यौ कंठ अंग है ताको आधा

---

[417] नहि – नहिं - मो०ह०। हरि – हर - वा०न०वे०गा०स०भा०। लौं – लो - को०; लौ - पा०भा०नी०; लों - न०वे०गा०स०ह०। हियरा – हियरां - उ०ह०; हीयरा - वे०गा०। धरौ – धरौं - उ०वा०; धरो - को०मु०; धरों - मो०; धरूं - वे०स०; धरों - गा०। नहि – नहिं - ह०। हर – हरि - वा०। लौं – लों - को०वे०गा०स०मु०ह०; लौ - पा०भा०नी०। अरधंग – अरगंध - को०; अरधंगु - मो०। एकतही – एकतहि - वा०; एकतहीं - मो०; एकलही - न०; येकतिही - नी०। करि – कर - वा०वे०; गहि - पा०। राषियै – राषीये - उ०; राषिहौ - वा०; राषिये - पा०मि०नी०; राषीयै - मो०न०वे०गा०मु०; राषिए - ह०। अंग अंग – अंगु अंगु - मो०; अंग अंग अंग - भा०। दोहा लुप्त - शि०। [४९४]

[418] मु० प्रति में इस दोहे का भिन्न उदाहरण है –

जो अवके मिलियै तौ रहौ मिलि कौ भरे वादि वियोग वृथाही। न्यारी न कीजियै ताहि कहू पलु लीजै छिपाइ मिलै छतियाही। वारही वार विचारतहू चित और कछू चित आवति नाही। राषियै हर लौ अरधंग कि राषैयै लै हरि लौं हियराही [मु० ४९४]

लियो तैसे तुम मति राषौ, आपना अंग अंग में वाको एकत्र करि राषिए, मिलाए राषिए, नेत्र श्रवन हृदय इत्यादि में, प्रति अंग प्रति की तरह जैसे एक पोथी की दस प्रति होय पै दसौ पोथी मै शव्द एकही पढ्यौ जाय, अंग तरह को भी कहिए है, पर्जाजोक्ति अलंकार।

— ⋆ —

कियो सवै जग काम वस। जीते जिते अजेइ। कुसुमसरहि सर धनुष कर। अगहन गहन न देइ [४९५] [419]

کیو سبي جک کام بس جیتے جتے آجہ ٠ کوُسمسرہ سر دہنوکہ[420] کر اکہن کہن نہ دیہ
[ظا٠ ٤٩٥]

अन० : उक्ति दूती की मानिनी प्रति, हेमंत वर्नन, विशेषोक्ति अलंकार।[421]

नर० : इन हेमंत रितु के विषै काम नै कुसुम को सर अरु सर को धनुष हाथ लैके सव जगत आप वस किये और अजीत हुते सो सव जीते, अव अगहन जो है सौ घन देत नाही है –

> **भूतल ओ सुरलोक पताल अनंग को सासन सीस लियो है। जीते है जेते अजेय सवै जग देषतही हयरान हियो है। या विधि की अगहन्न करी पसु पंछिनहू रतिरंग कियो है। कामहि को निज हाथ सरासन सायक को गहिवे न दियो है** [नर० ४९५]

कृष्ण० : इह हेमंत समय कामोद्दीपन अधिक होत है सु नायक अथवा नायका सषी सो कहति है ऐसेही सषी को वचन संभवै, कवि की उक्ति होइ –

> **सिंगी से मुनीस सिद्ध ईस से शतक्रत से केते कीने विकल गनैयै कहौ कहि काहि। मानियत जाकौ नवषंड मै अषंड धाकु जीते महिमंडल के अजित जितीक आहि। कहै कविकृष्ण जिन फूलही के आयुध सौ कैसे कैसे वली भेदे साहस इतीकु चाहि। जीते जिहि तीनि लोक ऐसो वली मनमथु अगहन गहन न देतु सर चापु ताहि** [कृष्ण० ४९५]

हरि० : सषी वचन मानिनी सों, ऐसे अग्रहन में तू मान करै है, सव जग को काम के वस कियो, जेतने अजेय जोगी मुनि ताको जीते जो मन सों नहिं जीते जाहिं, कुसुमसर काम ताको तीर और धनुष कर में हाथ में अग्रहन गहने, लेने, नही देत हैं, हम तुमारो सेवक हमही जीति लियो काम को, सर धनुष नहि गहिवे देय है, याको समर्थित कियो, काव्यलिंग अलंकार।

---

419 कियो – कीयौ - उ०गा०; कीयो - शि०मो०वे०; कीयैं - वा०; कियौ - न०मि०नी०। सवै – सवे - को०शि०; सव - वा०; सवैं - मो०मु०। जग – जुग - उ०; जगु - भा०मि०नी०। काम – कांम - उ०वा०न०गा०मु०नी०। वस – वसि - उ०मो०; सव - गा०; वश - भा०; वसु - मि०। जीते – जीतैं - वा०; जते - पा०; जिते - मो०। जिते – २, ऊपर रिक्त्स स्थान में 'जिते' - उ०; जीते - को०; जित - शि०; जीतैं - वा०; सवै - भा०। अजेइ – अजेई - उ०नी०; अजेय - को०मो०वे०ह०; ०जेइ - शि०; एजेय - मु०। कुसुमसरहि – कुसुमुसरहि - उ०; कुसमसरहिं - वा०; कुस्सुमसरही - मो०; कुशमसरहि - न०; कुसुमसरह - वे०स०; कुसमसरहि - मि०मु०; कुसमरही - नी०। सर – सरु - उ०। धनुष – धनुषु - उ०; धनष - मि०। कर – कीय - वे०; करि - गा०मु०। अगहन – अगहनु - उ०भा०मि०नी०; ०गहन - शि०। गहन – गहनु - उ०। न – नु - मि०। देइ – देय - को०मो०मु०ह०। [४९५]

420 (سر دہنوکہ) - (غائیب) - ظا

421 जमकालंकार - मो०।

— ★ —

छकि रसाल सौरभ सने। मधुर माधुरी गंध। ठौर ठौर झौरत झपत। भौर झौर मधु अंध [४९६] [422]

چهک رسال سوربه سني مدهور مادهري كنده • تهور تهور جهورت جهپت بهور جهور مده انده [ظا• ٤٩٦]

अन० : स्वतःसंभवी उक्ति, वसंतरितु वर्नन, जो नायका की कै नायक है तौ दिन सूचित करै संकेत वतावत है, जाति वर्नन अलंकार।

नर० : वसंत रितु, कवि विहारीदास कहतु है कि या वसंत के विषै सनि की रसाल सौरभ तिनसौ छकिकै मधुरी जे माधुरी की गंध तिनके हेत मधु के अंध भए भौर के समूह ठौर ठौर परि झौरत है, अरु झपत है –

> **छाकि रसाल विसालनि सों सनि वेली चमेली सुगंध लयो है। माधुरी मालती मीठी मरोरिकै केतक केतकी सो उनयो है। ठौरनि ठौरनि दै परिरंभन रंभन सों झपि झौर गयो है। कोमल कंजन के मकरंदन मत्त मधुव्रत अंध भयो है** [नर० ४९६]

कृष्ण० : जो मानवती नाइका सौ सषी कहै तौ मनाइवौ होइ, जौ नाइका नाइक सो कहै तो स्वयंद्रूत होइ, ऐसे नाइकहू कौ कहिवौ संभवै –

> **फूलनि के रस के चसके अवगाहि थके सव वेलि जिती वन। माधुरी के मृदु गंध सने अरविंद पराग सौ पागि रहे तन। मंजु रसाल के सौरभ सौ मिलि मत्त भए सुरत्यौ न रही मन। ठौरनि ठौरनि झौरनि झूमि झुके मधु अंध मधुव्रत के गन** [कृष्ण० ४९६]

हरि० : वसंत वर्नन में कवि वचन, किंवा सषी उद्दीपन भाव कहि मान छोडावै है, किंवा सषी प्रथम मिलन करायौ चाहति है, मंजरी के भार सो रसाल आम झुकि रहे हैं, फेरि सौरभ सुगंध सों सने हैं, मिले हैं, मधुर मनोहर माधुरी माधवी यह भी नाम है, ताको गंध है, ठौर ठौर में झूमत है, फूलनि सों लगि जात है, झपत है, आनि परै है, मधु फूल को गंध श्लेष में मदिरा तासों गुंजै है, भौंर ताको झौंर शव्द झनकार है, झौरत यह पाठ है, तहां झनत्कार करत जानिए, स्वभाविक्ति अलंकार।

— ★ —

[422] छकि – झुकि - पा०ह०। सौरभ – सौंरभ - वा०; सोरंभ - न०वे०गा०स०; सौरंभ - मु०; सोरभ - ह०। सने – सनें - उ०; समै - शि०; सनैं - वा०नी०; सनी - मो०; सन, 'न' में इकार बाद में - न०; सन - वे०स०; सनि - गा०; सुनी - मु०। मधुर – मधुप - नी०। माधुरी – माधवी - नी०। गंध – गंधु - मो०। ठौर ठौर – ठोर ठोर - को०मो०वे०। झौरत – झोरत - को०शि०मो०वे०; झंपट - वा०; झूमत - पा०ह०; झौंरतु - न०; झोरतु - गा०। झपत – झौंपत - वा०वा०; झुकत - पा०; झपतु - गा०। भौर – भँउर - उ०शि०पा०न०ह०; भोर - को०मो०वे०स०मु०। झौर – हो?र - उ०; झोर - को०वे०स०मु०; कौंर - वा०; भोर - मो०; झौंर - नी०ह०। अंध – अंग - वे०; अंधु - मु०। दोहा लुप्त - मि०। [४९६]

मिलि विहरत विछुरत मरत। दंपति अति रसलीन। नूतन विधि हेमंत सव। जगत जु राफा कीन [४९७] [423]

مل بہرت بچہرت مرت دنپت ات رسلین ۰ نوتن بده ہیمنت سب جکت جو راپہا کین
[ظا۰ ٤٩٧]

नर० : हेमंत रितु, जो विधात नै नौतन दंपति क० दोनो एतावता भरतार अनै स्त्री के रस के विषै अति लीन रचे हैं, सो या हेमंत रित के विषै मिले रहत है सो तौ विहरत है अरु विछुरत सो मरत है, सो यो हेमंत नै जगत कौ विषै अपनो जु राफा कीनौ है –

> **दोऊ संयोग विहार करै नित दोउन को अति एक हियो है। दूर वियोग ते दोऊ मरै पुनि या विधि देह दई नै दियो है। और सुनो इतने पर सुंदर दंपति नै रतिरंग लियो है। नूतन भांति हेमंत समै सगरो जग आय जु राफ कियो है** [नर० ४९७]

कृष्ण० : सषी कौ वचन नाइक सौ होइ तौ मान है, अरु कवि की उक्ति –

> **दोऊ एकै देषिये दुहूनु वीच एक प्रान हित की उमग नईयै गहत है। अति रसलीन दोऊ मिलि विहार करै कहै कविकृष्ण चित अतिही उमहत है। विछूरे निमेषहू तौ जीवे को भरोसो नाहि अति अकुलाइ मैनविथा न सहत है। और एक देषौ हिमरितु की नवल रीति जगत मै सवही जु राफा ह्वै रहत है** [कृष्ण० ४९७]

हरि० : सषी वचन मानिनी सों, जुराफा पच्छी ईरान, तूरान की तरफ होत है, एक ओर पांष होत है, एक ओर एक कौ अंकुस होत है, एक ओर एक को कुलावा होत है, अंकुस कुलावा मैं डारिकै दोऊ उडत हैं, मिलिकै विहरत उडत चरत है, विछुरे सों मरत हैं, दंपति स्त्री पुरुष कैसे हैं अति रस श्रिंगार में लीन हैं, मग्न हैं, हेमंत रितु की नूतन नई विधि क्रिया है जगत को जुराफा कियो है, किंवा हेमंत रितु विषै नयो विधि व्रह्मा हैं, जाने जगत को जुराफा कियो है, रूपक जुराफा सों और पद में श्लेष है।

— ⋆ —

पल सोहैं पगि पीक रंग। छल सोहैं सव वैन। वल सोहैं कत कीजियत। ए अलसोहैं नैन [४९८] [424]

---

423 मिलि – मिल - वे०गा०स०। विहरत – विरइत - वा०; विहिरित - न०; विसरहत, 'स' पर हरताल - स०; विहरति - मि०। विछुरत - उ०शि०वा०न०वे०गा०स०भा०मु०नी०ह०; विछुरति - मि०। मरत – मरति - मि०। रसलीन – रतिलीन - उ०शि०वा०; रमलीन - वे०; रंगलीन - गा०स०; रसुलीन - भा०मि०। नूतन – नोतन - मु०। विधि – विध - न०वे०गा०। हेमंत – हंमंत - वा०। सव – सवु - उ०; रित - न०वे०गा०स०; की - भा०; रितु - नी०ह०। जगत – जग्वे - उ०; जुग्व - मि०; जग्य? - नी०। जु राफा – जु राफ - उ०; जु राहा - शि०वा०मि०नी०; ज राफा - वे०। दोहा लुप्त - को०पा०मो०। [४९७]

424 सोहैं – सोहै - शि०पा०न०वे०; सौंहैं - वा०मि०; सोंहैं - मो०; सोंहें - गा०; सौहे - भा०; सौंहे - मु०; सौहैं - नी०; सौंहें - ह०। पगि – पनि - को०; पल - शि०वे०; प(अपठ) - पा०; पग - मो०न०गा०स०मि०मु०नी०। पीक – पीकु - मु०; पीकि - नी०। रंग – रंगि - को०; रंगु - मो०; रग - भा०। छल – अल - मो०भा०; छो?ल - नी०। सोहैं – सोंहें - उ०; सौहें - शि०; सुहै - वा०वे०; सोहै - पा०; सोंहै - मो०; सोंहे - गा०; सौहै -

پل سوہین پک پیک رنک چکل سوہین سب بین ٠ بل سوہین کت کیجي اي السوہین نین [ظا٠ ٤٩٨]

अन॰ : अधीरा षंडिता की उक्ति नायक सो, अवर काव्य, जमक अलंकार।

नर॰ : षंडिता नायिका कौ वैन नायक सो, हो वलि जाऊं, तुमारे पल के विषै तौ पग के अलते कौ और पीक कौ रंग सोभत है, और जिन वोलौ हौ सो सव छल सौ लियै है, तौ सौहैं सो क्यौं कीजियतु है, ए साक्षात अलसौहै नेत्र हैं –

> **पीक के रंगनि पागि रहे पल सोंहे न होत किते निसि जागे। क्यों छल सोंहे कहो सव वैनन काहू के पेम सुधारस पागे। कीजतु है कत सोहैं सुनो वलि भोर भए उनके इत भागे। लाज गहौ कछु सांवरे सुंदर नैनन मै अलसोहन लागे** [नर॰ ४९८]

कृष्ण॰ : यह नाइका प्रौढा अधीरा, षंडिता कौ वचन नाइक सौ –

> **सोहत सिथल गात या रस मै पागे निसि जागे ताते आरस के ढार ढरियत है। वैन तुतरात अगिरात मुरि वेर वेर फेरि फेरि हेरि हेरि हिय हरियत है। वैन सने छल सौहे पीक पगे पल सोहै देषै छवि द्रगनि अनंद भरियत है। कृष्ण प्रानप्यारे स्रम काहे को करत एतौ अलसौहे नैन वल सौहे करियत है** [कृष्ण॰ ४९८]

हरि॰ : नायिका वचन, पीक के रंग सों पगिकै, मिलिकै पलक सोहत है, छल कपट सों वचन सोभत है, किंवा छल औ सौंह सपथ सव वात मै छल करत हौ औ सौंह काढत हौ, छल सों जोरावरी सों सामने क्यौं करत हौ, ए अलसौंहे नैन, धीरा वोलै वक्र विधि, वल सों जोरावरी सों क्यौं सोहैं सपथ कीजियत है, ए तुमारे आलस भरे भरे नैन हैं, सो साच्छी हैं, जामे व्यंग है सो उत्तम, जामे थोरो व्यंग सो मध्यम जामे व्यंग्य नहीं सो अधम, इहां व्यंग्य नहीं, सौंह करैवे को निषेध को समर्थन करै है, काव्यलिंग।

— ⋆ —

कत लपटैयतु मो गरै। सो न जु ही निसि सैन। जिहि चंपकवरनी किए। गुललाला रंग नैन [४९९] [425]

भा॰; सौंहैं - मि॰नी॰; सौंहे - ह॰। वैन – वेंन - उ॰मो॰; वैंन - को॰वा॰स॰मि॰ह॰। वल – वलि - को॰पा॰मो॰मु॰। सोहैं – सोंहें - उ॰मु॰; सोहें - शि॰; सौंहैं - वा॰नी॰ह॰; सोहै - पा॰न॰स॰; सोंहै - मो॰; सौहै - वे॰भा॰; सोंहे - गा॰; सौंहै - मि॰। कत – कित - मि॰। कीजियत – पायियत - को॰; कीजीयत - शि॰न॰गा॰; कीजीयतु - वा॰मु॰; कीजीयें - मो॰; कीजयत - वे॰। ए – (लुप्त) - को॰पा॰मो॰; ये - गा॰नी॰; ऐ - मु॰। अलसोहैं – अलसोंहें - उ॰; अलसोहैं करि - को॰; अलसोहै - शि॰; अलसौंहै - वा॰मि॰; अलसोहै ये - पा॰; अलसोंहैं ए - मो॰; अलसौहै - न॰; अलसोहे - वे॰स॰; अलसोंहे - गा॰; अलसौहे - भा॰; अलसौंहै - मु॰; अलसौंहैं - नी॰; अलसौंहे - ह॰। नैन – नैंन - उ॰को॰वा॰स॰नी॰; नेन - मो॰; नेंन - मु॰। [४९८]

[425] लपटैयतु – लपटैयत - को॰पा॰भा॰ह॰; लपटेंयतु - वा॰; लपटईयत - वे॰; लपटैइत - स॰; लपटैईयतु - मु॰। गरै – गरैं - उ॰नी॰; गरे - पा॰भा॰; गरों - मो॰। सो – सौं - उ॰वा॰मु॰; सौ - शि॰मि॰नी॰। न – नि - मि॰। निसि – निशि - न॰भा॰; निस - वे॰मि॰। सैन – सैंन - उ॰को॰न॰गा॰स॰मि॰नी॰ह॰; सेन - वा॰; सेंन - मो॰मु॰। जिहि – जिह, 'ह' में इकार बाद में - को॰; जिहं - वा॰; ज्यहि - पा॰; जिह - वे॰। चंपकवरनी

کت لپٹیت مو کرین سو نہ جو ہی نس سین • جنہ چمپک برني کیئے کل لالا رنگ نین
[ظا• ۴۹۹]

अन० : अधीरा षंडिता की उक्ति नायक सों, जमक विषमालंकार को संकर।

नर० : षंडिता सषी कौ वैन नायक सो, हो कान्ह, मेरे गरे आनिकै क्यौं लपटतु हौ, जासौ राति सैन करी हुती सो न जु ही जु जिन चंपकवरनी तुमरो गुललाला के रंग नेत्र कियै हो –

> **क्यों लपटैयतु मो गरै माधव केतक माधुरी मोहमये हौ। सोनजुही निसि सेन गुलाव सी वेलि विलोकि विकाय गये हौ। मालती सी मृदु चंपक रंग रंगीली नई छवि जाइ दये हौ। वाही ने लाल किये है गुलाल से नैन सरोरुह फूल लये हौ** [नर० ४९९]

कृष्ण० : षंडिता, प्रौढा अधीरा नाइका कौ वचन नाइक सौ, फूलन के नाम सबदन को चमत्कार है –

> **मो गरै भूलि लगाइयै लाल न सोनजुही निसि सैन मै प्यारी। जाको लसै तन चंपक सौ दसनावली कुंद कली छवि धारी। लोचन लाल गुलाल के रंग करै जिनि रैनि जगाइ विहारी। निंदति है अरविंदनि की छवि प्रीति पराग भरे भरि भारी** [कृष्ण० ४९९]

हरि० : नायिका वाक्य, क्यों मेरे गरे सों लपटात हौ, सो न सो मैं नहीं जु ही निसि सैन, जु ही को अर्थ रही रात, जामे तुमारे साथ सैन मै सैज्या विषै, जो चंपकवरनी ने तुमारे गुलअनार रंग नैन किए हैं, फूल बंद, मोगरा, सोनजुही चंपा, गुलअनार, मोगरा मैं सोनजुही मै श्लेष, औरि मैं श्लेष नहीं निवाह्यौ, श्लेष अलंकार औ उपमा अलंकार, इहां मुष्य मुद्रालंकार है।

— ⋆ —

नेक उतै उठि वैठियै। कहा रहे गहि गेहु। छुटी जाति नह दी छिनक। महदी सूकन देहु [५००] [426]

نیک اوتي اوتہ بیتہئي کہا رہي کہ کہیو • چہوتي جات نہ دئي چہنک مہدي سوکن دہیو
[ظا• ۵۰۰]

– चंपकवरणी - वे०भा०मु०। किए – कियेंउ - उ०; कीए - को०शि०मु०; कीयैं - वा०; कियैं - न०मि०; कीये - वे०गा०; कीयो - स०; किये - भा०नी०। गुललाला – गुललाल - उ०न०मु०; गुल्लाला - मो०गा०स०भा०; गुलाला - वे०मि०; गुलअनार - ह०। रंग – रंगु - मो०; रग - भा०। नैन – नैंन - उ०वा०न०स०ह०; नेंन - मो०गा०मु०। [४९९]

[426] नेक – नैंक - उ०वा०स०मु०; नेंकु - मो०; नैकु - न०गा०ह०; नैक - वे०मि०नी०। उतै – उतें - को०मो०; जुतै - वा०; उतैं - मु०नी०। उठि – ऊठि - वा०; उठ - वे०स०। वैठियै – वैठिये - उ०पा०; वेंठीएं - मो०; वैठीयै - न०वे०; वैठियैं - मु०; वैठिए - ह०। रहे – रहैं - वा०; अही - मो०; रहै - न०नी०। गहि – गहु - को०। गेहु – गेह - को०भा०ह०; गैंहू - वा०। छुटी – छूटी - को०वा०; छुटति - मु०। जाति – जात - वा०पा०मो०वे०स०। नह – नहु - मि०; नंह - ह०। दी – (केवल हंसपद) - उ०; (लुप्त) - मु०। छिनक – छिनकु - उ०न०मि०; छनक, 'छ' में इकार बाद में - वा०पा०; छिनुक - मो०; छनकु - गा०नी०; छिमकि - मु०। महदी – मिंहदी - को०; मेहदी - पा०नी०; महिदी - मो०; मिहदी - भा०ह०। सूकन – लागन - पा०भा०; सूषन - मो०। देहु – देंहूं - वा०; देह - वे०भा०ह०। दोहा लुप्त - शि०। [५००]

अन० : नायिका की उक्ति नायक प्रति, विव्वोक हाव, प्रीति तें अनादर सो विव्वोक स्वेद सात्विक ते संजोग लालसा व्यंगि, आसन्न स्वाधीनपतिका, व्याजोक्ति अलंकार।

नर० : सात्विक भाव, सषी कौ वैन नायक सौ, हो कान्ह, तुम याको गेह कहां गहि रहे हौ, नैकु तौ उत कौ उठिकै वैठौ, जो याके नष के महदी दीनी है, यो छुटीही जाति है, सो ज सूकनै देहु -

> **काहे न नैक उतै उठि वैठिकै देष रहे कत आपने भाये। गेह कहा गहिकै जु रहे अव ऐसे अनोषे कहा ललचाये। जात छुटी नह दी कछु हार रहे जु लगाय लगाये। जोरिकै पानि करौ विनती अहो देहुगे लाल छिनेक सुकाये** [नर० ५००]

कृष्ण० : इह नाइक कौ देषि नाइका कै सात्विक भाव भयौ, सु सषी नाइक सौ निवेदन करति है, नाइका स्नेह के आधिक्य तै नाइक सो कहै -

> **आजु लौ कैसेहू जानि परी न चली जवतै रसरीति चला। देषि तुमहि उमग्यो अवही कर पल्लव छोरनि स्वेदज ला। वैठहु नेकु उतै उठिकै उघरी यह आवति प्रेमकला। जाति छुटी अवही नह दी महदी छिन सूषन देहु लला** [कृष्ण० ५००]

हरि० : स्वाधीनपतिका की उक्ति नायक सों, विव्वोक, नैकु उतै वा ठौर उठिकै वैठिए, गेह को का गहि रहे, पकरै रहे, सात्विक प्रस्वेद भयो है, तौं नह दीन की महदी छुटी जाति, छन एक सूषिवे देहु, घर गहि रहो, लोकोक्ति।

— ★ —

संपादकीय

§ **कनक कनक तै सौ गुनो। मादकता अधिकाइ। उहि षायै वौराइए। इहि पाए वौराई** [२००]

वौराइए – वौराइ - उ०; वोराय - को०; वोराइइ - शि०; वोराइयैं - वा०; वौरात नर - पा०; वोहोरात जग - मो०; वौरातु है - न०नी०; वोरातु इहि - वे०; वौरात इह, 'ह' में इकार बाद में - गा०; वौरात इह - स०; वौराईयै - भा०; वौराइयै - मि०; वोराईयें - मु०; वौरात है - ह०।

کنک کنک تین سو کونون مادکتا ادہکاي · اوه کہاین بوراي تا یہ پاین بوراي [ظا٠
[۲۰۰

सं० १७३४ की अनूप संस्कृत पुस्तकालय वाली प्रति में दोहे के उत्तरार्ध का पाठ यह है –

उहिं षायइ वोरातु इहिं पांएही वौराइ (पृ० १०)

तीसरी यति के पाठ में दो मात्रा का पद मूल प्रति में ग़ायब था! उपरोक्त पाठांतरों के अतिरिक्त ज़ा० प्रति में تا पाठ है – ध्यान दें, 'ता' स्थानपत्र पाठ है, 'ता पाइं' का! 'रत्नाकर' जी के यहाँ भी ऐसी ही स्थिति है – वौरातु है - बि०; वौराई जग - गि०; वौराइये - कु०। विचार करें, पाठ लुप्त होने का कारण क्या हो सकता है?

'वौराइ' चाहे पहलावाला हो या दूसरा, 'वौराइ' संदेह से परे है! इस कारण भी कि इसी यमकाश्रित प्रयोग के लिए तो कवि ने दोहे का सारा ताबा-बाना बुना है! रहस्योद्घाटन भी करता है यही पद – फ़ा० लिपि में होने पर!

کنک کنک تین سو کونون مادکتا ادہکاي · اوه کہاین بوراي تا یہ پاین بوراي [ظا٠
[۲۰۰

मात्रा चिह्नों के होने से यही इस रूप में होगा –

کنک کنک تین سو کونون مَادکتَا اِدہکَائِي · اوه کہآین بورآئِي تَا یہ پآین بورآئِي [ظَا٠
[۲۰۰

यहाँ तुकांत पर 'अधिकाइ' उचित ही है, वर्तनी भेद में देखें तो वहाँ भी 'अधिकाय' को०ह० में मिलने तथा ي के उच्चारण का सीधा लिप्यंतरण होने से क्षीण माना जाएगा। एक बात और। 'उहि षाए' क्रिया का जोड़ 'इहि पाए' से होने पर यहाँ पर लुप्त दो मात्रा बराबर पाठ 'नर', 'जग' تا भरती के और असंगत हैं तथा अर्थशिथिल हैं। अतः ये पाठ स्थानपत्र हैं, भरती के। 'षाए' के जोड़ की क्रिया 'पाए' है। क्रिया से प्रश्न करें, 'क्या षाए?' तो 'क' खाए का उत्तर मिलेगा, 'ग' पाए। यहाँ क्रिया

में दो मात्रा का प्रत्यय होना चाहिए, 'वौराइए' بورائیائي – वा० भा० आदि में तो यह है ही, सबसे टटका रूप में मिलता है, श० प्रति में, 'वोराइइ' – ي का नागरी में सीधा लिप्यंतरण, 'इ'!

लगता है, नागरी में लिप्यंतरण करने वाला लिपिक प्रथम بوراي के अंतिम फ़ा० वर्ण, 'इये' के उच्चारण ही को यथावत् 'वौराइये' लिख रहा है – यही तो कृष्ण० समूह की प्रतियों में दिखलाई दे रहा है! मूल प्रति से सीधी उतारी हुई उ० प्रति में यही पद लुप्त है और यहाँ पाठपूर्ति का प्रयास नहीं किया गया है!

§ **षिन षिन मै षटकत सु हिय। षरी भीर मै जात। कहि जु चली विनुही चितै। ओठनही विच वात** [२०२]

षटकने का अर्थ क्या है, कारण क्या है? और षटकता कौन है? वक्ता नायक का हृदय क्यों नहीं? देखिए, 'रत्नाकर' जी की व्याख्या, 'हृदय में रह-रह कर खटक होती है।' तुकांत कर ध्यान दें, 'जात' पुंवाची है, अतः नायिका के लिए न होगा।

बिहारी में यह शब्द अन्यत्र केवल एक स्थान पर मिलता है –

चितवनि भोरे भाइ की। गोरे मुह मुसकानि। लागति लटकि अली गरै। चित षटकति नित आनि [३०५]

हृदय में फाँस के समान लगने के अर्थ में 'हिय में षटकत' विरल प्रयोग जान पड़ता है। एक सूरदास ('बल मोहन वाकैं मन षटकत ५२७।') [1] के अतिरिक्त कवि प्रयोग के रूप में यह दग्धाकर पद का मुहावरा देखने में न आया तो कोई आश्चर्य की बात नहीं! 'षटक' के स्थान पर 'कसकत' अधिक कर्ण मधुर ही नहीं, अर्थ की दृष्टि से भी अधिक संगत है!

§ **इत तें उत उत तें इतै। छिन न कहूं ठहराति। जक न परत चकरी भई। फिरि आवति फिरि जाति** [२०६]

आवति – आवत – को०शि०मो०वे०गा०स०मि०मु०नी०।

'आवत' इतने इकारांत पदों के बीच में अकारांत, चार-चार टीका परंपराओं में! इस वर्तनी के पीछे फ़ा० लिपि के सिवा और कोई दूसरा कारण नहीं हो सकता।

§ **रहे वरोठे मै मिलत। प्रिय प्रानन के ईस। आवत आवत की भई। विधि की घरी घरी स** [२२३]

तुकांत को लेकर 'रत्नाकर' जी ने भारी उहापोह किया है। उनकी व्याख्या कुछ अधिक लंबी है, पर उसे अविकल रूप में उद्धृत किया जा रहा है –

> इस दोहे के पूर्वार्ध के अंत में जो 'ईसु' शब्द है, उसका उकारांत होना आवश्यक है, क्योंकि उत्तरार्ध के अंत में 'घरी सु' आया है, जिसमें 'सु' को सो का लघु रूप मात्र है। पर *उकारांत 'ईसु' ईश शब्द के कर्ता अथवा कर्म कारक का एक वचनांत रूप होता है, और*

[1] सूर० ११६।

वहाँ 'ईसु' की क्रिया तथा विशेषण अर्थात् 'रहे मिलत' और 'प्रानानु के', ये दोनों ही बहुवचन हैं। अतः इस पाठ में एकवचन कर्ता की क्रिया तथा संबंधकारक रूप विशेषण, दोनों बहुवचन हैं, जो व्याकरण के नियम के विरुद्ध है। यद्यपि एक व्यक्ति के निमित्त भी प्रतिष्ठार्थ बहुवचन का प्रयोग होता है, पर ऐसी दशा में कर्ता, क्रिया इत्यादि सब बहुवचनांत प्रयुक्त होते हैं। एकवचन कर्ता के निमित्त प्रतिष्ठार्थ बहुवचन क्रिया का प्रयोग कदाचित् कोई कोई कर भी लेते हैं, पर सतसई में इस दोहे के अतिरिक्त और कहीं ऐसा प्रयोग देखने में नहीं आया कि कर्ता तो एकवचनांत हो, और और क्रिया तथा विशेषण दोनों बहुवचनांत। अतः इस दोहेके पूर्वार्ध के पाठ में कुछ गड़बड़ अवश्य है।[2]

(इसके एक अंश पर ध्यान आकर्षित करने के लिए उसे वक्राक्षरों में दिया गया है।) 'रत्नाकर' जी ने यहाँ ही नहीं, **क०बि०** में भी बड़े विस्तारपूर्वक (पृ० ५८ से १०९ तक) मात्र शब्द रूपांतर के आधार पर ब्रजभाषा का व्याकरण कसा है। संभव है, इसी कारण उन्होंने मात्रा भेद को पाठभेद के समान अपने संपादन में रखा हो। उनका विश्वास है कि 'बिहारी तथा आनंदघनजी की कविताओं में शुद्ध साहित्यिक ब्रजभाषा का एक सुंदर और उपयोगी व्याकरण तैयार करने के योग्य पर्याप्त सामग्री विद्यमान है।'[3]

मेरी तुच्छ बुद्धि के अनुसार पहले तो सभी ज्ञात-अल्पज्ञात कवियों की समस्त उपलब्ध पोथियों के एक-एक शब्द का वर्तनीगत भेद तक एक स्थान पर आकलित कर, उसका सूक्ष्मतापूर्वक विश्लेषण होना चाहिए। इतने से भाषा की रूपरेखा सामने आने लगेगी। तब व्यापक आधार पर व्याकरण के नियम स्थिर करने की बात सोची जा सकती है। अन्यथा एक व्यक्ति के पूर्वाग्रह को दूसरे जन के दुराग्रह से छोपते जाने का सिलसिला कभी न टूटेगा!

यहाँ तुकांत के पाठभेद देखें –

ईस - शि०वा०मो०वे०गा०स०मि०मु०ह०; ईसु - उ०न०नी०; ईश - को०पा०भा०। ایس

घरी स - शि०वा०पा०मो०वे०स०मु०ह०; घरी सु - उ०न०गा०मि०नी०; घरि स - को०; घरी श - भा०। جہریس

प्रथम तुकांत 'ईसु' का पाठप्रमाण प्रत्यक्ष ही दुर्बल है। ध्यान दें, तुकांत उकार पर होता तो ज़ा० प्रति में यह अवश्य होता, ایسو - جہریسو

यहाँ 'स' का अर्थ 'सः' होगा। बस।

§ **तन भूषन अंजन दृगनु। पगन महावर रंग। नहि सोभा को साजियतु। कहिए हो को अंग** [२३६]

साजियतु – साजियै मूल पर पाठ संशोधन है।

साजियतु - पा०मो०न०वे०गा०मि०नी०; साजिये - उ०; साजीयत - शि०; साजियै - वा०; साजियत - स०भा०; साजयतु - मु०; साजिए - ह०।

[2] **बि०र०** पृ० ९४।
[3] **बि०र०** पृ० ५७।

कहिऐहै - उ०; कहिएहो - शि०वा०वे०गा०स०ह०; कहिवेही - पा०नी०; कहीएंहो - मो०; कहियैहू - न०; कहियैहो - भा०; कहिऐदो - मि०; कहि सोभा - मु०। سَاجَے کہ یے کوي انک

साजियतु कहिए हौ कौ अंग - आ० प्रति।

ज़ा० का यह पाठ प्रगट करता है कि 'कहिए' के आगे संशोधन के रूप में दो मात्रा का पाठ, ہو हाशिए पर था – तभी तो सभी लिपिक अलग-अलग रूप में उसकी पूर्ति कर रहे हैं, 'है', 'हो', 'ही', 'हू'! 'रत्नाकर' जी में 'वैही', 'ऐगौ', 'वेही', 'एही'! ज़ा० के लिपिक ने کہ یے के आगे उसे सम्मिलित न किया, मगर आगे 'को' में 'ई' दो मात्रा की क्षतिपूर्ति की, کوي.

लगता है, मूल प्रति पर ہي का संशोधन ي रहा होगा क्योंकि यही दो इधर-उधर तुड़-जुड़ रहे हैं।

'रत्नाकर' जी द्वारा संपादित पाठ-पाठांतर और संपादकीय इस प्रकार है –

> नहिं सोभा कौ साजियतु कहिवैही कौ अंग॥
>
> साजियतु – साजिये - कुं०। कहिवैही कौ – कहिऐगौ कौ - सिं०; कहिवेही को - गि०; कहिएही को - कुं०।
>
> (*अर्थ*) [वह स्वभावतः ऐसी सुंदर है कि उसके] तन को भूषण से, आँखों को अंजन से, [तथा] पाँवों को महावर के रंग से शोभा के निमित्त नहीं साजा जाता, [प्रत्युत ये सब, अर्थात् भूषण, अंजन तथा महावर का रंग,] कहने मात्र को [उसके] अंग में हैं। [भावार्थ यह है कि ये सब उसके अंग में ऐसे मिल जाते हैं कि उसकी शोभा बढ़ाने में कुछ उपकारी नहीं होते, केवल कहने से उनकी उपस्थिति जानी जाती है, क्योंकि उसका तन तो भूषणों के बिना ही सुशोभित तथा कंचन वर्ण, आँखें अंजन के बिना ही आँजी हुई सी एवं पाँव महावर के बिना ही लाल हैं] [4]

पुराने टीकाकारों के संबंधित अंश देखें।

> 'सो यौ सोभा को साजनौ न है, औ तौ कहनैही को अंग है कि वनायो चाहियै' - नर०; 'तो तनु सिंगार कछू सोभा को न साजियत साजियति जानि याही वातही को अंगु है' - कृष्ण०; 'अंग में कहिवेही को है, इनसों सोभा नहीं' - हरि०।

कवि का अभीष्ट भाव यह है, सोभा (को) नहिं, अंग को हौ (यह) कहिए को।

§ [२३८] कृष्ण० कवि का उदाहरण छंद यह है,

> **नित श्रीव्रषभानसुता नंदलाल विराजत है छविपुंज छए। कविकृष्ण कहै मन शील वहिक्रम चातुरताइ के रंग रए। मुष देषि सिहाति सवै सजनी विधि सौ विनमै अभिलाष नए। यह रूप विलोकन कौ तन मै प्रति रोमनि लोचन क्यों न भए** [कृष्ण० २३८]

---

[4] बि०र० पृ० ९९।

पहली ही दृष्टि में ध्यान जाता है, अंतिम दो वर्णों पर – गुरु नहीं, लघु! अतः सवैया मत्तगयंद न होगा! यह तो 'सो दुमिला', आठ भगण का दुर्मिल सवैया है। प्रायः विरल।

मगर इससे टीका लेखन की प्रक्रिया पर अच्छा प्रकाश पड़ता है। यह उदाहरण भा० आदि इस समूह की अन्य प्राचीनतर प्रतियों में भी मिलता है, किंतु महत्वपूर्ण अंतर के साथ। मु० में केवल चरणों का क्रम भेद है, १ - ३ - ४ - २; किंतु मि० प्रति में २ - ३ चरणों का पाठ सर्वथा भिन्न है –

वह देषन कौ तन दोइ है पै तनहू मनहू जिय एकत है। तन भूषन देषि सवै सजनी विधि सौ विनवै अभिलाष नए।

अर्थात् इस पाठ में कविछाप अभी नहीं लगी है! यह संस्कार बाद के किसी लिपिक-संपादक ने किया है।

§ **नषरेषा सोहै नई। अलसोहै सव गात। सोहै होत न नैन ए। तुम सोहै कत षात** [२४१]

نکہ ریکھا سوہین نئي السوہین سب کات ٠ سوہین ہوت نہ نین اي تم کت سوہین کہات [ظا٠ ٢٤١]

अनुप्रास यमक है, 'सोहै' में – इसी के आधार पर वर्तनी निर्धारण किया गया है – इस प्रकार :

सोहै – को०वा०पा०न०गा०स०भा०मि०मु०नी०ह०; सोहैं - उ०; सौहै - शि०; सोहें - मो०; सोंहै - वे०।

अलसोहै – पा०न०; अलसौंहै - उ०गा०मि०मु०; अलसोंहैं - को०ह०; अंलसौहै - शि०; अलसौहै - वा०नी०; अलसोंहै - मो०वे०; अलसोहै - स०; अलसौहे - भा०।

सोहै – पा०न०वे०गा०; सौहै - उ०वा०भा०नी०; सोहैं - को०; सोंहै - शि०स०; सोंहैं - मो०; सौंहै - मि०; सौंहैं - मु०; सौंहें - ह०।

साथ ही विचारणीय हैं, 'ओ' 'औ' का मध्यवर्ती उच्चारण तथा राजस्थानी ओं वर्तनी, जो 'ओ' 'औ' की मध्यवर्ती है।

§ **देवर फूल हने जु सो। उठे हरषि अंग फूलि। हसी करति ओषद सषिनु। देह ददोरनि भूलि** [२४६]

सीधा सरल भाव है किंतु एक 'सो' के पाठभेद से सभी लिपिकों-टीकाकारों ने भारी वितंडा खड़ा किया है!

सो – सुम - को०; स सु - शि०; सु - वा०; सु ठि - पा०; सि सु - मो०मु०नी०; सु सु - न०स०; सु सि - वे०; शु शु - गा०; शिशु - भा०; हठि - ह०।

ऐसा लगता है, फ़ा० سو का नागरी लिप्यंतर करते हुए अनेक रूप तथा उनका संशोधन हैं, ये पाठभेद।

'रत्नाकर' जी ने कुं० प्रति में उपलब्ध संगत पाठ 'सो' की उपेक्षा करते हुए 'सु सु' स्वीकार किया है, 'सो सो' के अर्थ में!

यहाँ उ० तथा ज़ा० का संगत पाठ स्वीकार किया जा रहा है।

ديور پهول هني جو سو اوتي هرکه انک پهول • هنسي کرت اوکهد سکجهن ديه د دورن بهول [ظا• ٢٤٦]

§ [२४७] पाइक – पायक - उ०को०पा०मो०वे०गा०स०ह०; पावक - मु०। घाइ – घाय - को०पा०ह०; घाव - शि०मो०मु०; घाउ - न०वे०गा०स०; पाइ - मि०।

स्वीकृत वर्तनी से भिन्न रूपांतर फ़ा० लिपिजन्य हैं –

پهولي پهدکت لے پهري پل کتاچه کروار • کرت بچاوت بيه نين پايک کهاي هجار [ظا• ٢٤٧]

'फुदकत' के स्थान पर कवि ने किसी भी अन्य कवि द्वारा अप्रयुक्त पद, 'फदकत' پهدکت क्यों रखा, मेरी बुद्धि से परे है! अभीष्ट अर्थ तो 'फुदकत' ही है, 'रत्नाकर' जी के शब्दों में, 'कूद कूद कर पैतरा बदलते हुए'!

§ **पफुला हार हिये लसै। सन की वेंदी भाल। राषति षेत षरी षरी। षरे उरोजनि वाल** [२४८]

पभुला - उ०न०वे०गा०; पहुला - को०शि०वा०मि०मु०ह०; प्रफुला - पा०; प्रभुला - स०; फफुला - भा०; याहुल - नी०।

'पफुला' तथा उसके रूपांतरों को लेकर सभी पुराने-नए टीकाकरों ने एक-दूसरे से मतभिन्नता प्रगट करते हुए व्याख्या प्रस्तुत की है। सबसे पहले तो इस दोहे पर 'रत्नाकर' जी की टिप्पणी अविकल रूप में देखें –

> **पहुला** - इस शब्द का अर्थ हरिप्रकाश टीका में फूल विशेष लिखकर छोड़ दिया गया। लालचंद्रिका में इसका अर्थ 'कुब्ज पुष्प' लिखा है। पंडित हरिप्रकाश ने इसका पाठ 'प्रफुला' करके अपनी आर्या में इसका अर्थ कुमुदनी रखा है, और कदाचित उन्हीं की देखादेखी श्रीदेवकीनंदन की एवं पंडित परमानंद की टीकाओं में भी इसका पाठ 'प्रफुला' रखा गया है। पं० प्रभुदयाल पांडे ने इसका अर्थ रुई की माला समझा है। हमारी एक अंक वाली पुस्तक में इसका पाठ 'पभला' है। उसका भी अर्थ निर्धारित नहीं होता। हमारे मित्र पं० कृष्णविहारीजी मिश्र का कथन है कि देहातों में 'पफूल' कोईं अर्थात् कुमुदुनी के फूल को कहते हैं। अतः 'पहुला' शब्द को 'पफूल' अथवा 'प्रफुला' का अपभ्रंश रूप मानने में कोई बाधा नहीं प्रतीत होती। अथवा 'पहुला' शब्द को पोथला शब्द का रूपांतर मानना चाहिए। 'पोथ' काँच के छोटे-छोटे दाने को कहते हैं, जिनको गूँथकर ग्रामीण स्त्रियाँ पहनती हैं। 'पोथ' से पोथला' और 'पोथला' से 'पोइला' अथवा 'पुहला' क्रमशः बनकर फिर उसी का स्वरों के व्यत्यय से 'पहुला' हो जाना संभव है।
>
> **सन की वेंदी** - इसका अर्थ किसी ने सन के फूल की बेंदी तथा किसी ने सन के बीज की बेंदी किया है। उक्त मिश्रजी महाशय का यह भी कथन है कि देहातों में सनई के फूल

की पंखरियों की बेंदियाँ लड़कियाँ लगा लिया करती हैं, और सनई के फूल तथा कोईं के फूल होते भी एक ही ऋतु में हैं। अतः इसका अर्थ सनई के फूल ही की बेंदी करना उचित है। अथवा 'सन की बेंदी' का अर्थ 'सनकिरवा की बेंदी' करना चाहिए। 'गोरी गदकारी' आदि दोहे में बिहारी ने 'सनकिरवा की आड़' लिखा है। आड़ लंबे तथा आड़े तिलक को कहते हैं। इस दोहे में 'सन की बेंदी' को उसी सनकिरवा की गोल टिकुली के अर्थ में मानना चाहिए। सनकिरवा का अर्थ ७०८ संख्यक दोहे की टीका में द्रष्टव्य है।

(*अर्थ*) – [इसके] हृदय पर [केवल] 'पहुला' हार शोभित है [तथा] भाल पर सन की बेंदी। [यह] बाला खड़े उरोजों से (१ खड़े उरोजों वाली। २ खड़े उरोजों के प्रभाव से) खरे खरे (१ खड़े खड़े रहकर। २ खरे खरे अर्थात् अच्छे अच्छे लोगों को) खेत 'राखति' (खेत रखाती, खेत रक्षित रखती। २ मार गिराती, अर्थात् मोहित करती) है।[5]

इन अनेक जनश्रुतियों तथा अनुमानों के विपरीत 'पफुला' पाठ नागरी तथा ज़ा० फ़ा० प्रति में भी होने से इसे स्वीकार किया गया। अर्थ भी स्पष्ट तथा सरल है, प्रफुल्ल (तु० पप्फुल्ल वि [प्रफुल्ल] विकसित, खिला हुआ।) [6]

प्रफुल्ल, विकचित पुष्पों की माला, उर पर! भला किस प्रयोजन से? पंडितों को करने दें वाचस्पत्य, आइए देखें कविवर देवदत्त की 'वालम वेषु वनावति वाल' क्या युक्ति करती है –

रच्यो कच मौर सु मोरपषा धरि काकपषा मुष राषि अराल। धरी मुरली अधरा पर
लै सुरली सुरलीन ह्वै देव रसाल। पटंवर काछनी पीतपटा धरि वालम वेषु वनावति वाल।
उरोजनि षोज निवारिवे कौ उर पैन्ही सरोजमई मृदु माल [**सुष० ७२५**]

आश्चर्य नहीं जो अपने 'खरे उरोजों' को आवृत करने के लिए बिहारीदास की बेचारी ग्रामीण छोहरी की भी सामर्थ्य में विकच पुष्पों के सिवा और कुछ रहा ही न हो!

ये पाठविकृतियों भी सकारण उत्पन्न हुई हैं। एकही 'पफूल' फ़ा० वर्णों में अनेक रूप में पढ़ा जा सकता है, پپھول तो 'पफूल' स्पष्ट है मगर यही इस रूप में پھّول लिखा गया हो और द्वित्त्व सूचक तश्दीद पर ध्यान न दें तो इसी پھّول को 'पहूल' या 'पहूला' भी तो पढ़ा जा सकता है!

§ **तू मति मानै मुकतई। किये कपट चित कोटि। जो गुनही तौ राषियै। आंषिन माह अंगोटि** [२५०]

माह - पा०भा०; मांह - उ०; माझ - को०मु०; में - शि०; माझि - वा०; मांझि - मो०न०वे०गा०स०; मांझ - नी०; मांहिं - ह०।

पहले मुझे यह भ्रम हुआ कि 'माह' का 'माझ' आदि मूल पाठ पर किया गया संशोधन है किंतु विचार करने पर दोनों ही समानार्थी होने से संशोधन का कोई कारण नहीं समझ में आता। वस्तुतः यह

[5] **बि०र०** पृ० १०३-४।
[6] **पाइअ०** पृ० ५३७।

‘ह’ में पुरानी राजस्थानी के ‘झ’ का दृष्टिभ्रम होने से उत्पन्न विकार है।

§ **भावक उभरौहौ भयो। कछुक पर्‌यौ भरुआइ। सीप हरा के मिस हियौ। निसि दिन हेरत जाइ** [२५२]

‘रत्नाकर’ जी ने ‘भावुक’ पाठ स्वीकार करते हुए इसका अर्थ ‘एक भाव मात्र’ किया है। आगे, उनकी टिप्पणी द्रष्टव्य है –

> ‘भावुक उभरौ हौं भयौ’ (एक भाव मात्र उभार पर आया हुआ), [तथा], कुछ एक भारी हो पड़ा हुआ [अपना] हृदय (देखने में) आता है। भावार्थ यह है कि नायिका के हृदय पर छातियों का कुछ उभार सा हो आया है, जिसको वह निरंतर देखा करती है ...इस दोहे का पूर्वार्ध ‘हियौ’ का विशेषण मात्र है, स्वतंत्र वाक्य नहीं। पर्‌यौ भरुआइ = भारी हो आया हुआ।

‘भावक’ मुझे तो स्वाभाविक का द्योतक लगता है! देवदत्त में यह पद अपने मूल ‘भाइक’ रूप में अनेक स्थलों पर आया है, यथा,

> **प्रात परदेस को चलैगे सुषदाइक सुभाइ काहू आइ कही भाइक भनक सी** [जय० ५ -१७]
> **भरि भाइक भौह कमान चढाइकै तानन लोचनवान लगी** [भवानी० १-२०]

‘एक भाव’ के अर्थ में भी ‘भावक’ बनता है; ‘भावकु’ कैसे! टीकाएँ देखने से स्पष्ट होता है कि ‘रत्नाकर’ जी ने हरि० टीका की व्याख्या स्वीकार की है।

‘भरुआइ’ को ‘भरु आइ’ करने से इसका अर्थ ‘भर आना’ अधिक स्वाभाविक है।

§ [२५३] तुकांत। आ० प्रति में पाठ है, ‘भटभेरा आँनि। पिछाँनि’। वस्तुतः तो इकारांत होने न होने का अंतर फ़ा० में मात्रा चिह्न होने या कि न होने से होता है – بہتبہرو ان • پرس پچھان तथा بہتبہرو انِ • پرس پچھانِ – अकारांत रूप में दोनों ही अर्थ की सृष्टि से भ्रामक हैं।

§ **कहि पठई जिय भावती। पिय आवन की वात। फूली आंगन मै फिरै। आंग न आंग समात** [२५४]

अनूप संस्कृत लाइब्रेरी की आ० में ठीक यही पाठ है, मात्र ‘फिरै’ का ‘फिरई’ अंतर है। ‘आंग’ कि ‘अंग’ यह भेद वर्तनी तथा अर्थ, दोनों कारणों से हुआ। मूल प्रति में انک نہ انک سمات को ‘अंग’ और ‘आंग’ दोनों ही पढ़ा जा सकता है। इनमें से किसी एक के नागरी लिप्यंतरण ‘अंग’ का संशोधन पार्श्व पर ‘आं’ किया गया होगा। वह उ० आदि में लुप्त है। अन्य विकृतियाँ तज्जन्य हैं। ‘रत्नाकर’ जी के यहाँ एक पाठ है, ‘अंगिया आंगन भात’! यह मो० प्रति के ‘नमात’ का अनुचित पदभंग है!

मुख्य कारण तो है ‘आंग’ के गूढ़ार्थ से अनभिज्ञता!

> आँगन में फूली-फूली फिरति है, [उसके] अंग अंग में नहीं समाते। जब कोई हर्ष से अत्यंत उमग उठता है, तो बोलचाल में लोग कहते हैं कि उसके अंग अंग में नहीं समाते। यह लोकोक्ति है।[7]

[7] बि०र० पृ० १०६।

लोकोक्ति के रूप में यह प्रयोग मेरे सुनने में नहीं आया; न ही किसी अन्य कवि ने इस अर्थ में इसका प्रयोग किया है। इस अर्थ में कवि को इस शब्द का प्रयोग इष्ट होता तो उसने इसका तद्वत् 'अंग न अंग समात' प्रयोग क्यों न किया! मुझे तो 'आंग' में श्लेष तथा यमक दोनों दिखलाई देते हैं! देखें –

जुही गुही मांग आंग चंपकपराग छुही देव लषे लोइन लजाती है नलिनिया। [सुष० २९६] [8]

आली अगोछत आंग छुटी गजमोतिन मांग छुटी अध गूंदी [सुमिल० ५-११] [9]

दोनों ही देव प्रयोगों में 'आंग' उरोजवाचक है। आलम के कवित्त में तो यह और भी अधिक स्पष्ट है –

पातरी अंगेठ आंगी आंगही सो लागी रहै झलकतु आंग झीनो झलक दुकूल की – आलम **कवित्त** (हस्त०)

बिहारीदास के दोहे का यमकाश्रित प्रयोग, अंगिया में उरोज के न समाने के अर्थ में, प्रायः समान भाव का, मतिराम के इस दोहे में है –

मनभावन सों व्याह की सुनी सलोनी वात। अंगिया मैं न उरोज आनंद उर न समात॥[10]

दैहिक अवयव के अर्थ में 'अंग' का प्रयोग कालिदास में भी मिलता है, –

वृत्तनुपूर्व न च चातिदीर्घे जङ्घे शुभे सृष्टवतस्तदीये। शेषाङ्गनिर्माणविधौ विधातुर्लावण्य उत्पाद्य इवास यत्नः॥ [11]

§ [२५७]

कुही= एक प्रकार का छोटा बाज। यह जब किसी चिड़िया का शिकार करता है तो पहिले कुछ देर तक उसके नीचे उड़ा करता है, और फिर एकाएकी ऊपर उठकर उस पर टूट पड़ता है और उसको छोप लेता है। फिर उसको झकझोर कर, जिसमें वह बेदम हो जाय, नीचे की ओर झोंके से उतरता है। **नीचौ दयौ**= पक्षियों के नीचे की ओर झोंके से उतरने को नीचा देना कहते हैं। इसी को गोतना भी बोलते हैं। [12]

खेद है, 'नीचा देना' तथा 'गोतना' प्रयोग की पुष्टि अन्य स्रोतों से न हो सकी। हाँ, बाज़ पक्षी के शिकार करने के ढंग पर कुछ प्रकाश इस विवरण से पड़ता है

[8] दे० [रस० ३-१४] पर टिप्पणी। **देoसंoग्रo** पृ० २-१३९।
[9] धरे – धरै। आंग – अंग। मांग – मंग। तु० सुष० ६५०।
[10] **मति० पृ० २-२४६।**
[11] **कुमार० १-३५॥**
[12] **बि०र०** पृ० १०७।

> ... यह अपने शिकार की तलाश में आकाश में चक्कर लगाता रहता है। इसका अधिक समय हवा में ही बीतता है। यह नीचे किसी शिकार को देखकर ऊपर से तेज़ी से टूट पड़ता है और उसे अपने चंगुल में पकड़कर ऊपर उड़ जाता है।[13]

यद्यपि यह विशेषता बाज़ की बताई गई है, बाज़ पक्षी कुही (या 'कूही'?) (Falco cristatelious) से भिन्न न होना चाहिए। मेरी सूचना यदि सही न हो तो मैं क्षम्य हूँ।

कुलंग (Comman crane) सारस की जाति का, आकर में उससे कुछ छोटा, प्रायः एक मीटर ऊँचा भद्रसर पक्षी है! ('कुलंग' दे० **भारतीय पक्षी** पृ० २०७।) जापान में 'त्सुरु' नामक इस चिड़िया से इतिहास, संस्कृति तथा साहित्य ओतप्रोत है। (देखें, 広辞苑 p。一五〇六 जापानी शब्दकोष **कोजिएन** पृ० १५०६।)

कुलंग का शिकार कवि ने बाज़ से कराया, निरंकुश कवि को रोक कौन सकता है!

§ **सूर उदितहूं मुदित मन। मुष सुषमा की ओर। चितै रहत चहु ओर तै। निहचल चषनि चकोर** [२५८]

उ० प्रति में इस दोहे के ऊपर महीन अक्षरों में यह टीप है – 'सूरज कै उदै पै ० नेत्र रूपी चकोर षुस्याले रहै मुष की वोर देषा करे'।

पाठ सर्वत्र 'निहचल चषनि चकोर' ही है, मगर यह मुझे स्मरण कराता है, 'निहचल चष कुचकोर' का! तु० **गीतगोविंद** :

> **इत्थं पूर्वकथाभिरन्यमनसो निक्षिप्य वक्षोंऽचलं**
> **राधायाः स्तनकोरकोपरि मिलिन्नेत्रो हरिः पातु वः। – गीत० १२।**

(राधा को पूर्वकथा सुनने में अन्यमनस्क पा, हरि ने उसका अंचल हटा दिया और उसके आबियों-से कुचकोर टकटकी बाँध देखने लगे – वह हरि आपकी रक्षा करें।)

जयदेव की-सी उदात्त भावना बिहारीदास में, अपने युग की नैतिक मान्यताओं के चलते, न रह गई हो तो हमें आश्चर्य न करना चाहिए। **गीतगोविंद** के नवलकिशोर प्रेसवाले १९२६ ई० के संस्करण में इस श्लोक को सेंसर कर दिया गया है!

§ **स्वेद सलिल रोमांच कुस। गहि दुलही अरु नाथ। हियो दियो संग हाथ कै। हथ ले एही हाथ** [२५९]

हियो – दीयौ - उ०मु०; (अपठ) - पा०; हीयौ - शि०; दीयो - मो०; दियौ - न०गा०; दियो - वे०; दयौ - स०; हियौ - मि०नी०;

दियो – हीयौ - उ०स०मु०; दीयौ - शि०; दियै - वा०; हियो - पा०मो०वे०; हियौ - न०गा०; दियौ - मि०नी०;

[13] **भारतीय पक्षी** पृ० १५९।

रामपुर की फ़ारसी ज़ा० प्रति में 'हियो दियो' पाठ मिलता है; बीकानेर की आ० प्रति में 'दियो हियो'। 'रत्नाकर' जी ने 'दियौ हियौ' स्वीकार किया है, यद्यपि उनकी बि०गि० प्रतियों में 'हियौ दियौ' वाचन है।

अर्थ की दृष्टि से कोई विशेष भेद न होने पर भी विकृति उत्पन्न होने के कारण पर विचार करें तो मालूम होता है, 'ह' और 'द' में रूपसाम्य होने से – विशेषतः राजस्थान की प्रतियों में – यह पाठभेद उत्पन्न हुआ। ऊपर दिए हुए प्रतियों के साक्ष्य से स्पष्ट है कि प्रथम नागरी प्रति में लिखे गए 'दियो हियो' अथवा 'दियो दियो' का पार्श्व पर किया गया संशोधन 'हि' नहीं मिलाया गया। कोविद० तथा मान० टीकाओं का आधार मूल आदर्श की प्रति होने से, इनका प्राठ प्रामाणिक माना जा रहा है।

दोहे की अंतिम यति में, पाठ की जटिल गुत्थी है! हँसी आती है, यह देखकर कि सहज-सरल अभिव्यक्ति को भी टीकाकार कैसे जटिल बना देते हैं! 'हथ ले एही हाथ' पाठ स्वीकार किया गया है।

'रत्नाकर' जी ने अपने संपादन में इसका यह रूप ग्रहण किया है, 'हथलेयैं हीं हाथ'। और इसकी व्याख्या यों की है

> **हथलेयैं** = यह हथलेआ अर्थात् पाणिग्रहण का सप्तम्यंत रूप है।
>
> (*अर्थ*) [विवाह के समय] हथलेए – हथलेए ही (पाणिग्रहण ही) में दुलहिन और नाथ ने स्वेद रूपी जल [तथा] रोमांच रूपी कुश ग्रहण करके, [परस्पर अपना अपना] हृदय हाथ के साथही [दूसरे के हाथ में] दे दिया।[14]

पाठ वर्ण-मात्रा तक ठीक वही है मगर 'रत्नाकर' जी ने इसे 'हथ ले यैहीं हाथ' क्यों न किया, समझ में नहीं आता! 'लेयैं' उपसर्ग जोड़कर दूसरी संज्ञा पद (पाणि + ग्रहण) गढ़ना पड़ा मगर इस पद्धति से बना हुआ कोई अन्य शब्द यदि है तो मेरे ध्यान में नहीं आता।

पाणिग्रहण के अर्थ में 'हथलेआ' अनोखा, अप्रचलित तथा अर्थ दुरूह पद है – तुलसी, जायसी में इसके होने की आशा की जा सकती थी पर वहाँ इससे मिलता-जुलता शब्द भी नहीं – किसी अन्य कवि में भी देखने में नहीं आता।[15] (इसे मात्र संयोग ही कहेंगे कि पत्नी रूप में ग्रहण करने के अर्थ में to take the hand अँग्रेज़ी मुहावरा है!) उपलब्ध पाठ तथा टीकाओं की व्याख्या देखें तो पाठ एकदम साफ़ है! अनूप संस्कृत पुस्तकालय की आ० प्रति में 'हथ ले ऐंही हाथ' पाठ है, फ़ारसी ज़ा० प्रति में ہتہ لي ونہين ہاتہ अर्थात् 'हथ ले वेंहीं हाथ'। स्वयं 'रत्नाकर' जी की गि० पोथी में 'हाथ लए ही' और कुं० में 'हाथ लिये ही' पाठ दिया हुआ है। 'लएही' में पेंच की गुंजायश अवश्य है – नागरी में नही, फ़ा० में लिखे जाने पर ليہي - لي ايہي 'येही' 'यैही' – 'ये' 'यै' बेपेंदी के लोटे-सा 'ल'

14 **बि०र०** पृ० १०८

15 'देखा तो था जब हथलेवा हुआ, पर बातचीत नहीं सुन पाई।' **मृगनयनी** वृंदावनलाल वर्मा, पृ० १८९। इस प्रसंग में अर्थ विवाह के अवसर पर पाणिग्रण नहीं, सामान्य भेंट में एक-दूसरे का हाथ पकड़ना भर है।

और 'ही' से जुड़ता-टूटता हुआ भ्रम उत्पन्न करता है – देखें तो मालूम होगा, ये वर्तनीगत भेद यहाँ पाठभेद हो रहे हैं!

टीका के प्रासंगिक अंश भी देखें।

'हथ लैवै विषैही नाथ नै आपनो हियौ हाथ करिकै दयौ अरु दुलही नै लियो है' - नर०; वा हथ ले इह हाथ भली विधि गात दुराइ गरूर घने हैं [नर० २५९]

हाँ, मान० की टीका में यह अर्थ मिलता है, 'हथ ले० क० पांणीग्रहणही कै समय' - चौ०।

इसकी अर्थ विवृति इस प्रकार होती है, (एक ने दूसरे को) 'हथ एही हाथ ले, हाथ कै संग हियो दियो।' एक हाथ ले, दूसरे हाथ दे, मुहावरे के अनुसार! तु० –

प्रान लिए हाथ दिए विनिमय अलंकार, जहं दैके कछु लीजिए कम वहु विनिमय जानि। [२६५] पर हरि० टीका।

पाणिग्रहण के प्रसंग में अकस्मात् स्मरण हो आती है, महाकवि भवभूति की यह उपमा –

समयः स वर्ततः इवैष यत्र मां समनन्दयत् सुमुखि गौतमार्पितः।
अयमुद्गृहीत कमनीयकङ्कणस्तव मूर्तिमानिव महोत्सवः करः॥ १-१८ उत्तर०।

हे सुमुखी, ऐसी ही बेला थी जब गौतम शतानंद ने कमनीय कंकणों से अलंकृत तुम्हारा हाथ मेरे हाथ में दिया था। तुम्हारा हाथ मूर्तिमान् महोत्सव लगता था!

§ **जालरंध्र मग अंगनि कौ। कछु उजास सो पाइ। पीठि दियै जग त्यौ रह्यौ। डीठि झरोषा लाइ** [२६३]

'पीठि दियै जग त्यौ रह्यौ'। पीठ देना आम बोलचाल का मुहावरा है [16] फिर भी इसका अर्थ 'रत्नाकर' जी ने 'पीठ दिए (टेके) [जिसमें कोई यह न समझे कि वह जागता है।' कैसे माना, आश्चर्य होता है!

'रत्नाकर' जी ने 'जगत्यौ' वाचन स्वीकार करते हुए इसका अर्थ किया है, 'जागता हुआ'! उनसे यह जीती मक्खी कैसे निगली गई, विश्वास नहीं होता! उनके संपादन में प्रयुक्त अन्य प्रतियों में, 'जग सौं - बि०; जग सो - टी०गि०कुं०। अर्थात् एक अकेली मान० प्रति का 'जगत्यौ' उन्होंने अंगीकार किया!

ध्यान दें, 'जगत्यौ' पूर्ण क्रिया न होकर, असमापिका क्रिया है – 'रह्यो' से अविच्छेद्य! मैं बाल की खाल नहीं निकाल रहा, मगर 'रत्नाकर' जी ने 'जगत्यौ' को 'जगतै' का समानार्थी मान इसका अर्थ 'जागता हुआ' किया – यहाँ भी 'रह्यो' के पूर्व 'हुआ' अधिक पद है। उनकी अर्थ विवृति 'जागता रह गया' तो ब्रजभाषा 'जगतै रह्यो' का उल्था होगा कि नहीं! नहीं, यहाँ तो 'त्यौ' अंत्य ही है।

'जगतै रह्यौ' अपेक्षया अवधी के निकट का प्रयोग होने पर भी कम-से-कम सार्थक पद तो है, और यहाँ प्रसंग संगत भी।

16 हिंदी मुहावरे पृ० ४५३।

प्रगट है, 'रत्नाकर' जी 'जगत्यौ' से धोखा खा गए! या कि 'त्यौ' के अर्थ पर उनका ध्यान न गया। याद है, वर्षों हुए, डॉ० धीरेंद्र वर्मा ने, इस शब्द की ओर मेरे द्वारा ध्यान दिलाए जाने पर अचरज प्रगट किया था! [17]

सतसई के सारे-कि-सारे प्राचीन टीकाकार भी इसको समस्त पद नहीं पढ़ रहे – 'जग त्यौ' इस प्रकार ग्रहण कर रहे हैं! 'संसार सौ पीठि दैकै झरोषा को दीठ लगायकै रह्यो है', 'पीठ दयो जग त्यौ रह्यो ईठ टरै नहिं दीठ उपाय कै कीने।' - नर०; 'पीठ दियै सिगरे जग त्यौ वह डीठि झरोषा लगाइ रह्यो है' - कृष्ण०; 'जग त्यौ, जगत की ओर पीठ दिए' - हरि०।

'ओर' के अर्थ में 'त्यो' (तथा इससे वर्तनी भेद) देवदत्त आदि में खूब मिलते हैं – एक-दो उदाहरण देखें।

> **चौकि चितै रवि त्यो कवि देव सु वातनिही दवि द्यौस गवावै** [सुष० १९५]
> **वालम त्यो न विलोकती वोलती अंतरु षोलती ना करि ओषो** [सुष० ७५५]
> **सौतिन त्यों सतराइ चितौति जिठानिनि त्यों जिय ठानति प्रीतिहि** [सुष० १८५]

आएँ, विवेच्य दोहे पर लौटें।

जग त्यौ – जग स्यौ - उ०; जग कौं - को०; जग सों - शि०मो०गा०; जग सो - वा०; जगतै - पा०; जग सौं - न०मु०; जग स्यों - वे०; जग सौं - स०; जग त्यौं - ह०। جکتیوں (फ़ा० प्रति में यह समस्त पद है!) प्रथम नागरी प्रति की वंशज आ० प्रति में 'जग सौ'।

नागरी संयुक्ताक्षर 'त्य' में 'स' का दृष्टिभ्रम प्रथम पोथी के प्रतिलिपिकार को हुआ है, सभी विकृतियाँ उससे निःसृत हैं! यह इस प्रकार अन्वित होता है, 'जग त्यौ पीठि दियै रह्यौ'।

§ **परतिय दोष पुरान सुनि। लषि मुलकी सुषदानि। कस करि राषी मिश्रहूं। मुह आई मुसकानि** [२६४]

लषि - उ०शि०वा०मो०; मुलकि - को०मि०नी०; लषी - न०वे०गा०स०ह०; पुलकि - भा०; हसी - मु०; मुलकि - उ०न०वे०ह०; मुलकी - शि०वा०; हसी - को०भा०मि०नी०; मुरकी - मो०; मुलक - गा०स०; मित्र - मु०;

ہنس مولکي - ظا٠ लषी मुलकि - आ०। लषि मुलकी - 'रत्नाकर' जी; (हंसी मुलकि - सिं०; लषी मुलक - बि०; लषी सुवाल - गि०।)

साधारणतः 'मुलकी' مولكي तथा 'मुलकि' مولك में वर्तनी भेद होने से, फ़ा० में घोलमेल न होना चाहिए। मगर मूल प्रति में पाठ फ़ा० में रहा होगा, वह भी सदा की भांति यहाँ भी, ہنس ملک कबंध वर्तनी में! ध्यान दें, इसे 'हसी मुलकि' तथा 'हसि मुलकी' दोनों ही पढ़ा जा सकता है! मगर ये

[17] 'त्यो' का यह प्रयोग अवश्य विशेष है। यह रीतिवाचक 'त्यों' (जो अनुनासिक ही पाया जाता है), नहीं मालूम होता है। अर्थ की दृष्टि से यह सर्वनाम 'उस' 'उए' का पर्याय-सा दिखलाई पड़ता है। समस्त स्थलों की परीक्षा करने से कदाचित् अधिक प्रकाश पड़ सके। धीरेंद्र वर्मा (२७-१२-६० का पत्र।)

दोनों ही पद तो प्रायः समानार्थी हैं! अतः मूल के हाशिए पर لکھِ (लषि) पाठ परिवर्तन किया गया – जो विभिन्न प्रतियों में मिल रहा है, मगर आश्चर्य नहीं कि 'लषि' और 'लषी' दोनों ही रूपों में!

कदाचित् नागरी प्रति में कबंध वर्तनी 'मुलक' का संशोधन 'मुलकी' किया गया और इसके अनुरूप मात्रा का 'लषि'। प्राप्त सामग्री के आधार पर 'लषि मुलकी' पाठ स्वीकार किया जा रहा है।

(इस दोहे का कुछ साम्य निम्नलिखित मनोरंजक श्लोक से लगता है –

यो निरोधो मयारब्ध इति पद्यं पठन्बुधः। शश्वद्वुत्फुल्लनासेन तटस्थेनोपहस्यते॥ रसतरंगिणी ५-७।

'यो निरोधो' जो निरोध मैंने प्रारंभ किया को 'योनि-रोध' समझकर एक पंडितजी नेत्र मूँदकर परमानंद लाभ करते भए मुस्कराए जा रहे थे!)

§ [२७४] ज्योतिष पर मुख्यतः आधारित इस दोहे को भलीभाँति समझने के लिए 'रत्नाकर' जी की टीका बड़ी सहायक होगी अतः उसे नीचे उद्धृत किया जा रहा है –

> **तरुन** (तरुण) – पंद्रह वर्ष के उपरांत तरुणावस्था का आरंभ होता है। **किसोर** (किशोर) – ग्यारहवें वर्ष के आरंभ से पंद्रहवें वर्ष के अंत तक किशोरावस्था रहती है। **वय** – वयक्रम अवस्था। **पुण्यकाल** (पुण्य काल) शुभ समय। ज्योतिषशास्त्र में सूर्य-पथ के मंडल में बारह भाग माने गए हैं। प्रत्येक भाग राशि कहलाता है। इन राशियों के भिन्न-भिन्न नाम हैं। सूर्य के भिन्न-भिन्न राशियों में आने रहने पर उसके भिन्न-भिन्न नाम कहे जाते है, अतः द्वादश आदित्य प्रसिद्ध हैं। जब एक राशि को समाप्त करके सूर्य दूसरी राशि में प्रविष्ट होने लगता है, तो उसको दोनों की संधि-रेखा उल्लंघन करनी पड़ती है। इसी उल्लंघन को संक्रमण या संक्रांति कहते हैं। सूर्यपिंड के मध्य विंदु को इस संधि रेखा के स्पर्श तथा त्याग में जो समय लगता, संक्रांति का मुख्य पुण्य काल वही है। वह समय बड़ा पुनीत माना जाता है, और ऐसा सूक्ष्म होता है कि उसका अनुसंधान बड़ी कठिनता से हो सकता है। उसके विषय में प्रसिद्ध यह है कि बड़े पुण्यात्मा लोग ही उस समय को पाते हैं, अर्थात् उस समय को लक्षित करके समयोचित कर्तव्य कर सकते हैं। **पुण्यकाल सम दोनु** – पुण्यकाल की भाँति दोनों हैं अर्थात् एकत्रित हैं। जिस प्रकार दो सूर्य, अर्थात् दो राशियों के सूर्य, पुण्यकाल में एक ही संधि रेखा पर रहते हैं, उसी प्रकार इस समय उस स्त्री में दोनों अवस्थाओं की संधि है।[18]

§ **अव अलि ए तिथि ओम लौ** [२७५]

विवेच्य स्थल के सारे पाठभेद ये हैं –

अव - उ०को०शि०वा०पा०मो०मि०मु०नी०ह०; अलि - न०वे०स०; अल - गा०; आली - भा०।

अलि ए - को०पा०मो०ह०; पत्रा - उ०वा०; पत्रां - शि०; अव ए - न०वे०गा०स०; ए - भा०; अलि ये - मि०नी०; पतरां - मु०।

ال اب اي - ظا॰ यही पाठ आ० में है, 'अलि अव ए'; 'रत्नाकर' जी ने भी इसे प्रामाणिक माना है – उनकी अन्य प्रतियों में 'अव पत्रा तिथि औम लौं' टी०कुं० प्रतियों का पाठ है।

[18] बि०र० पृ० ११५।

ऊपर आकलित सभी वाचनों को देखने से प्रगट होता है कि 'अव' 'पत्रा' तथा 'अलि', ये तीन पद लौटपौट रहे हैं। ऐसा क्यों? देखें, 'अव पत्रा' पुराना पाठ है, सं० १७१७ की प्रति में मिलता है – मगर इतनी ही प्राचीन सं० १७२४ की आ० प्रति में तो 'अलि अव ए' पाठ है – यही फ़ारसी की ज़ा० प्रति में भी! इससे प्रगट है कि 'पत्रा' के स्थान पर 'अलि' संशोधन मूल प्रति पर किया गया, और पुरानी पोथियों के कुछ लिपिकों ने संशोधन से पहले का पाठ 'पत्रा' ग्रहण किया, बाद वालों ने हाशिए पर अंकित संशोधन, 'अलि' को यहाँ-वहाँ।

मूल पर पाठ परिवर्तन अकारण नहीं हुआ करता। फिर भी यहाँ प्रयोजन का अनुमान ही किया जा सकता है। 'ओम' [19] का लेखा-जोखा गणना में तो होता है, मगर वह गिनती पत्रा में भला कहाँ अंकित होती है! इस भाव का परिमार्जन संशोधन का कारण हो सकता है।

§ **गयौ गरव गुन कौ वसत। गये गवारे गाव** [२७६]

तीसरी-चौथी यतियाँ हैं, ये। पाठभेद, मूल पर संशोधन तथा प्रक्षेप, इन दो पदों को लेकर हैं, 'वसत' तहा 'गये' –

वसत - उ०; सवे - को०; सरव - शि०वा०मु०; सवै - पा०न०गा०स०ह०; सवैं - मो०; सवें - वे०; वसै - भा०; वसैं - मि०।

गये - को०वे०गा०स०; गएं - उ०; गयै - शि०वा०न०; वसे - पा०; गयैं - मो०; (लुप्त) - भा०मि०; वसें - मु०ह०।

स्वीकृत पाठ फ़ा० पोथी में भी है, بست کین और यही आ० प्रति में। 'रत्नाकर' जी ने 'सरवु गऐ' स्वीकार किया है, यद्यपि उनकी सिं०बि०गि० में 'वसत' वाचन पाया जाता है।

ऊपर के पाठों को, वर्तनी भेद छोड़कर, केवल पद के विचार से वर्गीकृत करें तो यह परिणाम सामने आएगा -

वसत – सरव – सवै – वसै। गए – वसे।

'वसत' उ०, चौ० आ० तथा ज़ा०, पुरानी पोथियों का वाचन है (मान० टीका की शि०वा० प्रतियों का 'सरव' पाठ प्रक्षेप है, कदाचित् अन० की किसी प्रति से) – इन तीन प्राचीन स्वतंत्र प्रतियों में होने से इस पाठ को मूल का मानना होगा। अन० में 'गए' के स्थान पर 'वसे' पूर्व पद का है।

विभिन्न टीकाओं में भी इस भेद की छाया पड़ रही है। नर० 'सवै गयो'; कृष्ण० 'वास भयो, गयो'। सर्वाधिक स्पष्ट संकेत हरि० के इन शब्दों में मिलता है, 'सवै के अर्थ फेरे पुनुरुक्ति नहीं।' 'सवै'। हरि० ही नहीं, नर० प्रतियों में भी 'सवै' पाठ है।

सारी उथल-पुथल का कारण क्या है? मात्र इतना कि मूल का 'वसत' है तो चौथी यति का, 'गवारे गांव' से जुड़ा पर इधर तीसरी यति में आकर गुन या गरव से संबद्ध होने का भ्रम उत्पन्न कर रहा है!

[19] ओम [अवम] दिन-क्षय, ज्योतिष की गिनती के अनुसार जिस तिथि का क्षय होता है वह। **पाइअ०** पृ० १९९।

कारण यही होने का प्रमाण देखें, 'वसत गए' को 'गए वसत' कर देने से भ्रांति बहुत कुछ दूर हो जाती है, 'गयो गरव गुन को गए वसत गवारे गाव!'

हरि० में 'सवै' को फेरकर 'वसै' बनाने के प्रस्ताव में लिपिगत सुविधा भी तो है! سي - ١ بسي २ १ 'सवै' २ 'वसै' ही हैं न! कितना अंतर है, दोनों में! और बे का नुक़्ता उड़ा दें سي तो! अब इसे दोनों ही पढ़ सकते हैं, न!

'जा बसने' मुहावरे पर आधारित मूल का पाठ 'वसत गये' स्वीकार किया गया।

§ **मति कवहूं आए इहां। पलक पसीजहि स्याम** [२८३]

'रत्नाकर' जी ने 'पुलकि' पाठ दिया है। पहले तो मैंने इसे छापे की भूल समझा। मगर उनकी व्याख्या से इस पाठ की पुष्टि होती है, 'यहाँ आने पर श्याम (श्रीकृष्णचंद्र) पुलकित होकर पसीज जायँ (करुणार्द्र हो जायँ)।'

जापान में, घर और बाहर, दोनों ही स्थानों पर हमाम आम है। अनुभवी जानता है, हमाम के अंदर जाने पर, सारी देह पसीने से पसीज जाती है – पल ही में! 'पलक पसीजत' यही व्यक्त करता है। आ० और ज़ा० प्रतियों से यही पाठ पुष्ट होता है – ज़ा० प्रति की वर्तनी संदेह की गुंजाइश नहीं छोड़ती, پلک (पलक) न कि پولک (पुलक)। विभिन्न टीकाओं से भी, 'पलकही मेरे इहां आए तौ हे स्याम पसीजहुगे,' 'नैक पसीजत गात कदाचित सांवरो मोहने आव तो आवै' न०; 'वह करुनामय कहावतु है दीनवंधु मति कवहू पलक पसीजै इत आइकै' कृष्ण०। अकेले हरि० में 'पुलकै औ पसीजै' भाव ग्रहण किया गया है।

§ [२८५] 'चलत लुवै उहि गाम' स्वीकृत पाठ प्राचीनतर है, उ०को०आ० आदि पोथियों तथा मान० टीका की प्रतियों का। ज़ा० और नर० आदि टीकाओं में 'चलत लुवै', कदाचित् बाद में मूल प्रति पर किए गए संशोधन का परिणाम है।

§ [२९४] दुचितै चित हलति न चलति। हसति न झुकति विचारि। [(क्रिया)] चित्र पिय लषि चितै। रही चित्र लौं नारि [२९४]

प्रथम, द्वितीय तथा अंतिम यति में कोई गुत्थी नहीं – हतचेष्ट नायिका की दैहिक अवस्था का चित्रण है। अंतिम यति में भी यही बात है – वह चित्रलिखित-सी ठगी रह गई है!

क्यों? इस कारण की विवृति तीसरी यति में है। यहाँ भी सदेह से परे अंश यह है, 'चित्र पिय लषि चितै' अर्थात् 'पिय चित्र लषि (रह्यो) चितै(कै) नारि चित्र लौं (ह्वै) रही।' कुंजी है, 'पिय' के पूर्व की क्रिया में! पिय चित्र के साथ कैसी क्रिया संपादित कर रहा है? ध्यान दें, 'लषि चितै' ये दो क्रियाएँ प्रायः समान अर्थ व्यक्त करती तो हैं पर पहली नायक के पक्ष में जाती है, दूसरी नायिका की ओर। अतः पिय के पूर्व लषि की वर्जना हो जाती है – 'लषित चित्र' नहीं हो सकता।

'रत्नाकर' जी ने इसकी व्याख्या इस प्रकार की है –

> **लषत चित्र पिउ लषि, चितै रही चित्र लौ नारि।**
>
> (*अवतरण*) नायक चित्रसारी में चित्र देख रहा है। नायिका भी वहाँ आ गई है। वहाँ अनेक स्त्री-पुरुषों के चित्र लगे हुए हैं। इनमें नायिका का चित्र भी है। नायिका इस बात को जानने की इच्छा से कि नायक किसके चित्र को अधिक ध्यान से रीझकर देखता है, चुपचाप खड़ी हुई देख रही है। ... (*अर्थ*) प्रियतम को चित्र देखकर [वह] नारी चित्र की भाँति (अचल रूप से, बिना पलक गिराए) ताक रही है।[20]

('प्रियतम को चित्र देखकर' में मुद्रण की भूल जान पड़ती है, अभीष्ट होगा, 'प्रियतम को चित्र देखते देखकर'।)

मोटे शब्दों में 'रत्नाकर' जी की व्याख्या का सार यों है, '(नारी) नायक को (चित्र) देखते देखकर (स्वयं) अपलक देख रही है।'

ध्यान दें, 'रत्नाकर' जी ने इन तीन क्रियाओं, 'लषत', 'लषि' और 'चितै' का अर्थ, क्रमशः, किया है, (नायक) 'देख रहा है', (नायक किसके चित्र को) 'देखता है', (नायिका) 'देख रही है'।

अन्य टीकाकारों का भी मत सुनें। (कोष्ठक में तुलना करने के लिए दोहे के विवेच्य पद का पाठ है।)

'चित्रसारी मै श्रीराधाजू चित्रेलिषेचित्र के श्रीकन्हैया प्रत्यक्ष से देषिकै श्रीराधाजू आपहूं चित्र की-सी ह्वै रही हैं।' – मान०। (लिषित - शि०; लषित - वा०।)

(कोविद० की व्याख्या का संबंधित अंश अस्पष्ट है।)

'राधिका आजु भरतार कै लिषति कौ जो चित्रां म देषिकै चित्त करिकै दुचिती है,' 'लै लै लषै पिय मूरति चित्र जू देह अनंग दसान दही है।' - नर०; (लिषित - न०; लिषत - वे०स०)।

'इह नाइका नाइक कौ चित्र देषत देषि चकित ह्वै रही है' – 'चित्र विलोकत प्यो अवलोकि रही तिय चित्रलिषी सी निहारति' - कृष्ण०। (लषति - भा०मि०; लिषति - मु०; लषत - नी०।)

'पिय को चित्र लिषत लषिकै जानिकै औ चितैकै' - हरि० (लिषत - ह०)।

सारी व्याख्याओं को इकट्ठा देखने से स्पष्ट होता है कि प्रत्येक टीकाकार ने आलोच्य शब्द की अपने आदर्श में प्राप्त वर्तनी की व्याख्या की है! यह भी सही है कि इनमें से किसी को भी गिराया नहीं जा सकता! बल्कि इनके ऊपर और भी नई व्याख्या जोड़ी जा सकती है! पिउ चित्र लषि (रहे) लषति (तौ) नारि चित्र लौ चितै(ही) रहै! यहाँ 'लषि' लिखने के अर्थ में लें तो और भी भिन्नता आएगी! यह कहना कठिन है कि स्वयं कवि का आशय उतना ही गूढ़ तथा जटिल रहा होगा, जितना कि टीकाकार ने दिखलाया है!

---

[20] **बि०र०** १२४।

विवादास्पद शब्द की वर्तनी देखें तो प्रगट होगा कि समस्या अर्थगत न होकर फ़ा० वर्तनी से उत्पन्न हुई है, सभी मात्रा रहित फ़ा० की कबंध वर्तनी لکہت के विकार हैं!

लषति لکہِت उ०भा०मि०; लिषित لِکہِت को०शि०न०; लषित لکہِت वा०पा०; लिषत لِکہت मो०वे०स०ह०; लिषत, 'ष' तथा 'त' में इकार बाद में - गा०; लिषति لِکہِت मु०; लषत لکہت नी०।

प्राचीनता के आधार पर उ०भा०मि० का 'लषति' पाठ स्वीकार किया जा रहा है। आ० चौ० प्रतियों में भी यही पाठ मिलता है।

§ **निरषि नवोढा नारि तन। छुटत लरिकई लेस। भो प्यारो पीतम तियनु। मनहुं चलत परदेस** [२९६]

लेस - उ०को०पा०न०भा०मि०नी०ह०; वेस - शि०वा०मो०वे०गा०स०मु०।

लरिकई का द्योतन करने वाला कोई विशेष पहनावा न होने से 'वेस' अर्थ के आधार पर असंगत तो है ही, ऊपर के पाठभेद देखते हुए एक ही टीका में दोनों पाठ मिलने से 'वेस' को पाठ संशोधन भी नहीं माना जा सकता। ज़ा० प्रति का पाठ देखें, لرکي بيس है तो यह 'लरकई बेस' मगर 'लाम' में 'बे' का दृष्टिभ्रम لرکي ليس सहज ही संभव है। दोनों में भेद करना कठिन है।

'निरषि नवोढा नारि तन' – 'तन' में बड़ा सुंदर श्लेष है, 'नारि की ओर' तथा 'नवोढा नारि की देहयष्टि'! आश्चर्य कि इस ओर किसी का ध्यान न गया! तु०

> **स्याम सनमुष अभिराम सुष आठौ जाम सरद सकाम ह्वै वढायो नेह नूतना। प्रेम ते पुकारी वृषभान की कुमारी देव हौही गिरिधारी मैही मारी प्रेत पूतना। नीलपटु झपटि लपेटि छिगुनी पै धरि टेरि टेरि कहै हसि *हेरि हरिजू तना*। वात वीजुपात महा मेह उतपात करि सात दिन फेरि क्यों रिसात पुरहूत ना** [सुष० ७२६]

§ **प्रानपिया हिय मैं वसै। नषरेषा ससि भाल। भलौ दिषायौ आनि यह। हरिहर रूप रसाल** [२९७]

'वसै' का 'वसी' पाठभेद अर्थ के विचार से सर्वथा संगत है। 'रत्नाकर' जी ने पाठ में 'वसै' रखते हुए अर्थ किया है, 'हृदय में बसी है'। यही हाल अन्य टीकाकारों का है। फिर भी यह पाठ नर० तथा कृष्ण० की सभी प्रतियों में मिलता है मगर यह मूल पर बाद में किया गया संशोधन नहीं जान पड़ता। यह तो بسي का, जिसे 'वसै' और 'वसी' दोनों ही पढ़ सकते है, भिन्न नागरी लिप्यंतरण है।

§ **तिय निय हिय जु लगी चलत। पिय नषरेष षरोट। सूषन देति न सरसई। षोटि षोटि षत षोट** [२९८]

तुकांत, 'षरोट' 'षोट'। यद्यपि 'रत्नाकर' जी ने 'खौंट' शुद्ध माना है, 'खौंटि खौंटि खत खौंटि'! यहाँ नासिक्य उच्चारण का कोई कारण समझ में नहीं आता। व्युत्पत्ति के विचार से यह पालि 'षोड' तथा गढ़े के अर्थ में 'खोद' से निःसृत है। खुदे हुए या रिक्त स्थान को व्यक्त करने वाले अनेक शब्द आम बोलचाल में हैं, जैसे संडास की बैठकी 'खुड्डी' या (अधिकतर बच्चों के) दाँत टूटने पर उसका रिक्त

स्थान 'खोड़हा दाँत' समान मूल के हैं। 'खत' [सं० क्षत] के अनेक पद प्रयोग लोक भाषा में हैं, जैसे, घाव के ऊपर की सूखी पपड़ी में खुजलन होने से बंदर (और छोटे बच्चे भी!) उसे बार-बार नोचे देते हैं, तो घाव जल्दी अच्छा नहीं होता। दोनों को 'बँदरखत' कहते हैं। [21]

§ **क्यौंहूं सहवात न लगै। थाके भेद उपाइ। हठ दृढ गढ गढवै सु चलि। लीजै सुरंग लगाइ** [३१०]

तृतीय यति के आंशिक पाठभेद ये हैं –

दृढ – दिढ - उ०शि०न०स०; दृढ, 'ढ' में इकार बाद में - मु०; हिढ - वा०; द्रढ - मो०मि०; दिठ - वे०गा०; द्रग - नी०; दृग - ह०। गढ – गड - भा०; (लुप्त) - मु०; गढ्ढ - नी०। गढवै – वे - उ०वा०मु०; गढवे - को०; वैही - शि०; वैठी, पार्श्व पर 'गढ वे' - पा०; गुढवै - न०वे०गा०स०; गाढे - भा०। चलि – चलिं - पा०; चल - वे०स०। ہتہ د ده کده کدہوئِ چل لیجي سورنک لگاي (फ़ा० में 'गढवै' है, 'सु' छूट गया है।)

ध्यान दें, 'गढवै' का 'गढ' उ० आदि तीन प्राचीन पोथियों में प्रगटतः त्रुटित है, मान० की शि० प्रति के आदर्श में भी न होने से पाठ पूर्ति की गई है! सं० १७२४ की अनूप संस्कृत लाइब्रेरी वाली आ० प्रति में भी लुप्त है। इन सारी प्रतियों की आदर्श प्रथम नागरी प्रति ही में यह त्रुटि थी। ऐसा कैसे?

इस नागरी प्रति में पाठ होना चहिए था, 'हठ दृढ गढ २वै' लेकिन अनाड़ी लिपिक से आवृत्ति सूचक '२' छूट जाने से भ्रष्ट वाचन इतनी सारी प्रतियों में दिखलाई दे रहा है! (आश्चर्य, 'रत्नाकर' जी की सभी प्रतियों में पूरा पाठ है!) नागरी लिप्यंतरण ही में त्रुटि मानने का कारण फ़ा० लेखों में पद की आवृति का द्योतन २ द्वारा करने का चलन न होना है।

'रत्नाकर' जी ने 'गढवै' का अर्थ 'गढवर्तनी, गढ में बैठी हुई' बताया है – हरि० ने भी यही अर्थ माना है, 'हठ सो है गढ दृढ तहां गढवै नायिका।'

'वै' [सं० पति, प्रा०अप० वइ पति] स्वामी का व्यंजक है, साथही बचाव के लिए लगाई गई बाड़ या परिखा का भी सूचक होने से इस प्रसंग में संगत है! [22] कहना कठिन है कि कवि ने इतनी श्लिष्टार्थ अभिव्यक्ति के लिए 'गढवै' पद प्रयोग किया, फिर भी सजग पाठक का ध्यान इस ओर आकर्षित करना अभीष्ट जान पड़ा।

§ **हसि हसाइ उर लाइ उठि। कहि न रुषौहै वैन। जकित थकित ह्वै तकि रहे। तकति तिलौछे नैन** [३१४]

मात्र एक विवादग्रस्त पद 'तकति' से अर्थ में भारी भेद उत्पन्न होता है! 'रत्नाकर' जी ने यहाँ 'तकत' वाचन स्वीकार किया है, यद्यपि उनकी अन्य प्रतियों के पाठ हैं, तकति - सिं०; तकित - बि०कुं०। 'रत्नाकर' जी की व्याख्या ध्यातव्य है -

---

21 तु० खोडय - नख से चर्म का निप्पीडन। **पाइअ०** पृ० २८०।
khoda 'cavity' khola 2 **Turner** p. 209.

22 **पाइअ०** पृ० ७३२; **अप०कोश०** पृ० १३८।

(अर्थ) - [नायक तेरे] तिलौंछे नयन देखकर जकित (स्तंभित) [तथा] थकित (श्रमित) होकर देख रहे हैं, [अतः अब तू क्षमा करके] रूखे वचन मत कह, [प्रत्युत स्वयं] हँस [तथा उनको भी] हँसा, उठकर [उनको] कलेजे से लगा ले।[23]

खेदपूर्वक स्वीकार करना होता है, मुझे यह व्याख्या भ्रामक लगती है! 'तकि रहे तकत' पाठ की विवृति ऊपर उद्धृत 'देखकर देख रहे है' ही होगी, मगर इसका अर्थ क्या निकलता है?

मेरे द्वारा प्रयुक्त लेखों में 'तकति' के ये पाठांतर हैं, तकित - को०पा०मो०स०मि०मु०; तकतु - न०गा०; तकत - वे०; तकीति - नी०।

वस्तुतः ये सभी पाठभेद न होकर, تکت के फ़ा० मात्राजन्य भेद हैं - (कोष्ठक) में देखें - तकित (تکِت); तकतु (تکتُ); तकत (تکت); तकीति (تکِتِ)!

मुझे यह दोहा अंत की ओर से क्रमशः उद्भासित होता लगता है, अर्थात्

(तू) तिलौछे नैन तकति (है, सो वै) जकित थकित ह्वै तकि रहे (हैं। उन्हे) रुषौहै वैन न कहि; उठि; उर लाइ हसि हसाइ।

अन्य टीकाओं में इस प्रसंग पर कोई सहायक तथ्य नहीं मिलता।

§ **इत आवति चलि जात उत। चली छसातक हाथ। चढी हिडोरे सै रहै। लगी उसासनि साथ** [३१७]

संपादन में प्रयुक्त पोथियों के वाचन इस प्रकार हैं, जात - उ०को०शि०वा०मो०वे०गा०स०मु०नी०; जत - पा०; जाति - न०भा०मि०ह०।

ات اوت چل جَات اوت - ظا० इत आवति चलि जात उत - आ०।

'रत्नाकर' जी ने व्याकरण सम्मत पाठ स्वीकार किया है, 'इत आवति चलि जाति उत', तदनुरूप इसकी व्याख्या, '[कभी] इधर चलकर आती है, [और कभी] उधर चली जाती है।' उनकी प्रतियों के वाचन हैं, आवत - बी०टी०कुं०; जात - सिं०बी०टी०कुं०!

प्राचीन टीकाकार दोहे का भाव ग्रहण जुदा-जुदा तौर पर करते हैं, यथा, नर० का कवि नायिका को इधर आते समय पीछे जाते देखता है, 'आवति है इत जात चली उत सांवरे सुंदर रूप लगी है।'

दूसरी ओर कृष्ण कवि आने-जाने की उसकी क्रिया देखते हैं, 'आवति जाति छसातक हाथ उसास के साथ हिडोरे चढी सी' [नी० ३१७] 'पैड छसातहि डोरे से वैठी जु आवति जाति उसासन के संग' [भा० ३१७]

इसी प्रकार हरि० 'स्वास के निकरिवे के समय इत, आगे, चली आवति है, स्वास के प्रवेस मै छसात हाथ पीछे चली जाति है।'

इसका वाचस्पत्य चाहे कितना भी क्यों न करें, धूर की रस्सी बटना होगा वह; मूल पाठ तो फ़ा० लिपि की अपूर्णता के नीचे दबा ही रह जाएगा!

[23] **बि०र०** पृ० १३२।

§ **रमन कह्यौ हठि रमन कौं। रति विपरीत विलास। चितई करि लोचन सतर। सलज सरोस सहास**
[३१९]

رمن کہیو ہٹھ رمن کون رت بپریت بلاس • چتئي کر لوچن ستر سلج سروس سہاس
[ظا • ٣١٩]

रमन – रवनि - मु०। कह्यौ – कहो - को०; कह्यो - पा०मो०वे०भा०। रमन – रमनि - को०पा०मो०न०ह०; रवनि - भा०नी०। कौं - उ०को०; कौ - शि०वा०; सो - पा०; सों - मो०वे०; सौं - न०स०मि०मु०नी०ह०; सौ - गा०भा०।

'रमन' का यमकाश्रित प्रयोग है, 'रमन हठि रति विलास (मै) विपरीत रमन कौं कह्यौ'।

बहुसंख्यक प्रतियों में 'कौं' के 'सौं' (तथा दोनों के अन्य वर्तनी भेद) पाठभेद, जिनसे सर्वथा भिन्न अर्थ निकलता है, सरसरी तौर पर देखने से पहले तो यह भ्रम होता है कि 'सौं' फ़ा० वर्तनीजन्य दृष्टि भ्रम का परिणाम है – کون (कौं) को سون (सौं) सहज ही तो पढ़ा जा सकता है! ध्यानपूर्वक विचार करने पर कारण कुछ और ही सामने आता है! देखें, 'कह्यौ' क्रिया का अपादान सूचक पद 'सौं' का आधेय 'रमनि' तो हो ही नहीं सकता! ध्यान दें, पाठांतर 'रमन' है भी नहीं, 'रमनि' 'रवनि' है, उन्हीं लेखों में जहाँ 'सौं' आदि वाचन हैं! और तब तो यह मूल पाठ पर किया गया संशोधन भी न होगा।

हाँ, 'रमनि' फ़ा० मूल आदर्श की मात्रा रहित कबंध वर्तनी رمن को رمنِ पढ़ते हुए उसे नागरी में 'रमनि' लिप्यंतरित करने का परिणाम है! उ० तथा मान० की टीका को छोड़ अन्य सभी टीकाओं में द्वितीय पाठ मिलने से अनुमान है कि यह अंतर बड़े पुराने काल में हुआ होगा।

स्वीकृत पाठ प्रथम नागरी लिप्यंतरण की वंशज, सं० १७२४ की आ० प्रति में भी है, 'रमन कह्यौ हठि रमन कौं'।

§ **ऐंचति सी चितवनि चितै। भई ओट अलसाइ। फिरि उझकन कौ मृगनयनि। दृगनि लगनिया लाइ**
[३२०]

'दृगनि लगनिया लाइ' पर 'रत्नाकर' जी ने व्याकरण संबंधी यह टिप्पणी की है,

> मेरे दृगों में फिर उझकने के निमित्त लालसा लगाकर (इस बात की चाह लगाकर कि वह फिर उझके तो मैं फिर उसे देखूँ) अलसा कर ओट में हो गई।[24]

मुझे यह व्याख्या चिंत्य लगती है। अर्थात् लगनिया = अभिलाषा, लगन। लाइ = लगाकर।

मुझे तो यह इस प्रकार व्याख्यायित होता अधिक संगत लगता है, 'या लगनि लाइ फिरि उझकन'। 'लाइ' यहाँ आग के अर्थ में आया है,[25] मुहावरा भी तो आग लगाना है न!

24 बि०र० पृ० १३५।
25 ज्यों ज्यों वरसत घोर घन घनघमंड गरुवाइ। त्यों त्यों परति प्रचंड अति नई लगन की लाइ॥ – पद्माकर। हिं० पृ० ४२७७।

'उझक्-' झाँकने के अर्थ में है तो मगर यहाँ अधिक गूढ़ व्यंजना देता है। नीचे कुछ तुलनीय देवप्रयोग दिए जा रहे हैं –

> **उझक : अंवर मै आडी ह्वै दिगंवर ह्वै रहे सो वरंवर की ओझि लही ओझिल उझकती** [सुष० २१९]
>
> **कंपि उर अंचर द्रगंचरनि चंपि चष संचरनि झंपिकै झरोषें उझकाई सी** [सुष० ३८९]
>
> **अवर झकत उझकत विवि चंद्रचूड उडगन झुंड मुंड छवि सो छवाए है** [जय० ४-२९]
>
> **उझंक् : संके ग्वार द्वारन उझंके नंदक्वार सोवै पंकेरुहनैनी अंक संकेतसदन मै** [सुष० ६३]
>
> **कंचुकी मै कसे कुच कंचनकली से झीने अंचल की ओट झाई रंचक उझंकनी** [सुष० २८१]
>
> **संके ग्वार द्वारन उझंके नंदक्वार सोवै पंकेरुहनैनी अंक संकेतसदन मै** [कुसल० ५-१३]

सर्वत्र कुछ वैसी ही व्यंजना है जैसी बोलचल के प्रयोग, घर-घर फिरने वाली निठल्ली स्त्री के लिए 'घरझँकनी' में!

§ **देषी सो न जु ही फिरति। सोनजुही से अंग। दुति लपटन पट सेतहू। करत वनौठी रंग** [३३०]

'करत वनौटी रंग' यह मूल का पाठ आ० ज़ा० आदि प्रतियों में है; 'वनौटी' का पर्याय 'केसरी' उ०शि०वा०मो०मु० तथा 'रत्नाकर' जी की टी० कुं० पोथियों में मिलता है।

'कपास' के अर्थ में 'बन' फ़ा० और ठेठ उर्दू का न होकर बोलचाल की उर्दू में प्रचलित है।[26] जायसी आदि पूर्ववर्ती कवियों में इसका प्रयोग न मिलने से अनुमानतः बिहारीदास ने इसे बोलचाल से ग्रहण किया होगा।[27]

मो० आदि प्रतियों में चिनोटी निरर्थक पद होने से यह विनोटी का दृष्टिभ्रम है ('चिनोटी रंगु इति पाठ, चिनोटी वन संकेत है' - मो०) – करति वनौटी रंग - आ०।

तु० देव :

> **भीतर नीर सरोजकली उर त्यो परतीति उरोजहि याकी। सूर उदै परै पूरव जोति अपूरव जोवन जेव जिया की। फूलि फलैगी मनोरथ वेलि लसै नवला नवलाल पिया की। ज्यो लपटी पट जोति दिया त्यो तियातन रूपकला दुतिया की** [सुजान० २-१०]

§ **अनरसहूं रस पाइयतु। रसिक रसीली पास। जैसैं सांठे की कठिन। गांठै भरी मिठास** [३३७]

'रत्नाकर' जी ने 'गांठ्यौ' पाठ स्वीकार किया है; उनकी अन्य प्रतियों में 'गांठे' बि०गि०कुं प्रतियों में है। गांठ्यौ - आ०; ظا० - کانٹہو - 'ठ्यो' आदि पा०मो०भा०मि०नी० प्रतियों का, अर्थात् अन० तथा

---

[26] فرہنگ آصفیہ ٤١١

[27] 'बन' एक प्रकार के कपास को कहते हैं, जिसका फूल हल्का पीला होता है। उसी के फूल के सदृश रंग को कपासी अथवा वनौटी रंग कहते हैं। **बि०र०** पृ० १३८।

वहाँ से कृष्ण० में प्रक्षिप्त हुआ है। अनुमानतः पद विभाजन के लिए 'गांठे' के आगे लगाई गई छोटे आकार की खड़ी रेखा को दृष्टिभ्रम से मात्रा की पाई समझने से यह भूल हुई है।

अर्थ के विचार से दोनों ही संगत हैं; यथा, 'कठिन गांठें' तथा 'कठिन गांठें भी'। स्वीकृत पाठ अनुप्रास पुष्ट है।

§ **उर मानिक की उरवसी। डटत घटतु दृग दाग। झलकत वाहिर भरि मनौं। तिय हिय कौ अनुराग** [३३९]

झलकत – छलकतु - उ०; झलकति - को०वा०भा०मु०; झलकन - शि०; छलकति - न०वे०गा०स०; छलिकत - मि०; झलकतु - नी०। छलकत - आ०; چھلکت - ظا٠

आश्चर्य नहीं जो प्राचीन टीकाओं में भी यह भ्रांति मिलती है। 'छलक्यौ' 'झलक्यौ', दोनों ही, नर० के टीका भाग में मिलते हैं; 'वाहर को छिलकै है' छंदोबद्ध उदाहरण में। 'अंतर कौ अनुराग हिये भरि वाहिर छलकायो है' - नी०। हरि० में स्पष्ट है, 'हिय मे अनुराग है ताको भरिकै, लैकै, मानो वाहिर झलकत है'।

'रत्नाकर' जी ने 'छलकतु' पाठ स्वीकार किया है; उनकी बि०टी०कुं० प्रतियों में 'झलकतु' पाठ है। उनकी व्याख्या यह है –

> मानो [उस] स्त्री विषयक [तुम्हारे] हृदय का अनुराग, भर कर (परिपूर्ण होकर) बाहर छलक रहा है।[28]

§ [३४१] भा० प्रति में यहाँ [२८०] का दुर्मिल सवैया (८स) में उदाहरण मिलता है, वह भी इस दोहे के संदर्भ में सर्वथा असंगत। इतना ही नहीं, प्रथम-अंतिम चरणौ में २२ ही वर्ण हैं! कदाचित् यह मूल छंद को मत्तगयंद सवैया में रखने के असफल प्रयास का परिणाम है!

§ **तपन तेज तपता तपति। अतुल तुलाई माह। सिसिर सीत क्यौंहू न मिटै। विनु लपटै तिय नाह** [३४२]

तपता - को०पा०मो०न०वे०स०मु०गा०भा०नी०; तपाता - उ०; मयता - मि०; तापनं - ह०। तपति - शि०वा०मि०; तपति, मूल में 'त' के स्थान पर 'प' - उ०; पतपि, 'त' पर १ की संख्या - को०। पतप, मूल में प्रथम 'प' का पार्श्व पर संशोधन 'त' - पा०; पपति - मो०; तपत - न०; तपन - वे०स०मु०ह०; पपन - गा०; अधिक - भा०; पतप - नी०।

(ऊपर पाठभेद तीन-तीन वर्णों के विषम पदों में दिए गए हैं, क्योंकि इस रूप में पाठविकृति अधिक स्पष्ट होती है। इन्हीं पर भिन्न दृष्टि से विचार कर सकने के लिए कुछ पाठ, जो सम-सम में विभाजित करने पर भी सार्थक रह जाते हैं, नीचे सम-सम पदों में दिए जा रहे हैं –

[28] बि०र० पृ० १४०।

तप ताप तपि - को०। तप तात पत, मूल में प्रथम 'प' का पार्श्व पर संशोधन 'त' - पा०; तप ताप पति - मो०; तप तात पन - वे०स०मु०; तप ताप पन - गा०; तप ताप तप - नी०।

इन्हें सरसरी दृष्टि से देखने पर भी प्रगट होगा कि ये शब्द सार्थक तो हैं पर वर्तमान प्रसंग में सर्वथा असंगत।)

आगे विचार कर सकने के निमित्त अस्थायी रूप में 'तपन तेज तपता तपति' पाठ स्वीकार कर लें।

'रत्नाकर' जी ने 'तपु ताप तपि' पाठ देते हुए इसका अर्थ किया है, 'तपन के तेज [अथवा] तपु (अग्नि) के ताप से तपकर।' उनकी अन्य प्रतियों में ये वाचन हैं –

तप ताप ते - सिं०; तपि तापि तपि - बि०; तापन तपति - टी०कुं०; तपता तपति - गि०।

हमारी अन्य प्रतियों में ये पाठ मिलते हैं –

تپتا تپت - ظا۰ ; तपता तपति - आ०।

वास्तव में प्रथम नागरी प्रति में लिपिक के लेखन प्रमाद से 'तपता तपति' के स्थान पर 'तपता पपति' लिखा होने से उस पर संशोधन किया गया – उ० और पा० प्रतियों में वह यथावत् दिखलाई दे रहा है। अन्य प्रतियों के 'तन ताप पत' आदि तीन पदों में विभक्त 'तन ताप पति' आदि पाठ भी मूल प्रति की विकृति को सार्थक रूप देने का परिणाम है। 'रत्नाकर' जी ने तपु [सं० तपुस्] अर्थात् अग्नि का अप्रचलित शब्द जोड़ कर कदाचित् टीका में प्राप्त व्याख्या को आधार बनाया है।

'लपटै तिय नाह' से शमित होने वाला ताप, ग्रह-नक्षत्रों का नहीं होता, अतः 'तपन' अर्थात् सूर्य संगत प्रयोग न होगा। स्वीकृत पाठ यह है –

तपन तेज तपता तपति अतुल तुलाई मांह।

('सिसिर' का 'ससिर' रूपभेद यहाँ तथा अन्यत्र भी मिलता है। दे० अगला दोहा। 'रत्नाकर' जी की एक छोड़ तीन प्रतियों बि०टी०कुं० में यही रूप है! यह राजस्थानी में भी कहीं-कहीं देखा गया है।)[29]

तु० देव का प्रसिद्ध छंद है –

> **वालम विरह जिन जान्यो न जनमु भरि वरि वरि उठै ज्यों ज्यों वरसै वरफ राति। वीजन डुलावति सषीजन त्यो सीतहू मै सौति के सराप तनतापनि तरफराति। देव कहै सासनिही अंसुवा सुषात मुष निकसै न वात ऐसी ससकी सरफराति। लौटि लौटि परति करौट षटपाटी लै लै सूषे जल सफरी ज्यो सेज पै फरफराति** [सुष० १८१]

§ **रहि न सकी सव जगत मैं। सिसिर सीत के त्रास। गरम भाजि गढवै भई। तिय कुच अचल मवास** [३४३]

भई - पा०न०गा०स०भा०नी०ह०; गई - उ०को०शि०मो०वे०मु०; गै - वा०। بهئی - ظا۰ भई - आ०चौ०। 'रत्नाकर' जी ने 'भई' पाठ रखा है – उनकी गि० प्रति में 'गई' पाठांतर मिलता है।

[29] राजस्थांनी० पृ० ५४१९।

तत्काल तो यह 'भ' - 'ग' का दृष्टिभ्रम जान पड़ेगा लेकिन गहराई से विचार करने पर स्पष्ट होगा कि 'भई' मूल प्रति पर संशोधन का परिणाम है। उ० और मान० तक तो 'गई' वाचन मिलता है और वहाँ से प्रक्षिप्त होकर अन० की प्रतियों में। अगली पीढ़ियों की पोथियों में 'भई'।

'भाजि गई' में एक पद अधिक है! 'भागी' अथवा 'गई'! इसकी तुलना में 'गढवै भई' में अर्थ गांभीर्य है। 'गढवै' शब्द ही को लें। इसका 'वै' विवृत पद 'गढ वै' यों नहीं है, फिर भी इसकी व्याप्ति देखने ही योग्य है। यह मेरे देखने में पहली बार श्रीपति मिश्र में आया था –

अंग अंगरागनि की सोंधे सोंधे वागनि की परम जराऊ जरकस जोति च्वै रही [श्री० ४]

यहाँ एक प्रति में 'जरकस जोति वै रही [र०कु० २१८]' देखकर मैं इसे 'बुनने' [सं० वयनम्] समझ बैठा था मगर यहाँ, अन्य तुकांतों के प्रमाण से, यह 'च्वै' छोड़ 'वै' कदापि न होगा।

'गढवै' का 'वै' पति या स्वामी के अर्थ में, प्राकृत के 'पै' से तुल्य है। 'गढवै' अर्थात् 'गढपै'। 'वै' सुरक्षा के लिए काँटे आदि से खींची हुई बाढ़ भी है! [30]

इस दोहे में 'गरमि' के अपेक्षा 'गरम' मुझे अटपटा लगता है।

शीत ऋतु में भी युवती के स्तनों में गरमाई का होना, पुराने कवियों ने अन्यत्र भी चित्रित किया है। महाकवि माघ की प्रसिद्ध उक्ति है –

रामाणामभिनवयौवनोनोष्मभाजोराश्लेषा स्तनतटयौर्नैवांशुकेन'; [31]

कवीश्वर कालिदास को भी यौवनोष्मा का ज्ञान है, 'सुषोपसेव्यैर्नवयौवनोष्मभिः' **ऋतुसंहारम्** ५ -९।

§ [३४७] के एक प्रयोग पर 'रत्नाकर' जी की टिप्पणी महत्वपूर्ण है –

> **गरव गरूर** इस युग्म प्रयोग में टीकाकारों ने प्रायः अर्थ-पुनुरुक्ति समझ कर कई युक्तियों से उसके परिहार की चेष्टा की है। पर हमारी समझ में उन युक्तियों की कोई आवश्यकता नहीं। भाषा में एक ही, अथवा कुछ भिन्न, अर्थ वाले दो शब्दों के एक साथ प्रयोग करने की प्रथा बहुत पुरानी है। इस समय भी ऐसे युग्मों का प्रयोग बहुतायत से होता है, जैसे राजा राव, इष्ट मित्र, गाँव गिराँव, भाई बंधु, हवा बयार, पान पत्ता, जान पहिचान, काम काज इत्यादि। कभी कभी ऐसे युग्मों में एक शब्द भरती का तथा दूसरा फ़ा० अथवा अरबी का होता है है, जैसे राज रियासत, धन दौलत, बाज़ार हाट, गली कूचा, राम रहीम, भाई बिरादरी, गए गुज़रे, हरवा हथियार इत्यादि। इसी प्रकार 'गरव' (गर्व) भारती तथा 'गरूर' अरबी शब्दों का युग्म इस दोहे में प्रयुक्त किया गया है। इस प्रयोग में न तो पुनुरुक्ति दूषण है, और न 'गरूर' शब्द का अर्थ मग़रूर (ग़रूर वाला) करने की कोई आवश्यकता है। [32]

30 दे० **पाइअ०** पृ० ७३२।

31 शीतकाल, सरोवर में स्नान कर नवयुवती बाहर निकली तो काँप रही थी। उसका रेशमी वस्त्र उसके स्तन तट से चिपक गया था क्योंकि चीनांशुक को ज्ञान था कि युवती के स्तन में ऊष्मा रहती है!

32 **बि०र०** पृ० १४४।

§ [३५४] 'छुही गुलाव सौ' या 'गुलाव सै'! ज़ा० में گلاب لون पाठ है; अन्यत्र सौं - आ०; सौँ - पो०। 'रत्नाकर' जी के यहाँ सै - सिं०; की - बि०; सें - टी०; से - गि०। स्वयं उन्होंने 'सैं' पाठ स्वीकार किया है, अवशिष्ट प्रति कुं० का। 'रत्नाकर' जी ने इसकी व्याख्या इस प्रकार की है,

> छुही = लिपी हुई, सिंची हुई। सैं = सदृश शब्द से 'सइ' और 'सइ' से 'सै' बना है। 'सै' का सानुनासिक उच्चारण भाषा विशेषता मात्र है।
> त्यों त्यों गुलाब-जल से सिंची हुई सी [होकर] छाती अति शीतल होती है।[33]

'छुही' प्रयोग देवदत्त में अनेकशः मिलता है, यथा –

> **जुही गुही मांग आंग चंपकपराग छुही देव लषे लोइन लजाती है नलिनिया** [सुष० २९६]
> **कवि देव कहौ किन कोई कछू तवते उनके अनुराग छुही** [सुष० ५९४]

तु० छुहिअ लिप्त, पोता हुआ। **पाइअ०** पृ० ३४०। दे० 5054 CHUP 'touch' Turner p. 278.

किंतु ऊपर 'सैं' की व्याख्या मुझे संदिग्ध जान पड़ती है। 'सै' सदृश से कैसे व्युत्पन्न है, समझ में नहीं आता! 'सदृश' से 'सरिस' पालि में देखा जाता है (दे० पाइअ० पृ० ८८०); सूर-तुलसी में भी प्राप्त है, (दे० सूर० ५६९; तुलसी० ४४९)।

स्वयं 'रत्नाकर' जी की व्याख्या में यह अर्थ लुप्त है। हरि० टीका में इसका अर्थ स्पष्ट है, 'गुलाव सों छुही, सींची है मानो, ऐसे छाती सियराति है।'

पाठभेदों को देखें तो ज़ा० तथा मो० प्रतियों का 'लों' फ़ा० लिपि में दृष्टि भ्रम है, سون का لون! – 'सैं' आदि पाठ प्रथम नागरी प्रति में 'सौं' की मात्रा में खड़ी पाई को पद भेदक छोटी रेखा समझ बैठने से हुई भूल है। यही रूप तो उ० प्रति में अब भी देखा जा सकता है। अर्थ के विचार से भी 'गुलाव सैं छुही' अग्राह्य है।

'गह्यौ राहु अति आहु' में उकार किस आधार पर, कहना कठिन है। 'रत्नाकर' जी के संपादन में सूक्ष्म मात्रा भेद तक सम्मिलित किए गए हैं, मगर यहाँ एक भी रूपांतर नहीं, अन्यत्र भी नहीं मिलता।

'राहु' के लिए 'राह' यहाँ तो अनुप्रास के दबाव से हुआ है, अन्यत्र देखें तो फ़ा० में 'राह' 'राहु' की वर्तनी एक ही है –

राहु – اند کلاکونج مین بسي منون راه بهي بهاج (इंदुकला कुज मै वसी मनौ राहु भय भाजि) [६९०]

राह – کهن کهیرا چهوتن کو هرکه چلي چهو دس راه (घन घेरा छुटिगौ हरषि चली चहू दिसि राह) [४८५]

---

[33] **बि०र०** पृ० १४७।

अर्थ के विचार से राह राहु दोनों समान तथा शुद्ध हैं!

ऐसा लगता है, राहु के अर्थ में 'राह' संपादक को अपर्याप्त लगने से उन्होंने शुद्ध रूप दिया है और इसी के अनुसार 'आहु', यद्यपि अर्थ तो उन्होंने 'आह' ही का दिया है, 'राहु ने बड़ा आहु (ललकार अथवा युद्ध) करके'।

'आह' (सं० 'आहर' ग्रहण करना, पकड़ना) प्रस्तुत प्रसंग में सटीक है। आगे झुकी हुई केशों की लंबी लट ललाट पर की लाल बेंदी (सूर्य) तथा मुख मंडल (चंद्रमा) की मानों राह रोके है! ('भाल' अधिकपद है, न चाहिए – बेंदी प्रायः माथे ही पर तो लगाई जाती है!)

§ **तौ लगु या मनसदन मै। हरि आवै किहि वाट। विकट जटे जौ लौ निपट। षुटै न कपट कपाट** [३६१]

षुटै फ़ा० दृष्टिभ्रम का भी परिणाम हो सकता है, کہولین और کہوتین – मात्र ते! दो पद यहाँ विचारणीय हैं, 'षुटना' का अर्थ, तथा कपाट के साथ इसका प्रचलित मुहावरा क्या है?

बड़ा ही रोचक प्रयोग है, 'षुट'! इसके क्रमिक विकास पर विचार करने के लिए निम्नलिखित पदों पर ध्यान दें।

खुण्ड्, खुण्डते to break into pieces, to limp. **MMW** p. 340.

3895 * khuTTa4 'defective'. Pk. khuTTa 'broken'. **Turner** p. 206.

खुट्ट वि० [दे] त्रुटित, खण्डित, छिन्न। **पाइअ०** पृ० २७७।

खुडिय वि [खण्डित] त्रुटित, खण्डित, विच्छिन्ना। **पाइअ०** पृ० ७८।

आम बोलचाल में इनसे व्युत्पन्न कितने ही शब्द प्रचलित हैं! यथा, खुड्डी गाँवों में कच्चे पाख़ाने में बने चूल्हे के आकर की चौकी, जिस पर चढ़कर हगते हैं। ('ससुरजी खुड्ढी में गिर गए थे, नौकर नहला रहा था।' – कुल्ली भाट, निराला।)

दाँतों की पंक्ति में एकाध दाँत टूट जाएँ, विशेषतः बच्चों के, तो उसे खोड़हा दाँत कहते हैं।

खोड़ करना कार्यसिद्धि में बाधा पहुँचाने के अर्थ में आता है। बच्चों की बोली में खुट्टी करना आपस में मैत्री संबंध तोड़ने को कहते हैं, यद्यपि बच्चे जो ठहरे, वे शीघ्र ही 'मिल्ली' भी कर लेते हैं!

मुहावरे में कपाट खुलना ही प्रायः प्रचलित है। (दे० **हिंदी मुहावरे** पृ० ९८) **मानस** का प्रयोग है, 'आवत देषहिं विषय वयारी। ते हठि देहिं कपाट उघारी॥'

मगर आलोच्य प्रसंग में कपट से अनुप्रास जोड़ने के विचार से कपाट आया है। इसी प्रकार द्वार खुलना भी (वही पृ० ३८४।)

प्रतियों के साक्ष्य तथा अपेक्षाकृत अप्रचलित प्रयोग होने से 'षुटै' स्वीकार किया गया है।

§ [३६२] दे० तृणमणि; तु० फ़ा० कहरुबा کہربا attracting straws, i.e., amber. **Steingass** p. 1066.

§ **वैसीयै जानी परति। झगा ऊजरे मांहि। मृगनैनी लपटत जु हिय। वेनी उपटी वांहि** [३६६]

एक ही पद विवेचनीय है, तृतीय यति में 'हिय'। इसके पाठभेद हैं, 'यह - उ०भा०मि०मु०नी०; हीय - को०शि०गा०; वह - मो०।'

'रत्नाकर' जी ने 'यह' पाठ लिया है, यद्यपि 'हिय' उनकी टी०गि०कुं० प्रतियों में है। (ज़ा० प्रति में भी यही पाठ है, یہ। 'रत्नाकर' जी की व्याख्या नीचे दी जा रही है –

> (*अर्थ*) – [हे लालन, उस] मृगनयनी के लिपटते समय जो यहं बेनी (चोटी) [तुम्हारी] बाँह में उपट आई है (मुद्रित हो गई है), (वह) श्वेत झगा मै वैसी ही (ज्यों की त्यों) जान पड़ती है (प्रकट होती है)। [अर्थात् तुम किसी स्त्री को अभी अभी आलिंगन करके आ रहे हो अभी इतना समय भी नहीं बीता है कि उसकी चोटी की छाप कुछ मिट जाती।][34]

विद्वान् संपादक को भारी खींच-तान करनी पड़ी! 'यह' की संगति बैठाने के लिए 'जो यह बेनी, वह'! 'यह' हो कि 'वह', प्रसंग में कोई भी निर्देशक सर्वनाम न चाहिए। फिर?

'हिय' पर ध्यान दें। 'वेनी उपटी वांहि', वस्तुतः 'वांहि उपटी वेनी' वह 'वैसीयै जानी परति'। इसका कारण? कारण यह कि 'मृगनैनी जु हिय लपटत,' तुमने अपने प्रगाढ़ आलिंगन पाश में कसा था।

पाठांतरों पर दृष्टि डालें।

यह - उ०भा०मि०मु०नी०; हीय - को०शि०गा०; वह - मो०।

'यह' उ० (और ज़ा०) में तथा कृष्ण० समूह की टीकाओं में प्राप्त दोहों में है। मगर इन्हीं टीकाओं के व्याख्यात्मक अंश में 'हिय' की पुष्टि होती है –

> कृष्ण प्रानप्यारे कुचकुंकुम की छाप रही छाती पै उघरि यह अवरेषियति है। मृगनैनी लपटत उपटी षये पै वैनी ऊजरे झगा मै अरगट देषियति है [कृष्ण० ३६६]

(कृष्ण कवि ने नायक के वक्ष पर उपटी छाप देखी कुचकुंकुम की! देव कवि ने वहाँ नायिका के ओछे उरोजों की भी साँट पड़ी देखी है –

> **पीक भरी पलकै झलकै अलकै जु गडी सु लसै भुज षोज की। *छाइ रही छवि छैल की छाती मै छाप वनी कहू ओछे उरोज की।* ताहि चितौत वडी अंषियानि ते ती की चितौनि चली अति ओज की। वालम ओर विलोकिकै वाल दई मनो षैचि सनाल सरोज की [सुष० ४९८])**

ہیِ (हिय) से یہ (यह) न होगा – यह नागरी लिपिजन्य विकृति है, 'हिय' लेखन प्रमाद से 'हय', जिसे सार्थक रूप दिया गया, 'यह'!

§ [३६७] नर० समूह की (तथा आ० पो०) प्रतियों में दोहों का क्रम विपर्यय इस प्रकार हुआ है –

[34] बि०र० पृ० १५१।

[३५२] [५०२] [३५३] से [३६३] क्रमशः। [३६४] से [३७०] लुप्त। [३७१] से [३९४] [३६८] [३६७] [३९५] से [४००] [३६४] से [३७०] [४०१] आदि।

ध्यान रहे, कृष्ण० समूह की पोथियों में दोहों का क्रम मान० नर० आदि से सर्वथा स्वतंत्र है।

नर० तथा कृष्ण० समूहों की प्रतियों और आ० पो० पोथियों में [३६८] [३६७] दोहों का पाठ इस रूप में मिलता है –

प्यासे ००० (जियै – फिरै - मि०) मतीरन सोधि [३६७]

विषम ००० रहे सवै जल सोधि [३६८]

([३६७] दोहा को०ह० में त्रुटित।) ज़ा० में उ० के समान पाठ है (इस प्रति में [३६४] से [३७०] संख्यक दोहे उपलब्ध हैं) –

پیاسي دوپہر جیتہ کي پہري سبین جل سوده ۰ مردہر پاي متیر ہون مارو کہت پوده
[ظا۰ ٣٦٧]

अगला दोहा –

بکہم برکہادت کي تیرکہا جئي متیرن سوده ۰ امت اپار اکاده جل مارو موند پیوده
[ظا۰ ١٦٨]

अर्थात् [३६८] की प्रथम यति के आगे [३६७] की २ ३ ४ यतियाँ। इसी प्रकार [३६७] की प्रथम यति के आगे [३६८] की २ ३ ४ यतियाँ। दूसरे शब्दों में कहें तो बीच के दोहे आ०पो० सहित जिन प्रतियों में लुप्त हैं, उनमें इन दोहों के पाठों में प्रथम यतियों का विनिमय हो गया है! विपर्यय का कारण दोहों के चारों पदांतों की समानता है। अर्थ पर विचार करने पर क्या अंतर है? अर्थ की कसौटी पर कसें तो भारी रहस्योद्घाटन होता है! विश्लेषण करें तो स्पष्ट होगा कि ये दोहे एक ही दोहे के मूल तथा संशोधित प्रारूप हैं!

[३६७] तथा [३६८] दोहों का उ० आदि प्रतियों के अनुसार कच्चा पाठ यों है –

प्यासे दुपहर जेठ के फिरे सवै जल सोधि। मरुधर पाइ मतीरुही मारू कहत पयोधि [३६७]

विषम वृषादित की तृषा जिये मतीरनु सोधि। अमित अपार अगाध जलु मारौ मूड पयोधि [३६८]

दोनों ही दोहों की सम्मिलित विषय वस्तु पर विचार करें तो भावभूमि यह प्रगट होती है, १) प्यास में शोध – २) वह वांछित वस्तु (उसकी उपलब्धि) – ३) उसकी असीम उपादेयता।

इन्हें उपरोक्त दोहों में इसी क्रम में गिनें –

१) जेठ दुपहर की प्यास [३६७] वृष आदित्य की विषम तृषा [३६८]

२) जल खोजते हुए पाया मतीर [३६७] मतीर सोधा [३६८]

३) उसे तो क्षीर सागर ही मानना चाहिए [३६७] क्षीर सागर ही मिल गया, अब अमित अपार अगाध जल भी हो तो उसकी खोज में क्या सिर खपाना! [३६८]

दोनों कथ्यों पर इकट्ठा विचार करें तो मालूम होगा कि बाद वाला कथन पहले की अपेक्षा जटिल ही नहीं, पहले का विकास भी है। यही नहीं, यह एक ही दोहा है, पहला वाला मूल पाठ, दूसरा उसके पाठ पर किया हुआ संशोधन!

यह भी ध्यान देने योग्य तथ्य है कि, दोनों दोहे जहाँ भी मिलते हैं, जुड़वा हैं!

एक ही पाठ पर काट काट कर संशोधन किए जाने का प्रमाण है, कृष्ण० समूह की प्रतियों में प्राप्त पाठ की लौटपौट। (ऊपर देखें।) को०ह० प्रतियों में [३६७] अर्थात् दोहा का प्रथम प्रारूप न मिलना भी इसी बात को सिद्ध करता है। दोहा पाठ भ्रष्ट होने पर भी टीकाकारों ने सटीक व्याख्या तथा उदाहरण देने का यथाशक्य प्रयास किया है। देखें, हरि० में दोनों दोहों का भाव एक ही स्थल पर समाविष्ट है।

[३६७] दोहा संपादित पाठ में सम्मिलित न किया जाना चाहिए मगर एक ही भावभूमि के अनेक दोहों के युग्म मिलते हैं, यथा [३७७] [३७८]; [३८२] [३८३]। इससे यह मानना होगा कि मूल दोहा पाठ एक-एक पत्र पर लिखा होने से उन पत्रों को विषयानुसार लगाने का आंशिक रूप से प्रयास किया गया था। यही कारण है कि कृष्ण० जैसी टीकाओं में, जहाँ दोहों का सर्वथा स्वत्रंत्र क्रम मिलता है, ये दोहे युग्म में पाए जाते हैं।

['रत्नाकर' जी ने 'मूड़ मारना का जो अर्थ दिया है, वह सही नहीं जान पड़ता –

> मूड़ मारना लोकोक्ति है। 'अमुक वस्तु को मूड़ मारो' का अर्थ अमुक वस्तु को वृथा समझो, फेंक दो इत्यादि होता है।[35]

हिंदी मुहावरे में (पृ० ५१८) यह लोकोक्ति दी तो गई है किंतु साक्ष्य 'रत्नाकर' जी का उक्त प्रयोग ही है – दूसरा स्वनाम धन्य हिंदी शब्दसागर से तुलसी का प्रयोग, जो अन्यत्र कहीं दृष्टिगोचर होता नहीं! 'मूड़ मारना' किसी अन्य कोश में भी नहीं है। 'मूड़ मारना' उर्दू मुहावरा नहीं है। कदाचित् यह 'सिर खपाना' का अनुवाद हो। पयोधि का मूड़ मारना, लहरों का किनारे पर व्यर्थ ही सिर पटकना, लहरों का पछाड़ खाना आधुनिक मुहावरा होने से यहाँ चरितार्थ न होगा।

'मूड़ मारना' तो सिर खपाना, माथा (या मगज़) पच्ची करना के अर्थ में कहा जाता है। इसी अर्थ में 'माथा मारना' कहते हैं।]

§ **लागत कुटिल कटाछ सर। क्यौं न होहि वेहाल। कढत जु हियहि दुसाल करि। तऊ रहत नटसाल [३७६]**

[35] बि०र० पृ० १५२।

तृतीय यति में 'जु हियहि' के स्थान पर 'रत्नाकर' जी ने 'जि हियहिं' पाठ देते हुए 'जि' की व्याख्या इस प्रकार की है,

> **जि** – यह शब्द 'जो' के बहुवचन रूप 'जे' का लघु रूप है।[36]

आश्चर्य है, उनके यहाँ इसका कोई पाठभेद नहीं! यह लघु रूप **सतसई** में तो अन्यत्र कहीं है नहीं, अन्य कवियों में भी देखने का स्मरण नहीं! 'हियहि दुसाल करि (जो) कढत' उस 'जो' का लघु रूप 'जु' – इसे बहुवचन का द्राविड़ प्राणायाम कराने की क्या ज़रूरत!

पाठभेद देखें तो प्रगट होगा कि 'जि' उ० तथा नर० समूह ही की पोथियों का वाचन है, अन्यत्र 'जु'। नर० में भी उदाहरण 'जु' को पुष्ट करता है –

> काढत है हियरा जु दुसाल कै और कराल विसाल चहै है।

'जि' विकृति का कारण समझ में आता है। नागरी आदर्श प्रति में 'जु हियहि' की बजाय, लिपिक के कानों में दूसरे पद 'हि' का इकार प्रतिध्वनित होने से, 'जि हियहि' लिखा गया था; बाद में पार्श्व पर 'जि / जु' संशोधन किया गया होगा। 'हियहि' - 'हिये' आदि भेद के पृथक्-पृथक् लिप्यंतरण हैं।

'रत्नाकर' जी ने सिं० का 'कढत जि हियहि' पाठ स्वीकार किया है; उनके यहाँ पाठभेद ये हैं – कढत हु हियैं - बि०; काढत जियहि - टी०कुं०; काढत हियो - गि०। सारे पाठ भेदों को देखते हुए प्रगट होता है कि 'कटाच्छसर' तथा 'नटसाल', दोनों ही 'काढत' क्रिया के कर्ता नहीं हो सकते, ये पद 'कढत' के अपेक्षित हैं। 'काढत' मात्रा पूर्ति का परिणाम है, एक वर्ण 'हि' छूट जाने से। यही कहीं 'हियहि' आदि हो रहा है। ज़ा० में 'कढत जु हिए' पाठ है; मान० शाखा की आ०पो० प्रतियों में 'जि हियहि'।

§ **चुवत स्वेद मकरंद कन। तरु तरु तर विरमाइ। आवतु दच्छिन तै चल्यौ। थक्यौ वटोही वाइ** [३९२]

तृतीय यति में बड़ी रोचक पाठविकृति हुई है! पहले तो मुझे इसके कविकृत पाठ संशोधन होने का भ्रम हो गया था!

हमारी अधिकतर प्रतियों में प्राप्त 'दच्छिन तै चल्यौ' पाठ ज़ा० और आ०पो० आदि प्राचीनतर प्रतियों में भी है – 'रत्नाकर' जी की भी अधिक पुरानी पोथियों सिं०बि० में भी, यद्यपि उन्होंने 'देस तैं' पाठ स्वीकार किया है! इसके स्थान पर 'दच्छिन देस तै' पाठ उ०श०वा०मो०ह० प्रतियों का पाठ है, अर्थात् 'देस तै' के स्थान पर 'तै चल्यो'। प्रगटतः है यह परिष्कृत पाठ। 'देस' अधिक पद है – 'दक्षिण पवन' में देश है ही!

टीकाओं में इसकी कुंजी मिल जाती है। नर० की व्याख्या है, 'पवन रूपी वटोही थाको थको दक्षिन दिसि ते चल्यो आवतु है'। इसकी पद्यात्मक टीका में भी यही भाव है, 'आवत है दिस दच्छिन तै जु

[36] बि०र० पृ० १५४।

चलाक चल्यो चलतै पथ हार्यौ।' समान भाव कृष्ण कवि के छंद में देखें, 'सुरभि समूह छाक्यो दच्छिन दिसा ते वाइ थाक्यो सो वटोही चल्यो आवतु हरे हरे।'

हरि० टीका में परिवर्तन स्पष्ट है, 'आवत है दछिन देस तें थाक्यो वयारि सो वटोही, पथिक।'

यह ऐसे कि मूल प्रति के पार्श्व पर किसी के द्वारा टीपी गई टीका, دچھن دس अर्थात् 'दच्छिन दिसि' को मूल पाठ में دچھن دیس 'दच्छिन देस' पढ़ते हुए इन प्रतियों में समाविष्ट किया गया!

§ **जौ चाहत चटक न घटै। मैलौ होइ न मित्त। रज राजस न छुवाइए। नेह चीकने चित्त** [३९७]

तीसरी यति में मूल पाठ पर संशोधन हुआ है, 'छुवाइ तौ' 'छुवाइ तू' के स्थान पर 'छुवाइए'। वर्तनी भेद से पाठ इस प्रकार हैं –

छुवाइए - ह०; छुवाइ तौ - उ०शि०वा०; छुवाईयै - को०गा०; छुवाइये - पा०; छुवाई तू - मो०; छुवाइयै - न०मु०; छुवायकै - वे०; छवाइयै - स०; छुवाउ तू - भा०; छवाइ तौ - नी०।

फ़ा० में लिखित تو को 'तू' तथा 'तौ', दोनों ही, पढ़ा जाएगा – अर्थ के विचार से दोनों ही प्रसंग संगत हैं! 'जौ चाहत तौ' और 'तू न छुवाइ'। संभव है, इस संदिग्धता को दूर करने के विचार से यह परिवर्तन किया गया हो। प्रथम वाचन प्राचीनतर उ० क्रम की प्रतियों और दूसरा वाचन भी उतनी ही पुरानी को० आदि की पोथियों में मिलने से निश्चय होता है कि संशोधन मूल प्रति पर किया गया।

§ **पावक झर ते मेह झर। दाहक दुसह विसेषि। दहै देह वाके परस। याहि दृगनुही देषि** [४०२]

'याहि' के पाठभेद हैं –

वाहि - उ०न०वे०गा०स०भा०; याही - शि०; या - वा०; वाहीं - मो०; ?हि, ऊपर रिक्त स्थान में 'या' - ह०; یاہ - ظا۰

'पावक झर' तथा 'मेह झर' के क्रम में दूरवर्ती के लिए 'वाके', निकटस्थ के लिए 'याहि' संगत ही है, फिर बहुसंख्यक प्रतियों में 'वाहि' असंगत पाठ कैसे? 'य' में 'व' का दृष्टि भ्रम संभव है, वैसे ही یا में وا की भूल भी!

§ **नासा मोरि नचाइकै। करी कका की सौंह। कांटे सी कसकति हिये। गडी कटीली भौंह** [४०६]

नचाइकै - वा०वे०गा०स०; नचाइयें - उ०; नचाय दृग - को०मो०ह०; नचाइ हैं, 'ह' पर 'क' - शि०; नचाइ दृग - पा०: नचायकै - न०मु०; नचाइ द्रग - मि०नी०।

'रत्नाकर' जी ने 'नचाइ जे' तथा 'कसकै ति' पाठ स्वीकार किए हैं। उनकी आलोच्य प्रतियों में दोनों पाठ यों मिलते हैं,

कै - बि०टी०कुं०; दृग - गि०। कसकति - बि०टी०गि०कुं०।

उनकी टीका के संबंधित अंश ये हैं –

[अर्थ – [उसने मेरे छेड़ने पर] नाक को मोड़ [चढ़ा] कर, [और] जिन [भौंहों] को नचाकर काका की सौंह [शपथ] की [कि तुम्हारी यह ढिठाई मुझे अच्छी नही लगती इत्यादि] वे कँटीली [कंटकित] भौंहें मेरे हृदय में गड़ी [हुई] काँटे सी कसकती [खटकती पीड़ा देती] हैं।

इस दोहे के पाठ में हमारी पाँचों प्राचीन पुस्तकों में ऐसा अंतर है कि अर्थ में बहुत अंतर पड़ता है। हमने यहाँ पहली पुस्तक का पाठ ज्यों का त्यों रख दिया है, और पाठांतर पाद-टिप्पणी में दे दिए हैं। यह पाठ अधिक संबद्ध ज्ञात होता है।[37]

हमारी अन्य प्रतियों में पाठ इस प्रकार मिलता है, نچاي درک ـ کسکت जौ - आ०; 'भौंह नचाना' और 'आँख नचाना' दोनों ही बामुहावरा हैं। यद्यपि पुराने काव्य में अधिक; आधुनिक समय में आँख की अपेक्षा भौंह नचाना या मटकाना अधिक आम है।

अपयशों से बचे रहे वे ही, चल सके जो बचा बचा करके। दूसरों को रहे नचाते क्यों, *भौंह अपनी नचा* नचा करके॥ – हरिऔध।[38]

पद्माकर का बहुप्रसिद्ध सवैया है –

फाग की भीर अभीरन मै गहि गोविंद लै गई भीतर गोरी। भाइ करी मन की पदमाकर ऊपर नाइ अवीर की वोरी। छीनि पितंवर कम्मर ते सु विदा दई मीडि कपोलन रोरी। *नैन नचाइ* कही मुसकाई लला फिरि आइयो षेलन होरी॥

अन्य कवि प्रयोग भी इसे प्रमाणित करते हैं। कविवर देवदत्त के कुछ उदाहरण नीचे दिए जाते हैं –

***भृकुटी नचाइ* भाल त्रिकुटी उचाइ कर चिकुटी रचाई चितचाइनि चुनति फिरै** [सुष० ११०]
डीठि वचाइ लचाइकै लोचन *भौहें नचाइ* कह्यो हंसि हांही [अष्ट० ६-४]
पिय त्यो तिय *नैन नचाइ* तचाइ ज्यों पावक [जय० ५-३५]
सषियां *अषियांनि नचाइ* अचै गई ओठनिही ठहराइ हसी [जय० ७-१०]

बिहारीदासवाले दोहे के प्रकृत प्रसंग पर लौटें तो 'दृग' अन० का संशोधन है, और हरि० के पाठ का आधार अन० होने से ह० में 'दृग' मिलता है। 'कै' के समान ही 'दृग' एकदम चुस्त-दुरुस्त पाठ है। मगर जब 'नचाइ' के साथ दोनों की तुलना करते हैं तो दोनों का भेद प्रगट हो जाता है! 'नचाइकै' तथा 'नचाइ दृग' – 'कै' पूर्वकालिक क्रिया 'नचाइ' से जुड़कर क्रिया से प्रभावित होने वाले को ढूँढ़ती है, किसको नचाया? वह तो दोहे के अंतिम सिरे पर है, 'भौंह'! इस अति दूरान्वय को सुधारने के लिए सरल पर्याय रखा गया, 'नचाइ दृग'।

---

[37] **बि०र०** पृ० १६६-६७।
[38] **बोलचाल** पृ० ३०।

'रत्नाकर' जी के स्वीकृत पाठ का 'नचाइ जे' 'जे' 'ये' का (बंगला उच्चारण के समान!) उच्चारण भेद ही है, भा० प्रति में तो इन दोनों को कठिनता ही से अलग-अलग पहचाना जा सकता है! यही तो उ० में 'यें' है!

'कसकति' के स्थान पर 'कसकै ति' 'रत्नाकर' जी ने क्यों स्वीकार करते हुए 'ति' की व्याख्या 'ति (ते) = वे' कैसे मानी, कुछ समझ में नहीं आता!

§ **अति अगाध अति ओथरो। नदी कूप सर वाइ। सो ताकौ सागर जहां। जाकी प्यास वुझाइ** [४११]

'ओथरो' के रूप भेद विचारणीय हैं –

ओथरो - को०गा०; औथिरे, संशोधन द्वारा 'औथरौ' - उ०; ओथरौ - शि०; ऽओथरौ - वा०; वोथरो - पा०; ओघरो - मो०; यौथरौ - न०; उंथरो - वे०स०; ऊथलो - भा०; औथरे - मि०ह०; आथरौ - मु०; औथरौ - नी०।

'रत्नाकर' जी ने संपादित पाठ में 'औथरौ' स्वीकार किया है; उनकी टी०कुं० प्रतियों में 'औतरौ' पाठभेद मिलता है। अर्थ उन्होंने किया है, 'औथरो = छिछला।'; 'अति अगाध [हो अथवा] अति औथरा।'

अति विलक्षण पद है, 'औथरौ'! आधुनिक भारतीय आर्य भाषाओं के इतिहास में अतुलनीय! **हिंदी शब्दसागर** में तो इसे होना ही चाहिए, सो उसके आदि संस्करण से विद्यमान है! और वहाँ से दिवाकरौ-प्रभाकरौ के समान हर परवर्ती शब्दकोष में अपनी किरणें पसार रहा है! इस कोश के विद्वान् संपादकों ने इसे यों परिचायित किया है, 'औथरा [सं० अवस्थल + क] उथला। छिछला।' आगे प्रमाण में बिहारीदास का यही दोहा। (**हिं०** पृ० ७१०) 'उथला' को [उत् + स्थल] से निःसृत बताया गया है! (**हिं०** पृ० ५७४) माना, संस्कृत में 'अव' का अर्थ 'नीचा' होता है, मगर 'अव' का 'ओ' नहीं, 'औ' कैसे!

दूसरे कवियों में भी 'औथर' तो दूर, 'औथ-' आदि पद कहीं नहीं पाया गया। सबसे भारी विडंबना तो यह कि 'औथ' **सतसई** में भी किसी शब्द के आदि, मध्य या कि अंत में नहीं है! ब्रजभाषा छोड़ें, सिंधी से असमिया और कश्मीरी-नेपाली से लेकर मराठी तक, किसी भी आधुनिक भारतीय आर्य भाषा में 'औथ-' है ही नहीं!

फिर बिहारीदास के इस दोहे में वंध्यासुत के समान विलक्षण यह शब्द आ कहाँ से गया!

ज़ा० प्रति में दोहे की प्रथम यति का पाठ यह है, اوتہرو ات اکادہ ات ध्यान दें, اوتہرو पर! इसे 'ओथरो' ही नहीं, 'उथरो', आदि-अंत के स्वरों को 'उ', 'ओ' और 'औ' पढ़ा जा सकता है। फ़ा० लिपि में **सतसई** की मूल प्रति के नागरी में लिप्यंतरणकर्ता ने 'अलिफ़ वाव' को सीधे 'औ' पढ़ा है! अभीष्ट पद 'उथलो' को मात्रा पूर्ति के लिए आदि में दीर्घायित किया गया है, 'ओथरो' और 'लो'

का रलयोरऽभेद से 'रो', बस! (नर० और कृष्ण० की टीकाओं में भी वर्तनी 'ओथरो' मिलती है।) [39]

§ **विरह विथा जल परस विनु। वसियत मो मन ताल। कछु जानत जलथंभ विधि। दुरजोधन लौ लाल** [४१४]

पूरे दोहे में मुझे एक ही पद संदिग्ध लगता है, 'वसियत'! गंभीरता पूर्वक विचार करें, क्या अर्थ है इसका, वसते हो कि वसिए? '-इयत्' अंत्य क्रियाओं के कुछ नमूने पहले देख लें –

> दुरजोधन लौ *देषियति* [०१५] पत्राही तिथि *पाइयति* [०७३] कत *करियत* दृग लोल [११३] भाग *चाहियत* भाल [१५६] प्रतिविंवित *लषियत* जहां [१६२] आवत जात न *जानियत* [१७४] अवही कहा *चलाइयति* [२०३] पट की ढिग कत *ढांपियत* [२१४] नहि सोभा को *साजियतु* [२३६] *चहियत* जुगलकिसोर लषि [२३८] काहू पुन्यनु *पाइयतु* [२७४] *जियति* विचारी वाम [२८५] छुटन न *पैयतु* छिनकु वसि [३२५] ऊचे चितै *सराहियतु* [३७५]

'-इयत्' का, लिंग-वचन भेद न करते हुए, अर्थ है '-ते हो'। विचारणीय है पदभंग, 'वसियत मो मन' या 'वसिय तमो मन' – दुर्योधन के समान जल स्तंभन विधि के ज्ञाता हो तो क्यों न मेरे तमोमय मन में बसो! संभव है यह मात्र मेरा भ्रम ही हो पर मुझे तो इस दोहे पर इस प्रसिद्ध श्लोक की छाया दिखलाई देती है,

> **क्षीरसारमपहृत्यं शंकया स्वीकृतं यदि पलायनं त्वया।**
> **मानसे मम नितान्ततामसे नन्दनन्दन कथन्न लीयसे॥**

अर्थात् माखन चुराकर डर के मारे यदि आपने भागना ही निश्चय किया है तो ऐसी जगह छिपिये जहाँ यशोदा आपको पा न सकें। हे नंदनंदन! हमारे हृदय में अविद्या का घोर अंधकार है। आइए, हमारे हृदय में आप क्यों नहीं छिप जाते।

§ **कहै यहै श्रुति समृतिहू। यहै सयाने लोग। तीन दवावत निसकही। पातकु राजा रोग** [४२९]

श्रुति – सुश्रत - उ०; सुश्रुति - को०; सुश्रुत - वा०; सुशृति - मो०; साशत्र - न०; सास्त्र - वे०गा०; शास्त्र - स०; स्रुति - मु०; सोश्रुति - ह०। समृतिहू – सुमिति - उ०; समृति - को०वा०मो०न०ह०; स्मृतिहू - पा०भा०मि०; स्मृतिहूं - वे०गा०स०; सुमृति - नी०। निसकही – निससही, दूसरे 'स' पर भिन्न क़लम से 'क' - उ०; निकस - वा०; निसंकही - पा०; निसंषही - मो०; नसकही - न०; निकसही - वे०गा०स०; निशिकही - भा०; नीस कौ - मि०मु०; निसहु - नी०।

کہي اہي سُرت سمرت یہ سبہي سیاني لوک • تین دباوت نسک کو پاتک راجا روک [ظا• ٤٢٩]

'श्रुति' के आगे सभी वर्तनी भेद हैं, पाठांतर नहीं। वर्तनी में भी भ्रम का कारण प्रगट है। नागरी की आदि प्रति में फ़ा० سُرت का सीधा लिप्यंतरण कदाचित् 'सुरत' रहा होगा। पार्श्व पर 'स्' का संशोधन

[39] * ut-sthala- 'shallow'. [STHALA-] H. uthal, uthala 'shallow, shelving, shallow-minded'; **Turner** p. 88.

'श्' किया गया, वही यत्र-तत्र 'साशत्र' जैसे पाठ के रूप में हमारे सामने है। 'स्मृति' की तद्वत् वर्तनी रखने पर दोहे की एक मात्रा कम पड़ती है। इसकी तरह-तरह से पूर्ति का प्रयास किया गया।

'निसकही' (निःशक्त) का अर्थ समझ न पाने से इसके विविध सार्थक रूप किए गए हैं।

§ **षरी लसति गोरै गरै। धसति पान की पीक। मनौ गुलीवंद लाल की। लाल लाल दुति लीक** [४४०]

'गुलीवंद' के अनेक रूपांतर मिलते हैं, यथा, गुलावद - उ०नी०; गलूवंध - को०गा०ह०; गुलवद - वा०; गुलूवंद - पा०स०; गुलीवंधु - मो०; गलूवंद - न०; गुलीवंध - वे०; गुलीवध - मि०; गुलवद, 'ल' में इकार बाद में - मु०; **कوليند - ظا०** के अतिरिक्त आ० प्रति में भी यही रूप मिलता है। यह मूलतः फ़ा० का शब्द है, [40] (फ़ा० में 'गलू' और 'गुलू' दोनों शुद्ध हैं।)

टीकाओं में भी अनेक रूप पाए जाते हैं, यथा 'गलूवंद' नर०; 'गुलीवंद' कृष्ण०; 'गलोवंद' हरि०। **राजस्थांनी०** में 'गुलीवंद' है, (पृ० ९२४।)

§ **सौ विजुरी मन मेह। आनि इहां विरहा धरी। आठौ जाम अछेह। दृग जु वरत वरसत रहत** [४४५]

سون بجوري سنون میہ ان ایہان برہا برہا دہري

'रत्नाकर' जी ने 'स्यौं' पाठ स्वीकार करते हुए इसका अर्थ किया है, 'समेत, सहित'।

> [हे सखी, मेरे] नेत्र जो आठो जाम (रातदिन), निरंतर, बलते [तथा] बरसते रहते हैं, [सो] मानो विरह ने बिजुली के समेत यहाँ (इन नेत्रों में) ला रखे हैं। [41]

'स्यौं' उनके हस्तलेखों में केवल सिं० प्रति में है; अन्य चार प्रतियों में पाठ हैं, 'तो - बि०; ज्यौं - टी०गि०कुं०।' वस्तुतः तो 'रत्नाकर' जी ने यह अर्थ तथा पाठ भी हरि० टीका से उठाया है,

> स्यौं को अर्थ सहित, विजुरी सहित मेघ कौ आनिकै इहां हमारे नेत्र में विरह ने धर्‌यो है।

प्रतियों का साक्ष्य छोड़ें तो भी 'स्यौं' विलक्षण शब्द है! **सतसई** में अन्यत्र कहीं नहीं! एक सिरे से जायसी, तुलसी, सूरदास, देवदत्त, श्रीपति आदि कवियों में – यहाँ तक कि केशवदास तक में – यह कहीं नहीं मिलता! किसी भी आधुनिक भारतीय आर्य भाषा में 'स्यौ' नहीं! [42] फिर यह यहाँ कैसे? नीचे सारे वाचन दिए जाते हैं –

सौ - न०; सौ, 'स' पर संशोधन का प्रयास - उ०; सौं - को०; ज्यौं - शि०; ज्यौ - वा०; संशोधन किए जाने से अपठ, औ की मात्रा - पा०; सो - मो०वे०गा०स०मु०; स्यौं - ह०।

---

[40] گلو بند A neckcloth; a necklace; a small rectangular plate of gold (studded with gems) worn on the throat. **Steingass** p. 1096.

[41] बि०र० पृ० १८३।

[42] Cf. **Turner**

देखें, संवत् १७१७ की साँगानेरवाली उ० प्रति में ‘स’ की खड़ी पाई वाले अंश पर संशोधन का प्रयास किया गया है; अन० की प्राचीनतर प्रति पा० में भी पाठ सुधारा गया है – यहाँ केवल औ की मात्रा बच रही है। ‘सौ’ हो या ‘स्यौ’, इसके स्थान पर संशोधन किया गया प्रतिशब्द अन्य सारी प्रतियों में है तो – ज्यौं - शि०; ज्यौ - वा०; ‘रत्नाकर’ जी के यहाँ भी ज्यौं - टी०गि०कुं०।

‘ज्यौ’ और ‘सौं’, ‘सौ’, ‘सो’ में अर्थगत अंतर क्या है? ‘प्रभु, तुमसों को उदार जग मांही!’ वही निरनुनासिक ‘सौ’ यहाँ प्रयुक्त हुआ है; अर्थ भी वही, समान या सा। पूरे दोहे का अन्वय इस प्रकार होगा,

मेह सौ विजुरी इहां मन (मै) आनि धरी, जु विरहा वरत दृग आठौ जाम अछेह वरसत रहत। (मेह के समान घन विद्युत् यहाँ, मन में ला धरी है; जो (तभी) विरह [से] बरते हुए दृग आठौ जाम अछेह वरसत रहत [हैं]।

(‘रत्नाकर’ जी के ‘धरे’ के स्थान पर उनकी टी०कुं० प्रतियों में ‘धरी’ पाठभेद है, विजुरी के साथ संगत। ظا० - دہري ज़ा० में बड़ी ये की जगह छोटी ये लगी है, – इस प्रति में दस पीछे नौ स्थानों पर ऐसा पाया जाता है – ‘धरी’ फ़ारसी की मक्षिकास्थाने मक्षिका नागरी वर्तनी है!)

§ **गडे वडे छवि छाक छकि। छिगुनी छोर छुटै न। रहे सुरंग रंग रंगि उही। नह दी महदी नैन** [४४८]

पाठ की गुत्थी केवल तीसरी यति में है, वह भी, ऐसा प्रतीत होता है, पार्श्व पर किए गए संशोधन को समझ न पाने के कारण। पहले ‘रत्नाकर’ जी की व्याख्या देखें, जिससे दोहे का भाव स्पष्ट हो जाएगा –

> छवि के बड़े (गहरे) छाक [मद्यपान] से छककर (मतवाले होकर) छिगुनी के सिरे पर गड़े हुए [मेरे] नयन छूटते नहीं (हट नहीं पाते), [और] ‘उहीं’ (उसी स्थान पर अथवा उसी कनिष्ठा उँगली के) नह (नख) में दी हुई मेंहदी से सुरंग रंग में रँग रहे हैं, (भलीभाँति अनुरक्त हो रहे हैं)।[43]

तृतीय यति के पाठभेद ये हैं –

रहे - उ०शि०वा०पा०मो०भा०मि०मु०नी०ह०; रंगे - को०; रंग - वे०स०।

सुरंग - उ०शि०वा०पा०मो०वे०स०भा०मु०नी०ह०; सुरंगही - को०; सुरगि - मि०।

रंग - उ०शि०वा०पा०मो०भा०मि०मु०ह०; (लुप्त) - को०वे०स०; रंगि - नी०।

रंगि - उ०वा०मो०भा०मु०; (लुप्त) - को०; रंग - शि०पा०; रंगी - वे०स०; रग - मि०नी०; रगि - ह०।

उही - को०शि०मो०वे०स०मि०मु०; तुही - उ०; रही - वा०भा०; उहीं - नी०; वही - पा०ह०।

नह - उ०शि०वा०मो०वे०स०भा०मि०नी०ह०; तेह - को०; नेह - पा०; वेह - पा०; नहि - मु०।

[43] बि०र० पृ० १८४।

दी - उ०को०शि०वा०पा०पा०मो०वे०स०भा०मि०नी०ह०; (लुप्त) - मु०।

महदी - उ०को०वा०स०मि०नी०; मिंहदी - शि०ह०; मेहदी - पा०; मेंहिदी - मो०; मैहदी - वे०; मिहदी - भा०; महिदी - मु०।

नैन - उ०पा०वे०भा०मि०मु०नी०; नैंन - को०शि०वा०ह०; नेंन - मो०स०।

رہي سورنک رنک ہو وہي نہوندي مہدي نين - ظا٠

स्वीकृत पाठ के स्थान पर अन्य दो प्राचीन प्रतियों (आ० सं० १७२४ तथा ष० सं० १७६६) में ये पाठभेद हैं –

रंग रंगि – रंगि - आ०; रंगि २ - ष०। नह दी – नहीं दी - आ०।

पाठविकृति का कारण अब सामने आ जाता है। देखें, दो-ढाई सौ वर्षों में फैली हुई पृथक् टीकाओं और स्वतंत्र प्रतियों में भी पाठ अटक रहा है, 'रंग रंगि' पर! मूल प्रति पर इनमें से एक टीपे जाने के समय छूट गया था और इस त्रुटि का परिमार्जन पार्श्व पर संशोधन से हुआ! नागरी प्रति नहीं, मूल फ़ा० प्रति में! आ० प्रति में भी एक 'रंगि' ग़ायब है; ष० में 'रंगि२'! ज़ा० प्रति में एक 'रंग' अब भी लुप्त है, उसकी मात्रा पूर्ति 'हू' से की गई है, رہي سورنک رنک ہو وہي शुद्ध रूप में लिखा जाए तो رہي سورنک رنک رنک وہي – तीन-तीन मात्राहीन कबंध 'रंक'! इनमें से दूसरे या तीसरे का छूट जाना सहज संभव है। छूट जाने का एक और भी कारण समझ में आता है। 'सुरंग रंग रंगि' के पाठांतर देखें तो यहाँ अनुस्वार ही होने से इनका उच्चारण दीर्घायित हो, मात्रा की मर्यादा का लंघन करने से यहीं पर यति पूर्ति का भ्रम उत्पन्न करता है!

§ **षल वढई वल करि थके। कटै न कुवत कुठार। आल वाल उर झालरी। षरी प्रेम तरु डार** [४४४]

'रत्नाकर' जी ने 'आलवाल' को समस्त पद मानते हुए इसका अर्थ बताया है, 'क्यारी', '[हे सखी, मेरे] हृदय रूपी आलवाल में प्रेम रूपी तरु' आदि! कतिपय प्राचीन टीकाकारों ने इसे भिन्न रूप में व्याख्यायित किया है। यथा,

> प्रेमरूपी जे तरु तिनकी डारि आल सौ क० सरसाई सौ वाल के उर के विषै षरी झालरी है पै वा काटी नाही – नर०;
> आल वाल उर तै प्रगट भयो प्रेम तरु दिन दिन झालरत अति सरसातु है – कृष्ण०।

लगता है, यहाँ भी 'रत्नाकर' जी ने हरि० टीका को आधार माना है –

> आलवाल क्यारी सो है उर, हृदय, तामे प्रेम तरु की डार षरी अति झालरी है, पत्रपुष्प सों भरि रही है - हरि०।

यद्यपि एक कोश में यह पद देखने में आया, [44] इस प्रसंग में मुझे यह विवृत पद लगता है, 'वाल उर आल झालरी' इस रूप में अन्वित हो! 'आल' उसी टटके, तरोताज़ा का व्यंजक है, जिस अर्थ में यह कवि देव के इस ललित छंद में आया है –

> **हेरतही हरि लीनो हियो इन *आल* रसाल सिरीष जभीरनि। चंपक वेल गुलाव जुही पिचुमंद मधूक कदंव कुटीरनि। षोलत कामकथा पिक वोलत डोलत चंदन मंद समीरनि। केसर हार सिगारनहू करना कचनार कनैर करीरनि** [भाव० १-२२] [45]

('आल' यहाँ पादपों की लंबी सूची के आदि में होने से विशेषण होगा, स्वयं वृक्षवाची नहीं।)

§ **वेई कर व्यौरनि वहै। व्यौरौ कौन विचार। जिनही उरझ्यौ मो हियौ। तिनही सुरझे वार** [४५१]

प्रथम पद की व्याख्या 'रत्नाकर' जी ने इस प्रकार की है –

> कर = हाथ। यहाँ इस शब्द का अर्थ हथौटी [46] अर्थात् कोई काम करने का ढंग विशेष, है। व्यौरनि = बालों के सँवारने का विशेष ढंग। व्यौरौ = भेद। [47]
>
> (अवतरण) नायिका ने अपनी सषी को नायक के पास कुछ संदेश लेकर भेजा था। नायक ने वहाँ उसके केश अपने हाथ से सँवार दिए। उसके लौटने पर नायिका केश सँवारने की हथौटी तथा रीति से नायक द्वारा सँवारे गए केश पहचानकर कहती है –
>
> (अवतरण) [तेरे बालों के बनाव की] हथौटी वे ही हैं, [जो नायक की हैं तथा] व्यौरनि (सँवारने की रीति) भी वही है [जैसी नायक की तो फिर अब] व्यौरा (भेद अंतर) किस विचार से [रह गया। यह तो निश्चय हो गया कि] जिनसे मेरा हृदय उलझा है, (उन्हीं के द्वारा) [तेरे] बाल सुलझे हैं। [48]

प्रगट ही, 'व्यौर्' पद का अनुप्रास मूल में है, किंतु 'रत्नाकर' जी की व्याख्या मुझे भ्रमित करती है! संस्कृत में 'व्य' [49] तथा 'व्यव' [50] आदि पृथक्करण के वाचक हैं। इस विचार से 'व्यौरना' केश सुलझाने के अर्थ में सर्वथा संगत है।

'वेई कर व्यौरनि वहै' यह 'वेई व्यौरनि वहै कर' के रूप में अन्वित होता अधिक संगत जान पड़ता है! इसी प्रकार 'व्यौरो कौन विचार' में 'व्यौरो' भेद अथवा अलगाव का नहीं, विवरण, व्याख्या के अर्थ में भी नहीं अपितु 'व्यौरो' 'विवि औरो' 'विय' [सं० द्वि] दूसरा के अर्थ में, और अन्य कौन से विचार की, व्यजना देता अर्थात् 'दूसरा और', का संधि रूप लगता है।

---

44 आलवाल रति वेलि वई री २६६४। **सूर०** पृ० ४५।

45 **दे०सं०ग्रं० पृ० २-४८।**

46 हथोटी [सं० हस्तकृति] हस्त कौशल, दक्षता। **राजस्थांनी०** पृ० २-८८३।

47 दे० व्योरौ - भेद, रहस्य, कारण। **राजस्थांनी०** पृ० २-६७४।

48 **बि०र०** पृ० १७९।

49 दे० **MMW** p. 1028.

50 दे० vyakalana - separation, substraction. **MMW** p. 1028; 12157 vyagat - he went away. (And see some other following entries.) **Turner** p. 704.

§ **राति द्यौस हौसै रहै। मान न ठिक ठहराइ। जेतौ औगुन ढूढिये। गुनै हाथ परि जाइ** [४५३]

न ठिक - को०वे०भा०मि०मु०नी०; ठिकु न - उ०; ठिक न - शि०; ठिकठ - वा०; न ठिकु - पा०मो०न०ह०; न ठकु, 'ठ' में इकार बाद में - गा०; न ठीक - स०।

'न मन' – 'मन न' यद्यपि दोहा मात्रा के विचार से दोनों ही संगत हैं, फिर 'न मन' कानों को खटकता क्यों है? वस्तुतः खटकता नहीं, 'मन न' अधिक श्रुति मधुर लगता है तो क्यों? 'मन न' के अनुप्रासपुष्ट होने से! अगले ही दोहे में देखें –

मन न मनावन कौ करै। देत रुठाइ रुठाइ। कौतिक लाग्यौ प्यौ पिया। षिझहूं रिझवत जाइ [४५४]

§ **विरह विपति दिन परतही। तजे सुषनु सव अंग। रहि अव लौंव दुषौ भए। चला चलै जिय संग** [४५५]

भाव स्पष्ट है, विरह विपत्ति के दिन आते ही सारे सुखों ने मेरा परित्याग कर दिया था, अब तक साथ रह गए थे दुख ही। अब चलने को उद्यत मेरे प्राणों के साथ वे दुख भी मेरा साथ छोड़कर चले!

गणना करें तो दोहे की द्वितीय यति में एक मात्रा यद्यपि न्यून है, पर 'लौंव' में 'व' को खींचकर 'लौंऽव' पढ़ने से लय बिगड़ती है, न मात्रा कम रहती है! 'रत्नाकर' जी ने 'लौंऽव' रूप ग्रहण किया है; पहले भाषा काव्य में अवग्रह का चलन न होने से अन्य लिपिकों ने यहाँ तरह-तरह से मात्रा पूर्ति का प्रयास किया है –

लोव, 'व' के ऊपर रिक्त स्थान में 'अ' - उ०; लों - शि०गा०स०; लौं - वा०न०वे०मु०नी०; लंव - पा०; लोंवि - मो०; लौव - भा०। विलयौ - न०; विलषौ - वे०गा०स०; विदुषौ - मु०।

फ़ारसी प्रति ज़ा० में अवग्रह होने का कोई प्रश्न ही नहीं, अतः वहाँ ره ابلون اب دوکہو بہي सीधा 'अवलों अव' पाठ है। स्वीकृत पाठ दो प्राचीन प्रतियों आ० और ष० में भी है।

समस्त पद की अपेक्षा 'चला चलि' विवृत रूप में अधिक स्पष्ट अन्वित होता है, 'चलै जिय संग व दुषौ चला भए'।

तुलनीय –

> **देव तेव गोरी के विलात गात वात लगे ज्यों ज्यों सीरे पानी पीरे पान से पलटियत** [सुष० २५८]
>
> **आठ जाम चौसठि घरी वरनि कही कविदेव। पठत सुनत अनभौत जै महाभाग के तेव** [अष्ट० ८-१७]
>
> **ध्यावत सुभ लहत तेव विघ्न हरत करत सेव। उलहत सुष सिद्धि कहत जै जै जै देव देव** [माया० १-७]

§ **छतौ नेह कागर हियै। भई लषाइ न टांक। विरह तचें उघर्‌यौ सु अव। सेहुड कौ सौ आंक** [४५७]

'छतौ' की 'रत्नाकर' जी द्वारा की गई लंबी व्याख्या द्रष्टव्य है –

इस दोहे के 'छतौ' शब्द के विषय में वर्तमान विद्वानों में मतभेद है। कोई तो इसका अर्थ 'था' करते हैं और किसी के मत में 'छतौ' का अर्थ 'था' होना संशयात्मक है। उनकी समझ में 'छतौ' के स्थान पर 'छप्यौ' पाठ विशेष संगत है। हमारी पाँचों प्राचीन पुस्तकों में से चार के अनुसार तो 'छतौ' ही पाठ ठीक ठहरता है, और केवल चार अंक की पुस्तक में 'छयौ' पाठ है। प्राचीन टीकाओं में से अनवरचंद्रिका, कृष्ण कवि की टीका, रसचंद्रिका, हरिप्रकाश की टीका तथा लालचंद्रिका में 'छतौ' पाठ है और अमरचंद्रिका, देवकीनंदन की टीका तथा शृंगारसप्तशती में 'छप्यौ'। 'छतौ' का अर्थ कृष्ण कवि की टीका से अलक्षित अर्थात् छिपा हुआ होना प्रतीत होता है पर रसचंद्रिका, हरिप्रकाश तथा लालचंद्रिका में इसका अर्थ 'था' पाया जाता है। बिहारी के सबसे पहले टीकाकार मानसिंह ने भी इसका अर्थ 'ही', अर्थात् 'था' ही लिखा है। हमारी समझ में इसका अर्थ अलक्षित हुआ, छिप गया, करना उचित है, जो कि कृष्ण कवि लिखित सवैया से प्रतीत होता है। संस्कृत में 'क्षत' शब्द का अर्थ नष्ट हुआ, बिगड़ा इत्यादि होता है और 'छद्' धातु का अर्थ ढाँपना, छिपाना इत्यादि। इन्हीं दोनों में से किसी से यह शब्द बना प्रतीत होता है। २७५वें अंक के दोहे में भी 'छत' तथा 'अछत' शब्द इसी प्रकार के हैं। बोलचाल में अब भी लोग कहते हैं कि 'तुम्हारे अछत अथवा आछत अमुक कार्य कैसे हुआ।' ऐसे वाक्य में 'अछत' का अर्थ नष्ट न होने पर, अर्थात् उपस्थित रहते, होता है। तुलसीदासजी ने भी 'अछत' का प्रयोग इसी अर्थ में कई स्थानों पर किया है, यथा –

'अस प्रभु हृदय अछत अविकारी।'
परसु अछत देखौं जियत बैरी भूप-किसोर।' [51]

इन सारी टीकाओं से गृहीत पाठ हमारे लिए उपयोगी नहीं हो पाता क्योंकि प्रत्येक टीका का पाठ स्रोत, टीकाओं में परस्पर पाठ मिश्रण आदि किसी का कोई ठिकाना ही नहीं!

वर्तमान संपादन में व्यवहृत पोथियों में पा० और भा० प्रतियों में, क्रमशः, 'छप्यो' 'छिपो' पाठ है; अन्य सब में 'छत्-' के वर्तनीभेद। भा० कृष्ण० वर्ग की प्राचीन प्रति है मगर इसमें अनवर० से पाठ मिश्रण के अनेकानेक प्रमाण मिलने से इस प्रति का साक्ष्य विश्वसनीय नहीं माना जा सकता – तब और भी जब अनवर० की दूसरी प्रति मो० में 'छत्-' पाठ है!

'छतौ' को लेकर इतने उहापोह की आवश्यकता है नहीं। 'टांक' पद की परीक्षा पहले करने से 'छतौ' का भी अर्थ प्रगट हो जाता है!

प्रसंग पर ध्यान दें तो स्पष्ट होगा कि यहाँ सेंहुड़ के रस से कागज़ पर की लिखावट के सूखने पर उसका अलक्षित होना और फिर उसी कागज़ को आँच दिखाने पर लिखावट का प्रगट होना – यह चमत्कार

[51] बि०र० पृ० १८९।

प्रधान है, 'विरह तचे नेह का उघरना' उसके पीछे।

'रत्नाकर' जी ने, तथा कुछ अन्य टीकाकारों ने भी, 'भई लषाइ न टांक' में 'टांक' का अर्थ 'एक बहुत छोटे तोल' 'बहुत थोड़ा' ही ग्रहण किया है – 'टांक, थोरी भी' - हरि०। माना, 'टका' आदि शब्द इस अर्थ को पुष्ट करते हैं।[52] मगर शब्द कभी-कभी कौतुक-क्रीड़ा भी तो किया करते हैं, न! 'झ' मूल धातु के प्रकाश और ध्वनि बोधक दो भिन्न अर्थों से क्रमशः जुगनू का व्यंजक पुराना शब्द 'जीगन' तथा 'झिरिका' 'झिल्लिका' शब्द निःसृत हुए लगते हैं। इसी प्रकार यहाँ भी वही 'टंक' एकदम भिन्न अर्थ का व्यंजक है![53] मुझे तो 'टांकु' इसी दूसरे अर्थ के अधिक निकट दिखलाई देता है! बोलचाल में कहते हैं कहीं कागज़ पर 'टाँक लेना', लिख लेने या टीपने के अर्थ में। यह वही 'टंक' है, सेंसुड़ के रस से लिखा गया, सो 'टांकु लषाइ न भई'! और वही 'टांकु छतौ न; सु अव उघर्यौ'। नर० के शब्दों में, 'सुंदर टांक लषाय नहीं भई कागद वाल हियो सु धर्यो है। तेज तच्यो विरहानल मै अव सेंहुड अंक सो यौं उघर्यो है।' यहाँ 'न' दीपक-देहरी के समान 'लषाइ' और 'छतौ' पर दोहरा लागू न होकर आधुनिक मुहावरे से मिलता-जुलता है, 'खाया, न खाऊँगा' के समान 'छतौ, लषाइ न'।

'टांकु' में दोनों ही अर्थ समाविष्ट हैं तो भी यहाँ श्लेष यदि है तो, 'अल्प' के अर्थ में अति क्षीण, क्योंकि इस अर्थ में यह मूल्य का व्यंजक अधिक है, मात्रा या काल अवधि का उतना नहीं।

'छत' [सं० क्षत] के विषय में संदेह की गुंजाइश नहीं। अर्थ भी नष्ट होना है, कुछ अन्य नहीं। एक ही 'क्षत' से 'छत' और 'खत' दोनों उपजे हैं। छोटे बच्चे सूखते हुए घाव की खुजलाहट से तंग आकर उसे खरोंचते रहते हैं तो घाव नया होकर कठिनाई से अच्छा होता है, उस ब्रण को अवधी में 'बँदरखत' कहते हैं। तु०

> **तिय निय हिय जु लगी चलत। पिय नषरेष षरोट। सूषन देति न सरसई। षोटि षोटि षत षोट** [२९८]

§ **गाढे ठाढे कुचनु ठिलि। पिय हिय को ठहराइ। उकसोंहेंही तो हिये। दई सवै उकसाइ** [४६१]

'ठाढे' के विभिन्न पाठांतर विचारणीय हैं –

वाढे - को०शि०मो०मि०; गाढे - न०वे०गा०स०नी०; गाडे - भा०; वाढै - मु०।

'रत्नाकर' जी की आलोच्य प्रतियों में भी 'वाढे' बि० तथा 'गाढे' गि० प्रति में है।

'वाढे' यद्यपि प्राचीन प्रतियों में मिलता है, दो कारणों से इसे अस्वीकार किया जा रहा है। एक तो यह राजस्थानी के 'ठ' में 'व' का भ्रम होने से दृष्टि भ्रम का परिणाम हो सकता है; दूसरे अर्थ के विचार से 'ठाढ़े' की व्यंजना 'बढ़े हुए कुच' की अपेक्षा वर्तुलाकार अथवा उठे हुए कुच यहाँ अधिक संगत होगा।

---

52 5426 .taMka 1 'weight of 4 mashas. **Turner** p. 300.

53 5427 .taMka 2 'spade, hoe, chisel' **Turner** p. 300.

सामुद्रिक शास्त्र में जिन उरोजों को 'मूले स्थूलौ क्रमकृषावग्रे तीक्ष्णौ पयोधरौ', अर्थात् मूल में भारी तथा आगे की ओर पतले तथा नुकीले शंकु आकार के उरोज बताया गया है, ऐसे 'उठे' अथवा 'उचौहे' कुचों का चित्रण देवकाव्य में दर्जनों स्थलों पर हुआ है –

> **देव सुधा भरे ओठ उठे कुच भेंटि अघातु सही मघवा सो** [सुष० २७५] **मोजी सियै जरदोजी वुटीनि उरोज उठे उर आंगी सकोचिनि** [सुष० २८२] **सांवरे अंग सरोज से नैन उरोज उठे इठिलात कपोलै** [सुष० ३१६] **देव रचौहे लचौहे द्रगौ ललचौहे उचोहै उठे कुच दोऊ** [सुष० ३८४] **आनन इंदु उठे कुच कंदुक आनद इंदिरामंदिर सोहें** [सुष० ४१२] **काल्हिही नीठि कठोर उठे कुच ईठनि सो ठनिकै निठुराई** [काव्य० ९-८०] **आपने ओछे उठोहैं कठोर उरोजनि कोमलै एडी मिलावति** [सुष० २६४] **जोवन की ऐंठ अठिलात से उठोहै कुच ओठनि अमेठि पटु ऐंठि पकरति है** [सुष० २९७] **पाइते वैठि उठोहै कठोर उरोजनि कोमल एडी मिलावति** [रस० १-६३]

§ **किते न औगुन जग करै। नै वै चढती वार** [४६७]

अर्थगत अंतर न होने पर भी, मूल पाठ पर दूसरे चरण में संशोधन किया गया है, यह देखें,

करै (को०शि०न०वे०स०) के स्थान पर करिति, 'रि' के इकार पर ऐ की मात्रा - उ०; करत - पा०मो०मु०नी०ह०; करैं - वा०; करे - गा०भा०; करति - मि०।

ध्यान दें तो पाठ परिवर्तन का कारण स्पष्ट होगा। 'करत' आदि के स्थान पर 'करै' अगले दो पदों, 'नै वै' में ऐकार के अनुप्रास मोह से! यह संशोधन मूल पाठ पर किया गया, इसका प्रमाण उ० प्रति में प्रगट है। ज़ा० प्रति में मूल प्रति पर का पहला वाचन मिलता है, كرت

§ [४७६] 'कुसम' रूप परिवर्तन का कोई कारण न होने से यह मानना होगा कि 'कुसुमित' के अनेक वर्तनी भेद यथा, कुसमित - उ०न०वे०नी०; कुसुमत - को०; कुसमत - शि०मि०; कुसुमीत - वा०; कुसमति - मु० – ये सब كوسمت के अशुद्ध लिप्यंतरण हैं। ध्यान दें, यदि 'कुसुमित' पाठ अभीष्ट होता तो फ़ा० में इसका शुद्ध रूप होता, كوسومت ।

§ **मीत न नीत गलीत है। जो धरियै धन जोरि। षायै षरचै जो जुरै। तो जोरिए करोरि** [४७७]

प्रथम चार पद अकारांत, इनमें भी तीन में 'त' का अंत्यानुप्रास। 'नीत' संगत और शुद्ध है, 'नीति' की तुलना में। इसके साथ ही क्या अर्थ है, 'गलीत' का? वही जो 'गलित' का है।[54]

दीर्घ 'ली' होने से हमारा ध्यान एकदम विपरीत दिशा में जाता है, यहाँ 'त' तुकांत के निर्वाह के लिए 'गलीत' हुआ है, गलीज़ का! [55]

---

54 fallen down or off; loosed, lost, perished, decayed. **MMW** p. 350.

55 غليظ *(galiz)* coarse, thick, rude, rustic, fowl, filthy. **Steingass** p. 858.

गंभीर अध्येता 'नीत' को 'नी' मूल से संबद्ध भी देखेगा, जिसका अर्थ 'ले जाना' है [56]– यद्यपि इसमें संदेह है कि स्वयं कवि की दृष्टि अर्थ की इस गहराई तक पहुँच सकी होगी!

'रत्नाकर' जी ने इसकी व्याख्या इस प्रकार की है,

> हे मित्र, [यह] नीति नहीं है कि गलीत (दुर्दशा में) होकर (अर्थात् अपनी दुर्दशा बनाकर) धन इकट्ठा करके रक्खा जाय। [57]

अन्य टीकाकारों में केवल हरिचरणदास ने इस अंश का अर्थ प्रगट किया है,

> हे मीत, आप गलीत होयके, कुचील वुरी दसा वनायके धन लैके जोर रषिए, यह नीति नहीं, षाए षरच किए जो जुरै, संग्रह होय, तो करोरि जोरिए, जो जुराय तो करोरि जोरिए, संभावना अलंकार।

'कृपण धन' पर रहीम की यह कटूक्ति ध्यान में आती है,

केहरि केश भुजंग मणि पतिव्रता को गात। सूर अस्त्र अरु कृपण धन मरे लगत है हात॥

§ **कियो सु सुचैन आइ** जगु। **सरद सूर नरनाह** [**४८५**]

'सु सुचैन' के स्थान पर **बि०र०** में 'सुचैनो' पाठ है और 'सुचैनो' का अर्थ 'सुखी अर्थात् घनों की बाधा से रहित' ('रत्नाकर' जी) तथा इससे मिलता-जुलता अर्थ अन्य टीकाकारौ ने भी किया है। (दे० इस दोहे पर टीकाएँ।) लेकिन 'सुचैन' से कहाँ भिन्नार्थी है 'सुचैनौ'? और क्या इस कोटि का शब्द परिवर्तन **सतसई** में या अन्य कवियों में पाया जाता है? स्पष्ट है, 'सुचैन' में एक मात्रा की प्रूर्ति के लिए इसे औकारांत बनाया गया – प्रथम नागरी लिपिकर्ता द्वारा! लिपिक क्या, विद्वान् संपादक तक पद सार्थक हो या न हो, मात्रा पूरी करते ही हैं! देखें,

> **श्रवनोत्कंठा दरसन लाज प्रेम करि भाष। होत परसपर पांच विधि दंपति के अभिलाष** [**रस० ६-३२**]

डॉ० किशोरीलाल गुप्त द्वारा किया गया संशोधन, 'दरसनो' भवानी० के संपादक बाबू रामकृष्ण वर्मा का पाठ है। 'दरसनो' कर देने से मात्रापूर्ति हो जाए, संपादक की आधि मिटे, बहुत अच्छा, परंतु अर्थ क्या है 'दरसनो' का! बहुवचन, कि प्रेरणार्थक क्रिया! [58]

सतसई के आलोच्य दोहे के पूरे चरण को यों पढ़ें –

कियो **सु सुचैन** आइ जगु। सरद सूर नरनाह।

पाठ निर्दोष है, अर्थ भी स्पष्टतर! मेरा ऐसा अनुमान है कि मूल में यही पाठ था – ज़ा० प्रति का वाचन मेरे अनुमान को पुष्ट करता है –

[56] nii **MMW** p. 565.; NI1 'lead' **Turner** p. 425.

[57] **बि०र०** पृ० १९९।

[58] दे० **दे०सं०ग्र०** पृ० ३–१३।

کیو سو سوچینو اي جک - ظا۰

प्रथम लिप्यंतरकार से पहला 'सु' दृष्टिभ्रम से छूट जाने पर 'न' को 'नौ' आदि किया गया है! उपरोक्त व्याख्या के आधार पर 'कियो सु सुचैन' विशेष पाठ संशोधन संपादक ने किया है। यहाँ 'सु' आया है 'सो' के अर्थ में। यह विरल प्रयोग कदापि नहीं है।[59]

§ **समै आइ सुंदरि सरद। काहि न करति अनंद** [४८६]

سمے اي سندر سرد کاہ نہ کرت انند - ظا۰

निम्नलिखित वर्तनी भेदों पर ध्यान दें,

सुंदरि – सुंदर - शि०न०वे०गा०स०भा०मु०नी०; सौदर - वा०; सुरि - मो०। सरद – सरदि - वा०; सरिद - मु०। करति – करतु - उ०न०गा०नी०; करत - शि०वा०वे०स०मु०। अनंद – अनंदु - उ०न०गा०नी०; आनंद - को०शि०मो०मु०।

कवि वस्तुतः शरद सुंदरी का रूपकाश्रित वर्णन ही कर रहा है – इसके बिना दोहा मात्र सपाट बयानी होगा। अतः यहाँ शरद ऋतु 'सुंदरि' का विशेषण 'सुंदर' असंगत है। है तो यह इकार के ज़ेर रहित سندر का सीधा नागरी में पाठ। इसी प्रकार 'करति' के स्थान पर 'करत' भी کرت और 'अनंद' का 'आनंद' انند फ़ा० लिपिजन्य वर्तनी भेद हैं।

§ **कहलाने एकत वसत। अहि मयूर मृग वाघ। जगत तपोवन सौ कियो। दीरघ दाघ निदाघ** [४८८]

तुलनीय :

रवेर्मयूखैर्भितापितो भृषं विदह्यमानः पथि तप्तपांसुभिः। अवाङ्मुखो जिह्मगतिः श्वसन्मुहुः फणी मयूरस्य तले निषीदति॥ १-१३ ॥

सूर्य की तीखी किरणों से तपा हुआ, राह की गर्म धूल से झुलसा हुआ सर्प अपना सिर नीचे झुकाकर बार-बार फुफकारता हुआ मोर की छाया में कुंडली बाँधे बैठा है और मयूर भी गर्मी के मारे उसे कुछ नहीं कर रहा॥ १-१३ ॥

तृषा महत्या हतविक्रमोद्यमः श्वसन्मुहुर्दूरविदारिताननः। न हन्त्यदूरेऽपि गजन्मृगेश्वरो विलोलजिह्वश्चलिताग्रकेशरः॥ १-१४ ॥

हाथियों का दल एकदम पास में है मगर सिंह उन्हें मार नहीं रहा, क्योंकि गर्मी इतनी अधिक है कि प्यास के मारे उसका सब साहस ठंडा पड़ गया है, वह मुँह खोलकर हँपनी छोड़ता, जीभ से होंठ चाटे जाता है, हाँपने से उसकी अयाल तेज़ी से हिलती जा रही है॥ १-१४ ॥[60]

[59] श्रीपति० पृ० ५६।
[60] ऋतुसंहारम्।

§ [४८९] दोहे का मु० प्रति में इस समूह की अन्य प्रतियों के समान उदाहरण छंद 'अंवर औनि दिसा विदिसा' मिलता है, साथ में इसी पावस प्रसंग का निम्नलिखित छंद [४८५] दोहे के आगे इस प्रति में है –

> **पावस में घन घेरो घनो अति और अंध्यार षरोई अरे है। आन को भेद रह्यो न कछू सुनि देषतही हियरा हहरे है। एकता ऐसी भई जग वीच सु उन्नत नीच समान धरे है। रात औ द्यौस को भेद अवै चकई चकवा लषि जान्यो परे है** [मु० ५९३]

ध्यान रहे, [४८९] [४८५] दोहों का क्रम विपर्यय न०वे०गा०स० प्रतियों में है!

§ **पग पग मग अगमन परत। चरन अरुन दुति ऊलि। ठौर ठौर लषियत उठे। दुपहरिया से फूलि** [४९०]

पहिले 'ऊलि' के पाठांतर देख लें –

ऊलि - गा०भा०मु०; ऊलि, ऊपर रिक्त स्थान में 'केलि' - उ०; झूलि - को०शि०वा०पा०मो०ह०; झुलि - न०; ऊल - वे०स०; हूल - मि०; कूलि - नी०; جہول - ظا•।

अन्य प्रतियाँ, सं० १७२४ की आ० तथा सं० १७६६ की ष० प्रतियों में 'ऊलि'; सं० १७३५ की पोथी रा० में 'झूलि'।

जी नहीं, वर्तनी भेद नहीं हैं ये!

'रत्नाकर' जी ने तो मान० प्रति का 'झूलि' पाठ आँख मूँदकर ले लिया है – उनके यहाँ इस शब्द के कोई पाठभेद भी नहीं! जब 'झूलि' पाठ स्वीकार किया तो 'अगमन झूलि परत' की व्याख्या यों की है, 'चरणों की अरुण द्युति (लाल आभा के) झूल कर (ऊपर से नीचे की ओर तिरछे बल में आकर) पड़ते हुए (पड़ते समय, पड़ने से) ठौर ठौर पर दुपहरिया के फूल से फूल उठे देखे जाते हैं ...[61]

यह कैसे? 'झूल्' तो 'ऊपर से नीचे की ओर तिरछे बल में आकर' नहीं, 'ऊपर से नीचे और नीचे से ऊपर' का सातत्य होता है!

सैकड़ों वर्षों पुरानी पोथियों में सुरक्षित पाठ प्रमाणित करता है, उन्होंने शब्द के साथ न्याय न किया! शब्द 'ऊल्' ही है!

मैं आगे केवल कविवर देव के छंदों से साखी दे रहा हूँ। अभागा था यह कवि, जो इटावा के आसपास जन्म लेकर नष्ट हो गया! कहीं और, भारत से बाहर, जैसे कि फ़ारस में, पैदा हुआ होता तो सारस्वतों ने साधुवाद कर इसे गले से लगाया होता!

> देव सु दूलहै देषत **ऊलहि** फूलत कोंलकली सो कलेवरु [सुष० ५३]
> दुलही दूलह नौल नेह अनुकूल फूले **ऊलहे** फिरत गोपी गोपनि की भीर मै [सुष० ७५]
> देव वन फूलि फूलि भौरगन झूलि झूलि सौतिनि अतूल **ऊल** फूल परि रही है [सुष० ७७]

---

[61] **बि० र०** पृ० २०३।

नौदुलही नवद्रूलह लाल दुहू लहे **ऊलहे** आनद सोहै [सुष० ४९४]

ऊलही द्रूलहै देषि सु जानि सुजानि महाधन दानि दुनी को [सुष० ८०६]

ऊलहै प्रेम सदा अनुकूल है द्रूलहै सो त्रिनतूल है तेरेई [सुष० ८१२]

ऊलहे भागनि फूलि हियो मिलि द्रूलह देव क्यौ दुष्ष न मेट्यौ [प्रेत० १-३४]

धीर धिराति न पीर पिराति थिराति नही दिनरातिन **ऊलैहू** [रस० ५-११५]

द्रूलह प्रेमपियूष पियो सुररूष ज्यौ **ऊलहिकै** लहरान्यो [प्रेम० ३-१३]

आली उलाहिती **ऊलिवेही** कौ अलोक दै लोक फिरै उलटाऊ [सूर्यो० ४-५१]

नौदुलही नवद्रूलह लाल दुहू लहे **ऊलहे** आनद सो है [भवानी० ५-३०]

फूलि फूलि आवत झुलावत प्रवल काल **ऊलि ऊलि** जात झूलि झूलि धर्म झूला से [चित्त० २-४१]

सूले उर डोलतु पराये मुष फूले देषि भूलें न भलाई जाकें **ऊलै** षलु षेल कौ [चित्त० ३-३६]

लोभ लाभ **ऊल्यो** उर सूल्यो काम क्रोध मोह हेरै न हिरान्यो हरिनाम कामधेनु सो [चित्त० ३-८१]

वृथाही कथा वाचिकै नाचि **ऊले**। नही दैव कोई सवै झूठ झूले [माया० ५-१७]

कालिंदी के कूल कूल फूलती समूल वेलि केलि अनुकूल झूलि **ऊलि** अगिरत है [कृष्ण० ३२]

फूलि फूलि आवत झुलावत प्रवल काल **ऊलि ऊलि** जात झूलि झूलि धर्म्म झूला से [राज० ४-७]

'उद्' मूल से निःसृत 'ऊल्' पद आनंद, हर्ष, आदि का द्योतन करता है। [62]
नर० के टीकाकार ने गद्य भाग में इस प्रकार व्याख्या की है –

हो कान्ह राधिका के चरन की अरुनता तिनकी ऊलस [63] मारग के विषै पावडे पावडे आगे परतु है, सो कैसो सोभतु है कि ठौर ठौर के विषै दुपहरिया के से फूल से उठते लषियतु है।

'पग पग ऊलि अगमन मग परत' तब 'चरन अरुन दुति' ते तित 'ठौर ठौर दुपहरिया से फूलि उठे लषियत'। [64] 'ऊलि' अर्थात् उत्कंठा, उल्लास कारण प्रगट करता है, 'अगमन परत' का!
'ऊलि' का अर्थ न समझ पाने से लिपिकों ने सार्थक पाठ रखा है, 'झूलि' 'कूलि' आदि।

§ **ज्यौं ज्यौं माथै मारियत। त्यौं त्यौं ऊंचे होत** [४९१]

[62] उद् 1 up, up wards; out, out of, from. **MMW** p. 183.
[63] तु० 'उल्लसणौ' उत्कंठा होना। **राजस्थानी०** पृ० ४२२।
[64] बंधुजीव। Pentapetes ("five petals") phoenicia ("scarlet") forms a handsome four-foot-high plant with deep green, heavily lobed leaves, and attractive, orangish-red, mallow-like flowers. The blossoms open around noon and close the following down.

'ज्यौं ज्यौं – त्यौं त्यौं' के स्थान पर 'जेते – तेते' आदि भेद प्राचीनतर प्रतियों (तथा ज़ा०) में है। यह मूल का पाठ है; स्वीकृत पाठ पार्श्व पर टीपा गया द्वितीय या संशोधित पाठ है – यद्यपि परिवर्तन का कोई कारण प्रगट में नहीं है।

§ **मिलि विहरत विछुरत मरत। दंपति अति रसलीन। नूतन विधि हेमंत सव। जगत जु राफा कीन** [४९७]

रसलीन - न०मु०नी०ह०; रतिलीन - उ०शि०वा०; रमलीन - वे०; रंगलीन - गा०स०; रसुलीन - भा०मि०।

'रतिलीन' के स्थान पर 'रसलीन' मुझे मूल पाठ पर बाद में किया गया संशोधन जान पड़ता है, कदाचित् 'विहरत' के आगे 'रतिलीन' में कथितपदत्व दोष का भान होने से! संशोधित पाठ लिया गया।

बड़ा ही रोचक स्थल है, अंतिम यति में! 'जगत जु राफा कीन'। 'रत्नाकर' जी ने 'जगतु जुराफा कीन' पाठ दिया है – 'जगतु' के दो पाठभेद उनकी पोथियों में हैं, जग्वै - बि०; जुग्वै - गि०। 'जुराफा' समस्त पद उन्होंने ग्रहण किया है, अतः दूसरे चरण की उनकी व्याख्या ध्यातव्य है –

> इस हेमंत रूपी नए ब्रह्मा ने सब जगत को जुराफा बना रखा है।
> ऊँट की अकृति का एक पशु अफ़रीका में होता है। इसके विषय में प्रसिद्ध यह है कि यह अपने जोड़े के साथ रहता है और वियोग होने पर शीघ्र ही मर जाता है। प्राचीन टीकाकारों ने जुराफा का अर्थ पक्षी विशेष लिखा है।[65]

हमारे द्वारा व्यवहृत टीकाओं में से केवल हरि० ने जुराफा को पक्षी वाची माना है –

> जुराफा पच्छी ईरान, तूरान की तरफ होत है, एक ओर पांष होत है, एक ओर एक कौ अंकुस होत है, एक ओर एक को कुलावा होत है, अंकुस कुलावा मैं डारिकै दोऊ उडत हैं, मिलिकै विहरत उडत चरत है, विछुरे सों मरत हैं।

अन्य टीकाओं में से किसी में भी पक्षी की ओर संकेत नहीं – सब में 'कियो' क्रिया विद्यमान है! 'हेमंत नै जगत कौ विषै अपनो जु राफा कीनौ है' - नर०, 'नूतन भांति हेमंत समै सगरो जग आय जु राफ कियो है' - नर०; 'और एक देषौ हिमरितु की नवल रीति जगत मै सवही जु राफा ह्वै रहत है' - कृष्ण०।

मैं बारंबार देखता हूँ, हमारे यहाँ क्रिया पद की मुट्ठी में होता है पूरा वाक्य! इस दोहे को पढ़ते हुए प्रत्येक बार मेरा ध्यान 'कियो' पर अटक रहता है! मुझे 'रत्नाकर' जी की व्याख्या पर भारी संदेह 'कियो' का अर्थ 'बना रखा' देखते ही तत्क्षण हुआ! 'जुराफा कियो' – 'जुराफा बना रखा है'। मैं मानता हूँ, 'जुराफ' लंबी गर्दनवाला पशु है, जो अफ्रीका में पाया जाता है।

65 **बि० र०** पृ० २०५।

जिराफ़ अपने जोड़े से बिछुड़ने पर जल्द मर जाता है, इसकी सत्यता में संदेह है। यदि यह सच हो तो भी चकई-चकवा के बिछुड़ने के समान यह कवि प्रसिद्धि नहीं हो सकती क्योंकि कवि प्रसिद्धि बहु मान्य विषय की होती है, दूर अफ़्रीका में पाए जाने वाले एक ऐसे पशु जिराफ़ को लेकर नहीं, जिसे कवि ने देखा और न उसके श्रोता या पाठकों ने। अतः इसे दूर की कौड़ी लाना कहा जाएगा।

'रत्नाकर' जी की व्याख्या पर ध्यान दें। 'जुराफा करना' में 'करना' क्रिया उड़कर 'बनाना' कैसे हो गई! और 'जुराफा करना', 'राजा करना' 'पति करना' आदि के समान, मुहावरे से कोसों बाहर-दूर भी है! हाँ, 'उल्लू बनाना' कहते हैं किंतु यहाँ उल्लू पक्षी का अर्थ नहीं, मूर्ख (मनुष्य) का द्योतक है। पुराने समय में स्कूल मास्टर उद्दंड लड़कों को कभी-कभी मुर्गा बना देते थे। यहाँ भी दोनों घुटनों के नीचे से बाँह बाहर निकालकर दोनों कान पकड़े खड़े रहने की कष्टदायी सज़ा का नाम है 'मुर्गा'!

नहीं, क्रिया 'कियो' भिन्नार्थी संज्ञा की ओर इंगित कर रही है! 'जुराफा' का पद भंग करें तो 'जु राफा कीन'। 'हेमंत जु राफा कीन' – तभी तो नर० आदि टीकाकार 'कीन' को तद्वत् ग्रहण किए हैं। 'जु राफा कीन' लेने पर अर्थ उद्घाटित हो उठता है – رأف[66] राफ़ = दयार्द्र, कृपालु आदि।

भ्रम की जड़ में है, 'जु'। इसे 'जो' का रूपांतर न समझ पाने के सबब लिपिकों ने 'जुराफा' 'जुराहा' जैसे रूप गढ़े!

हेमंत ऋतु की प्रेमी युगल पर कृपा किस रूप में होती है? 'जाड़ा जाए रूई, औ जाड़ा जाए दूई' के रूप में! यह देखें –

पयोधरैः कुंकुमरागपिञ्जरैः सुखोपसेव्यैर्नवयौवनोष्मभिः।
विलासिनीभिः परिपीडितारसः स्वपन्ति शीतं परिभूय कामिनः॥ [67]

आइ सिसिर रितु तहां न सीऊ। अगहन पूस जहां घर पीऊ॥
धनि औ पिउ महं सीऊ सुहागा। दुहुंक अंग एक मिलि लागा॥ ३३९ ॥
रितु हेवंत संग पीऊ न पाला। माघ फागुन सुष सीऊ सियाला॥ ३४० ॥ [68]

फूली रसमंजरी समूली है रसाल नवलाल अनुकूली है वसंत मै वसंती सी। ग्रीषम शशी सी निसिद्यौस सरसी सी रितु पावस सनेह घन मेह वरसंती सी। सरद सरोजनि के ओजनि उज्यारी प्यारी न्यारी नहि होति हंस सार सरसंती सी। वालम की छाती तै न छूटति छिनकु वाल सिसिर सतूल साल हेमत हसंती सी [सुजान० १-५३] [69]

★

66 Pitying, being kind and compassionate; bounty. **Steingass** p. 563.
67 इस ऋतु में प्रेमी जन केशर राग से लिप्त कुचोंवाली, सुखपूर्वक लूटी जा सकने वाली यौवनोष्मा से परिपूर्ण कामिनी को कसकर अपने वक्ष से लगाए, ठंड को दूर भगाकर सोते हैं। **ऋतुसंहारम् ५-९।**
68 **पदमावत।**
69 **दे०सं०ग्र० पृ० १-४२०।**

फ़ारसी (उर्दू) वर्णमाला

(फ़ा० की वर्णमाला मोटे अक्षरों में है; कोष्ठकों में उर्दू के संयुक्ताक्षर में आदि मध्य तथा अंत्य में वही वर्ण उलटे क्रम से छोटे टाइप में। [केवल अरबी-फ़ारसी में प्रयुक्त वर्ण।])

ا

अलिफ़ (अ)

ﺑ · ﺒ · ﺐ **ب**

बे (ब्)

ﭘ · ﭙ · ﭗ **پ**

पे (प्)

ﺗ · ﺘ · ﺖ **ت**

ते (त्)

(ﭨ · ﭩ · ﭧ) (**ٹ**)

टे (ट्)

[ﺛ · ﺜ · ﺚ] [**ث**]

से (स्)

ﺟ · ﺠ · ﺞ **ج**

जीम (ज्)

ﭼ · ﭽ · ﭻ **چ**

चे (च्)

[ﺣ · ﺤ · ﺢ] [**ح**]

हे (ह्)

[ﺧ · ﺨ · ﺦ] [**خ**]

ख़े (ख़्)

د

दाल (द्)

(**ڈ**)

डाल (ड्)

[**ذ**]

ज़ाल (ज़्)

ر

रे (र्)

[**ڑ**]

ड़े (ड़्)

(**ز**)

ज़े (ज़्)

(**ژ**)

ज़्हे (ज़्ह्)

ﺳ · ﺴ · ﺲ **س**

सीन (स्)

ﺷ · ﺸ · ﺶ **ش**

शीन (श्)

[ﺻ · ﺼ · ﺺ] [**ص**]

सुआद (स्)

[ﺿ · ﻀ · ﺾ] [**ض**]

ज़ुआद (ज़्)

[**ط**]

तोय (त्)

[**ظ**]

ज़ोय (ज़्)